한국
성경
주석
12

한국성경주석 시리즈 12

골로새서·빌레몬서

길성남 지음

편집위원 길성남, 양용의, 조병수, 허주

초판 1쇄 인쇄 2019년 11월 25일
초판 1쇄 발행 2019년 12월 10일

발행처 도서출판 이레서원
발행인 문영이
출판신고 2005년 9월 13일 제2015-000099호

편집장 이혜성
편집 송혜숙, 오수현
영업 김정태
총무 곽현자

경기도 고양시 일산동구 중앙로 1160 오원플라자 801호
Tel. 02)402-3238, 406-3273 / Fax. 02)401-3387
E-mail: Jireh@changjisa.com
Website: Jireh.kr / Facebook: facebook.com/jirehpub

책값은 표지에 있습니다.

ISBN 978-89-7435-524-1
ISBN 978-89-7435-523-4 (세트) 94230

이 도서의 국립중앙도서관 출판예정도서목록(CIP)은 서지정보유통지원시스템 홈페이지(http://seoji.nl.go.kr)와 국가자료공동목록시스템(http://www.nl.go.kr/kolisnet)에서 이용하실 수 있습니다. (CIP 제어번호: CIP2019042437)

Korean Bible Commentary

한국 성경 주석 12

골로새서 · 빌레몬서

Colossians · Philemon

길성남 지음

이레서원

이 책의 출간을 고대하시다가
지난해 여름에 하나님의 부르심을 받은
아버지 길상현 장로님(1932-2018년)께
헌정합니다.

목차

골로새서

❖ 골로새서 서론

❖ 주해

빌레몬서

✣ 시리즈 서문

"한국성경주석 시리즈"는 성경을 하나님의 말씀으로 고백하는 한국 성경학자가 21세기 한국 교회를 염두에 두고 그 상황과 필요에 맞는 성경 주석을 집필하는 것을 지향한다. 물론 지금까지 한국말로 번역되거나 집필된 주석 시리즈들이 적지 않다. 그리고 그 시리즈들은 목회자들의 성경 이해와 설교 준비에 많은 기여를 해 왔다. 하지만 번역 시리즈들의 경우, 한국 교회의 상황과 필요와 정서에 잘 맞지 않은 내용들로 말미암아 독자들이 불편을 느낀다. 그런가 하면 한국말로 집필된 시리즈들의 경우, 대개 각 집필자의 학문적 성향을 따르기에 시리즈로서의 일관성을 갖추지 못하는 아쉬움이 없지 않다. "한국성경주석 시리즈"는 이러한 불편과 아쉬움을 해소함으로써 독자들에게 유용하고 신뢰할 만한 성경 연구 동반자가 될 수 있기를 기대한다.

"한국성경주석 시리즈"의 목표

첫째, "한국성경주석 시리즈"는 한국 교회를 위해 한국 성경학자가 한국말로 집필한 주석으로서, 한국 교회의 상황과 필요와 정서를 최대한 반영한 주석이 되도록 한다.

둘째, 목회자와 신학생을 주대상으로 삼는다. 따라서 그 내용은 충분히 학문적이지만, 지나친 학문적 논의와 비평 방법의 활용은 되도록 피한다. 목회 현장의 관심과 필요는 학문적 논의 수준을 결정하는 주요 기준이다.

셋째, 외국 문헌과 한국 문헌을 균형 있고 폭넓게 참조하여, 국내외 연구의 최근 흐름과 해석의 현황을 적절히 반영한다.

넷째, 지나치게 장황하지도, 그렇다고 너무 간략하지도 않은 주석으로서, 목회자들과 신학생들의 성경 이해 갈증을 적절히 해소해 주는 것을 목표한다.

다섯째, 본문 주해에 그치지 않고, 그 결과를 한국 교회 현실에 어떻게 적용할 것인지를 고민하도록 도전하고 안내한다.

"한국성경주석 시리즈" 구성

위의 목표를 이루기 위해 "한국성경주석 시리즈"는 다음과 같은 요소들로 구성된다.

1. 번역, 원문에서 번역까지 해설

〈번역〉은 사역(私譯)을 사용하며, '원문에서 번역까지 해설'에서는 해석에 영향을 끼치는 이문(異文), 번역 관련 문제들을 간략히 설명한다.

2. 본문 이해 터 닦기

주해를 위해 '문맥과 주제', '배경', '비교'(공관복음서 비교, 바울서신 비교, 사도행전과 서신서 비교 등), '구조' 등 필요한 요소들을 살핀다. '배경'과 '비교'는 본문에 따라 생략될 수 있다.

3. 주해

〈주해〉는 단순한 단어 풀이나 문법 설명을 위주로 하기보다는, 단위 단락을 이해하는 데 꼭 필요한 요소들(논지 흐름, 핵심 논점, 어휘, 구문, 배경, 신학적 함의 등)에 대한 설명들을 본문의 흐름에 따라 제시함으로써, 독자가 본문의 의미를 그 흐름대로 이해할 수 있도록 한다.

4. 메시지와 적용

주해의 결과를 신학적, 실천적으로 한국 교회의 현실에 어떻게 연결하고 적용할 것인지를 안내한다. 〈메시지와 적용〉에서는 삼위 하나님에 대한 이해, 기타 교리 관련 메시지, 가치관, 본문의 명령에 대한 순종과 행동 등을 주로 다룬다.

5. 심층 연구

〈심층 연구〉에서는 본문 주석을 위해 설명이 필요한 용어, 개념, 주제, 역사적 배경, 신학적 주제, 난해 구절, 교회사적으로 논란이 많았던 본문의 해석사 등을 별도로 다룬다.

아무쪼록 한국 교회가 성경에 더 친숙해지고 성경을 정확하게 이해하여 하나님 앞에 건전하고 성숙한 교회로 서 가는 데 "한국성경주석 시리즈"가 보탬이 될 수 있기를 간절히 기도드린다.

한국성경주석 시리즈 편집위원

길성남, 양용의, 조병수, 허주

✣ 저자 서문

성경 주석을 쓰는 것은 나의 오래된 꿈이다. 이 꿈이 마음에 자리를 잡은 것은 삼십여 년 전 신학 공부를 할 때였다. 학교 도서관에는 외국 성경학자들의 주석들만 즐비하게 꽂혀 있을 뿐 한국 성경학자들의 주석들은 거의 없었다. 외국 주석들은 성경 본문의 의미를 이해하는 데 여러 모로 도움이 되었다. 하지만 본문의 주변적인 요소들까지 지나칠 정도로 상세하게 설명하거나 한국 교회의 상황과 거리가 먼 교훈을 제시하는 경우가 많았다.

외국 주석들 못지않게 본문을 역사 상황과 문맥에 맞게 해석하고, 한국 교회에 적실한 교훈을 제시하는 주석이 없다는 사실이 안타까웠다. 나는 한국 주석의 필요성을 인식하면서 자연스럽게 주석을 집필하고자 하는 열망을 갖게 되었다. 신학 공부를 할수록 열망이 점점 더 커졌다.

하지만 성경 주석은 아무나 쓸 수 있는 것이 아니다. 성경 원어를 익히고, 성경 해석을 위한 교육과 훈련을 받은 사람이 오랫동안 성경을 연구하고 가르치고 설교하는 경험을 쌓고 난 후에 비로소 할 수 있는 일이다. 감사하게도 하나님께서 나에게 미국에서 공부할 수 있는 기회를 주셨다. 석사 과정과 박사 과정에서 신약성경, 특히 바울의 서신들을 전문적으로 연구할 수 있게 해 주셨다. 나는 앤드류 밴스트라(Andrew J. Bandstra), 제프리 와이마(Jeffrey A. D. Weima), 머레이 해리스(Murray J. Harris), 그랜트 오스본(Grant R. Osborne), 더글러스 무(Douglas J. Moo), 도널드 카슨(Donald A. Carson) 등에게 지도를 받으면서 성경 주석 집필에 필요한 교육과 훈련을 받을 수 있었다. 하나님은 내가 유학 생활을 마치고 귀국한 뒤에 고려신학대학원에서 성경을 가르치는 과분한 영광도 누리게 해 주셨다. 신학대학원과 여러 교회에서 성경을 가르치고 설교하는 경험을 쌓은 후에 골로새서와 빌레몬서 주석 집필을 시작할 수 있었다. 그리고 육 년 만에 주석을 출간하게 되었다. 삼십여 년 넘은 오래된 꿈이 마침내 이루어진 것이다.

나는 1991년 미국 칼빈신학교에서 앤드류 밴스트라 박사의 강의를 들으면서 골로새서를 본격적으로 연구하게 되었다. 이 서신의 배경에 관한 성경학자들의 다양한 견해들을 접하고, 본문의 의미를 탐구해 나갔다. 그리고 밴스트라 박사의 지도 아래, 골로새 교회를 위협한 거짓 교사들의 주장과 정체를 규명하는 석사 학위 논문을 쓰게 되었다. 이런 과정을 거치면서 골로새서에 대한 나의 이해가 형성되었다. 박사 과정에 진학한 후에도 골로새서는 나의 중요한 관심 분야였다. 트리니티 복음주의 신학교에서는 머레이 해리스 박사의 수업을 듣고 골로새서의 기독론에 관한 소논문을 쓰기도 하였다. 미국에서 귀국한 뒤에는 고려신학대학원에서 골로새서의 헬라어 강독과 주해 수업을 오랫동안 담당하였다. 골로새서 주석을 쓰기 위한 준비를 나름대로 충실하게 한 것이다.

빌레몬서에 관해서는 따로 강의를 듣거나 깊이 있게 연구한 적은 없다. 하지만 빌레몬의 종인 오네시모에 대해 관심이 생겨서 이 서신의 배경에 관한 글들을 찾아 읽었다. 이 서신의 본문으로 설교를 하기도 하였다. 빌레몬서 주석 작업을 하면서, 모든 믿는 자들을 죄와 죽음과 사탄의 권세에서 구원하고 사람들의 관계를 혁명적으로 변화시키는 복음의 능력을 생생하게 보여 주는 이 서신에서 깊은 감동을 받았다.

나는 저자 서문을 로마에서 쓰고 있다. 로마는 사도 바울이 가택에 연금된 상태에서 골로새서와 빌레몬서를 집필한 도시이다. 바울은 로마를 보기를 갈망하다가 그리스도 예수를 위한 죄수가 되어서야 이 도시에 올 수 있었다. 나 또한 로마를 보기를 갈망하였다. 사도 바울과 비슷한 나이가 되어서, 그러나 사도와는 달리 여행자의 신분으로 이곳에 왔다. 이 도시에서 나는 바울이 걸었던 아피아 가도를 걷고, 그가 머문 셋집 위에 세워진 교회당을 방문하면서 그를 비추던 햇빛을 받고, 그의 얼굴을 스치던 바람을 느끼면서 골로새서와 빌레몬서를 묵상하였다. 하나님은 사도 바울을 통해 이방 도시 골로새에 거주하는 작은 무리의 신자들과 빌레몬에게 말씀하셨다. 오늘도 하나님은 두 서신을 읽는 이들에게 말씀하신다. 나의 주석이 오늘의 독자들이 하나님의 말씀을 분명하게 듣고 이해하는 데 도움이 되기를 바란다.

골로새서와 빌레몬서 주석 원고를 수정 보완하고 그리스와 로마를 돌아볼 수 있도록 연구 학기를 허락한 고려신학대학원 교수회와 신원하 원장님에게 감사한다. 또한 이 주석 시리즈에 참여하도록 초청하고, 이 주석의 원고를 읽고 독회를 하면서 예리한 비평과 함께 따뜻한 격려를 아끼지 않은 양용의, 조병수, 허주 교수님에게 머리 숙여 감사드린다. 원고를 교정하고 편집하는 힘든 작업을 기꺼이 감당하고 책을 멋지게 만들어 준 이레서원의 이혜성 편집장님과 편집부원들에게 진심으로 감사드린다. 이 주석의 집필을 위해 연구비를 흔쾌히 지원하신 거제 고현교회의 박정곤 목사님과 교우님들에게도 감사의 마음을 전한다. 고려신학대학원에서 나의 골로새서 강의를 수강한 과거와 현재의 모든 신학도들에게도 감사를 표한다. 진지하게 강의를 듣고 질문을 한 그들과 교감하면서 골로새서의 본문과 교훈에 대한 내 생각과 이해가 깊어졌다.

"나의 주님" 예수 그리스도에게로 나를 인도하시고, 신학을 하도록 권고하신 아버지 길상현 장로님에게 이 책을 헌정한다. 내 아버지는 이 주석이 나오기를 고대하시다가 유난히 뜨겁던 2018년 여름에 하나님의 부르심을 받으셨다. 나 같이 미천하고 무익한 종에게 성경을 연구하고 가르칠 수 있는 영광스러운 특권을 주시고, 골로새서와 빌레몬서 주석을 집필할 수 있게 해 주신 삼위일체 하나님께 영광을 올려 드린다. 이 주석이 읽히는 곳에서 오직 하나님만 영광받으시기를 간절히 바란다.

2019년 4월 로마에서

길성남

❖ 약어표

AB	Anchor Bible
ABD	*Anchor Bible Dictionary*
ANTC	Abingdon New Testament Commentaries
BBR	*Bulletin for Biblical Research*
BDAG	Danker, Frederick W., Walter Bauer, William F. Arndt, and F. W. Gingrich, *Greek-English Lexicon of the New Testament and Other Early Christian Literature*. 3rd ed. Chicago: University of Chicago Press, 2000.
BDF	Blass, Friedrich, Albert Debrunner, and Robert W. Funk, *A Greek Grammar of the New Testament and Other Early Christian Literature*. Chicago: University of Chicago Press, 1961.
BECNT	Baker Exegetical Commentary on the New Testament
Bib	*Biblica*
BSac	*Bibliotheca Sacra*
BT	*The Bible Translator*
BTB	*Biblical Theology Bulletin*
BZNW	Beihefte zur Zeitschrift für die neutestamentliche Wissenschaft
CBC	Cambridge Bible Commentary
CBQ	*Catholic Biblical Quarterly*
CGTC	Cambridge Greek Testament Commentary
CIG	*Corpus Inscriptionum Graecarum*. Edited by August Boeckh 4 vols. Berlin, 1828–1877.
CTJ	*Calvin Theological Journal*
DPL	*Dictionary of Paul and His Letters*. Edited by G. F. Hawthorne, R. P. Martin, and D. G. Reid. Downers Grove: Inter Varsity Press, 1993.
EDNT	*Exegetical Dictionary of the New Testament*. Edited by H. Balz and G. Schneider. ET. 3 vols. Grand Rapids: Eerdmans, 1990–1993.
EEC	Evangelical Exegetical Commentary
ESV	English Standard Version
EvQ	*Evangelical Quarterly*
ExpTim	*Expository Times*
HTR	*Harvard Theological Review*
ICC	International Critical Commentary
Int	*Interpretation*
IVPNTC	InterVarsity Press New Testament Commentary
JBL	*Journal of Biblical Literature*
JETS	*Journal of the Evangelical Theological Society*
JSNT	*Journal for the Study of the New Testament*
JSNTSup	Journal for the Study of the New Testament: Supplement Series
JTS	*Journal of Theological Studies*
JTSA	*Journal of Theology for Southern Africa*
KJV	King James Version
LCL	Loeb Classical Library
L&N	Louw, J. P., and Eugene A. Nida, eds. *Greek-English Lexicon of the New Testament: Based on Semantic Domains*. 2nd ed. New York: United Bible Societies, 1989.
LSJ	Liddell, Henry George, Robert Scott, Henry S. Jones, *A Greek-English Lexicon*. 9th ed. Oxford: Clarendon, 1996.
LTQ	*Lexington Theological Quarterly*

LXX	Septuagint
MM	Moulton, James H., and George Milligan, *The Vocabulary of the Greek New Testament*. London: 1930.
MT	Massoretic Text
NAB	New American Bible
NAC	New American Commentary
NASB	New American Standard Bible
NCBC	New Century Bible Commentary
NCC	A New Covenant Commentary
NEB	New English Bible
Neot	*Neotestamentica*
NIB	*New Interpreters' Bible*. Edited by Leander E. Keck. 12 vols. Nashville: Abingdon, 1994–2004.
NICNT	New International Commentary on the New Testament
NIDNTT	*New International Dictionary of New Testament Theology*. Edited by C. Brown. 4 vols. Grand Rapids: Zondervan, 1975–1978.
NIDNTTE	*New International Dictionary of New Testament Theology and Exegesis*. Edited by M. Silva. 2nd ed. 3 vols. Grand Rapids: Zondervan, 2014.
NIGTC	New International Greek Testament Commentary
NIV	New International Version
NIVAC	New International Version Application Commentary
NovT	*Novum Testamentum*
NovTSup	Supplements to Novum Testamentum
NRSV	New Revised Standard Version
NTL	The New Testament Library
NTS	*New Testament Studies*
PNTC	The Pillar New Testament Commentary
ResQ	*Restoration Quarterly*
RevExp	*Review and Expositor*
RTR	*Reformed Theological Review*
SBL	Society of Biblical Literature
SBLDS	Society of Biblical Literature Dissertation Series
SBLMS	Society of Biblical Literature Monograph Series
SJT	*Scottish Journal of Theology*
SNTSMS	Society for New Testament Studies Monograph Series
SP	Sacra Pagina
SwJT	*Southwestern Journal of Theology*
TDNT	*Theological Dictionary of the New Testament*. Edited by G. Kittel and G. Friedrich. Translated by Geoffrey W. Bromiley. 10 vols. Grand Rapids: Eerdmans, 1964–1976.
Them	*Themelios*
TLNT	*Theological Lexicon of the New Testament*. Ceslas Spicq. Translated and edited by James D. Ernest. 3 vols. Peabody: Hendrickson, 1994.
TNIV	Today' s New International Version
TNTC	Tyndale New Testament Commentaries
TynBul	*Tyndale Bulletin*
UBS	United Bible Societies Greek New Testament (4th ed.)
WBC	Word Biblical Commentary
WTJ	*Westminster Theological Journal*
WUNT	Wissenschaftliche Untersuchungen zum Neuen Testament
ZECNT	Zondervan Exegetical Commentary on the New Testament
ZNW	*Zeitschrift für die neutestamentliche Wissenschaft*

Korean
Bible
Commentary

한국
성경
주석
12

골로새서

Colossians

골로새서 서론

1. 골로새서, 그리스도 중심적 서신

영국의 성경학자 찰스 무울(C. D. F. Moule)은 예수 그리스도가 주님이시라는 것을 골로새서보다 더 놀라운 방식으로 진술하는 서신은 없다고 하였다.[1] 참으로 맞는 말이다. "그리스도 찬가"(1:15-20)에서 사도 바울은 만물의 주님이신 예수 그리스도를 장엄한 어조로 노래한다. 그리스도는 보이지 않는 하나님의 형상이시며 모든 피조물보다 먼저 나신 분이시다(1:15). 만물이 다 그리스도로 말미암아, 또 그리스도를 위하여 창조되었다(1:16). 그리스도는 교회의 머리이시자 만물의 으뜸이시며(1:18), 하나님과 만물 사이의 화해를 가능하게 만드신 분이시다(1:20). 이 서신의 다른 부분에서도 바울은 그리스도를 절대적으로 탁월하신 분으로 묘사한다. 지혜와 지식의 모든 보화가 그분 안에 있고(2:3), 신성의 모든 충만이 그분 안에 거한다(2:9; 참조. 1:19). 지금 그리스도는 하나님의 우편에 앉아서(3:1) 만물을 유지하고, 모든 통치자와 권세까지 지배하신다(2:10).

만물의 주님이신 그리스도는 또한 신자 개인의 삶을 주관하시는 주님이시다. 이 서신의 핵심 구절에서 사도는 "그러므로 여러분은 그리스도 예수를 주님으로 받아들였으니 그분 안에서 살아가십시오"라고 촉구한다(2:6). 신자는 삶의 모든 자리에서 예수 그리스도를 주님으로 인정하고 그분에게 순종해야 한다. "그리스도의 평화"가 마음에서 다스리게 해야 하며(3:15), "그

1 Moule, *Colossians and Philemon*, 3.

리스도의 말씀"이 공동체 안에 풍성하게 거하게 해야 한다(3:16). 이처럼 예수 그리스도가 주님이시라는 진리가 골로새서 전체를 관통하고 있다.[2]

오늘날 신학자라고 자처하는 사람들 중에 예수 그리스도가 하나님의 아들이시며 유일한 구원자라는 기독교의 핵심 진리를 인정하지 않는 이들이 많다. 그들에게 예수님은 유대교의 기존 권위와 질서에 도전하고 회개와 변혁의 진리를 선포한 예언자이다. 예수님이 갈릴리의 현자이거나 대안 사회를 추구한 변혁자라고 주장하는 복음서 연구자들도 있다. 예수님을 후대의 교회가 신격화했다고 주장하면서 인류의 도덕 교사나 종교 지도자 정도로 생각하는 사람들도 많다. 골로새서는 이들을 향해 예수 그리스도가 유일하신 구원자이시며 만물의 주님이시라는 사실을 분명한 어조로 역설한다. 기독교의 근본 진리가 도전받는 시대에 골로새서는 모든 그리스도인에게 더없이 소중한 서신이다.

2. 골로새와 골로새 교회

골로새서의 그리스도 중심적 특성은 당시 독자들의 상황과 밀접한 관련이 있다. 사도 바울은 골로새 교회가 직면한 문제를 해결하고, 독자들을 복음의 진리 안에 머물러 있게 하려는 의도에서 예수 그리스도의 주님 되심과 그분 안에서 이루어진 구원의 완전성을 강조한다. 그러므로 이 서신의 의미와 교훈을 이해하려면 먼저 독자들의 상황을 살펴보아야 한다.

(1) 골로새

골로새는 에게해 연안의 항구 도시 에베소에서 동쪽으로 190km 떨어진 리커스 계곡(Lycus Valley)의 남쪽 기슭에 자리 잡고 있었다. 에베소에서 길리기아(Cilicia) 지방의 다소를 거쳐서 유프라테스강으로 이어지는 동서 무역로가 지나가는 까닭에 골로새는 일찍부터 브루기아(Phrygia) 지방에서 가장 융성한 도시였다.[3] 최상급의 검붉은 양모로 유명한 골로새는 번창하는

2 Barclay, *Colossians and Philemon*, 11, 77; Hurtado, 『주 예수 그리스도』, 817; Wright, *Colossians and Philemon*, 34. N. T. Wright는 골로새서 전체가 기독론에 관한 내용이라고 주장한다.

3 주전 5세기에 Herodotus는 골로새를 "브루기아의 중요한 성읍"이라고 하였고(*Hist.* 7.30.1), 약 1세기 후에 Xenophon은 "크고 부유한 성읍"이라고 하였다(*Anab.* 1.2.6).

직물 산업의 중심지이기도 하였다. 그러나 주전 3세기 무렵 북서쪽으로 24km 떨어진 곳에 히에라폴리스가, 서쪽으로 18km 떨어진 곳에 라오디게아가 차례로 건설되면서 골로새는 점차 쇠락하기 시작하였다. 그러다가 주후 1세기에는 사회적·상업적 위상이 많이 떨어진 작은 성읍이 되고 말았다.[4]

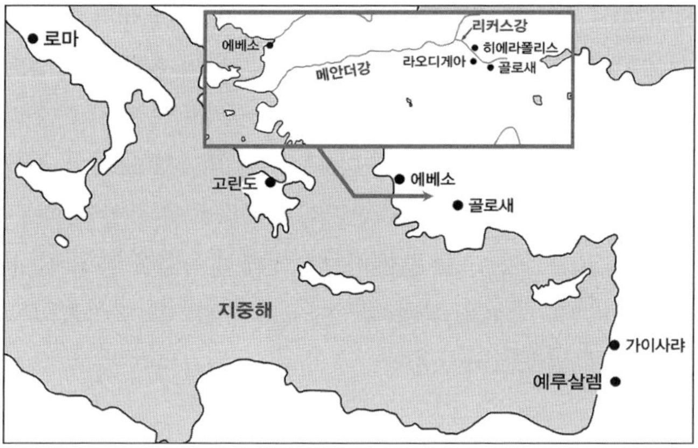

〈지도 1〉

골로새에는 토착민 브루기아 사람들과 헬라 정착민들이 살았고, 주전 2세기 초반부터는 유대인들도 같이 살기 시작하였다. 요세푸스(Josephus)에 따르면, 안티오커스 3세(Antiochus III)가 바빌론과 메소포타미아에 거주하던 유대인 이천 명을 브루기아와 리디아 지역으로 이주시켰다(*Ant.* 12.3.4). 시간이 지나면서 유대인 인구가 점차 증가하여 바울 당시에는 골로새에만 이천 명이 넘는 유대인들이 거주하였다고 한다.[5] 주후 60년대 초에 골로새의 인근 도시 라오디게아가 지진으로 심각한 피해를 입었다(Tacitus, *Ann.* 14.27.1). 로마의 역사가 타키투스(Tacitus)는 골로새를 언급하지 않았지만, 많은 학자들은 라오디게아와 함께 골로새도 큰 피해를 입었을 것이라고 추정한다.[6] 부유한 도시인 라오디게아는 로마 제국의 도움 없이 시민들의 힘만으로 곧

4 참조. Arnold, "Colossae", *ABD*, I, 1089.

5 Barth and Blanke, *Colossians*, 14; Dunn, *Colossians and Philemon*, 22.

6 Reicke, "The Historical Setting of Colossians", 430; Arnold, "Colossians", 372; Garland, *Colossians and Philemon*, 17.

복구되었으나, 작은 성읍인 골로새는 빈약한 재정 때문에 제대로 복구되지 못했을 것이다.

(2) 골로새 교회

골로새 교회는 골로새 사람 에바브라가 설립한 교회이다. 그는 바울이 에베소에서 3차 선교 사역을 하던 시기(주후 52-55년경)에 바울에게서 복음을 듣고 기독교인이 되었을 것이다(참조. 행 19:10). 그는 바울과 함께 사역하다가 고향인 골로새로 돌아가서 복음을 전했고,[7] 골로새에는 물론 라오디게아와 히에라폴리스에도 교회를 설립하였다(4:12-13). 골로새 교회의 구성원들은 주로 이방인들이었다. 과거에 그들은 "죄들과 육체의 무할례 때문에 죽어 있었다"(2:13; 참조. 1:21, 27). 그들은 에바브라에게서 복음을 듣고 하나님의 은혜를 깨달았다(1:6-7). 그들은 그리스도 예수를 주님으로 받아들였고(2:6), 질서 정연하게 교회 생활을 하였다(2:5).

3. 골로새 교회의 상황

사도 바울이 골로새서를 쓴 일차적인 목적은 골로새 교회가 직면한 문제를 해결하기 위한 것이다. 골로새 교회가 직면한 문제는 무엇인가? 대다수 성경학자들은 거짓 교훈을 전하는 자들 때문에 문제가 일어났을 것이라고 본다. 그런데 논쟁 서신인 갈라디아서와 비교할 때 골로새서의 논조는 차분하고 온화한 편이다. 바울은 골로새 성도들의 믿음과 사랑 때문에 하나님께 감사하고(1:3-4), 그들의 질서 정연함과 견고한 믿음 때문에 기뻐한다(2:5). 이런 까닭에 일부 성경학자들은 골로새 교회가 거짓 교사들의 위협을 받고 있었다는 것에 의문을 제기한다. 모나 후커(Morna D. Hooker)는 골로새 교회가 거짓 교사들에게 직접적인 공격을 받지 않았다고 주장한다. 단지 유대교의 제의와 규정들을 지킴으로써 완전함에 이르고자 하는 유혹을

---

7 Kümmel, 『신약정경개론』, 342. Joseph Lightfoot는 골로새 지역에 교회를 설립하는 데 에바브라가 중요한 일을 담당했고, 빌레몬이 그를 도왔을 것이라고 주장한다. Lightfoot, *Colossians and Philemon*, 31, 305. 골로새에 한 개 이상의 가정 교회가 있었을 가능성도 있다. Barth and Blanke, *Philemon*, 261; Dunn, *Philemon and Colossians*, 23; Witherington, *Philemon, Colossians*, 55, n. 14.

받았을 뿐이라고 한다.[8] 하워드 마샬(I. Howard Marshall) 역시 골로새에 위험한 사상이 있었다고 하더라도 그것이 골로새 교회에 직접적으로 영향을 끼치지는 않았다고 주장한다. 그는 골로새서를 이미 발생한 "질병을 치료하는 성격보다 예방하는 성격이 더 강한" 서신으로 본다.[9]

제임스 던(James D. G. Dunn)도 골로새 교회의 문제를 외부적인 것으로 이해한다. 그는 골로새 지역에 있던 유대교 회당의 변증을 문제의 원인으로 보았다. 회당에 속한 유대인들이 공적인 장소에서 만난 골로새 교인들과 대화하거나 논쟁하면서 자신들의 종교적 교훈을 옹호하고, 기독교 신앙과 교훈을 비판했다는 것이다. 비록 그들이 골로새 교인들을 적극적으로 유대교로 개종시키려고 하지는 않았을지라도 그들의 주장은 믿음이 약한 교인들에게 상당한 위협이 되었을 것이다.[10]

그러나 골로새서 2장에 나오는 다음과 같은 경고들과 책망은 거짓 교사들이 골로새 성도들을 미혹하려고 적극적으로 시도했음을 보여 준다.

> 2:4
> 내가 이것을 말하는 목적은 아무도 교묘한 말로 여러분을 속이지 못하게 하기 위함입니다.
>
> 2:8
> 누가 철학, 곧 공허한 속임수로 여러분을 노획물로 잡아가지 않도록 주의하십시오.

---

8 Hooker, "Were There False Teachers in Colossae?", 329-31. 또한 다음 논문을 보라. 김규섭, "골로새서 2:14-23에서 언급된 규례들", 148-89. 그는 골로새 교회가 거짓 교사들의 문제로 어려움을 겪고 있었다는 견해를 지지하지 않는다. 골로새 교회의 문제는 유대 신비주의(또는 혼합주의)의 영향을 받은 교인들이 유대교의 정결법과 제의법을 준수함으로써 영적 완전함을 추구한 것이라고 한다.

9 Marshall 외, 『서신서와 요한계시록』, 261. 나중에 그는 Clinton Arnold의 혼합주의 가설을 받아들인다. Marshall, 『신약성서 신학』, 448.

10 Dunn, *Colossians and to Philemon*, 33-35. 또한 다음 책들을 보라. Garland, *Colossians and Philemon*, 23-32; Wright, 『골로새서·빌레몬서』, 38-48; Wright, "Poetry and Theology in Colossians 1.15-20", 118; Bevere, *Sharing in the Inheritance*, 255-58.

2:16
어떤 사람도 … 여러분을 비판하지 못하게 하십시오.

2:18
아무도 … 여러분을 정죄하지 못하게 하십시오.

2:20
여러분은 … 어찌하여 세상에서 살고 있는 것처럼 규정들을 지키고 있습니까?

특히 "누가 철학, 곧 공허한 속임수로 여러분을 노획물로 잡아가지 않도록 주의하십시오"(2:8)라는 경고는 거짓 교사들이 골로새 교회를 심각하게 위협하고 있었다는 사실을 전제한 것이다. "여러분은 … 어찌하여 세상에서 살고 있는 것처럼 규정들을 지키고 있습니까?"(2:20)라는 책망은 거짓 교사들이 골로새 교회의 일부 교인들을 미혹하는 데 성공했음을 보여 준다. 일부 교인들이 거짓 교사들의 규정들을 받아들여서 지키고 있었던 것이다.[11]

사도 바울이 거짓 교사들을 직접 거론하는 대신에 "누가"(2:8), "어떤 사람"(2:16), "아무도"(2:4, 18)와 같은 표현을 사용하는 것은 아직은 그들이 교회 안에까지 들어와서 문제를 일으키고 있지는 않음을 암시한다. 만일 그러한 상황이었다면 사도 바울은 그들을 허용한 골로새 교인들을 강하게 책망했을 것이다.

거짓 교사들은 골로새 교회 밖에서 활동하고 있었지만, 자신들의 가르침을 홍보하는 정도에만 그치지 않았다. 그들은 골로새 교인들과 접촉하여 그들을 교묘한 말과 철학으로 미혹하였다. 골로새 교인 중 몇 사람은 이미 거짓 교사들의 가르침을 받아들였고, 몇 사람은 동요하고 있었을 것이다.

(1) 거짓 교사들에 관한 견해

골로새 교인들을 미혹하려고 시도한 거짓 교사들은 어떤 자들인가? 1875년에 조셉 라이트푸트(Joseph B. Lightfoot)가 골로새서 주석을 발간한 이

11 Moo, *Colossians and Philemon*, 234-35; Pao, *Colossians and Philemon*, 194.

래 이 거짓 교사들의 정체와 가르침을 둘러싸고 격렬한 논쟁이 벌어졌다.[12] 1973년에 존 군터(John J. Gunther)는 거짓 교사들의 정체에 관한 견해들을 무려 44가지로 분류하였다.[13] 그의 연구 이후에도 다양한 견해가 발표되었고, 최근까지도 논란이 계속되고 있다.

골로새 교회의 성도들은 거짓 교사들을 잘 알고 있었다. 따라서 바울이 그들에 관해 상세하게 설명할 필요가 없었다. 간단하게 언급하거나 암시하는 것만으로도 충분했을 것이다. 그러나 당시의 상황을 잘 알지 못하는 오늘의 독자들에게는 거짓 교사들에 관한 짧은 언급들과 암시들이 오해를 불러일으킬 수 있다. 그동안 거짓 교사들의 정체를 밝히려는 시도는 주로 2장에 나오는 "할례"(2:11), "절기", "초하루", "안식일"(2:16)과 같은 유대적인 용어들과 "지식"(2:3), "지혜"(2:3, 23), "충만"(2:9), "철학"(2:8), "세상의 초보 원리들"(2:8, 20), "천사들의 예배"(2:18), "몸을 괴롭게 함"(2:23)과 같은 표현들을 중심으로 이루어졌다.

일부 학자들은 2:8에 나오는 "철학"이라는 용어에 주목하여 거짓 교사들의 배경을 피타고라스 철학이나 플라톤 철학, 또는 견유학파의 철학에서 찾는다.[14] 그러나 1세기 당시에 "철학"이라는 단어는 철학 사상뿐 아니라 종교적 교훈을 뜻하는 것으로도 사용되었다. 예컨대, 필로(Philo)와 요세푸스는 유대교나 유대교 내의 특정 분파들을 이 단어로 표현하였다.[15]

다른 학자들은 "지식", "지혜", "충만"과 같은 단어들에 근거하여 거짓 교사들을 영지주의자들이거나 영지주의 사상을 가진 자들이라고 단정한다. 영지주의는 1920년대 이후 한 세대 동안 독일의 신약학자들을 열광시켰다. 루돌프 불트만(Rudolf Bultmann)과 그의 제자들은 영지주의를 신약성경의 배

---

12 Lightfoot, *Colossians and Philemon*, 20.

13 Gunther, *St. Paul's Opponents and their Background*, 3-4.

14 Eduard Schweizer는 골로새의 거짓 교사들을 유대화한 피타고라스 철학의 일파로 보는 반면, R. E. DeMaris는 Schweizer의 견해를 비판하고 중기 플라톤주의에서 거짓 교사들의 사상적 뿌리를 찾는다. Schweizer, 『골로사이서』, 144-46; R. E. DeMaris, *The Colossian Controversy* (Sheffield: JSOT Press, 1994). 한편, Troy W. Martin은 거짓 교사들을 견유학파 철학자들로 본다. T. W. Martin, *By Philosophy and Empty Deceit* (Sheffield: JSOT Press, 1996).

15 Philo, *Somn.* 2.127; *Legat.* 156, 245; *Mut.* 223; Josephus, *War* 2.119; *Ant.* 18.11; 4 Macc 1.1; 5.10, 22; 7.7-9.

경과 상황을 이해하는 열쇠로 간주하였다. 1948년에 불트만의 제자 귄터 보른캄(Günter Bornkamm)은 골로새의 거짓 사상을 영지주의 배경에서 이해하고자 하였다. 그에 따르면, 거짓 교사들은 해, 달, 별들만이 아니라 네 원소들(물, 불, 흙, 공기)을 신적인 존재들로 숭배하던 이란-페르시아의 요소와 갈대아의 점성술과 기독교 신앙이 혼합된 유대적 영지주의(Jewish Gnosticism)를 주창하는 자들이었다.[16] 조셉 라이트푸트는 골로새의 거짓 교사들을 영지주의적 성격을 지닌 에세네파 유대교 집단으로 보았다.[17] 그러나 오늘날 대다수의 성경학자들은 골로새의 거짓 교사들을 영지주의 배경에서 이해하지 않는다. 구속의 종교나 사상 체계로서의 영지주의가 1세기에 존재하지 않았기 때문이다. 또 골로새서에 선과 악의 이원론 같은 영지주의의 주요한 요소들이 나오지 않기 때문이다.

최근에는 클린턴 아놀드(Clinton E. Arnold)의 혼합주의 가설이 지지를 받고 있다.[18] 아놀드는 소아시아의 주술적 파피루스들(magical papyri)과 비문들의 증거에 근거하여 골로새의 "철학"을 유대교와 이교적인 요소들을 받아들인 브루기아 지역의 민간 종교와 관련시킨다. 그는 골로새서에 나오는 "세상의 초보 원리들"(2:8, 20)이라는 표현을 사람들의 일상생활에 영향력을 행사하는 악한 영들을 가리키는 것으로 해석한다. 그리고 2:18에 나오는 "천사들의 예배"(개역개정: "천사 숭배")라는 표현을 천사들을 숭배하는 행위로 보는 전통적인 해석을 거부하고, 악한 영들로부터 보호를 받기 위해 천사들에게 도움을 호소하는 일종의 주술적 행위로 해석한다.[19] 브루기아 주민들은 악한 영들의 저주로부터 보호를 받으려고 이방 종교와 유대교에서 받아들

16 Bornkamm, "The Heresy of Colossians", 123-45.

17 Lightfoot, *Colossians and Philemon*, 73-113. 국내 학자 중에서 이한수와 한천설도 골로새 거짓 교사들이 유대적 배경을 지닌 영지주의라고 주장한다. 이한수, "골로새서에 나타난 할례 문제", 30; 한천설, "골로새서의 역사적, 문화적 배경", 28.

18 Arnold의 견해에 동의하거나 유사한 견해를 가진 주석가들은 다음과 같다. Beale, *Colossians and Philemon*, 16; Garland, *Colossians and Philemon*, 178; Harris, *Colossians and Philemon*, 107-8; Hay, *Colossians*, 107; Lincoln, "Colossians", 562-65; MacDonald, *Colossians and Ephesians*, 112-13; Moo, *Colossians and Philemon*, 227; Pao, *Colossians and Philemon*, 30-31; Still, "Colossians", 319; Talbert, *Ephesians and Colossians*, 218-21; Wilson, *Colossians and Philemon*, 222-23; 변종길, 『신약총론』, 317-18.

19 Arnold, *The Colossian Syncretism*, 101-2.

인 금욕적 행위들과 제의들을 시행했고, 그와 동시에 천사들에게 도움을 호소하였다고 한다. 아놀드에 따르면, 이런 혼합적인 민간 종교를 버리지 않은 골로새 교회의 일부 교인들이 교회 안에서 문제를 일으켰다.[20] 기독교로 개종한 뒤에도 그들이 민간 종교의 신조들과 의식들을 버리지 않은 이유는 질병이나 재앙을 불러일으키는 악한 영들을 두려워했기 때문이다. 그들은 불확실한 세상에서 안전을 확보하려고 천사들에게 도움을 호소했을 뿐 아니라 천사들이나 영들의 이름을 적은 부적을 몸에 지니고 다니기도 하였다.[21]

클린턴 아놀드의 견해는 다양한 신들을 숭배한 소아시아 지역의 종교 상황과 조화를 이룬다. 또 골로새서에서 영적 세력들에 대한 그리스도의 우월성을 강조하는 사도 바울의 의도를 이해하는 데 어느 정도 도움을 준다. 그러나 몇 가지 문제들 때문에 아놀드의 혼합주의 가설을 받아들이기 어렵다. 첫째, 개역개정에서 "천사 숭배"라고 번역한 표현을 천사들에게 도움을 호소하는 주술적 행위로 해석할 수 있는 단서나 근거가 없다. 만일 거짓 교사들이나 골로새 교인들이 악한 영들로부터 보호를 받기 위해 브루기아의 민간 종교 의식에 의지하고 천사들에게 호소한 것이 사실이라면, 사도 바울은 그런 이교적이며 주술적인 행위를 강력하게 책망했을 것이다. 하지만 골로새서 어디에서도 그는 그렇게 하지 않는다.[22]

둘째, 아놀드가 주장하는 대로, 거짓 교사들이 골로새 교회의 일부 교인들이었다면, 사도 바울이 그 사실을 분명히 언급하였을 것이다. 고린도전서에서 그는 교회 안에 분쟁이 있다는 것과 심각한 음행을 저지른 사람이 있음을 언급한다(고전 1:11; 5:1). 또 데살로니가 교회 안에 규모 없이 행하면서 일을 하지 않고 일을 만들기만 하는 사람들이 있다는 사실도 분명하게 지적한다(살후 3:11). 로마서에서도 로마 교회 안에 믿음이 강한 자들과 믿음이 약한 자들 사이에 갈등이 있었음을 언급한다(롬 14:1-15:13). 그런데 골로새서에서 바울은 골로새 교회의 일부 교인들이 혼합적인 민간 종교를 전파하는 문제를 전혀 언급하지 않는다. 또 그런 심각한 잘못을 책망하지도 않는다. 도

20 Arnold, *The Colossian Syncretism*, 228, 243-44.

21 Arnold, *The Colossian Syncretism*, 3, 155-57.

22 Bevere, *Sharing in the Inheritance*, 40; Smith, *Heavenly Perspective*, 32.

리어 바울은 골로새 성도들이 질서 있게 행하는 것으로 인하여 기뻐하였다(2:5). 만일 일부 교인들이 교회 안에서 브루기아의 민간 종교를 전파하고 있었다면, 골로새 교회의 영적 질서로 인하여 기뻐할 수 없었을 것이다.

셋째, 악한 영들을 두려워한 것이 골로새 교인들의 심각한 문제였다는 주장을 뒷받침할 만한 증거도 없다. 그리스도가 "통치자와 권세의 머리"(2:10)이며, 하나님께서 "통치자들과 권세들을 무장 해제하셨다"(2:15)라는 구절에서 증거를 끄집어내지만 그런 시도는 본문이 말하는 범위를 벗어나는 것이다. 이 본문들은 그리스도의 절대적 탁월성과 구원의 완전성을 강조할 뿐이다. 만일 악한 영들을 두려워한 것이 골로새 교인들의 심각한 문제였다면, 사도 바울은 틀림없이 악한 영들을 두려워할 필요가 없다고 단언했을 것이다.

넷째, 아놀드의 혼합주의 가설의 심각한 약점은 그가 제시한 대담한 종교 혼합주의 형태가 실제로 골로새에 존재할 수 없었다는 것이다. 클린턴 아놀드의 견해가 골로새의 거짓 교훈에 대한 가장 좋은 설명이라고 평가한 더글라스 무(Douglas J. Moo)는 대부분의 사람이 현실에서 종종 매우 다양한 종교에서 유래한 혼합적인 형태의 신조를 갖는다고 주장한다.[23] 하지만 그는 구체적인 사례나 증거를 제시하지 않는다. 종교 혼합주의가 보편적으로 나타나는 현상이라고 하더라도 브루기아 지방의 민간 신앙에다가 율법 규정들과 할례와 같은 명백한 유대교의 요소들과 기독교의 믿음과 가르침까지 더한 종교 혼합주의가 골로새 교회 안에 있었다는 것은 상상하기 어렵다.[24] 설령 그런 경향을 가진 교인들이 있었을지라도 골로새 성도들을 위한 "그리스도의 신실한 일꾼"(1:7)인 에바브라가 그들을 방치하지 않았을 것이다. 클린턴 아놀드의 종교 혼합주의 가설은 사도의 복음을 처음부터 충실하게 가르친 에바브라의 사역을 전혀 고려하지 않은, 잘못된 것이다.

(2) 거짓 교사들에 관한 본문의 증거들

주관적인 추정과 판단을 피하고 가능한 한 객관적으로 거짓 교사들의 정체를 파악하려면 골로새서의 논쟁 단원(2:16-23)에 초점을 맞추면서 사도

---

23 Moo, *Colossians and Philemon*, 58.

24 Wright, 『골로새서·빌레몬서』, 38.

바울이 거짓 교사들의 주장에 어떻게 대응하고 있는지를 주의 깊게 살펴보아야 한다.[25] 논쟁 단원에는 사도가 거짓 교사들을 직접 거론한 본문들과 간접적으로 암시한 본문들이 섞여 있다. 직접적인 본문들에 초점을 맞추고 간접적인 진술들과 암시들을 반영하면서 조심스럽게 거짓 교사들에 관한 그림을 그려야 한다. 거짓 교사들의 정체와 주장을 파악하는 데 다음 본문들이 특히 중요하다.

> 2:16
>
> 그러므로 어떤 사람도 먹을 것과 마실 것과 관련하여, 또는 절기나 초하루나 안식일과 관련하여 여러분을 비판하지 못하게 하십시오.
>
> 2:18-19상
>
> 아무도 (하늘에) 들어가서 자기가 본 천사들의 겸손과 예배를 기뻐하면서 여러분을 정죄하지 못하게 하십시오. 그 사람은 자기 육체의 생각으로 이유 없이 우쭐거리고 있고, 머리를 붙들지 않고 있습니다.
>
> 2:20-23
>
> 여러분은 세상의 초보 원리들에서부터 그리스도와 함께 죽었는데 어찌하여 세상에서 살고 있는 것처럼 규정들을 지키고 있습니까? 곧 "만지지 말라, 맛보지 말라, 손대지 말라"는 것입니다. 이 규정들은 모두 사용하는 대로 없어질 것들과 관련이 있고, 사람들의 계명들과 교훈들을 따른 것입니다. 이 규정들은 스스로 택한 예배와 겸손과 몸을 괴롭게 하는 것에는 지혜의 모양을 갖고 있으나 실은 아무 가치가 없고, 단지 육체의 만족을 위한 것입니다.

첫 번째 본문에서는 거짓 교사들이 유대교와 밀접한 관련이 있고, 율법의 규정들을 지키는 일로 골로새 교인들을 비판했음을 알 수 있다. 거짓 교사들은 초하루와 안식일과 절기에 관한 규정들을 철저하게 지켰을 것이다. 또 "먹을 것"과 "마실 것"이라는 표현이 암시하듯이, 그들은 율법의 음식

25 Sappington, *Revelation and Redemption*, 144-45; Barclay, *Colossians and Philemon*, 49.

규정들에 근거하여 포도주를 멀리하고 음식을 가려 먹었을 것이다.

이것을 간접 진술에 해당하는 2:20-21에서 확인할 수 있다. 이 본문은 골로새 교회의 일부 교인들에 대한 사도의 책망이다. 그들은 "만지지 말라, 맛보지 말라, 손대지 말라"는, 거짓 교사들의 규정들을 지키고 있었다. 이 규정들은 율법의 음식 규정들에 근거하여 거짓 교사들이 만든 것이다. 그들이 이렇게까지 하면서 율법의 규정들을 엄격하게 지킨 것은 제의적으로 정결해지려고 했기 때문이다.

거짓 교사들의 종교 행위와 관련해서 또 다른 사실을 알려 주는 본문은 2:23이다. 이 본문은 거짓 교사들의 종교 행위에 대한 사도의 비판이다. 거짓 교사들은 "겸손"과 "몸을 괴롭게 하는" 행위를 중요하게 여겼다. 여기서 "겸손"은 긍정적인 덕목이 아니라 금식 행위를 의미한다. "몸을 괴롭게 하는" 것은 일부러 몸을 고통스럽게 하거나 금욕적으로 행동하는 것을 가리킨다.

거짓 교사들이 율법의 규정들을 중요하게 여기고, 특별한 금지 규정들을 준수하면서 제의적인 정결을 추구하고, 금욕적인 생활을 한 목적은 무엇인가? 위에서 두 번째로 제시한 2:18-19상에서 그 답을 찾을 수 있다. 이 본문은 "자기가 본 것들" 때문에 거짓 교사들이 교만해졌고, 그 결과 머리이신 그리스도를 붙들지 않았음을 알려 준다. "자기가 본 것들"이란 무엇인가? 개역개정에서 "천사 숭배"라고 번역한 표현과 밀접한 관련이 있다.

"천사 숭배"라고 번역한 "뜨레스케이아 톤 앙겔론"(θρησκείᾳ τῶν ἀγγέλων)은 문자적으로 "천사들의 예배"이다. 전통적으로 이 구문은 사람들이 천사들을 숭배하는 행위를 가리키는 것으로 해석되었다. 속격 "톤 앙겔론"을 목적어("천사들을")로 이해하고, 천사들을 예배의 대상으로 본 것이다. 이 견해를 지지하는 사람들에 따르면, 골로새의 거짓 교사들은 천사들을 숭배하는 자들이다.[26] 하지만 사도 바울의 대응에 비추어 볼 때 거짓 교사들이 천사들을 숭배했다는 것은 매우 의심스럽다. 바울 당시에 유대인들과 기독교인들은 모두 천사를 숭배하는 것을 심각한 죄로 간주하였다. 만일 거짓 교사들

26 Abbott, *Ephesians and Colossians*, 268; Eadie, *Colossians*, 180; Lightfoot, *Colossians and Philemon*, 194; Calvin, *Colossians*, 297-98, 339. John Calvin은 골로새의 거짓 교사들을 천사들의 도움을 받아야 하나님께 나아갈 수 있다고 믿은 유대인들로 보았다.

이 천사들을 숭배했고 골로새 교인들에게도 천사 숭배를 요구했다면 사도 바울이 가만히 있었을 리가 없다. 하지만 바울은 2:18을 제외하고는 골로새서 어디에서도 거짓 교사들의 천사 숭배 행위를 언급하지 않는다.

(3) 거짓 교사들과 유대 신비주의

1960년대 초에 미국의 성경학자 프레드 프란시스(Fred O. Francis)는 "뜨레스케이아 톤 앙겔론"을 새로운 관점에서 해석하였다.[27] 천사들을 숭배하는 사람들의 행위로 보는 전통적인 해석을 거부하고, 하나님을 예배하는 천사들의 행위로 해석한 것이다. 프란시스는 속격 "톤 앙겔론"을 주어("천사들이")로 이해하고, 천사들을 예배의 주체로 보았다. 이 해석은 천사들이 하나님을 예배하는 장면이 성경에 나오는 것과 조화를 이룬다(사 6:1-4; 눅 2:13-14; 계 4:6-11; 5:8-14). "뜨레스케이아 톤 앙겔론"을 하나님을 경배하는 천사들의 행위로 해석하면 2:18에 나오는 "들어가서 자기가 본 것들"이라는 표현을 어렵지 않게 설명할 수 있다. 이 표현은 거짓 교사들이 환상 중에 본 것, 즉 천사들이 하나님을 예배하는 것을 가리킨다. 거짓 교사들은 천사들이 하나님을 예배하는 광경을 본 자들이다.

이제 앞에서 제기한 질문에 답할 차례이다. 거짓 교사들이 제의적인 정결을 추구하고, 금식을 포함한 금욕적인 생활을 한 목적은 무엇인가? 천사들이 하나님을 예배하는 광경을 보기 위함이다. 율법의 규정들을 엄격하게 지키는 것과 금욕적인 행위들은 모두 신비 체험을 위한 준비 과정인 것이다. 거짓 교사들은 이렇게 하면 천사들이 하나님을 예배하는 신비한 광경을 볼 수 있을 것이라고 믿었다(참조. 단 9:21-23).[28]

프레드 프란시스는 거짓 교사들이 유대교의 금욕적 신비주의의 영향을 받았을 것이라고 주장하였다.[29] 유대 묵시 문헌에는 이상을 보는 자들

---

27 Francis, "Humility and Angelic Worship in Col 2:18", 109-34. 같은 저자의 다음 논문과 글도 보라. "Reexamination of the Colossian Controversy" (Ph. D. Dissertation, Yale University, 1965); "Visionary Discipline and Scriptural Tradition at Colossae", 72-81.

28 Stuckenbruck, *Angel Veneration and Christology*, 111-19.

29 Bruce, *Colossians, Philemon*, 23-26. 그는 골로새의 거짓 교사들과 유대교의 메르카바 신비주의(*merkabah* mysticism) 사이에 유사점이 있음을 지적한다. "메르카바"란 하나님께서 좌정해 계신 하늘 병거를 의미한다. 에스겔은 선지자로 부름받을 때 그발 강가에서

(visionaries)이 등장한다. 그들은 회개와 금식을 함으로써 하늘로 끌려 올라가서 천사들이 하나님을 예배하는 광경을 목격하였다.[30] 예를 들어, 에녹2서에는 에녹이 일곱 번째 하늘에 올라가서 본 광경이 기록되어 있다. "그룹들과 여섯 날개와 많은 눈들을 가진 스랍들은 항상 그분의 보좌 둘레에 서서 그분의 보좌 전체를 가리고, 주님 앞에서 온화한 목소리로 찬송한다. '거룩하시다 거룩하시다 거룩하시다 만군의 주님, 주님의 영광이 하늘과 땅에 충만하도다'"(*2 En.* 21.1). 프란시스에 따르면, 골로새의 거짓 교사들은 유대 묵시 문헌에 등장하는, 이상을 보는 자들과 유사한 금욕적 신비주의자들이다.

이러한 유대적 신비주의 배경에서 거짓 교사들의 정체를 밝히고자 한 프란시스의 시도는 최근에 많은 학자들의 지지를 받고 있다.[31] 골로새서 2장에 나오는 강한 유대교적 요소들(2:16)과 금욕적 요소들(2:20-23), 그리고 "자기가 본 것들"(2:18)이라는 표현이 시사하는 신비 체험의 요소들을 감안할 때 프란시스의 견해가 가장 타당하다. 골로새의 거짓 교사들은 다른 복음이나 다른 예수를 전하는 자들은 아니었고, 율법주의자들도 아니었다. 그들은 유대교의 금욕적 신비주의의 영향을 받아서 신비 체험을 통해 최고의 경건과 영적 만족을 추구하는 유대 그리스도인들이었다.

거짓 교사들은 자신들의 종교적 체험을 과시하면서 골로새 교인들을 미혹하려고 하였다. 그들은 먹을 것과 마실 것, 그리고 초하루와 절기와 안식일에 관한 규정들을 지키고 몸을 고통스럽게 함으로써 영혼이 정결하게 되어야 하나님을 예배하는 천사들의 환상을 볼 수 있다고 주장하였다. 그들은 규정들을 지키지 않는 골로새 교인들을 불경건하다고 비판하였다(2:16-

---

하늘 병거의 환상을 보았다(겔 1:15-28). 후대의 일부 유대인들은 그런 환상을 보기 위해 몸을 정결하게 하고 율법 조항들을 엄격하게 지켰고 12일에서 40일 동안 일부러 몸을 괴롭게 하였다.

30 *1 En.* 14.18-23; *2 En.* 20-21; *Ascen. Isa.* 7.37; 8.17; 9.28, 31, 33; *T. Levi* 2.5-7; 3.4-8; *T. Job* 48-50.

31 Bandstra, "Did the Colossian Errorists Need a Mediator?", 329-43; O'Brien, 『골로새서·빌레몬서』, 49-50; Bruce, *Colossians, Philemon*, 17-26; Evans, "The Colossian Mystics", 195-201; Sappington, *Revelation and Redemption*, 19; Sumney, "Those who 'Pass Judgment'", 189-213; Sumney, *Colossians*, 10-12; Roberts, "Jewish Mystical Experience", 161-89; Smith, *Heavenly Perspective*, 205-8; Thompson, *Colossians and Philemon*, 7; Bockmuehl, *Revelation and Mystery*, 178-81; Witherington, *Philemon, Colossians*, 110.

17). 또 천사들의 환상을 보지 못한 골로새 교인들을 부정한 죄인들이라고 정죄하였다(2:18-19). 거짓 교사들은 그리스도를 믿는 초보 단계에 머무르지 말고 신비한 영적 체험을 추구함으로써 경건의 높은 단계에 도달해야 한다고 가르쳤다. 골로새 교회의 일부 교인들은 그들의 가르침에 미혹되어서 그들이 요구하는 엄격한 금지 규정을 지켰다(2:20-21).

(4) 거짓 교사들에 대한 사도 바울의 대응

사도 바울은 자신들이 본 것들 때문에 교만해져서 머리이신 그리스도를 붙들지 않는다고 거짓 교사들을 강하게 비판한다(2:18-19). 또한 천사들이 하나님을 예배하는 신비한 광경을 목격함으로써 경건의 높은 단계에 도달할 수 있다는 그들의 가르침을 "사람들의 전통을 따른 것이고, 세상의 초보 원리들을 따른 것"이라고 논박한다(2:8). 거짓 교사들이 신비 체험을 추구한 것은 하나님의 뜻이 아니라 육체의 생각에서 비롯된 것이다(2:18). 그들은 육체의 만족을 위해서 신비 체험을 추구하였다(2:23).

그러나 바울은 하나님을 예배하는 천사들의 환상을 보는 체험 자체를 부정하지 않는다. 그가 지적하는 거짓 교사들의 문제는 자신들이 본 것들을 지나치게 중요하게 여긴 나머지 머리이신 그리스도를 붙들지 않는 것이다(2:19). 거짓 교사들은 그리스도를 믿는 것을 가볍게 여기고 영적 체험을 추구하면서 기독교 신앙을 그리스도 중심적인 것이 아니라 체험 중심적인 것으로 만들었다.

거짓 교사들로 인해 위험에 처한 골로새 성도들에게 사도 바울은 그들이 하나님을 예배하는 천사들의 환상을 보는 것보다 더 심오한 체험을 했음을 상기시킨다. 하나님의 구원 역사를 믿음으로 말미암아 그들은 그리스도와 함께 죽고, 그리스도와 함께 장사되고, 그리스도와 함께 일으킴을 받았다(2:11-12, 20; 3:1). 이것보다 더 크고 더 놀라운 체험이 있을 수 있는가? 이런 영적 체험을 함으로써 그들은 흑암의 권세에서 건짐을 받고 하나님의 사랑하는 아들의 나라로 옮겨졌다(1:13). 그들은 모든 죄들을 용서받았고(1:14; 2:13), 빛 가운데 있는 성도의 기업을 받을 합당한 자격을 얻었다(1:12). 그들은 그리스도와 함께 하늘에 속한 영광스러운 존재가 되었고(3:3-4), 그리스도 안에서 충만하게 되었다(2:10). 그리스도 안에서 완전한 구원을 받은 것이다. 그들은 하나님의 택하심을 받은 거룩하고 사랑받는 자들이다(3:12).

또한 사도 바울은 골로새 교인들에게 신비한 체험을 추구하기보다 하나님의 비밀, 곧 그리스도를 깨닫고(2:2), 그분 안에 뿌리가 내려지고 세워진 상태로 그분 안에서 계속 살아가라고 권고한다(2:6-7). 그리스도는 교회의 머리이실 뿐만 아니라 만물의 으뜸이시며(1:18) 영적 통치자들과 권세들의 머리이시다(2:10). 게다가 그리스도 안에는 지혜와 지식의 모든 보화들이 감추어져 있고(2:3), 신성의 모든 충만이 몸의 형태로 거하고 있다(2:9). 그러므로 아무리 신비한 체험을 한다고 하더라도 그 체험은 그리스도를 깨닫고 그분 안에서 계속 살아가는 것보다 더 중요할 수 없다. 진정한 경건과 영적 성장을 위해서는 신비한 체험을 추구하기보다 머리이신 그리스도를 굳게 붙들어야 한다(참조. 2:19). 만일 골로새 교인들이 거짓 교사들의 가르침을 받아들여서 신비한 체험을 추구한다면, 그들도 그리스도를 붙들지 않게 될 것이고, 결국 자신들의 구원을 위태롭게 만들 것이다.

사도 바울은 골로새 성도들에게 위에 있는 것들을 추구하고 생각하라고 촉구한다(3:1-2). 그들의 생명이 그리스도와 함께 하나님 안에 감추어져 있다(3:3). 골로새 성도들은 하늘에 속한 사람들이므로 하늘에 속한 것들을 추구하고 생각해야 한다. 물론 거짓 교사들이 추구한 천사들의 예배도 하늘의 영역에 속한 것이다. 하지만 그들의 영적 체험의 목표는 자기만족이다. 천사들의 예배 자체는 하늘의 영역에 속한 것이지만, 자기만족을 위해 그 환상을 보려고 하는 시도는 땅에 속한 것이다. 그리스도와 함께 일으킴을 받은 사람들은 하늘에 속한 것들을 추구하되 천사들이 드리는 예배가 아니라 위에 계신 그리스도를 목표로 삼아야 한다. 위에 있는 것들을 추구하고 생각한다는 것은 위에 계신 그리스도를 주님으로 고백하고, 교회와 가정과 사회에서 그리스도가 주님이심을 인정하면서 사는 것이다(참조. 2:6-7). 골로새 성도들은 무엇을 하든지 주 예수님의 이름으로 하고 그분으로 말미암아 하나님 아버지께 감사해야 한다(3:17).

4. 골로새서의 저자

사도 바울은 이 서신의 머리말에서부터 자신을 저자로 제시한다(1:1). 결말에서도 이 사실을 분명하게 밝힌다. "나 바울이 친필로 인사합니다"

(4:18). 따라서 교회는 초기 시대부터 골로새서가 사도 바울의 서신이라는 사실을 조금도 의심하지 않았다. 그러나 1838년 에른스트 마이어호프(Ernst T. Mayerhoff)가 골로새서의 진정성에 의문을 제기한 이래 바울 저작설이 계속 도전을 받아 왔다.[32] 오늘날에는 골로새서를 바울의 서신으로 인정하지 않는 사람들이 많다. 그들은 바울의 사후에 그의 제자 중 한 사람이 이 서신을 썼다고 주장한다. 골로새서가 "제2 바울(deutero-Pauline) 서신"이라고 한다.[33] 그들은 주로 이 서신의 어휘와 문체와 신학을 문제 삼는다.

골로새서에는 신약성경에서 단 한 번 사용된 단어(*hapax legomenon*)가 34개가 나온다.[34] "교묘한 말"(πιθανολογία, 2:4), "철학"(φιλοσοφία, 2:8), "문서"(χειρόγραφον, 2:14), "스스로 택한 예배"(ἐθελοθρησκία, 2:23)와 같은 단어들이다. 반면에 다른 바울 서신에 자주 사용되는 "계시"(ἀποκάλυψις), "의"(δικαιοσύνη), "율법"(νόμος), "약속"(ἐπαγγελία), "구원"(σωτηρία)과 같은 단어들이 나오지 않는다. 하지만 이런 사실에 근거하여 골로새서의 바울 저작을 부정하는 것은 옳지 않다. 바울이 항상 정해진 단어들만을 사용하는 것은 아니기 때문이다. 그는 수신자들의 문제나 저작 목적에 따라서 다양한 단어들을 선택한다. 이 서신에서도 골로새 교회가 직면한 문제와 관련해서 특별한 단어들을 사용한다. 바울의 다른 서신들에도 신약성경에서 단 한 번 사용된 단어들이 적지 않게 나온다. 예를 들어, 갈라디아서에는 31개가 나온다. 따라서 특별한 단어들이 나오는 것이나 바울 서신의 전형적인 단어들이 나오지 않는 것이 골로새서가 바울의 저작이 아니라는 중대한 증거는 아니다.

골로새서에는 분사 구문과 부정사 구문으로 이루어진 길고 복잡한 문장들이 종종 나온다. 예를 들어, 헬라어 성경에서 1:9-20과 2:8-15과 2:20-23이 한 문장이다. 또 "복음의 진리의 말씀"(1:5), "그분의 사랑의 아들의 나라"(1:13), "이 비밀의 영광의 풍성함"(1:27), "그분을 일으키는 것의 하나님의 역사하심의 믿음"(2:12)과 같이 소유격이 중복된 표현들이 나온다. "지혜와

32 Lohse, *Colossians and Philemon*, 90; Kümmel, 『신약정경개론』, 345; Köstenberger 외, 『신약개론』, 716.

33 김경희 외, 『신약성서개론』, 395. 김경희는 골로새서가 바울 전통에 속한 성명 미상의 제자가 거짓 교사들의 활동에 대항하여 저작한 문서라고 주장한다.

34 이 단어들의 목록은 다음 주석에서 확인할 수 있다. Lohse, *Colossians and Philemon*, 85.

이해력"(1:9), "인내와 오래 참음"(1:11), "가르치고 권고하며"(3:16) 같이 유사한 단어들을 중복 사용한 표현들도 나온다. 골로새서를 바울의 서신으로 인정하지 않는 사람들은 이런 구문들과 표현들이 저작 논란이 없는 바울 서신들의 경우와 다르다고 한다.[35] 하지만 이런 평가는 매우 주관적인 것이다. 사도 바울은 상황에 따라서 다른 문체와 표현들을 사용한다. 그는 그리스도 찬가 단락(1:15-20)에서는 시에 가까운 고양된 문체를 사용하면서 길고 장엄하게 그리스도를 찬송한다. 바울의 다른 서신들에도 긴 문장이 종종 나오며, 속격과 유사한 단어들을 중복하여 사용하는 경우가 있다.

또 골로새서를 바울의 서신으로 인정하지 않는 학자들은 이 서신에 이신칭의와 최후의 심판 같은 바울 신학의 중요한 주제들이 나오지 않는 반면에 저작 논란이 없는 바울의 서신들에서 볼 수 있는 것보다 더 진보된 신학이나 다른 신학이 나온다고 한다. 예를 들어, "그리스도 안에 신성의 모든 충만이 몸의 형태로 거한다"(2:9)라는 진술이 빌립보서 2:6-11의 기독론을 넘어선다는 것이다. 그리스도를 만물의 창조자이며 유지자로 제시하고(1:16, 17), 교회의 머리로 언급하는 것(1:18) 또한 저작 논란이 없는 바울 서신들에 나오는 기독론과 다르다고 한다. 골로새서를 바울의 서신으로 인정하지 않는 학자들은 골로새 교인들이 그리스도와 함께 일으키심을 받았다(2:12; 3:1)는 구절도 로마서에 나오는 것과 다른, 실현된 종말론이라고 한다.

그러나 골로새서의 가르침은 저작 논란이 없는 바울 서신의 가르침과 모순되거나 대립되지 않는다. 골로새서의 실현된 종말론은 로마서 6:1-14에 나오는 개념과 동일하다.[36] 골로새서에서 "그리스도와 함께 일으킴을 받았다"라는 표현은 마지막 때에 썩지 않는 육체를 입고 부활하는 것을 의미하지 않는다. 골로새 교인들이 부활의 생명을 받아서 영적으로 살아나는 것을 뜻한다. 골로새서에도 다음과 같은 미래 종말론의 요소가 나온다. "우리의 생명이신 그리스도가 나타나실 그때에 여러분 자신들 또한 그분과 함께 영광 중에 나타나게 될 것입니다"(3:4). 이 본문은 명백하게 그리스도의 재림을

35 저작 논란이 없는 바울의 서신들이란 일반적으로 진보 진영의 성경학자들이 바울의 서신으로 인정하는 로마서, 고린도전후서, 갈라디아서, 빌립보서, 데살로니가전서, 빌레몬서를 가리킨다. 김경희 외, 『신약성서개론』, 385을 보라. 그러나 일곱 개의 서신만을 진정성이 있는 바울 서신으로 간주하는 것은 지극히 주관적인 평가이다.

36 Johnson, 『최신신약개론』, 493.

가리킨다. 다음으로, 골로새서에 나오는 기독론의 우주적 차원은 "만물이 그리스도로 말미암았다"라고 하는 고린도전서의 가르침과 다르지 않다(고전 8:6). 또 그리스도가 교회의 머리라는 개념은 교회가 그리스도의 몸이라는 개념(롬 12:4-5; 고전 12:27)에서 한 걸음 더 나아간 것에 지나지 않는다.[37]

골로새서의 어휘와 문체와 신학은 이 서신의 저자가 사도 바울이라는 것을 부정할 정도로 결정적인 증거는 아니다. 교회가 초기 시대부터 인정한 대로, 골로새서를 바울이 직접 쓴 서신으로 받아들이는 것이 옳다. 바울이 골로새서의 저자라는 사실은 이 서신이 빌레몬서와 유사하다는 것으로 지지를 받는다.[38] 첫째, 두 서신은 저자가 매인 상태에서 쓴 것이다(골 4:3, 10, 18; 몬 1:1, 9-10, 13). 둘째, 디모데가 두 서신의 공동 발신인이다(골 1:1; 몬 1:1). 셋째, 두 서신에 모두 아킵보가 등장한다(골 4:17; 몬 1:2). 넷째, 두 서신에 오네시모가 등장한다(골 4:9; 몬 1:10). 다섯째, 두 서신에 바울의 동역자들인 아리스다고, 마가, 누가, 데마가 등장한다(골 4:10-14; 몬 1:23-24). 여섯째, 두 서신에 골로새 교회의 지도자 에바브라가 등장한다. 그는 지금 로마에서 바울과 함께 갇힌 자가 되어서 골로새 교회를 위해 힘써 기도하고 있다(골 4:12-13; 몬 1:23). 이와 같은 공통점들은 같은 시기에, 같은 장소에서, 같은 저자가 두 서신을 썼음을 보여 준다. 빌레몬서가 바울이 쓴 것이 분명하므로 골로새서 또한 바울이 직접 쓴 서신으로 받아들이는 것이 당연하다.[39]

골로새서의 저자가 사도 바울이라는 것을 보여 주는 가장 강력하고 확실한 증거는 골로새서 자체의 증거이다. 바울을 저자로 제시하는 골로새서 자체의 명백한 증거를 부정하는 것은 무모하거나 어리석은 짓이다.

---

37 Carson and Moo, 『신약개론』, 588.

38 Achtemeier 외, 『새로운 신약성서개론』, 512. "바울을 빌레몬서의 저자로 보는 견해에 대하여 어떠한 심각한 의문도 제기된 적이 없으며, 바울이 기록한 서신에 다른 자료가 덧붙여졌다는 주장도 제기된 적이 없다."

39 Barth and Blanke, *Colossians*, 114-26; Carson and Moo, 『신약개론』, 590-91; Harris, *Colossians and Philemon*, 3; Köstenberger 외, 『신약개론』, 719; Kümmel, 『신약정경개론』, 351; Marshall 외, 『서신서와 요한계시록』, 274; Moo, *Colossians and Philemon*, 41; Pao, *Colossians and Philemon*, 23; Smith, *Heavenly Perspective*, 8-16; Wright, 『골로새서·빌레몬서』, 48-53; 변종길, 『신약총론』, 316; 조병수, 『신약성경 총론』, 343-45.

5. 골로새서의 저작 장소

사도 바울은 갇혀 있는 상태에서 골로새서를 썼다. 그는 그리스도의 비밀을 말하는 일 때문에 매여 있었다(4:3, 10). 또 골로새 교인들에게 자신이 매여 있는 것을 생각해 달라고 부탁한다(4:18). 하지만 어느 도시의 감옥에 갇혀 있는지는 말하지 않는다. 초기 시대부터 교회는 제국의 수도인 로마에서 이 서신이 기록된 것으로 인정하였다. 그러나 오늘날 로마 저작설에 반대하는 사람들이 적지 않다. 소수의 성경학자들은 가이사랴 저작설을 지지하고, 다른 성경학자들은 에베소 저작설을 지지한다. 사도 바울은 어느 도시에서 이 서신을 썼는가?

(1) 가이사랴

보 라이케(Bo Reicke)는 가이사랴 저작설을 지지한다.[40] 사도 바울은 가이사랴에서 이 년 동안 옥에 갇혀 있었다(행 23:35; 24:23, 27). 가이사랴는 골로새에서 대략 560km 떨어져 있으므로 에바브라와 두기고가 골로새에서 1,900km나 떨어진 로마에 가는 것보다 훨씬 더 빨리 당도할 수 있었을 것이다. 게다가 가이사랴는 배를 타지 않고서도 갈 수 있는 곳이다. 하지만 이곳은 로마나 에베소처럼 바울의 선교 사역의 중심지가 아니었다. 또 사도 바울이 가이사랴에 투옥되었을 때에는 골로새서에 나오는 마가와 유스도라 하는 예수와 데마가 그의 곁에 없었을 것이다. 사도행전에서 누가는 바울이 가이사랴에 투옥된 사실을 기록하면서도 그들을 언급하지 않는다. 바울이 가이사랴에서 골로새서를 저작했다고 볼 만한 뚜렷한 증거가 없다.

(2) 에베소

오늘날에는 에베소 저작설을 지지하는 사람들이 많다.[41] 이 견해를 지지하는 가장 중요한 이유는 골로새와 에베소 사이의 거리 때문이다. 골로새에서 로마까지는 1,900km나 되며, 최단 거리로 잡아도 1,440km가 넘는다.

---

40 Reicke, *Re-examining Paul's Letters*, 75; Reicke, "Caesarea, Rome, and the Captivity Epistles", 227-86. 또한 다음 책을 보라. Kümmel, 『신약정경개론』, 351-53.

41 예를 들어, Beale, *Colossians and Philemon*, 8; Martin, *Colossians and Philemon*, 22-32; Wright, 『골로새서·빌레몬서』, 53-57. Wright는 바울이 에베소에서 사역하던 52-55년경에 골로새서를 기록했다고 주장한다.

반면에 골로새에서 에베소까지의 거리는 190km정도이다. 에바브라가 거짓 교사들의 문제 때문에 사도 바울을 방문한 것과 두기고와 오네시모가 골로새로 간 것을 감안하면 로마보다 에베소가 더 유력하다고 한다. 시간이 많이 걸리고 경비도 많이 드는 로마와 골로새 사이를 여행하는 것보다 에베소와 골로새 사이를 여행하는 것이 훨씬 쉽고 위험도 적었다는 것이다.

에베소 저작설의 가장 큰 약점은 사도 바울이 에베소에서 투옥되었다는 기록이 없다는 것이다. 단지 골로새서에 관한 말시온의 서문(Marcionite Prologues)만이 에베소를 저작 장소로 언급할 뿐이다.[42] 에베소 저작설을 지지하는 사람들은 고린도전서 15:32에 나오는 "내가 에베소에서 맹수와 더불어 싸웠다면"이라는 구절을 투옥의 근거로 제시한다. 하지만 이 표현은 옥에 갇히는 것 이상의 극심한 박해 상황을 비유로 묘사한 것이다. 안디옥의 감독 이그나티우스(Ignatius)는 에베소 교회에 보낸 편지에서 "로마에서 맹수와 더불어 싸우다"(Eph. 1.2)라는 동일한 표현을 맹수에게 물려 죽는 순교를 뜻하는 것으로 사용한다. 사도 바울은 이 표현을 순교에 버금가는 힘들고 고통스러운 박해 상황을 염두에 두고 사용하였을 것이다(참조. 고후 1:8-9; 딤후 4:17).[43]

에베소 저작설은 골로새서의 내용과도 맞지 않는다. 사도 바울은 골로새서에서 누가가 자신과 함께 있다고 언급한다(4:14). 하지만 그가 에베소에서 선교 사역을 하는 기간에는 누가와 함께 있지 않았다. 에베소 선교 사역을 기록한 본문(행 19:1-41)에는 누가가 바울과 함께하고 있음을 알려 주는 "우리"라는 표현이 나오지 않는다. 사도 바울이 에베소에서 골로새서를 썼을 가능성은 희박하다.

(3) 로마

교회는 초기 시대부터 사도 바울이 골로새서를 로마에서 썼다는 것을 의심하지 않았다. 알렉산드리아 사본(A)과 바티칸 사본의 최종 수정본(B^c)을 포함한 여러 사본은 이 서신의 마지막 부분에 덧붙여진 후기(subscription)에

42 Kümmel, 『신약정경개론』, 351; Moule, *Colossians and Philemon*, 22; Wilson, *Colossians and Philemon*, 21, n. 43.

43 Garland, *1 Corinthians*, 721; Thiselton, 『고린도전서』, 487-88.

서 골로새서의 저작 장소를 로마로 언급한다(A B^{c} K P 82 101 122 1907 1924).[44] 어떤 사본도 로마 이외의 다른 장소를 거론하지 않는다. 이 후기의 내용은 초기 교회 시대의 믿을 만한 전승을 반영한 것이다. 4세기에 히에로니무스(Hieronymus), 크리소스토무스(Chrysostomus), 테오도레(Theodoret)도 로마 저작설을 지지하였다.[45] 골로새서의 결말 부분에서 바울이 아리스다고와 누가의 인사를 전하는 것도 로마에서 이 서신을 썼다는 점을 지지한다. 두 사람이 바울과 함께 로마까지 동행했다는 내용이 사도행전에 언급되기 때문이다(행 27:2; 28:14).

앞에서 언급한 대로, 골로새에서 로마까지의 거리 때문에 로마 저작설에 문제를 제기하는 사람들이 많다. 두 도시 간의 거리가 멀고, 육지만이 아니라 바다도 통과해야 하기 때문에 에바브라나 오네시모가 가기 힘들었다는 것이다. 오네시모가 로마까지 가는 동안 체포될 가능성도 있었을 것이라고 한다.[46] 그러나 고대 로마 제국에서 노예들이 위험을 무릅쓰고 멀리 수도인 로마까지 도망하는 일이 있었다는 사실을 기억할 필요가 있다. 골로새와 로마를 오가는 여행은 시간이 많이 걸리고 경비가 많이 들었지만, 에바브라나 오네시모가 할 수 없을 정도로 힘들거나 위험하지는 않았다. 이런 사실들을 고려할 때 사도 바울이 로마에서 가택에 연금되어 있던 60년경에 골로새서를 기록했다고 보는 것이 가장 타당하다.[47]

6. 골로새서의 구성과 개요

(1) 골로새서의 구성

바울의 다른 서신들처럼 골로새서도 머리말(1:1-2), 감사와 기도(1:3-23),

44 Metzger, *A Textual Commentary*, 560. B^{c}와 P사본에 기록된 후기는 다음과 같다. “로마로부터 골로새 사람들에게 기록되었습니다”(πρὸς Κολοσσαεῖς ἐγράφη ἀπὸ Ῥώμης).

45 Barth and Blanke, *Colossians*, 127.

46 Martin, *Colossians and Philemon*, 25.

47 Carson and Moo, 『신약개론』, 592; Dunn, *Colossians and Philemon*, 41; Hagner, 『신약개론』, 842-43; Köstenberger 외, 『신약개론』, 720; Marshall 외, 『서신서와 요한계시록』, 272; O'Brien, 『골로새서·빌레몬서』, 71; 조병수, 『신약성경총론』, 344.

본론(1:24-4:6), 결말(4:7-18)로 구성되어 있다.[48] 이 서신의 구성에서 특별한 점은 감사와 기도 부분에 예수 그리스도를 창조와 구원의 주님으로 찬미하는 단락(1:15-20)이 나온다는 것이다. 신비 체험을 중요하게 여기고 머리이신 그리스도를 붙들지 않는 거짓 교사들에 대응하여 그리스도의 절대적 탁월성을 강조하려고 찬미 단원을 포함시킨 것이다.

또 다른 중요한 점은 본론의 도입 부분에 복음과 교회를 위한 사도 바울의 헌신적인 사역을 언급하는 단원(1:24-2:5)이 나온다는 것이다. 바울은 자기 얼굴을 본 적이 없는 골로새 교인들에게 자신이 복음과 교회를 위하여 수고하는 예수 그리스도의 사도라는 점을 인식시키려고 한다. 그리고 그들이 자신의 권면을 받아들여서 거짓 교사들의 위협에 잘 대처하기를 바란다. 본론에서 거짓 교사들의 문제(2:16-23)를 길게 다루는 것도 골로새서의 특별한 점이다.

본론의 권면 부분(3:1-4:6)에서 특별한 점은 에베소서에서처럼 가정 구성원들을 위한 규례들(3:18-4:1)이 포함되었다는 것이다. 이 단원에서 바울은 예수 그리스도를 주님으로 고백하는 신자들은 교회는 물론 가정에서도 주님을 섬기는 자세로 생활해야 한다고 가르친다. 그리스도인들에게 중요한 것은 신비 체험을 추구하는 것이 아니라 삶의 모든 영역에서 하늘에 속한 자답게 사는 것이기 때문이다.

(2) 골로새서의 개요[49]

I. 사도 바울의 감사와 기도(1:1-14)
  1. 인사말과 골로새 성도들로 인한 사도 바울의 감사(1:1-8)
  2. 골로새 성도들을 위한 사도 바울의 기도(1:9-14)

---

48 William G. Doty는 바울 서신들과 헬라의 서신 파피루스들을 비교 연구한 후, 바울 서신들이 머리말, 감사, 본론, 결말로 구성되어 있다고 주장하였다. William G. Doty, *Letters in Primitive Christianity* (Philadelphia: Fortress, 1973).

49 개요 부분에서는 주해 작업을 고려하여 머리말(1:1-2)과 감사 부분(1:3-8)을 한 단락으로 묶고, 그리스도 찬가 단락(1:15-20)과 하나님과 골로새 성도들의 화해에 관한 단락(1:21-23)을 독립된 부분으로 제시하였다.

II. 만물의 으뜸이신 그리스도(1:15-23)
  1. 만물의 으뜸이신 그리스도(1:15-20)
  2. 하나님과 골로새 성도들의 화해(1:21-23)

III. 하나님의 비밀이신 그리스도와 사도 바울의 사역(1:24-2:5)
  1. 사도 바울의 고난과 사역(1:24-29)
  2. 사도 바울의 수고와 하나님의 비밀이신 그리스도(2:1-5)

IV. 골로새 성도들의 구원과 거짓 교사들(2:6-23)
  1. 주님이신 그리스도 예수 안에서 사는 삶(2:6-10)
  2. 그리스도 안에서 받은 골로새 성도들의 구원(2:11-15)
  3. 거짓 교사들에 관한 세 번째 경고(2:16-19)
  4. 골로새 교인들에 대한 사도 바울의 책망(2:20-23)

V. 위에 있는 것들을 추구하는 삶(3:1-17)
  1. 위에 있는 것들을 추구하라(3:1-4)
  2. 땅에 있는 지체들을 죽이라(3:5-11)
  3. 하나님의 사랑을 받는 사람들처럼 살라(3:12-17)

VI. 그리스도인의 가정생활(3:18-4:1)
  1. 아내들과 남편들을 위한 권면(3:18-19)
  2. 자녀들과 아버지들을 위한 권면(3:20-21)
  3. 종들과 주인들을 위한 권면(3:22-4:1)

VII. 마지막 권면(4:2-6)
  1. 기도에 관한 권면(4:2-4)
  2. 외부 사람들을 향한 삶에 관한 권면(4:5-6)

VIII. 마지막 인사와 결말(4:7-18)
  1. 두기고와 오네시모를 보냄(4:7-9)
  2. 마지막 인사와 은혜의 축도(4:10-18)

I. 1:1-14

사도 바울의 감사와 기도

1. 1:1-8	인사말과 골로새 성도들로 인한 사도 바울의 감사
2. 1:9-14	골로새 성도들을 위한 사도 바울의 기도

골로새서는 그리스도가 만물의 주님이라는 주제와 거짓 교사들에 대한 경고가 씨줄과 날줄처럼 엮여 있는 서신이다. 골로새 교회를 위협한 거짓 교사들은 그리스도보다 신비 체험을 더 중요하게 생각하는 자들이다.[1] 이 서신에서 사도 바울은 거짓 교사들의 주장을 논박하고, 신자의 구원과 삶에서 신비 체험이 아니라 그리스도가 중요하다는 사실을 강조한다. 그리고 골로새 성도들에게 그들이 그리스도를 주님으로 받아들인 사실을 상기시키면서 "그분 안에서 살아가십시오"(2:6)라고 권고한다. 그리스도 안에서 산다는 것은 "무엇을 하든지 말에나 일에나 모든 것을 주 예수님의 이름으로 하는" 것을 의미한다(3:17). 골로새 성도들은 거짓 교사들이 주장하는 신비 체험을 추구하지 말고, 그리스도 안에서 살면서 모든 것을 그분의 이름으로 해야 한다. 이것이 골로새서의 핵심 교훈이다.

골로새서의 첫 번째 단원(1:1-14)은 서신의 양식에 따라 세 부분으로 구분할 수 있다. 첫째 부분(1:1-2)은 머리말이다.[2] 여기서 사도 바울은 발신인과 수신인을 언급하고 은혜와 평화를 기원한다. 둘째 부분(1:3-8)은 감사 단락이다. 바울은 골로새 성도들의 믿음과 사랑으로 인하여 하나님께 감사한다. 셋째 부분(1:9-14)은 기도 단락이다.[3] 이 부분에서 사도는 골로새 성도들이 하

1 골로새의 거짓 교사들에 관하여는 이 책의 서론 부분과 2:16-23의 주해를 보라.

2 이 책에서는 머리말(1:1-2)과 감사 부분(1:3-8)을 하나의 단락으로 묶어서 본문의 의미를 설명한다. 머리말의 분량이 적어서 따로 다루는 것이 적절하지 않기 때문이다.

3 9-14절을 기도 단락으로 보는 것에 동의하지 않는 주석가들도 있다. 헬라어 본문에서는 9-20절이 한 문장이기 때문이다. 하지만 15절에서부터 주제가 달라진다. 9-14절은 주님

나님의 뜻을 아는 지식으로 충만하게 되어서 주님께 합당하게 행하도록 기도한다. 그가 이렇게 하는 주요한 목적은 골로새 성도들로 하여금 거짓 교사들의 문제에 잘 대처하게 하는 것이다. 만일 그들이 계속하여 그리스도 예수를 주님으로 믿고 모든 성도들을 사랑하면서 살아간다면, 그리고 하나님의 뜻을 알고 주님께 합당하게 행한다면, 거짓 교사들의 유혹을 어렵지 않게 물리칠 수 있을 것이다.

1. 인사말과 골로새 성도들로 인한 사도 바울의 감사(1:1-8)

번역

1 하나님의 뜻으로 말미암아 그리스도
예수의 사도가 된 바울과 형제 디모데는
2 골로새에 있는 성도들, 곧 그리스도 안
에 있는 신실한 형제들에게 [a]편지합니다.
우리 아버지 하나님으로부터 은혜와 평화
가 여러분에게 [b]있기를 바랍니다. 3 우리
가 여러분을 위하여 기도할 때마다 하나
님, 곧 우리 주님 예수 그리스도의 [c]아버
지께 감사합니다. 4 그 이유는 우리가 그
리스도 예수 안에 있는 여러분의 믿음과
모든 성도를 향하여 여러분이 가지고 있
는 사랑을 들었기 때문입니다. 5 [d]그 믿음
과 사랑은 여러분을 위하여 하늘에 보관
된 소망에 근거한 것입니다. 여러분은 이
소망을 진리의 말씀, 곧 복음 안에서 이미
들었습니다. 6 이 복음이 여러분에게 도
달하였고, 여러분이 하나님의 은혜를 듣
고 참으로 깨달은 날부터 여러분 중에서
그러한 것과 같이 또한 온 세상에서도 열
매를 맺으며 자라고 있습니다. 7 이와 같
이 여러분은 [e]복음을 우리와 함께 종이 된
사랑하는 에바브라에게 배웠습니다. 그는
[f]여러분을 위한 그리스도의 신실한 일꾼
이요, 8 성령님으로 말미암은 여러분의 사
랑을 우리에게 알려 준 사람입니다.

---

[a] "편지합니다"는 뜻을 명확하게 하려고 첨가한 것이다.

[b] "있기를 바랍니다"는 뜻을 명확하게 하려고 첨가한 것이다.

[c] 바티칸 사본(B)과 에프라임 사본(C*) 등은 "하나님 아버지께"(θεῷ πατρί, "떼오 파트리")를 지지하고, 시내산 사본(ℵ)과 다수 사본(*Byz*) 등은 "하나님, 그리고 아버지께"(θεῷ καὶ πατρί, "떼오 카이 파트리")를 지지한다. 일부 필사자들이 에베소서 1:3에 나오는 것과 같이 "하나님"과 "아버지" 사이에 접속사 "카이"(καί, "곧", "그리고")를 삽입하였을 것이다.

[d] "그 믿음과 사랑은"이라는 문구는 뜻을 명확하게 하려고 첨가한 것이다.

께 합당하게 사는 삶에 관한 기도이고, 15-20절은 절대 주권을 가진 그리스도에 대한 찬양이다. 9-14절을 기도 단락으로 보는 것이 자연스럽다. Dunn, *Colossians and Philemon*, 53; Melick, *Colossians, Philemon*, 199; Moule, *Colossians and Philemon*, 47; Pao, *Colossians and Philemon*, 64; 조경철, 『오직 그리스도』, 46.

e 헬라어 본문에는 "복음을"이라는 목적어가 없다. 하지만 사도 바울이 6절에서 복음을 핵심 요소로 제시하고, 7절에서 그 복음을 골로새 성도들에게 전한 에바브라를 소개하기 때문에 "복음을"이라는 단어를 첨가하였다.

f 중요한 파피루스 사본(P^{46}), 시내산 사본(א), 바티칸 사본(B) 등은 "우리를 위한"(ὑπὲρ ἡμῶν, "휘페르 헤몬")을 지지하지만, 다른 사본들은 "여러분을 위한"(ὑπὲρ ὑμῶν, "휘페르 휘몬")을 지지한다($א^{2}$ C D^{2} 33 1739 *Byz*). 중요한 사본들의 증거를 고려하면 "우리를 위한"이 우세해 보인다. 하지만 "여러분을 위한"이 더 폭넓은 외적 지지를 받고 있다. 또 이 표현 앞에 "우리의"(ἡμῶν, "헤몬")가 나오고 뒤에 "우리에게"(ἡμῖν, "헤민")가 나오는 것을 진지하게 고려해야 한다. 필사자들이 앞과 뒤에 나오는 일인칭 복수 표현과 일치시키려고 "여러분을 위한"을 "우리를 위한"이라고 수정하였을 가능성이 높다.[4]

본문 이해 터 닦기

| 문맥과 주제 | 인사와 감사를 포함한 이 단락(1:1-8)에서 사도 바울은 수신자인 골로새 성도들의 모습을 긍정적으로 서술한다. 그들은 그리스도 안에서 신실한 형제들이다. 그들 가운데서 복음이 열매를 맺으며 자라고 있다. 바울은 그들의 믿음과 사랑으로 인하여 하나님께 감사한다. 다음 단락(1:9-14)에서는 골로새 성도들이 하나님의 뜻을 완전하게 알고 주님께 합당하게 살도록 기도한다. 인사와 감사 단락의 주제는 다음과 같다. 사도 바울은 골로새 성도들이 그리스도 예수를 믿고 모든 성도들을 사랑하는 것 때문에 하나님께 감사한다.

| 배경 | 에바브라는 골로새 사람이다. 그의 이름 "에바브라"(Ἐπαφρᾶς, "에파프라스")는 1세기의 비문과 파피루스에 자주 나오는 "에바브로디도"(Ἐπαφρόδιτος, "에파프로디토스")의 축약형이다.[5] 에바브라는 사도 바울이 에베소에서 사역할 때 복음을 듣고 회심하였다. 그 후에 바울의 파송을 받아, 빌레몬과 협력하여 골로새 교회를 설립하였다. 그는 골로새 교회의 담임 목회자로 사역하면서 라오디게아와 히에라폴리스에서도 복음을 전하였다(4:12-13).[6] 거짓 교사들이 골로새와 라오디게아 지역에 들어와서 문제를 일으켰을 때 에바브라는 도움을 얻기 위해 로마에 있는 사도 바울을 찾아갔다. 그

4 Metzger, *A Textual Commentary*, 552-53.

5 BDAG, 360.

6 Bruce, 『바울』, 437; O'Brien, 『골로새서·빌레몬서』, 35-38, 93-94; Pao, *Colossians and Philemon*, 24-25.

는 골로새 교회의 형편과 거짓 교사들의 문제를 바울에게 알려 주었다. 방문 목적을 달성한 뒤에는 골로새로 돌아가지 않고 바울 곁에 남는 편을 택하였다. 사도의 편지와 그 편지를 전달하는 두기고의 사역으로도 거짓 교사들의 문제를 해결할 수 있다고 확신했기 때문이다. 에바브라는 골로새를 떠날 때부터 로마에 남아서 사도와 함께 사역할 생각을 했을 것이다. 그래서 아킵보에게 골로새 교회의 사역을 맡긴 것이다(4:17).

| 구조 | 이 단락은 두 부분으로 구성되어 있다. 첫째 부분은 머리말(1-2절)이다. 바울은 발신인과 수신인을 언급하고 은혜와 평화의 인사를 전한다. 둘째 부분은 감사 단락(3-8절)이다. 이 단락은 하나의 길고 복잡한 문장으로 이루어져 있다. 이 문장의 주절은 "우리는 하나님께 감사합니다"이다(3절). 주절 뒤에 감사의 이유를 제시하는 분사절(4절)과 골로새 성도들의 소망을 알려 주는 긴 전치사구(5절)가 나온다. 그리고 복음의 역동성을 서술하는 부사절(6절)과 에바브라를 칭찬하는 부사절(7-8절)이 이어진다. 이 단락의 내용을 세분하면 다음과 같다.

(1) 1-2절 머리말
(2) 3-8절 골로새 성도들로 인한 사도 바울의 감사
 1) 감사의 근거: 믿음과 사랑(3-4절)
 2) 골로새 성도들의 믿음과 사랑의 토대: 소망(5절)
 3) 복음의 역동성(6절)
 4) 에바브라에 대한 칭찬(7-8절)

| 주해 |

(1) 머리말(1:1-2)

1:1 헬라어 본문에서 머리말은 다음과 같은 바울의 자기소개로 시작한다. "바울, 그리스도 예수의 사도, 하나님의 뜻으로 말미암아." 제일 앞에 나온 "바울"(Παῦλος, "파울로스")은 로마식 이름이다. 이 이름은 전쟁 포로로 끌려간 바울의 선조가 노예의 신분에서 벗어날 때 주인으로부터 받은 로마식 가문의 이름(*cognomen*)일 것이다.[7] 길리기아 다소에서 로마 시민으로 태어난 바

7 "파울로스"는 로마 이름 "파울루스"(Paulus)를 헬라어로 표기한 것이다. 로마 이름은 "작은"(small)을 뜻하는 라틴어 형용사에서 온 것이다.

울은 가문의 일원으로 이 이름을 받았다. 그의 또 다른 이름 "사울"은 부모가 지어 준 유대식 이름이다.[8] 바울은 갓난아기 때부터 "바울"과 "사울", 두 가지 이름을 가지고 있었다. 그가 다마스코스로 가는 도중에 영광의 그리스도를 만난 뒤에 "사울"에서 "바울"로 이름을 바꾼 것이 아니라는 말이다. 그는 회심한 뒤에도 예루살렘과 안디옥에서 "사울"이라는 이름을 계속 사용하였다(행 9:28; 11:25, 30; 13:1, 2). 사도행전에 로마식 이름인 "바울"이 처음 나오는 것은 그가 키프로스 섬에서 총독 서기오 바울에게 복음을 전할 때였다(행 13:9). 그가 회심한 지 십 년 정도가 지난 시점이었다. 이방인 선교를 위하여 이방인들에게 친숙한 로마식 이름인 "바울"을 사용한 것이다.[9]

바울은 골로새의 이방인 성도들에게 자신을 로마식 이름으로 소개하고, 동시에 "그리스도 예수의 사도"라고 자신의 직분을 밝힌다. 그는 사도의 공적 자격으로 골로새 교회에 편지한다. "사도"라고 번역한 "아포스톨로스"(ἀπόστολος)는 고전 헬라 문헌에서 해군의 원정 함대, 또는 화물을 싣거나 원정군을 태우기 위하여 보내는 선박을 가리켰다. 원정 함대의 사령관이나 특별한 목적을 위하여 보냄을 받은 사람들을 가리키기도 하였다.[10] 그러나 헬라 세계에서 이 단어는 보냄을 받은 사절이나 사자를 뜻하는 일상적인 용어가 아니었다. "앙겔로스"(ἄγγελος, "천사", "사자") 같은 용어들이 있었기 때문이다. "아포스톨로스"를 특별한 사명을 위하여 보냄을 받은 사람이나 사도를 가리키는 데 사용한 것은 신약성경의 저자들이었다.[11] 그들은 이 단어를 넓은 의미에서 디도나 에바브로디도 같이 일시적으로 특별한 임무를 수행하도록 보냄을 받은 사자를 가리키는 데(고후 8:23; 빌 2:25), 또 예수님의 동생 야고보나 바나바처럼 복음을 전하고 교회를 세우며 교인들을 돌보는 사역자들을 가리키는 데 사용하기도 하였다(행 14:4, 14; 고전 9:5-6; 15:7; 갈 1:19). 전문적

---

8 "사울"(שָׁאוּל)이라는 이름은 "큰"이나 "큰 자"를 의미하지 않는다. "구하다", "간청하다"를 뜻하는 "샤알"(שָׁאַל)이라는 히브리어 동사의 수동태 분사 형태이다. "구하여진", "간청된"을 뜻한다. 바울의 부모는 하나님께 간구하여 얻은 자식이라서 이러한 이름을 지어 주었을 것이다. 또는 바울이 속한 베냐민 지파의 가장 위대한 인물인 사울 왕의 이름을 따른 것일 수도 있다.

9 바울의 이름에 관해서는 다음 문헌을 보라. Hemer, "The Name of Paul", 179-83; Riesner, *Paul's Early Period*, 145-46; Schnabel, *Acts*, 441-42; Schnabel, 『선교사 바울』, 48-49.

10 Rengstorf, *TDNT*, I, 407; Silva, *NIDNTTE*, I, 366.

11 Rengstorf, *TDNT*, I, 408.

으로는 예수 그리스도가 자신의 증인이 되도록 친히 세우고 보내신 열두 제자들을 가리킨다(마 10:2; 고전 15:5, 7, 9). 더 자세히 말하자면, "아포스톨로스"의 전문적인 의미는 예수님의 제자들, 즉 예수님의 부활의 목격자로서 예수님을 증언하고 복음을 전하여 교회를 설립한 유일무이한 사역자들이다.[12]

이 본문에서 바울은 "아포스톨로스"를 전문적인 의미로 사용한다. 그는 하나님의 뜻으로 말미암아 특별한 방식으로 그리스도 예수의 사도가 된 인물이다. "하나님의 뜻으로 말미암아"라는 표현은 사도직의 기원을 알려 준다. 열두 제자에 속하지 않은 바울이 사도가 될 수 있었던 것은 하나님의 특별한 뜻 때문이었다. 베드로가 할례자의 사도로 부름을 받은 것처럼 바울은 이방인의 사도로 부름을 받았다(갈 2:8). 그를 사도로 부르고 보내신 분은 그리스도이다. 이 편지의 내용은 바울의 말이 아니라 그를 보내신 그리스도의 말씀이다.

이어서 바울은 "형제 디모데"를 공동 발신인으로 언급한다. 루스드라 출신인 디모데는 1차 선교 사역 기간에 그의 고향을 방문한 바울에게서 복음을 듣고 그리스도인이 되었다(행 14:8-20). 그리고 2차 선교 사역 초기에 다시 그의 고향을 방문한 바울의 부름을 받고 사역자가 되었다(행 16:1-3). 디모데는 바울의 다른 서신들에서도 공동 발신인으로 나온다(고후 1:1; 빌 1:1; 살전 1:1; 살후 1:1; 몬 1:1). 그는 로마서를 대필한 더디오처럼(롬 16:22) 골로새서를 대필했을 것이다. 사도 바울이 불러 주는 것을 그대로 받아 적었을 것이다.[13]

"형제"라는 표현은 디모데와 바울 사이의 친밀한 유대 관계를 보여 준다. 두 사람은 믿음 안에서 형제이다. 하나님을 아버지로 의지하고 신뢰하는 하나님의 아들들이다. 디모데는 바울에게서 복음을 듣고 하나님의 아들이 되었다. 바울은 디모데가 어리다고 해서 그를 무시하지 않았다. 도리어 형제라고 부르면서 동역자로 간주했다.

1:2 이 편지의 수신인은 "골로새에 있는 성도들, 곧 그리스도 안에 있는 신실한 형제들"이다. "성도들"이라고 번역한 형용사 "하기오이스"(ἁγίοις)는 문

---

12 참조. Barnett, *DPL*, 45-51; Harris, *Colossians and Philemon*, 7; Silva, *NIDNTTE*, I, 368-74.

13 Pao, *Colossians and Philemon*, 48; Richards, *The Secretary in the Letters of Paul*, 154; Witherington, *Philemon, Colossians*, 116.

자적으로 "거룩한"을 의미한다.[14] 골로새 교인들은 세상에서 구별되어, 거룩하신 하나님께 속한 자들이 되었다. 과거에는 하나님의 원수들이었지만(1:21), 지금은 하나님의 택하심을 받은 거룩하고 사랑받는 자들이다(3:12). 동시에 그들은 "그리스도 안에 있는 신실한 형제들"(πιστοῖς ἀδελφοῖς, "피스토이스 아델포이스")이다. "신실한"(πιστός)은 골로새 교인들 대다수가 진실하고 신뢰할 만하다는 것을 나타낸다. 또 "형제들"이라는 표현은 그들이 바울과 디모데처럼 하나님의 자녀들이 되었다는 뜻이다.

"그리스도 안에"(ἐν Χριστῷ, "엔 크리스토")라는 표현은 골로새 성도들이 십자가에서 죽으시고 부활하심으로써 구원의 시대를 여신 그리스도에게 속해 있음을 의미한다. "그리스도"(Χριστός, "크리스토스")라는 명칭은 히브리어 "마쉬아흐"(מָשִׁיחַ)에 해당하는 헬라어 표현으로, "기름 부음을 받은 자"를 뜻한다. 신약성경에서 이 명칭은 다윗의 후손으로 오셔서 자기 백성을 위하여 구원을 이루시는 종말의 왕-구원자를 가리킨다.[15] 신약성경의 중요한 가르침은 나사렛 예수가 그리스도라는 것이다(마 16:16; 행 2:36; 5:42; 17:3). 예수님은 죄인들을 죄와 죽음의 권세에서 건져 내어 하나님의 백성으로 삼고 그들을 통치하시는 그리스도이다. 골로새 성도들은 복음을 듣고 그리스도이신 예수님을 구원자로 믿었다(1:4; 2:5). 그들은 나사렛 예수를 그리스도이자 구원자로 믿고 따르는 신실한 형제들이다.

머리말의 마지막 부분에서 바울은 골로새 성도들에게 은혜와 평화가 있기를 기원한다. "은혜와 평화가 여러분에게"(χάρις ὑμῖν καὶ εἰρήνη, "카리스 휘민 카이 에이레네")라는 표현은 바울 서신의 앞부분에 나오는 전형적인 인사말이다. 고대 헬라 편지의 인사말은 "A(발신자)가 B(수신자)에게 '인사하다'"(χαίρειν)라는 형식을 취하였다(참조. 행 15:23; 23:26; 약 1:1).[16] 바울은 이런 인사말 대신에 "은혜"(χάρις, "카리스")와 "평화"(εἰρήνη, "에이레네")라는 말을 사용한다.

---

14 만일 "하기오이스"가 "피스토이스"와 함께 "형제들"을 수식한다면, "하기오이스 카이 피스토이스 아델포이스"(ἁγίοις καὶ πιστοῖς ἀδελφοῖς)를 "거룩하고 신실한 형제들에게"라고 번역할 수 있다.

15 Silva, *NIDNTTE*, III, 688-97.

16 이 형식에서 "인사하다"라는 의미로 사용된 "카이레인"(χαίρειν)은 본래 "기뻐하다"를 뜻하는 "카이로"(χαίρω, "기뻐하다")의 부정사이다.

"은혜"라고 번역한 "카리스"는 고대 문헌에서 "호의", "아름다움", "친절", "감사", "기쁨" 등을 의미하였다.[17] 일반적으로 도움이 필요한 사람에게 베푸는 호의나 친절한 행위를 가리키는 데 사용되었다.[18] 신약성경에서는 하나님의 관대한 호의와 돌봄, 특히 죄인들에게 구원을 베푸시는 하나님의 무조건적인 호의를 나타낼 때 자주 사용된다(롬 3:23-24; 엡 1:7; 2:8).[19] 바울 서신의 인사말에서 "카리스"는 하나님 아버지께서 자기 자녀들을 자애롭게 보살피고 돌보시는 무조건적인 호의를 의미한다.

"평화"라고 번역한 "에이레네"는 유대인들의 인사 "샬롬"(שָׁלוֹם)을 반영한 것이다. 헬라 문헌에서 "에이레네"는 전쟁과 반대되는 상황 또는 전쟁이 종식된 상태를 가리킨다. 구약성경에서 "샬롬"은 "에이레네"보다 더 넓은 개념이다. 단지 전쟁의 반대만이 아니라 공공의 안녕을 위태롭게 하는 모든 혼란의 반대를 의미한다. 일반적으로 이 단어는 하나님의 백성이 누리는 안녕, 번영, 온전함, 구원 등을 나타내며, 사람들 사이의 조화로운 관계를 뜻하기도 한다.[20] 칠십인역에서 "샬롬"에 상응하는 단어가 "에이레네"이다. 바울은 "에이레네"를 헬라 문헌보다는 칠십인역의 용례를 따라 사용한다. 그의 서신들의 인사말에서 "에이레네"는 마음의 평안을 넘어 하나님과 이웃과 누리는 평화, 삶의 모든 영역에서 경험하는 안녕과 번영과 온전함을 의미한다(참조. 살후 3:16).

"은혜와 평화"는 "우리 아버지 하나님으로부터" 온다. "우리 아버지"라는 표현은 하나님과 신자들 사이의 친밀한 인격적 관계를 나타내 준다. 예수님을 믿고 따르는 신자들에게 하나님은 아버지이시다(마 6:9; 롬 1:7; 고전 1:3; 고후 1:2; 갈 1:4; 엡 1:2; 빌 1:2).[21] 하나님은 골로새의 이방인 신자들에게도 구원의 은혜를 베푸셨을 뿐만 아니라, 때마다 일마다 은혜와 평화를 주시는 자애

17 LSJ, 1978-79; MM, 684-85.

18 Conzelmann, *TDNT*, IX, 373-76; Silva, *NIDNTTE*, IV, 653.

19 BDAG, 1080; Green, 『IVP 성경신학사전』, 987-91.

20 Brown, *NIDNTT*, II, 777; Foerster, *TDNT*, II, 402.

21 참조. Ferguson, 『성도의 삶』, 159. 구약성경에서는 하나님을 "아버지"라고 15번 정도 언급한 데 비하여(신 32:6; 시 89:26; 사 63:16; 64:8; 렘 3:4, 19; 31:9; 말 1:6) 신약성경에서는 무려 250번 넘게 언급한다. Michel, *EDNT*, III, 53. 유대인은 하나님을 "우리의 아버지"나 "하늘 아버지"라고 불렀을 뿐, "나의 아버지"라고 부르지는 않았다. 구약성경에 나오는 "아버지" 하나님에 관해서는 다음 책을 보라. Thompson, *The Promise of the Father*, 40-48.

로운 아버지이시다(참조. 살후 3:16).

신약성경의 놀라운 가르침 가운데 하나는 하나님께서 유대인 신자들만이 아니라 이방인 신자들의 아버지가 되신다는 것이다. 하나님은 유대인들과 이방인들을 차별하지 않으시고 그리스도를 믿는 모든 자들에게 자녀가 되는 권세를 주신다(요 1:12). 그리고 그들의 마음에 성령님을 보내서 "아빠 아버지"라고 부르짖게 하신다(롬 8:15; 갈 4:6). 세상에서 가장 지혜로운 사람일지라도 성령님의 감동하심이 없다면 하나님을 "아버지"라고 부를 수 없다. 오직 성령님을 받은 하나님의 자녀들만이 하나님을 "아버지"라고 부를 수 있다. 진심으로 하나님을 아버지로 인정하고 아버지라고 부르는 사람은 하나님의 자녀임이 틀림없다. 그 사람의 마음에서 성령님이 역사하고 계시기 때문이다. 하나님의 자녀가 되어서 하나님 아버지의 자애로운 돌보심을 받으면서 사는 것은 얼마나 놀라운 일인가? 이것은 "복음이 제시하는 최고의 특권"이며,[22] 죄인들이 누릴 수 있는 최고의 복이다. 골로새의 이방인 성도들도 이런 최고의 특권과 복을 받은 것이다.

(2) 골로새 성도들로 인한 사도 바울의 감사(1:3-8)

1:3 헬라어 본문에서 감사 단락은 이렇게 시작한다. "우리는 하나님, 곧 우리 주님 예수 그리스도의 아버지께 감사합니다." 바울은 골로새에 가지 않았고, 그곳에 복음을 전하지도 않았다. 그런데도 골로새에 하나님을 믿고 예배하는 교회가 존재하게 된 것은 전적으로 하나님의 역사하심 때문이다. 골로새 교회는 하나님께서 행하신 구원 사역의 증거물이다. 그래서 바울은 하나님께 감사한다. 하나님은 "우리 주님 예수 그리스도의 아버지"이시다. 이 구절에서 바울은 두 가지 중요한 사실을 알려 준다. 첫째, 하나님은 예수 그리스도의 아버지이시다. 예수님은 하나님을 "내 아버지"라고 부르셨고(마 11:27; 26:39, 42; 눅 10:22; 24:49; 요 8:54; 14:21; 20:17), 하나님 또한 예수님을 "내 사랑하는 아들"이라고 부르셨다(마 3:17; 17:5; 막 1:11; 9:7; 눅 3:22). 하나님이 예수님의 아버지가 되시고, 예수님이 하나님의 아들이 되신 것은 시간이 존재하기 전에 일어난 일이다. 하나님은 영원 전부터 예수님의 아버지로 존재하시고,

22 Packer, 『하나님을 아는 지식』, 318, 325.

예수님은 영원 전부터 하나님의 아들로 존재하신다.

둘째, 예수 그리스도는 "우리 주님"이시다. 이것 역시 신약성경의 중요한 가르침이다(롬 1:4; 10:9; 고전 12:3; 빌 2:11; 살전 3:11; 살후 2:16-17). "주님"이라고 번역한 "퀴리오스"(κύριος)는 칠십인역에서 여호와 하나님을 가리키는 호칭이었다. 놀랍게도 신약의 저자들은 이 단어를 예수님을 가리키는 데 사용한다.[23] 사도 바울도 하나님께서 모든 이름 위에 뛰어난 이름 "퀴리오스"를 예수님에게 주셨다고 선언한다(빌 2:8-9). 그리스도인들을 핍박하던 그가 이렇게 한 것은 매우 놀라운 일이다. 그는 다마스코스로 가는 도중에, 부활하신 그리스도를 만남으로써 나사렛 예수가 주님이자 그리스도라는 사실을 깨닫게 되었다.

아람어를 말하는 유대인 기독교 공동체에서 예수님은 이미 주님으로 높임을 받으셨다.[24] 이런 사실은 고린도전서 16:22에 나오는 "마라나 따"(Μαράνα θά, "우리 주님이여, 오시옵소서")라는 문구에 반영되어 있다. 이 기원문은 이른 시기에 유대인 신자들이 사용한 아람어 문구를 헬라어로 음역한 것이다. 아람어 "마라나"(מָרַנָא)는 "주님"을 뜻하는 "마르"(מָר), 또는 "마레"(מָרֵא)에 일인칭 복수 접미어가 결합된 것으로, "우리 주님"을 의미한다.[25] "따"(θά)는 아람어 이인칭 명령 동사 "타"(תָא)를 음역한 것이다("오라", "오십시오"). 이 기원문은 우리 주님이신 그리스도가 다시 오시기를 간구하는 내용이다(참조. 계 22:20). 유대인 기독교 공동체가 매우 이른 시기부터 여호와 하나님을 지칭하는 "주님"이라는 칭호를 부활하신 예수 그리스도에게 사용한 것이다.

---

23 신약성경에서도 "주님"이라는 명칭은 종종 성부 하나님을 가리킨다(눅 1:16, 32, 68; 행 2:39; 17:24; 딤전 6:15; 계 1:8; 4:8, 11; 11:17; 15:3; 16:7; 18:8; 19:6; 21:22; 22:5). 신약성경의 저자들이 이 명칭을 하나님과 예수님을 지칭하는 데 모두 사용한 것이다.

24 예수 그리스도가 주님이시라는 것은 초기 기독교 신앙 고백의 핵심이자 예배의 본질적인 요소였다(행 2:36; 10:36; 롬 10:9; 고전 8:6; 12:3; 16:22; 고후 4:5; 빌 2:11; 골 2:6). 매우 이른 시기부터 그리스도인들은 예수 그리스도가 권위, 능력, 영광, 위엄 등을 성부 하나님과 공유하신다고 믿었다. 그들은 하나님을 생각하는 방식으로 예수님을 생각하였으며, 예수님을 하나님과 동등한 분으로 여겨 예수님을 예배하고 찬송하였다. 이에 관해서는 다음 책들을 보라. Capes, *Old Testament Yahweh Texts*, 164; Frame, 『조직신학』, 478-85; Hurtado, 『주 예수 그리스도』, 81-278.

25 BDAG, 616; Kuhn, *TDNT*, IV, 467-48; Fitzmyer, "New Testament *Kyrios* and *Maranatha*", 218-35; Moule, *The Origin of Christology*, 36-42; Silva, *NIDNTTE*, III, 229-32.

초기 기독교 공동체가 이렇게 예수님을 "주님"이라고 고백할 수 있었던 것은 예수님이 자신을 "주님"으로 알리셨기 때문이다. 예수님은 바람을 잠잠하게 만드시고, 병자들을 고치시고, 귀신들을 쫓아내시고, 죽은 자들을 살리셨다. 또 자신이 땅에서 죄를 사하는 권세를 가진 주님이며(마 9:6; 막 2:10; 눅 5:24), 안식일의 주인이라고 선언하셨다(마 12:8; 막 2:28; 눅 6:5). 그 결과 예수님은 공생애 기간에 "주님"으로 받아들여지셨다(마 9:28; 14:28, 30; 15:22; 눅 5:8; 요 13:13-14). 하지만 예수님이 "주님"이라는 사실이 본격적으로 선포된 것은 부활 사건 이후였다. 예수님은 죽음의 권세를 이기고 부활하여 하나님의 오른편에 앉으심으로써 주님으로 선포되셨다. 베드로는 하나님께서 예수님을 살리시고 "주와 그리스도"가 되게 하셨다고 선포하였다(행 2:36). 예수님은 "죽은 자와 산 자의 주"이시며(롬 14:9), "만주의 주"(계 17:14; 19:16)이시다.

예수님이 주님이시라는 것은 그분이 성부 하나님과 동등한 하나님이시라는 것을 의미한다.[26] 성부 하나님은 "주님"이라는 뛰어난 이름을 자기를 낮추고 죽기까지 복종하신 예수님에게 부여하셨고(빌 2:8-9), 예수님이 하나님과 동등한 주님이라는 것을 확증하셨다. 하늘에 있는 자들과 땅에 있는 자들과 땅 아래 있는 자들이 모두 무릎을 꿇고 예수님을 "주님"(κύριος)이라고 시인하여 하나님께 영광을 돌릴 날이 마침내 올 것이다(빌 2:10-11).

1:4 바울은 자신이 골로새 성도들을 위하여 기도할 때마다 예수 그리스도의 아버지이신 하나님께 감사하는 이유를 알려 준다. "그 이유는 우리가 그리스도 예수 안에 있는 여러분의 믿음과 모든 성도를 향하여 여러분이 가지고 있는 사랑을 들었기 때문입니다." 바울은 골로새 성도들의 믿음과 사랑을 로마를 방문한 에바브라에게 들었다(8절). 바울이 골로새 성도들의 믿음을 "그리스도 예수 안에 있는 여러분의 믿음"(τὴν πίστιν ὑμῶν ἐν Χριστῷ Ἰησοῦ)이라고 표현한다. "그리스도 예수 안에"(ἐν Χριστῷ Ἰησοῦ, "엔 크리스토 예수")를 두 가지 방식으로 이해할 수 있다. 한 가지는 그리스도 예수를 골로새 성도들의 믿음의 대상으로 보는 것이고, 다른 한 가지는 그들의 믿음이 유지되는 영역으로 보는 것이다.[27] 대부분의 주석가가 후자를 선호한다. 사도 바울이 예수님을 믿음의 대상으로 제시할 때는 대체로 전치사 "안에"(ἐν, "엔")가

26 Frame, 『조직신학』, 478-85, 901; Schreiner, 『신약신학』, 313.

27 Lohse, *Colossians and Philemon*, 16.

아니라 "안으로"(εἰς, "에이스")를 사용하기 때문이다. 두 견해 중 어느 것이 옳은지 결정하기가 어렵다. 아마도 바울은 "그리스도 예수 안에"를 중의적인 의미로 사용하고 있을 것이다. 골로새 성도들은 그리스도를 믿고 있고(2:5), 동시에 그리스도를 믿음으로써 그분과 연합하여 그분 안에서 믿음을 계속 유지하고 있다.

또한 골로새 성도들은 모든 성도를 사랑하고 있다. 바울이 그들의 사랑을 "모든 성도를 향하여 여러분이 가지고 있는 사랑"이라고 묘사한다. "모든 성도"(πάντας τοὺς ἁγίους, "판타스 투스 하기우스")는 골로새에 있는 성도들은 물론 라오디게아와 히에라폴리스에 있는 성도들까지 포함하는 표현일 것이다. "사랑"(ἀγάπη, "아가페")은 다른 사람을 소중히 여기고 친절하게 대하며 섬기는 것이다. 골로새 성도들은 그리스도를 믿을 뿐만 아니라 모든 성도들을 사랑한다. 그들의 사랑이 그들의 믿음을 입증한다. 그들의 믿음은 죽은 믿음이 아니라, 사랑으로써 역사하는 믿음이다(갈 5:6). 믿음과 사랑은 그리스도인의 가장 중요한 두 가지 특징이다. 사도 바울은 믿음과 사랑을 겸비한 성도들로 인하여 하나님께 감사하고 기뻐한다(엡 1:15-16; 살전 1:3; 살후 1:3; 몬 1:5).

1:5 바울은 이 본문에서 골로새 성도들이 가진 "믿음"과 "사랑"의 원인, 또는 근거를 이렇게 밝힌다.[28] "그 믿음과 사랑은 여러분을 위하여 하늘에 보관된 소망에 근거한 것입니다." 여기서 "소망에 근거한 것입니다"라고 번역한 것은 문자적으로는 "소망 때문에"(διὰ τὴν ἐλπίδα, "디아 텐 엘피다")를 뜻하는 전치사구이다. 이 전치사구는 앞 절에 나온 골로새 성도들의 믿음과 사랑에 연결된 것이다. 골로새 성도들이 "하늘에 보관된 소망 때문에" 믿음과 사랑을 갖게 되었다는 것이다.[29] 믿음과 사랑이 미래의 소망에 근거한다는 이 진술은 다소 놀랍다. 하나님께서 믿음을 주시고 사랑하게 하시기 때문이다. 하지만 하나님께서 약속하신 소망으로 인하여 믿음을 갖게 되고 사랑하게

28 개역개정은 5절 전반부를 "너희를 위하여 하늘에 쌓아 둔 소망으로 말미암음이니"라고 번역한다. 표준새번역은 더 명확하게 번역한다. "여러분의 믿음과 사랑은 여러분을 위하여 하늘에 쌓아 두신 소망에 근거합니다."

29 Calvin, *Colossians*, 302; Harris, *Colossians and Philemon*, 15; Moo, *Colossians and Philemon*, 85; Moule, *Colossians and Philemon*, 49; Pao, *Colossians and Philemon*, 52; Sumney, *Colossians*, 35.

되는 것도 사실이다. 소망이 믿음과 사랑의 원인이나 근거이기도 한 것이다. 소망이 없으면, 믿음도 없고 사랑도 없다.[30] 믿음과 소망과 사랑은 항상 함께 있다(고전 13:13).

"소망"을 뜻하는 "엘피스"(ἐλπίς)는 문맥에 따라서 소망하는 대상이나 소망하는 행위를 가리킨다.[31] 이 본문에서는 소망하는 대상, 즉 소망의 내용을 의미한다. 신자들이 인내하면서 바라고 기대하는 것이다. 바울은 이 소망이 골로새 성도들을 위하여 "하늘에 보관되어" 있다고 말한다(참조. 딤후 4:8). "보관된"(ἀποκειμένην, "아포케이메넨")이라는 수동태 분사의 의미상 주어는 하나님이다.[32] 골로새 성도들을 위하여 하늘에 소망을 보관하신 분이 하나님 자신이라는 말이다. 소망은 거짓말을 하실 수 없는 하나님의 약속에 근거하고, 하나님 자신이 이루신다(참조. 히 6:17-19). 따라서 소망은 막연하거나 불확실한 것이 아니라 분명하고 확실한 것이다.

그러면 소망의 내용은 무엇인가? 그리스도 자신이다. 1:27에서 바울은 그리스도가 "영광의 소망"이라고 단언한다. 그리스도가 다시 오시는 날, 골로새 성도들은 그분과 함께 영광 중에 나타날 것이고(3:4; 참조. 롬 8:17), 새 하늘과 새 땅에서 "빛 가운데 있는 성도의 기업"(1:12)을 받아 누릴 것이기 때문이다. 사도 베드로는 "썩지 않고 더러워지지 않고 쇠하지 않는 기업"을 우리를 위하여 하늘에 간직하신 소망으로 제시한다(벧전 1:4). 몸의 부활(고전 15:51-54), 의의 면류관(딤후 4:8), 영생(딛 1:2; 3:7)도 소망이다. 지금 이 모든 것이 하늘에 보관되어 있다. 그리스도가 다시 오시는 날, 이 모든 것이 성도들에게 주어질 것이다.

골로새 성도들은 "이 소망을 진리의 말씀, 곧 복음 안에서 이미 들었다."[33] 이 구절에서 "진리의 말씀, 곧 복음"은 "복음의 진리의 말씀"이라는 헬

30 Wright, 『골로새서·빌레몬서』, 81. 그는 "그리스도인의 미래 소망이라는 확고한 사실이 현재의 변치 않는 믿음과 고귀한 사랑을 위한 강력한 동기 유발의 모체"라고 말한다. 또 다음 글을 보라. Elliott, "소망", 『IVP 성경신학사전』, 788. 그는 이렇게 말한다. "소망은 믿음의 바탕이 되고 성령으로부터 오는 사랑의 계기가 된다."

31 BDAG, 319-20; L&N, 25.59, 25.61.

32 원형 동사 "아포케이마이"(ἀπόκειμαι)는 "따로 두다", "저장해 두다", "보관하다"를 의미한다. BDAG, 113.

33 "너희가 전에 복음 진리의 말씀을 들은 것이라"는 개역개정의 번역은 모호하다. 이 본문에서 사도가 말하고자 하는 바는 골로새 성도들이 복음을 들었다는 사실이 아니라, 소망을

라어 속격 구문을 번역한 것이다.[34] "진리의 말씀"(τῷ λόγῳ τῆς ἀληθείας, "토 로고 테스 알레떼이아스")은 "복음"(τοῦ εὐαγγελίου, "투 유앙겔리우")과 동격으로 읽어야 한다. 유사한 표현이 나오는 에베소서 1:13에서 "진리의 말씀"이 의심의 여지없이 "복음"과 동격이기 때문이다.[35] 바울이 복음을 "진리의 말씀"으로 제시하는 목적은 잘못된 가르침과 대조하기 위함이다(참조. 갈 2:5; 살후 2:10-12). 골로새에서 문제를 일으키고 있는 거짓 교사들의 가르침은 "공허한 속임수"(2:8)이다. 그 반면에 골로새 성도들이 받은 복음은 "진리의 말씀"이다. 골로새 성도들은 거짓 교사들의 "공허한 속임수"를 배격하고, "진리의 말씀"인 복음을 굳게 붙들어야 한다.

복음은 하나님께서 믿는 자들에게 구원을 주시기 위하여 제정하신 구원의 진리이다(롬 1:16). 복음의 핵심은 하나님의 아들 예수 그리스도가 우리의 죄를 위하여 십자가에서 죽으시고 부활하셨다는 것이고, 그분을 주님이자 구원자로 믿음으로 말미암아 은혜로 구원을 받는다는 것이다(롬 1:3-4; 10:9; 고전 15:1-4). 골로새 성도들은 이 복음 "안에서"(ἐν, "엔") 소망을 들었다. 그들은 에바브라가 전해 준 복음을 들었을 때, 소망을 알게 되었다. 복음이 예수 그리스도가 다시 오시는 날, 그분을 믿는 자들이 영광스럽게 되고 새 하늘과 새 땅에서 의와 평화와 희락을 받아 누린다는 소망의 내용을 포함하기 때문이다.

1:6 사도 바울이 소망에서 복음의 역동성으로 초점을 옮긴다. "이 복음이 여러분에게 도달하였고 … 여러분 중에서 그러한 것과 같이 또한 온 세상에서도 열매를 맺으며 자라고 있습니다." 헬라어 본문에서 이 구절은 "복음"(5절)을 가리키는 중성 분사 "투 파론토스"(τοῦ παρόντος)로 시작한다. 이 분사의 원형 동사 "파레이미"(πάρειμι)는 "존재하다", "있다", "오다", "도착하다"를 의미한다.[36] 여기서는 "안으로", "에게로"를 뜻하는 전치사(εἰς, "에이스")와 함

"복음 안에서" 들었다는 사실이다.

34 Calvin, *Colossians*, 302; Harris, *Colossians and Philemon*, 16; O'Brien, 『골로새서·빌레몬서』, 89-90; Pao, *Colossians and Philemon*, 53.

35 엡 1:13상에서 바울은 이렇게 말한다. "그분 안에서 여러분도 '그 진리의 말씀', 곧 여러분의 구원의 '복음'을 듣고"(ἐν ᾧ καὶ ὑμεῖς ἀκούσαντες τὸν λόγον τῆς ἀληθείας, τὸ εὐαγγέλιον τῆς σωτηρίας ὑμῶν).

36 BDAG, 773-74.

께 주어의 동작이나 움직임을 표현한다. 복음 자체가 골로새 성도들에게 도달해 있다는 것이다. 그들에게 복음을 전한 사람은 에바브라이다. 하지만 바울은 복음이 스스로 그들에게 도달한 것으로 서술한다.

골로새 성도들에게 도달한 복음이 지금 포도나무처럼 그들 가운데서 "열매를 맺으며 자라고 있다." 이 구절은 "에이미"(εἰμί) 동사와 함께 "열매를 맺고 있다"(καρποφορούμενον, "카르포포루메논")와 "자라고 있다"(αὐξανόμενον, "아욱사노메논")라는 두 개의 현재 분사가 결합된 우회적 현재 구문이다. 이 구문은 지속되는 동작을 강조한다.[37] 복음이 지속적으로 열매를 맺고 자라고 있음을 나타내는 것이다.[38] 바울은 의도적으로 "열매를 맺다"라는 분사를 앞에 배치하여 복음의 생명력을 강조한다. 복음이 "열매를 맺으며 자라고 있다"는 말은 복음의 능력으로 믿는 자들의 수가 늘어나는 것과 믿는 것은 물론 믿는 자들의 삶이 변화되고, 선한 행실의 열매를 맺는 것을 가리킨다.[39]

사도 바울이 방문한 적이 없는 소아시아의 작은 도시 골로새에까지 복음이 도달해서 그곳에서 열매를 맺으며 자라고 있는 것은 얼마나 놀라운 일인가? 어떻게 이런 일이 일어났는가? 데살로니가처럼 골로새에도 복음이 "능력과 성령과 큰 확신으로" 전해졌기 때문이다(살전 1:5). 성령 하나님께서 골로새에서 능력으로 역사하셨고, 지금도 복음을 통하여, 복음과 함께 계속해서 역사하고 계신 것이다. 언제부터 이런 일이 일어났는가? 골로새 성도들이 "하나님의 은혜를 듣고 깨달은 날"부터였다. "하나님의 은혜"(τὴν χάριν τοῦ θεοῦ, "텐 카린 투 떼우")란 에바브라가 전한 진리의 말씀, 곧 "하나님의 은혜의 복음"(행 20:24)을 가리킨다.[40] 고린도후서 6:1에서도 바울은 "하나님의 은혜"라는 표현을 복음을 가리키는 데 사용한다. 은혜가 복음의 중심 요소이기 때문이다. "깨닫다"(ἐπιγινώσκω, "에피기노스코")라는 동사는 어떤 대상을 알

37 Porter, *Idioms of the Greek New Testament*, 45-47; Wallace, *Greek Grammar*, 647-48.

38 Harris, *Colossians and Philemon*, 17.

39 Abbott, *Ephesians and Colossians*, 198; Caird, *Paul's Letters*, 168; Lightfoot, *Colossians and Philemon*, 135; Lincoln, "Colossians", 591; O'Brien, 『골로새서·빌레몬서』, 91; Pokorný, *Colossians*, 43; 조경철, 『오직 그리스도』, 73.

40 Harris, *Colossians and Philemon*, 19; Lightfoot, *Colossians and Philemon*, 136; Pao, *Colossians and Philemon*, 55.

거나 인식하는 것을 의미한다.[41] 복음의 진리를 깨닫는다는 것은 단지 지적으로만 아는 것을 넘어 마음으로 인정하고 받아들인다는 뜻이다. 골로새 성도들은 복음에 나타난 하나님의 은혜를 분명하게 깨달았다. 그래서 그들은 진심으로 그리스도 예수를 믿게 되었고, 모든 성도들을 사랑하게 되었다.

복음의 능력이 골로새에서만 나타나고 있는 것이 아니다. "또한 온 세상에서도 열매를 맺으며 자라고 있다!" 이 구절에서 "온 세상에서"(ἐν παντὶ τῷ κόσμῳ, "엔 판티 토 코스모")는 문자 그대로 이 세상의 모든 곳을 의미하지 않는다. 예루살렘으로부터 시작하여 가이사랴, 안디옥, 빌립보, 고린도, 로마 등 많은 도시에 복음이 전해졌음을 의미한다(참조. 롬 15:19). 예루살렘에서는 하나님의 말씀이 왕성하여 제자의 수가 심히 많아졌고(행 6:7), 에베소에서도 주님의 말씀이 힘이 있어 흥왕하여 세력을 얻었다(행 19:20). 데살로니가에서도 사람들이 우상을 버리고 살아 계신 하나님께로 돌아왔다(살전 1:9). 복음이 온 세상에서 열매를 맺으며 자라고 있는 것은 복음이 "모든 믿는 자에게 구원을 주시는 하나님의 능력"이기 때문이다(롬 1:16).

1:7 이제 바울은 복음에서 그 복음을 전한 사람에게로 주제를 바꾼다. 골로새 성도들 안에서 열매를 맺으며 자라고 있는 그 복음을 전한 사람은 에바브라이다. "이와 같이 여러분은 복음을 우리와 함께 종이 된 사랑하는 에바브라에게 배웠습니다." 에바브라는 복음을 체계적이면서도 철저하게 가르쳤다. 그는 "우리와 함께 종이 된 사랑하는 사람"이며, "여러분을 위한 그리스도의 신실한 일꾼"이다. "우리와 함께 종이 된 사랑하는 사람"(τοῦ ἀγαπητοῦ συνδούλου ἡμῶν, "투 아가페투 쉰둘루 헤몬")은 문자적으로 "우리의 사랑하는 동료 종"이라는 뜻이다. "종"이라고 번역한 "둘로스"(δοῦλος)는 충성과 복종의 개념을 지닌 단어이다. 종은 주인에게 종속되어서 전적으로 주인을 섬겨야 하는 존재이다.[42] 에바브라는 마음을 다하여 그리스도를 섬기는 "그리스도 예수의 종"이다(4:12). 바울 또한 "그리스도 예수의 종"(빌 1:1; 참조. 롬 1:1; 갈 1:10)이다. 그래서 에바브라를 우리의 "동료 종"이라고 부르는 것이다. 에바브라를 제외하고는 바울이 자기 동역자를 "우리의 사랑하는 동료 종"이라고 부른 적이 없다. 그만큼 에바브라는 바울에게 소중한 동역자이다. 바울은 그

41 BDAG, 369.

42 BDAG, 259; Rengstorf, *TDNT*, II, 261.

를 진심으로 사랑한다.

바울의 칭찬은 여기서 그치지 않는다. 그는 계속해서 에바브라를 "여러분을 위한 그리스도의 신실한 일꾼"이라고 부른다. "일꾼"이라고 번역한 "디아코노스"(διάκονος)는 본래 식탁에서 시중드는 사람을 가리켰다. 신약성경에서는 일꾼, 청지기, 사역자, 집사 등 다양한 의미로 사용된다.[43] 에바브라는 그리스도를 신실하게 섬기는 일꾼이다. 이 말은 그가 복음을 충실하게 전하고 가르쳤음을 알려 준다. 특별히 에바브라는 "여러분을 위한"[44] 그리스도의 신실한 일꾼이다. 다시 말해서, 골로새 교회를 위하여 그리스도의 부르심을 받은 사역자이다. 에바브라는 골로새만이 아니라 라오디게아와 히에라폴리스에서도 사역을 하였다(4:13). 하지만 그는 골로새 교회의 담임 사역자이다. 그는 골로새 교회를 설립하였고, 그 교회를 위하여 많이 수고하였다. 지금도 로마에서 골로새 교회를 위하여 힘써 기도하고 있다(4:12).

1:8 에바브라는 골로새 지역에서 거짓 교사들이 문제를 일으키자 사도 바울에게 도움을 받으려고 로마로 갔다. 그는 바울에게 거짓 교사들의 문제만이 아니라 골로새 성도들의 사랑도 알려 주었다. "(에바브라는) 성령님으로 말미암은 여러분의 사랑을 우리에게 알려 준 사람입니다."[45] 이 진술에서 "성령님으로 말미암은"이라고 번역한 표현은 문자적으로 "성령님 안에"(ἐν πνεύματι, "엔 프뉴마티")이다.[46] 성령님께서 골로새 성도들로 하여금 하나님의 사랑을 깨닫게 하고, 모든 성도들을 사랑하게 만드셨음을 의미한다.[47] 성령님으로 말미암은 사랑은 골로새 성도들이 살아 있는 믿음을 갖고 있음을 보여 주는 표지이다.[48]

---

43 BDAG, 230-31; Beyer, *TDNT*, II, 91-92.

44 "여러분을 위한"이 아니라 "우리를 위한"으로 읽는 주석가들도 적지 않다. 그들은 이 본문에서 에바브라가 자신의 충실한 대리자라는 점을 사도 바울이 강조하고 있다고 주장한다. Beale, *Colossians and Philemon*, 51; Harris, *Colossians and Philemon*, 20; Moo, *Colossians and Philemon*, 55.

45 "알려 주다"(δηλόω, "델로오")라는 동사는 하나님의 진리를 계시하는 것이나(벧후 1:14), 또는 단순히 정보를 알려 주는 것을 의미한다(고전 1:11). BDAG, 222.

46 BDF, §219; Wallace, *Greek Grammar*, 373-74.

47 Beale, *Colossians and Philemon*, 44; Fee, 『성령』, 하, 313-14; Harris, *Colossians and Philemon*, 21; Lohse, *Colossians and Philemon*, 23.

48 바울은 골로새서에서 이 본문에서만 유일하게 성령님을 언급한다. 이 편지에서 그는 성령님의 사역을 거의 강조하지 않는다. 거짓 교사들과의 논쟁에서는 성령론보다 기독론이 더

사도 바울이 편지의 앞부분에서 독자들을 위하여 수고하는 사역자를 언급하는 것은 이례적이다. 바울 서신 전체에서 유일하게 여기서만 그렇게 한다. 바울이 이렇게 하는 목적은 무엇인가? 에바브라가 골로새 성도들에게 진리의 말씀, 곧 복음을 전한 신실한 사역자임을 강조하기 위함이다. 골로새 성도들은 거짓 교사들이 아니라 에바브라를 신뢰해야 하고, 거짓 교사들의 가르침이 아니라 에바브라가 전한 복음을 굳게 붙들어야 한다.

메시지와 적용

■ **그리스도인의 두 표지, 믿음과 사랑** 이 단락의 중요한 교훈은 사도 바울의 감사에서 찾을 수 있다. 그는 골로새 성도들의 믿음과 사랑으로 말미암아 하나님께 감사한다. 믿음과 사랑은 그리스도인의 가장 중요한 표지이다. 믿음은 예수 그리스도를 주님이자 구원자로 인정하고 인격적으로 신뢰하는 것이고, 사랑은 우리를 위하여 자신을 버리신 예수 그리스도의 사랑에 응답하는 것이다. 참된 믿음을 가진 사람은 예수 그리스도를 사랑하고 다른 성도들을 사랑한다. 믿음과 사랑은 항상 함께 가야 한다. 믿음을 중요하게 여기고 사랑은 가볍게 여기거나, 반대로 사랑을 중요하게 여기고 믿음은 가볍게 여기는 것은 모두 잘못이다. 그리스도인은 믿음과 사랑을 겸비한 사람이어야 한다.

■ **하늘에 보관된 소망** 이 단락은 소망의 중요성을 알려 준다. 신자의 믿음을 굳건하게 만들고 사랑을 풍성하게 만드는 것이 바로 하나님께서 하늘에 보관하신 소망이다. 소망은 영광 중에 다시 오실 그리스도 자신이며, 그리스도가 이루실 구원의 완성이고, 새 하늘과 새 땅에서 우리가 받을 의와 평화와 희락이다. 이 소망을 가볍게 생각하고 세상의 물질과 성공과 쾌락을 추구하는 교인들이 많다. 루이스(C. S. Lewis)는 우리 자신들이 "무한한 기쁨을 준다고 해도 술과 섹스와 야망에만 집착하는 냉담한 피조물들"[49]이라고 탄식하였다. 오늘 우리도 냉담한 피조물이 아닌가? 우리도 하나님께서 약속하신 것들을 무시한 채 세상에 속한 것들을 추구하고 있지는 않은가?

■ **복음의 생명력과 역동성** 이 단락은 또한 복음의 역동성을 강조한다. 복음은

중요하기 때문일 것이다. Pao, *Colossians and Philemon*, 58.

49 Lewis, 『영광의 무게』, 12.

골로새에서만이 아니라 온 세상에서도 열매를 맺으며 자라고 있다. 바울 당시에 많은 사람들이 우상을 버리고 살아 계신 하나님께로 돌아왔다. 그들은 예수님을 주님으로 고백하고 주님을 위하여 살았다. 복음의 능력이 그들을 변화시킨 것이다. 참으로 복음은 "모든 믿는 자에게 구원을 주시는 하나님의 능력"이다(롬 1:16). 오늘날에도 마찬가지이다. 하나님께서는 여전히 복음으로 죄인들을 구원하기를 기뻐하시며, 여전히 복음과 함께 역사하시기 때문이다. 만일 복음을 전하고 있는데도 구원의 능력이 나타나지 않는다면, 복음을 바르게 전하고 있는지 살펴보아야 한다. 바른 복음을 회복하고, 그 복음을 바르게 선포할 때 복음이 온 세상에서 열매를 맺으며 자라는 것을 보게 될 것이다. 참된 복음의 메시지가 전해지는 곳에 복음의 능력이 나타나기 마련이다. 지금도 복음이 모든 믿는 자에게 구원을 주시는 하나님의 능력이라는 사실을 잊지 말자.

■ **그리스도의 신실한 일꾼** 이 단락은 사역자가 그리스도의 신실한 일꾼이어야 함을 알려 준다. 에바브라는 "그리스도의 신실한 일꾼"이라는 인정을 받았다. 사역자로 부름받은 사람이라면 누구나 이러한 인정을 받고자 힘써 노력해야 한다. 사역자는 자신이 그리스도의 일꾼으로 부름받았다는 사실을 항상 기억해야 한다. 그리고 복음을 왜곡하지 말고 있는 그대로 전해야 한다. 얼마나 많은 사역자가 자기 영광과 유익을 추구하다가 복음을 왜곡하는가? 또한 자신이 전하는 복음에 합당하게 살아야 한다. 죄인들을 구원하기 위하여 자신을 내주신 그리스도처럼 교인들을 위하여 자신을 내주고, 그들의 유익을 구해야 한다. 그리스도를 기쁘시게 하려는 자세를 가지고 진심으로 그리스도를 섬겨야 한다. 이렇게 할 때 그리스도의 신실한 일꾼으로 인정받게 될 것이다.

2. 골로새 성도들을 위한 사도 바울의 기도(1:9-14)

| 번역 |

9 이것 때문에 소식을 들은 날부터 우리는 또한 여러분을 위하여 기도하고 구하기를 그치지 않습니다. 우리는 여러분이 모든 영적인 지혜와 이해력을 통하여 하나님의 뜻을 아는 지식으로 충만하게 되어서 10 주님께 합당하게 행함으로써 모든 일에서 그분을 기쁘게 해 드리기를 [a]구합니다. 우리는 여러분이 모든 선한 일에서 열매를 맺고, 하나님을 아는 지식에서 자라고, 11 그분의 영광의 권세를 따라 여러분이 모든 능력으로 강하게 되어서 기쁨으로 모든 것을 견디고 오래 참고, 12 [b]여러분으로 하여금 빛 가운데 있는 성도의 기업의 몫을 받을 자격을 갖게 하신 아버지께 감사하기를 [c]바랍니다. 13 그분은 우리를 흑암의 권세에서 구해 내어 자기의 사랑하는 아들의 나라로 옮기셨습니다. 14 그 아들 안에서 우리에게 속량, 곧 죄 사함이 있습니다.

a "구합니다"는 뜻을 명확하게 하려고 첨가한 것이다.

b 시내산 사본(א)과 바티칸 사본(B) 등은 "여러분으로 하여금"(ὑμᾶς, "휘마스")을 지지하지만, 다른 사본들(A C D 33 *Byz*)은 "우리로 하여금"(ἡμᾶς, "헤마스")을 지지한다. 개역개정도 이 사본들을 따른다. 후대 필사자가 13절에 나오는 "우리를"(ἡμᾶς)과 일치시키려고 "여러분으로 하여금"을 "우리로 하여금"이라고 수정하였을 것이다.[50]

c "바랍니다"는 뜻을 명확하게 하려고 첨가한 것이다.

| 본문 이해 터 닦기 |

| 문맥과 주제 | 이 단락은 사도 바울이 골로새 교회 성도들을 위하여 하나님께 기도한 내용을 담고 있다(1:9-14). 그의 기도는 자연스럽게 그리스도를 찬송하는 단락으로 이어진다. 기도 단락의 마지막 부분에서 언급된 하나님의 아들이 다음 단락(1:15-20)에서 찬송을 받는 주인공으로 등장한다.

이 단락에서 바울은 골로새 성도들이 하나님의 뜻을 아는 지식으로 충만하게 되도록 기도한다. 그는 골로새 성도들이 주님께 합당하게 살아감으로써 주님을 기쁘게 해 드리기를 바란다(1:9-10상). 주님께 합당한 삶이란 구체적으로 선한 일의 열매를 맺고(1:10중), 하나님을 아는 지식에서 자라고(1:10하), 하나님의 능력으로 강하게 되어 모든 것을 견디고 참고(1:11), 하나님 아버지께 감사하는 것이다(1:13-14). 이 단락의 주제는 다음과 같다. 바울은

50 Metzger, *A Textual Commentary*, 553.

골로새 성도들이 하나님의 뜻을 아는 지식으로 충만하게 되어서 주님께 합당한 삶을 살도록 기도한다.

| 배경 | "지식"은 영지주의에서 가장 중요한 개념이다. 영지주의란 "지식"(γνῶσις, "그노시스")을 통하여 구원받을 수 있다고 가르친 종교 운동이다.[51] 영지주의의 특징은 영의 세계와 물질세계의 대립이라는 우주적 이원론이다. 영은 선한 반면에 물질은 악하다는 것이다. 구원은 영혼이 육체와 물질세계에서 해방되어 빛의 세계로 돌아가는 것이라고 한다. 구원의 수단은 인간의 기원과 운명의 신비를 밝혀 주고 사물의 의미를 알려 주는 영적 지식이다.

일부 성경학자들은 골로새서가 이런 형태의 영지주의를 반영하고 있다고 주장한다. 하지만 영지주의는 주후 2세기에 출현한 종교 운동이다. 바울 당시에 영지주의가 체계화된 형태로 존재했다는 증거가 없다. 또한 이 서신에는 영의 세계와 물질세계의 대립, 육체를 영혼의 무덤으로 간주하는 경향, "그노시스"를 통한 구원 등 영지주의 요소들이 나오지 않는다.[52]

이 단락에서 "지식"은 인간의 기원과 운명의 신비를 아는 것이 아니라, 하나님 자신과 하나님의 뜻을 아는 것과 관련이 있다. 그리고 그 지식은 구원을 위한 것이 아니라 주님께 합당한 삶을 위한 것이다. 하나님의 뜻을 이해하고 실천하는 것과 관련이 있는 지식의 개념은 구약성경과 유대 문헌에 자주 나온다. 이 단락에서 "지식"은 영지주의가 아니라 구약성경과 유대 배경에서 이해해야 한다.[53]

| 구조 | 이 단락은 감사 단락(3-8절)처럼 하나의 길고 복잡한 문장이다. 기도의 도입 부분(9상절)과 하나님을 아는 지식으로 충만해지기를 구하는 기도(9하절), 기도의 목적을 나타내는 부정사구(10상절)가 차례로 이어진다. 그리고 주님께 합당한 삶을 묘사하는 네 개의 분사절("열매를 맺다", "지식에서 자라다", "능력으로 강하게 되다", "감사하다")이 나온다(10중-14절). 마지막 분사절(12-14절)은 하나님 아버지께 감사해야 하는 이유를 알려 주는 두 개의 관계 대명사절을

51 영지주의에 관해서는 다음 책들을 보라. Hutin, 『신비의 지식, 그노시즘』, 17-96; McGrath, 『그들은 어떻게 이단이 되었는가』, 178-89; Yamauchi, *DPL*, 352.

52 Dunn, *Colossians and Philemon*, 28; Wilson, *Colossians and Philemon*, 47.

53 Beale, *Colossians and Philemon*, 55; Pao, *Colossians and Philemon*, 69; Wright, 『골로새서·빌레몬서』, 89.

포함한다.[54] 골로새 성도들은 그들을 위하여 이루신 구원으로 인하여 아버지 하나님께 감사해야 한다(13-14절). 이 단락은 다음과 같이 세 부분으로 나눌 수 있다.

(1) 9-10상절	주님께 합당한 삶을 위한 기도
	1) 기도의 도입(9상절)
	2) 하나님을 아는 지식으로 충만해지도록 간구함(9하절)
	3) 기도의 목적: 주님께 합당하게 사는 삶(10상절)
(2) 10중-12절	주님께 합당한 삶의 요소들
	1) 모든 선한 일에서 열매를 맺음(10중절)
	2) 하나님을 아는 지식에서 자람(10하절)
	3) 모든 것을 견디고 참음(11절)
	4) 아버지 하나님께 감사함(12절)
(3) 13-14절	감사해야 하는 이유: 아버지 하나님께서 이루신 구원
	1) 흑암의 권세에서 구해 내어 아들의 나라로 옮기심(13절)
	2) 죄 사함을 받음(14절)

주해

(1) 주님께 합당한 삶을 위한 기도(1:9-10상)

1:9 사도 바울은 자신이 골로새 교회로 인하여 감사할 뿐만 아니라 그들을 위하여 기도하고 있다는 사실을 알려 준다. "이것 때문에 소식을 들은 날부터 우리는 또한 여러분을 위하여 기도하고 구하기를 그치지 않습니다." 이 구절에서 "이것 때문에"(διὰ τοῦτο, "디아 투토")는 에바브라가 바울에게 알려 준 골로새 교회의 형편을 가리킨다.[55] 골로새 성도들은 그리스도의 신실한 일꾼인 에바브라에게서 복음을 배웠고, 하나님의 은혜를 깨달았다. 그들은 그리스도를 믿고 있고, 모든 성도들을 사랑한다. 그들 가운데서 복음이 열매를 맺으며 자라고 있다. 골로새 성도들은 올바른 영적 궤도에 들어서서

54 일부 주석가들은 기도 단락이 11절에서 끝나고 12절에서 새 단락이 시작된다고 본다. 예를 들어, Eduard Lohse는 12절의 분사절 "감사드리다"(εὐχαριστοῦντες)를 앞의 분사절들과 분리하고, 이 분사절이 하나님을 찬양하도록 수신자들을 초대한다고 주장한다(Lohse, *Colossians and Philemon*, 24, 32). 하지만 이 분사절은 앞의 세 분사절과 함께 주님께 합당한 삶의 모습을 묘사한다.

55 Harris, *Colossians and Philemon*, 25; Pao, *Colossians and Philemon*, 68.

잘 달리고 있다. 바울은 그들이 계속해서 달음질을 잘하기를 바란다. 그래서 그들을 위하여 "기도하고 구하기를 그치지 않는다"(οὐ παυόμεθα, "우 파우오메따"). 바울은 골로새 교회를 설립하지 않았고 방문한 적도 없지만, 그 교회를 누구보다 사랑한다. 그가 그들을 위하여 기도하기를 그치지 않는다는 말은 그들을 위하여 시간을 정해 놓고 날마다 기도한다는 뜻이다.

바울의 기도가 14절까지 이어진다. 기도의 내용은 크게 두 부분으로 이루어져 있다. 첫째 부분은 골로새 성도들이 하나님의 뜻을 아는 지식으로 충만하게 되어서 주님께 합당하게 살도록 간구하는 것이고(9하-10상절), 둘째 부분은 주님께 합당하게 사는 삶에 관해 구체적으로 간구하는 것이다(10중-14절). 첫째 부분을 번역하면 다음과 같다. "우리는 여러분이 모든 영적인 지혜와 이해력을 통하여 하나님의 뜻을 아는 지식으로 충만하게 되고, 그리하여 주님께 합당하게 행함으로써 모든 일에서 그분을 기쁘게 해 드리기를 구합니다."[56]

이 간구의 핵심은 골로새 성도들이 하나님의 뜻을 아는 지식으로 충만해지는 것이다. "충만하게 되다" 또는 "충만하게 채워지다"라고 번역할 수 있는 "플레로떼테"(πληρωθῆτε)는 동작의 주체가 하나님이심을 나타내는 신적 수동태이다. 골로새 성도들을 충만하게 채우시는 분이 하나님이라는 것이다.[57] 골로새 성도들은 무엇으로 충만하게 채워져야 하는가? "하나님의 뜻을 아는 지식"이다.[58] 하나님의 뜻을 아는 지식이 있어야 주님께 합당한 삶을 살 수 있고, 거짓 교사들의 교묘한 주장을 물리칠 수 있기 때문이다.

하나님의 뜻이란 무엇인가? 이 본문에서 바울은 하나님의 뜻을 분명하게 언급하지 않는다. 이 서신의 다른 본문에서 그는 신자들을 거룩하고 흠

---

56 개역개정은 9하절을 이렇게 번역한다. "너희로 하여금 모든 신령한 지혜와 총명에 하나님의 뜻을 아는 것으로 채우게 하시고." 이 번역은 부정확하고 모호하다. 하나님의 뜻을 아는 것으로 채워져야 할 대상은 골로새 성도들이지 신령한 지혜와 총명이 아니다. 표준새번역은 본문의 의미를 살려서 번역한다. "우리는 하나님께서 여러분에게, 모든 신령한 지혜와 총명으로 하나님의 뜻을 아는 지식을 채워 주시기를 빕니다."

57 Moo, *Colossians and Philemon*, 93; Pao, *Colossians and Philemon*, 68.

58 "하나님의 뜻을 아는 지식"이라고 번역한 표현은 문자적으로 "그의 뜻의 지식"(ἐπίγνωσιν τοῦ θελήματος αὐτοῦ, "에피그노신 투 뗄레마토스 아우투")이다. "그의"는 하나님을 가리키며, "뜻의"는 목적어적 속격이다. 이런 점을 고려하여 번역하면 "하나님의 뜻을 아는 지식"이다.

이 없고 책망할 것이 없는 자들로 세우시는 것(1:22), 신자들이 위에 있는 것들을 찾는 것(3:1), 서로 용서하는 것(3:13), 하나님께 감사하는 것(3:17), 기도를 계속하는 것(4:2) 등을 하나님의 뜻으로 제시한다. 바울의 다른 서신에서 하나님의 뜻은 그리스도를 통하여 죄인들을 악한 세대에서 건지시는 것(갈 1:4), 그리스도로 말미암아 죄인들을 하나님의 아들들로 입양하시는 것(엡 1:5), 신자들이 거룩한 삶을 사는 것(살전 4:3), 모든 사람과의 관계에서 항상 선을 추구하는 것(살전 5:15), 항상 기뻐하고 쉬지 않고 기도하고 범사에 감사하는 것(살전 5:16-18), 선을 행함으로 고난받는 것(벧전 3:17) 등이다. 하나님의 뜻은 하나님의 백성을 향한 하나님의 모든 명령과 의지를 포함하는 매우 포괄적인 것이다.

하나님의 뜻을 아는 지식으로 충만하게 채워진다는 말은 하나님의 뜻을 온전히 깨닫고, 그 뜻을 마음으로 받아들인다는 의미이다.[59] 골로새 성도들이 하나님의 뜻을 아는 지식으로 충만하게 채워지려면 "모든 영적인 지혜와 이해력"이 필요하다. "지혜"(σοφία, "소피아")와 "이해력"(σύνεσις, "쉬네시스")은 하나님의 뜻을 깨닫거나 이해하는 영적 능력을 가리킨다(참조. 고전 2:8; 딤후 2:7).[60] 바울은 두 단어의 의미를 엄격하게 구분하지 않는다. 하나님의 뜻을 온전히 깨닫고 이해하는 능력을 강조하려고 두 단어를 함께 사용한다.

"영적인"이라고 번역한 "프뉴마티케"(πνευματικῇ)는 "성령님이 주시는", "성령님에게 속한"을 의미한다.[61] 이사야서에서 성령님은 장차 메시아 위에 강림하실 "지혜와 총명의 영"이시다(사 11:2). 에베소서에서도 성령님은 "지혜와 계시의 영"이시다(엡 1:17). 성령님이 영적 지혜와 이해력의 근원이신 것이다. 하나님의 영이신 성령님을 통해서만 하나님의 뜻을 온전히 알 수 있다(고전 2:10-12). 지금 바울은 성령님을 통하여 모든 지혜와 이해력을 골로새 성도들에게 주시도록 하나님께 간구하고 있는 것이다. 그들이 모든 영적인 지혜와 이해력을 받으면 하나님의 뜻을 온전히 깨닫게 될 것이다.

59 복합 명사 "에피그노시스"(ἐπίγνωσις)는 신약성경에서 도덕적이며 종교적인 지식에 한해서만 사용된다(BDAG, 369). 이 명사와 단순 형태의 명사 "그노시스"(γνῶσις) 사이에는 특별한 의미의 차이가 없다. 전치사 "에피"(ἐπί)를 고려할 경우에 "에피그노시스"가 특정한 대상을 아는 지식을 의미하는 것으로 볼 수 있다(L&N, 28.2).

60 BDAG, 934, 970; L&N, 32.32, 32.26.

61 BDAG, 837; Fee, 『성령』, 하, 317-18.

1:10상 골로새 성도들이 하나님의 뜻을 아는 지식으로 충만하게 채워져야 하는 목적은 무엇인가? "주님께 합당하게 행함으로써 모든 일에서 그분을 기쁘게 해 드리는" 것이다.[62] 하나님의 뜻을 아는 지식은 반드시 주님께 합당한 삶을 사는 것으로 이어져야 한다. "행함으로써"라고 번역한 부정사 "페리파테사이"(περιπατῆσαι)는 본래 "걷다"를 의미한다. 여기서 바울은 이 단어를 "행하다" 또는 "살다"라는 은유적 의미로 사용한다(2:6; 3:7; 4:5; 엡 4:1; 5:2; 살전 2:12; 4:1).[63] "주님"이라는 표현은 다른 본문에서처럼 여기서도 예수 그리스도를 가리킨다(1:3; 2:6; 3:24). 주님께 합당한 방식으로 산다는 것은 예수 그리스도가 주님이심을 인정하고 그분에게 순종하는 것이다(참조. 2:6). 성령님이 주시는 영적 지혜와 이해력으로 하나님의 뜻을 온전히 깨달은 사람은 자기 생각을 버리고 주님께 합당한 삶을 살기 시작한다.

"주님께 합당하게 행함으로써"에 이어지는 "모든 일에서 그분을 기쁘게 해 드리기를"이라는 전치사구는 문자적으로 "모든 기쁨을 위하여"(εἰς πᾶσαν ἀρεσκείαν, 에이스 파산 아레스케이안")이다. 이 전치사구에서 "아레스케이아"(ἀρεσκεία, "기쁨", "기쁘게 하는 것")는 신약성경에서 여기에만 한 번 나오는 단어이다. 고대 헬라 문헌들에서는 "아첨하다"라는 부정적인 의미로 사용되었지만, 유대 문헌들에서는 하나님을 "기쁘시게 하다"라는 긍정적인 의미로 사용되기도 하였다.[64] 바울 역시 이 단어를 긍정적인 의미로 사용한다. 그는 골로새 성도들이 기쁘게 해야 하는 대상을 명시하지 않는다. 하지만 문맥에서 주님께 합당하게 사는 것에 관하여 말하고 있으므로 주님이신 예수 그리스도를 그 대상으로 보아야 한다. 골로새 성도들은 주님께 합당하게 행하여 모든 일에서 주님을 기쁘시게 해야 한다.

주님께 합당하게 사는 것은 구체적으로 어떻게 사는 것인가? 바울은 10절 중반에서부터 일련의 분사절로 주님께 합당하게 사는 삶의 요소, 또는

---

62 헬라어 본문에서 이 구절은 부정사구(περιπατῆσαι ἀξίως τοῦ κυρίου, "페리파테사이 악시오스 투 퀴리우")와 전치사구(εἰς πᾶσαν ἀρεσκείαν, "에이스 파산 아레스케이안")로 이루어져 있다. 문자적으로, 부정사구는 "주님께 합당하게 행하는 것"이고, 전치사구는 "모든 기쁨을 위하여"이다. 부정사구는 하나님의 뜻을 아는 지식으로 충만하게 된 결과를 나타내고, 전치사구는 주님께 합당하게 행하는 목적을 나타낸다.

63 BDAG, 803(περιπατέω, "페리파테오").

64 Foerster, *TDNT*, I, 456.

방식을 설명한다. 모든 선한 일에서 열매를 맺는 것, 하나님을 아는 지식에서 자라는 것, 하나님의 능력으로 강하게 되어 모든 것을 견디고 오래 참는 것, 하나님 아버지께 감사하는 것이 주님께 합당하게 사는 삶이다.

(2) 주님께 합당한 삶의 요소들(1 : 10중-12)

1:10중하 첫 번째 분사절 "모든 선한 일에서 열매를 맺고"는 복음으로 변화된 성도들이 선한 일의 열매를 맺어야 함을 알려 준다. "열매를 맺고"(καρποφοροῦντες, "카르포포룬테스")는 1:6에서 복음의 능력을 묘사하는 데 사용되었다.[65] 거기서 이 분사는 복음 자체가 열매를 맺는 것을 나타냈지만, 여기서는 골로새 성도들이 열매를 맺는 것을 나타낸다. "모든 선한 일에서" 열매를 맺는 것이 주님께 합당하게 사는 삶의 첫 번째 요소이다.

"선한 일"(ἔργῳ ἀγαθῷ, "에르고 아가또")이란 무엇인가? 로마서 13:3에서 바울은 "선한 일"을 "악한 일"과 대조하면서 "선을 행하라"고 권고한다. 한마디로 말해서, 선한 일은 사랑을 실천하는 것이다. 로마서의 문맥에서 사랑이란 소극적 의미에서는 이웃에게 간음, 살인, 도둑질 등과 같은 악을 행하지 않는 것이며(롬 13:9-10), 적극적 의미에서는 악을 미워하고 선에 속하는 것이다(롬 12:9). 사랑으로 행하는 선한 일은 형제가 서로 우애하고 존경하는 것(롬 12:10), 성도들의 쓸 것을 공급하며 손 대접하는 것(롬 12:13), 우는 자들과 함께 우는 것(롬 12:15), 모든 사람과 화목하는 것(롬 12:18), 원수에게 먹을 것과 마실 것을 주는 것(롬 12:20) 등이다. 성도들의 발을 씻기는 것, 환난당한 자와 가난한 자를 구제하는 것, 형제의 궁핍함을 도와주는 것 또한 선한 일이다(엡 4:28; 딤전 5:10; 요일 3:17-18).

이 본문에서 선한 일은 함께 나온 "모든"이라는 표현이 보여 주는 대로 포괄적인 개념이다. "주 예수의 이름으로 하는" 모든 말과 모든 일이 선한 것이다(3:17). 골로새의 이방인 성도들은 하나님께서 택하신 거룩하고 사랑받는 자들이므로 모든 선한 일에서 열매를 맺어야 한다.

---

65 6절에서 바울은 중간태 분사 "카르포포루메논"(καρποφορούμενον)을 사용한 반면, 10절에서는 능동태 분사 "카르포포룬테스"(καρποφοροῦντες)를 사용한다. 6절에서 중간태 분사가 복음의 고유한 효력을 가리킬 수 있지만, 두 분사 사이에 의미의 차이는 없다. 복음이 열매를 맺는 것은 그 자체의 고유한 효력 때문이 아니라 복음을 통하여 역사하시는 하나님의 능력 때문이다.

두 번째 분사절 "하나님을 아는 지식에서 자라고"는 골로새 성도들이 계속 하나님을 알아 가야 할 필요가 있음을 일깨워 준다. "자라고"(αὐξανόμενοι, "아욱사노메노이") 또한 1:6에서 복음의 능력을 묘사하는 데 사용된 단어이다. 복음이 온 세상에서 자라고 있는 것처럼 복음의 능력을 체험한 골로새 성도들도 "하나님의 지식에서"(τῇ ἐπιγνώσει τοῦ θεοῦ, "테 에피그노세이 투 떼우") 계속 자라야 한다. "하나님의 지식"이란 두말할 것도 없이 하나님 자신을 아는 지식을 가리킨다. 이 지식은 하나님이 어떤 분이시며 어떤 일을 하셨는지를 아는 것이다. 또한 아들을 아끼지 않고 내주신 하나님의 사랑을 마음으로 아는 것이며, 더 나아가 하나님 아버지와 인격적으로 교제하는 것을 의미한다. 그러므로 하나님을 아는 지식에서 자란다는 것은 하나님 자신과 하나님이 하신 일을 아는 지식이 점점 더 풍성해지며, 하나님의 사랑을 점점 더 깊이 느끼고 체험하며, 하나님과의 인격적인 교제가 점점 더 친밀해지는 것이다.

1:11 세 번째 분사절 "그분의 영광의 권세를 따라 여러분이 모든 능력으로 강하게 되어서 기쁨으로 모든 것을 견디고 오래 참고"는 모든 것을 견디고 오래 참는 것이 주님께 합당한 삶의 요소임을 알려 준다.[66] 수동태 분사 "강하게 되어서"(δυναμούμενοι, "뒤나무메노이")는 골로새 성도들을 강하게 만드는 주체가 하나님이심을 암시한다. 신자들은 스스로 강하게 될 수 없다. 오직 하나님만이 자신의 "모든 능력으로"(ἐν πάσῃ δυνάμει, "엔 파세 뒤나메이") 신자들을 강하게 만드실 수 있다(엡 1:19). 바울은 "능력"(δύναμις, "뒤나미스")이라는 단어를 "모든"이라는 단어와 함께 사용하여 하나님의 능력의 완전함과 충분함을 강조한다. "그분의 영광의 권세를 따라"라는 표현은 골로새 성도들을 강하게 만드는 능력이 하나님으로부터 온다는 사실을 더 분명하게 보여 준다. "권세"(κράτος, "크라토스")는 지배하거나 통제하는 힘을 의미한다.[67] 하나님은 자신의 영광스러운 권세를 따라 능력을 행사하심으로써 그 능력으로 자기

66 개역개정은 11절을 두 가지 간구처럼 번역하지만("그의 영광의 힘을 따라 모든 능력으로 능하게 하시며, 기쁨으로 모든 견딤과 오래 참음에 이르게 하시고"), 헬라어 본문에서는 한 가지 간구이다. "기쁨으로 모든 견딤과 오래 참음에 이르게 하시고"라고 번역한 구절은 모든 능력으로 능하게 되기를 바울이 간구하는 목적을 나타내는 전치사구이다(εἰς πᾶσαν ὑπομονὴν καὶ μακροθυμίαν μετὰ χαρᾶς).

67 L&N, 76.6.

백성을 강하게 만드신다.

이 본문에서 골로새 성도들이 하나님의 능력으로 강하게 되어야 하는 목적은 특별한 이적을 행하거나 복음을 전하기 위한 것이 아니다. 모든 견딤과 오래 참음을 위한 것이다. "견딤"(ὑπομονή, "휘포모네")과 "오래 참음"(μακροθυμία, "마크로뛰미아")은 의미의 차이가 크지 않다. 일반적으로 "휘포모네"는 고난이나 슬픔 또는 소망을 말하는 문맥에서 사용되는데, 어려운 상황과 고난을 불평하지 않고 견디어 내는 능력을 가리킨다.[68] "마크로뛰미아"는 다른 사람이 입힌 피해나 악한 행동을 보복하지 않고 견디는 것을 의미한다.[69] 견딤과 오래 참음은 모든 신자들에게 요구되는 덕목이다(엡 4:2; 골 3:12; 살전 1:3; 1:4; 딤전 6:11).

놀랍게도 바울은 견딤과 오래 참음을 기쁨과 연결한다("기쁨으로 모든 것을 견디고 오래 참고"). 많은 주석가들이 "기쁨으로"(μετὰ χαρᾶς, "메타 카라스")라는 표현을 12절에 나오는 분사절 "아버지께 감사하기를"에 연결한다("기쁨으로 아버지께 감사하기를").[70] 하지만 신약성경의 여러 저자들이 환난이나 시험을 기쁨으로 견딜 것을 말한다는 점을 고려할 때 "모든 견딤과 오래 참음"에 연결하는 것이 더 타당하다(롬 5:3; 12:12; 살전 1:6; 약 1:2; 벧전 1:6; 4:13).[71] 모든 환난과 고통을 견디고 참아 내되 "기쁨으로" 그렇게 해야 한다. 하나님의 능력으로 강하게 된 그리스도인들만이 환난과 고통을 기쁨으로 견디고 참아 낼 수 있다.

1:12 네 번째 분사절 "아버지께 감사하기를"(εὐχαριστοῦντες τῷ πατρί, "유카리스툰테스 토 파트리")은 주님께 합당하게 사는 삶의 마지막 요소이다. 단락 전체의 절정인 이 분사절은 14절까지 이어진다. 바울은 하나님 아버지께서 골로새 성도들에게 베푸신 구원의 은혜를 언급하면서 감사의 세 가지 이유를 제

---

68 BDAG, 1039; L&N, 25.174; Spicq, *TLNT*, III, 414-20.

69 BDAG, 612; L&N, 25.167.

70 Beale, *Colossians and Philemon*, 62; Harris, *Colossians and Philemon*, 30, 187; Lohse, *Colossians and Philemon*, 33; Moo, *Colossians and Philemon*, 100; Pao, *Colossians and Philemon*, 73.

71 Barth and Blanke, *Colossians*, 183; Calvin, *Colossians*, 305; Lightfoot, *Colossians and Philemon*, 140; Moule, *Colossians and Philemon*, 55; 조경철, 『오직 그리스도』, 90.

시한다. 첫째, 하나님 아버지께서 성도의 기업의 몫을 받을 자격을 우리에게 주셨다(12절). 둘째, 우리를 흑암의 권세에서 구해 내어 사랑하는 아들의 나라로 옮기셨다(13절). 셋째, 그 아들 안에서 우리의 죄를 용서하셨다(14절).

먼저, 바울은 "자격을 갖게 하신"(ἱκανώσαντι, "히카노산티")이라는 과거 분사를 사용하여 아버지께서 이루신 구원의 역사를 설명하기 시작한다. "여러분으로 하여금 빛 가운데 있는 성도의 기업의 몫을 받을 자격을 갖게 하신 아버지께 감사하기를 바랍니다." 이 과거 분사의 원형 동사 "히카노오"(ἱκανόω)는 누군가를 자격 있게 만들거나 또는 적절하게 만드는 것을 뜻한다(참조. 고전 15:9; 고후 2:16; 3:6).[72] 하나님 아버지께서 골로새 성도들로 하여금 성도의 기업을 받을 "자격을 갖게" 해 주셨다는 것이다. 이 말은 그들이 하나님의 자녀가 되었음을 뜻한다. 하나님의 자녀가 곧 하나님의 기업을 받을 상속자이기 때문이다(롬 8:17; 갈 4:7). 이 본문에서 사도 바울이 하나님을 "아버지"로 언급하는 것이 이를 뒷받침한다. 하나님께서 자신의 원수였던 골로새의 이방인들을 자녀들로 삼으시고, 그들의 아버지가 되기를 기뻐하신 것이다.

"성도의 기업"(τοῦ κλήρου τῶν ἁγίων, "투 클레루 톤 하기온")이란 무엇인가? 일부 주석가들은 쿰란 문서에 근거하여 "성도"를 천사로 간주하고, "성도의 기업"을 천사들의 특권과 영광을 가리키는 것으로 해석한다. 골로새 성도들이 장차 천사들의 영광과 특권에 참여하리라는 것이다.[73] 하지만 이 견해는 설득력이 없다. 이 서신에서 "성도"는 항상 하나님의 백성을 뜻하기 때문이다(1:2, 4, 26). "성도의 기업"이라는 표현의 배경은 쿰란 문서가 아니라 구약성경이다. 바울은 구약의 출애굽 기사를 염두에 두고 "기업"(κλῆρος, "클레로스")과 "몫"(μερίς, "메리스")이라는 단어를 사용한다.[74] 하나님은 이스라엘 백성을 이집트에서 건져 내시고 그들에게 가나안 땅을 기업으로 주셨다. 이와 유사하게 신약 시대에 하나님은 죄인들을 죄의 세력에서 건져 내시고 그들에게

72 BDAG, 473; L&N, 75.3.

73 Lohse, *Colossians and Philemon*, 36; Martin, *Colossians and Philemon*, 54; Pokorný, *Colossians*, 52; Wilson, *Colossians and Philemon*, 113-14.

74 "메리스"는 문자적으로는 "부분"을 의미하지만, 은유적으로는 "몫"을 가리킨다. 12절에서는 분배된 전체의 일부를 가리키는 "몫"이나 "분깃"을 뜻한다. Mundle, *NIDNTT*, II, 304; BDAG, 632-33; L&N, 63.13.

기업을 주셨다. 성경에서 기업은 천사들이 아니라 구원받은 하나님의 백성에게 주어진다.

이 본문에서 "기업"은 헬라어 명사 "클레로스"(κλῆρος)를 번역한 것이다. 이 단어는 본래 어떤 결정을 내릴 때 제비로 사용하는, 특별한 표시를 한 돌 조각, 나뭇가지, 도자기 파편 등을 가리켰다. 땅을 제비뽑기로 나누었기 때문에 "클레로스"는 제비뽑기로 받은 땅이나 그 땅의 일부를 나타내기도 했고, 궁극적으로는 기업을 뜻하는 단어가 되었다.[75] 칠십인역에서 이 단어는 하나님께서 이스라엘 백성에게 주신 땅의 일부를 종종 가리킨다(민 32:19; 34:14-15; 수 19:1, 9). 이 경우에 "클레로스"는 일반적으로 기업, 또는 유업을 뜻하는 "클레로노미아"(κληρονομία)와 유사하게 사용되었다. 이 서신에서도 "클레로스"는 하나님께서 믿는 자들에게 주시는 기업을 의미한다(참조. 행 26:18).

성도의 기업은 "빛 가운데" 있다. "빛"이라는 표현은 13절에 나오는 "흑암"과 대조를 이루는 빛의 영역을 의미한다. 빛의 영역은 "자기의 사랑하는 아들의 나라", 곧 하나님 나라를 가리킨다(13절; 참조. 딤전 6:16; 요일 1:7; 계 22:5). 그러므로 빛 가운데 있는 성도의 기업이란 하나님 나라에서 누릴 구원과 영생과 영광 등 영적인 모든 복이다(고전 15:50; 딛 3:7; 히 1:14; 벧전 1:4; 3:9). 동시에 하나님의 백성이 받을 하나님 나라 그 자체이다(마 25:34; 고전 6:9-10; 갈 5:21; 엡 5:5; 약 2:5).

이 본문에서 놀라운 점은 골로새의 이방인 신자들이 빛 가운데 있는 성도의 기업의 몫을 받는다는 사실이다. 그들은 그리스도 안에서 유대인 신자들과 함께 하나님의 자녀들이 됨으로써 성도의 기업을 받을 자격을 갖게 되었다(엡 3:6). 이것은 참으로 복된 소식이다. 하나님은 골로새의 이방인들을 자녀로 삼으시고, 그들에게 성도의 기업을 받을 자격을 주셨다. 하나님께서 그들에게 주신 자격은 완전하며, 그 누구도 빼앗거나 훼손할 수 없다.

(3) 감사해야 하는 이유: 아버지 하나님께서 이루신 구원(1:13-14)

1:13 바울이 아버지 하나님께서 이루신 구원의 역사를 계속 진술한다. "우리를 흑암의 권세에서 구해 내어 자기의 사랑하는 아들의 나라로 옮기셨습

75 Eichler, *NIDNTT*, II, 296; BDAG, 548; L&N, 6.219, 63.18.

니다." 앞 절에서와 같이 여기서도 바울이 출애굽 용어를 사용한다.[76] "구해 내다", "구조하다", "구출하다"를 의미하는 "에뤼사토"(ἐρρύσατο)는 칠십인역에서 출애굽 사건을 다룬 본문들에 나온다. 하나님은 모세를 통해 이스라엘 자손을 이집트에서 "구해 내고" 속량하여 자기 백성으로 삼으셨다(출 6:6-7; 12:51; 14:30; 삿 6:9). 신약 시대에 하나님은 그리스도를 통해 죄인들을 흑암의 권세에서 "구해 내어" 자기 백성으로 삼으셨다.

신약성경에서 "흑암"은 악을 나타내는 은유적인 표현이다. 이 본문에서 "흑암의 권세"(ἐξουσίας τοῦ σκότους, "엑수시아스 투 스코투스")는 "악한 자",[77] 사탄의 권세를 가리킨다. 다마스코스로 가는 바울에게 나타나신 영광의 주님이 이렇게 말씀하셨다. "나는 너를 이 백성과 이방인들에게서 건져 내어 그들에게 너를 보내서 그들의 눈을 뜨게 하여 '흑암'에서 빛으로, '사탄의 권세'에서 하나님께로 돌아오게 할 것이며, 그들로 하여금 죄 사함과 나를 믿어 거룩하게 된 사람들 가운데서 기업을 얻게 할 것이다"(행 26:17-18). 이 말씀에서 "흑암"은 "사탄의 권세"와 동의어이다. 골로새서에 나오는 "흑암의 권세" 역시 사탄의 권세이다.[78] 골로새의 이방인 신자들은 과거에 사탄의 지배를 받으면서 악을 행하고 죽음을 두려워하면서 살았다(참조. 엡 2:1-2; 히 2:14-18). 그런데 하나님께서 그들을 사탄의 권세에서 구해 내어 사랑하는 아들의 나라로 옮기셨다!

"자기의 사랑하는 아들"은 문자적으로 "그의 사랑의 아들"(υἱοῦ τῆς ἀγάπης αὐτοῦ, "휘우 테스 아가페스 아우투")로서, 하나님의 사랑을 받는 아들 예수 그리스도를 가리킨다. 하나님은 요단강에서 세례를 받고 물에서 올라오는 예수님을, 변화산에서 영광스러운 모습으로 변화된 예수님을 "내 사랑하는 아들"이라고 부르셨다(마 3:17; 17:5). 따라서 "자기의 사랑하는 아들의 나라"는 하나님의 사랑을 받는 아들 예수 그리스도의 나라이다. 이 나라는 예수 그리스도가 왕으로 통치하는 영역으로서 "빛 가운데" 있다(12절).

일부 성경학자들은 그리스도의 나라와 하나님 나라를 구분한다. 그리

76 Arnold, *The Colossian Syncretism*, 288; Shogren, "Presently Entering the Kingdom of Christ", 176-77; Wright, 『골로새서·빌레몬서』, 94.

77 마 7:11; 13:38; 엡 6:16; 살후 3:3; 요일 2:13; 3:12; 5:18, 19.

78 BDAG, 353; Conzelmann, *TDNT*, VII, 442, 447.

스도의 나라는 현재적인 것이고, 하나님 나라는 미래적인 것이라고 주장한다.[79] 하지만 이런 주장은 옳지 않다. 부활하신 그리스도가 성부 하나님과 동등한 권세로 통치하신다는 점에서 하나님 나라를 그리스도의 나라라고 할 수 있기 때문이다.[80] 다른 본문에서 바울은 성도들이 장차 기업으로 받을 나라를 "그리스도와 하나님의 나라"라고 부른다(엡 5:5). 이와 유사하게 사도 요한도 "우리 주와 그의 그리스도의 나라"라고 말한다(계 11:15).

하나님께서 "우리를"[81] 흑암의 권세에서 구해 내어 그리스도의 나라로 옮기신 것은 과거에 일어난 일이다. 지금 골로새 성도들은 그리스도의 나라에 속해 있다. 사탄의 지배를 받던 자들이 그리스도의 다스림을 받고 있는 것이다. 골로새 성도들은 더 이상 사탄의 종이 아니라 그리스도의 백성이다. 그리스도의 나라에서 그들은 하나님의 사랑을 받으면서 은혜와 평화를 누리고 있다. 어떻게 이런 일이 일어났는가? 골로새 성도들이 그리스도를 죽은 자들 가운데서 일으키신 하나님의 역사를 믿고 그리스도와 함께 일으킴을 받음으로써 일어났다(2:12; 3:1). 이런 일이 일어났음을 어떻게 알 수 있는가? 하나님께서 우리 "아버지"이시고(1:2), 우리가 성도의 기업의 몫을 받을 자격을 갖게 되었다는 사실로 알 수 있다(12절).

1:14 이 단락에서 사도가 제시한, 아버지 하나님께서 이루신 구원의 마지막 요소는 죄 사함이다. "그 아들 안에서 우리에게 속량, 곧 죄 사함이 있습니다." 여기서 "속량"이라고 번역한 "아폴뤼트로시스"(ἀπολύτρωσις)는 본래 전쟁 포로를 도로 사는 것, 즉 몸값을 지불하고 자유롭게 풀어 주는 것을 가리켰다. 나중에는 몸값을 치르고 노예를 해방하는 것을 가리키게 되었다.[82] 신약성경에서 이 단어는 주로 바울 서신에 나오는데, 그리스도의 십자가의 피로 말미암아 죄인들을 죄와 죄에 따른 형벌의 속박에서 벗어나게 하는 것을 의미한다(롬 3:24; 8:23; 고전 1:30; 엡 1:7, 14; 4:30).[83] 죄는 사람들을 종으로 만들어

79 Bruce, *Colossians, Philemon*, 52; O'Brien, 『골로새서·빌레몬서』, 112.

80 Klappert, *NIDNTT*, II, 388-89; Kreitzer, *DPL*, 525-26.

81 "우리"는 바울과 디모데와 함께 골로새 성도들을 가리킨다.

82 개역한글에서는 "아폴뤼트로시스"를 "구속"(救贖)이라고 번역하였으나, 개역개정에서는 "속량"(贖良)이라고 번역하였다. "속량"은 몸값을 받고 노비를 풀어 주어 양민이 되게 하는 것을 의미한다.

83 BDAG, 117; Silva, *NIDNTTE*, III, 186; Turner, *Christian Words*, 397.

속박하는 세력이다. 죄를 범하는 사람들은 모두 죄의 종이다(요 8:34). 그런데 예수님이 흠 없는 자기를 죄를 없애기 위한 제물로 드리셨다(히 9:14, 26; 10:12; 요일 4:10). 자기 목숨을 많은 사람의 대속물로 내주심으로써(마 20:28; 막 10:45) 예수님은 영원한 속죄를 이루셨다(히 9:12). 그 결과 죄의 종이었던 자들이 죄로부터 해방되어 자유를 누리게 되었다(롬 6:17-18, 22).

이 본문에는 속전, 또는 대속물이라는 단어가 나오지 않는다. 그래서 일부 성경학자들은 "속량"이 몸값의 개념 없이 단지 악한 세력들의 압제에서 해방하는 것을 의미한다고 주장한다.[84] 하지만 "속량"이 "죄 사함"이라는 표현과 동격으로 나오는 것을 진지하게 고려해야 한다("속량, 곧 죄 사함"). 죄 사함은 그리스도의 죽음을 전제한 것이다. 예수 그리스도가 자기 목숨을 대속물로 내주심으로써 속량, 곧 죄 사함이 가능하게 되었다. 평행 본문인 에베소서 1:7에서 바울은 속량과 관련하여 예수 그리스도의 피를 분명하게 언급한다. "그분 안에서 우리에게 … '그분의 피로 말미암아' 속량, 곧 죄 사함이 있습니다." 예수 그리스도의 피가 죄인들을 죄로부터 해방하기 위한 몸값에 해당하는 것이다. 우리는 "오직 흠 없고 점 없는 어린양 같은 그리스도의 보배로운 피로" 대속함을 받았다(벧전 1:18-19). 예수 그리스도의 피 없이는 속량도 없고 죄 사함도 없다(참조. 히 9:22).[85]

이 본문에서 바울은 "속량"과 "죄 사함"(ἄφεσιν τῶν ἁμαρτιῶν, "아페신 톤 하마르티온")을 동격으로 제시하는데, 두 표현에 모두 "해방"이라는 개념이 들어 있다.[86] 앞에서 언급한 대로, "속량"은 죄의 속박에서 해방되는 것이다. "사함"이라고 번역한 "아페시스"(ἄφεσις)는 고전 헬라 문헌에서 포로를 석방하는 것, 법적 책임, 부채, 형벌을 면제하는 것을 가리키는 데 사용되었다. 신약성경에서는 주로 죄에 대한 책임이나 형벌에서 자유롭게 해 주는 것을 의미한다.[87] 이 본문에서도 "죄 사함"은 죄의 책임이나 형벌의 면제를 뜻한다. 죄의 속박과 형벌에서 벗어난다는 점에서 죄 사함과 속량은 유사하다.

"우리에게 … 죄 사함이 있습니다"라고 번역한 문장은 문자적으로 "우

---

84 Hill, *Greek Words and Hebrew Meanings*, 74; Sappington, *Revelation and Redemption*, 202.

85 "속량"(구속)에 관해서는 다음 책을 보라. Stott, 『그리스도의 십자가』, 328-40.

86 Bird, *Colossians and Philemon*, 44-45.

87 BDAG, 155; Bultmann, *TDNT*, I, 509-12.

리가 … 죄 사함을 가지고 있습니다(ἔχομεν … τὴν ἄφεσιν τῶν ἁμαρτιῶν)이다. 동사 "에코멘"(ἔχομεν, "가지다", "가지고 있다")은 현재 시제 동사이다. 속량, 곧 죄 사함을 신자들이 지금 누리고 있다는 말이다. 골로새 성도들은 그리스도를 믿음으로써 그분의 이름을 힘입어 죄 사함을 받았다(참조. 행 10:43; 13:38). 하나님께서 그들의 죄를 모두 용서하신 것이다(2:13; 3:13). 하나님은 동이 서에서 먼 것같이 그들의 죄를 그들에게서 멀리 옮기셨고(시 103:12), 다시는 그것을 기억하지 않으신다(사 43:25). 죄 사함은 참으로 은혜로운 복이다. 하나님의 원수인 죄인들을 위하여 하나님께서 죄 없으신 성자 예수 그리스도를 내주셨기 때문이다.

만일 골로새 성도들이 그리스도의 피로 말미암아 모든 죄들을 용서받은 것과 흑암의 권세에서 건짐을 받고 그리스도의 나라로 옮겨진 것을 진심으로 깨닫는다면, 그리고 빛 가운데 있는 성도의 기업을 받을 자격을 갖게 되었다는 것을 진심으로 깨닫는다면, 큰 기쁨으로 아버지 하나님께 감사할 것이다. 그들은 오직 하나님의 은혜에 의하여, 오직 그리스도의 죽음과 부활에 근거하여, 오직 믿음으로 말미암아 하나님의 백성이 되었고 하나님의 자녀가 되었다. 그들은 하나님의 백성으로서, 하나님의 자녀로서 모든 자격을 갖춘 자들이다(참조. 1:2; 3:12). 그들은 하나님 나라에서 결코 2등 시민이 아니다. 그러므로 아무도 그들을 자격이 없는 자들이라고 비판할 수 없고, 불경건한 죄인들이라고 정죄할 수 없다.[88] 골로새 성도들은 거짓 교사들의 비판과 정죄를 거부해야 한다. 그들이 할 일은 자신들을 구원하신 아버지 하나님께 감사하는 것이고, 또한 흠 없는 자기를 대속물로 내주심으로써 죄 사함을 받게 하신 하나님의 아들을 찬양하는 것이다. 사도 바울은 아버지 하나님께서 자신과 골로새 성도들을 위하여 이루신 구원을 적어 내려가다가 기쁨에 사로잡혀서 하나님의 아들 그리스도를 찬양한다. 다음 단락에서 우리는 그의 장엄한 찬양을 듣게 될 것이다.

| 메시지와 적용 |

■ **주님께 합당한 삶을 위한 기도** 기도의 중요한 목적은 행복과 성공의 삶을 사

88 참조. Lucas, 『골로새서·빌레몬서 강해』, 45.

는 것이 아니라 주님께 합당한 삶을 사는 데 있다. 바울은 골로새 성도들이 하나님의 뜻을 아는 지식으로 충만하게 되어서 주님께 합당하게 살도록 간구한다. 이것이 모든 성도들이 해야 할 기도이다. 우리는 주님께 합당한 삶을 살고 있는가? 만일 그렇게 살고 있지 않다면, 기도 내용에 문제가 있을 것이다. 우리의 가장 간절한 소원이 주님께 합당한 삶인지, 아니면 우리 자신이나 자녀들의 성공과 행복인지 점검해야 한다. 주님께 합당한 삶이 우리의 가장 간절한 소원이고, 그것을 위하여 간절히 기도한다면, 주님께 합당하게 살 수 있을 것이다. 하나님께서 그 기도에 반드시 응답하실 것이다.

■ **모든 선한 일에 열매를 맺음** 주님께 합당하게 사는 삶의 중요한 요소는 모든 선한 일에 열매를 맺는 것이다. 하나님을 아는 지식에서 자라 가는 것, 기쁨으로 모든 것을 견디고 오래 참는 것, 하나님 아버지께 감사하는 것도 중요한 요소이다. 이것들 중에서 한국 교회 신자들이 가장 중요하게 여기고 실천해야 할 것은 선한 일에 열매를 맺는 것이다. 한국 교회는 유달리 전도의 열매를 강조하는 반면에 선한 일의 열매는 가볍게 여기거나 무시한다. 하나님의 백성의 중요한 특징이 선한 일을 열심히 하는 것으로 나타나야 한다(딛 2:14). 하나님 자신이 선하시며 선을 행하시는 분이기 때문이다(시 119:68). 우리는 선한 일에 열매를 맺고 있는가? 우리는 우는 자들과 함께 우는가? 가난한 자를 구제하는가? 형제의 궁핍함을 도와주는가? 예수님은 나그네를 영접하고, 병자를 돌보고, 배고픈 자에게 먹을 것을 주는 것이 곧 자신에게 하는 것이라고 가르치셨다(마 25:31-46). 선한 일을 하는 것이 주님의 뜻이다. 만일 우리가 선한 일에 열매를 맺는 것에 무관심하다면, 주님의 뜻을 무시하고 있는 것이다. 주님의 뜻을 무시하는 사람을 어떻게 하나님의 백성이라고 할 수 있겠는가?

■ **하나님 아버지께 감사하는 삶** 주님께 합당하게 사는 삶의 또 다른 요소는 하나님 아버지께 감사하는 것이다. 감사는 하나님께서 우리에게 베푸신 구원의 은혜를 깨닫는 것에서부터 시작된다. 하나님께서 우리를 흑암의 권세에서 구해 내어 그리스도의 나라로 옮겨 주신 것을 깊이 생각하자. 빛 가운데 있는 성도의 기업을 받기에 합당한 자격을 갖게 하신 것을 깊이 생각하자. 우리의 죄를 사하신 것을 깊이 생각하자. 하나님은 이 모든 일을 오직 자기 아들의 죽음과 부활에 근거하여 이루셨다. 그리고 자기 죄를 회개하고 진심

으로 하나님의 아들을 주님이며 구원자로 믿는 자들에게 구원의 모든 복을 주기를 기뻐하신다. 하나님께서 우리를 흑암의 권세에서 건져서 하나님의 아들의 나라로 옮겨 주신 것은 얼마나 감사한 일인가? 하나님께서 우리의 죄를 사하신 것은 얼마나 감사한 일인가? 하나님께서 우리에게 빛 가운데 있는 성도의 기업을 받기에 합당한 자격을 주신 것은 또 얼마나 감사한 일인가? 감사는 그리스도인의 중요한 특징이다. 우리를 구원하신 하나님 아버지의 은혜를 깊이 묵상하고, 하나님 아버지께 감사하고 또 감사하자.

II. 1:15-23

만물의 으뜸이신 그리스도

1. 1:15-20　만물의 으뜸이신 그리스도
2. 1:21-23　하나님과 골로새 성도들의 화해

이 단원은 머리말을 포함한 감사와 기도 부분(1:1-14)과 본론 부분(1:24-4:6)을 이어 주는 역할을 한다. 이 단원에서 가장 중요한 주제는 창조와 구원에서 절대 주권을 행사하신 그리스도의 위대하심이다(1:15-20). 사도 바울은 아버지 하나님께서 이루신 구원을 적어 내려가다가 감격에 겨워 하나님의 아들 그리스도가 만물의 으뜸이자 교회의 머리라고 찬양한다. 그의 의도는 그리스도가 신자의 구원과 삶에서 절대적으로 중요하다는 사실을 골로새 성도들로 하여금 깨닫게 하려는 것이다. 또 다른 의도는 골로새 교회를 위협하는 거짓 교사들의 주장을 논박하기 위한 토대를 놓는 것이다. 그 토대는 그리스도가 만물의 으뜸이자 교회의 머리라는 사실이다. 위대하신 그리스도를 가볍게 여기고 체험을 강조하는 거짓 교사들은 얼마나 심각한 잘못을 범하고 있는 것인가?[1] 골로새 성도들은 그들의 잘못된 가르침을 거부하고 그리스도를 굳게 붙들어야 한다.

이 단원은 두 단락으로 구성되어 있다. 첫째 단락(1:15-20)은 이른바 "그리스도 찬가"(Christ hymn)이다. 여기서 바울은 그리스도의 위대하심을 장엄한 어조로 찬양한다. 그의 찬양의 핵심은 그리스도가 만물의 창조자이시고 만물의 으뜸이시며, 교회의 머리라는 것이다. 둘째 단락(1:21-23)에서는 하나님께서 골로새 성도들을 자기와 화해하게 만드신 사실을 진술한다. 골로새 성도들은 본래 하나님의 원수들이었다. 그러나 하나님은 그들을 벌하지 않

1　거짓 교사들이 그리스도보다 체험을 중요하게 여긴 것에 관하여는 이 책에 실린 "골로새서 서론"에서 '골로새 교회의 상황'과 2:18-19의 주해를 보라.

으셨다. 도리어 그들과 화해하는 편을 택하셨다. 하나님과 골로새 성도들 사이의 화해는 만물의 으뜸이신 그리스도의 죽음으로 가능하게 된 것이다.

1. 만물의 으뜸이신 그리스도(1:15-20)

| 번역 |

15 그분은 보이지 않는 하나님의 형상
이시며, 모든 피조물보다 먼저 나신 분입
니다. 16 왜냐하면 그분 안에서 하늘 안에,
그리고 땅 위에 있는 만물, 곧 보이는 것
들과 보이지 않는 것들, 보좌들이나 주관
자들이나 통치자들이나 권세들이 창조되
었기 때문입니다. 만물이 그분으로 말미
암아, 또 그분을 위하여 창조되었습니다.
17 또한 그분 자신이 만물보다 먼저 계시
고 만물이 그분 안에서 함께 존속합니다.
18 또한 그분 자신이 몸인 교회의 머리이
십니다. 그분은 시작이시며, 죽은 자들 가
운데서 먼저 나신 분입니다. 그리하여 그
분이 친히 만물의 으뜸이 되십니다. 19 왜
냐하면 [a]아버지께서 그분 안에 모든 충만
이 거하기를 기뻐하셨기 때문이고, 20 또
그분의 십자가의 피로 말미암아 평화를
이루심으로 만물, 곧 땅 위에 있는 것들이
나 하늘 안에 있는 것들을 그분으로 말미
암아 자기와 화해하게 하기를 [b]기뻐하셨
기 때문입니다.

a "아버지"는 헬라어 본문 19절에 나오는 동사 "유도케센"(εὐδόκησεν, "그가 기뻐하셨다")의 주어이다.

b "기뻐하셨기 때문입니다"는 "유도케센"(19절)을 번역한 것이다. "자기와 화해하게 하기를"(20절)이라는 부정사구가 이 동사에 종속된 것이라서 의미를 명확하게 하려고 첨가하였다.

| 본문 이해 터 닦기 |

| 문맥과 주제 | 이 단락(1:15-20)은 앞 단원의 기도 단락(1:9-14)과 밀접하게 연결되어 있다. 기도 단락의 마지막 부분에서 바울은 그리스도를 "자기의 사랑하는 아들"(1:13), 즉 하나님의 아들로 소개하였다. 그리고 이 단락에서 그리스도에게 초점을 맞추고 그분이 만물의 으뜸이자 교회의 머리라고 찬양한다.[2] 또 그리스도로 말미암아 하나님이 만물을 자기와 화해하게 하기를 기뻐하신다고 노래한다. 그리스도가 화해의 중재자라는 주제는 다음 단락(1:21-23)으로 이어진다. 하나님과 골로새 성도들 사이의 화해도 그리스도

2 Ebert, 『지혜 기독론』, 164.

로 말미암아 가능하게 되었다. 찰스 무울(C. F. D. Moule)이 옳게 주장하는 대로, 이 단락은 그리스도의 탁월한 지위를 신약성경에서 가장 놀라운 방식으로 제시한다.[3] 그리스도는 만물과 교회를 주관하시는 위대한 주님이다! 이것이 이 단락의 주제이다.

| 배경 | 그리스도의 위대하심을 강조하는 이 단락은 지혜의 탁월성을 말하는 구약성경의 본문들과 내용이 흡사하다. 만물보다 먼저 계신 그리스도처럼 지혜는 만물이 생기기 전에 존재하였다. 그리고 그리스도로 말미암아 만물이 창조된 것처럼 지혜는 하나님의 창조의 조력자였다(잠 8:22-31). 하나님은 지혜로 땅의 터를 놓으셨고 명철로 하늘을 견고하게 세우셨다(잠 3:19; 참조. Wis 9.1-3). 그리스도와 지혜의 유사성 때문에 많은 성경학자들이 구약성경의 지혜 개념이 이 단락의 중요한 배경이라고 주장한다.[4] 김세윤에 따르면, 사도 바울은 다마스코스로 가는 길에 영광의 그리스도를 만남으로써 그분이 참된 지혜라는 사실을 깨닫게 되었다. 그 결과 그리스도를 구약성경의 지혜와 관련하여 생각하고 지혜의 속성과 기능을 그리스도에게 적용할 수 있었다고 한다.[5]

그리스도와 지혜 사이에 유사점이 있는 것은 사실이다. 고린도전서에서 바울은 그리스도를 "하나님의 지혜"라고 부르기까지 한다(고전 1:24). 하지만 구약성경의 지혜 개념을 이 단락의 배경으로 보는 것은 적절하지 않다.[6] 그리스도와 지혜 사이에는 근본적인 차이점이 있기 때문이다. 첫째, 이 단락에서 그리스도는 창세전부터 항상 계시는 "프로토토코스"(πρωτότοκος), 즉 하나님에게서 나신 맏아들이시다(1:15, 18).[7] 하지만 지혜는 구약성경과 유대문헌들에서 하나님의 아들이 아니라 만물보다 먼저 지음받은 피조물에 지나지 않는다(잠 8:22; Sir 1.4, 9; 24.9). 둘째, 그리스도는 만물의 창조자이실 뿐만

---

3 Moule, *Colossians and Philemon*, 58. 또한 Fee, 『바울의 기독론』, 462을 보라.

4 Dunn, *Christology*, 188-94; Lamp, "Wisdom in Col 1:15-20", 45-53; Schnabel, *Law and Wisdom*, 255-64.

5 김세윤, 『바울 복음의 기원』, 202-9.

6 Ridderbos, *Paul*, 79-80. 그는 이 단락에 지혜 문헌을 희미하게 연상시키는 것들이 있을 뿐이라고 지적한다. Gordon D. Fee는 이 단락에 의인화된 지혜의 개념이 나오지 않는다고 주장한다. 그에 따르면, 이 단락에서 사도는 지혜 기독론이 아니라 "하나님의 아들 기독론"을 제시한다. Fee, 『바울의 기독론』, 491-92.

7 "프로토토코스"에 관해서는 이 책의 1:15의 주해를 보라.

아니라 만물의 유지자이시며 화해자이시다. 더 나아가 만물의 으뜸이시며 교회의 머리이시다. 반면에 지혜는 창조의 조력자일 뿐이다. 셋째, 그리스도는 창조의 궁극적인 목적이시다(1:16). 만물이 그리스도를 위하여 창조되었다! 그러나 구약성경과 유대 문헌에서 지혜는 창조의 궁극적인 목적으로 나오지 않는다.[8] 그리스도는 지혜의 범주를 뛰어넘는 분이시다. 그리스도는 지혜보다 탁월하신 분이시다.

이 단락에서 사도 바울이 그리스도를 만물의 주님이며 교회의 머리로 찬양하는 배경을 당대의 문헌이나 사상에서 찾는 것은 부질없는 짓이다. 그리스도가 만물의 주님이며 교회의 머리라는 것은 그분이 만물과 교회에 대하여 절대 권세를 가진 하나님이심을 의미한다. 유일신 사상을 가진 유대인 바울이 나사렛 예수를 하나님으로 찬양하게 된 이유는 그가 영광의 그리스도를 만났기 때문이며, 또한 계시로 그리스도에 관한 진리를 깨달았기 때문이다(엡 3:3-4). 그는 그리스도보다 신비 체험을 더 중요하게 여기는 거짓 교사들의 주장에 대항하여 만물과 교회에 대하여 절대 권세를 가진 그리스도의 위대하심을 강조한다.

| 구조 | 이 단락은 세 부분으로 구성되어 있다. 첫째 부분(15-16절)과 셋째 부분(18하-20절)은 서로 대응하며 평행을 이룬다. 둘째 부분은 두 부분을 이어주는 연결 고리 역할을 한다(17-18상절). 첫째 부분에서 사도 바울은 창조 사역에 나타난 그리스도의 절대적 우월성을 찬양한다. 둘째 부분에서는 그리스도와 창조의 관계에서 그리스도와 새 창조의 관계로 초점을 옮긴다. 셋째 부분에서는 새 창조의 사역에 나타난 그리스도의 절대적 우월성을 찬양한다.[9]

(1) 15-16절	하나님의 형상이며 만물의 창조자이신 그리스도
(2) 17-18상절	만물의 유지자이며 교회의 머리이신 그리스도
(3) 18하-20절	새 창조의 시작이며 만물의 화해자이신 그리스도

8 Martin, *Colossians and Philemon*, 58. 또한 Ebert, 『지혜 기독론』, 177-78; Arnold, *The Colossian Syncretism*, 257을 보라.

9 이 단락의 양식과 구성에 관해서는 이 책의 <심층 연구 1>을 보라.

| 주해 |

(1) 하나님의 형상이며 만물의 창조자이신 그리스도(1:15-16)

1:15 헬라어 본문에서 이 단락을 시작하는 남성 주격 관계 대명사 "호스"(ὅς)는 1:13에 나온 "자기의 사랑하는 아들"을 가리킨다. 바울은 하나님의 사랑하는 아들이신 그리스도가 어떤 분인지 설명하면서 그분을 높이기 시작한다. "그분은 보이지 않는 하나님의 형상이시며, 모든 피조물보다 먼저 나신 분입니다."

"형상"(εἰκών, "에이콘")이라는 단어는 눈에 보이는 모습, 모양, 형태 등을 의미하며, 어떤 대상과 동일한 형태를 가진 것, 또는 그 대상과 유사하게 그려지거나 만들어진 것을 가리킨다. 신약성경에서 이 단어는 그림, 신상, 은화에 새겨진 로마 황제의 초상(마 22:20-21), 짐승의 우상(계 13:14; 14:9) 등을 가리키는 데 사용된다.[10] 이 본문에서 "형상"은 원형을 희미하게 모방한 것이 아니라 원형의 내적 핵심과 본질을 표현한 것이다.[11] "하나님의 형상"이라는 표현에서 "형상"은 원형과 대등한 것을 의미한다.[12]

데나리온에 새겨진 로마 황제의 형상이 황제의 모습을 보여 주는 것처럼 "하나님의 형상"이신 그리스도는 하나님을 보여 준다. 그러나 그리스도는 데나리온에 새겨진 형상과 비교할 수 없는 분이시다. 그리스도는 보이지 않는 성부 하나님의 본성과 성품을 그대로 나타내신다. 하나님은 영이시며 가까이 가지 못할 빛에 거하시는 분이다. 어떤 사람도 하나님을 보지 못하였고, 또 볼 수도 없다(딤전 6:16; 요 1:18). 그 하나님을 보여 주시는 분이 바로 "하나님의 형상"이신 그리스도이다.

그리스도가 보이지 않는 하나님을 보여 주실 수 있는 것은 그분 자신이 하나님과 동등하신 분이기 때문이다. 영원부터 그리스도는 하나님의 본성과 능력과 영광을 소유하신 하나님이시다(19절; 2:9; 요 1:1). 사도 요한은 그리스도가 하나님을 나타내는 "독생하신 하나님"이라고 단도직입적으로 말한다(요 1:18). 그리스도가 하나님이시므로 그분만이 하나님의 완전한 형상이 되실 수 있는 것이다. 말하자면, 그리스도는 하나님의 완전한 자기 계시

10 BDAG, 283-84; Silva, *NIDNTTE*, II, 102.

11 Kleinknecht, *TDNT*, II, 389.

12 Kittel, *TDNT*, II, 395.

이다. 하나님은 구약 시대에 모세와 선지자들을 통하여 자신이 누구신지 알려 주셨다. 그러나 "이 모든 날 마지막에" 아들이신 그리스도를 통하여 최종적이고 결정적으로 말씀하시고(히 1:1-2), 자신의 의, 사랑, 지혜, 능력, 영광, 그리고 자신의 존재를 완전하게 알려 주셨다.[13] 그러므로 그리스도를 보는 것이 곧 하나님을 보는 것이다. 예수님 자신도 "나를 본 자는 아버지를 보았다"고 단언하셨다(요 14:9). 요컨대, 그리스도가 하나님의 형상이라는 것은 그분에게서 하나님의 본성과 존재가 알려지는 것을 의미한다.[14]

이천 년 전 그리스도는 육신을 입고 세상에 오셔서 자신의 존재와 사역을 통해 하나님을 알려 주셨다. 우리는 하나님의 형상이신 그리스도를 통하여 알려진 하나님을 믿는다. 하나님은 자기 백성을 구원하기 위해 아들을 아끼지 않고 내주신 사랑의 하나님이시다. 또한 죄의 문제를 해결하기 위해 죄 없는 자기 아들을 죽음에 내주신 공의의 하나님이시다. 그러므로 다른 사람이나 다른 존재나 다른 그 무엇에서 하나님을 보려고 해서는 안 된다. 그리스도를 보는 자가 그를 보내신 성부 하나님을 보는 것이다(요 12:45).

다음으로, 하나님의 아들이신 그리스도는 "모든 피조물보다 먼저 나신 분"이다. "하나님의 형상"이라는 표현이 그리스도와 성부 하나님과의 관계를 알려 준다면, "모든 피조물보다 먼저 나신 분"이라는 표현은 그리스도와 피조물과의 관계를 알려 준다. "먼저 나신 분"이라고 번역한 "프로토토코스"(πρωτότοκος)는 "먼저 태어난"을 뜻하는 형용사이다. 이 단어가 명사로 사용될 때에는 먼저 태어난 자, 곧 "맏아들"을 가리킨다(창 25:25; 49:3; 눅 2:7; 롬 8:29; 히 11:28).[15]

이 본문에서 사도는 "프로토토코스"를 어떤 의미로 사용하는가? 칠십인역 시편 88:28에서 단서를 찾을 수 있다. 하나님은 다윗에 관하여 이렇게 말씀하신다. "내가 또 그를 장자로 삼고 세상 왕들에게 지존자가 되게 하며"(89:27, 개역개정). 이 말씀에서 "장자"(맏아들)라고 번역한 단어가 "프로토토코스"이다. 이 단어는 "지존자", 곧 "가장 높은 자"라는 단어와 평행을 이룬다.

---

13 Calvin, *Colossians*, 308.

14 Bruce, *Colossians, Philemon*, 57.

15 BDAG, 894; Langkammer, *EDNT*, III, 190; Bartels, *NIDNTT*, I, 667-68; Michaelis, *TDNT*, VI, 879-80.

다윗이 "장자"라는 것은 그가 세상의 왕들 중에서 가장 높은 자라는 것을 의미한다.

골로새서에서 바울은 "프로토토코스"를 이러한 의미로 사용한다. 그리스도가 시간적으로 가장 먼저 나셨다는 사실보다는 지위가 가장 높으신 분, 즉 절대 주권을 가진 하나님의 맏아들이시라는 사실을 강조하고자 이 표현을 사용한 것이다. "모든 피조물보다 먼저 나신 분"(πρωτότοκος πάσης κτίσεως, "프로토토코스 파세스 크티세오스")에서 속격 "파세스 크티세오스"(πάσης κτίσεως, "모든 피조물의")는 "하위", 또는 "종속"을 나타내는 속격이다.[16] 아래의 그림에서 볼 수 있는 대로, 모든 피조물은 "프로토토코스"이신 그리스도에게 종속되어 있고, 그리스도는 모든 피조물 위에 계신다.

그리스도가 모든 피조물 위에 계신 "프로토토코스"라는 것은 그분이 모든 피조물에 대하여 절대 권세를 행사하시는 하나님의 "맏아들"이심을 의미한다(참조. 롬 8:29).[17] 하나님은 자신의 고유하고 영원한 아들, 그리스도를 "만물의 상속자"로 세우셨다(히 1:2). 이처럼 그리스도는 지위나 서열에서 모든 피조물 위에 계신 분이다. 동시에 그리스도는 영원부터 하나님과 함께 계신 성자 하나님이시기 때문에 시간적으로도 모든 피조물보다 앞서 계신 분이다.[18] 이런 점에서 그리스도를 "선재하시는 우주적 그리스도"(the preexistent, cosmic Christ)라고 할 수 있는 것이다.[19]

4세기에 알렉산드리아의 아리우스(Arius)는 "먼저 나신 분", 즉 "프로토

16 Wallace, *Greek Grammar*, 104; Beale, *Colossians and Philemon*, 91. 참조. Harris, *Colossians and Philemon*, 40.

17 참조. Ebert, 『지혜 기독론』, 175; Fee, 『바울의 기독론』, 459.

18 참조. Bartels, *NIDNTT*, I, 667-68; Michaelis, *TDNT*, VI, 878-80; Moule, *Colossians and Philemon*, 65; Schreiner, 『신약신학』, 310.

19 Bruce, *Colossians, Philemon*, 60.

토코스"라는 표현을 모든 피조물 중에서 가장 먼저 지음받은 존재를 뜻하는 것으로 이해하였다. 그리고 성자는 영원하지 않으며 존재하지 않았던 때가 있었다고 주장하였다. 성자가 영원한 하나님이 아니라 유한한 피조물이라는 것이다.[20] 이는 매우 잘못된 주장이다. 만일 그리스도가 가장 먼저 창조된 존재라면, 사도 바울은 "먼저 창조된"을 뜻하는 "프로토크티스토스"(πρωτόκτιστος)나 "먼저 형성된"을 뜻하는 "프로토플라스토스"(πρωτόπλαστος)라는 단어를 사용했을 것이다.[21] 하지만 그는 "먼저 태어난"을 뜻하는 "프로토토코스"(πρωτότοκος)를 사용하였다. 그가 이렇게 한 까닭은 그리스도가 피조물이 아니라 하나님의 아들이시기 때문이다. 그리스도는 성부 하나님에게서 나신 거룩한 아들이시다. 성자의 나심은 영원 안에서 일어난 것이다. 따라서 그리스도는 영원부터 성자이시다. 성부 하나님이 존재하지 않았던 때가 없는 것처럼 성자 그리스도 또한 존재하지 않았던 때가 없다.[22] 영원부터 하나님은 성부로 존재하시고, 그리스도는 성자로 존재하신다.

다음 본문에서 바울은 만물이 그리스도 안에서 창조되었다고 말함으로써 그리스도와 피조물을 분명하게 구분한다. 그리스도는 다른 피조물보다 "먼저 창조되신 분"이 아니라 만물을 창조하신 분이다. 아타나시우스(Athanasius)는 아리우스에 대항하여 이렇게 말하였다. "그러나 만일 모든 피조물이 그리스도 안에서 창조되었다면 그리스도는 피조물들과 다른 존재이며, 피조물이 아니라 모든 피조 세계의 창조주이시다"(*Apol. sec.* 2.62).

1:16 이 본문에서 사도는 그리스도가 "모든 피조물보다 먼저 나신 분", 즉 모든 피조물 위에 계신 하나님의 맏아들이신 이유를 밝힌다. "왜냐하면 그 분 안에서 만물이 창조되었기 때문입니다." 신약성경에서 "창조하다"(κτίζω, "크티조")라는 동사는 주로 하나님의 창조 사역과 관련하여 사용된다.[23] 하나

---

20 아리우스 논쟁에 관해서는 다음 책들을 보라. McGrath, 『신학이란 무엇인가』, 664-71; Schaff, 『니케아 시대와 이후의 기독교』, 549-75.

21 Harris, *Colossians and Philemon*, 40; Macleod, 『그리스도의 위격』, 71.

22 "먼저 나신 이"라는 표현은 그리스도가 성부 하나님이 낳으신 아들이라는 사실을 전제한다. 성자의 영원한 출생으로 성부와 성자의 관계가 결정되었다. 성부는 성부가 아니신 적이 없었고, 성자는 성자가 아니신 적이 없었다. Bray, 『신론』, 189; Macleod, 『그리스도의 위격』, 177, 201; Reeves, 『선하신 하나님』, 43.

23 Foerster, *TDNT*, III, 1028.

님의 창조 사역은 그리스도 안에서 일어난 것이다. 여기서 "그분 안에서"(ἐν αὐτῷ, "엔 아우토")는 "그리스도에 의하여", 또는 "그리스도로 말미암아"와 같은 뜻으로 이해할 수 있다.[24] 하나님은 그리스도로 말미암아 만물을 창조하셨다(요 1:3). 바울은 고린도전서 8:6에서 만물이 한 주 예수 그리스도로 말미암았다고 말한다. 히브리서 기자도 하나님께서 아들로 말미암아 모든 세계를 지으셨다고 선언한다(히 1:2). 성부 하나님이 창조의 근원이시라면, 그리스도는 창조의 실행자이시다.[25]

그리스도 안에서 창조된 "만물"은 피조 세계 전체를 가리키며, 하늘에 있는 것들과 땅에 있는 것들, 보이는 것들과 보이지 않는 것들을 모두 포함한다. "보이지 않는 것들"이란 구체적으로 "보좌들"(θρόνοι, "뜨로노이"), "주관자들"(κυριότητες, "퀴리오테테스"), "통치자들"(ἀρχαί, "아르카이"), "권세들"(ἐξουσίαι, "엑수시아이")이다. 이 용어들은 지상의 인간 권력자들이나 지배자들이 아니라 천상의 영적 세력들을 가리킨다(롬 8:38; 고전 15:24; 엡 1:21; 6:12; 골 2:10).[26]

이 해석의 근거는 유대 문헌들에서 찾을 수 있다. 에녹 2서에는 에녹이 하늘에서 체험한 일들이 기록되어 있다. 그는 일곱 번째 하늘에서 "보좌들", "주관자들", "통치자들", "권세들"을 목격한다. "나는 거기서 엄청나게 강한 빛과 위대한 천사장들의 불 같은 군대들, 육체가 없는 '능력들', '주관자들', '통치자들', '권세들', 케루빔, 세라핌, 그리고 많은 눈을 가진 '보좌들'을 보았다"(*2 En.* 20.1; 참조. *1 En.* 61.10; *T. Levi* 3.8). 에녹이 하늘에서 목격한 "케루빔"(cherubim)과 "세라핌"(seraphim)은 구약성경에도 나오는 천사들이다(개역개정: "그룹들", "스랍들").[27] 이들과 함께 하늘에 있는 "보좌들", "주관자들", "통치자들", "권세들"은 일반 천사들보다 우월한 지위와 권한을 가진 존재들이다.[28]

---

24 Lohse, *Colossians and Philemon*, 50; Pokorný, *Colossians*, 79; Wilson, *Colossians and Philemon*, 138. 그리스도를 창조가 일어난 "영역"으로 언급하는 것일 수 있다. 창조는 그리스도 밖에서 그리스도와 별개로 일어난 것이 아니라, "그분 안에서" 일어난 것이다.

25 Schreiner, 『신약신학』, 311.

26 Arnold, 『사탄과 악한 영들』, 128-30; Moo, *Colossians and Philemon*, 122; Smith, *Heavenly Perspective*, 165-66; Wilson, *Colossians and Philemon*, 140-41; Witherington, *Philemon, Colossians*, 134.

27 "그룹들"은 창 3:24; 출 25:18, 19, 20; 시 18:10; 80:1; 겔 10:1-20에 나오고, "스랍들"은 사 6:2, 6에 나온다.

28 Bruce, *Colossians, Philemon*, 64; Bavinck, 『개혁교의학』, 2권, 555-91. 그는 천사들의

이런 존재들까지 그리스도 안에서 창조되었다는 사실에서 그리스도가 무한히 위대하고 탁월하신 분이심을 알 수 있다.

16절 후반부에서 바울은 만물의 창조와 관련하여 그리스도의 역할을 두 개의 전치사구로 설명한다. "만물이 그분으로 말미암아, 또 그분을 위하여 창조되었습니다."[29] 첫 번째 전치사구 "그분으로 말미암아"(δι' αὐτοῦ, "디 아우투")는 16절 전반부에 나온 "그분 안에서"(ἐν αὐτῷ, "엔 아우토")라는 표현보다 더 분명하게 그리스도가 하나님의 창조 사역의 실행자라는 사실을 알려 준다(고전 8:6; 히 1:2). 창조의 근원이신 성부 하나님은 성자 하나님과 더불어 창조 사역을 수행하셨다.

두 번째 전치사구 "그분을 위하여"(εἰς αὐτόν, "에이스 아우톤")는 그리스도가 창조의 궁극적 목적이심을 시사한다. 만물이 그리스도를 위하여 창조되었다! 만물의 창조는 그리스도의 위대함을 보여 주기 위한 것이다. 만물은 자신을 위하여 존재하지 않는다. 남태평양의 깊은 바닷속을 헤엄치는 발광 물고기에서 안데스 산맥 위를 비행하는 콘도르에 이르기까지, 우도 해변의 작은 산호 조각들에서 밤하늘에 빛나는 무수한 별들에 이르기까지 만물은 그리스도의 영광과 위대함을 드러내기 위하여 존재한다. 아담의 타락 이후에 썩어짐의 종노릇을 하고 있는 모든 피조물이 그리스도 안에서 회복될 때 그리스도의 위대하심이 완전하게 드러날 것이다(롬 8:18-22; 엡 1:10).[30] 그때 성부 하나님께서 그리스도를 영화롭게 하실 것이고, 그리스도 또한 성부 하나님을 영화롭게 하실 것이다(참조. 요 17:1, 5).

지위를 세 등급으로 나눈다. 첫째 등급은 케루빔, 세라핌, 보좌 천사들, 둘째 등급은 주관자들, 권세들, 능력들, 셋째 등급은 대천사와 일반 천사들이다. 천사들 사이에 지위와 권한의 차이가 있는 것은 사실이지만, 그들의 등급을 세 가지나 네 가지로 분류할 수 있는 근거를 성경에서 찾기는 어렵다.

29 바울은 16절 전반부에서는 과거 동사 "에크티스떼"(ἐκτίσθη)를 사용한 반면에 후반부에서는 현재 완료 동사 "에크티스타이"(ἔκτισται)를 사용한다. 전자는 창조 행위가 과거에 일어났음을 나타내고, 후자는 과거에 일어난 창조 사건의 지속적인 결과를 나타낸다.

30 Bruce, *Colossians, Philemon,* 74. 그는 엡 1:10이 "골로새서 1:16에 대한 주석"이라고 말하기까지 한다. 또한 다음 책들을 보라. Bavinck, 『개혁교의학』, 2권, 530-31; Gunton, *Christ and Creation,* 23; Letham, 『그리스도의 사역』, 206; O'Brien, 『골로새서·빌레몬서』, 139; Sumney, *Colossians,* 6.

(2) 만물의 유지자이며 교회의 머리이신 그리스도(1:17-18상)

1:17 이 부분은 그리스도 찬가의 첫째 부분(15-16절)과 셋째 부분(18하-20절)을 이어 주는 역할을 한다. 아래에서 볼 수 있는 대로, 17절과 18상절은 평행을 이룬다. 각각 "또한"(καί, "카이")과 그리스도를 가리키는 강조형 대명사 "그분 자신"(αὐτός, "아우토스")으로 시작한다.[31] 17절은 15-16절의 결론을 제시하고, 18상절은 18하-20절의 내용을 예고한다.

17절 또한 그분 자신이(καὶ αὐτός) 만물보다 먼저 계시고
18상절 또한 그분 자신이(καὶ αὐτός) 몸인 교회의 머리이십니다.

"또한 그분 자신이 만물보다 먼저 계시고"라는 구절은 "아브라함이 나기 전부터 내가 있느니라"(요 8:58, 개역개정)고 하신 예수님의 말씀과 흡사하다. 두 구절에 나오는 현재 시제 동사 "에이미"(εἰμί, "나는 …이다", "나는 있다")는 그리스도의 영원성을 나타낸다. 그리스도는 세상에 보냄을 받을 때부터 존재하신 것이 아니라, 만물이 창조되기 전부터 성부 하나님과 함께 영광 중에 존재하셨다(요 1:1-2; 17:5).[32] 성부 하나님이 영원하신 것처럼 성자 그리스도 역시 영원하시다.

계속해서 바울은 그리스도가 만물을 결속시키고 유지하신다고 선언한다. "그리고 만물이 그분 안에서 함께 존속합니다." 여기서 "함께 존속하다"라고 번역한 동사의 원형 "쉬니스테미"(συνίστημι)는 존재와 결합의 개념을 내포하는 자동사이다("함께 모인 상태로 존재하다").[33] 처음 창조되었을 때와 같이 만물이 그리스도 안에서 조화롭게 결합된 상태로 계속 존재하고 있다는 것이다.[34]

이 본문에서도 16절처럼 "그분 안에서"(ἐν αὐτῷ, "엔 아우토")를 "그리스도로 말미암아"로 이해하는 것이 좋다. 만물이 그리스도로 말미암아 조화롭게

31 삼인칭 주격 대명사 "아우토스"(αὐτός)는 동사 "에스틴"(ἐστιν, "그는 …이다")에 포함된 주어를 강조한다.

32 그리스도의 선재에 관해서는 다음 책을 보라. Macleod, 『그리스도의 위격』, 53-90.

33 BDAG, 972-73; Kretzer, *EDNT*, III, 308.

34 현재 완료 "쉬네스테켄"(συνέστηκεν)은 우주 만물이 그리스도 안에서 조화롭게 결합되어 계속 존재하고 있는 상태를 나타낸다.

결합된 상태로 존속하는 것이다. 만물은 저절로 생겨나지 않았으며, 스스로 존재하지도 않는다. 만물은 그리스도로 말미암아 창조되었고, 그리스도로 말미암아 조화로운 상태로 유지되고 있다. 히브리서 기자도 바울과 유사하게 그리스도가 자신의 능력의 말씀으로 만물을 붙들고 계신다고 말한다(히 1:3). 그리스도가 만물을 붙드시고 질서를 부여하시고 동력을 제공하심으로써 만물을 유지하고 계신다는 것은 얼마나 경이로운 일인가? 피조 세계는 하나님과 그리스도의 지속적인 간섭과 돌보심 없이 스스로 움직이는 것이 아니다. 만일 그리스도가 우주 만물에서 손을 떼신다면 무슨 일이 일어날까? 하늘의 해와 달과 별들이 궤도를 이탈할 것이고, 우주는 상상할 수 없는 대혼돈의 상태에 빠질 것이다.[35] 우주 만물이 창조 이래로 혼돈(chaos)이 아니라 조화(cosmos)의 상태로 존속하는 것은 전적으로 만물의 유지자이신 그리스도 덕분이다.[36]

1:18상 이제 사도 바울은 창조에서 새 창조(구속)로, 만물에서 교회로 초점을 옮긴다. 골로새서에 처음 나온 "교회"(ἐκκλησία, "에클레시아")라는 단어가 주제의 전환을 알린다. "또한 그분 자신이 몸인 교회의 머리이십니다." 여기서 "그분"은 만물의 창조자이며 유지자이신 그리스도이다. 그리스도는 교회의 머리이기도 하시다.

"몸인 교회"라고 번역한 헬라어 어구는 문자적으로 "교회의 몸"(σώματος τῆς ἐκκλησίας, "소마토스 테스 에클레시아스")이다. 이 표현에서 몸과 교회는 동격이다.[37] 몸, 곧 교회인 것이다. "몸"을 뜻하는 "소마"(σῶμα)는 바울 서신에서 은유적으로 자주 교회를 의미한다(롬 12:5; 고전 12:13, 27; 엡 1:23; 4:12; 5:23; 골 1:24). 고대 그리스-로마 사회에서 몸은 국가나 사회를 가리키는 이미지로 널리 사용되었다. 국가나 사회는 다양한 신분의 사람들로 구성되어서 서로 의존하는 "몸"과 같은 것이다.[38] 이 본문에서 수식어 없이 나온 "몸"은 국가나 사회가 아니라 그리스도의 몸을 가리킨다. 바울은 고린도전서와 에베소서에서 교회를 그리스도의 몸이라고 하였다(고전 12:27; 엡 1:23; 4:12). 다양한 신자

35 Moo, *Colossians and Philemon*, 126; Schreiner, *Paul*, 176.

36 Lightfoot, *Colossians and Philemon*, 156; Sumney, *Colossians*, 70.

37 Harris, *Colossians and Philemon*, 43. "교회의"(τῆς ἐκκλησίας, "테스 에클레시아스")는 동격의 속격이다.

38 Dunn, 『바울신학』, 735; Schweizer, *TDNT*, VII, 1028-41.

들로 구성된다는 점에서 교회는 국가나 사회와 유사한 "몸"이다. 하지만 "그리스도"의 몸이라는 점에서 교회는 국가나 사회와 근본적으로 다른 공동체이다. 교회의 정체성을 결정하는 것은 인종이나 정치적 이념이 아니라 그리스도에 대한 믿음이다. 예수 그리스도를 "주님"으로 믿고 고백하는 신자들이 "그리스도의 몸", 곧 교회를 구성한다. 신자들이 몸의 지체들이며, 그리스도가 그 몸의 "머리"이시다.

"머리"(κεφαλή, "케팔레")는 은유적으로 "권위", "권한", 또는 "원천", "근원"을 의미한다.[39] 고대 세계에서 머리는 몸을 주관하면서 몸에 생명과 영양을 공급하는 기관으로 인식되었다. 그리스도의 절대 주권과 우월성을 강조하는 문맥을 고려할 때, 여기서 "케팔레"는 "원천"이나 "근원"보다는 "권위"나 "권한"을 의미한다.[40] 머리이신 그리스도는 교회에 대해 절대 권세를 행사하시는 교회의 주님이시다(2:19; 엡 4:15; 5:23).[41] 그리스도는 교회에 생명을 주시고 교회를 주관하시는 머리이시고, 교회는 그리스도의 다스림을 받고 그분의 명령에 순종하는 몸이다. 교회를 살아 있게 만드는 것은 그리스도가 부여하시는 그분의 부활 생명이다. 머리이신 그리스도에게서 분리된 교회는 더 이상 교회가 아니다. 그리스도를 머리로 인정하고 그분에게 복종하는 교회가 참된 교회이다.

그리스도가 교회의 머리라는 사실은 거짓 교사들의 위협에 직면한 골로새 성도들에게 매우 중요하다. 그들이 구원과 영적 성장을 위하여 무엇을 붙들어야 할지를 분명하게 알려 주기 때문이다. 거짓 교사들은 체험에 심취한 나머지 그리스도를 붙들지 않고 있다(2:19). 골로새 성도들은 그들의 주장을 거부하고 그리스도를 붙들어야 한다. 교회의 머리이신 그리스도는 만물의 창조자이시며 만물의 유지자이시다. 그리스도보다 더 소중한 것은 없다. 그리스도와 비교할 때 체험은 아무것도 아니다.

---

39 BDAG, 541-42.

40 Arnold, "Jesus Christ", 364. 그는 머리 은유에서 "지배권"이나 "우월성"(supremacy)이 주요한 의미라고 옳게 지적한다.

41 Gibbs, *Creation and Redemption*, 105; Pao, *Colossians and Philemon*, 99.

(3) 새 창조의 시작이며 만물의 화해자이신 그리스도(1:18하-20)

1:18하 이 마지막 부분에서 사도 바울은 새 창조의 사역에 나타난 그리스도의 절대적 우월성을 찬양한다. 아래에서 볼 수 있는 대로, 이 부분(18하-20절)은 첫째 부분(15-16절)과 같이 그리스도를 묘사하는 관계 대명사절(ὅς ἐστιν, "그는 …이다")로 시작한다. 이 부분에서도 첫째 부분에서처럼 "먼저 나신 분"(πρωτότοκος, "프로토토코스")이라는 단어가 중요한 역할을 한다.

15절 그분은 보이지 않는 하나님의 형상이시며
(ὅς ἐστιν εἰκὼν τοῦ θεοῦ τοῦ ἀοράτου)
18하절 그분은 시작이시며
(ὅς ἐστιν ἀρχή)

먼저, 바울은 그리스도가 "시작이시며, 죽은 자들 가운데서 먼저 나신 분"이라고 찬양한다. "아르케"(ἀρχή, 개역개정: "근본")는 시간적으로 앞선 것, 또는 지위나 권세가 우월한 것을 의미한다.[42] 16절에서 복수 "아르카이"(ἀρχαί)는 지위나 권세가 우월한 영적 존재들("통치자들")을 뜻하고, 여기서 단수 "아르케"는 "시작", 또는 "기원"을 뜻한다. 그리스도가 "시작"이시라는 것은 그분이 부활하심으로써 구원의 새 시대를 시작하셨음을 의미한다. 그리스도의 부활은 죄와 죽음의 시대를 끝내고 의와 생명의 시대를 여는 사건이다. 동시에 새 창조의 시작을 알리는 사건이다.[43] 새 창조란 하나님께서 죄와 죽음의 권세를 몰아내고 죽은 자들 가운데서 의인들을 일으키며 만물을 회복하시는 것이다. 새 창조는 그리스도의 부활과 함께 시작되고, 그리스도의 재림과 함께 완성된다. 그리스도를 믿고 세례를 받는 사람은 그리스도와 함께 이미 시작된 새 창조를 경험한다. 다시 말해서, 죽은 자들 가운데서 그리스도와 함께 일으킴을 받고(2:12; 3:1), 새 사람을 입는 것이다(3:10). 누구든지 그리스도 안에 있으면 새로운 피조물, 즉 새로 창조된 자이다(고후 5:17; 갈 6:15; 엡 2:10).

---

42 BDAG, 137-38.
43 참조. Dunn, 『바울신학』, 348; Beale, 『신약성경신학』, 250; Ebert, 『지혜 기독론』, 184; Wright, 『하나님의 아들의 부활』, 1125.

새 창조의 "시작"인 그리스도는 또한 "죽은 자들 가운데서 먼저 나신 분"(πρωτότοκος ἐκ τῶν νεκρῶν, "프로토토코스 에크 톤 네크론")이다. 여기서도 "프로토토코스"는 그리스도가 시간적으로 앞선 분이실 뿐만 아니라 지위에서도 탁월하신 분이심을 의미한다.[44] "죽은 자들 가운데서 먼저 나신 분"은 문자적으로 "죽은 자들로부터 먼저 나신 분"이다. 데이비드 파오(David W. Pao)가 잘 지적하는 대로, 이 표현에서 "죽은 자들로부터"(ἐκ τῶν νεκρῶν, "에크 톤 네크론")는 "일으킴을 받다"라는 동사를 전제한 것이다.[45] 그리스도는 죽은 자들로부터 가장 먼저 일으키심을 받은 하나님의 맏아들이시다. 그리스도보다 먼저 죽었다가 살아난 사람들이 있지만 그들은 모두 다시 죽었다(왕상 17:22-23; 왕하 4:35; 마 9:25; 눅 7:14-15; 요 11:44). 그들은 새롭고 영광스러운 상태로 살아난 것이 아니라 단지 과거와 같은 삶을 회복하였을 뿐이다.[46] 오직 그리스도만이 다시 죽지 않고 영원히 사는 진정한 부활을 최초로 경험하셨다. 그리스도의 부활은 유일무이한 것이다.[47] 죽음을 이기고 부활하신 그리스도는 죽음의 지배에서 벗어나서 영원한 생명의 세계로 들어가셨다. 부활하신 그리스도는 모든 죽은 자들과 살아 있는 자들의 주님이시며, 동시에 죽음과 음부까지 지배하시는 주님이시다(계 1:18).

이어서 바울은 그리스도가 죽은 자들 가운데서 먼저 나신 분이 되신 결과를 알려 준다. "그리하여 그분이 친히 만물의 으뜸이 되십니다." 그리스도는 만물의 창조자이자 유지자이시므로, 또 영원부터 하나님의 아들이시므로 어제나 오늘이나 영원히 만물의 으뜸이시다. 그렇다면 부활을 통하여 그리스도가 만물의 으뜸이 되신다는 것은 무슨 말인가? 그분이 옛 창조에 속한 만물과 새 창조에 속한 교회에 절대 주권을 행사하시는 만물의 주님이라는 사실이 공적으로 입증되었음을 의미한다.[48] 바울은 "으뜸이다", "우월한 지위를 갖다"를 뜻하는 분사 "프로튜온"(πρωτεύων)을 사용함으로써 이 단락에서 가장 중요한 강조점인 그리스도의 절대 주권을 간결하게 진술한다. 부활하신 그리스도는 옛 창조와 새 창조에 대하여, 만물과 교회에 대하여 절

44 Harris, *Colossians and Philemon*, 44; Moo, *Colossians and Philemon*, 129.

45 Pao, *Colossians and Philemon*, 100-1.

46 Lewis, 『기적』, 298.

47 Beasley-Murray, 『부활』, 175.

48 Sumney, *Colossians*, 74.

대 권세를 행사하시는 주님이시다. 지금은 만물이 그리스도에게 복종하지 않고 있다(히 2:8). 그러나 결국 하늘에 있는 자들과 땅에 있는 자들과 땅 아래 있는 자들이 모두 그리스도 앞에 무릎을 꿇고 그분을 주님이라고 시인하게 될 것이다(빌 2:10-11).

1:19 이 본문에서 접속사 "왜냐하면"(ὅτι, "호티")으로 시작하는 이유절이 20절까지 이어진다. 바울은 그리스도가 만물과 교회에 절대 주권을 행사하시는 근거를 제시한다. 그것은 "모든 충만"(πᾶν τὸ πλήρωμα, "판 토 플레로마")이 그리스도 안에 거하기 때문이며, 또한 그리스도가 성부 하나님과 만물 사이의 화해를 가능하게 만드신 분이기 때문이다.

19절에서 20절까지 이어지는 긴 문장의 주동사는 "기뻐하셨다"(εὐδόκησεν, "유도케센")이다. 사도 바울은 이 동사의 주어를 명시하지 않는다. 하나님이 주어일 수도 있고, 모든 충만이 주어일 수도 있다. 많은 주석가들은 "모든 충만"을 주어로 본다.[49] 1:19의 평행 본문인 2:9에서 유사한 표현인 "신성의 모든 충만"이 주어로 나오기 때문이다. 하지만 비인격적인 표현인 "모든 충만"을 "기뻐하다"라는 동사의 주어로 보는 것은 어색하다.[50] "모든 충만"보다 하나님을 주어로 보는 것이 더 적절하다.[51] 그 이유는 신약성경에서 동사 "유도케오"(εὐδοκέω, "기뻐하다")의 주어가 통상적으로 인격적인 존재이기 때문이다. 칠십인역과 신약성경에서 이 동사는 종종 하나님과 관련하여 사용된다(시 68:16[67:17 LXX]; 마 3:17; 막 1:11; 눅 3:22; 고전 10:5; 참조. 엡 1:5, 9). 그뿐만 아니라 "평화를 이루심으로"와 "화해하게 하기를"(20절)이라는 동작의 주체가 명백하게 하나님이시다. 그리스도의 피로 "평화를 이루심으로", 만물을

49 예를 들어, Beale, *Colossians and Philemon*, 107; Harris, *Colossians and Philemon*, 45, 188; Moo, *Colossians and Philemon*, 131; Moule, *Colossians and Philemon*, 70; O'Brien, 『골로새서·빌레몬서』, 146; Osborne, *Colossians and Philemon*, 43; Pao, *Colossians and Philemon*, 102.

50 일부 주석가들은 "모든 충만"이 "자신의 모든 충만 안에 계신 하나님"(God in all His fullness)을 뜻하는 우회적 표현이라고 주장한다(예를 들어, Moule, *Colossians and Philemon*, 70-71). 그러나 2:9에 나오는 "신성의 모든 충만"과 관련하여 이해하면, "모든 충만"은 하나님 자신이 아니라 하나님의 본성을 가리킨다.

51 Barth and Blanke, *Colossians*, 211-12; Bird, *Colossians and Philemon*, 56; Bratcher and Nida, *Colossians and Philemon*, 27; Delling, *TDNT*, VI, 303; Lightfoot, *Colossians and Philemon*, 158.

그리스도로 말미암아 자기와 "화해하게 하는" 분이 하나님이시라는 사실에는 의심의 여지가 없다. 따라서 주동사 "기뻐하셨다"(19절)의 동작 주체도 하나님으로 보는 것이 자연스럽다. 그러면 하나님 아버지께서 기뻐하신 것은 무엇인가? 바울은 두 개의 부정사 구문으로 하나님께서 기뻐하신 것을 표현한다. 한 가지는 모든 충만이 그리스도 안에 "거하는 것"이고(19절),[52] 다른 한 가지는 만물을 자기와 "화해하게 하는 것"이다(20절).

먼저, 하나님은 모든 충만이 그리스도 안에 "거하는 것"(κατοικῆσαι, "카토이케사이")을 기뻐하셨다. 이 구절에서 "충만"(πλήρωμα, "플레로마")이라는 개념이 중요하다. "충만"은 2세기 중엽의 발렌티누스파 영지주의에서 하나님과 인간 사이의 모든 중간 영체들(aeons)을 가리키는 전문 용어였다.[53] 하나님으로부터 유출된 중간 영체들은 하나님에게 가장 가까이 있는 최고의 신령한 세계를 상징하였다. 하지만 영지주의의 "충만" 개념은 영의 세계는 선하고 물질세계는 악하다는 이원론을 전제한 것이다. 이 사상은 만물을 그리스도로 말미암아, 그리스도를 위하여 창조된 선한 것으로 보는 골로새서의 가르침과 전혀 맞지 않는다.[54]

그러면 "모든 충만"은 무엇인가? 사도 바울은 1:19의 평행 본문인 2:9에서 이 표현의 의미를 분명하게 밝힌다.[55] 그것은 "영체들의 충만"이 아니라 "신성의 모든 충만"(πᾶν τὸ πλήρωμα τῆς θεότητος, "판 토 플레로마 테스 떼오테토스")이다. "신성"은 하나님의 본성을 의미한다. "신성"과 관련하여 이해하면 "모든 충만"이라는 표현은 하나님의 본성 전체를 가리킨다. 하나님의 본성 전체가 그리스도 안에 거하고 있는 것이다.[56] 이 구절은 2:9과 함께 그리스도

52 헬라어 본문에서 "모든 충만"은 중성 대격 명사로서 주동사 "기뻐했다"(εὐδόκησεν)가 아니라 부정사 "거하는 것"(κατοικῆσαι)의 주어이다.

53 발렌티누스파는 이집트에서 태어나서 알렉산드리아에서 교육받은 발렌티누스(Valentinus)를 따르는 영지주의 집단이었다. 참조. McGrath, 『그들은 어떻게 이단이 되었는가』, 178-89.

54 영지주의자들은 에베소서와 골로새서에 나오는 "플레로마"라는 표현을 자기들의 목적에 맞추어서 의미를 변형하였다. Caird, *Paul's Letters from Prison*, 180-81; Wilson, *Colossians and Philemon*, 153.

55 1:19 "왜냐하면 … 그분 안에 모든 충만이 거하는 것을"
2:9 "왜냐하면 그분 안에 신성의 모든 충만이 몸의 형태로 거하고 있고"

56 Lightfoot, *Colossians and Philemon*, 159. "거하는 것"(κατοικῆσαι)이라는 부정사는 과거 시제이지만, 계속 거주하는 상태를 나타낸다.

의 신성을 알려 주는 강력한 진술이다. 자존하시고, 영원하시고, 불변하시고, 무한하신 하나님의 본성 전체가 그분 안에 거하고 있으므로 그리스도는 성부 하나님과 동등한 하나님이시다(요 1:1; 롬 9:5).[57]

1:20 다음으로, 하나님은 만물을 자기와 "화해하게 하는 것"(ἀποκαταλλάξαι, "아포카탈락사이")을 기뻐하셨다. "화해하게 하는 것"은 19절에 나온 "거하는 것"과 함께 "유도케센"(19절)에 종속된 부정사이다. 두 부정사는 "유도케센"의 목적어 역할을 하면서 하나님께서 기뻐하시는 것이 무엇인지 알려 준다.

기뻐하셨다(εὐδόκησεν, 19절)
- 거하는 것을(κατοικῆσαι, 19절)
- 화해하게 하는 것을(ἀποκαταλλάξαι, 20절)

부정사 "아포카탈락사이"의 원형 동사 "아포카탈라쏘"(ἀποκαταλλάσσω)는 신약성경에서 바울 서신에만 세 번 나오며, "화해하게 하다"를 의미한다(엡 2:16; 골 1:20, 22).[58] 화해란 적대 관계를 청산하고 평화의 관계를 회복하는 것이다.[59] 신약성경에서 화해는 주로 하나님과 사람의 관계에 적용된다(롬 5:10; 고후 5:20; 엡 2:16). 그런데 이 본문에서는 하나님과 만물의 관계에서 화해가 일어난다. 바울은 이렇게 노래한다. "또 그분의 십자가의 피로 말미암아 평화를 이루심으로 만물, 곧 땅 위에 있는 것들이나 하늘 안에 있는 것들을 그분으로 말미암아 자기와 화해하게 하기를 기뻐하셨기 때문입니다." 이 본문의 요점은 성부 하나님께서 그리스도로 말미암아 만물을 자기와 화해하게 만드신다는 것이다.

이 본문은 하늘에 있는 것들과 땅에 있는 것들의 창조를 말하는 16절

57 Jones, 『그리스도를 아는 지식』, 74; Macleod, 『그리스도의 위격』, 94-95; Osborne, *Colossians and Philemon*, 43; Ridderbos, *Paul*, 77.

58 "아포카탈라쏘"는 에베소서와 골로새서 이전의 문헌에는 나오지 않는다. 이 동사는 "카탈라쏘"(καταλλάσσω)보다 다소 강한 뉘앙스를 가지고 있다. 하지만 의미상의 차이는 없다. "아포카탈라쏘"는 사도 바울이 처음 사용한 낱말일 것이다. 참조. Büchsel, *TDNT*, I, 258; Porter, Καταλλάσσω, 163; Silva, *NIDNTTE*, I, 248.

59 Schreiner, *Paul*, 222; 홍인규, 『바울신학 사색』, 323.

과 평행을 이룬다.[60] 그리스도로 말미암아 창조된 만물이 그리스도로 말미암아 하나님과의 관계를 회복하는 것이다. 하나님과 만물의 화해는 창조 이후에 하나님과 만물 사이에 일어난 불화와 관계 단절을 전제한다. 처음 창조되었을 때 만물은 질서와 조화와 평화로 충만하였다. 하나님께서 보시기에도 심히 좋았다(창 1:31). 만물이 하나님께서 의도하신 자리에서 하나님께서 의도하신 역할을 수행하였기 때문이다. 그러나 이런 상태는 만물을 대표하는 첫 사람 아담의 범죄로 말미암아 깨어지고 말았다. 땅이 저주를 받고(창 3:17-18), 피조물 전체가 고통을 당하게 되었다(롬 8:19-22; 참조. *4 Ezra* 7.11-14).

하나님과 피조물의 화해는 불화의 원인인 죄 문제를 해결하는 것에서부터 시작되어야 한다. 놀랍게도 하나님은 인간이나 피조물에게 죗값을 요구하지 않으셨다. 그 대신 죄를 알지도 못하는 자기 아들을 화해를 위한 희생 제물로 내주셨다! 하나님은 그리스도의 "십자가의 피로 말미암아" 평화를 이루셨다. 신약성경에 한 번 나온 "평화를 이루다"(εἰρηνοποιήσας, "에이레노포이에사스")라는 분사는 적대와 전쟁을 종식하고 평화를 회복하는 것을 의미한다.[61] 성경에서 말하는 평화는 단지 다툼이나 싸움이 없는 상태가 아니라 불화와 악이 완전히 사라지고 참된 안녕과 행복이 충만한 상태를 가리킨다. 구약의 선지자들은 전쟁과 불화와 적대감이 사라지고 만물의 질서와 평화가 회복되는 종말의 시대를 내다보았다(사 52:7-10; 66:10-14; 겔 34:25-31). 종말의 시대에는 하나님께서 들짐승과 공중의 새와 땅의 곤충과 더불어 언약을 맺으시고, 전쟁을 종식시키시고, 자기 백성을 평안히 눕게 하실 것이다(호 2:18). 이 종말의 샬롬이 그리스도의 죽음으로 말미암아 실현되기 시작하였다. 하나님은 그리스도의 십자가의 피로 말미암아 만물에 대한 진노를 푸시고, 만물을 자기와 화목하게 하기를 기뻐하셨다. 만물은 땅 위에 있는 것들과 하늘 안에 있는 것들을 모두 포함한다.

하지만 하나님과 만물 사이의 화해가 만물의 구원을 의미하지는 않는다. 믿음으로 의롭다 하심을 받은 사람만이 하나님과 더불어 평화를 누린다

---

60 16절 τὰ πάντα <u>ἐν τοῖς οὐρανοῖς</u> καὶ <u>ἐπὶ τῆς γῆς</u>
20절 ειτε τὰ <u>ἐπὶ τῆς γῆς</u> ειτε τὰ <u>ἐν τοῖς οὐρανοῖς</u>

61 BDAG, 288; Foerster, *TDNT*, II, 418-20; L&N, 40.4.

(롬 5:1). 믿음이 없는 사람은 하나님과의 화해를 경험할 수 없다. 마귀와 그의 하수인들은 하나님과의 화해를 끝까지 거부할 것이다. 결국 마귀는 불과 유황 못에 던져질 것이다(계 20:10). 그러므로 하나님과 만물 사이의 화해를 만물의 구원으로 이해할 수 없다. 여기서 사도 바울이 염두에 두고 있는 것은 하나님의 구원 통치가 피조 세계 전체에 확립됨으로써 만물이 완전한 질서와 조화와 평화를 회복하는 것이다. 이것은 "우주적 구원"이 아니라 "우주적 회복"이나 "갱신"이다.[62] "우주적 회복"인 하나님과 만물 사이의 화해는 네 가지 차원을 포함한다. 첫째, 하나님께서 자신이 택하시고 부르신 사람들을 자기와 화해하게 하신다. 둘째, 그리스도를 믿는 유대인들과 이방인들을 화해시키신다(엡 2:11-18). 셋째, 하나님을 대적하는 마귀와 통치자들과 권세들을 멸하시고 만물에 대한 구원의 통치를 시작하신다.[63] 넷째, 아담의 타락으로 썩어짐의 종노릇하는 피조물을 해방하여 영광의 자유를 누리게 하신다(롬 8:21).

그리스도의 죽음으로 말미암아 하나님과 만물 사이의 화해와 평화가 시작되었고, 신자들은 그것을 부분적으로나마 경험한다. 그러나 만물의 화해는 아직 완전히 실현되지 않았다.[64] 지금 모든 피조물은 함께 탄식하며 함께 고통을 겪으면서 장차 완성될 종말의 화해와 샬롬을 고대한다(롬 8:19-22). 장차 그리스도가 강림하셔서 마귀와 악한 세력들과 함께 마지막 원수인 죽음을 멸망시키실 때(고전 15:24-26), 그리고 하나님의 자녀들이 그리스도와 함께 영광 중에 나타날 때(3:4), 모든 피조물이 허무와 썩어짐의 상태에서 해방되어 영광의 자유를 누릴 것이다(롬 8:21).

이 본문의 강조점은 만물의 화해와 샬롬이 그리스도로 말미암아 이루어진다는 것이다. 바울은 "그분의 십자가의 피로 말미암아"(διὰ τοῦ αἵματος

---

62 Moo, *Colossians and Philemon*, 136.

63 Arnold, *The Colossian Syncretism*, 269; Bruce, *Colossians, Philemon*, 74-76; Moo, *Colossians and Philemon*, 135-37; O'Brien, 『골로새서·빌레몬서』, 153-54; Ridderbos, *Paul*, 183-84; Schreiner, *Paul*, 225; Stott, 『그리스도의 십자가』, 367.

64 이 본문에 부정 과거 부정사(ἀποκαταλλάξαι, "아포카탈락사이")와 분사(εἰρηνοποιήσας, "에이레노포이에사스")가 나오지만, 이것들을 반드시 과거의 사건을 가리키는 것으로 볼 수는 없다. 화해와 평화가 시작되는 것을 나타내는 "기동의 과거"(ingressive aorist)로 이해할 수 있다. Wallace, *Greek Grammar*, 558-59.

τοῦ σταυροῦ αὐτοῦ)라는 표현과 함께 "그분으로 말미암아"(δι' αὐτοῦ, "디 아우투")를 사용하여 이 점을 강조한다. 그리스도가 하나님과 만물 사이의 화해를 위한 유일한 제물이신 것이다. 하나님과 만물 사이의 불화가 매우 심각하기 때문에 거룩하신 하나님의 아들의 죽음이 아니고는 화해가 불가능하다. 하나님은 그리스도를 세상에 보내셨고, 그리스도는 속죄와 화해를 위한 제물로 십자가에 달려 죽으셨다. 그 결과 죄의 문제가 해결되었고, 하나님의 공의가 충족되었다. 하나님과 만물 사이의 화해와 평화가 가능하게 된 것이다. 이제 그리스도가 만물과 교회의 으뜸이 되신 이유가 밝혀졌다. 그것은 그리스도 안에 신성의 모든 충만이 거하고 있고, 그분으로 말미암아 하나님과 만물 사이의 화해가 가능하게 되었기 때문이다.

결론적으로, "그리스도 찬가" 단락에서 사도 바울은 창조 사역과 구속 사역과 관련하여 그리스도의 위대하심을 강력하게 선포한다. 그리스도는 만물과 교회에 대하여 절대 권세를 행사하는 만물의 주님이시다. 골로새 성도들이 믿고 의지하는 분이 바로 이 주님이다(1:4; 2:5). 그들은 하나님의 사랑하는 아들, 곧 그리스도의 나라에 속해 있다(1:13). 그들은 그리스도가 만물을 창조하시고 유지하시는 만물의 주님이라는 사실을 분명히 깨닫고, 그리스도의 통치에 기쁨으로 복종해야 한다. 그리스도가 교회의 머리라는 사실을 분명히 깨닫고, 그리스도에게 합당한 경배와 찬송을 드려야 한다. 만일 그들이 이렇게 한다면, 그리스도를 따르지 않는 "철학"을 전파하고(2:8), 그리스도를 붙들지 않는(2:19) 거짓 교사들에게 미혹당하지 않을 것이다.

〈심층 연구 1〉 그리스도 찬가의 양식과 구성

1:15-20은 창조와 구원의 주님이신 그리스도를 높이는 찬송시로 간주되어 왔다. 크리스티안 슈테틀러(Christian Stettler)는 이 단락이 "시편에 있는 시의 박자를 따라 예수를 찬미하는 '그리스도-시편'(Christ-psalm)"이라고 주장한다.[65] 스티븐 보(Steven M. Baugh) 역시 이 단락을 히브리 교차 대구법에 따라 작성된 일종의 시로 본다.[66] 만일 이 견해가 옳다면, 이 단락은 1세기

---

65 Stettler, *Der Kolosserhymnus*, 79-86. Hurtado, 『주 예수 그리스도』, 820에서 재인용.

66 Baugh, "The Poetic Form of Col 1:15-20", 244. 또한 다음을 보라. Ebert, 『지혜 기독론』, 165-70; Gordley, *Colossian Hymn*, 3-33; Hurtado, 『주 예수 그리스도』, 820; Karris, *A*

의 그리스도인들이 부른 "시와 찬송과 신령한 노래"(3:16; 엡 5:19) 중 한 가지일 것이다. 하지만 이 단락에는 그리스도를 부르는 호칭과 시편에서 볼 수 있는 간구가 나오지 않는다.[67] 또한 일관된 운율이 없고, 고전 헬라 시의 양식과 일치하지도 않는다. 따라서 이 단락을 엄격한 의미에서는 시나 시편으로 보기 어렵다. 바울이 중요한 단어들과 문구들을 반복하고, 전반부(15-16절)와 후반부(18하-20절)를 서로 대응하며 균형을 이루는 방식으로 제시한 점을 고려하면, 이 단락을 시에 가까운 산문 형식으로 기록된 그리스도 찬가로 볼 수 있을 것이다.[68]

아래와 같이 이 단락은 서로 대응하는 첫째 부분(15-16절)과 셋째 부분(18하-20절), 그리고 첫째 부분을 요약하고 셋째 부분을 예고하면서 두 부분을 연결하는 중간 부분(17-18상절)으로 구성되어 있다. 첫째 부분과 셋째 부분은 "그분은 …이시며"(ὅς ἐστιν, "호스 에스틴")라는 관계 대명사절로 시작한다. 아래에서 볼 수 있는 대로, 두 부분에는 "먼저 나신 분"(πρωτότοκος, "프로토토코스")이라는 단어와 "호티"(ὅτι)로 시작하는 이유절("왜냐하면 그분 안에서")이 나란히 나온다(16, 19절). "그분으로 말미암아"(δι' αὐτοῦ, "디 아우투")라는 전치사구 역시 두 부분에서 균형을 이룬다(16, 20절). 중간 부분에서는 17절과 18상절이 평행이다. 두 구절은 각각 접속사 "또한"(καί, "카이")과 그리스도를 가리키는 "그분 자신이"(αὐτός, "아우토스")라는 강조형 주격 대명사로 시작한다.[69]

첫째 부분(15-16절)

15절 그분은 …이시며(ὅς ἐστιν)
먼저 나신 분입니다(πρωτότοκος)

Symphony of New Testament Hymns, 63-91; Wright, "Poetry and Theology", 448.

67 Edsall and Strawbridge, "The Song We Used to Sing?", 290-311.

68 참조. Barclay, *Colossians and Philemon*, 59-60; Bruce, *Colossians, Philemon*, 55("a form of rhythmical prose"); Gordley, *The Colossian Hymn*, 198; van Kooten, *Cosmic Christology*, 119.

69 Baugh, "The Poetic Form of Col 1:15-20", 235-38; Bruce, *Colossians, Philemon*, 54-57; Ebert, 『지혜 기독론』, 165-67; Martin, *Reconciliation*, 114; Martin, "Reconciliation and Forgiveness", 109-10; Moo, *Colossians and Philemon*, 115-16; Smith, *Heavenly Perspective*, 155-56; Sumney, *Colossians*, 61-63; Wright, "Poetry and Theology", 99-106.

16절 왜냐하면 그분 안에서(ὅτι ἐν αὐτῷ)
"그분으로 말미암아"(δι᾽ αὐτοῦ, "디 아우투")

둘째 부분(17-18상절)

17절 또한 그분 자신이(καὶ αὐτός)

18상절 또한 그분 자신이(καὶ αὐτός)

셋째 부분(18하-20절)

18하절 그분은 …이시며(ὅς ἐστιν)
먼저 나신 분입니다(πρωτότοκος)

19절 왜냐하면 그분 안에(ὅτι ἐν αὐτω)

20절 "그분으로 말미암아"(δι᾽ αὐτοῦ, "디 아우투")

1:15-20을 "그리스도 찬송"으로 간주하는 성경학자들 중 일부는 저자가 교회의 찬송을 인용했다고 주장한다. 이 단락이 관계 대명사 "호스"(ὅς)로 시작하는 점과 "뜨로노이"(θρόνοι, "보좌들")와 같은, 바울 서신에서 보기 어려운 용어들과 표현들이 나오는 점 때문이다. 하지만 바울은 기록 목적에 따라서 특별한 용어들을 종종 사용한다. 또 이 단락에 나오는 "하나님의 형상"(고후 4:4)과 "프로토토코스"(롬 8:29)라는 표현, 머리이신 그리스도(엡 4:15; 5:23)와 화해의 개념(롬 5:10-11; 고후 5:18-19; 엡 2:16) 등이 바울의 다른 서신들에도 나온다. 따라서 바울 자신이 이 단락 전체를 작성했다고 보는 것이 타당하다.[70] 이 단락에서 바울은 창조와 구원, 만물과 교회에 대하여 절대 주권을 가지신 그리스도의 위대하심을 장엄한 어조로 찬양한다.

메시지와 적용

■ **하나님의 형상이신 그리스도** 이 단락의 중요한 교훈은 그리스도가 하나님의 형상이시라는 것이다. 하나님의 형상이신 그리스도는 보이지 않는 하나님에 관하여 증언하실 뿐만 아니라 하나님을 보여 주신다. 그분 자신이 신성

70 김세윤, 『바울 복음의 기원』, 231-36; Ebert, 『지혜 기독론』, 165-70; Garland, *Colossians and Philemon*, 82; Helyer, "Colossians 1:15-20: Pre-Pauline or Pauline?", 167-79; Moule, *Colossians and Philemon*, 60-62; Osborne, *Colossians and Philemon*, 32; O'Brien, 『골로새서·빌레몬서』, 132-33; Smith, *Heavenly Perspective*, 152.

의 모든 충만을 소유하신 하나님이시기 때문이다.

하나님을 믿으면서도 하나님을 보기를 바라는 사람들이 있다. 그들은 하나님을 보면 믿음이 더 견고해질 것이라고 생각한다. 그러나 하나님은 가까이 가지 못할 영광의 빛 가운데 거하시는 분이다. 아무도 하나님을 볼 수 없다(딤전 6:16). 하나님을 보려고 하는 것은 어리석은 생각이다. 하나님은 우리가 그리스도를 바라보기를 바라신다. 그리스도가 보이지 않는 하나님의 형상이시기 때문이다. 그리스도는 오병이어로 많은 사람들을 배불리 먹이시고, 병자들을 고쳐 주시고, 눈먼 자를 보게 하심으로 하나님을 보여 주셨다. 바람과 바다를 잠잠하게 하시고, 죽은 자들을 살리심으로 하나님을 보여 주셨다. 십자가에서 죽으시고 부활하심으로 하나님을 보여 주셨다. 하나님을 보고자 하는가? 하나님의 형상이신 그리스도를 보라. 하나님을 더 잘 알고자 하는가? 하나님의 형상이신 그리스도를 보라(참조. 히 3:1; 12:2). 하나님의 성품을 알고자 하는가? 하나님의 형상이신 그리스도를 보라. 그리스도를 통해서만 우리는 하나님 자신과 그분의 의와 사랑과 영광을 알 수 있다.

■ **만물의 으뜸이신 예수 그리스도** 이 단락에서 바울은 예수 그리스도가 만물의 으뜸이시라고 장엄하게 찬양한다. 예수 그리스도는 만물을 창조하시고, 만물을 유지하신다. 여호와 하나님만을 경배하던 바울이 십자가에 못 박히신 예수님을 만물의 으뜸이라고 찬양하는 것은 참으로 놀라운 일이다. 그가 이렇게 할 수 있었던 것은 부활하신 그리스도를 다마스코스로 가는 도중에 만났기 때문이다. 바울에게 자신을 만물을 창조하고 유지하는 만물의 주님으로 알려 주신 분이 바로 그리스도이다. 지금도 그리스도는 하나님의 오른편에서 만물을 통치하신다. 자신이 창조한 만물을 붙들고 유지하신다. 우리는 그리스도를 만물의 으뜸이라고 찬양하고 있는가?

오늘날 그리스도를 만물의 창조자이시며 유지자로 믿는 것은 반지성적이고 비합리적인 일처럼 보인다. 현대 물리학자들은 지금의 우주가 백억 년 전이나 백오십억 년 전에 일어난 대폭발(big bang)로 존재하게 되었다고 주장한다. 우주가 스스로 생겨난 자기 충족의 실체라는 것이다. 그러나 우주는 지극히 정교하면서도 조화롭게 움직이고 있다. 과연 이런 우주를 대폭발의 결과로 존재하게 된 것으로 볼 수 있는가? 우주의 경이로움은 대폭발이 아니라 무한한 능력과 지성을 가진 절대자의 존재를 전제한다. 아인슈타인(Albert Einstein)이 주장한 대로, 우주를 지배하는 정교하고 합리적인 자연법칙은 "인간보다 더없이 우월한 영"의 존재를 알려 준다.[71] 성부 하나님과 더불어 창조 사역에 참여하신 그리스도를 만물의 창조자이시며 유지자로 인정하는 것이 대폭발 우주론을 받아들이는 것보다 훨씬 더 합리적이지 않은가? 만물은 무한한 능력과 지성을 가진 그리스도로 말미암아 창조되었고, 유지되고 있다. 참으로 예수 그리스도는 영원토록 존귀와 찬양과 영광을 받으시기에 합당한 만물의 으뜸이시다.

■ **하나님이신 그리스도** 이 단락의 가장 놀라운 점은 그리스도를 만물을 창조하시고 유지하시는 하나님으로 제시한다는 것이다. 한마디로 말해서, 그리스도는 하나님이시다! 그리스도가 하나님이시기 때문에 만물을 창조하시고 유지하실 수 있는 것이다. 또 그분의 피로 하나님과 만물 사이의 화해가 이루어질 수 있는 것이다. 그리스도가 하나님이 아니시라면 창조도 없고, 화해도 없고, 구원도 없다. 그리스도가 하나님이시기에 유일한 주님이시고 구원자이신 것이다.

하나님과 그리스도를 동등한 하나님으로 보는 것이 삼위일체 교리의 핵심이다. 삼위일체 교리를 부정하고, 그리스도를 창조된 반신(半神)이나 피조물 중 최고의 존재로 보는 아리우스주의자들과 여호와의 증인들은 기독교를 자연 종교로 만든다. 그들은 성경의 계시보다 인간의 이성을 더 중요하게 여기고, 합리성을 진리의 척도로 삼는다. 그들의 입장은 합리주의적인 것이다. 반면에 성경은 그리스도를 유한한 피조물이 아니라 전능하신 하나님으로 제시한다(요 1:1; 20:28; 롬 9:5; 딛 2:13). 그리스도는 피조 세계로 들어오신 창조주 하나님이시다. 그분이 말씀하시는 대로 모든 일이 일어난다. 바람과 바다가 잔잔하게 되고(마 8:23-27), 귀신들이 쫓겨나고(마 8:28-34), 죽은 자가 일어난다(눅 7:13-16; 요 11:43-44). 하늘에 오르신 어린양 그리스도는 성부 하나님과 함께 경배를 받으신다(계 5:8-14). 그러므로 성경의 가르침을 겸허하게 받아들인다면, 그리스도를 하나님과 동등한, 만물의 으뜸으로 찬양하는 사도 바울과 함께 그리스도를 성자 하나님으로 인정하고, 그분을 경배해야 한다.

---

71 Jammer, *Einstein and Religion*, 93. John Lennox 또한 정밀하게 조정되어 있는 자연법칙들과 그 법칙들에 따라 정교하게 운행되는 우주 만물의 모습이 초(超)지성적인 존재를 알려 준다고 주장한다. Lennox, 『우주 탄생의 비밀』, 137.

그리스도 앞에 무릎을 꿇고, 능력과 존귀와 영광을 받으시기에 합당하신 그 분에게 경배와 찬양을 올려 드리자(계 5:12-13). "당신은 나의 주님이시요 하나님이십니다"(요 20:28).

■ 하나님과 만물의 화해 이 단락의 또 다른 교훈은 그리스도로 말미암아 이루어지는 화해가 단지 사람만이 아니라 만물을 아우른다는 점이다. 하나님과 만물의 화해는 자연 세계의 회복을 포함한다. 구원은 사람들만이 아니라 모든 피조물을 위한 것이다. "구원의 범위는 생명만큼이나 넓고 우주만큼이나 거대하다."[72] 우리는 하나님의 구원을 사람 중심적인 것으로 생각할 때가 많다. 이런 생각을 바꾸어, 하나님의 구원이 만물의 회복과 갱신까지 포함하는 우주적인 것이라는 사실을 인정해야 한다. 또 우리는 지금의 하늘과 땅이 불에 타서 소멸될 것이라고 생각할 때가 많다. 이런 생각을 버려야 한다. 하나님은 피조 세계를 파괴하지 않으신다. 그리스도의 십자가의 피로 평화를 이루시고 만물을 자기와 화해하게 하기를 기뻐하셨기 때문이다(1:20). 하나님은 피조 세계를 불로 정화하실 뿐 태워 없애지 않으신다(참조. 벧후 3:10, 12). 하나님의 뜻은 만물의 소멸이 아니라 만물의 갱신이며 완성이다.[73] 보좌에 앉으신 하나님께서 이렇게 선언하실 것이다. "보라 내가 만물을 새롭게 하노라"(계 21:5). 만물이 새롭게 되는 날, 새 하늘과 새 땅이 완전한 의와 평화와 희락으로 충만할 것이다. 아담의 타락으로 썩어짐의 종노릇을 하게 된 피조 세계가 마침내 종노릇에서 해방되어 영광스러운 자유를 얻게 될 것이다(롬 8:19-21). 하나님과 만물의 화해가 완전히 실현될 날을 고대하자. 완전한 의와 평화와 희락으로 충만한 새 하늘과 새 땅을 바라보자(벧후 3:13). 이것이 우리가 받은 위대한 소망이다.

---

72 Lincoln, "Colossians", 610.

73 참조. Bavinck, 『개혁교의학』, 4권, 850-51; Grudem, 『조직신학』, 하, 487-88; Middleton, 『새 하늘과 새 땅』, 267-315.

2. 하나님과 골로새 성도들의 화해(1:21-23)

번역

21 그리고 전에 단절되어 있었고 악한
행실들을 하여 마음으로 원수들이었던 여
러분을, 22 [a]그러나 이제는 [b]아버지께서 그
분의 죽음으로 말미암아 그분의 [c]육체의
몸으로 [d]화해하게 하셨습니다. 이는 여러
분을 거룩하고 흠이 없고 책망할 것이 없
는 자들로 자기 앞에 세우시기 위함입니
다. 23 만일 참으로 여러분이 믿음에 거하
고, 견고하게 되어 흔들리지 않고, 여러분
이 들었던 복음의 소망에서 떠나지 않으
면, [e]그렇게 될 것입니다. 복음은 하늘 아
래 모든 피조물에게 선포되었고, 나 바울
은 복음의 일꾼이 되었습니다.

a "그러나"는 헬라어 접속사 "데"(δέ)를 번역한 것이다. 이 접속사는 골로새 성도들의 과거와 현재를 대조하는 역할을 한다.

b "아버지"는 "화해하게 하셨습니다"(22절)라는 주동사의 주어이다. "아버지"라는 단어는 본문에 나오지 않지만 화해를 이루신 주체가 성부 하나님이라서 첨가한 것이다.

c 개역개정은 "육체의 몸"(σώματι τῆς σαρκός, "소마티 테스 사르코스")을 제대로 번역하지 않았다. "몸"은 빠뜨리고, "육체의"와 "죽음"을 임의로 연결하여 "육체의 죽음"이라고 번역하였다.

d 바티칸 사본(B)은 삼인칭 능동태 동사 "그분이 화해하게 하셨습니다"(ἀποκατήλλαξεν, "아포카텔락센")가 아니라 이인칭 수동태 동사 "여러분은 화해되었습니다(ἀποκατηλλάγητε, "아포카텔라게테")를 지지한다. 하지만 수동태 동사는 문맥과 전혀 맞지 않는다. 사도 바울이 수동태 동사를 사용했을 가능성은 거의 없다. 능동태 동사 "그분이 화해하게 하셨습니다"는 시내산 사본(ℵ)을 포함한 A C D 등의 대문자 사본들과 소문자 사본들의 지지를 받는다. 또 문맥과도 잘 어울린다.

e 23절은 귀결절 없이 조건절로만 이루어진 문장이다. 귀결절에 해당하는 "그렇게 될 것입니다"는 본문의 의미를 명확하게 하려고 첨가한 것이다.

본문 이해 터 닦기

| 문맥과 주제 | 이 단락은 그리스도 찬가 단락(1:15-20)과 바울의 사도 직무를 다룬 단락(1:24-29) 사이에 자리 잡고 있다. 이 단락에서 바울은 그리스도에게서 골로새 성도들에게로 초점을 옮긴다. 그리고 앞 단락에서 언급한 만물의 화해를 골로새 성도들과 관련시킨다. 만물과의 화해를 기뻐하신 하나님께서 골로새 성도들을 자기와 화해하게 만드셨다. 본래 골로새 성도들은 하나님의 원수들이었다. 그러나 하나님은 그들을 위하여 자기 아들을 내주셨다! 만물과의 화해와 마찬가지로 골로새 성도들과의 화해 역시 그리스도

의 죽음으로 말미암아 이루신 것이다. 하나님께서 이렇게 하신 목적은 그들을 거룩하고 흠이 없는 자들로 자기 앞에 세우시는 것이다. 이 단락의 마지막 부분에서 바울은 자신을 복음의 일꾼으로 소개하면서 자신이 받은 사도의 직무를 강조하는 다음 단원(1:24-2:5)을 예고한다. 이 단락의 주제는 하나님께서 골로새 성도들을 자기와 화해하게 만드셨다는 것이다.

| 배경 | 하나님과 죄인들의 화해라는 사상은 구약 외경 마카베오스 2서에도 나온다. 예루살렘과 유대 지방에 사는 유대인들은 이집트에 거주하는 유대인들에게 편지하면서 하나님과 그들의 화해를 기원하였다(2 Macc 1.5). 율법이 금한 돼지고기를 먹으라는 왕의 명령을 거부하고 자기 어머니와 형제들과 함께 죽음을 택한 한 유대인은 하나님과 백성 사이의 화해를 확신하였다. 그는 자신과 형제들의 죽음이 하나님과 유대 백성의 화해를 위한 희생이라고 생각하였다. 그리고 백성에 대한 진노를 풀어 달라고 하나님께 간청하였다(2 Macc 7.32-33, 37-38).

하나님과의 화해를 위하여 백성의 희생이 필요하다는 마카베오스 2서의 사상은 골로새서의 화해 개념과 근본적으로 다르다. 이 서신에서 하나님과 죄인의 화해는 사람들의 희생이 아니라 하나님의 아들이신 그리스도의 희생으로 이루어진 것이다. 화해는 잘못을 범한 편에서 시작하는 것이다. 그런데 아무 잘못이 없는 하나님께서 화해를 먼저 시작하셨다! 그리스도의 죽음으로 말미암아 죄 문제를 해결하심으로써 죄인들에 대한 진노를 풀고 관계를 회복하신 것이다. 이런 점에서 마카베오스 2서는 골로새서를 포함한 바울 서신에 나오는 화해 개념의 배경이 될 수 없다. 바울은 하나님의 대적이었던 자신을 벌하지 않고 사도로 삼아 주기까지 하신 하나님의 은혜를 체험함으로써 하나님께서 먼저 화해하기를 기뻐하신다는 사실을 알게 되었다. 그리고 그리스도의 십자가가 화해를 이루는 수단이라는 것을 깨달았다(롬 5:11; 엡 2:16). 골로새서의 화해 개념은 바울의 다마스코스 체험과 예수 그리스도의 계시에서 비롯된 것이다.[74]

| 구조 | 헬라어 본문에서 이 단락은 하나의 길고 복잡한 문장이다. 목적어("그리고 여러분을")로 시작하는 주절, 주절에 종속된 부정사구와 조건절("만

74 Bruce, *Colossians, Philemon*, 77.

일 참으로 여러분이"), 복음을 설명하는 분사절과 관계 대명사절로 구성되어 있다. 이 문장의 주동사는 "화해하게 하셨습니다"(22절)이고, 주어는 이 동사에 함축된 하나님 아버지이시다. 이 단락에서 사도 바울은 골로새 성도들의 과거와 현재를 극명하게 대조한다. "전에"(21절) 그들은 하나님의 원수들이었으나, "이제는"(22상절) 하나님의 친구들이다. 이어서 바울은 하나님께서 그들을 자기와 화해하게 하신 목적을 알려 주고(22하절), 골로새 성도들의 책임을 제시한다(23상절). 마지막으로, 자신이 복음의 일꾼이라는 사실을 밝힌다(23하절). 이 단락을 세분하면 다음과 같다.

(1) 21-22절	하나님과 골로새 성도들의 화해
	1) 하나님께서 골로새 성도들을 자기와 화해하게 하심(21-22상절)
	2) 화해의 목적: 거룩하고 흠 없는 자들로 세움(22하절)
(2) 23절	골로새 성도들의 책임
	1) 믿음에 거하고 굳게 서야 함(23상절)
	2) 복음에 관한 부연 설명(23하절)

주해

(1) 하나님과 골로새 성도들의 화해(1:21-22)

1:21 사도 바울은 헬라어 본문에서 이 문장을 주어가 아니라 "그리고 여러분을"(Καὶ ὑμᾶς, "카이 휘마스")이라는 목적어로 시작한다. 목적어를 문장의 앞에 배치함으로써 바울은 그리스도로부터 골로새 성도들에게로, 하나님과 만물의 화해로부터 골로새 성도들의 화해로 초점을 옮긴다는 것을 분명히 한다. 그리스도로 말미암아 만물을 자기와 화해하게 하기를 기뻐하신 하나님께서 골로새 성도들도 자기와 화해하게 하셨다.

과거에 골로새 성도들은 하나님으로부터 "단절되어 있었고 악한 행실들을 하여 마음으로 원수들"이었다. "단절되어 있었고"(ὄντας ἀπηλλοτριωμένους, "온타스 아펠로트리오메누스")라고 번역한 표현은 헬라어 본문에서 두 개의 분사로 구성되어 있다.[75] 완료 시제를 우회적으로 나타내는 구문인데, 완료된 동작의 결과가 지속되는 상태를 강조한다. 이 구문을 사용

75 "온타스"(ὄντας)는 "에이미"(εἰμί, "이다", "있다")의 현재 분사(ὄντας)이고, "아펠로트리오메누스"(ἀπηλλοτριωμένους)는 "아팔로트리오오"의 현재 완료 분사이다.

함으로써 바울은 하나님과 골로새 성도들과의 관계 단절이 과거에 일어났고, 그 단절 상태가 특정 시점까지 계속되었음을 알려 준다. 현재 완료 수동태 분사 "아펠로트리오메누스"(ἀπηλλοτριωμένους)는 "단절된", "관계가 틀어진"을 의미한다.[76] 에베소서 4:18에서 바울은 같은 분사를 사용하여 이방인들이 하나님의 생명에서 "단절되어 있다"(ἀπηλλοτριωμένοι, "아펠로트리오메노이")라고 말한다. 하나님의 생명에서 단절된 사람의 특징은 영적 생명이 없는 것이고, 감각 없는 자가 되어 자신을 방탕에 내던지고 모든 더러운 것을 욕심으로 행하는 것이다(엡 4:19). 골로새의 이방인 성도들 역시 다를 바가 없었다. 그들도 과거에 하나님의 생명에서 단절되어 있었고(2:13), 감각 없는 자가 되어 음행과 더러운 것을 욕심으로 행하였다(3:5-7). 그들은 마음으로 하나님을 대적하는 원수들이었다.

"원수"(ἐχθρός, "엑뜨로스")는 말 그대로 누군가를 미워하고 대적하는 사람을 가리킨다.[77] 이 본문에서 바울은 골로새 성도들이 과거에 누구의 원수들이었는지 말하지 않는다. 하지만 하나님을 전제한다. 에베소서 2:16에서 바울은 유대인들과 이방인들을 "하나님"과 화목하게 하려고 그리스도가 "원수 된 것"(ἔχθραν, "엑뜨란")을 십자가로 죽이셨다고 분명하게 진술한다. 유대인들과 이방인들이 본래 하나님의 원수들이었다는 것이다(참조. 롬 5:10; 11:28).

골로새의 이방인 성도들은 과거에 행실만이 아니라 더 근본적으로 "마음으로"(τῇ διανοίᾳ, "테 디아노이아") 하나님을 대적하는 원수들이었다. "마음"이라고 번역한 "디아노이아"(διάνοια)는 "사고방식", "마음가짐", "성향", "정신의 경향" 등을 의미한다.[78] 하나님과의 관계가 단절된 사람들은 근본적으로 하나님을 대적하는 사고방식이나 성향을 갖기 마련이다(참조. 롬 8:7). 골로새 성도들의 악한 사고방식이나 성향이 악한 행실들로 표출되었다. 과거에 그들은 감각 없는 자가 되어서 악한 정욕과 탐심으로 음행과 더러운 것을 행하였다.

1:22 그런데 골로새 성도들에게 놀라운 일이 일어났다. 사도 바울은 "그

76 이 분사의 원형 "아팔로트리오오"는 신약성경에 세 번 나오며(엡 2:12; 4:18; 골 1:21), "관계를 틀어지게 하다", "멀어지게 하다"를 의미한다. BDAG, 96.

77 BDAG, 419; Foerster, *TDNT*, II, 814; Silva, *NIDNTE*, II, 344-45.

78 BDAG, 234.

러나 이제는"(νυνὶ δέ, "뉘니 데")이라는 말을 시작으로 그들에게 일어난 극적인 변화를 서술한다. 앞 절에 나온 "전에"와 함께 "이제는"이라는 시간 부사가 골로새 성도들의 과거와 현재를 대조하는 역할을 한다. "전에" 그들은 하나님의 원수들이었다. "그러나 이제는" 전혀 다른 존재들이 되었다. 그들은 더 이상 하나님의 원수들이 아니라, 하나님의 친구들이다! 어떻게 이런 놀라운 변화가 일어났는가? 하나님께서 그들을 그리스도의 "죽음으로 말미암아 그분의 육체의 몸으로 화해하게 하셨기" 때문이다.

"화해하게 하셨다"(ἀποκατήλλαξεν, "아포카텔락센")라는 동사는 적대 관계를 해소하고 평화의 관계를 회복하는 것을 의미한다.[79] 싸움이 끝나고 우정이 시작되는 것이다. 일부 성경학자들은 이 동사의 주어를 그리스도로 보고, 그리스도가 자기 육체의 몸으로 하나님과 골로새 성도들의 화해를 이루셨다고 주장한다.[80] 하지만 앞 단락에서 만물을 자기와 화해하게 하신 분은 성부 하나님이시다(1:20). 이 본문에서 주어가 그리스도로 바뀌었다고 볼 만한 근거가 없다. 여기서도 여전히 성부 하나님이 화해를 이루신 주체이시다.[81]

화해는 잘못을 범한 사람이 먼저 시작하는 것이다. 잘못을 범한 사람이 자기 잘못을 인정하고 용서를 구하는 것이 화해의 필수 요소이다. 그런데 하나님과 죄인들 간의 화해는 악을 행한 죄인이 아니라 잘못이 전혀 없으신 하나님께서 주도하신다. 하나님은 죄 없는 당신의 아들을 화해를 위한 희생 제물로 내주셨다(참조. 롬 3:25; 요일 2:2; 4:10). 아들의 "죽음으로 말미암아 그분의 육체의 몸으로" 죄인들과의 적대 관계를 끝내시고 화해를 이루셨다.[82]

"그분의 육체의 몸"(σώματι τῆς σαρκὸς αὐτοῦ, "소마티 테스 사르코스 아우투")이란 하나님의 아들 그리스도의 몸을 가리킨다. 바울은 "몸"(σῶμα, "소마")과 "육체"(σάρξ, "사륵스")라는 단어를 함께 사용하여 그리스도가 사람이 되신 것을

79 Büchsel, *TDNT*, I, 258; Porter, *Καταλλάσσω*, 163; Silva, *NIDNTTE*, I, 248.

80 Barth and Blanke, *Colossians*, 221; Bird, *Colossians and Philemon*, 61; Pao, *Colossians and Philemon*, 107; 조경철, 『오직 그리스도』, 158-59.

81 Harris, *Colossians and Philemon*, 52-53; Lohse, *Colossians and Philemon*, 64; Martin, *Colossians and Philemon*, 67; Moo, *Colossians and Philemon*, 141.

82 "화해"에 관해서는 Ridderbos, *Paul*, 182-204; Schreiner, *Paul*, 222-25; Stott, 『그리스도의 십자가』, 360-78을 보라.

강조한다. 그리스도는 "육체의 몸", 즉 완전한 사람의 몸을 입으신 분이다. 죄인들을 위하여 사람이 되시고, 죄인들을 대신하여 십자가에 달리신 그리스도의 육체의 몸으로 화해가 가능하게 되었다. 바울은 "죽음으로 말미암아"라는 어구를 추가하여 그리스도의 죽음이 화해를 위한 수단이라는 점을 분명히 한다. 만물과의 화해뿐만 아니라 골로새 성도들과의 화해 또한 그리스도의 죽음으로 말미암아 이루어진 것이다. 그리스도의 죽음이 없었다면 하나님과 골로새 성도들의 화해도 없었을 것이다.

화해는 전적으로 하나님께서 하신 일이다. 죄인들과의 적대적인 관계를 청산하고 교제를 회복하기 위하여 아들을 보내신 분도 하나님이고, 아들의 죽음을 화해의 수단으로 삼으신 분도 하나님이다. 하나님은 "우리가 원수일 때에 그분의 아들의 죽음으로 말미암아"(롬 5:10) 우리 밖에서, 우리를 위하여 화해를 이루셨다. 이런 점에서 화해는 은혜로 주어지는 하나님의 선물이다.[83] 골로새의 이방인 성도들이 하나님과 화해하게 된 것도 원수들까지 긍휼히 여기신 하나님의 은혜 덕분이다.

하나님께서 골로새 성도들을 자기와 화해하게 하신 데에는 분명한 목적이 있다. 그것은 그들을 "거룩하고 흠이 없고 책망할 것이 없는 자들로 자기 앞에 세우시는" 것이다. 바울은 부정사 "파라스테사이"(παραστῆσαι, "세우는 것")로 시작하는 구문으로 화해의 목적을 제시한다.[84] 이 부정사의 원형 "파리스테미"(παρίστημι)는 "세우다", "서게 하다", "드리다", "바치다", "서다" 등을 의미한다. 신약성경에서 이 동사는 자기 자신이나 성도들을 하나님께 드리는 것, 그리고 하나님 앞에 서는 것과 관련하여 자주 나온다(롬 12:1; 14:10; 고후 4:14; 11:2; 골 1:28; 엡 5:27).[85] 이 본문에서는 마지막 날에 골로새 성도들을 하나님 앞에 세우는 것을 가리킨다. 하나님은 그들을 "거룩하고 흠이 없고 책망할 것이 없는 자들로" 자기 앞에 세우실 것이다.

이 구절에서 첫 번째 단어 "거룩한"(ἅγιoj, "하기오스")과 두 번째 단어 "흠이 없는"(ἀμωμος, "아모모스")은 구약성경에서 주로 제물과 관련하여 사용되었

---

83 Ridderbos, *Paul*, 185.

84 이 부정사의 주어는 그리스도가 아니라 성부 하나님이다. Harris, *Colossians and Philemon*, 53.

85 BDAG, 778.

다. 하나님께 바칠 제물은 거룩하고 흠이 없어야 한다(출 29:37-38 LXX). 하지만 두 단어가 신약 성도들과 관련하여 사용될 때에는 제의적 측면보다 윤리적 측면이 더 두드러진다. 에베소서 1:4에서 바울은 하나님께서 그리스도 안에서 자기 백성을 택하신 목적을 진술하면서 두 단어를 사용한다. 그 목적은 하나님 앞에 거룩하고 흠이 없게 하시는 것이다. 에베소서 5:27에서는 두 단어를 그리스도가 교회를 위하여 자신을 내주신 목적과 관련하여 사용한다. 그 목적은 교회를 그리스도 앞에 거룩하고 흠이 없게 하시는 것이다. 두 본문에서 "거룩"은 모든 부정과 악과 불의에서 분리되어 하나님께 속하는 것이고, 영적이며 도덕적인 순결함을 의미한다. "흠이 없음"은 잘못이 전혀 없는 상태, 즉 도덕적인 완전함을 의미한다(엡 1:4; 5:27; 빌 2:15; 벧후 3:14; 계 1:5).[86] 골로새서의 본문에서도 바울은 두 단어를 같은 의미로 사용한다.

세 번째 단어 "책망할 것이 없는"(ἀνέγκλητος, "아넹클레토스")은 희생 제물을 가리키는 제의적 용어가 아니라 고발당할 것이 없는 상태를 가리키는 법적 용어이다.[87] "비난할 여지가 없는", "나무랄 데가 없는", "죄가 없는"을 의미한다(참조. 고전 1:8; 딤전 3:10; 딛 1:6, 7).[88] 하나님 앞에서 책망할 것이 없다는 것은 죄나 잘못이 전혀 없는 정결한 상태를 가리킨다. 사도 바울은 이 단어를 "거룩한"과 "흠이 없는"과 함께 사용하여 골로새 성도들이 영적이며 도덕적인 면에서 완전하고 정결한 자들로 하나님 앞에 서게 될 것을 말한다. 타락한 인간은 부정하고 악하고 불의하다. 오직 하나님만이 거룩하시고 흠이 없으시다. 따라서 거룩하고 흠이 없는 자가 된다는 것은 하나님을 닮은 자가 되는 것을 의미한다. 하나님은 골로새 성도들을 자기와 화해하게 하실 뿐만 아니라, 자신이 거룩하신 것처럼 그들을 거룩하게 하시고, 자신이 흠이 없으신 것처럼 그들을 흠이 없게 하시는 것이다. 그리하여 그들을 하나님께서 보시기에도 책망할 것이 전혀 없는 자들로 "자기 앞에"(κατενώπιον αὐτοῦ, "카테노피온 아우투") 세우실 것이다. 얼마나 놀라운 일인가? 하나님의 원수였

86 BDAG, 56; Balz, *EDNT*, I, 16-20; Silva, *NIDNTTE*, I, 124-33.

87 이 단어는 "고발하다", "고소하다", "기소하다"를 뜻하는 "엥칼레오"(ἐγκαλέω)와 관련이 있다(행 19:38; 23:28; 롬 8:33).

88 참조. BDAG, 76; Grundmann, *TDNT*, I, 356; Abbott, *Ephesians and Colossians*, 227; Dunn, *Colossians and Philemon*, 109; Sappington, *Revelation and Redemption*, 188; Thompson, *Colossians and Philemon*, 41.

던 자들을 하나님을 닮은 자들이 되게 하시는 것은 그 무엇과도 비교할 수 없는 놀라운 일이다.

하나님께서 골로새 성도들을 거룩하고 흠이 없는 자들로 만드시는 일은 그들을 흑암의 권세에서 구해 내시고 그들의 죄를 용서하시는 것과 함께 시작되었다(1:13-14). 하나님은 그들을 자신에게 속한 거룩한 무리, 즉 "성도"(ἅγιοι, "하기오이")가 되게 하셨고(1:2), 말씀과 성령님의 역사로 그들을 실제로 거룩하고 흠이 없는 자들로 변화시키기 시작하셨다. 이 과정은 예수 그리스도가 강림하실 때에 절정에 도달할 것이다(참조. 고전 1:8; 살전 3:13; 5:23-24; 유 1:24-25).[89] 그리스도가 나타나시는 날, 골로새 성도들은 하나님을 완전하게 닮은 모습으로 그리스도와 함께 영광 중에 나타날 것이다(3:4).

(2) 골로새 성도들의 책임(1:23)

1:23 골로새 성도들의 최종적이며 완전한 성화는 하나님께서 이루시는 것이지만, 그들의 참여가 필요하다. 바울은 조건절 형식으로 이렇게 말한다. "만일 참으로 여러분이 믿음에 거하고, 견고하게 되어 흔들리지 않고, 여러분이 들었던 복음의 소망에서 떠나지 않으면, 그렇게 될 것입니다." 이 본문은 본래 "그렇게 될 것입니다"라는 구절이 없는 불완전 문장이다. 바울이 조건절만으로 골로새 성도들에게 촉구하는 것이다. "만일 참으로 여러분이 …한다면!" 이 말이 골로새 성도들의 귀에는 강한 요청이나 경고처럼 들렸을 것이다.

바울은 거짓 교사들이 문제를 일으키고 있는 상황에서 이 권면을 한다. 거짓 교사들은 골로새 성도들을 복음의 소망에서 떠나게 만들려고 애를 쓰고 있다. 골로새 교인들 중 몇 사람은 그들의 가르침을 받아들였고(2:22), 몇 사람은 동요하고 있다.[90] 이런 상황에서 바울은 골로새 교인들에게 계속 믿음에 거하고 복음의 소망에서 떠나지 말라고 권고한다. 만일 그들이 거짓 교사들에게 미혹되어서 믿음에 거하지 않고 복음의 소망에서 떠난다면, 하나님 앞에 거룩하고 흠이 없고 책망할 것이 없는 자로 서지 못할 것이다.

먼저, 골로새 성도들은 믿음에 거해야 한다. "여러분이 믿음에 거하고"

89 Peterson, 『성경적 구원론』, 220.

90 Witherington, *Philemon, Colossians*, 150.

(ἐπιμένετε τῇ πίστει, "에피메네테 테 피스테이")라는 구절에서 "믿음"은 골로새 성도들이 가진 믿음이다. 그들의 믿음은 그리스도 예수 안에 있는 것이며(1:4), 그분을 믿는 것이다(2:5). 믿음은 그리스도 예수가 주님이며 구원자라는 사실을 알고 인정하는 것이며(롬 10:9; 빌 2:11), 그분을 주님이시며 구원자로 전적으로 신뢰하고 의지하는 것이다.[91] 현재 시제 동사 "에피메네테"(ἐπιμένετε, "너희는 거한다")는 한 장소에 지속하여 머무는 것을 뜻한다. 골로새 성도들은 그리스도 예수를 주님이며 구원자로 알고 인정하고 신뢰하는 그 믿음에 계속 머물러 있어야 한다. 참된 믿음이란 거짓 교훈과 시험과 핍박에도 불구하고 끝까지 그리스도 예수가 주님이며 구원자라는 것을 인정하고 그분을 신뢰하는 것이다.

다음으로, 골로새 성도들은 "견고하게 되어 흔들리지 않아야" 한다. "견고하게 되어 흔들리지 않고"라는 구절은 튼튼한 토대 위에 세워진 건물을 연상시킨다. "견고하게 되어"라고 번역한 분사 "테떼멜리오메노이"(τεθεμελιωμένοι)는 건축과 관련된 용어이다. 문자적으로는 "토대를 놓다"를 의미하며, 은유적으로는 "설립하다", "세우다", "강화하다"를 뜻한다(엡 3:17; 벧전 5:10).[92] 이 분사는 현재 완료 수동태이다. 골로새 성도들이 지금 견고하게 세워져 있고, 그들을 세우신 분이 하나님이라는 것을 암시한다(신적 수동태). 그들이 어디 위에 세워져 있는가? 사도는 이 사실을 구체적으로 언급하지 않는다. 2:7에 비추어 보면, 그리스도임을 알 수 있다. 그리스도는 교회와 신자들이 세워지는 영적 토대이시다(고전 3:11). "흔들리지 않고"라고 번역한 "헤드라이오스"(ἑδραῖος)는 "견고한", "확고한", "흔들림이 없는" 등을 의미한다(고전 7:37; 15:58).[93] 견고하거나 흔들림이 없는 상태는 튼튼한 토대나 반석 위에 세워진 결과이다. 바울은 두 단어를 함께 사용함으로써 골로새 성도들이 그리스도의 토대 위에 견고하게 세워진 상태로 흔들리지 않기를 바라는 마

91 Lohse, *Colossians and Philemon*, 65-66; Moo, *Colossians and Philemon*, 145; Pao, *Colossians and Philemon*, 109; Wilson, *Colossians and Philemon*, 165-66. 다음 주석가들은 이 "믿음"을 개인의 믿음이 아니라 믿음의 내용, 즉 복음의 진리로 이해한다. MacDonald, *Colossians and Ephesians*, 68; Martin, *Colossians and Philemon*, 73; O'Brien, 『골로새서·빌레몬서』, 171; Sumney, *Colossians*, 128.

92 BDAG, 449(θεμελιόω); L&N, 31.94.

93 BDAG, 276; L&N, 31.92.

음을 표현한다.

마지막으로, 골로새 성도들은 "복음의 소망에서 떠나지 말아야"[94] 한다. "복음의 소망"(τῆς ἐλπίδος τοῦ εὐαγγελίου, "테스 엘피도스 투 유앙겔리우")이란 복음이 제시하는 소망이나, 또는 복음 안에 포함된 소망을 가리킨다. 골로새 성도들은 에바브라에게 복음을 받았고, 그 복음 안에서 그들을 위하여 하늘에 보관된 소망에 관해 들었다(1:5). 그 소망의 중심은 "영광의 소망" 그리스도이시다(1:27). 복음의 소망은 그리스도가 나타나실 때 골로새 성도들이 그분과 함께 영광 중에 나타나는 것이며(3:4), 그들이 영광스러운 몸으로 부활하여 새 하늘과 새 땅에서 빛 가운데 있는 성도의 기업을 받아 누리는 것이다(1:12).

골로새 성도들이 에바브라로부터 배운 복음은 하늘 아래 모든 피조물에게 선포된 것이다. 여기서 "모든 피조물"은 "전 세계"를 가리킨다.[95] 하지만 이 구절은 문자 그대로 전 세계의 모든 사람에게 복음이 선포되었음을 의미하지 않는다. 복음이 로마 제국 안에 널리 전파되었음을 강조할 따름이다. 복음이 예루살렘과 유대를 넘어 로마 제국 곳곳에 전파되었다는 사실은 복음의 기원과 능력이 하나님께 있음을 알려 준다. 복음은 하나님께로부터 온 것이다. 그러므로 복음의 소망은 확실하다. 복음의 소망에서 떠나지 않는 사람들은 하늘에 보관된 소망을 마침내 받아 누릴 것이다.

마지막 구절에서 바울은 자신이 모든 피조물에게 전파된 그 복음의 일꾼이라고 선언한다. "나 바울은 복음의 일꾼이 되었습니다!" 바울이 일인칭 대명사 "에고"를 함께 사용하여 "나 바울"(ἐγὼ Παῦλος, "에고 파울로스")이라고 말하는 것은 다른 누군가와의 대조를 염두에 둔 것이다. 다른 누군가는 거짓 교사들일 것이다. 그들은 자신들이 복음의 일꾼들이라고 주장하고 있었을 것이다. 그러나 그들의 주장은 참이 아니다. 그들은 자신들을 복음의 일꾼으로 가장하고 있을 뿐이다. 헛된 속임수를 전하는 자들이 어떻게 복음의 일꾼일 수 있겠는가? 참된 복음의 일꾼은 복음의 진리를 전하다가 고난당하

94 "떠나다"라고 번역한 분사 "메타키누메노이"(μετακινούμενοι)는 신약성경에서 이곳에만 나오며, 한 장소에서 다른 장소로 이동하는 것을 의미한다. LSJ, 1112.

95 Foerster, *TDNT*, III, 1029; Lohse, *Colossians and Philemon*, 66; Moo, *Colossians and Philemon*, 146.

고 있는 바울 자신이다.

"일꾼"(διάκονος, "디아코노스")은 본래 식탁에서 시중드는 사람을 뜻하지만, 이 본문에서는 1:7에서와 같이 복음 사역을 위하여 헌신한 사역자를 가리킨다. 바울은 다마스코스로 가는 길에 영광의 그리스도를 만남으로써 복음의 일꾼, 곧 사도로 부름을 받았다(참조. 롬 1:1; 갈 1:15-16; 엡 3:7). 골로새 성도들은 복음의 일꾼인 바울이 전해 준 복음을 에바브라에게서 배웠다. 복음은 하나님의 부르심을 받은 모든 사람들에게 죄 사함과 화해와 의롭다 함과 하나님의 자녀 됨과 영생을 약속하는 구원의 진리이다. 복음의 핵심은 예수 그리스도 자신과 그분의 십자가와 부활이다. 예수 그리스도가 우리 죄를 사하기 위하여 십자가에서 죽으시고 부활하신 구원자이며 주님이시라고 믿는 자들은 하나님의 은혜로 구원을 받는다. 골로새 성도들은 복음을 굳게 붙들어야 하며, 그 복음의 소망에서 떠나지 말아야 한다.

메시지와 적용

■ **하나님과의 화해** 이 단락의 가장 중요한 교훈은 하나님께서 골로새의 이방인 성도들을 그리스도의 죽음으로 말미암아 자기와 화해하게 만드셨다는 것이다. 이 교훈은 오늘 우리에게도 그대로 적용할 수 있다. 우리 역시 골로새의 이방인들과 다르지 않은 존재들이기 때문이다. 과거에 우리는 모두 하나님의 생명에서 단절되어 있었고, 하나님을 대적하는 원수들이었다. 그러나 하나님은 우리를 벌하지 않으셨다. 화해에 필요한 값을 우리에게 요구하지도 않으셨다. 하나님 자신이 죄인들과의 화해를 위하여 큰 희생을 치르셨다. 원수들을 위하여 자기 아들을 아끼지 않고 내주신 것이다. 하나님과 우리의 화해는 하나님의 아들이신 그리스도의 죽음으로 말미암아 단번에 일어났고, 그 효력은 영구하다. 지금 우리는 하나님의 원수가 아니라 친구이다. 하나님의 영원한 친구이다. 이것을 믿는가? 자신이 하나님의 친구이며 자녀라고 생각하면서도 하나님 나라에 들어갈 자격이 없다고 느끼는 사람들이 많다. 이 단락의 말씀을 주의를 기울여 읽고 깊이 묵상하자. 하나님은 자신과 화해하게 하신 사람을 거룩하고 흠 없고 책망할 것이 없는 자로 자기 앞에 세우실 것이다(1:22). 하나님 나라에 들어갈 자격을 우리에게 주시고, 그 자격에 합당한 자들로 만들어 주기까지 하신다는 뜻이다. 하나님과의 화

해를 경험한 사람들은 최후의 심판대를 넉넉하게 통과하고 하나님의 영원한 나라에 들어간다. 이것을 믿는가? 원수였던 우리를 벌하지 않고 자신과 화해하게 만드시고 그분의 나라에 넉넉하게 들어가게 하시는 하나님의 사랑에 어떻게 반응해야 하는가? 아버지 하나님께 감사하고 그분의 은혜를 찬양해야 한다. 그리고 계속 믿음에 거하고 복음의 소망에서 떠나지 않아야 한다.

■ **최종적이며 완전한 성화** 하나님께서 자기와 화해하게 하신 골로새 성도들을 거룩하고 흠이 없고 책망할 것이 없는 자들이 되게 하실 것이다. 하나님과 원수였던 골로새 성도들과 마찬가지로 우리도 거룩함이 전혀 없고, 온갖 종류의 흠이 가득한 존재이다. 그런데 하나님께서 우리를 거룩하고 흠이 없는 자들이 되게 하시고, 마침내 하나님 앞에서 책망할 것이 전혀 없는 자들로 세우실 것이다. 이것이 우리가 가진 위대한 소망이고, 우리가 받을 최고의 복이다. 우리는 거룩하고 흠이 없는 하나님을 닮은 자가 되는 것을 위대한 소망으로 여기고 있는가? 최고의 복으로 여기고 있는가?

하나님께서 우리를 거룩하고 흠이 없는 자들로 세우신다는 것을 확신하고 소망한다면, 두 손을 놓은 채 완전한 성화를 기다리고만 있지 않을 것이다. 악과 불의와 거짓을 버리고, 거룩하고 흠 없는 삶을 살기 위하여 힘써 노력할 것이다. 넘어지고 또 넘어지더라도 다시 일어날 것이다. 우리는 악과 불의와 거짓을 버리고, 선과 의와 진실의 열매를 맺고 있는가? 우리는 거룩하고 흠이 없는 삶을 살기 위하여 힘써 노력하고 있는가? "그러므로 사랑하는 여러분, 우리에게 이 약속들이 있으니 육과 영의 온갖 더러운 것에서 우리 자신을 깨끗하게 하며 하나님을 두려워하는 가운데 거룩함을 온전히 이룹시다"(고후 7:1).

■ **복음의 소망에서 떠나지 말자** 이 단락의 또 다른 교훈은 계속해서 믿음에 거하고 복음의 소망에서 떠나지 말아야 한다는 것이다. 골로새 성도들은 거짓 교사들의 "철학"(2:8)에 미혹되어 복음의 소망에서 떠날 위험에 처해 있었다. 오늘의 그리스도인들도 잘못된 철학과 사상이나 이단들 때문에 신앙의 위기를 겪을 수 있다. 오늘날 그리스도인들의 믿음을 가장 심각하게 위협하는 것은 인간이 모든 것의 중심이라고 가르치는 인본주의 철학일 것이다. 이 철학의 주창자들은 하나님을 섬기는 것을 노예의 삶으로 규정하고, 주인

의 삶을 살라고 부추긴다. "신은 죽었다"고 선언한 프리드리히 니체(Friedrich Nietzsche)는 "하나님을 사랑하라"(*amor Dei*)는 기독교 메시지에 대항하여 "운명을 사랑하라"(*amor fati*)고 외쳤다.[96] 그가 말하는 "아모르 파티"(운명에 대한 사랑)란 스스로 삶의 주인이 되어서 자기 삶에 의미를 부여하는 것이다. 이런 가르침에 영향을 받은 사람들은 가슴이 뛰는 대로 자기 행복을 추구하자고 노래한다. 그러나 하나님을 부정하고 자기가 주인이 되는 것은 진정한 행복을 위한 길일 수 없다.

복음만이 죄와 죽음 아래 있는 인간들에게 구원을 약속하는 "좋은 소식"이다. 진정한 행복을 위한 "유일한 길"이다. 지금도 하나님은 복음을 통하여 죄인들을 구원하시고 참된 행복을 누리게 하신다. 복음은 하나님의 아들 예수 그리스도가 우리 죄를 위하여 죽으시고 부활하셨으며, 그분을 주님이자 구원자로 믿음으로 말미암아 은혜로 구원을 받는다는 것이다(롬 10:9; 고전 15:1-4). 이 복음의 진리를 부정하면 어디에서도 참된 구원과 행복을 발견할 수 없다. 그러므로 세상의 거짓 사상을 거부하고 복음의 진리를 굳게 붙들자. 계속해서 믿음에 거하고 복음의 소망에서 떠나지 말자.

96 이진우, 『니체의 인생강의』, 167.

III. 1:24-2:5

하나님의 비밀이신 그리스도와 사도 바울의 사역

1. 1:24-29 사도 바울의 고난과 사역
2. 2:1-5 사도 바울의 수고와 하나님의 비밀이신 그리스도

이 단원(1:24-2:5)은 골로새서의 본론(1:24-4:6)을 구성하는 첫째 부분이다. 앞 단원(1:15-23)에서 사도 바울은 만물의 으뜸이며 교회의 머리이신 그리스도를 찬양하고, 이어서 자신을 "복음의 일꾼"으로 소개하였다. 이 단원에서는 자신을 "교회의 일꾼"으로 소개하고, 하나님께 받은 사명과 그 사명을 수행하면서 당하는 고난에 초점을 맞춘다. 바울의 고난과 사명이 이 단원의 중요한 개념이다. 그리고 두 개념을 하나로 묶는 것은 "하나님의 비밀"이신 그리스도이다(1:26-27; 2:2-3). 앞 단원과 마찬가지로 이 단원에서도 그리스도가 바울의 논증에서 중심 역할을 한다. 바울이 받은 사명은 교회의 일꾼으로서 그리스도를 전하는 것이다. 그는 이 사명 때문에 고난을 당하고 있다.

바울은 이 단원을 "내가 기뻐한다"(χαίρω, "카이로")라는 말로 시작하고 마치며, 처음과 마지막에서 자신의 "육체"(σάρξ, "사륵스")를 언급한다(1:24; 2:5). 이렇게 수미쌍관 구조(inclusio)로 단원을 구성함으로써 교회의 일꾼인 자신의 사역을 강조한다.[1] 이 단원의 첫째 단락(1:24-29)에서 바울은 교회를 위하여 자신이 당하는 고난을 먼저 말하고, 이어서 하나님의 비밀이신 그리스도를 전파하는 자신의 사역을 언급한다. 그는 그리스도를 전하고, 사람들을 가르쳐서 그들을 완전한 자로 세우기 위하여 힘써 수고한다. 둘째 단락(2:1-5)에서 그는 골로새 교회와 라오디게아 교회를 위한 자신의 수고에 초점을 맞춘

1 Beale, *Colossians and Philemon*, 135; Pao, *Colossians and Philemon*, 122.

다. 그들을 위하여 그가 힘써 수고하는 중요한 목적은 하나님의 비밀이신 그리스도를 깨닫게 하려는 것이다. 그들이 그리스도를 깨달으면 거짓 교사들의 교묘한 말에 속지 않을 것이다(2:4). 이 단락에서 바울은 처음으로 거짓 교사들의 문제를 언급한다. 골로새 성도들은 교회를 위하여 고난을 당하고 그리스도를 전하는 사도 바울을 전적으로 신뢰하고 거짓 교사들의 가르침을 배격해야 한다.[2]

1. 사도 바울의 고난과 사역(1:24-29)

번역

24 지금 나는 여러분을 위하여 고난들
을 당하는 중에 기뻐하면서 그분의 몸인
교회를 위하여 그리스도의 고난들의 부족
한 것을 내 육체로 채우고 있습니다. 25 하
나님께서 여러분을 위하여 내게 주신 사
명을 따라 나 자신이 a교회의 일꾼이 되었
습니다. 이는 하나님의 말씀을 이루기 위
함입니다. 26 지난 시대들과 세대들로부터
감추어졌던 비밀이 이제는 그분의 성도들
에게 나타났습니다. 27 하나님께서 이 비
밀의 영광이 이방인들 중에서 얼마나 풍
성한지 그들에게 알리기를 원하셨습니다.
이 비밀은 여러분 가운데 계신 그리스도,
곧 영광의 소망입니다. 28 우리 자신들은
그분을 전파하며, 모든 지혜로 모든 사람
을 권하고, 모든 사람을 가르칩니다. 이는
모든 사람을 그리스도 안에서 완전한 자
로 세우기 위함입니다. 29 이를 위하여 나
또한 내 안에서 b강력하게 역사하는 그분
의 능력을 따라 분투하며 수고하고 있습
니다.

a "교회의"는 24절에 나온 "교회"를 가리키는 관계 대명사 "헤스"(ἧς)를 번역한 것이다.
b "강력하게"는 전치사구 "엔 뒤나메이"(ἐν δυνάμει, "능력 안에")를 번역한 것이다.

본문 이해 터 닦기

| 문맥과 주제 | 앞 단락(1:21-23)에서 자신을 "복음의 일꾼"으로 소개한 바울이 이 단락에서는 자신을 "교회의 일꾼"으로 소개한다. 그는 교회의 일꾼으로서 그리스도를 전파하고 교회를 위하여 고난을 당한다. 다음 단락(2:1-5)에서도 바울은 교회를 위한 자신의 수고에 초점을 맞춘다. 그는 만난 적이 없는 골로새 교회와 라오디게아 교회 성도들을 위해 힘을 다하여 수고한다.

2 Sumney, *Colossians*, 95.

이 단락의 주제는 다음과 같다. 바울은 비밀이신 그리스도를 전파하며 교회를 위하여 고난을 당하는 교회의 일꾼이다.

| 배경 | 이 단락에서 바울이 말하는 "비밀", 즉 "뮈스테리온"(μυστήριον)은 본래 말해서는 안 되는 것이나 숨겨진 것을 의미하였다. 종교사학파의 학자들은 이 단어의 배경을 그리스-로마의 신비 종교들에서 찾았다. "뮈스테리온"이 신비 종교들의 입교 의식이나 입교자가 받은 비밀스러운 지식을 가리키는 전문 용어였기 때문이다.[3] 신비 종교란 데메테르(Demeter), 키벨레(Cybele), 디오니소스(Dionysos), 이시스(Isis), 미트라(Mithra) 등을 숭배하는 다양한 비밀 종교 집단들을 가리킨다. 이 집단들은 신과의 친밀한 교제와 구원을 강조하였다.[4] 신비 종교의 입교자는 입교 의식을 거행하는 동안 은밀한 환상을 보거나 지식을 받았다. 이 지식을 받은 사람은 신과 합일하고, 죽은 뒤에 지하 세계의 특별한 장소에서 신들과 행복하게 살 수 있다고 믿었다. 입교자가 비밀 준수를 맹세했고, 어길 경우에 엄한 처벌을 받아야 했기 때문에 입교 의식이 진행되는 동안 일어난 일은 거의 알려지지 않았다.[5]

그러나 바울이 신비 종교의 영향을 받아서 "뮈스테리온"이라는 용어를 사용했다는 견해는 오늘날에는 지지를 받지 못한다. 신비 종교의 "뮈스테리온"과 바울 서신의 그것이 근본적으로 다르기 때문이다. 전자가 입교자의 체험과 관련이 있는 반면에 후자는 종말에 실현되는 하나님의 구원과 관련이 있다. 또한 신비 종교들에서는 "뮈스테리온"이 입교자에게만 주어지는 반면에 바울 서신에서는 과거에 감추어졌다가 이제는 계시되어 모든 성도들에게 선포된다.[6]

---

3 Bornkamm, *TDNT*, IV, 803-8; Krämer, *EDNT*, II, 446-49; Silva, *NIDNTTE*, III, 350-51.

4 신비 종교에 관해서는 다음 글들을 보라. Meyer, "Mystery Religions", *ABD*, IV, 941-45; Bell, 『신약시대의 사회와 문화』, 246-63; Arnold, 『사탄과 악한 영들』, 47-65.

5 이시스교에 입교한 한 인물의 글에서 신비 체험을 짐작할 수 있다. "나는 죽음의 경계까지 갔고 프로세르피네의 문턱을 밟았다. 나는 모든 요소들을 통과한 뒤에 되돌아왔다. 한밤중에 찬란한 빛을 발하는 태양을 보았고, 천상의 신들과 지하의 신들에게로 가까이 다가갔다. 나는 그 신들을 마주 보고 경배하였다"(Apuleius, *Metam.* 11.23).

6 G. Bornkamm은 신약성경에 나오는 "뮈스테리온"이 신비 제의들과 아무 관련이 없다고 주장한다. 그에 따르면, 다소 관련 있는 것으로 보이는 세례와 성찬 본문들에 "뮈스테리온"이라는 용어가 나오지 않고, 이 용어가 나오는 본문들에서는 그런 연관성을 발견할 수 없다. Bornkamm, *TDNT*, IV, 824.

바울 서신에 나오는 "뮈스테리온"의 배경은 신비 종교가 아니라 구약 성경과 유대 문헌이다. 다니엘서에서 "뮈스테리온"에 상응하는 아람어 "라즈"(רָז, "비밀")는 바빌론 왕 느부갓네살이 꿈에서 본 "은밀한 것", 즉 하나님께서 뜻하신 미래의 사건들을 가리킨다(단 2:18-19, 27-30, 47). 느부갓네살은 꿈에 광채가 매우 찬란하고 거대한 신상을 산에서 나온 돌이 쳐서 부서뜨리는 광경을 보았다. 그 돌이 태산을 이루어 온 세계에 가득하게 되었다. 이 꿈은 메시아를 통해 세상의 나라들을 멸망시키시고 자신의 영원한 나라를 세우시려는 하나님의 구원 계획에 관한 것이다. 유대 묵시 문헌에서도 "뮈스테리온"이 하나님의 종말의 비밀과 관련이 있다(*4 Ezra* 14.5, 26; *1 En*. 51.3; 63.3; 103.2; *2 Bar*. 81.4). 바울 또한 "뮈스테리온"을 하나님께서 뜻하신 종말의 구원 계획과 관련하여 사용한다(롬 16:25-27; 고전 2:6-10; 엡 1:9-10; 3:3-6).[7]

| 구조 | 개역개정은 이 단락을 다섯 문장으로 나누어 번역했지만, 헬라어 본문에서는 주절과 네 개의 관계 대명사절로 이루어진 하나의 긴 문장이다. 주제 면에서 이 단락은 세 부분으로 구성되어 있다. 첫째 부분에서 바울은 교회의 일꾼인 자신의 고난과 사명에 초점을 맞춘다(24-25절). 둘째 부분에서 그는 비밀이신 그리스도에게 초점을 맞춘다(26-27절). 셋째 부분에서는 다시 교회의 일꾼인 자신의 사역과 목표를 다룬다(28-29절). 바울의 사역의 중심은 비밀이신 그리스도이고, 사역의 목표는 성도를 그리스도 안에서 완전한 자로 세우는 것이다.

(1) 24-25절 교회의 일꾼인 바울의 고난과 사명
(2) 26-27절 비밀이신 그리스도
(3) 28-29절 사도 바울의 사역과 그 목표

| 주해 |

(1) 교회의 일꾼인 바울의 고난과 사명(1:24-25)

1:24 바울은 골로새 교회를 세우지 않았고, 그 교회를 방문한 적도 없다. 그런데도 그는 그 교회를 위하여 고난받으면서 기뻐한다. 이 본문의 앞부

7 Arnold, *The Colossian Syncretism*, 271; Bockmuehl, *Revelation and Mystery*, 221-30; Brown, *The Semitic Background of the Term "Mystery"*, 1-30, 56-66; O'Brien, "Mystery", *DPL*, 621-23.

분을 문자 그대로 번역하면 다음과 같다. "지금 나는 여러분을 위한 그 고난들 안에서 기뻐하고 있습니다." 이 구절에서 "그 고난들 안에서"(ἐν τοῖς παθήμασιν, "엔 토이스 파떼마신")는 바울 자신이 실제로 고난받고 있음을 뜻한다.[8] 개역개정에서 "괴로움"이라고 번역한 "파떼마"(πάθημα)는 신약성경에서 항상 복수로 나오며, 일반적으로 그리스도인들이 겪는 고난을 가리킨다.[9] 이 편지를 쓸 때 바울은 로마에서 가택에 연금되어 고난을 당하고 있었다. 바울을 사도로 부르신 주님은 그가 많은 고난을 받을 것이라고 예고하셨다(행 9:16). 이 말씀대로 바울은 헤아릴 수 없을 만큼 많은 고난을 당하였다(고후 11:23-27). 매를 맞고 옥에 갇히기도 했고(행 16:19-23), 돌에 맞아 죽기 직전까지 가기도 하였다(행 14:19). 그의 고난은 교회를 위한 것이며, 동시에 주님을 위한 것이었다. 그래서 그는 고난을 당하면서도 기뻐할 수 있었다. 예수님은 자신으로 말미암아 고난을 당할 때 기뻐하고 즐거워하라고 제자들에게 말씀하셨다. 하늘에서 그들이 받을 상이 크기 때문이다(마 5:11-12). 제자들은 공회 앞에 끌려가서 채찍에 맞았을 때 예수님의 이름을 위하여 모욕을 당하는 일에 합당하게 여김받은 것을 기뻐하였다(행 5:41). 바울 또한 고난을 받을 때 기뻐하고 즐거워하라는 예수님의 말씀에 충실하였다. 그는 하나님의 능력으로 능하게 되어서 고난을 기쁨으로 견딜 수 있었다(1:11).

이 본문의 후반부에 나오는 바울의 진술은 비장하고 엄숙하다. "그분의 몸인 교회를 위하여 그리스도의 고난들의 부족한 것을 내 육체로 채우고 있습니다." 이 진술의 의미는 무엇인가? "그리스도의 고난들의 부족한 것"[10]이라는 표현은 구원을 위한 그리스도의 고난이 충분하지 않다는 인상을 준다. 하지만 성경은 어디에서도 그렇게 말하지 않는다. 예수님은 십자가에 못 박혀 죽으시기 직전에 "다 이루었다"고 말씀하셨다(요 19:30). 자기의 고난과 죽음으로 영원한 속죄를 이루신 것이다(히 9:12). 죄인들의 구원을 위한 그리스도의 고난에는 부족한 것이 전혀 없다(참조. 롬 6:10; 히 9:14; 10:12-14). 더구나 "그리스도의 고난들"이라는 표현에서 "고난"을 뜻하는 "뜰립시스"(θλῖψις)

8 "그 고난들 안에서"라는 표현에서 전치사 "엔"(ἐν)은 이유가 아니라, 상황을 나타낸다("나는 그 고난을 겪으면서 기뻐합니다"). 참조. Harris, *Colossians and Philemon*, 58-59.

9 BDAG, 747; Michaelis, *TDNT*, V, 930-35.

10 개역개정에서 "그리스도의 남은 고난"이라고 번역한 헬라어 문구를 문자 그대로 번역하면 "그리스도의 고난들의 부족한 것들"이다.

는 신약성경에서 그리스도 자신의 고난을 가리키는 데 한 번도 사용되지 않는다.

그러면 "그리스도의 고난들"(θλίψεων τοῦ Χριστοῦ, "뜰립세온 투 크리스투")이란 무엇인가? 이 문구에서 "그리스도의"(τοῦ Χριστοῦ, "투 크리스투")는 연합이나 관계를 뜻하는 속격으로 보아야 한다. 즉, "그리스도의 고난들"은 교회가 그리스도와 연합하여, 또는 그리스도를 위하여 당하는 고난들을 가리킨다(참조. 빌 1:29).[11] 부활하신 그리스도는 다마스코스로 가는 바울에게 "네가 어찌하여 나를 박해하느냐?"라고 말씀하셨다(행 9:4). 그리스도는 바울에게 직접 박해를 당하신 적이 없다. 하지만 바울이 교회를 박해한 것을 자신을 박해한 것으로 간주하셨다. 교회가 당하는 고난이 그분을 위한 것이기 때문이다.[12] 이런 점을 고려하면, "그리스도의 고난들"이라는 표현은 교회가 그리스도를 위하여 당하는 고난들을 의미한다. 교회는 그리스도를 증언하는 일을 마치기까지 그리스도를 위하여 고난을 받아야 한다(행 14:22; 살후 1:5).

다음으로, 그리스도의 고난들의 "부족한 것"이란 무엇인가? "부족한 것"이라고 번역한 "휘스테레마타"(ὑστερήματα)는 다른 본문들에서도 "충분하지 않은 상태"를 가리킨다.[13] 고린도 교회는 구제 연보를 하여 예루살렘 교회의 "부족한 것"(ὑστέρημα, "휘스테레마")을 채워야 했다(고후 8:14). 또 마케도니아에서 온 형제들은 바울의 선교 비용의 "부족한 것"을 채워 주었고(고후 11:9), 에바브로디도는 바울을 위한 빌립보 교회의 섬김의 "부족한 것"을 채워 주었다(빌 2:30). "부족하다"는 말은 일정한 정도나 양에 이르지 못함을 뜻한다. 따라서 "그리스도의 고난들의 부족한 것"이란 교회가 그리스도를 위하여 받아야 할 고난들이 일정한 분량에 이르지 못했음을 의미한다.

이 본문에서 놀라운 사실은 그리스도의 고난들의 부족한 것을 사도 바

---

11 참조. Harris, *Colossians and Philemon*, 59; Wallace, *Greek Grammar*, 128-30.

12 머리이신 그리스도와 그분의 지체들의 연합을 강조하는 Calvin은 이렇게 말한다. "그리스도가 한때 지상에서 친히 고난당하셨던 것처럼 그분의 지체들 안에서 매일 고난당하신다." Calvin, *Colossians*, 318.

13 BDAG, 1044; Lüdemann, *EDNT*, III, 409; Wilckens, *TDNT*, VIII, 599-600; Harris, *Colossians and Philemon*, 59; Wilson, *Colossians and Philemon*, 170-71. "휘스테레마타"는 일반화의 복수이므로 단수로 간주한다. 참조. Harris, *Colossians and Philemon*, 59; Zerwick, *Biblical Greek*, 3.

울이 교회를 위하여 자기 육체로 채우고 있다는 점이다. "채우고 있다"라고 번역한 "안타나플레로오"(ἀνταναπληρόω)는 신약성경에서 이곳에만 나온다. 이 단어는 동사 "플레로오" 앞에 전치사 "안티"(ἀντί)와 "아나"(ἀνά)를 덧붙인 것이다. 신약성경에 한 번밖에 나오지 않기 때문에 이 단어의 정확한 의미를 결정하기가 어렵다. 다른 서신들에서 바울은 더 단순한 형태인 "아나플레로오"(ἀναπληρόω)를 "완전히 채우다"라는 뜻으로 사용한다(고전 16:17; 빌 2:30). 이 동사에 전치사 "안티"가 첨가된 "안타나플레로오"는 "다른 사람을 위하여, 또는 다른 사람을 대신하여 완전하게 채우다"를 뜻한다고 볼 수 있다.[14] 헬라어 본문에서 이 동사 앞에 "여러분을 위하여"가 나오고, 뒤에 "그분의 몸인 교회를 위하여"라는 구절이 나오기 때문에 이렇게 이해하는 것이 가능하다.[15] 그리고 개역개정에서 "내 육체에"라고 번역한 "엔 테 사르키 무"(ἐν τῇ σαρκί μου)는 문자적으로 "내 육체 안에"이다. 여기서 전치사 "엔"은 장소가 아니라 수단을 의미하고("내 육체로"), "내 육체"는 바울의 육체 자체가 아니라 바울 자신을 가리킨다.[16]

이 본문에서 바울이 고난을 받음으로써 그리스도의 고난들의 부족한 것을 자기 자신이 채우고 있다고 말할 때, 그는 미리 정해진 고난의 분량을 마음에 두고 있다. 앞에서 언급한 대로, "부족한 것"이라는 표현이 일정한 양이나 정도를 전제하기 때문이다. 고난의 분량을 미리 정하신 분은 하나님이시다. 그런데 이렇게 말할 수 있는 근거가 있는가? 안타깝게도 성경에는 하나님께서 교회가 당해야 할 고난의 분량을 미리 정하셨다고 명확하게 말하는 본문이 없다. 하지만 이렇게 해석할 수 있는 본문들은 있다. 첫째, 하나님께서 택하신 자들을 위하여 마지막 큰 환난의 때에 고난의 날들을 감하신다는 본문이다(마 24:22; 막 13:20). 둘째, 순교자의 수가 차기까지 심판을 유보하신다는 본문이다(계 6:11). 하나님은 악한 자들에 대한 심판을 간청하는, 순교당한 영혼들에게 순교자들의 수가 차기까지 기다리라고 말씀하신다(계 6:9-11). 고난의 날들을 감한다는 것은 고난의 분량이 정해졌음을 전제한다. 순교자의 수가 차기까지 기다려야 한다는 것 또한 순교자의 수가 정해졌음을

14 BDAG, 87; L&N, 59.34.

15 Wilson, *Colossians and Philemon*, 170.

16 참조. Harris, *Colossians and Philemon*, 60.

전제한다. 찰스 무울(C. F. D Moule)에 따르면, 종말의 날이 도래하기 전에 채워져야 할 고난(마 24:6; 막 13:8; 눅 21:9), 순교자(계 6:11), 죄(마 23:32; 살전 2:16), 회심자(롬 11:25)의 일정한 양이 있음을 신약의 저자들은 알고 있었다.[17] 교회는 정해진 고난의 분량을 채워야 하며, 순교자의 수를 채워야 한다. 교회가 그리스도를 위하여 고난을 받았고, 계속 고난을 받고 있지만(살전 2:14; 3:3; 살후 1:4), 채워야 할 고난의 분량이 아직 많이 남아 있다. 지금 바울은 자신이 고난을 받음으로써 교회를 위하여 고난들의 부족한 것을 채우고 있는 것이다.

다수의 성경학자들은 이 본문에서 사도 바울이 유대 묵시 문헌에 나오는 종말 사상을 기독교 방식으로 변형했다고 주장한다.[18] 그들에 따르면, 종말에 메시아가 임하기 직전에 유례없는 대재난이 일어나서 수많은 사람들이 전쟁과 기근과 질병으로 죽고 고통당할 것이다. 이 대재난을 "메시아의 재난들"(woes of the Messiah), 또는 "메시아의 고난들"이라고 한다. 대재난 직후에 메시아가 임하시기 때문이다. 이 견해를 지지하는 성경학자들은 메시아의 고난들의 분량을 하나님께서 미리 정해 놓으셨고, 정해진 고난의 분량이 채워지기 전까지는 메시아가 임하지 않는다고 주장한다.

그러나 유대 묵시 문헌 어디에도 "메시아의 재난들"에 관한 명확한 가르침이 나오지 않는다. "메시아의 재난들"이라는 표현조차 나오지 않는다.[19] 마지막 때에 하나님의 백성이 큰 재난을 겪는 것은 사실이지만, 그들이 겪을 재앙과 고통의 분량이 정해져 있다는 진술은 나오지 않는다.[20] 단지 의인들의 수가 차고 시간의 양이 채워질 때 하나님께서 자기 백성을 돌아보신다는 구절이 에스라 4서에 한 번 나올 뿐이다(*4 Ezra* 4.35-37). 에스라 4서의 기록 연대가 신약성경보다 늦기 때문에(주후 100년경) 사도 바울이 이 문헌의 영향

17 Moule, *Colossians and Philemon*, 78. 또한 다음 책을 보라. Caird, *Paul's Letters from Prison*, 184.

18 Bauckham, "Colossians 1:24 Again", 168-70; Dunn, *Colossians and Philemon*, 115-16; Lohse, *Colossians and Philemon*, 70-71; Moo, *Colossians and Philemon*, 151-53; Moule, *Colossians and Philemon*, 76-78; O'Brien, 『골로새서·빌레몬서』, 182-88; Silva, *NIDNTTE*, IV, 577-78; Witherington, *Philemon, Colossians*, 144-45; Wright, 『골로새서·빌레몬서』, 133-37.

19 "메시아의 재난들"이라는 표현은 후대의 랍비 문헌들에만 나온다. de Jonge, *Jesus, the Servant-Messiah*, 59.

20 참조. Garland, *Colossians and Philemon*, 120; Lincoln, "Colossians", 614.

을 받았을 가능성은 전혀 없다. 그가 유대 묵시 문헌에 나오는 종말 사상을 기독교 방식으로 변형했다는 주장은 아무런 근거가 없는 것이다.

이 서신에서 바울은 메시아의 도래에 관한 유대 묵시 사상을 변형하거나 재해석하지 않는다. 하나님께서 고난의 분량을 미리 정해 놓으셨음을 사도가 암시한 것 역시 유대 묵시 사상을 따른 것이 아니다. 앞에서 지적한 대로 유대 묵시 문헌에는 그런 개념이 아예 나오지 않는다. 바울은 종말에 관한 예수님의 가르침(마 24:3-44; 막 13:3-37; 눅 21:7-33)을 따르고 있다. 또 하나님의 계시로 비밀을 받은 사도의 자격으로 종말과 고난에 관한 진리를 말하고 있는 것이다(참조. 롬 16:25-27; 고전 2:6-12; 엡 3:3).

1:25 바울은 자신이 이방인 성도들을 위하여 교회의 일꾼이 되었음을 이렇게 역설한다. "하나님이 여러분을 위하여 내게 주신 사명에 따라 나 자신이 교회의 일꾼이 되었습니다." 바울은 교회의 일꾼이기 때문에 자신이 고난을 당함으로써 교회를 위하여 그리스도의 고난들의 부족한 것을 채우고 있다. "일꾼"을 뜻하는 "디아코노스"(διάκονος)는 본래 식탁에서 시중드는 사람을 가리켰다. 지위가 높은 사람의 시중을 드는 사람을 가리키기도 하였다. 바울은 이 단어를 사용하여 자신이 복음의 "디아코노스"이자 교회의 "디아코노스"라고 말한다. 그는 하나님의 부르심을 받았기 때문에, 그리고 교회가 영광스러운 그리스도의 몸이기 때문에, 자신이 교회의 "일꾼"이 된 것을 기뻐한다.

"사명"이라고 번역한 "오이코노미아"(οἰκονομία)는 본래 헬라 가정의 살림살이나 가계 관리를 가리키는 단어였다. 이런 의미가 확장되어 국가 경영을 가리키는 데 사용되기도 하였고, 청지기의 직무, 관리, 경영, 계획 등을 가리키기도 하였다. 신약성경에서 이 단어는 청지기의 직무(눅 16:2)나 사도의 직무(고전 9:17)를 의미하며, 하나님의 구원 계획을 의미하기도 한다(엡 1:10; 3:2, 9).[21] 이 본문에서 "오이코노미아"는 하나님의 계획보다는 바울이 받은 직무나 사명을 가리킨다(참조. 엡 3:2).[22] "하나님께서 여러분을 위하여 내게 주신"이라는 문구가 이것을 지지한다. 바울은 구원 계획을 시행하시는 하나

21 BDAG, 698; Michel, *TDNT*, V, 152; Silva, *NIDNTTE*, III, 465-68.

22 Dunn, *Colossians and Philemon*, 118; Moo, *Colossians and Philemon*, 154; Sappington, *Revelation and Redemption*, 184; Yates, *Colossians*, 34.

님의 부르심을 받고, 하나님께서 주신 사명에 따라서 교회의 일꾼이 되었다.

바울이 교회의 일꾼으로 세움받은 목적은 무엇인가? "하나님의 말씀을 이루는 것"(πληρῶσαι, "플레로사이")이다. "이루다"라고 번역한 단어는 "플레로오"(πληρόω)의 부정사이다. 이 동사는 "충만하게 하다", "성취하다", "완성하다" 등을 의미한다.[23] 다음 본문에서 바울은 비밀을 하나님의 말씀과 동격으로 제시한다(26절). 비밀은 종말에 이루어지는 하나님의 구원 계획을 가리킨다. 사도 바울이 이루어야 할, 또는 성취해야 할 하나님의 말씀은 오랫동안 감추어져 있다가 나타난 비밀, 곧 하나님의 구원 계획이다.[24] 하나님의 구원 계획은 하나님 자신이 작정하시고 시행하신다. 하지만 하나님은 바울 같은 사도들을 통해 이 일을 하신다. 사도들에게 비밀을 계시로 알려 주시고, 그 비밀을 전하게 하신다(참조. 엡 3:3-6, 8-9). 그리고 유대인들과 이방인들이 그 비밀을 듣게 하시고, 믿게 하시고, 그들을 동등하게 하나님의 백성이 되게 하심으로써 구원 계획을 이루어 가신다. 바울이 교회의 일꾼이 된 목적은 하나님의 말씀, 곧 비밀을 이루기 위한 것이다.[25]

(2) 비밀이신 그리스도(1:26-27)

1:26 "지난 시대들과 세대들로부터 감추어졌던 비밀이 이제는 그분의 성도들에게 나타났습니다." 이 본문에서 바울은 하나님의 말씀이라는 주제에서 비밀이라는 주제로 초점을 옮긴다. 하지만 두 주제는 별개의 것이 아니다. 앞에서 언급한 대로, 하나님의 말씀과 비밀이 동격이기 때문이다.[26] 헬라어 본문에서는 "비밀"(τὸ μυστήριον, "토 뮈스테리온")이 문장의 제일 앞에 나온다. "비밀", "신비", "비밀스러운 지식" 등을 의미하는 "뮈스테리온"은 신약성경에서 하나님 나라의 비밀(마 13:11; 막 4:11; 눅 8:10), 이스라엘의 완악함에 관한 비밀(롬 11:25), 부활에 관한 비밀(고전 15:51), 종말에 출현할 불법의 비밀(살후 2:7) 등을 가리키는 데 사용된다. 이 본문에서는 다니엘 2장에서처럼 종말에 메시아를 통해 영원한 나라를 세우시려는 하나님의 구원 계획을 가리킨

---

23 BDAG, 628-29; Delling, *TDNT*, VI, 286-89.

24 Peterson, "Maturity: The Goal of Mission", 190.

25 참조. Beale, *Colossians and Philemon*, 145, 162-64.

26 Beale, *Colossians and Philemon*, 145; Harris, *Colossians and Philemon*, 62; Lohse, *Colossians and Philemon*, 73.

다(참조. 롬 16:25-27; 고전 2:6-10; 엡 3:3-4). 하나님의 구원 계획은 "지난 시대들과 세대들로부터[27] 감추어졌던" 것인데 이제는 성도들에게 나타났다. 시간 부사 "이제는"(νῦν, "뉜")은 그리스도의 오심과 함께 시작된 구원의 시대를 가리킨다. 정하신 때가 되자 하나님께서 자기 아들을 세상에 보내심으로써 구원 계획을 시행하기 시작하셨고, 오랫동안 감추셨던 구원 계획을 성도들에게 나타내셨다.[28]

하나님의 구원 계획이란 무엇인가? 그리스도의 오심과 죽음과 부활과 재림을 통하여 이루시는 유대인들과 이방인들의 구원과 만물의 회복이다. 그런데 이것은 구약 시대에 이미 알려진 것이다. 그렇다면 하나님의 구원 계획이 오랫동안 감추어졌다가 알려졌다는 것은 무슨 말인가? 이 본문과 유사한 에베소서 3:4-6에서 바울은 다른 세대에서 사람들의 아들들에게 알려지지 않았던 비밀이 사도들과 선지자들에게 계시되었다고 말한다. 그리고 이방인들이 유대인들과 "함께 상속자가 되고 함께 한몸을 이루고 함께 약속에 참여하는 자가 되는 것"이 비밀이라고 한다. 이방인들이 아브라함으로 말미암아 복을 받고(창 12:3; 22:18; 26:4; 28:14), 종말의 구원에 참여한다는 것은 구약 시대에도 잘 알려진 내용이었다(사 2:1-4; 11:10; 60:1-3; 슥 8:20-23). 하지만 이방인들이 하나님의 아들이신 그리스도 예수의 죽음과 부활로 말미암아 유대인들과 동등하게 구원받고 그들과 동등하게 하나님의 백성이 된다는 것은 알려지지 않았다.[29] 하나님은 "감추어졌던" 이 비밀을 먼저 사도들과 선지자들에게 계시로 알려 주셨다(롬 16:25-26; 엡 3:3, 5). 그리고 그들의 사역을 통하여 "성도들", 곧 신자들에게도 나타내셨다(1:2, 4, 12).

27 문자적으로 "시대들부터, 그리고 세대들부터"(ἀπὸ τῶν αἰώνων καὶ ἀπὸ τῶν γενεῶν)라고 번역할 수 있는 이 문구에서 "아이온"(αἰών)은 "시작이나 끝이 없는 긴 시간", 또는 "역사의 특정한 기간"을, "게네아"(γενεά)는 "세대" 또는 "명확하게 정해지지 않은 기간"을 뜻한다. 바울은 두 단어를 함께 사용하여 매우 긴 기간을 나타낸다. 참조. BDAG, 32, 192.

28 수동태 동사 "나타나다"(ἐφανερώθη, "에파네로떼")의 동작 주체는 하나님이시다. 하나님께서 비밀을 성도들에게 알려 주신 것이다.

29 구약의 선지자들은 이방인들이 이스라엘과 함께 받을 종말의 복을 고대하였다. 하지만 이방인들이 유대인들과 동등하게 그리스도의 몸에 속한다는 것은 구원에 관한 구약의 예언이 성취될 때까지 비밀로 남아 있었다. Beale, *Colossians and Philemon*, 149; Bruce, *Colossians, Philemon*, 85; Lightfoot, *Colossians and Philemon*, 168; Peterson, "Maturity: The Goal of Mission", 191.

1:27 바울은 앞 절에 나온 "성도들"을 가리키는 관계 대명사 "호이스"(οἷς)로 이 본문을 시작하면서 "비밀"에 관해 계속 설명한다. 하나님은 "그들에게", 즉 성도들에게 "이 비밀의 영광이 이방인들 중에서 얼마나 풍성한지 알리기를 원하셨습니다." 이 본문에서 "영광"(δόξα, 독사)은 본래 하나님의 무한한 영예, 권능, 위대하심을 가리킨다.[30] 비밀의 영광이 풍성한 것은 비밀을 영광스러운 하나님께서 작정하시고 이루시기 때문이다. 특히 "이방인들 중에서" 비밀의 영광이 풍성하다. 본래 하나님의 백성이 아니었고, 범죄와 무할례로 죽었던 이방인들을 유대인들과 함께 동등하게 하나님의 백성으로 받아들여 주시는 것에서 비밀의 영광이 풍성하고, 찬란하게 드러난다.[31] 하나님은 이 사실을 성도들에게 알리기를 원하셨다.

놀랍게도 사도 바울은 비밀을 그리스도와 동일시한다. "이 비밀은 여러분 가운데 계신 그리스도, 곧 영광의 소망입니다." 어떻게 "뮈스테리온"이 하나님의 구원 계획이면서 동시에 그리스도일 수 있는가? 감추어졌다가 나타난 비밀(=하나님의 구원 계획)이 그리스도의 오심과 죽음과 부활과 재림으로 말미암아 실현되기 때문이다. 비밀의 중심에 그리스도가 있는 것이다.[32] "여러분 가운데 계신 그리스도"(Χριστὸς ἐν ὑμῖν, "크리스토스 엔 휘민")라는 표현은 그리스도가 "여러분", 곧 골로새의 이방인들과 함께 계심을 의미한다.[33] 그리스도는 이방인들을 유대인들과 동등하게 하나님의 새 백성이 되게 하시는 구원자이시다. 골로새의 이방인 성도들도 유대인 신자들과 동등하게 하나님의 새 백성이 되었다. 과거에 그들은 그리스도 밖에 있었다(참조. 엡 2:11). 그러나 지금은 그리스도가 그들 가운데 계신다! 그리스도는 유대인들만이 아니라 이방인들의 구원자이시다.

그리스도는 "영광의 소망"(ἡ ἐλπὶς τῆς δόξης, "헤 엘피스 테스 독세스")이시다.

---

30 "독사"(δόξα)는 고전 헬라 문헌에서 의견, 견해, 평판, 명성을 의미하지만, 성경에서는 이런 의미로 사용되지 않는다. 하나님의 영예, 권능, 위대함, 그리고 하나님의 빛나는 현현과 자기 계시를 가리킨다. Kittel, *TDNT*, II, 247-48.

31 Harris, *Colossians and Philemon*, 64. 그는 "하나님의 구원 계획의 부요함과 광채가 분명하게 나타난 것은 이방인 선교에서였다"고 주장한다.

32 Krämer, *EDNT*, II, 448.

33 이 표현에서 전치사 "엔"(ἐν)은 "안에"가 아니라 "가운데"를 뜻한다. 바울은 이방인들 가운데 거하시는 그리스도에 관해 말한다. Barth and Blanke, *Colossians*, 265; Bockmuehl, *Revelation and Mystery*, 185.

"영광의 소망"이라는 표현은 "영광을 함께 나누게 될 소망"을 의미한다.[34] 그리스도는 지금 영광 중에 계신 하나님의 아들이시다(3:1). 그리스도가 장차 하늘로부터 강림하실 때 골로새 성도들도 그분과 함께 영광 중에 나타날 것이다(3:4). 그리스도와 같은 형상으로 변화하여 영광에서 영광에 이르는 것이다(고후 3:18; 빌 3:21). 골로새 성도들만이 아니라 그리스도가 다시 오시는 것을 사모하는 모든 신자들도 그분과 함께 영광스럽게 될 것이다(롬 8:17).

이 단락에서 사도 바울은 "하나님의 말씀"(25절)을 "비밀"(26절)과 동격으로 제시하고, "비밀"을 다시 "그리스도"와 동일시한다(27절). 하나님의 말씀의 중요한 내용이 비밀이며, 그리스도이기 때문이다. 교회의 일꾼인 바울이 하나님의 말씀을 이룬다는 것은 비밀, 즉 하나님의 구원 계획을 알리고(4:3-4), 또한 비밀이신 그리스도를 전파함으로써(1:28) 구원 계획이 실현되게 하는 것이다.

(3) 사도 바울의 사역과 그 목표(1:28-29)

1:28 이제 바울이 자신과 동료들의 사역에 초점을 맞춘다. 주어도 "나"(24-25절) 대신 "우리"를 사용한다. "우리 자신들은 그분을 전파합니다"(ὃν ἡμεῖς καταγγέλλομεν, "혼 헤메이스 카탕겔로멘").[35] 여기서 "우리"는 바울을 포함한 디모데(1:1)와 에바브라(1:7-8) 같은 사역자들을 가리킨다. 바울은 일인칭 복수 대명사 "헤메이스"를 사용하여 자신들과 거짓 교사들을 대조한다. 우리는 그들과 다르다. 거짓 교사들은 신비 체험을 전파하지만, 우리는 그리스도를 전파한다.

"전파하다"를 뜻하는 동사 "카탕겔로"(καταγγέλλω)는 신약성경에서 주로 선교 사역과 관련해서 나온다. 선교 사역은 그리스도를 전파하고(빌 1:17-18), 복음을 전파하고(고전 9:14), 하나님의 말씀을 전파하는 것이다(행 13:5; 17:13). 바울의 사역에서 가장 중요한 것은 비밀 그 자체이신 그리스도를 전파하는 것이다. 그가 사도로 부름을 받은 목적이 바로 하나님의 아들이신 그리스도를 이방인들에게 전하는 데 있었다(갈 1:16). 하지만 그리스도를 전하는 것이

---

34 Harris, *Colossians and Philemon*, 65.

35 "그분"은 하나님의 말씀의 핵심이자 비밀 그 자체이신 "그리스도"(27절)를 가리키는 남성 관계 대명사 "혼"(ὅν)을 번역한 것이다.

사역의 전부가 아니다. “권하는 것”(νουθετοῦντες, “누떼툰테스”)과 “가르치는 것”(διδάσκοντες, “디다스콘테스”) 또한 사역의 필수 요소들이다.[36]

“누떼테오”(νουθετέω)는 고대 헬라 문헌에서 잘못된 행동이나 생각을 바로잡는 것과 관련하여 “훈계하다”, “경고하다”, “나무라다” 등의 의미로 사용되었다.[37] 신약성경의 용례도 이와 유사하다(롬 15:14; 고전 4:14; 살전 5:12, 14; 살후 3:15).[38] 골로새서 본문에서 이 동사는 잘못된 행동을 훈계하여 바로잡는 것만이 아니라 복음에 합당한 삶을 살도록 권하는 것을 포함한다. 권고하거나 훈계하는 것은 복음을 받아들인 사람들을 위한 목회 활동이다. 바울은 에베소에서 사역할 때 삼 년 동안 쉬지 않고 눈물로 각 사람을 훈계하였다(행 20:31). 훈계하는 것은 목회자들만이 아니라 모든 신자들의 일이기도 하다. 데살로니가 성도들은 무질서하게 행하고 일만 만드는 자들을 “훈계해야”(νουθετεῖτε, “누떼테이테”) 한다(살전 5:14; 살후 3:15). 골로새 성도들 또한 모든 지혜로 서로 가르치고 “권고해야”(νουθετοῦντες, “누떼툰테스”) 한다(3:16).

목회 사역의 또 다른 요소는 가르치는 것이다. 이것은 복음을 받아들인 사람들에게 교리와 삶의 원리를 알리고 깨닫게 하는 사역이다. 골로새 성도들은 에바브라에게 가르침을 받았다(1:7; 2:7). 사도 바울은 이 서신으로 골로새 성도들을 가르친다. 건전하고 효력 있는 가르침을 받음으로써 신자들은 기독교 진리를 바르게 이해할 수 있고, 영적으로 성장할 수 있다.

권하는 일과 가르치는 일은 “모든 지혜로”(ἐν πάσῃ σοφίᾳ, “엔 파세 소피아”) 해야 한다. 여기서 “지혜”(σοφία)란 올바른 결정이나 행동을 위하여 지식을 사용하는 능력을 가리킨다(참조. 4:5).[39] 진리를 가르쳐 깨닫게 하려면 지혜가 필요하다. 잘못을 범한 사람을 책망하고 권고하여 회개하게 하려면 더더욱 지혜가 필요하다. 상황에 맞지 않는 말이나 권고는 반발을 불러일으킬 수

---

36 헬라어 본문에서 “권하다”(νουθετοῦντες, “누떼툰테스”)와 “가르치다”(διδάσκοντες, “디다스콘테스”)는 주동사 “전파하다”와 연결된 분사이다. 일부 주석가들은 권하는 것과 가르치는 것을 그리스도를 전파하는 것에 포함된 사역으로 간주한다. 하지만 F. F. Bruce는 구별된 사역으로 본다. “단지 복음을 전하는 것만이 아니라 또한 사람들이 복음을 믿었을 때 ‘모든 사람을 권하고 모든 사람을 모든 지혜로 가르치는 것’이 필수이다.” Bruce, *Colossians, Philemon*, 87.

37 Behm, *TDNT*, IV, 1019-20; Silva, *NIDNTTE*, IV, 423-24.

38 BDAG, 679; L&N, 33.418.

39 BDAG, 934; L&N, 32.32.

있다. 권하고 가르치는 일을 하는 사역자들은 상황을 바르게 파악하고 적절하게 대처할 수 있는 지혜를 하나님께 구해야 한다. 권함과 가르침을 받는 대상은 "모든 사람"(πάντα ἄνθρωπον, "판타 안뜨로폰")이다. 이 본문에 세 번 나오는 "모든 사람"은 권함과 가르침의 대상이 소수이거나 일부가 아니라 전체라는 사실을 강조하는 표현이다. 복음 사역은 소수의 사람들을 대상으로 하는 것이 아니라, 그리스도를 받아들인 모든 사람을 대상으로 하는 것이다.

사도 바울과 그의 동역자들이 그리스도를 전파하고 모든 지혜로 모든 사람을 권하고 모든 사람을 가르치는 그 사역의 목표는 무엇인가? "모든 사람을 그리스도 안에서 완전한 자로 세우기 위함"이다. "완전한 자"라고 번역한 형용사 "텔레이오스"(τέλειος)는 최고의 수준에 도달하거나 도덕적으로 완전하게 되는 것을 의미한다("완전한", "완전히 성장한", "성숙한").[40] 이 단어는 구약성경 칠십인역에서 하나님의 백성이 이루어야 할 윤리적 완전함을 가리키는 데 종종 사용되었다. 하나님은 이스라엘 백성에게 명령하셨다. "너는 네 하나님 여호와 앞에서 '완전하라'"(τέλειος, 신 18:13 LXX; 참조. 창 17:1). 예수님도 "텔레이오스"를 이와 유사한 의미로 사용하셨다. "그러므로 하늘에 계신 너희 아버지께서 '완전하신 것'(τέλειος) 같이 너희도 '완전하라'"(τέλειοι, 마 5:48). 하나님의 자녀들은 완전하신 하나님 아버지를 닮아야 한다. 1:22의 표현을 사용하면, 완전하게 된다는 것은 하나님 같이 거룩하고 흠이 없고 책망받을 것이 없는 사람이 되는 것을 의미한다. 그리스도를 받아들인 모든 신자들을 하나님 아버지를 닮은 "완전한 자로 세우는" 것이 사도 바울의 목표인 것이다.

1:22에서는 하나님이 골로새 성도들을 거룩하고 흠이 없고 책망할 것이 없는 자들로 세우신다. 이 본문에서는 사도 바울과 그의 동역자들이 그리스도를 받아들인 사람을 완전한 자로 세운다. 자기 백성을 자기를 닮은 완전한 자로 세우는 일은 궁극적으로 하나님께서 하신다. 하지만 하나님은 홀로 이 일을 하지 않으신다. 자신이 부르신 사역자들과 더불어, 그들을 통하여 하신다. 다음 절에서 바울이 이 사실을 언급한다.

1:29 바울은 일인칭 복수 주어를 사용한 앞 절과 달리 일인칭 단수 주어를

40 BDAG, 995; L&N, 88.36, 88.100.

사용하여 이렇게 말한다. "이것을 위하여 나 또한 내 안에서 강력하게 역사하는 그분의 능력을 따라 분투하며 수고하고 있습니다." 이 본문을 시작하는 관계 대명사 "호"(ὅ, "이것을")는 앞 절의 내용, 즉 모든 사람을 그리스도 안에서 완전한 자로 세우는 것을 가리킨다. 바울이 이 일을 "내 안에서 강력하게 역사하는 그분의 능력을 따라" 한다고 고백한다. 바울에게 능력을 주시고 그와 함께 역사하시는 분은 하나님이시다. 하나님의 "능력"을 가리키는 "에네르게이아"(ἐνέργεια)는 "활동", "작용", 또는 "활동력", "능력" 등을 의미한다.[41] 바울 서신에만 나오는 이 단어는 주로 하나님의 능력 행함과 관련이 있다(엡 1:19; 3:7; 빌 3:21). 이 서신에서도 죽은 자들 가운데서 그리스도를 일으키신 하나님의 능한 역사를 가리킨다(2:12). 성도들을 그리스도 안에서 완전한 자들, 즉 하나님을 닮은 거룩하고 흠이 없고 책망할 것이 없는 자들로 세우는 것은 사람의 일이기 이전에 하나님의 일이다(1:22). 이 일을 위하여 하나님께서 바울을 부르시고 그와 함께 역사하시는 것이다. 다른 서신에서도 바울은 자신의 모든 수고가 하나님께서 하신 것이라고 고백한다. "그러나 내가 모든 사도보다 더 많이 수고하였지만 내가 한 것이 아니라 나와 함께하신 하나님의 은혜가 한 것입니다"(고전 15:10).

하나님께서 하신다고 해서 사도 바울이 손을 놓고 있었던 것은 결코 아니다. 모든 사람을 그리스도 안에서 완전한 자로 세우는 그 일을 위하여 그 자신 또한 "분투하며 수고하고 있다." 여기서 "수고하고 있다"라고 번역한 "코피아오"(κοπιάω)는 육체노동과 관련이 있는 동사로서 "지치다", "힘써 일하다", "수고하다"를 의미한다(고후 6:5; 11:27; 엡 4:28). 바울 서신에서는 공동체를 위한 사역자들의 수고를 가리킨다(롬 16:6, 12; 고전 4:12; 15:10; 16:16; 갈 4:11; 빌 2:16; 살전 5:12).[42] 이 단어와 함께 나온 "아고니조마이"(ἀγωνίζομαι)는 문자적으로는 "운동 경기를 하다", "무기를 들고 싸우다"를, 은유적으로는 "투쟁하다", "분투하다"를 의미한다. 신약성경에서도 싸움이나 운동 경기와 관련하여 사용되었다(요 18:36; 고전 9:25). 이 본문에서는 은유적으로 "분투하다", "애를 쓰다"를 의미한다(참조. 4:12; 딤전 4:10; 6:12; 딤후 4:7).[43] 바울은 이 두 단어를

41 BDAG, 334; Silva, *NIDNTTE*, II, 268-71.

42 BDAG, 558; L&N, 42.47.

43 "분투하다"(ἀγωνιζόμενος, "아고니조메노스")라고 번역한 단어는 주동사 "내가 수고하다"

사용하여, 모든 성도를 완전한 자로 세우려는 목표를 달성하기 위하여 힘써 수고하는 자신의 모습을 생생하게 묘사한다.[44] 그는 온몸의 근육을 움직여 땀을 흘리면서 일하는 육체노동자처럼, 그리고 혼신의 힘을 다하여 이기기를 힘쓰는 운동선수처럼 "분투하며 수고하고 있다."

바울이 이렇게 분투하며 수고함으로써 이루고자 하는 목표는 성도들을 완전한 자로 세우는 것이다. 바울 안에서 강력하게 역사하시는 하나님께서 마침내 그 목표를 완전히 이루실 것이다. 그리하여 모든 성도들을 거룩하고 흠이 없고 책망할 것이 없는 자들로, 하나님 자신을 닮은 완전한 자들로 자기 앞에 세우실 것이다(살전 5:23-24).

| 메시지와 적용 |

■ 고난에 대한 사도 바울의 자세 이 단락에서 주목해야 할 것은 고난을 대하는 사도 바울의 자세이다. 그는 교회를 위하여 고난받는 것을 기뻐하고, 그리스도의 고난들의 부족한 것을 자기 육체로 채운다고 말하기까지 한다. 이 자세는 그가 신실한 사역자라는 사실을 입증한다. 그는 돈이나 명성을 얻기 위하여 교회의 사역자가 된 것이 아니다. 오늘날에도 고난은 신실한 사역자의 표지이다. 그리스도와 교회를 위하여 고난받기를 거절하고 자기 영광과 부와 안락한 삶을 추구하는 사람은 참된 사역자일 수 없다. 고난은 제자도의 표지이기도 하다. 그리스도를 따른다는 것은 그분의 부활의 영광만이 아니라 고난에도 참여하는 것이다(롬 8:17). 장차 완성될 하나님 나라를 고대하면서 경건하게 살고자 하는 그리스도인은 고난을 피할 수 없다(딤후 3:12). 고난은 때로 견딜 수 없을 정도로 고통스럽다. 하지만 그리스도를 위하여 고난받는 자는 복이 있다. 그리스도와 함께 고난받으면 그분과 함께 왕 노릇할 것이고, 그분과 함께 죽으면 그분과 함께 살 것이다(참조. 딤후 2:10-12). 따라서 예수님은 고난받을 때 기뻐하고 즐거워하라고 말씀하셨다(마 5:11-12). 고난에 대한 우리의 생각은 어떠한가? 그리스도를 위하여, 교회를 위하여

(κοπιῶ, "코피오")와 동시에 일어나는 동작을 나타내는 분사이다. 딤전 4:10에서도 두 동사가 나란히 나온다. 참조. BDAG, 17; Silva, *NIDNTTE*, I, 142-45; Stauffer, *TDNT*, I, 134-40.

44 Pfitzner, *Paul and the Agon Motif*, 109, 110.

고난받는 것을 기뻐하고 즐거워할 수 있는가?

■ **영광의 소망이신 그리스도** 그리스도는 이방인들과 유대인들이 구원을 받고 동등하게 하나님의 백성이 되게 하시는 구원자이시다. 그리스도가 다시 오실 때 하나님의 구원 계획이 완성될 것이다. 그리스도는 우리의 낮은 몸을 그분의 영광의 몸의 형체와 같이 변하게 하실 것이다(빌 3:21). 그리고 그리스도 자신과 함께 그분의 영원한 영광을 누리게 하실 것이다(롬 8:17-18; 살후 1:12; 2:14; 딤후 2:10). 그리스도와 함께 우리가 얻게 될 영광은 감히 상상할 수 없는 것이다. 만일 영광스러운 미래의 모습을 우리가 지금 여기서 볼 수 있다면 그 영광에 압도당하고 말 것이다. 참으로, 그리스도는 우리 모두의 영광의 소망이시다! 우리는 다시 오실 그리스도를 간절히 기다리고 있는가? 그리스도가 다시 오셔서 그분과 함께 영광을 누리게 하신다는 것을 믿고 있는가?

■ **사역의 핵심 메시지** 이 단락은 교회의 일꾼이 전해야 할 메시지의 핵심을 제시한다. 그것은 하나님의 비밀 그 자체이신 그리스도이다. 죄인들은 그리스도를 믿음으로 말미암아 구원을 받고, 그분 안에서 완전하게 될 수 있다. 그리스도가 유일한 구원자이시며 영광의 소망이시다. 따라서 말씀을 설교하는 사역자들은 반드시 그리스도를 전파해야 한다. 그리스도를 전하지 않는 사역자는 교회의 참된 일꾼이 아니다. 그리스도가 없는 메시지는 참된 복음이 아니다. 오늘날 교회의 강단에서 그리스도가 온전히 선포되고 있는가? 그리스도의 복음이 아니라 위로와 치유와 성공의 복음이 선포되고 있지는 않은가? 교회의 일꾼으로 부름받은 사람들은 부단히 질문해야 한다. 나는 무엇을 전하고 있는가?

■ **사역의 목표** 이 단락은 사역의 목표를 알려 준다. 그것은 그리스도를 믿는 자들을 그리스도 안에서 완전한 자로 세우는 것이다. 완전한 사람이 된다는 것은 완전하신 하나님 아버지를 닮는 것이며, 거룩하고 흠이 없고 책망할 것이 없는 자가 되는 것이다. 교회의 일꾼은 신자들을 지속하여 가르치고 권고하여 하나님을 닮은 완전한 자가 되게 해야 한다. 사람들을 많이 모으는 일에 성공했다고 하더라도 이 목표를 무시한다면, 실패한 것이나 다름없다. "교회는 오직 사람들을 그리스도께 이끌어 작은 그리스도로 만들기 위해 존재합니다. 이 일을 하지 않는다면 교회 건물도, 성직자도, 선교도, 설교도,

심지어 성경 자체도 시간 낭비에 불과합니다."[45]

그리스도 안에서 완전한 사람이 되는 것은 모든 신자들의 목표이기도 하다. 참된 신자라면 거룩함을 추구하면서, 완전하신 하나님 아버지를 본받는 일을 중단하지 않을 것이다. 물론 이것은 쉬운 일이 아니다. 제임스 패커(J. Packer)는 83세에 출간한 책에서 이렇게 토로한다. "나는 아직도 생각이 모자라는 아이에 불과하고, 매일 비틀거리고 어설프게 더듬으며 무언가에 걸려 넘어진다."[46] 하나님을 사랑하는 노신학자가 이러하다면 평범한 그리스도인들은 오죽하겠는가? 하지만 하나님께서 이루실 것이다. 마침내 거룩하고 흠이 없고 책망할 것이 없는 자가 되게 하실 것이다. 그러므로 자주 비틀거리고 무언가에 걸려 넘어진다 하더라도 낙심하지 말고 일어나 완전한 사람이 되려는 노력을 계속하자.

2. 사도 바울의 수고와 하나님의 비밀이신 그리스도(2:1-5)

번역

1 참으로 여러분과 라오디게아에 있는 사람들, 곧 내 얼굴을 직접 보지 못한 사람들을 위해 내가 얼마나 큰 분투를 하고 있는지 여러분이 알기를 바랍니다. 2 이는 그들이 마음에 격려를 받고, 사랑 안에서 결합되게 하기 위함이며, 또한 이해를 통하여 완전한 확신의 모든 부요함에 이르고, [a]하나님의 비밀, 곧 그리스도를 깨닫게 하기 위함입니다. 3 그분 안에 지혜와 지식의 모든 보화들이 감추어져 있습니다. 4 내가 이것을 말하는 [b]목적은 아무도 교묘한 말로 여러분을 속이지 못하게 하기 위함입니다. 5 내가 비록 육체로는 떠나 있을지라도 영으로는 여러분과 함께 있어 여러분의 질서 있음과 그리스도를 믿는 여러분의 믿음의 굳건함을 기뻐하면서 보고 있기 때문입니다.

[a] 신약의 사본들에서 이 구절의 이문은 다양하다. "그리스도의"부터 "그리스도 안에 있는 하나님의", "그리스도이신 하나님의", "그리스도의 아버지 하나님의", "아버지 하나님과 그리스도의"에 이르기까지 무려 열다섯 개나 된다. 이것들 중에서 "하나님의, 그리스도의"(τοῦ θεοῦ, Χριστοῦ, "투 떼우 크리스투")가 중요한 사본들(P^{46} B)의 지지를 받을 뿐만 아니라, 내적 증거도 가장 강하다.[47]

45 Lewis, 『순전한 기독교』, 302.

46 Packer, 『거룩의 재발견』, 424.

47 Metzger, *A Textual Commentary*, 555; Metzger and Ehrman, 『신약의 본문』, 458-60.

b "목적은"이라는 표현은 목적절을 이끄는 접속사 "히나"(ἵνα)를 의역한 것이다.

| 본문 이해 터 닦기 |

| 문맥과 주제 | 이 단락(2:1-5)은 앞 단락(1:24-29)과 함께 한 단원을 구성한다. 두 단락에서 바울은 교회의 일꾼인 자신의 사역과 수고를 다룬다. 그의 사역은 골로새와 라오디게아의 성도들을 위한 것이며, 사역의 목적은 그들을 격려하고, 그들을 사랑 안에서 하나가 되게 하고, 그리스도를 깨닫게 하는 것이다. 이 단락의 결론 부분(2:4-5)에서 바울은 거짓 교사들에 관해 처음으로 경고한 뒤 그들의 문제를 다룰 준비를 한다. 골로새 성도들은 거짓 교사들의 교묘한 말에 속지 말아야 한다. 이 단락의 주제는 다음과 같다. 바울은 그리스도를 깨닫게 하고 거짓 교사들에게 속지 않게 하려고 골로새와 라오디게아 성도들을 위해 분투한다.

| 배경 | 일부 성경학자들은 "지혜와 지식의 모든 보화들"(2:3)이라는 구절이 영지주의와 관련이 있다고 주장한다.[48] "지혜"와 "지식"이라는 용어가 지식의 중요성을 강조하는 영지주의와 밀접한 관련이 있기 때문이다. 하지만 영지주의 문헌에는 "빛의 보화들"이라는 표현만 나올 뿐, "지혜와 지식의 보화들"이라는 표현은 나오지 않는다. 이 표현은 영지주의가 아니라 유대 묵시 사상에서 비롯된 것이다. 가장 유사한 표현인 "지혜와 보화들"이 바룩 2서에 나온다. 모든 피조물을 통치하시는 하나님은 자기 보좌 아래 "지혜의 보화들"을 예비하셨다(*2 Bar.* 54.13). 또 자신을 위해 "지혜의 보화들"을 예비한 사람들이 약속된 때의 유업을 받는다(*2 Bar.* 44.14).

이것에 주목한 앤드류 밴스트라(A. Bandstra)는 2:3의 배경을 영지주의가 아니라 유대 묵시 사상에서 찾는다. 그에 따르면, "지혜와 지식의 모든 보화들"이라는 독특한 표현은 본래 거짓 교사들이 사용한 것이다. 그들이 바룩 2서와 같은 유대 묵시 문헌에서 이 용어를 차용했을 것이라고 한다. 이것이 사실이라면 거짓 교사들은 영지주의가 아니라 유대 신비주의의 영향을 받은 사람들이다. 그들은 "지혜와 지식의 모든 보화들"이 하나님의 보좌 아

48 Davies, *Paul and Rabbinic Judaism*, 173; Hauck, *TDNT*, III, 138; Lightfoot, *Colossians and Philemon*, 174.

래 있다고 믿었고, 신비 체험을 통하여 그것들을 획득하려고 했을 것이다.[49]

| 구조 | 이 단락은 두 부분으로 구성되어 있다. 첫째 부분에서 바울은 골로새 교회와 라오디게아 교회를 위한 자신의 수고와 수고의 목적을 제시한다(1-3절). 둘째 부분에서는 거짓 교사들의 교묘한 말에 속아 넘어갈 위험에 대해 경고한다(4-5절). 이 단락은 아래와 같이 세분할 수 있다.

(1) 1-3절 골로새와 라오디게아 교회들을 위한 사도 바울의 수고
- 1) 바울의 수고(1절)
- 2) 수고의 목적(2절)
- 3) 하나님의 비밀이신 그리스도(3절)

(2) 4-5절 거짓 교사들에 관한 첫 번째 경고
- 1) 경고: 아무도 속이지 못하게 하십시오(4절)
- 2) 골로새 성도들의 질서 있음과 믿음(5절)

| 주해 |

(1) 골로새와 라오디게아 교회들을 위한 사도 바울의 수고(2:1-3)

2:1 헬라어 본문에서 바울은 이 단락을 "여러분이 알기를 바랍니다"(Θέλω γὰρ ὑμᾶς εἰδέναι, "뗼로 가르 휘마스 에이데나이")라는 문구로 시작한다. 일반적으로 이 문구는 새 주제나 새 단원을 시작하는 역할을 하지만,[50] 여기서는 중요한 사실을 상기시키고, 그것에 주의를 기울이게 하는 역할을 한다. 이 문구에서 접속사 "가르"는 바울의 분투와 수고를 예증하고 서술하는 내용을 이끈다.[51] 골로새 성도들이 알아야 할 것은 그들과 라오디게아에 있는 성도들을 위해 큰 수고를 하는 바울의 분투이다. 사도는 이렇게 말한다. "참으로 여러분과 라오디게아에 있는 사람들, 곧 내 얼굴을 직접 보지 못한 사람들을 위해 내가 얼마나 큰 분투를 하고 있는지 여러분이 알기를 바랍니다."

바울은 1:29에서 사용한 "아고니조마이"(ἀγωνίζομαι, "분투하다")와 유사한 단어 "아곤"(ἀγών)으로 자신의 수고를 표현한다. 이 단어는 본래 운동 경기가 열리는 장소를 뜻하였지만, 나중에는 운동 경기 자체를 가리키는 데 사용되

49 Bandstra, "The Colossian Errorists", 339-43; 참조. Sappington, *Revelation and Redemption*, 179.

50 Sumney, *Colossians*, 113.

51 Harris, *Colossians and Philemon*, 71; Moo, *Colossians and Philemon*, 163.

었다. 또 군사 전투와 정치 논쟁을 가리켰고, 더 일반적으로 모든 종류의 투쟁, 분투, 싸움 등을 의미하였다.[52] 이 본문에서는 분투, 진력, 노고 등을 의미한다. 바울이 "아곤"을 의문 형용사 "얼마나 큰"(ἡλίκος, "헬리코스")과 함께 사용하여 "내가 얼마나 큰 분투를 하고 있는지"(ἡλίκον ἀγῶνα ἔχω, "헬리콘 아고나 에코")라고 말한다. 그는 이기기 위해 혼신의 힘을 다하는 운동선수처럼 골로새 교회와 라오디게아 교회를 위해 분투하고 있다.

바울은 골로새 교회와 라오디게아 교회를 설립하지 않았고, 방문한 적도 없다. 두 교회의 성도들이 바울의 얼굴을 본 적이 없다. 그런데도 바울은 그들을 위해 수고를 아끼지 않는다. 그의 수고는 일차적으로 기도 사역과 관련이 있다. 바울은 골로새 교회의 소식을 들은 날부터 기도하기를 그치지 않았다(1:9-14). 그에게 기도는 치열한 영적 투쟁과 같은 것이다. 거짓 교사들의 문제로 어려움을 겪는 골로새 교회와 라오디게아 교회를 위해 편지를 작성하는 것도 큰 수고이다. 바울이 라오디게아 교회에 써 보낸 편지는 현재 남아 있지 않지만, 골로새서와 같은 시기에 작성되었다(4:16). 이 편지에도 거짓 교사들의 위협에 대처하는 교훈이 담겨 있었을 것이다.

2:2 사도 바울이 골로새와 라오디게아의 성도들을 위해 수고하는 목적은 무엇인가? 접속사 "히나"(ἵνα, "하기 위하여")로 시작하는 이 본문에서 그는 자신의 목적을 이렇게 밝힌다. "이는 그들이 마음에 격려를 받고, 사랑 안에서 결합되게 하기 위함이며, 또한 이해를 통하여 완전한 확신의 모든 부요함에 이르고, 하나님의 비밀, 곧 그리스도를 깨닫게 하기 위함입니다."

이 본문의 헬라어 구문은 어렵다. 후반부에 나오는 두 개의 전치사구 때문이다. 다음에서 볼 수 있는 대로, 이 전치사구들은 동사나 분사 없이 전치사 "에이스"(εἰς, "위하여)로만 시작한다. 이 전치사구들이 문장 안에서 어떤 문구와 연결되는지 파악하기가 어렵다. "내가 얼마나 큰 분투를 하고 있는지"(1절)와 연결된 것으로 보는 것이 가장 자연스럽다.

52 BDAG, 17; Silva, *NIDNTTE*, I, 142.

ἡλίκον ἀγῶνα ἔχω("내가 얼마나 큰 분투를 하고 있는지")

καὶ εἰς πᾶν πλοῦτος τῆς πληροφορίας τῆς συνέσεως

("또한 이해의 완전한 확신의 모든 부요함을 위하여")[53]

εἰς ἐπίγνωσιν τοῦ μυστηρίου τοῦ θεοῦ, Χριστοῦ

("하나님의 비밀, 곧 그리스도를 아는 지식을 위하여")

두 전치사구는 골로새와 라오디게아의 성도들을 위해 바울이 수고하는 목적을 알려 준다. 수고의 목적은 네 가지이다. 첫째, 골로새와 라오디게아의 성도들을 격려하는 것이다. 이 구절을 문자 그대로 번역하면 "그들의 마음들이 격려를 받기 위한 것"(παρακληθῶσιν αἱ καρδίαι αὐτῶν, "파라클레또신 하이 카르디아이 아우톤")이다. 바울 서신들에서 "파라칼레오"(παρακαλέω)는 일반적으로 "권고하다", "권면하다"를 뜻하지만(롬 12:1; 고후 5:20; 10:1; 살전 4:1; 엡 4:1), "위로하다", "격려하다"를 뜻하기도 한다(엡 6:22; 골 4:8; 살후 2:17).[54] 이 본문에서는 "격려하다"가 더 적절하다. 거짓 교사들로 인하여 어려움을 겪는 골로새와 라오디게아 성도들에게 필요한 것은 위로보다는 격려이다. 그들의 마음이 격려를 받는다는 말은 그들 자신이 힘과 용기를 얻는다는 뜻이다. 바울은 골로새와 라오디게아 성도들의 마음을 격려하여 거짓 교사들의 문제에 잘 대처하게 만들려고 힘써 수고한다.

둘째, "그들이 사랑 안에서 결합되게 하는 것"(συμβιβασθέντες ἐν ἀγάπῃ, "쉼비바스뗀테스 엔 아가페")이다. "쉼비바조(συμβιβάζω)라는 동사는 일반적으로 "결합하다", "연합하다"를 뜻한다.[55] 바울 서신들에서는 교회의 하나 됨과 관련하여 사용된다. 예를 들어, 2:19에서 바울은 이 단어의 수동태 분사를 사용하여 교회가 하나로 결합된 상태를 말한다. "그 머리(그리스도)에서부터 온몸(교회)이 관절들과 인대들을 통하여 공급을 받고 '결합되어'(συμβιβαζόμενον, "쉼비바조메논") 하나님께서 자라게 하시는 대로 자랍니다." 다른 한편, "쉼비바조"는 "교훈하다", "가르치다"를 뜻할 수 있다(참조. 고전 2:16). 칠십인역에서는 항상 이런 의미로 사용되었다. 이 본문에서는 "사랑 안에서"라는 표현이 함

53 두 개의 "에이스" 전치사구를 독자의 이해를 위해 문자적으로 번역한 것이다.

54 BDAG, 764-65.

55 BDAG, 956-57; Delling, *TDNT*, VII, 763.

께 나오므로 "결합하다", "연합하다"라는 뜻이 더 잘 어울린다. 성도들의 하나 됨은 "사랑 안에서" 실현되고 유지되는 것이다. 바울은 자신의 수고로 골로새와 라오디게아 성도들이 사랑 안에서 연합하여 한마음으로 거짓 교사들의 문제에 대처하기를 바란다.[56]

셋째, 골로새와 라오디게아 성도들이 "이해를 통하여 완전한 확신의 모든 부요함에 이르는 것"(καὶ εἰς πᾶν πλοῦτος τῆς πληροφορίας τῆς συνέσεως)이다. 이 전치사구의 앞에 나오는 전치사 "에이스"(εἰς)는 앞 구절의 결과를 나타내는 것처럼 보인다. 골로새와 라오디게아 성도들이 격려를 받고 사랑 안에서 결합한 결과, 확신의 모든 부요함에 이르게 된다는 것이다. 표준새번역은 본문을 이렇게 읽고 번역한다. "그들이 사랑으로 결속되어 마음에 격려를 받음으로써, 풍부하고도 완전한 이해력을 갖게 하고." 이렇게 할 때 생기는 문제는 과연 격려를 받고 사랑으로 결합된다고 해서 이해력이나 확신이 생기느냐 하는 것이다. 또 다른 문제는 앞 구절과 이 구절 사이에 나오는 접속사 "카이"(καί, "그리고", "과")를 무시하게 된다는 것이다. 앞에서 언급한 대로, 확신의 모든 부요함에 이른다는 구절은 "내가 얼마나 큰 분투를 하고 있는지"(1절)와 연결되어 있다. 다시 말해서, 사도 바울이 수고하는 목적을 나타내는 전치사구이다.[57] "이해의 완전한 확신"(πληροφορίας τῆς συνέσεως, "플레로포리아스 테스 쉬네세오스")이라는 헬라어 표현에서 "이해의"(τῆς συνέσεως, "테스 쉬네세오스")는 의미상 주격의 역할을 한다("이해에 의하여 비롯된").[58] 명사 "플레로포리아"(πληροφορία)는 완전한 확실성, 확신의 충만한 상태, 또는 충만 등을 의미한다(살전 1:5).[59] 여기서는 진리를 올바르게 이해할 때 생기는 완전한 확신을 뜻한다. 그리고 "완전한 확신의 모든 부요함"(πᾶν πλοῦτος τῆς πληροφορίας, "판 플루토스 테스 플레로포리아스")은 의심이 조금도 없는 확고하고 충만한 확신의 상태를 가리킨다. 바울은 골로새와 라오디게아 성도들이 복음의 진리를 바르게 이해함으로써 충만하고 완전한 확신에 이르게 하려고

---

56 Barth and Blanke, *Colossians*, 278; Dunn, *Colossians and Philemon*, 130; Harris, *Colossians and Philemon*, 73; Lohse, *Colossians and Philemon*, 81; Moo, *Colossians and Philemon*, 166; Schweizer, 『골로사이서』, 130.

57 참조. Bockmuehl, *Revelation and Mystery*, 187; Moo, *Colossians and Philemon*, 166.

58 Harris, *Colossians and Philemon*, 74.

59 BDAG, 827; L&N, 31.45.

수고한다.

넷째, 바울이 수고하는 목적은 "하나님의 비밀, 곧 그리스도를 깨닫게 하기 위한 것"(εἰς ἐπίγνωσιν τοῦ μυστηρίου τοῦ θεοῦ, Χριστοῦ)이다. 이 구절에서 "뮈스테리우 투 떼우 크리스투"(μυστηρίου τοῦ θεοῦ Χριστοῦ)가 무엇을 말하는지 모호하다. 이 구문은 (1) "하나님의 비밀의, 그리스도의", (2) "하나님, 곧 그리스도의 비밀의", (3) "그리스도의 하나님의 비밀", (4) "하나님의 비밀, 곧 그리스도의" 등으로 읽을 수 있다. 필사자들은 이 문제를 개선하려고 헬라어 본문을 수정하였다. 그 결과 많은 이문들이 생겨났다.[60] 이 문제를 해결하는 가장 좋은 방법은 "비밀"이라는 단어가 나오는 앞 단락(1:24-29)에 비추어 이해하는 것이다. 거기서 바울은 비밀이 "여러분 가운데 계신 그리스도"(1:27)라고 분명하게 말한다. 그리스도가 하나님의 비밀 그 자체이신 것이다. 여기서도 "뮈스테리우 투 떼우 크리스투"를 "하나님의 비밀, 곧 그리스도의"라고 읽어야 한다.[61]

"하나님의 비밀"이란 그리스도의 오심과 죽음과 부활과 재림으로 말미암아 실현되는 하나님의 구원 계획을 가리킨다. 그런데도 이 본문에서 바울이 그리스도가 하나님의 비밀이라고 말하는 까닭은 그분이 하나님의 비밀의 핵심, 곧 하나님의 구원 계획의 중심이기 때문이다. 성부 하나님은 그리스도로 말미암아 구원 계획을 실현하기 시작하셨고, 마침내 다시 오시는 그리스도로 말미암아 그 계획을 완성하실 것이다. 바울은 골로새와 라오디게아 성도들로 하여금 하나님의 비밀이신 그리스도를 깨닫게 하려고 힘써 수고한다.

물론 그들은 그리스도를 이미 알고 있다. 그들은 에바브라로부터 복음을 듣고 그리스도를 주님으로 받아들였다(2:6). 그리스도를 믿음으로 말미암아 죄 사함을 받았고(1:14; 2:13) 하나님과 화목하게 되었다(1:21-22). 하지만 그들은 그리스도를 아는 지식에서 자라 가야 한다. 이 본문에서 "에피그노시스"(ἐπίγνωσις)는 "완전한 지식", 또는 "더 깊은 지식"을 의미한다.[62] 골로새와

---

60 Metzger and Ehrman, 『신약의 본문』, 458-60.

61 Beale, *Colossians and Philemon*, 155; Harris, *Jesus as God*, 264-65; Lohse, *Colossians and Philemon*, 81-82; Moo, *Colossians and Philemon*, 169; Pao, *Colossians and Philemon*, 138.

62 Eadie, *Colossians*, 112; Harris, *Colossians and Philemon*, 74.

라오디게아의 성도들은 하나님의 비밀, 곧 그리스도를 더 완전하게, 또는 더 깊이 알아야 한다.

2:3 이어서 바울이 그리스도 안에 "지혜와 지식의 모든 보화들이 감추어져 있습니다"라고 선언한다. 일반적으로 "지혜"(σοφία, "소피아")란 자신이 처한 상황을 적절하게 이해하고 현명하게 대처하는 능력을 가리킨다.[63] 이에 비해 "지식"(γνῶσις, "그노시스")은 사물이나 상황에 관해 알게 된 내용을 가리킨다.[64] 하지만 여기서 바울이 말하는 것은 하나님 자신과 구원 역사를 아는 영적 지혜와 영적 지식이다(참조. 롬 11:33). 사도는 "지혜"와 "지식"을 하나의 관사로 연결하여(τῆς σοφίας καὶ γνώσεως, "테스 소피아스 카이 그노세오스") 하나님 자신과 구원을 아는 일체의 영적 지식이 그리스도 안에 있음을 강조한다. 또한 지혜와 지식이 지극히 소중하다는 점을 강조하기 위해 "보화들"(θησαυροί, "떼사우로이")이라는 표현을 사용한다.

형용사 "아포크뤼포이"(ἀπόκρυφοι, "감추어진")는 유대 문헌들에서 감추어진 보물을 가리키는 데 사용되었다(1 Macc 1.23; Josehpus, *Ant.* 12.250).[65] 지혜와 지식의 모든 보화들이 그리스도 안에 "감추어져" 있다는 말은 그리스도가 지혜와 지식의 보화들을 모두 소유하신 분이심을 의미한다. "모든 보화들"이라는 표현에서 수식어 "모든"(πάντες, "판테스")은 그리스도가 하나님과 구원 역사에 관한 지혜와 지식의 유일한 원천이라는 사실을 강조한다. 지혜와 지식의 모든 보화들이 그리스도 안에 있으므로 다른 곳에서는 그것들을 찾을 수도 없고 얻을 수도 없다.[66]

여기서 바울은 그리스도 밖에서 지혜와 지식을 추구하는 거짓 교사들을 염두에 두고 있다. 다음 절에서 거짓 교사들의 가르침("교묘한 말")을 직접 언급하는 것에서 이를 확인할 수 있다. 거짓 교사들은 "지혜와 지식의 모든 보화들"이 하나님의 보좌 아래에 있다고 생각하고는 신비 체험을 통해 그것들을 획득하려고 하였을 것이다. 하지만 그 보화들은 하늘의 보좌 아래에 있는 것이 아니라 그리스도 안에 감추어져 있다. 그러므로 그리스도 밖에서

63 L&N, 32.32.
64 L&N, 28.17.
65 BDAG, 114.
66 Zeller, *EDNT*, II, 151.

지혜와 지식을 추구하는 모든 시도는 헛되고 무익하다. 하나님의 비밀, 곧 그리스도를 깨닫는 것만이 "지혜와 지식의 모든 보화들"을 획득하는 유일한 길이다.

(2) 거짓 교사들에 관한 첫 번째 경고(2:4-5)

2:4 이 본문에서 바울이 골로새 교회를 위협하는 거짓 교사들의 문제를 처음으로 언급한다. 거짓 교사들은 지금 골로새에서 활동하면서 골로새 교인들을 속이려 한다. 아직 골로새 교회 안으로 침투하지는 않았지만, 그들의 위협은 심각하다. 바울은 이렇게 경고한다. "내가 이것을 말하는 목적은 아무도 교묘한 말로 여러분을 속이지 못하게 하기 위함입니다."

"아무도"(μηδείς, "메데이스")라는 표현은 거짓 교사들을 가리킨다. "속이다"라고 번역한 동사 "파랄로기조마이"(παραλογίζομαι)는 신약성경에서 이 본문과 야고보서 1:22에만 나오며, "거짓 논증으로 설득하다", "거짓 논증으로 속이다", "잘못된 길로 이끌다" 등을 의미한다.[67] 거짓 교사들이 골로새 성도들을 속이는 데 사용하는 수단은 "교묘한 말"이다. 이 표현은 신약성경에서 여기에만 한 번 나온 "피따놀로기아"(πιθανολογία)를 번역한 것이다. 고대 헬라 문헌에서 이 단어는 청중을 설득하는 기술을 가리켰고, 플라톤과 아리스토텔레스의 글에서는 그럴듯하고 설득력 있는 논증을 의미하였다(Plato, *Theaet.* 162E; Aristoteles, *Eth. nic.* 1.3.4).[68] 하지만 "속이다"라는 동사가 함께 나오는 것에서 알 수 있듯이, 바울은 이 단어를 부정적인 의미로 사용한다.[69] 거짓 교사들은 그럴듯한 논증과 설득의 기술을 가지고 골로새 교인들에게 접근하였으나, 그들의 말은 타당한 근거가 없었다.

2:5 이어서 바울은 골로새 성도들이 거짓 교사들에게 속지 말아야 할 이유를 제시한다. "내가 비록 육체로는 떠나 있을지라도 영으로는 여러분과 함께 있어 여러분의 질서 있음과 그리스도를 믿는 여러분의 믿음의 굳건함을 기뻐하면서 보고 있기 때문입니다." 이 본문의 핵심은 바울이 "영으로"(τῷ πνεύματι, "토 프뉴마티") 골로새 성도들과 함께한다는 것이다. 고린도전서

---

67 BDAG, 768; L&N, 88.153.

68 Aristoteles, 『니코마코스 윤리학』, 16. 참조. Silva, *NIDNTTE*, III, 685-87.

69 BDAG, 812; L&N, 33.31.

5:3에서도 그는 몸으로는 떠나 있으나 "영으로는"(τῷ πνεύματι, "토 프뉴마티") 고린도 성도들과 함께하고 있다고 말한다. 멀리 떨어져 있는 교회의 회중과 함께한다고 사도가 말할 수 있는 이유는 성령님의 역사 때문이다. 성령님은 신자들을 그리스도와 연합하게 하시고, 신자들을 하나 되게 하신다(참조. 고전 12:13).[70] 성령님 안에서 바울의 영이 골로새 성도들과 함께 있는 것이다. 바울이 이 사실을 언급하는 목적은 거짓 교사들의 위협을 물리치고 그리스도 안에 견고하게 서도록 골로새 성도들을 격려하기 위함이다. 지금 그들만이 홀로 거짓 교사들과 맞서고 있는 것이 아니다. 교회의 일꾼인 바울이 그들과 함께하면서 그들을 위해 수고하고 있다.

바울은 골로새 성도들이 거짓 교사들의 위협을 물리칠 수 있음을 확신한다. 그들이 질서 있게 행하고 있을 뿐만 아니라, 그리스도를 믿는 그들의 믿음이 굳건하기 때문이다. 바울이 그들의 영적 상태를 "기뻐하면서 보고 있다"(χαίρων καὶ βλέπων, "카이론 카이 블레폰"). "질서 있음"과 "굳건함"이라고 각각 번역한 "탁시스"(τάξις)와 "스테레오마"(στερέωμα)는 주로 군대와 관련하여 사용된 용어들이다. "탁시스"는 군대의 질서 정연한 대열을, "스테레오마"는 보루나 성채를 의미한다.[71] 하지만 "질서"와 "굳건함", 견고함"을 가리키는 일반적인 의미로 사용되는 경우도 적지 않다. 이 편지에서도 두 단어는 골로새 교인들의 질서 정연함과 그리스도를 믿는 그들의 믿음의 굳건함을 나타낸다.[72] 바울이 기뻐할 정도로 골로새 성도들은 영적으로 질서 정연한 상태를 유지하고 있고, 그리스도를 굳건하게 믿고 있다. 바울은 골로새 성도들이 현재의 영적 상태와 믿음을 계속 유지하기를 바란다. 그들이 그렇게 하기만 한다면, 거짓 교사들의 위협을 어렵지 않게 물리칠 수 있을 것이다.

메시지와 적용

■ **교회를 위한 수고** 이 단락의 교훈은 사역자란 교회의 유익을 위해 부름받은 존재라는 사실이다. 사도 바울이 이 교훈을 온몸으로 보여 준다. 그는 자신의 유익이나 영광이 아니라 골로새 교회와 라오디게아 교회의 유익을 위해

70 Lohse, *Colossians and Philemon*, 83; Moo, *Colossians and Philemon*, 173.

71 Bertram, *TDNT*, VII, 609-11.

72 Bergmeier, *EDNT*, III, 333; Kraft, *EDNT*, III, 273; L&N, 62.7; 74.20.

힘써 수고한다. 그의 사역의 목적은 성도들을 격려하고, 사랑 안에서 연합하게 하고, 확신의 부요함에 이르게 하고, 하나님의 비밀이신 그리스도를 깨닫게 하는 것이다. 이것이 교회의 일꾼으로 부름받은 모든 사역자의 목적이 되어야 한다. 사역자는 자신이 무엇을 위해 존재하며 무엇을 위해 수고해야 하는지 분명하게 알아야 한다. 하나님의 영광이 아니라 자기 영광을 추구하고, 교회의 유익이 아니라 자기 유익을 추구하는 사람은 참된 사역자일 수 없다.

■ **하나님의 비밀이신 그리스도** 이 단락의 중요한 교훈은 하나님의 비밀이신 그리스도를 깨달아야 한다는 것이다. 그리스도가 하나님의 비밀이신 까닭은 그분의 오심과 죽음과 부활과 재림으로 말미암아 하나님의 구원 계획이 실현되고 완성되기 때문이다. 하나님의 비밀이신 그리스도가 없다면 구원도 없다. 그리스도를 알지 못하면 하나님도 알 수 없고, 구원도 알 수 없다. 우리는 그리스도를 깨닫는 것을 얼마나 중요하게 생각하고 있는가? 복을 받고 잘살게 되는 것을 그리스도를 깨닫는 것보다 더 중요하게 생각하고 있지는 않은가? 기독교의 중심은 "나"와 "나의 행복"이 아니라 하나님의 비밀, 곧 그리스도이다. 그리스도를 깨닫는 것이 복 중의 복이다.

■ **교묘한 말에 속지 말라** 이 단락의 또 다른 교훈은 거짓 교사들의 교묘한 말에 속지 말아야 한다는 것이다. 거짓 교사들과 이단은 사도 바울의 시대만이 아니라 오늘날에도 "교묘한 말"로 접근한다(참조. 롬 16:18). 그들의 교묘한 논증과 말의 기술에 속지 않으려면 그들이 무엇을 주장하는지 주의 깊게 살펴보아야 한다. 그들의 주장이 아무리 교묘하고 말의 기술이 아무리 화려하다고 하더라도 그 주장의 중심에 하나님의 비밀인 그리스도가 없다면 그들의 주장은 공허하고 헛된 속임수에 지나지 않는다. 그리스도 안에 하나님과 구원을 아는 지혜와 지식의 모든 보화가 있다. 다른 곳에 진리가 있다는 말에 속지 말라. 다른 곳에서 지혜와 지식의 보화를 찾지 말라. 오직 하나님의 비밀, 곧 그리스도 안에서 찾으라!

IV. 2:6-23

골로새 성도들의 구원과 거짓 교사들

1. 2:6-10 주님이신 그리스도 예수 안에서 사는 삶
2. 2:11-15 그리스도 안에서 받은 골로새 성도들의 구원
3. 2:16-19 거짓 교사들에 관한 세 번째 경고
4. 2:20-23 골로새 교인들에 대한 사도 바울의 책망

이 단원(2:6-23)은 골로새서의 본론(1:24-4:6)을 구성하는 둘째 부분이면서 거짓 교사들에 관한 논증의 핵심에 해당한다.[1] 이 단원 전체를 지배하는 주제는 골로새 교회를 위협하는 거짓 교사들에 대한 경고이다. 아래에서 볼 수 있듯이, 사도 바울은 거짓 교사들에 관해 반복하여 경고한다. 그의 의도는 명백하다. 골로새 교인들이 거짓 교사들에게 미혹당하지 않게 하는 것이다.

8절 누가 … 여러분을 노획물로 잡아가지 않도록 주의하십시오.
16절 어떤 사람도 … 여러분을 비판하지 못하게 하십시오.
18절 아무도 … 여러분을 정죄하지 못하게 하십시오.

거짓 교사들은 그리스도보다 신비 체험을 더 중요하게 여기고 있다.[2] 그들에 대항하여 바울은 앞 단원에서 그리스도가 만물의 주님이자 교회의 머리이심을 강조하면서 신자의 구원과 삶에서 그리스도가 체험과 비교할 수 없을 만큼 중요하다는 점을 골로새 성도들에게 상기시켰다(1:15-23). 그리

1 Beale, *Colossians and Philemon*, 181; Sumney, *Colossians*, 125.
2 거짓 교사들이 그리스도보다 체험을 중요하게 여긴 것에 관하여는 이 책의 2:18-19의 주해를 보라.

고 자신이 교회의 일꾼이라는 사실을 강조하였다(1:24-2:5). 바울은 하나님의 비밀인 그리스도를 전하면서 골로새 교회와 라오디게아 교회의 유익을 위해 힘을 다하여 수고하고 있다. 그리스도의 몸 된 교회를 위해 기꺼이 고난을 받기까지 한다. 그러나 거짓 교사들은 교회의 유익이 아니라 종교적인 만족을 구한다. 그들은 교회의 참된 일꾼일 수 없다.

이 단원(2:6-23)은 네 단락으로 이루어져 있다. 첫째 단락(2:6-10)에서 바울은 골로새 성도들이 그리스도 예수를 주님으로 받아들인 사실을 언급하면서 그분 안에서 계속 살라고 촉구한다. 이어서 본격적으로 거짓 교사들에 관하여 경고한다. 이것은 두 번째 경고이다. 골로새 성도들은 거짓 교사들의 노획물이 되지 않도록 주의해야 한다(2:8). 그렇게 하려면 주님이신 그리스도 안에서 자신들이 충만하게 되었다는 사실을 깨달아야 한다. 둘째 단락(2:11-15)에서 바울은 골로새 교인들이 그리스도 안에서 충만하게 된 것이 뜻하는 바를 설명한다. 셋째 단락(2:16-19)에서는 거짓 교사들의 비판과 판단을 허용하지 말라고 또다시 경고한다. 이것은 세 번째 경고이다. 거짓 교사들은 먹을 것과 마실 것과 절기와 안식일에 관한 율법의 규정들을 중시하고 "천사들의 예배"[3]를 보는 것과 같은 신비 체험을 과시한다. 그들의 심각한 문제는 머리이신 그리스도를 붙들지 않는 것이다(2:19). 넷째 단락(2:20-23)에서 바울은 거짓 교사들의 교훈을 받아들인 사람들을 책망하면서 거짓 교사들의 또 다른 문제를 폭로한다. 거짓 교사들의 규정들은 사람의 명령과 가르침을 따른 것이며, 육신의 만족을 위한 것이다. 골로새 성도들은 사도 바울의 경고에 귀를 기울이고 거짓 교사들의 가르침과 규정들을 거부해야 한다.

3 "천사들의 예배"에 관하여는 2:18의 주해를 보라.

1. 주님이신 그리스도 예수 안에서 사는 삶(2:6-10)

| 번역 |

6 그러므로 여러분은 그리스도 예수를
주님으로 받아들였으니 그분 안에서 살
아가십시오. 7 여러분은 그분 안에 뿌리
가 내려졌고, 세워지고 있고, 가르침을 받
은 대로 믿음에 굳건하게 되고 있으므로
풍성한 [a]감사를 드리면서 [b]살아가십시오.
8 누가 철학, [c]곧 공허한 속임수로 여러분
을 [d]노획물로 잡아가지 않도록 주의하십
시오. 그 철학은 사람들의 전통을 따른 것
이고, 세상의 초보 원리들을 따른 것이지
그리스도를 따른 것이 아닙니다. 9 왜냐하
면 그분 안에 신성의 모든 충만이 몸의 형
태로 거하고 있고, 10 여러분도 그분 안에
서 충만하게 되었기 때문입니다. 그분은
모든 통치자와 권세의 머리이십니다.

---

a 일부 사본들(B D^2 *Byz*)에는 "그분 안에서 감사함으로"(ἐν αὐτῇ ἐν εὐχαριστίᾳ, "엔 아우테 엔 유카리스티아")라고 되어 있다. 필사자가 동일한 표현이 나오는 4:2에 근거하여 이렇게 수정하였을 것이다.

b "살아가십시오"는 7절이 6절에 속한 분사절이라서 뜻을 명확하게 하려고 첨가하였다.

c "곧"은 접속사 "카이"(καί)를 번역한 것이다.

d "노획물로 잡아가다"(συλαγωγέω, "쉴라고게오")는 "포로로 잡아가다"라고 번역할 수도 있다.

| 본문 이해 터 닦기 |

| 문맥과 주제 | 이 단락(2:6-10)은 앞 단원(1:15-2:5)의 결론이자 새 단원(2:6-23)의 시작이다. 2:6에 접속사 "그러므로"가 나오는 것에서 이를 짐작할 수 있다.[4] 바울은 앞 단원에서 제시한 논증에 근거해서 골로새 성도들에게 중요한 교훈을 제시한다. 그것은 주님이신 그리스도 예수 안에서 계속 살아가야 한다는 것이다. 골로새 성도들은 이미 그리스도 예수를 주님으로 받아들였다(2:6-7). 그리스도를 계속 주님으로 인정하고, 그분 안에서 살아가는 것이 참된 신자의 삶이다. 바울이 제시하는 또 다른 교훈은 거짓 교사들에 관한 것이다. 골로새 성도들은 거짓 교사들의 노획물이 되지 않도록 주의해야 한다(2:8). 거짓 교사들의 가르침이 공허한 속임수에 지나지 않는다는 것을 알아야 한다. 그리고 자신들이 그리스도 안에서 이미 충만하게 되었다는 것을 깨달아야 한다(2:9-10). 다음 단락(2:11-15)에서 바울은 골로새 교인들이 충만

---

4 참조. Moo, *Colossians and Philemon*, 176, 177; Sumney, *Colossians*, 126.

하게 된 것이 뜻하는 바를 설명한다. 이 단락의 주제는 다음과 같다. 골로새 교인들은 자신들이 그리스도를 주님으로 받아들인 것과 그분 안에서 충만하게 되었다는 것을 알고, 그리스도 안에서 계속 살아가야 한다.

| **배경** | 바울이 2:8에서 거짓 교사들과 관련하여 "철학"(φιλοσοφία, "필로소피아")이라는 단어를 사용한다. 이 단어는 본래 지혜를 사랑하는 것을 의미하며, 일반적으로 헬라 세계의 다양한 사상 체계, 인생과 세계에 관한 가르침, 인간의 지혜, 또는 종교적 교훈을 가리킨다. 일부 성경학자들은 이 단어에 근거하여 거짓 교사들이 플라톤 철학의 요소를 받아들였다고 주장한다.[5] 또 다른 학자들은 거짓 교사들이 견유학파의 철학과 관련이 있다고 믿는다.[6] 하지만 "철학"이라는 용어가 반드시 헬라 철학을 지칭하는 것은 아니다. 고대 세계에서는 주문을 외우고 마술을 행하는 사람들도 자신들을 "철학자"라고 불렀다. 또 알렉산드리아의 유대인 필로는 율법을 "조상들의 철학"이라고 하였고(*Legat.* 156), 요세푸스는 유대교 분파인 바리새파, 사두개파, 에세네파를 "세 철학들"이라고 묘사하였다(*Ant.* 18.11). 다른 유대인 저자는 절제, 정의, 경건의 덕에 관한 유대교의 교훈을 "철학"이라고 하였다(4 Macc 5.11).[7] 그러므로 "철학"이라는 용어에 근거하여 거짓 교사들이 헬라 철학의 영향을 받았다고 단정할 수 없다. 그들은 자신들의 가르침을 고상한 진리나 사상 체계처럼 보이게 만들려고 이 용어를 사용했을 것이다.

| **구조** | 이 단락은 두 부분으로 구성되어 있다. 첫째 부분에서 사도 바울은 이 서신의 핵심 교훈을 제시한다. 골로새 성도들이 주님이신 그리스도 예수 안에서 계속 살아야 한다는 것이다(6-7절). 둘째 부분에서는 거짓 교사들에 대해 경고하고 그들에게 미혹되어서는 안 되는 이유를 제시한다(8-10절). 이 단락은 다음과 같이 세분할 수 있다.

---

5 DeMaris, *Colossian Controversy*, 16-17, 82-85.

6 Martin, *By Philosophy and Empty Deceit*, 56-57.

7 Michel, *TDNT*, IX, 172-88.

(1) 6-7절 그리스도 안에서 사는 삶
1) 그리스도를 주님으로 받아들였음(6절)
2) 그리스도 안에서 사는 삶(7절)
(2) 8-10절 거짓 교사들에 관한 두 번째 경고
1) 경고: 거짓 교사들의 노획물이 되지 말라(8절)
2) 그리스도의 모든 충만과 골로새 교인들의 충만(9-10절)

주해

(1) 그리스도 안에서 사는 삶(2:6-7)

2:6 사도 바울이 골로새 성도들에게 만물의 으뜸이자 교회의 머리이신 그리스도 예수를 그들이 주님으로 받아들인 사실을 상기시킨다. "그러므로 여러분은 그리스도 예수를 주님으로 받아들였으니." 여기서 "받아들이다"라고 번역한 헬라어 동사 "파랄람바노"(παραλαμβάνω)는 고대 헬라 고전과 유대 문헌에서 앞 세대의 전승이나 교훈은 받는 것을 가리키는 데 사용되었다. 이런 경우에 "전하다"를 뜻하는 "파라디도미"(παραδίδωμι) 동사가 함께 나온다. 두 동사는 전통과 교훈을 전달하고 수용하는 것을 나타내는 용어이다. 고대 세계에서는 전통이나 교훈을 앞 세대에게 받아서 다음 세대로 전달하였다. 유대교에서 랍비들은 율법에 대한 해석을 스승에게서 받아서 제자들에게 전달하였다.[8]

일부 성경학자들은 바울이 "파랄람바노"를 이와 유사하게 사용하고 있다고 주장한다.[9] 골로새 성도들이 그리스도 예수에 관한 전승을 수용했음을 말한다는 것이다. 그들이 복음의 진리를 에바브라에게서 받은 것은 사실이다. 하지만 바울은 골로새 성도들이 그리스도 예수에 관한 전승을 수용한 것이 아니라 그리스도 예수 자신을 주님으로 받아들인 것에 관해 말하고 있다. "파랄람바노"를 전승을 수용하는 전문적인 의미로 사용하지 않고 있는 것이다. 골로새 성도들은 에바브라가 전해 준 복음의 진리를 듣고 하나님의 은혜를 깨달았다(1:6-7). 그리고 그리스도 예수를 자신들의 주님으로 받아들

8 Delling, *TDNT*, IV, 11-13; Kretzer, *EDNT*, III, 29-30.
9 Lohse, *Colossians and Philemon*, 92-93; Dunn, *Colossians and Philemon*, 138-39; Pao, *Colossians and Philemon*, 154-55.

였다.[10]

"그리스도 예수를 주님으로"(τὸν Χριστὸν Ἰησοῦν τὸν κύριον)라는 표현은 예수님이 그리스도이며 주님이시라는 기독론적 고백을 포함하고 있다. 이 어구에서 강조점은 관사를 동반한 "주님"(τὸν κύριον, "톤 퀴리온")에게 있다. "주님"(κύριος, "퀴리오스")이라는 명칭은 본래 여호와 하나님을 가리키는 것이었다. 신약성경에서 "주님"은 하나님과 예수님을 가리키는 데 사용되지만, 예수님을 가리키는 데 훨씬 더 많이 사용된다.[11] 예수 그리스도가 "주님"이시라는 것은 신약성경에서 가장 중요한 가르침 중 하나이다(롬 10:9; 고전 12:3; 빌 2:11).[12] 예수 그리스도를 "주님"으로 시인하는 자가 구원을 받는다(롬 10:9). 예수 그리스도는 만물의 주님이자 교회의 머리이시며, 신자 개인의 주님이시다. 골로새 성도들은 그리스도 예수를 자신들의 주님으로 받아들였다. 이제 그들은 자신들의 신앙 고백과 일치하는 삶을 살아야 한다. 즉, 삶의 모든 영역에서 그리스도 예수를 주님으로 시인하면서 그분에게 복종해야 한다.

"그분 안에서 살아가십시오"(ἐν αὐτῷ περιπατεῖτε, "엔 아우토 페리파테이테")라는 권고에서 동사 "페리파테오"(περιπατέω)는 일반적으로 "걷다"를 뜻한다. 하지만 권면이나 윤리적 실천에 관한 명령이 나오는 본문에서는 "살다", "행하다"라는 뜻으로 쓰인다(롬 14:15; 고후 4:2; 갈 5:16; 엡 2:10; 5:15).[13] "그분 안에서"는 "주님이신 그리스도 예수 안에서"를 가리킨다. 따라서 "그분 안에서 살아가는" 것은 그리스도 예수가 주님이심을 지속적으로 인정하고 그분의 다스림을 받으면서 살아가는 것을 의미한다. 이 권면은 3:17과 함께 이 서신의 핵심 교훈이다.

2:7 바울이 분사절 네 개를 사용하여 골로새 성도들에게 그리스도 안에서 계속 살아가도록 촉구한다("뿌리가 내려졌고", "세워지고 있고", "굳건하게 되고 있으므로", "풍성한 감사를 드리면서"). 처음 세 개의 분사는 신적 수동태(divine passive)인데 이는 각 분사가 서술하는 내용이 사람의 노력으로 획득하는 것이 아니라 하나님의 은혜로 주어지는 것임을 뜻한다. 하나님께서 친히 골로새 성도

10 Moo, *Colossians and Philemon*, 177.

11 Fitzmyer, *EDNT*, II, 328-31.

12 예수님이 "주님"이시라는 것에 관해서는 이 책의 1:3의 주해를 보라.

13 BDAG, 803.

들을 위해 일하고 계신다는 것이다. 골로새 성도들은 이것을 확신하고 계속 그리스도 예수 안에서 살아야 한다. 마지막 분사는 그리스도 안에서 사는 삶의 중요한 특징을 알려 준다. 그것은 하나님 아버지께 감사하는 것이다 (3:17).

"뿌리가 내려졌고"라는 첫째 분사(ἐρριζωμένοι, "에리조메노이")는 신약성경에서 이곳과 에베소서 3:17에만 나온다. 이 분사의 원형 동사(ῥιζόω, "흐리조오")는 "뿌리를 내리게 하다", "견고한 토대를 놓다"를 뜻하며, 수동태로 사용될 때에는 "단단히 뿌리가 내려지다"를 뜻한다.[14] 나머지 분사가 모두 현재 시제인 것에 비하여 이 분사는 완료 시제이다. 대다수 주석가들이 지적하는 대로, 여기서 완료 시제는 이미 뿌리가 내려진 상태를 나타낸다. 그리고 이 분사는 수동태이다. 골로새 성도들이 스스로 뿌리를 내린 것이 아니라는 사실을 보여 준다. 그들을 포도나무처럼 그리스도 안에 심고 뿌리를 깊이 내리게 하신 분은 하나님이시다(참조. 시 80:8-11). 골로새 성도들이 그리스도 안에 뿌리가 내려졌다는 것은 그들이 그리스도와 친밀하게 연합되었음을 의미한다.[15] 그들은 성령 하나님의 역사하심으로 그리스도를 주님으로 받아들였고, 그분과 연합되었다. 뿌리 깊은 나무가 바람에 넘어지지 않는 것처럼 그리스도 안에 뿌리를 깊이 내린 신자는 유혹과 박해의 바람에 넘어지지 않는다. 골로새 성도들은 그리스도 안에 깊이 뿌리가 내려진 상태로 계속 살아야 한다.

"세워지고 있고"라는 둘째 분사(ἐποικοδομούμενοι, "에포이코도무메노이")는 기본적으로 어떤 토대 위에 건물을 세우는 것을 뜻한다. 고린도전서 3:10에서 이러한 의미로 사용되었다("위에 세우다"). 하지만 "위에"라는 장소의 개념이 없이 단지 건물을 세우는 것을 의미하기도 한다.[16] 바울은 건축 용어를 사용함으로써 그리스도가 골로새 성도들의 영적 토대라는 사실을 전제한다(참조. 고전 3:11). 사도가 사용한 "에코이코도무메노이"는 현재 수동태 분사이다. 골로새 성도들이 그리스도 안에 지속적으로 세워지고 있음을 보여 준다. 하나님께서 그들을 그리스도 안에 계속 세우시고 있다는 말이다. 견고

14 BDAG, 906; L&N, 74.18.
15 Campbell, *Paul and Union with Christ*, 183.
16 BDAG, 387(ἐποικοδομέω, "에포이코도메오"); L&N, 45.5.

한 반석 위에 세워진 건물은 비와 바람에도 무너지지 않는다(마 7:25; 눅 6:48). 골로새 성도들은 그리스도 안에 견고하게 세워진 건물처럼 요동하지 않고 살아야 한다.

셋째 분사 "굳건하게 되고 있으므로"(βεβαιούμενοι, "베바이우메노이")는 고대 파피루스에서 법적 계약을 확인하거나 보증하는 것을 나타내는 데 사용되었다.[17] 하지만 골로새서에서는 이렇게 전문적인 의미로 사용되었다고 볼 만한 근거가 없다. 다른 본문들에서 바울은 이 단어를 "확증하다"(롬 15:8; 고전 1:6), "견고하게 하다", "굳건하게 하다"(고전 1:8; 고후 1:21; 히 13:9)라는 일반적인 의미로 사용한다.[18] 여기서도 이런 의미로 사용하고 있다고 보는 것이 타당하다. 골로새 신자들의 영적 견고함을 강조하는 문맥이므로 "확증하다"보다는 "견고하게 하다", 또는 "굳건하게 하다"라는 의미가 더 잘 어울린다. 앞의 두 분사와 같이 "베바이우메노이" 역시 수동태이다. 이는 골로새 성도들을 굳건하게 하시는 동작의 주체가 하나님이시라는 것을 알려 준다. 그리고 이 분사가 현재 시제라는 사실은 골로새 성도들이 지속적으로 굳건하게 되고 있다는 것을 나타낸다.

이 분사와 함께 나오는 "믿음"(πίστις, "피스티스")은 1:23과 2:5에서처럼 골로새 교인들의 주관적인 믿음을 가리킬 수 있다. 이 경우에 "베바이우메노이"는 그들의 믿음이 굳건하게 되는 것을 의미한다. 하지만 바울은 "믿음"이라는 단어를 믿음의 내용을 가리키는 데 종종 사용한다(고전 16:13; 고후 13:5; 갈 1:23; 빌 1:27; 딤전 3:9; 4:1, 6; 5:8; 딤후 3:8; 4:7; 딛 1:4). 여기서도 골로새 성도들이 믿고 있는 객관적인 믿음의 내용으로 이해하는 것이 자연스럽다.[19] "여러분은 가르침을 받은 대로"라는 부사절이 이런 이해를 뒷받침한다. 믿음의 내용은 에바브라가 가르쳐 준 그리스도에 관한 진리, 즉 복음이다(1:6-7). 골로새 교인들은 자신들이 배운 복음과 관련하여 계속 굳건하게 되고 있다.

마지막으로, "풍성한 감사를 드리면서"(περισσεύοντες ἐν εὐχαριστίᾳ, "페

17 Schlier, *TDNT*, I, 602.

18 BDAG, 173(βεβαιόω, "베바이오오").

19 Campbell, *Paul and Union with Christ*, 184; Hay, *Colossians*, 85; Moo, *Colossians and Philemon*, 182; O'Brien, 『골로새서·빌레몬서』, 229; Pao, *Colossians and Philemon*, 158; Sumney, *Colossians*, 128; Witherington, *Philemon, Colossians*, 154; 조경철, 『오직 그리스도』, 209.

리슈온테스 엔 유카리스티아")라는 표현에서 분사 "페리슈온테스"는 일반적으로 "충분하다", "넘치다", "매우 풍부하다"를 뜻한다. 사람이 주어일 경우에는 "풍부하게 갖다", "풍성하다"를 의미한다.[20] 이 본문에서 "페리슈온테스"의 주어는 골로새 성도들이다. 문자적으로, 이 구절은 골로새 성도들이 "감사를 풍부하게 갖다"를 의미한다. 그들은 하나님 아버지께 풍성한 감사를 드려야 한다. 포도주로 가득 찬 부대처럼 그들의 삶이 감사로 가득해야 한다는 것이다. 하나님께서 그들을 흑암의 권세에서 구해 내서 그리스도의 나라로 옮겨 주셨기 때문이고(1:13), 또한 그들에게 영적 생명을 주셨고, 그들의 죄를 모두 용서하셨기 때문이다(2:13). 구원의 은혜를 베푸신 하나님께 감사하는 것은 하나님의 모든 백성의 특징이다. 바울은 이 짧은 서신에서 감사를 자주 언급한다(1:3, 12; 2:7; 3:15, 16, 17; 4:2). 감사가 이 서신의 중요한 주제인 것이다. 바울이 감사를 자주 언급하는 이유는 무엇인가? 감사가 신자의 본분이자 동시에 거짓 교사들의 위협을 막아 내는 중요한 대책이기 때문이다. 하나님의 은혜를 깨닫고 진심으로 감사하는 사람은 거짓 교사들에게 미혹될 수 없다.

요약하자면, 6-7절에서 바울은 거짓 교사들의 위협에 직면한 골로새 성도들에게 그리스도 중심의 삶을 살 것을 촉구한다. 그들은 그리스도 예수가 주님이심을 확신하고, 계속 그분 안에서 살아가야 한다. 그들은 하나님의 역사하심으로 말미암아 그리스도 안에 포도나무처럼 뿌리를 깊이 내렸고, 반석 위의 집처럼 계속 견고하게 세워지고 있으며, 복음의 진리와 관련하여 계속 굳건하게 되고 있다. 그러므로 그들은 구원의 은혜를 베푸신 하나님께 풍성한 감사를 드리면서 주님이신 그리스도 안에서 계속 살아가야 한다. 이렇게 함으로써 골로새 성도들은 거짓 교사들의 위협을 물리칠 수 있고 믿음의 공동체를 든든하게 세울 수 있을 것이다.

(2) 거짓 교사들에 관한 두 번째 경고(2:8-10)

2:8 주님이신 그리스도 예수 안에서 계속 살아가라고 권고한 사도 바울이 골로새 교회를 위협하는 거짓 교사들과 관련하여 본격적으로 경고하기

20 BDAG, 805(περισσεύω, "페리슈오"); L&N, 59.52.

시작한다. 그는 앞 단원에서 거짓 교사들을 염두에 두고 "아무도 교묘한 말로 여러분을 속이지 못하게 하기 위함입니다"(2:4)라고 말하였다. 이제 사도는 강력한 어조로 거짓 교사들에 대해 경고한다. "누가 … 여러분을 노획물로 잡아가지 않도록 주의하십시오!" 거짓 교사들의 이름을 거론하지 않고, "누가"(τις, "티스")라는 부정 대명사로 그들을 지칭한다.[21] 이 부정 대명사가 단수이기 때문에 한 사람이 골로새 교인들을 위협하고 있는 것으로 보기 쉽다. 하지만 다른 본문들에서처럼 이 단수 부정 대명사는 다수의 거짓 교사들을 가리킨다(마 24:4; 막 13:5; 갈 1:7). 지금 거짓 교사들은 골로새 교인들과 접촉하면서 그들을 노획물로 잡아가려 하고 있다. 골로새 교인들은 그들에게 주의를 기울여야 한다.

"주의하십시오"라고 번역한 동사 "블레페테"(βλέπετε)는 헬라어 본문에서 8절 제일 앞에 나온다. 이 단어는 "보다", "살펴보다"를 뜻하지만, 부정어(μή, "메")와 함께 사용될 경우에는 "조심하다", "주의하다"를 의미한다(행 13:40; 고전 8:9; 10:12; 갈 5:15; 히 12:25).[22] "블레페테 메"(βλέπετε μή, "않도록 주의하십시오") 뒤에는 일반적으로 가정법 동사가 나온다(마 24:4; 막 13:5). 하지만 여기서 바울은 직설법 동사(ἔσται, "에스타이")를 사용한다(βλέπετε μή τις ὑμᾶς ἔσται ὁ συλαγωγῶν). 골로새 교회가 위험에 직면해 있다는 사실을 강조하기 위함일 것이다.[23]

"여러분을 노획물로 잡아가지 않도록"은 문자적으로 "여러분을 노획물로 가져가는 자가 되지 않도록"이라고 번역할 수 있다. "노획물로 가져가는 자"(ὁ συλαγωγῶν, "호 쉴라고곤")는 거짓 교사들의 위험을 수사적으로 표현한 것이다. "쉴라고게오"(συλαγωγέω)는 신약성경에서 이곳에만 나오는 동사인데, "노획물로 가져가다", "포로로 잡아가다"를 의미한다.[24] 바울은 이 단어를 사

21 Harris, *Colossians and Philemon*, 83; Lightfoot, *Colossians and Philemon*, 178; Moo, *Colossians and Philemon*, 185.

22 BDAG, 179. 여기서 이 동사가 현재 시제인 것은 거짓 교사들을 지속적으로 경계해야 함을 나타낸다.

23 다음 책들을 보라. Harris, *Colossians and Philemon*, 83; Lightfoot, *Colossians and Philemon*, 178; O'Brien, 『골로새서·빌레몬서』, 231.

24 BDAG, 955; L&N, 37.10. Wright는 바울이 의도적으로 "쉬나고게"(συναγωγή, "회당")를 연상시키는 동사를 채택하여 회당의 유혹에 대해 경고한다고 주장한다. 그리고 8절 앞부분을 이렇게 의역한다. "아무도 너희를 회당으로 끌고 가지 못하도록 조심하라." 하지만 그

용함으로써 골로새 교인들이 영적 싸움을 하고 있음을 나타낸다.

거짓 교사들이 골로새 교인들을 노획물로 잡아가는 데 사용하는 무기는 그들의 가르침이다. 그들은 자신들의 가르침을 "철학"이라고 주장했을 것이다. 앞에서 언급한 대로, "철학"(φιλοσοφία, "필로소피아")이라는 단어는 헬라와 유대 세계의 다양한 사상 체계, 인생과 세계에 대한 가르침, 인간의 지혜, 종교적 교훈 등을 가리키는 데 사용되었다.[25] 거짓 교사들은 자신들의 가르침을 고상한 진리처럼 보이게 하려고 이 용어를 사용했을 것이다.[26] 그러나 바울은 그들의 "철학"을 "공허한 속임수"로 간주한다. "철학"과 "공허한 속임수"를 연결하는 접속사 "카이"(καί)는 동격을 나타낸다("곧"). "공허한", "텅 빈", "내용 없는"을 뜻하는 형용사 "케노스"(κενός)는 은유적으로 지적, 도덕적, 영적 가치가 없는 상태를 가리킨다(고전 15:14; 엡 5:6).[27] "속임수"(ἀπάτη, "아파테")는 사람들을 속여 잘못된 생각을 갖게 하는 것을 의미한다(살후 2:10).[28] 따라서 "공허한 속임수"라는 표현은 거짓 교사들의 "철학"이 아무런 가치가 없을 뿐 아니라 사람들을 속이는 것에 지나지 않는다는 사실을 알려 준다. 거짓 교사들의 가르침은 골로새 성도들이 받은 복음과 완전히 다른 것이다. 복음은 "진리의 말씀"이지만(1:5), 그들의 가르침은 "공허한 속임수"이다.

다음에서 볼 수 있는 대로, 바울은 "카타"(κατά, "따라", "따른")로 시작하는 전치사구 세 개를 나란히 제시하면서 거짓 교사들의 "철학"의 근본적인 문제점을 지적한다. 대격 명사를 동반한 전치사 "카타"는 "일치", "조화", "동질" 등의 개념을 나타낸다(눅 2:22, 39; 요 18:31; 19:7; 히 7:5).[29] 거짓 교사들의 "철학"은 그리스도가 아니라 사람들의 전통과 세상의 초보 원리들과 일치하는 것이다.

가 인정하는 대로, 바울이 회당의 유혹을 염두에 두고 "쉴라고곤"을 사용했는지는 증명할 수 없다. Wright, 『바울과 하나님의 신실하심』, 574-75.

25 BDAG, 1059; L&N, 32.38.

26 Lightfoot, *Colossians and Philemon*, 179; Moo, *Colossians and Philemon*, 186.

27 BDAG, 539.

28 BDAG, 99; L&N, 31.12.

29 BDAG, 512(5); L&N, 89.8.

κατὰ τὴν παράδοσιν τῶν ἀνθρώπων("사람들의 전통을 따른")
κατὰ τὰ στοιχεῖα τοῦ κόσμου("세상의 초보 원리들을 따른")
οὐ κατὰ Χριστόν("그리스도를 따른 것이 아닌")

첫 번째 전치사구 "사람들의 전통을 따른"에서 "사람들의 전통"이란 과거부터 전해 내려온 사람들의 교훈을 가리킨다. 마가복음 7:8에서 예수님은 같은 표현을 사용하여 바리새인들과 서기관들을 책망하신다. "너희가 하나님의 계명은 버리고 '사람의 전통'을 지키느니라"(개역개정).[30] 이 책망에서 "사람들의 전통"은 일차적으로 모세 율법에 대한 바리새인들의 해석이나 가르침을 의미한다. 바울은 "사람들의 전통"을 이와 유사한 의미로 사용한다. 가까운 문맥에 "할례"(11절), "절기", "초하루", "안식일"(16절)과 같은 유대적 표현들이 나오기 때문이다. 거짓 교사들의 가르침은 율법에 대한 유대인들의 해석 전통과 일치하는 것이다.

두 번째 전치사구 "세상의 초보 원리들을 따른"에서 "초보 원리들"은 헬라어 명사 "스토이케이아"(στοιχεῖα)를 번역한 것이다. 이 단어는 세상의 초보 원리들로 이해할 수도 있고, 또는 세상을 지배하는 영적 세력들로 이해할 수도 있다(심층 연구 1을 보라). 최근에 많은 주석가들은 후자의 의미로 해석한다. 하지만 이 단어의 용례와 문맥을 볼 때 전자의 의미로 해석해야 한다. 즉, 거짓 교사들의 "철학"이 고상하고 지혜롭게 보이지만 실상은 세상의 초보적인 종교 원리들을 따른 것이다. 이 서신의 여러 구절들은 그들의 가르침이 유대교의 절기와 음식법, 금욕주의, 종교 체험과 관련이 있음을 보여 준다(2:16-18, 20-23). 바울은 그 모든 것을 세상의 초보적인 원리로 간주한다.

마지막 전치사구 "그리스도를 따른 것이 아닌"(οὐ κατὰ Χριστόν, "우 카타 크리스톤")은 거짓 교사들의 철학이 결정적으로 잘못된 것임을 알려 준다. 그것은 그리스도와 일치하지 않는 것이다! 그리스도는 어떤 분이신가? 그리스도는 만물의 으뜸이시며 교회의 머리이시다(1:18). 그리스도는 하나님의 비밀이시다(2:2). 그리스도는 지혜와 지식의 모든 보화를 가진 분이시다(2:3). 오직 그리스도를 통해서만 하나님을 알 수 있다(1:15). 오직 그리스도 안에서

30 개역개정에서 "사람의 전통"이라고 번역한 것은 헬라어 본문에서 "사람들의 전통"(τὴν παράδοσιν τῶν ἀνθρώπων, "텐 파라도신 톤 안뜨로폰")이다.

만 죄 사함을 얻을 수 있고(1:14), 오직 그리스도를 통해서만 하나님과 화목하게 될 수 있다(1:20, 22). 그러므로 아무리 고상하게 보이는 교훈이라 하더라도 그리스도를 따른 것이 아니라면 공허한 것이다. 사람들의 전통과 세상의 초보 원리를 따른 거짓 교사들의 "철학"은 복음도 아니며 진리도 아니다. 공허한 속임수일 뿐이다.

2:9 "왜냐하면"으로 시작하는 9-10절에서 사도 바울은 골로새 성도들이 거짓 교사들의 노획물로 탈취당해서는 안 되는 이유를 제시한다. "왜냐하면 그분 안에 신성의 모든 충만이 몸의 형태로 거하고 있고, 여러분도 그분 안에서 충만하게 되었기 때문입니다." 다음에서 볼 수 있듯이, 2:9은 1:19과 거의 일치하는 평행 본문이다. 두 본문에 "그분 안에"(ἐν αὐτῷ, "엔 아우토")와 "모든 충만"(πᾶν τὸ πλήρωμα, "판 토 플레로마")이라는 표현, 그리고 "거하다"(κατοικέω, "카토이케오")라는 동사가 나온다.

1:19
ὅτι ἐν αὐτῷ εὐδόκησεν πᾶν τὸ πλήρωμα κατοικῆσαι
왜냐하면 아버지께서 그분 안에 모든 충만이 거하기를 기뻐하셨기 때문이고

2:9
ὅτι ἐν αὐτῷ κατοικεῖ πᾶν τὸ πλήρωμα τῆς θεότητος σωματικῶς
왜냐하면 그분 안에 신성의 모든 충만이 몸의 형태로 거하고 있고

2:9에서 바울은 1:19에 나온 "모든 충만"이 무엇인지를 분명하게 밝힌다. 그것은 "신성의 모든 충만"(πᾶν τὸ πλήρωμα τῆς θεότητος)이다. 신약성경에서 이곳에만 나오는 "신성"(θεότης, "떼오테스")은 "하나님"(θεός, "떼오스")이라는 단어에서 파생한 것으로, 하나님의 본성 자체를 의미한다.[31] 따라서 "신성의 모든 충만"은 하나님의 본성 전체를 가리킨다. 바울이 말하고자 하는 중요한 내용은 이것이다. 자존하시고, 영원하시고, 불변하시는 하나님의 본성 전체가 완전하게 그리스도 안에 거하고 있다는 것이다.

31 BDAG, 452; L&N, 12.13; Schneider, *EDNT*, II, 143.

사도가 이 진술에 "몸의 형태로"(σωματικῶς, "소마티코스")라는 특별한 단어를 추가한다. 이 단어는 몸을 뜻하는 "소마"(σῶμα)에서 온 것으로, 그리스도의 성육신과 관련이 있다.[32] 신성의 모든 충만은 그리스도가 세상에 오시기 전에도 그분 안에 거하고 있었다. 그분이 영원한 하나님의 아들이시기 때문이다. 신성의 모든 충만이 "몸의 형태로" 거하게 된 것은 그리스도가 사람이 되어 세상에 오심과 함께 일어난 일이다. 현재 시상 동사 "거하고 있다"(κατοικεῖ, "카토이케이")는 신성의 모든 충만이 몸을 가지신 그리스도 안에 지금도 계속 머물러 있음을 나타낸다. 그리스도는 승천하실 때, 성육신한 몸을 벗어 버리지 않으셨다. 부활하심으로써 영광스럽게 된 몸을 가진 상태로 하늘로 올라가셨다. 지금도 신성의 모든 충만이 부활하신 그리스도 안에 계속 거하고 있다.[33]

하나님의 본성 전부가 부활하신 그리스도 안에 충만하게 거하고 있다는 사실은 그리스도가 모든 면에서 성부 하나님과 동등하신 분이라는 것을 의미한다.[34] 그리스도는 세상에 오시기 전만이 아니라 세상에 오신 이후에도, 또 부활하신 이후에도 여전히 성부 하나님과 동일하게 자존하시며, 영원하시며, 무한하시며, 불변하시며, 전지하시며, 전능하시다. 그리스도는 단지 신적인 존재이거나 초자연적인 존재가 아니라 영원히 찬양을 받으실 하나님, 곧 성자 하나님이시다(롬 9:5; 참조. 요 1:1; 20:28; 딛 2:13; 벧후 1:1; 요일 5:20).

이처럼 그리스도가 신성의 모든 충만을 소유한 참된 하나님이시므로 그분을 따르고 그분을 전파하는 것은 지극히 당연하다. 그런데 거짓 교사들은 그리스도와 무관한 "철학"을 전파하고 있다. 그것은 공허한 속임수에 지나지 않는다. 거짓 교사들의 가르침에 미혹되어 그들에게 노획당하는 것은 얼마나 어리석은 일인가? 골로새 성도들은 거짓 교사들의 철학을 단호하게

---

32 L&N, 8.2; Beale, *Colossians and Philemon*, 177-78; Moo, *Colossians and Philemon*, 194; 김세윤, 『바울 복음의 기원』, 371. "소마티코스"의 의미에 대한 상세한 논의는 다음 책을 보라. O'Brien, 『골로새서·빌레몬서』, 235-37.

33 부활과 함께 그리스도의 몸이 영광의 몸으로 변화되었지만, 그 몸은 여전히 육체의 몸이다. 참조. Fee, 『바울의 기독론』, 601; Jones, 『그리스도를 아는 지식』, 69-71; Reeves, 『그리스도 우리의 생명』, 112-19.

34 Barth and Blanke, *Colossians*, 314; Moo, *Colossians and Philemon*, 194; Osborne, *Colossians and Philemon*, 71; Sumney, *Colossians*, 133.

거부해야 한다.

2:10 바울은 골로새 교인들이 거짓 교사들의 노획물이 되지 말아야 할 또 다른 이유를 제시한다. "여러분도 그분 안에서 충만하게 되었기 때문입니다." 이 구절은 과거에 완료된 동작의 결과가 현재까지 지속되는 것을 표현하는 우회적 완료 구문이다.[35] 골로새 교인들이 과거에 그리스도 안에서 충만하게 되었고, 그 충만한 상태가 지금까지 계속되고 있음을 의미한다.[36] 그들이 언제 충만하게 되었는가? 그리스도를 믿고 그분과 영적으로 연합하게 되었을 때이다. 하나님의 본성의 모든 충만이 그리스도 안에 거하고 있기 때문에 그리스도를 믿음으로써 그분과 연합한 골로새 성도들도 충만하게 된 것이다.

그런데 왜 사도 바울은 여기서 골로새 성도들의 충만에 관해 말하는가? 거짓 교사들이 초보적인 신앙의 수준을 넘어서 영적 충만에 도달하는 길을 알고 있다고 주장했기 때문일 것이다. 지금 사도는 그들의 주장을 반박하고 있다. 그리스도가 유일한 길이시다. 다른 길은 없다. 오직 신성의 모든 충만이 거하는 그리스도 안에서만 충만하게 될 수 있다.

다음 단락(2:11-15)에서 바울은 골로새 성도들이 충만하게 된 사실을 구원의 관점에서 설명한다.[37] 그들은 그리스도의 할례를 받았고, 그리스도와 함께 장사되었고, 그리스도와 함께 일으킴을 받았다(2:11-12). 그들은 그리스도와 함께 새 생명을 얻었고, 모든 죄들을 용서받았다(2:13-14). 또한 그들은 하나님의 승리에 참여하였다(2:15). 이것은 골로새 성도들이 받은 구원에 대한 서술이다. 구원과 관련하여 그들은 충만하게 되었다. 그들이 받은 구원에 부족한 것이 전혀 없다. 그런데 무엇 때문에 거짓 교사들의 철학을 받아들여야 하는가?

10절 후반부에서 바울은 논증에 마침표를 찍듯이 그리스도의 우월성을 다시 강조한다. 그리스도는 "모든 통치자와 권세의 머리"이시다. "머리"(κεφαλή, "케팔레")라는 은유적 표현은 "모든 통치자와 권세"와 관련하여 그리

35 이 구문은 "에이미"(εἰμί)의 현재 시제 동사와 함께 "플레로오"(πληρόω)의 현재 완료 분사로 구성되어 있다(ἐστὲ … πεπληρωμένοι, "에스테 … 페플레로메노이").

36 Harris, *Colossians and Philemon*, 89.

37 Moo, *Colossians and Philemon*, 184.

스도의 권위와 우월성을 나타낸다. 그리스도는 모든 통치자와 권세에 절대 권위를 행사하시는 분이다. “통치자”라고 번역한 명사 “아르케”(ἀρχή)는 시작, 권력, 권력을 가진 지배자, 관원 등 다양한 의미로 사용되었다. “권세”라고 번역한 “엑수시아”(ἐξουσία) 또한 권위, 지배자, 관원 등을 의미한다. 앞에서 언급한 대로, 두 단어는 유대 문헌들에서 주로 영적 존재들을 가리키는 데 사용되었다.[38] 이 문헌들에서 “아르카이”(ἀρχαί)와 “엑수시아이”(ἐξουσίαι)는 하나님의 보좌 둘레에 있는 케루빔(개역개정: “그룹들”), 세라핌(개역개정: “스랍들”), 오파님 같은 천사 집단들과 함께 나온다(*1 En.* 61.10; *2 En.* 20.1; *T. Levi* 3.8).

그러나 이 본문에서 “모든 통치자와 권세”는 선한 천사들이 아니라 타락한 천사들, 즉 악한 영적 세력들이다.[39] 본래 그들은 그리스도로 말미암아 창조된 천사들이었지만(1:16), 마귀와 함께 하나님을 반역하였다(참조. 계 12:7-9). 천사들이 악한 세력이 된 것이다. 2:15에서 바울은 통치자들과 권세들을 패배한 영적 존재들로 제시한다. 그들은 마귀와 함께 그리스도의 십자가와 부활로 말미암아 패배하였다. 지금 그리스도는 성부 하나님의 오른편에서 천사들과 권세들과 능력들을 다스리신다(참조. 벧전 3:22). 그리스도는 “모든 통치자와 권세의 머리”이시다! 이는 무엇을 알려 주는가? 그리스도가 하늘과 땅의 모든 권세를 가지신 만물의 주님이시며 하나님이시라는 사실이다. 골로새 성도들은 이것을 확신하고 그리스도를 주님으로 인정하면서 그 분 안에서 살아가야 한다. 또한 자신들이 그리스도 안에서 충만하게 되었음을 깨닫고, 거짓 교사들의 노획물이 되지 않도록 주의해야 한다.

〈심층 연구 2〉 “세상의 초보 원리들”(2:8)

골로새서 2:8에 나오는 “스토이케이온”(στοιχεῖον)은 “연속물을 이루는 요소”, “고유한 구성 요소”, “원소”를 뜻하지만, 문맥에 따라 다양한 의미로 사용되었다.[40] 첫째, 인간을 포함한 우주의 모든 것을 구성하는 “기본 물질들”을 가리키는 데 가장 자주 사용되었다. 고대 헬라인들은 흙, 공기, 물, 불

---

38 이 주제에 관해서는 1:16의 주해를 보라.

39 Arnold, *The Colossian Syncretism*, 253-55; Arnold, 『사탄과 악한 영들』, 128-30, 151-55; Beale, *Colossians and Philemon*, 181; O'Brien, 『골로새서·빌레몬서』, 283; Osborne, *Colossians and Philemon*, 71.

40 BDAG, 946; Plümacher, *EDNT*, III, 277-78.

을 세상의 기본 원소들로 보았다.[41] 베드로후서 3:10에서 이러한 의미로 사용되었다(개역개정: "물질"). 둘째, 과학, 수학, 음악과 같은 분야의 기본 요소들, 즉 "초보적인 교훈들"이나 "기본 원리들"을 의미하였다. 히브리서 5:12에서 같은 뜻으로 사용되었다(개역개정: "하나님의 말씀의 '초보'"). 셋째, 영적 존재들을 가리키는 데 사용되기도 하였다. 주후 3세기경에 기록된 솔로몬의 유언에서 이런 용례를 확인할 수 있다. 이 문헌에서 솔로몬은 자기 앞에 나타난 일곱 영들에게 정체가 무엇이냐고 묻는다. 그 영들이 이렇게 대답한다. "우리는 '스토이케이아'이자 어둠의 세상 주관자들이다"(*T. Sol.* 8.1-2).

오늘날 많은 성경학자들은 골로새서 2장에서 복수형 "스토이케이아"(στοιχεῖα)가 세 번째 의미로 사용되었다고 주장한다. 그 이유는 가까운 문맥에 영적 존재들을 가리키는 "통치자들과 권세들"(2:10, 15), "천사들"(2:18)이라는 표현이 나오기 때문이다. 에두아르트 로제(E. Lohse)는 문맥의 증거에 근거하여 "스토이케이아"가 통치자들과 권세들, 천사들과 동일한 영적 존재들이라고 주장한다.[42] 조지 케어드(G. Caird) 역시 "스토이케이아"를 영적 존재들로 간주하고, 거짓 교사들이 그 영적 존재들에게 경의를 표할 것을 요구했다고 주장한다.[43]

이 견해의 가장 큰 약점은 "스토이케이아"가 신약 시대 이전과 신약 시대에 영적 존재들을 가리키는 데 사용된 증거가 전혀 없다는 것이다. 영지주의 문헌인 나그 하마디 문서(Nag Hammadi Codices)에서도 이 단어는 영적 존재들을 가리키지 않는다. "스토이케이아"를 이런 방식으로 사용한 최초의

---

41 Delling, *TDNT*, VII, 684. G. K. Beale은 "타 스토이케이아 투 코스무"(τὰ στοιχεῖα τοῦ κόσμου)가 옛 세상의 영적인 차원들을 포함한 네 가지 구성 물질들을 가리킨다고 주장한다. Beale, *Colossians and Philemon*, 242-43. 또한 다음 논문들을 보라. Schweizer, "Slaves of the Elements and Worshipers of Angels", 455-68; 김규섭, "바울 우주론의 재구성", 524-63. 그러나 사도 바울이 이 표현을 우주론적인 의미로 사용했다고 볼 수 없다. 바울은 "코스모스"(κόσμος)라는 단어를 네 가지 물질로 구성된 우주가 아니라 죄가 지배하는 사람들의 세상을 가리키는 것으로 사용한다(참조. 2:20). Ridderbos, *Paul*, 149.

42 Lohse, *Colossians and Philemon*, 99. 또한 다음 책들을 보라. Arnold, *The Colossian Syncretism*, 185-90; Lincoln, "Colossians", 565-67; Moo, *Colossians and Philemon*, 188-92; O'Brien, 『골로새서·빌레몬서』, 265-66; Pao, *Colossians and Philemon*, 160-61; Smith, *Heavenly Perspective*, 84-86; Wright, *Colossians and Philemon*, 101-2; 조경철, 『오직 그리스도』, 213.

43 Caird, *Paul's Letters from Prison*, 191.

문헌은 주후 3세기경에 기록된 솔로몬의 유언이다. 후대의 증거를 끌어와서 1세기에 기록된 성경 본문을 해석하는 것은 적절하지 않다.

"스토이케이아"를 천사들이나 영적 존재들로 보는 견해의 또 다른 약점은 사도 바울이 영적 존재들을 열거하는 문맥에서 이 단어를 전혀 사용하지 않는다는 것이다(롬 8:38; 고전 15:24; 엡 1:21; 6:12; 골 1:16). 바울은 천사들을 가리킬 때에는 "스토이케이아"가 아니라 "앙겔로스"(ἄγγελος)라는 단어를 사용한다. 골로새서 2장에서 사도가 "통치자들과 권세들"이나 "천사들"을 언급하는 목적은 그리스도의 우월성과 하나님의 구원의 확실성을 강조하기 위한 것이다. 그리스도는 세상과 사람들만이 아니라 천사들을 포함한 영적 존재들에 대해서도 절대 권위를 가지신 분이시다(2:10). 그리고 하나님의 구원은 죄 사함과 새 생명만이 아니라 영적 존재들에 대한 승리를 포함한다(2:15).

사도 바울이 "스토이케이아"를 초보적인 가르침이나 기본 원리들이라는 의미로 사용하고 있다고 보는 것이 가장 적절하다. 앞에서 설명한 대로, 이 용어는 고대 그리스 문헌들에서 특정한 학문 분야의 초보적인 교훈이나 기본 원리를 가리키는 데 종종 사용되었다.[44] 바울은 거짓 교사들이 중요하게 여기는 율법 규정들을 염두에 두고 "스토이케이아"를 사용한다. 이 단어와 함께 나오는 "사람들의 전통"(2:8)이라는 표현이 중요한 단서를 제공한다. 이 표현은 율법에 대한 해석을 가리킨다. 거짓 교사들은 먹고 마시는 것과 절기와 초하루와 안식일에 관한 율법의 규정들을 중요하게 여겼다(2:16). 골로새서 2:8에서처럼 "타 스토이케이아 투 코스무"(τὰ στοιχεῖα τοῦ κόσμου, 개역개정: "이 세상의 초등학문")라는 표현이 나오는 갈라디아서 4:3에서도 "스토이케이아"는 율법의 규정들과 관련이 있다. 이 본문에 나오는 "초등학문 아래"(ὑπὸ τὰ στοιχεῖα, "휘포 타 스토이케이아")라는 표현이 갈라디아서 4:5에 나오는 "율법 아래"(ὑπὸ νόμον, "휘포 노몬")와 평행을 이룬다. 갈라디아 교회들을 어지럽힌 유대주의자들 또한 날과 달과 절기와 해에 관한 율법의 규정들을 중요하게 여겼다(갈 4:10). 사도 바울은 거짓 교사들과 유대주의자들이 중요하게 여긴 유대교의 율법 규정들을 "세상의 초보 교훈들", 또는 "세상의 기본 원리들"로 간주한다. 그것들은 "장차 올 것들의 그림자"일 뿐이고 실체이신 그리

---

44 BDAG, 946; Silva, *NIDNTTE*, IV, 377-78. 참조. Witherington, *Philemon, Colossians*, 155, n. 12.

스도가 이미 오셨다(2:17; 참조. 갈 3:23-25). 그리스도 안에 완전한 계시가 있고, 완전한 진리가 있으므로 그리스도와 비교할 때 그림자인 율법을 초보 원리나 교훈이라고 할 수 있는 것이다.

헤르만 리델보스(H. Ridderbos)도 이러한 견해를 취한다. 그는 "타 스토이케이아 투 코스무"에서 "세상"(κόσμος, "코스모스")이 인간 세상을, "스토이케이아"가 초보 원리들이나 교훈들을 의미하는 것으로 이해한다. 그리고 거짓 교사들의 제의적이며 금욕적인 모든 규정들을 가리키는 것으로 본다.[45] 찰스 무울(C. F. D. Moule) 또한 "타 스토이케이아 투 코스무"를 세상의 초보 원리들로 보고, 의식을 중시하는 유대교나 이교도의 교훈들을 가리킨다고 주장한다.[46]

2:8에서 세상의 초보 원리들이나 교훈들이 구체적으로 무엇을 가리키는지에 관하여 성경학자들 사이에 이견이 있지만, 유대교의 율법 규정들로 보는 것이 가장 적절하다. 가까운 문맥에서 사도 바울이 먹고 마시는 것과 절기와 초하루와 안식일 등 율법의 규례들을 언급하면서 그것들을 "장차 올 것들의 그림자"라고 말하기 때문이다(2:16-17). 거짓 교사들의 "철학"은 고상한 진리처럼 보이지만, 사실은 세상의 초보 원리들이나 교훈들이라고 할 수 있는 율법의 규정들을 따른 것일 뿐이다. 2:20에서 골로새 교인들이 그리스도와 함께 죽은 "타 스토이케이아 투 코스무"는 그들이 개종하기 전에 매여 있던 이방 종교의 규정들과 가르침 및 이방 사회의 관습들을 가리킨다.

메시지와 적용

■ 신성의 모든 충만을 소유하신 그리스도 이 단락은 예수 그리스도가 신성의 모든 충만을 소유하신 참된 하나님이자 악한 영들까지 주관하시는 만물의 주님이라는 사실을 알려 준다. 기독교 신앙은 예수 그리스도를 참된 하나님이자 주님으로 인정하고 경배하는 것이다. 그리스도를 신과 같은 존재이거나 초자연적 존재 정도로 생각하는 것은 잘못이다. 그리스도를 인류의 위대한

---

45 Ridderbos, *Paul*, 149.

46 Moule, *Colossians and Philemon*, 92. 또한 다음 글들을 보라. Sappington, *Revelation and Redemption*, 164-70; Thompson, *Colossians and Philemon*, 53; Witherington, *Philemon, Colossians*, 155; 변종길, "만물의 머리 되신 그리스도", 57.

스승이거나 세계 4대 성인 중의 한 분으로 간주하는 것도 심각한 잘못이다. 그리스도는 그런 왜소한 분이 아니다. 그리스도는 만물 위에 계셔서 영원토록 찬양받으실 참된 하나님이시다(롬 9:5). 제자들이나 추종자들이 사람에 지나지 않는 그리스도를 신으로, 하나님으로 숭배한 것이 아니다. 그리스도는 처음부터 하나님이셨다. "하나님에게서 나신 하나님, 빛에서 나신 빛"이신 것이다(니케아 신경). 우리는 진심으로 예수 그리스도를 참된 하나님이며 참된 주님으로 인정하고 있는가? 그리스도를 인류의 스승이나 성인 정도로 생각하는 세상의 한복판에서 그분이 "나의 주님, 나의 하나님"이라고 당당하게 외치고 있는가?

■ **그리스도 안에서 사는 삶** 이 단락의 핵심 교훈은 주님이신 그리스도 안에서 계속 살아가야 한다는 것이다. 이는 삶의 모든 영역에서 예수님을 주님으로 인정하고 지속적으로 그분의 다스림을 받는 것을 의미한다. 예수님을 주님으로 받아들인 사람들은 예수님의 가르침대로 살아야 한다. 그것은 높아지기보다는 낮아지는 것이며 섬김을 받기보다는 섬기는 것이고, 땅에 속한 것들이 아니라 위에 속한 것들을 추구하며 사는 것이다. 예수 그리스도를 주님으로 믿는다고 하면서도 그분의 가르침대로 살지 않는 사람은 참된 그리스도인이라고 할 수 없다. 과연 나는 예수님의 가르침을 따르면서 그분의 다스림을 받고 있는가, 아니면 여전히 내가 주인 행세하면서 내 생각과 뜻대로 살고 있는가?

■ **이단에 대한 경고** 거짓 교사들의 노획물이 되지 않도록 주의하라는 사도 바울의 경고는 오늘날에도 여전히 유효하다. 이단들이 적극적으로 활동하고 있을 뿐만 아니라, 그들에게 미혹당하여 교회를 떠나는 사람들이 많기 때문이다. 이단들은 그리스도가 아니라 교주를 내세우고, 초보적인 종교 원리나 사람의 생각에서 비롯된 것을 가르친다. 그런데도 교인들이 이단들에게 미혹당하는 까닭은 무엇인가? 성경과 교리를 잘 알지 못하기 때문일 것이다. 성경의 가르침을 바르게 알고 예수 그리스도가 주님이심을 확신하는 사람은 이단에게 미혹당하지 않는다. 이단에게 미혹되지 않으려면, 성경과 교리를 배우는 일에 힘써야 한다. 목회자들은 교인들을 바르게 가르쳐서 교인들이 그리스도가 주님이심을 확신하고 그분 안에서 살게 해야 한다.

■ **풍성한 감사** 감사는 이 서신의 중요한 주제이다. 사도 바울은 반복해서 감

사를 언급한다(1:3, 12; 2:7; 3:15, 16, 17; 4:2). 감사는 하나님을 향한 것이다. 감사해야 하는 이유는 하나님께서 우리에게 구원의 은혜를 베푸셨기 때문이다. 우리는 감사하는 마음으로 하나님을 찬양해야 하고(3:16), 그리스도를 힘입어 하나님 아버지께 감사해야 한다(3:17). 하나님의 은혜를 깨닫고 감사하는 것이 그리스도인의 중요한 특징이다. 그리스도인이 된다는 것은 감사하는 자가 되는 것이다(3:15).

이 편지에서 사도 바울이 감사를 반복해서 언급하는 이유는 무엇인가? 감사가 거짓 교사들의 위협을 물리치는 중요한 비결이기 때문이다. 참으로 하나님의 은혜를 깨닫고 감사하는 사람은 그 누구에게도 미혹당하지 않는다. 반면에 하나님의 은혜를 알지 못하는 사람은 절대로 감사할 수 없고, 이단들의 속임수와 유혹에 빠지기 쉽다. 우리는 참으로 하나님의 은혜를 깨달았는가? 진정으로 하나님께 감사하는가? 우리를 구원하기 위해 아들까지 내주신 하나님의 은혜를 깊이 묵상하자. 모든 일에 감사하는 것이 그리스도 예수 안에서 우리를 향하신 하나님의 뜻이라는 것을 기억하자(살전 5:18).

2. 그리스도 안에서 받은 골로새 성도들의 구원(2:11-15)

번역

11 그분 안에서 또한 여러분은 손으로 하지 않은 할례로 할례를 받았습니다. 곧 육체의 몸을 벗는 것 안에서, 그리스도께서 받은 할례 안에서 [a]받은 것입니다. 12 여러분은 [b]세례를 통하여 그분과 함께 장사되었고, 그분 안에서 또한 여러분은 죽은 자들 가운데서 그분을 일으키신 하나님의 역사를 믿음으로 말미암아 그분과 함께 일으킴을 받았습니다. 13 또 여러분이 여러분의 죄들과 육체의 무할례 때문에 죽어 있었을 때 하나님께서 [c]여러분을 그분과 함께 살리셨고, 우리의 모든 죄들을 용서하셨습니다. 14 하나님께서 그 규정들 때문에 우리를 거스르고 우리에게 적대적인 문서를 지우셨고, 그것을 십자가에 못 박으심으로써 그것까지 우리 가운데서 제거하셨습니다. 15 하나님께서 그분으로 말미암아 통치자들과 권세들을 무장 해제하시고, 그들을 개선 행진 중에 포로로 끌고 가심으로써 공개적으로 구경거리가 되게 하셨습니다.

---

a "받은 것입니다"는 의미를 분명하게 하려고 첨가한 것이다.

b "또는 침례." 일부 사본들은 "밥티스마티"(βαπτίσματι)를 지지하고(א* A C D² *Byz* 33), 다른 사본들은 "밥티스모"(βαπτισμῷ)를 지지한다(P⁴⁶ א² B D* F 1739). 두 단어 모두 세례를 뜻하

지만, 더 일반적인 용어는 "밥티스마"(βάπτισμα)이다. 바울이 본래 사용한 것은 "밥티스모"였을 것이다. 후대의 필사자들이 일반적인 용어인 "밥티스마티"로 바꾸었을 것이다.[47]

c 일부 사본들은 "헤마스"(ἡμᾶς, "우리를")를 지지하지만(P[46] B 33), 다른 사본들은 "휘마스"(ὑμᾶς, "여러분을")를 지지한다(א* A C 1739 *Byz*). 필사자들이 뒤에 나오는 "헤민"(ἡμῖν, "우리", "우리에게")과 일치시키려고 "휘마스"를 "헤마스"로 수정했을 것이다.

본문 이해 터 닦기

| 문맥과 주제 | 앞 단락(2:9-10)에서 바울은 골로새 성도들이 그리스도 안에서 충만하게 된 사실을 상기시켰다. 이 단락(2:11-15)에서는 그들이 충만하게 된 것이 뜻하는 바를 설명한다. 그들은 그리스도와 연합함으로써 손으로 하지 않은 할례를 받았고(2:11), 그리스도와 함께 장사되었고, 그리스도와 함께 일으킴을 받았다(2:12). 또한 그들은 살리심을 받았고, 죄를 용서받았고, 하나님의 영적 승리에 동참하였다(2:13-15). 다음 단락(2:16-19)에서 바울은 그리스도가 만물의 으뜸이자 교회의 머리라는 사실에 근거하여, 그리고 골로새 성도들이 그리스도 안에서 충만하게 된 사실에 근거하여 거짓 교사들에 대한 논박을 본격적으로 시작한다. 이 단락의 주제는 다음과 같다. 골로새 성도들은 그리스도와 연합하여 그분과 함께 죽고 함께 장사되고 함께 일으킴을 받음으로써 구원의 복을 충만하게 누리게 되었다.

| 배경 | 2:15에서 바울은 고대 로마 제국의 개선 행진 이미지를 사용하여 악한 영들에 대한 하나님의 승리를 묘사한다. 개역개정에서 "이기셨느니라"고 번역한 분사 "뜨리암뷰사스"(θριαμβεύσας)는 고대 문헌에서 주로 개선 행진과 관련하여 사용되었다. 고대 로마 제국의 개선 행진은 전쟁의 승리를 경축하는 성대한 행사였다.[48] 개선 행진에는 포로가 된 적국의 왕과 그의 가족들과 장군들이 끌려 나오고, 화려하고 진귀한 막대한 양의 전리품들이 그 뒤를 따른다. 이어서 개선 행진의 주인공인 로마 장군이 말 네 필이 끄는 화려한 전차를 타고 등장한다. 그는 금으로 수를 놓은 자주색 예복을 입고 머리

47 Dunn, *Colossians and Philemon*, 145; Harris, *Colossians and Philemon*, 93; Lightfoot, *Colossians and Philemon*, 184; O'Brien, 『골로새서·빌레몬서』, 244.

48 로마의 개선 행진에 관해서는 다음 글을 보라. Williamson, "Led in Triumph", 317-32; Hafemann, *Suffering and Ministry in the Spirit*, 19-29; Arnold, *The Colossian Syncretism*, 277-87; Arnold, 『사탄과 악한 영들』, 154-55.

에 월계관을 쓴다. 그리고 오른손에는 월계수 가지를, 왼손에는 상아로 만든 홀을 든다. 장군의 부관들은 말을 타고 전차를 따르고, 그 뒤에서 참전 군인들이 노래를 부르면서 행진한다. 개선 행진은 카피톨리누스 언덕에 있는 유피테르(Jupiter) 신전에서 절정에 달한다. 포로로 끌려온 적국의 왕과 장군들은 전리품과 함께 로마의 위대한 승리를 입증하는 역할을 한다.[49]

사도 바울이 사용한 개선 행진의 이미지는 악한 영의 세력을 제압하신 하나님의 승리의 확실성을 강조한다. 하나님은 십자가에서 죽고 부활한 그리스도로 말미암아 "통치자들과 권세들"을 굴복시키고 그들의 무장을 해제하셨다. 그리고 그들을 승리의 개선 행진 중에 포로로 끌고 감으로써 구경거리로 만드셨다.

| **구조** | 이 단락에서 바울은 골로새 성도들이 받은 구원을 할례, 장사 지냄, 문서를 십자가에 못 박음, 개선 행진 등과 같은 생생한 이미지들을 사용하여 설명한다. 이 단락은 두 부분으로 구성되어 있다. 첫째 부분에서는 골로새 성도들을 주어로 하여 그들이 그리스도와 함께 죽고 장사되고 그리스도와 함께 일으킴을 받았음을 말한다(11-12절). 둘째 부분에서는 하나님을 주어로 하여 하나님께서 골로새 성도들을 살리시고, 모든 죄들을 사하시고, 통치자들과 권세들을 이기신 것에 관해 말한다(13-15절). 이 단락은 아래와 같이 세분할 수 있다.

(1) 11-12절 그리스도와 함께 죽고 일으킴을 받음
(2) 13-15절 죄 사함과 영적 승리

| 주해 |

(1) 그리스도와 함께 죽고 일으킴을 받음(2:11-12)

2:11 사도 바울은 "그분 안에서"(ἐν ᾧ, "엔 호")라는 전치사를 동반한 관계 대명사로 이 본문을 시작한다. "그분 안에서 또한 여러분은 손으로 하지 않은 할례로 할례를 받았습니다. 곧 육체의 몸을 벗는 것 안에서, 그리스도께서

49 Plutarchos는 주전 168년 마케도니아 전쟁에서 승리한 아이밀리우스 파울루스(Aemilius Paullus)의 개선식 장면을 비교적 상세하게 기록하였다. Plutarchos, 『플루타르코스 영웅전』, 6권, 223-27. Josephus는 유대 전쟁에서 승리한 베스파시아누스(Vespasianus)와 그의 아들들의 개선 행진에 관한 기록을 남겼다(*War* 7.5.132-153).

받은 할례 안에서 받은 것입니다." 관계 대명사 "호"(ᾧ)는 신성의 모든 충만을 소유하신, 모든 통치자와 권세의 머리 그리스도를 가리킨다(2:9, 10). "그분 안에서"는 그리스도와 골로새 성도들 사이의 영적 연합을 나타낸다.[50] 지금 그리스도는 골로새 성도들 안에 있고, 그들 또한 그리스도 안에 있다.

바울은 골로새 성도들이 그리스도 안에서 경험한 것을 할례의 이미지로 묘사한다. 이 본문에서 "손으로 하지 않은 할례"는 에베소서에 나오는 "손으로 육체에 행한 할례"(엡 2:11)라는 표현과 대조를 이룬다. "손으로 육체에 행한 할례"가 사람이 행한 할례라면, "손으로 하지 않은 할례"는 하나님께서 행하신 할례이다. "할례를 받았다"(περιετμήθητε, "페리에트메떼테")라는 동사는 하나님의 행위를 간접적으로 표현하는 신적 수동태이다. 골로새의 이방인 신자들에게 할례를 시행하신 분이 바로 하나님이라는 것이다.[51]

구약성경에서 할례는 하나님과 이스라엘 백성이 맺은 언약의 표징이다. 하나님의 언약 백성은 반드시 할례를 받아야 했다. 만일 받지 않으면 하나님의 백성으로부터 끊어진다(창 17:9-14). 유대인들은 할례를 하나님의 거룩한 율법에 대한 순종이자 믿음의 고백으로 간주하였다(참조. 1 Macc 1.15, 48, 60-61; 2.46; 2 Macc 6.9-10; Josephus, *Ant.* 12.241). 바울 당시에 할례는 유대인의 유대인 됨을 보여 주는 정체성의 중요한 표지가 되었다.

거짓 교사들도 할례를 중요하게 여겼을 것이다. 하지만 할례를 구원의 필수 조건으로 내세우지는 않았던 것으로 보인다. 이 편지에서 바울은 할례와 관련해서 거짓 교사들을 직접 비판하지 않는다. 또 거짓 교사들에 대하여 경고하면서 초하루와 안식일과 절기는 언급하지만 할례는 언급하지 않는다(2:16). 거짓 교사들은 할례를 구원의 조건이 아니라 신비 체험의 조건으로 내세웠을 것이다.[52] 그들이 어떤 방식으로 할례를 요구하든지 골로새 성도들은 거절해야 한다. 이미 "손으로 하지 않은 할례"를 받았기 때문이다.

"손으로 하지 않은 할례"(περιτομῇ ἀχειροποιήτῳ, "페리토메 아케이로포이에토")란 무엇인가? 두 가지 방식으로 이해할 수 있다. 첫째, 영적 할례, 즉 마음의

50 Arnold, *The Colossian Syncretism*, 275; Eadie, *Colossians*, 149; Heil, *Colossians*, 111; Moo, *Colossians and Philemon*, 200.

51 Beetham, *Echoes of Scripture*, 177; Harris, *Colossians and Philemon*, 90.

52 참조. Yates, *Colossians*, 42.

할례로 보는 것이다. 이 경우에 "손으로 하지 않은 할례"는 같은 본문에 나오는 "육체의 몸을 벗는 것"과 동격이다. "육체의 몸"은 죄의 지배를 받는 옛 사람이다. 따라서 "육체의 몸을 벗는 것"은 옛 사람을 벗는 것이다(3:9). 이 해석을 지지하는 주석가들 대다수는 11절의 마지막에 나오는 헬라어 구문 "그리스도의 할례"(περιτομῇ τοῦ Χριστοῦ, "페리토메 투 크리스투")를 그리스도가 행하신 영적 할례를 가리키는 것으로 이해한다. 골로새 성도들은 그리스도에게 할례를 받음으로써 자신들의 육체의 몸, 즉 옛 사람을 벗어 버렸다.[53] 이것은 중생할 때 일어난 영적 할례이다.[54] 개역개정도 이 해석을 따른다. "또 그 안에서 너희가 손으로 하지 아니한 할례를 받았으니 곧 육의 몸을 벗는 것이요 그리스도의 할례니라."

두 번째 방식은 영적 할례가 아니라 영적 죽음으로 보는 것이다. 이렇게 이해할 경우에 "육체의 몸을 벗는 것"은 그리스도의 죽음을 뜻한다.[55] "육체의 몸"(σώματος τῆς σαρκός, "소마토스 테스 사르코스")은 신약성경 전체에서 이 서신에만 두 번 나온다. 1:22에서 "그분의 육체의 몸"은 하나님께서 하나님 자신과 죄인들의 화해를 위해 내주신 그리스도의 몸을 가리킨다. 이 본문에 나오는 "육체의 몸" 또한 그리스도 자신의 몸으로 보는 것이 자연스럽다.[56]

---

53 Bruce, *Colossians and Philemon*, 103-4; Caird, *Paul's Letters from Prison*, 193-94; Campbell, *Paul and Union with Christ*, 196-97; Harris, *Colossians and Philemon*, 91-92; Moo, *Colossians and Philemon*, 200; Schweizer, 『골로사이서』, 156-57; 이한수, "골로새서에 나타난 할례 문제", 35.

54 "손으로 하지 않은 할례"와 "그리스도의 할례"를 세례로 해석하는 주석가들도 있다. 다음 책들을 보라. Abbott, *Colossians*, 250; Lohse, *Colossians and Philemon*, 102-3; MacDonald, *Colossians and Ephesians*, 99-100; Pokorný, *Colossians*, 124-25; 조경철, 『오직 그리스도』, 220-22.

55 Barth and Blanke, *Colossians*, 364-65; Beale, *Colossians and Philemon*, 190; Beasley-Murray, *Baptism in the New Testament*, 152-53; Beetham, *Echoes of Scripture*, 176-77; Moule, *Colossians and Philemon*, 96; Dunn, *Colossians and Philemon*, 157; O'Brien, 『골로새서·빌레몬서』, 243; Schreiner, *DPL*, 139; Scott, *Christianity According to St. Paul*, 36; Smith, *Heavenly Perspective*, 95-96; Tannehill, *Dying and Rising with Christ*, 49-50.

56 "육체의 몸"을 그리스도의 몸으로 해석하는 것에 반대하는 주석가들은 이 표현에 소유격 대명사가 없다는 점을 문제 삼는다. 하지만 단락 전체를 지배하는 "그분 안에서"라는 표현은 "육체의 몸"이 그리스도의 몸이라는 사실을 지지한다. 참조. Barth and Blanke, *Colossians*, 365; Gundry, *Sōma in Biblical Theology*, 41.

"육체의 몸을 벗는 것"은 그리스도가 십자가에서 자신의 몸을 벗는 것을 의미한다. 고린도후서 5:2-4에서 바울은 죽음을 "벗음"이라는 이미지로 표현한다. 이와 유사하게 욥기 19:26에서 욥 또한 죽음을 가죽이 벗겨지는 것으로 묘사한다. 골로새서에 나오는 "육체의 몸을 벗는 것"도 육체의 살과 가죽을 벗는 죽음으로 볼 수 있다. 이런 이해가 옳다면, 바울은 그리스도의 참혹한 죽음을 "육체의 몸을 벗는 것"이라는 표현으로 나타내고 있는 것이다.[57]

이 해석을 지지하는 사람들은 헬라어 본문에서 "육체의 몸을 벗는 것"과 "그리스도의 할례"라는 표현을 동격으로 간주한다. 그리고 "그리스도의 할례"를 십자가에서 그리스도에게 시행된 할례, 즉 그분의 죽음을 가리키는 것으로 이해한다.[58] 할례가 신체의 일부를 잘라 내는 것처럼 죽음은 몸 전체를 벗어 버리는 것이기 때문이다.[59] 이 해석은 할례의 구원사적 의미와 조화를 이룬다. 구약의 할례는 아브라함과 그의 후손들이 포피를 잘라 냄으로써 피를 흘리는 의식이었다. 이 의식은 아브라함의 후손으로 오셔서 자기 백성의 죄 사함과 칭의를 위하여 십자가에서 피를 흘리신 그리스도의 죽음을 가리킨다.[60] 죄 문제를 완전히 해결하시고 의를 이루신 그리스도의 죽음으로 할례가 완전히 성취되었다. 이런 점에서 그리스도의 죽음을 참된 할례라고 할 수 있다.

"그리스도의 할례"를 그리스도의 죽음으로 해석하는 견해는 문맥의 지지를 받는다. 11-12절에서 바울은 그리스도가 겪은 일을 아래와 같은 순서로 제시한다.

할례(11절) - 장사 지냄(12상절) - 부활(12하절)

할례 뒤에 장사 지냄과 부활이 차례로 이어진다. 장사 지냄과 부활은

57 O'Brien, 『골로새서·빌레몬서』, 243.

58 속격 "그리스도의"는 목적어 역할을 한다. 칠십인역 구약성경과 유대 문헌에서 "할례"라는 단어가 속격과 함께 나올 때 그 속격은 언제나 목적어적 속격이다(출 4:25-26; 렘 11:16 LXX; Josephus, *Ant.* 1.192; Philo, *Spec.* 1.2; 참조. 롬 2:25, 29).

59 Horton, 『언약신학』, 204; Kline, *By Oath Consigned*, 71.

60 Bavinck, 『개혁교의학』, IV, 621. 그는 할례와 세례를 이렇게 말한다. "할례는 장차 있을 그리스도의 죽음을 가리킨 반면, 세례는 돌이켜 그 죽음을 가리킨다. 전자는 그 죽음으로 끝나지만, 후자는 그 죽음으로 시작한다."

죽음을 전제로 한 것이다. 따라서 할례를 죽음을 가리키는 표현으로 보는 것이 자연스럽다. 로마서 6:3-4에서 바울은 그리스도와 신자의 연합을 말하면서 그리스도의 죽음, 장사 지냄, 부활을 차례로 제시한다. 이 세 가지 요소들은 복음의 핵심에 해당한다. 그리스도는 성경대로 우리 죄를 위해 죽으셨고, 장사 지낸 바 되셨고, 사흘 만에 일으킴을 받으셨다(고전 15:3-4). 골로새서에서 바울은 그리스도의 장사 지냄과 부활에 앞서 그리스도의 죽음을 언급하면서 그것을 육체의 몸을 벗는 것, 즉 할례로 표현하고 있는 것이다.[61]

그리스도의 할례는 죄인들을 대신하여 그리스도가 받은 하나님의 심판을 가리키기도 한다. 그리스도가 우리를 대신하여, 그리고 우리를 위해 하나님의 심판을 받으셨다. 따라서 그리스도를 믿고 그분에게 속한 사람들은 그리스도가 받은 심판에 참여한다. 이런 점에서 그리스도와 연합함으로써 신자가 경험하는 하나님의 심판을 "할례-죽음"이라고 할 수 있다. 메러디스 클라인(Meredith G. Kline)에 따르면, "그리스도인의 할례-죽음은 죄로 인하여 하나님의 진노를 받는 것이며, 하나님의 심판의 칼 아래 떨어지는 것이다. 그것은 죄에 대한 형벌인 법적 죽음이다."[62] 그리스도인의 할례-죽음은 또한 율법과 죄의 지배를 받는 옛 사람이 죽는 것이기도 하다(롬 6:6). 그리스도와 함께 십자가에 못 박힐 때 신자는 율법에 대하여, 죄에 대하여 죽는다(롬 6:2; 7:4).

결론적으로, 골로새 성도들이 받은 "손으로 하지 않은 할례"는 그리스도의 죽음에 참여한 것을 가리킨다. 그들의 할례는 그리스도가 십자가에 못 박히실 때 받으신 할례(죽음) 안에서, 즉 육체의 몸을 벗는 것 안에서 일어났다.[63] 골로새 성도들은 그리스도의 할례-죽음과 합하여 죄에 대하여 심판을 받고 죽었다. 요컨대, "손으로 하지 않은 할례"는 그리스도와 연합함으로써 골로새 성도들이 그리스도와 함께 경험한 영적 죽음이다(참조. 롬 6:4).

2:12 바울은 할례의 이미지를 사용하여, 골로새 성도들이 그리스도와 함

61 Garland, *Colossians and Philemon*, 149.

62 Kline, *By Oath Consigned*, 46-47.

63 이 본문에서 전치사 "엔"(ἐν)으로 시작하는 마지막 두 전치사구는 동격 관계이며, 그리스도의 죽음을 가리킨다.
ἐν τῇ ἀπεκδύσει τοῦ σώματος τῆς σαρκός("육체의 몸을 벗는 것 안에서")
ἐν τῇ περιτομῇ τοῦ Χριστοῦ("그리스도가 받은 할례 안에서")

께 죽었다고 밝힌 후 그들이 세례를 받음으로써 그리스도와 함께 장사되고 일으킴을 받았다고 말한다. "여러분은 세례를 통하여 그분과 함께 장사되었고, 그분 안에서 또한 여러분은 죽은 자들 가운데서 그분을 일으키신 하나님의 역사를 믿음으로 말미암아 그분과 함께 일으킴을 받았습니다."

골로새 성도들은 그리스도와 함께 죽었고, 또한 "그분과 함께 장사되었다." 이 일은 "세례를 통하여"(ἐν τῷ βαπτισμῷ, "엔 토 밥티스모") 일어났다.[64] 하지만 그들을 그리스도와 하나 되게 한 것은 세례 그 자체가 아니다. 신자와 그리스도의 연합은 성령님의 역사로 일어난다. 성령님은 그리스도를 믿고 세례를 받는 사람들을 그리스도와 "효과적으로 연합시키는 끈"과 같다.[65] 골로새 성도들은 성령님의 역사하심으로 그리스도와 연합하여 그분과 함께 죽고 그분과 함께 장사되었다. 성령님이 눈에 보이지 않게 시행하시는 그리스도와의 연합은 믿음으로 소유하고 경험하는 것이다.

세례는 믿음으로 소유한 그리스도와의 연합을 확증하는 역할을 한다.[66] 신약성경에서 세례는 항상 믿음과 함께 간다. 이 본문에서도 세례는 믿음을 전제한 것이다. 믿음을 동반하지 않은 세례는 무의미한 의식에 지나지 않는다. 세례를 받는 사람은 반드시 예수 그리스도를 주님으로 믿고 고백해야 한다(행 2:41; 8:12). 골로새 성도들은 예수 그리스도를 믿고 세례를 받음으로써 그리스도와 함께 장사 지낸 바 되었다. 로마서에서도 사도 바울은 우리가 그리스도 예수와 합하여 세례를 받음으로 그분과 함께 죽고 장사되었다고 언급한다(롬 6:3-4). 더 정확하게 말하면, 성령님의 역사하심으로 그들이 그리스도와 연합하여 그분과 함께 이미 죽고 장사 지낸 바 된 것이 세례를 통하여 확증되는 것이다. "장사하다"는 죽은 사람의 시신을 매장하는 것을 뜻한다.[67] 아리마대 요셉은 그리스도의 시신을 깨끗한 세마포로 싸서 바

---

64 여기서 세례를 뜻하는 "밥티스모스"(βαπτισμός)는 물에 담그거나 씻는 행위, 또는 그 과정을 가리킨다. 신약성경에서 이 단어는 세례(히 6:2)만이 아니라 유대교의 정결 예식(막 7:4; 히 9:10)을 뜻하기도 한다. 세례를 의미하는 더 일반적인 용어 "밥티스마"(βάπτισμα)는 신약성경 이외의 문헌에는 나오지 않는다. 이 용어는 기독교 세례나 세례식을 나타내려고 신약성경의 저자들이 만든 것이다. Oepke, *TDNT*, I, 545; Silva, *NIDNTTE*, I, 462-63.

65 Calvin, 『기독교강요』, 3.1.1; Murray, 『구속』, 242.

66 Hoekema, 『개혁주의 구원론』, 88-90, 156.

67 12절에서 "함께 장사되다"라고 번역한 단어는 "쉰타펜테스"(συνταφέντες)이다. 이 단어는 "함께 묻다", "함께 매장하다"를 뜻하는 동사 "쉰땁토"(συνθάπτω)의 수동태 분사이다.

위 무덤에 안치하였다(마 27:59-60; 막 15:46; 눅 23:52-53; 요 19:38-42). 그리스도가 장사되신 것은 그분의 죽음을 확증한다. 골로새 성도들은 예수 그리스도를 믿고 세례를 받음으로써 그리스도가 장사되신 사건에 참여하였다.

이것이 끝이 아니다. 골로새 성도들은 그리스도와 함께 일으킴을 받았다! 이 사건은 "그분 안에서", 즉 그리스도 안에서 일어났다. 하지만 일부 주석가들은 12절에 나온 전치사를 동반한 관계 대명사 "엔 호"(ἐν ᾧ, "그분 안에서")를 세례를 가리키는 것으로 보고, 세례를 받음으로써 골로새 성도들이 그리스도와 함께 일으킴을 받았다고 주장한다.[68] 이 관계 대명사 바로 앞에 "세례 안에서"(ἐν τῷ βαπτισμῷ, "엔 토 밥티스모")라는 헬라어 문구가 나오기 때문이다. 하지만 이 편지에서 "엔 호"는 항상 그리스도를 가리킨다(1:14; 2:3, 11). 특히 눈여겨보아야 할 구절은 2:11이다. 여기서 "엔 호"는 명확하게 그리스도를 가리킨다. 다음에서 볼 수 있는 대로, 11절의 앞부분과 12절의 앞부분이 평행을 이룬다. 11절에 나온 "엔 호"가 그리스도를 가리키므로 12절의 "엔 호" 또한 그리스도를 가리키는 것으로 보아야 한다.[69] 2:9-10에 두 번 나오는 유사한 표현 "엔 아우토"(ἐν αὐτῷ, "그분 안에서")가 그리스도를 가리킨다는 점도 이 해석을 지지한다.

11절 ἐν ᾧ καὶ περιετμήθητε …
(그분 안에서 또한 여러분은 할례를 받았고)[70]

12절 συνταφέντες αὐτῷ ἐν τῷ βαπτισμῷ,
(세례를 통하여 그분과 함께 장사되었고)

ἐν ᾧ καὶ συνηγέρθητε διὰ τῆς πίστεως …
(그분 안에서 또한 여러분은 믿음으로 말미암아 함께 일으킴을 받았습니다)

BDAG, 971.

68 Beale, *Colossians and Philemon*, 193, 208; Beasley-Murray, *Baptism in the New Testament*, 153-54; Harris, *Colossians and Philemon*, 93; Moo, *Colossians and Philemon*, 203; Oepke, *TDNT*, I, 545; Schweizer, 『골로사이서』, 159.

69 Barth and Blanke, *Colossians*, 321; Beetham, *Echoes of Scripture*, 187; Cambell, *Paul and Union with Christ*, 197-98; Dunn, *Colossians and Philemon*, 160; Lohse, *Colossians and Philemon*, 104; Schnackenburg, *Baptism*, 67, 165; Smith, *Heavenly Perspective*, 96.

70 이 도표에서는 헬라어 본문을 문자 그대로 번역하였다.

골로새 성도들은 "그분 안에서", 즉 그리스도와 연합함으로써 그분과 함께 일으킴을 받았다.[71] 그들은 "믿음으로 말미암아"(διὰ τῆς πίστεως, "디아 테스 피스테오스") 이런 놀라운 경험을 하였다. 성령님이 시행하신 그리스도와의 연합을 믿음으로 소유하였고, 그 믿음으로 말미암아 그리스도와 함께 일으킴을 받은 것이다.[72] 믿음은 예수 그리스도를 하나님의 아들이자 주님으로 받아들이고 그분을 인격적으로 신뢰하는 것이다(2:6; 요 1:12).[73] 그런데 이 본문에서 믿음이란 그리스도를 죽은 자들 가운데서 일으키신 "하나님의 역사"(ἐνέργεια τοῦ θεοῦ, "에네르게이아 투 떼우")를 믿는 것이다.[74] 바울은 로마서 10:9에서도 이와 유사하게 하나님께서 그리스도를 죽은 자들 가운데서 일으키신 것을 믿으면 구원을 받는다고 진술한다. 하나님 자신과 하나님의 역사는 분리할 수 없다. 그리스도를 죽은 자 가운데서 일으키신 하나님의 역사를 믿는 것은 곧 그렇게 하신 하나님 자신을 믿는 것이다(참조. 롬 4:24). 또 이 믿음은 하나님께서 일으키신 예수 그리스도를 주님으로 시인하는 것과 맞물려 있다(롬 10:9).

골로새 성도들이 그리스도와 함께 일으킴을 받은 것은 사도 바울이 부정 과거 동사 "쉬네게르떼테"(συνηγέρθητε, "함께 일으킴을 받았습니다")를 사용한 것에서 알 수 있듯이 과거에 단번에 일어난 사건이다. 미래에 일어날 육체의 부활이 아니라, 믿음으로 말미암아 이미 경험한 영적 부활이다. 골로새 성도들은 그리스도와 함께 일으킴을 받음으로써 부활의 생명을 받고 하나님께 대하여 살아 있는 자들이 되었다(참조. 롬 6:11). 그리스도의 부활과 함께 시작된 새 창조의 시대에 속하여 이미 부활의 생명을 소유하고 있는 것이

---

71 구원과 관련해서 그리스도와의 연합은 매우 중요하다. Anthony Hoekema는 그리스도와의 연합이 "우리의 구원의 시작일 뿐만 아니라 구원의 전 과정을 유지시키고 채우며 완성한다"고 말한다. Hoekema, 『개혁주의 구원론』, 89.

72 Martin Luther는 신부가 신랑과 연합되는 것처럼 믿음이 신자를 그리스도와 연합하게 한다고 말한다. *Luther's Works*, 31:351. 하지만 그리스도와의 연합은 성령님으로 말미암아 일어나는 것이다. 신자는 믿음으로 이 연합을 소유하고 경험한다.

73 Murray, 『구속』, 167. 또한 다음 책들을 보라. Ferguson, 『성도의 삶』, 110-15; Frame, 『조직신학』, 972; Hoekema, 『개혁주의 구원론』, 200-4.

74 바울 서신 전체에서 이곳에만 유일하게 하나님의 역사가 믿음의 목적어로 나온다. "하나님의 역사의 믿음"(πίστεως τῆς ἐνεργείας τοῦ θεοῦ)이라는 헬라어 문구에서 속격 "하나님의 역사의"는 목적어적 속격이다.

다. 이처럼 바울이 구원과 관련하여 "이미"의 차원에 초점을 맞추는 것은 거짓 교사들에게 대항하여, 골로새 성도들이 받은 구원의 확실성을 강조하기 위함이다.

(2) 죄 사함과 영적 승리(2:13-15)

2:13 이 본문에서부터 주어가 골로새 교인들을 가리키는 "여러분"(11-12절)에서 하나님으로 바뀐다. 바울은 주어를 "하나님"이라고 명시하지 않는다. 하지만 주동사 "함께 살리셨습니다"(συνεζωοποίησεν, "쉬네조오포이에센")의 주어가 명확하게 하나님이다. 14절과 15절에서도 주어가 하나님이다.[75] 이 본문과 평행을 이루는 에베소서 2:4-5에서 바울은 "긍휼이 풍성하신 하나님"을 주어로 분명히 제시한다.

바울은 골로새서 2:13-15에서 하나님께서 그리스도의 죽음과 부활을 통하여 이루신 구원의 세 가지 차원을 설명한다. 첫째, 골로새의 이방인들을 그리스도와 함께 살리셨다(13상절). 둘째, 그들의 죄를 모두 용서하셨다(13하-14절). 셋째, 악한 영들을 굴복시키셨다(15절). 이 세 가지는 골로새 성도들이 그리스도 안에서 충만하게 누리는 구원의 양상을 묘사한다.

바울은 먼저 골로새의 이방인들이 구원받기 전에 처해 있던 상황을 언급한다. "또 여러분이 여러분의 죄들과 육체의 무할례 때문에 죽어 있었을 때." 이 구절에서 "여러분의 죄들과 육체의 무할례"라는 문구는 골로새 교인들의 과거를 극명하게 보여 준다. "죄들"(παραπτώμασιν, "파랍토마신")은 그들이 불의와 음란과 부정을 일삼으면서 하나님을 대적하는 죄인들이었음을 알려 준다(3:7).[76] "육체의 무할례"(ἀκροβυστίᾳ τῆς σαρκός, "아크로뷔스티아 테스 사르코스")는 그들이 하나님의 언약과 무관한 이방인들이었음을 알려 준다. 에베소

---

75 Abbott, *Colossian*, 253-54; Barth and Blanke, *Colossains*, 325-26; Dunn, *Colossians and Philemon*, 162; Harris, *Colossians and Philemon*, 95; Lohse, *Colossians and Philemon*, 106; Moo, *Colossians and Philemon*, 205; Schweizer, 『골로사이서』, 161; Smith, *Heavenly Perspective*, 106.

76 "파랍토마"(παράπτωμα)는 의도하지 않은 죄를 가리키기도 하지만, 고의적으로 하나님을 거역한 행위나 하나님의 계명을 위반한 행위를 가리키기도 한다. 이 단어는 죄를 뜻하는 일반 용어인 "하마르티아"(ἁμαρτία)와 의미의 차이가 거의 없다(롬 4:25 = 고전 15:3; 엡 1:7 = 골 1:14). 참조. Michaelis, *TDNT*, VI, 170-73.

의 이방인들처럼, 그들은 하나님의 언약들에 대하여 외인이었고,[77] 과거에 소망도 없고 하나님도 없는 비참한 상황에 처해 있었다(엡 2:12). 그들의 비참한 과거를 가장 분명하게 보여 주는 것은 "죽어 있었다"(νεκροὺς ὄντας, "네크루스 온타스")라는 말이다.[78] 그들이 생명의 근원이신 하나님으로부터 단절되어 있었다는 것이다. 이 죽음은 11절에서 사도가 언급한 골로새 교인들의 할례-죽음과 다르다. 거기서는 죄에 대한 하나님의 법적 심판이자 옛 사람의 죽음을 나타내지만, 여기서는 구원받기 이전에 하나님의 생명에서 단절된 영적 죽음을 가리킨다. 아담의 범죄로 말미암아 모든 사람이 죽음의 지배를 받게 되었다(롬 5:12-21). 골로새의 이방인 성도들도 예외가 아니었다.

그러나 하나님께서 그들을 긍휼히 여기시고 그리스도와 함께 살리셨다! "함께 살리셨다"(συνεζωοποίησεν, "쉬네조오포이에센")라는 동사는 고전 헬라 문헌과 칠십인역에 나오지 않는다. 신약성경에서도 이 본문과 에베소서 2:5에만 나온다. 원형 동사 "쉬조오포이에오"(συζωοποιέω, "함께 살리다")는 사도 바울 자신이 전치사 "쉰"(σύν, "함께")과 동사 "조오포이에오"(ζῳοποιέω, "살리다")를 결합하여 만들었을 것이다.[79] 그는 이 동사를 사용하여 하나님께서 골로새 성도들을 살리시되, "그분과 함께"(σὺν αὐτῷ, "쉰 아우토"), 즉 그리스도와 함께 살리셨다고 선언한다.

하나님께서 영적으로 죽었던 골로새의 이방인들을 그리스도와 함께 살리신 것은 그들을 그리스도와 함께 일으키신 영적 부활(12절)과 다르지 않다. 영적인 죽음의 영역에서 영적인 생명의 영역으로 옮기신 것이다(요 5:24; 요일 3:14). 그들은 더 이상 죽음의 지배 아래에 있지 않다. 부활의 생명을 받고 하나님께 대하여 살아 있는 자들이 된 것이다(롬 6:11). 죽은 자들을 살리는 것은 하나님만이 하실 수 있는 새 창조의 역사이다. 하나님은 그리스도를 죽은 자들 가운데서 일으키심으로써 새 창조의 역사를 시작하셨다. 따라

77 "무할례"라고 번역한 "아크로뷔스티아"(ἀκροβυστία)는 문자적으로 남성의 포피를 뜻한다(BDAG, 39). 포피를 제거하지 않은 사람은 일반적으로 할례받지 못한 이방인을 가리킨다(참조. 엡 2:11).

78 이 본문에서 "휘마스 네크루스 온타스"(ὑμᾶς νεκροὺς ὄντας)는 시간을 나타내는 분사절로서 "여러분이 죽어 있었을 때"라고 번역할 수 있다. Harris, *Colossians and Philemon*, 94, 189.

79 BDAG, 954-55; Bultmann, *TDNT*, II, 875, n. 5; Hoehner, *Ephesians*, 329.

서 누구든지 그리스도 안에 있으면 새로운 피조물이다(고후 5:17; 참조. 갈 6:15; 엡 2:10). 그리스도와 함께 살리심을 받은 골로새의 이방인 성도들도 "새로운 피조물"이다!

이어서 바울은 하나님께서 신자들에게 베푸신 죄 사함의 은혜를 말한다. 죄 사함은 골로새서의 중요한 주제 가운데 하나이다(1:14; 2:13-14; 3:13). 사도는 1:14에서 골로새 성도들이 하나님의 아들 안에서 죄 사함을 받은 사실을 언급하였다. 다시 여기서 바울은 하나님께서 "우리의 모든 죄들을 용서하셨다"고 선언한다. 그가 사용한 동사 "카리조마이"(χαρίζομαι)는 기본적으로 "관대하게 베풀다", "아낌없이 주다"를 의미한다(롬 8:32; 고전 2:12; 갈 3:18). 은유적으로는 "용서하다"라는 뜻으로 쓰인다(고후 2:7, 10; 엡 4:32; 골 2:13; 3:13).[80] 바울은 자신의 서신 중에서 유일하게 이 본문에서만 "카리조마이"를 용서받는 대상과 죄를 뜻하는 단어와 함께 사용한다.

그런데 용서받는 대상이 "여러분"이 아니라 "우리"이다. "우리"는 골로새 성도들과 바울, 그리고 유대인 신자들을 포함한다. 바울은 인칭 대명사 "우리"를 사용함으로써 골로새의 이방인 신자들과 유대인 신자들이 동일하게 죄 사함을 받았다는 사실을 알려 준다. 할례받지 않은 골로새의 이방인 신자들만이 아니라 할례받은 유대인들도 하나님을 거역하고 계명을 어긴 죄인들이다. 유대인들과 이방인들 모두가 죄 아래에 있는 것이다(롬 3:9). 하나님께서 "우리의 모든 죄들을 용서하신" 일은 예수 그리스도의 "십자가의 피"(1:20), 곧 "죽음으로 말미암아"(1:22) 일어났다. "모든 죄들"(πάντα τὰ παραπτώματα, "판타 타 파랍토마타")이라는 강조형 표현은 하나님께서 죄를 남김없이 용서하셨음을 시사한다.

2:14 이 본문에서 바울은 "손으로 쓴 문서"(χειρόγραφον, "케이로그라폰")의 이미지를 사용하여 죄 사함의 확실성을 강조한다. 다음에서 볼 수 있는 대로, 이 구절에 "케이로그라폰"이 세 번이나 나온다(두 번은 삼인칭 대명사 αὐτό). 이 단어는 본래 손으로 작성한 문서를 가리킨다.[81] 고대 파피루스 문서에서 "케이로그라폰"은 채무자가 서명한 빚 문서, 즉 채무 증서를 가리키기도 하였

80 BDAG, 1078; Conzelmann, *TDNT*, IX, 396-97; Silva, *NIDNTTE*, IV, 660-61.

81 Silva, *NIDNTTE*, I, 600. 이 단어는 "손으로 쓴"을 뜻하는 형용사 "케이로그라포스"(χειρόγραφος)의 명사형이다.

다.[82] 신약성경에서는 이 본문에만 나온다.

ἐξαλείψας τὸ καθ' ἡμῶν χειρόγραφον …

(우리를 거스르는 문서를 지우셨고)

καὶ αὐτὸ ἦρκεν ἐκ τοῦ μέσου

(그것까지 우리 가운데서 제거하셨습니다)

προσηλώσας αὐτὸ τῷ σταυρῷ·

(그것을 십자가에 못 박으심으로써)

일부 주석가들은 이 본문에서 "케이로그라폰"이 모세 율법을 가리킨다고 주장한다. 예를 들어, 니컬러스 라이트(N. T. Wright)는 세세한 규정들 때문에 유대인들을 죄 안에 가두고 이방인들을 하나님의 백성이 되지 못하도록 막는 율법으로 본다.[83] 그에 따르면, 하나님께서 율법의 요구들을 예수님의 죽음으로 말미암아 지우시고 완전히 제거하셨다. 그 결과 유대인들은 율법의 저주에서 벗어날 수 있었고, 이방인들은 하나님의 가족이 될 수 있었다. 이 견해는 율법의 규정들을 의미할 수 있는 "도그마신"(δόγμασιν)이 함께 나온다는 점에서 지지를 받는다. 하지만 라이트의 견해를 인정할 때 어려운 문제가 생긴다. 이 본문에서 사도 바울이 율법을 뜻하는 일반 용어인 "노모스"(νόμος)가 아니라, 증서를 뜻하는 "케이로그라폰"을 사용한 이유를 설명하기 어렵다는 것이다. 그는 자신의 서신들 어디에서도 "케이로그라폰"을 율법을 뜻하는 용어로 사용하지 않는다. 또 그가 율법이나 율법의 요구를 하나님께서 지우시고, 완전히 제거하셨다는 식으로 말했을 가능성도 없다. 이는 그가 결코 지지하지 않는 율법 폐기론과 다를 바 없기 때문이다.

다른 성경학자들은 "케이로그라폰"을 1세기 유대 묵시 문헌의 용례에

82 BDAG, 108; Lohse, *TDNT*, IX, 435; MM, 687; Spicq, *TLNT*, III, 508-10.

83 Wright, 『골로새서·빌레몬서』, 168-71. 또한 다음 책들과 논문을 보라. Abbott, *Colossians*, 255; Bevere, *Sharing in the Inheritance*, 139-42; Pao, *Colossians and Philemon*, 170-71; 김규섭, "골로새서 2:14-23에서 언급된 규례들", 161-62. 이들 중에서 김규섭은 "케이로그라폰"를 "빚 증서"로 보는 견해에 반대하고 "당사자들 간의 직접적인 문서"로 이해한다. 그리고 χειρόγραφον τοῖς δόγμασιν("케이로그라폰 토이스 도그마신")이 "법령을 적은 문서", 즉 유대 율법을 지칭한다고 주장한다.

비추어서 사람들의 죄를 기록한 하늘의 책으로 이해한다.[84] 예를 들어, 스바냐의 묵시록에서 "케이로그라폰"은 선견자의 죄들이 기록된 문서나 책을 가리킨다.[85] 이 견해의 문제점은 스바냐의 묵시록이 본래 헬라어로 기록되었지만, 현재는 콥트어 번역본만 남아 있다는 것이다.[86] 또 이 묵시록의 기록 연대가 골로새서보다 후대일 가능성이 있다.[87] 이런 문제점에도 불구하고 스바냐의 묵시록은 골로새서에 나온 "케이로그라폰"의 의미를 결정하는 데 단서를 제공해 준다. 이 묵시록에서처럼 바울은 "케이로그라폰"을 죄들을 기록한 문서를 뜻하는 것으로 사용한다(참조. 단 7:10; 계 20:12). 그래서 그는 "케이로그라폰"이 "우리를 거스르는"(καθ' ἡμῶν, "카뜨 헤몬") 것이며, "우리에게 적대적인 것"(ὃ ἦν ὑπεναντίον ἡμῖν, "호 엔 휘페난티온 헤민")이라고 말한다.[88]

이 본문에서 "케이로그라폰"을 이해하는 데 "토이스 도그마신"(τοῖς δόγμασιν)이라는 단어가 중요하다. "도그마"(δόγμα)는 신약성경에서 로마 황제의 법령이나 명령들을 가리키기도 하지만(눅 2:1; 행 17:7), 에베소서 2:15에서는 하나님의 율법을 구성하는 규정들을 의미한다. 바울은 에베소서와 같은 시기에 기록한 골로새서에서도 "도그마신"을 율법 규정들을 가리키는 용어로 사용한다(참조. 3 Macc 1.3; Philo, *Leg*. 1.55; *Gig*. 52; Josephus, *Apion* 1.42).[89]

복수 여격인 "토이스 도그마신"은 "그 규정들과 함께"(동반을 나타내는 여

---

84 Bandstra, *Law and the Elements of the World*, 158-63; Dunn, *Colossians and Philemon*, 164-65; Lincoln, "Colossians", 625; Sappington, *Revelation and Redemption*, 215-17; Sumney, *Colossians*, 144.

85 "그때 내가 보았는데, 그[얼굴이 태양과 같이 빛나는 위대한 천사]가 문서를 손에 들고 있었다. 그가 그 문서를 펼치기 시작하였다. 그가 그 문서를 펼친 뒤에 나는 그것을 나의 언어로 읽었다. 그 문서에 내가 어린 시절부터 지금까지 지은 모든 죄가 기록되어 있는 것을 발견하였다. … 나는 엎드려 얼굴을 땅에 대고 전능하신 주님께 기도하였다. '내게 자비를 베푸시고 나의 기록을 지워 주옵소서. 이는 당신의 자비가 모든 곳에 임하고 모든 곳에 넘치기 때문입니다'"(*Apoc. Zeph*. 7.1-8).

86 스바냐의 묵시록에서 "케이로그라폰"은 헬라어 단어를 콥트어로 음역한 형태로 나온다. Sappington, *Revelation and Redemption*, 217, n. 1.

87 Sappington, *Revelation and Redemption*, 51.

88 속격을 동반한 전치사 "카타"(κατά)는 반대나 불리함의 개념을 나타내며, 형용사 "휘페난티오스"(ὑπεναντίος)는 "대항하는", "적대적인"을 뜻한다. BDAG, 1030.

89 Harris, *Colossians and Philemon*, 97; Kittel, *TDNT*, II, 230-32; Lohse, *Colossians and Philemon*, 110; Moo, *Colossians and Philemon*, 210; Silva, *NIDNTTE*, I, 753-52.

격), 또는 "그 규정들 때문에"(원인을 나타내는 여격)라고 이해할 수 있다.[90] 문법적으로 두 가지 이해가 모두 가능하지만, 후자가 더 적절하다.[91] "케이로그라폰"이 "그 (율법) 규정들 때문에" 우리를 거스르고 대적하게 된 것이다. 우리가 율법의 규정들을 지키지 못했기 때문에 죄들이 기록된 문서가 우리를 거스르고 우리에게 적대적인 것이 되었다는 말이다.[92] 만일 율법의 규정들이 없었거나, 또는 우리가 율법의 규정들을 완전하게 지킬 수 있었다면, 죄도 없고 죄에 따른 심판도 없었을 것이다. 죄들을 기록한 문서도 존재할 수 없었을 것이다. 하나님께서 주신 율법의 규정들을 우리가 지키지 못한 결과 죄가 죄로 여겨지게 된 것이다. 그리고 문서에 우리의 죄들이 기록되게 되었고, 그 문서가 우리를 거스르고 대적하게 된 것이다. 그 문서는 우리가 하나님 앞에서 심판을 받아야 할 죄인이라는 사실을 알려 줌과 동시에 하나님의 심판을 면할 수 없다고 경고한다.

그런데 놀라운 일이 일어났다. 죄들이 기록된 문서가 폐기된 것이다! 사도 바울은 이렇게 선언한다. "하나님께서 그 규정들 때문에 우리를 거스르고 우리에게 적대적인 문서를 지우셨고, 그것을 십자가에 못 박으심으로써 그것까지 우리 가운데서 제거하셨습니다." 이 선언에서 "제거하셨습니다"라고 번역한 동사 "에르켄"(ἦρκεν)은 현재 완료이다. 하나님께서 그 문서를 제거하신 것이 과거의 특정 시점에서 일어났고, 그 결과가 지금까지 지속되고 있음을 의미한다.[93] 언제 이 일이 일어났는가? 예수님이 십자가에서 죽으실 때 일어났다. 바울은 하나님께서 문서를 제거하신 사실을 두 개의 과거 분사로 묘사한다. 하나는 "지우다"를 뜻하는 "엑살레입사스"(ἐξαλείψας)이고, 다른 하나는 "못 박다"를 뜻하는 "프로셀로사스"(προσηλώσας)이다. 전

---

90 개역한글과 개역개정은 "토이스 도그마신"을 "케이로그라폰"과 연결하여 번역한다. 개역한글은 "의문(δόγμασιν)에 쓴 증서"라고 번역하고, 개역개정은 "법조문으로 쓴 증서"라고 번역한다. 두 번역 모두 의미가 통하지 않는다.

91 원인의 여격에 관해서는 다음 책을 보라. Wallace, *Greek Grammar*, 167-68.

92 Barth and Blanke, *Colossians*, 329-30; Dunn, *Colossians and Philemon*, 165; Lohse, *Colossians and Philemon*, 109-10; Moo, *Colossians and Philemon*, 211; O'Brien, 『골로새서·빌레몬서』, 220, 255; Smith, *Heavenly Perspective*, 104.

93 "에르켄"의 원형 동사 "아이로"(αἴρω)는 일반적으로 "들어 올리다", "가져가다", "데리고 가다"라는 뜻이지만, "제거하다", "없애다", "치우다"라는 뜻으로도 자주 쓰였다. 이 본문에서는 후자의 의미로 사용되었다. BDAG, 29; L&N, 15.203; 20.43.

자는 "흔적이 남지 않게 없애다", "완전히 지워 버리다"라는 뜻이다(계 7:17; 21:4).[94] 하나님께서 문서의 내용을 흔적이 남지 않게 완전하게 지우셨다. 더 나아가 그 문서를 십자가에 못 박기까지 하셨다. 물론 이것은 은유적인 진술이다. 예수님의 십자가에는 "유대인의 왕 예수"라고 쓴 죄패만 붙어 있었기 때문이다(마 27:37; 막 15:26; 눅 23:38; 요 19:19). 죄를 기록한 문서를 하나님께서 십자가에 못 박으셨다는 것은 성경의 다른 책에서는 볼 수 없는 강력한 이미지이다. 이는 하나님께서 십자가에 못 박힌 예수님의 죽음으로 말미암아 죄 문제를 완전하게 해결하셨음을 보여 준다.[95]

결론적으로, 14절은 "우리의 모든 죄들을 용서하셨다"는 13절의 진술을 뒷받침하고 확증하는 구실을 한다. 하나님께서 우리의 모든 죄를 용서하신 것이 자명한 사실이라는 말이다. 하나님은 그리스도의 십자가를 통해서 우리의 죄를 완전히 청산하심으로써 동이 서에서 먼 것같이 우리의 모든 죄를 우리에게서 멀리 옮기셨고(시 103:10-12), 우리의 죄를 깊은 바다에 던지셨다(미 7:19). 그리하여 우리의 죄를 더 이상 기억하지 않으신다(사 43:25). 이것은 죄로 인하여 영원히 멸망당해야 할 죄인들에게 복음이 아닐 수 없다.

2:15 마지막으로, 바울은 하나님께서 그리스도로 말미암아 성취하신 악한 영들에 대한 승리에 관해 말한다. 그는 로마의 개선 행진의 이미지를 빌려와서 하나님의 승리를 신약성경에서 가장 생생하게 표현한다. "하나님께서 그분으로 말미암아 통치자들과 권세들을 무장 해제하시고, 그들을 개선 행진 중에 포로로 끌고 가심으로써 공개적으로 구경거리가 되게 하셨습니다."

헬라어 본문에서 제일 앞에 나오는 분사 "아페크뒤사메노스"(ἀπεκδυσάμενος)는 바울 이전의 문헌에서 사용된 적이 없고, 이후의 문헌에서도 잘 사용되지 않았다. 신약성경에서는 이 본문과 3:9에만 나온다. 이 단어는 기본적으로 옷을 벗거나 벗기는 것을 의미한다.[96] 이 분사를 순수하게 중간태 자체로 이해하면 스스로 벗는 것을 뜻하고, 능동의 의미를 지닌 중간

---

94 BDAG, 344(ἐξαλείφω, "엑살레이포"); MM, 221; L&N, 13.102; Silva, *NIDNTTE*, II, 211-12.

95 BDAG, 880. "프로셀로오"(προσηλόω, "못 박다")는 신약성경에서 이곳에만 나온다. 사도는 이 단어를 사용하여 죄들을 기록한 증서가 완전히 효력을 잃었음을 강조한다.

96 BDAG, 100; Silva, *NIDNTTE*, II, 196.

태로 이해하면, 무장을 해제하는 것을 뜻한다. 전자의 의미를 택하는 주석가들은 이 분사의 주어를 그리스도로 보고, 그리스도가 자기를 둘러싸고 공격하는 악의 세력들을 마치 옷을 벗듯이 벗어 버리신 것으로 해석한다.[97] 이 해석은 3:9에서 사도 바울이 복수 "아페크뒤사메노이"(ἀπεκδυσάμενοι)를 "벗어 버리다"라는 뜻으로 사용한 것과 조화를 이룬다. 하지만 주어를 그리스도로 이해하는 것은 적절하지 않다. 이 본문에서 주어가 그리스도로 바뀌었다고 보아야 할 근거가 없기 때문이다. 이 해석의 또 다른 문제점은 악의 세력들이 그리스도를 옷처럼 둘러싸고 있다는 개념이 성경의 지지를 받지 못한다는 것이다.

많은 주석가들이 "아페크뒤사메노스"를 능동의 의미를 지닌 중간태로 취하고, 주어를 하나님으로 본다. 그리고 이 구절을 하나님께서 통치자들과 권세들의 무장을 해제하신 것으로 해석한다.[98] 이것은 뒤에 나오는 개선 행진의 이미지와도 잘 어울린다. 헬라어 성경에서 중간태는 종종 능동의 의미를 지닌 것으로 사용된다.[99] 또 "아페크뒤사메노스"의 기본 의미가 "(옷을) 벗다", "벗기다"이지만, 이 의미가 확장되어서 은유적으로 "능력을 벗기다"나, 또는 "무장을 해제하다"를 뜻하기도 한다. 하나님께서는 통치자들과 권세들이 가진 능력을 벗기심으로써 그들의 무장을 해제하셨다.[100]

이 일은 어떻게 일어났는가? 이 질문의 답은 헬라어 본문에서 가장 마지막에 나온 "엔 아우토"(ἐν αὐτῷ)에서 찾을 수 있다. 이 표현을 십자가로 보는 주석가들도 있지만,[101] 그리스도를 가리키는 것으로 보는 편이 더 적절하

97 Dunn, *Colossians and Philemon*, 167-68; Lightfoot, *Colossians and Philemon*, 190; Moule, *Colossians and Philemon*, 101-2; Scott, *Christianity according to St Paul*, 34-36.

98 Arnold, *The Colossian Syncretism*, 277-80; Hendriksen, 『골로새서·빌레몬서』, 178; Lohse, *Colossians and Philemon*, 112; Moo, *Colossians and Philemon*, 214; O'Brien, 『골로새서·빌레몬서』, 259; Oepke, *TDNT*, II, 319; Pokorný, *Colossians*, 140; Sappington, *Revelation and Redemption*, 209-12; Schreiner, 『신약신학』, 353; Schweizer, 『골로사이서』, 165; Wedderburn, "The Theology of Colossians", 44-45; Wink, *Naming the Powers*, 58-60.

99 BDF, §316.1; Turner, *Syntax*, 55; Zerwick, *Biblical Greek*, 76.

100 BDAG, 100("disarm"); Silva, *NIDNTTE*, II, 197, 468; Moo, *Colossians and Philemon*, 214.

101 Calvin은 이 표현을 십자가로 보고 이렇게 멋지게 말한다. "그리스도께서 십자가에서 죽

다.[102] 이 서신의 2:6-12에서 후렴처럼 반복되는 "그분 안에서"라는 표현과 일관성을 갖는 해석이기 때문이다(2:6, 7, 9, 10). 하나님께서 악한 영들을 굴복시키고 그들의 무장을 해제하신 사건은 "그분 안에서", 즉 그리스도로 말미암아 일어난 것이다. 죄는 마귀와 악한 영들이 인간을 종으로 잡아 두는 주요한 수단이고, 죽음은 그들이 가진 가장 강력한 무기이다. 하나님은 죄인들을 대신하여 죽으시고 부활하신 그리스도로 말미암아 죄와 죽음의 문제를 해결하심으로써 "죽음의 세력을 잡은"(히 2:14) 마귀와 악한 영들로부터 그들의 수단과 무기를 박탈하셨다.[103]

하나님께서 무장 해제하신 "통치자들과 권세들"(τὰς ἀρχὰς καὶ τὰς ἐξουσίας, "타스 아르카스 카이 타스 엑수시아스")은 하나님의 백성을 대적하는 모든 악한 영들을 대표한다.[104] 그들은 마귀의 지배를 받으면서 개인과 사회와 국가에 영향력을 행사한다. 일부 성경학자들은 통치자들과 권세들을 선한 천사들로 간주한다.[105] 그것들이 그리스도로 말미암아 창조되었기 때문이다(1:16). 하지만 이 본문에서 "통치자들과 권세들"은 악한 영들이다. 그들은 본래 선한 천사들로 창조되었지만, 하나님을 반역함으로써 악한 세력이 되었다(참조. 유 1:6). 그들은 성도들이 하나님의 전신 갑주를 입고 싸워야 할 영적 대적이다(엡 6:12).

하나님은 통치자들과 권세들을 굴복시키고 무장 해제하셨을 뿐만 아니라 "승리의 개선 행진 중에 그들을 포로로 끌고 가셨다"(θριαμβεύσας αὐτοὺς

음과 죽음의 왕자인 마귀를 이기셨을 뿐 아니라 그것들을 발로 완전히 밟으셨다. 따라서 십자가 형틀처럼 그토록 숭고한 법정이 없고, 그토록 위풍당당한 임금의 보좌가 없고, 그토록 뛰어난 승리의 장면이 없으며, 그토록 우뚝 솟은 병거가 없다." Calvin, *Colossians*, 336. 또한 다음 책들을 보라. Moule, *Colossians and Philemon*, 100; Vos, 『바울의 종말론』, 416-18.

102 Arnold, *The Colossian Syncretism*, 277; Campbell, *Paul and Union with Christ*, 190; Dunn, *Colossians and Philemon*, 145; Lohse, *Colossians and Philemon*, 112-13; Moo, *Colossians and Philemon*, 215; Pokorný, *Colossians*, 140; Schweizer, 『골로사이서』, 165.

103 Arnold, 『사탄과 악한 영들』, 151-52.

104 "통치자들"과 "권세들"에 관해서는 1:16과 2:10의 주해를 참조하라. 또한 다음 책들을 보라. Arnold, *The Colossian Syncretism*, 251-55; Arnold, 『사탄과 악한 영들』, 127-43; Green, 『사탄의 멸망』, 107-53; Stott, 『그리스도의 십자가』, 445-47.

105 Carr, *Angels and Principalities*, 61-66; Hock, "Christ is the Parade", 114-19; Yates, "Colossians 2:15", 573-91.

ἐν αὐτῷ, "뜨리암뷰사스 아우투스 엔 아우토"). 개역개정에서 "이기셨느니라"라고 번역한 "뜨리암뷰사스"는 신약성경에서 이곳과 고린도후서 2:14에만 나온다.[106] 이 분사의 원형 "뜨리암뷰오"(θριαμβεύω)는 "이기다"가 아니라 "개선 행진을 하다", 또는 "승리를 축하하다"를 뜻한다.[107] 이 동사가 목적어와 함께 나올 때에는 "개선 행진 중에 포로를 끌고 가다"를 의미한다.[108]

또한 하나님은 통치자들과 권세들을 "공개적으로 구경거리가 되게 하셨다"(ἐδειγμάτισεν ἐν παρρησίᾳ, "에데이그마티센 엔 파레시아"). 이 본문의 주동사 "에데이그마티센"은 "본보기로 삼다", "구경거리가 되게 하다", "드러내다", "창피스럽게 하다" 등을 의미한다.[109] 마태복음에서는 "창피스럽게 하다"라는 뜻으로 사용되었다. 요셉은 마리아가 임신한 것을 알았지만, 그 사실을 숨김으로써 마리아가 사람들에게 수치를 당하지 않게 하였다(마 1:19). 이 서신에서는 "구경거리가 되게 하다"를 의미한다. 하나님께서 십자가에서 죽으시고 부활하시고 승천하신 그리스도로 말미암아 통치자들과 권세들의 무장을 해제하셨고, 또한 그들을 승리의 개선 행진 중에 포로로 끌고 가심으로써 온 세상 앞에 "공개적으로"[110] 구경거리가 되게 하신 것이다.

예수님이 벌거벗겨지고 십자가에 못 박히는 수치를 당하셨지만, 실제로 패배하고 수치를 당한 것은 악한 통치자들과 권세들이다. 그들은 무력

---

106 이 분사에 관해서는 이 단락의 〈본문 이해 터 닦기〉 중 '배경'을 참조하라.

107 신약성경에서 "이기다"를 뜻하는 일반적인 동사는 "니카오"(νικάω)이다(눅 11:22; 요 16:33; 요일 5:4; 계 2:7, 11; 3:21; 5:5).

108 BDAG, 459; L&N, 35.59; LSJ, 806; Delling, *TDNT*, III, 160. 개역개정은 고후 2:14에서 분사 "뜨리암뷰온티"(θριαμβεύοντι)가 포함된 구절을 "항상 우리를 그리스도 안에서 이기게 하시고"라고 번역하였지만, "그리스도 안에서 항상 우리를 개선 행진 중에 포로로 끌고 가시면서"라고 번역해야 한다. 이 본문에서는 바울이 하나님의 개선 행진 중에 끌려가는 포로이다. 그는 하나님을 대적하다가 다마스코스로 가는 도중에 하나님의 포로가 되었고, 자신을 굴복시키신 하나님의 위대하심을 복음 사역을 하면서 증언한다. Hafemann, *Suffering and the Spirit*, 18-39; Harris, *The Second Epistle to the Corinthians*, 241-48; Thrall, *2 Corinthians*, I, 191-96.

109 BDAG, 214; Schlier, *TDNT*, II, 31(δειγματίζω, "데이그마티조").

110 "엔 파레시아"(ἐν παρρησίᾳ)에는 "대담하게"라는 뜻도 있다. "파레시아"는 본래 고대 그리스의 민주 정치에서 유래한 정치 용어로서 공적으로 발언하는 자유를 의미하였다. 이 단어는 담대함과 관련이 있지만 공적으로 발언한다는 점에서 공개, 또는 대중에게 드러남이라는 개념도 가지고 있다. BDAG, 781; L&N, 28.29; Beale, *Colossians and Philemon*, 202; Smith, *Heavenly Perspective*, 106.

화되었고 권좌에서 쫓겨났다. 하지만 악한 영들이 완전히 멸망한 것은 아니다. 그들은 "이방 종교, 점성학, 마술을 통하여, 또는 사람들을 노예로 만들거나 압제하는 억압적인 체제들을 통해 이 세상에서 활동하고" 있다.[111] 따라서 그리스도인들은 하나님의 전신 갑주를 입고 그들과 싸워야 한다(엡 6:10-20). 싸움의 승리는 보장되어 있다. 하나님께서 그리스도로 말미암아 마귀를 포함한 악한 영들을 이기셨고, 그리스도 자신이 모든 통치자와 권세를 통제하시는 머리이시기 때문이다(2:10).

지금까지 살펴본 대로, 이 단락에서 사도 바울은 골로새 성도들이 그리스도 안에서 충만하게 누리고 있는 구원의 복을 구체적으로 알려 준다. 그들은 그리스도를 믿고 세례를 받음으로써 그리스도와 함께 죽고, 함께 장사되고, 함께 일으킴을 받았다. 그들은 부활의 생명을 받아 하나님 앞에서 살아 있는 자들이 되었고, 모든 죄들을 용서받았다. 하나님께서 그들의 죄가 기록된 문서를 깨끗하게 지우셨고 십자가에 못 박아서 폐기 처분하셨다. 골로새 성도들은 하나님 앞에서 더 이상 죄인이 아니라 거룩하고 사랑받는 자들이다(3:12). 게다가 그들은 그리스도로 말미암아 악한 영의 세력들을 굴복시키신 하나님의 승리에 동참하였다. 그들이 받은 구원은 완전하다. 그들은 그리스도 안에서 이미 충만하게 되었다. 그러므로 골로새 성도들은 거짓 교사들의 "철학"에 귀를 기울일 필요가 없다. 그들이 해야 할 일은 완전한 구원을 주신 하나님 아버지께 감사하는 것이다(1:12; 3:17).

메시지와 적용

■ **인간의 곤경을 해결하신 하나님** 이 단락의 중심 교훈은 하나님께서 그리스도 안에서 구원의 역사를 이루셨다는 것이다. 인간은 누구나 할 것 없이 죄의 종이며, 악한 영들의 종이며, 죽음의 종이다. 죄와 죽음과 악한 영들이 폭군처럼 인간 위에 군림하고 있다. 인간은 이 곤경을 스스로 해결할 수 없다. 오직 하나님만이 하실 수 있다. 하나님은 죄 없는 아들 예수 그리스도의 죽음과 부활로 말미암아 죄와 죽음의 문제를 해결하셨고, 마귀와 악한 영들을 굴복시키셨다. 그리하여 하나님은 죽은 자들에게 생명을 주시고, 죄를 용서하

111 Wright, *Colossians and Philemon*, 72.

시고, 하나님의 승리에 동참하게 하신다. 이것이 이 단락의 요점이자 성경 전체의 핵심이다. 하나님께서 인간의 곤경을 해결하실 수 있고, 이미 해결하셨다는 것을 진심으로 믿는가? 만물의 주님이시며 구원자이신 그리스도 예수로 말미암아 죄와 죽음과 악한 영들의 압제에서 해방되었다는 것을 진심으로 믿는가?

■ **그리스도와 함께 죽고 함께 일으킴을 받음** 이 단락의 또 다른 교훈은 그리스도를 믿고 세례를 받는 사람은 그리스도와 함께 죽고, 그리스도와 함께 장사되고, 그리스도와 함께 일으킴을 받는다는 것이다. 이것이 바로 복음의 기적이다. 오늘날에도 이런 기적이 일어난다. 예수 그리스도를 주님으로 믿고 세례를 받는 자들은 그리스도와 함께 일으킴을 받고 하나님께 대하여 살아 있는 자들이 된다(롬 6:4, 11). 우리는 그리스도와 함께 죽고, 그리스도와 함께 장사되고, 그리스도와 함께 일으킴을 받은 사람인가? 참으로 그리스도와 함께 일으킴을 받은 사람은 자신을 하나님께 대하여 살아 있는 자로 여기고, 하나님 아버지께 감사하면서 거룩함에 이르는 열매를 맺는다.

■ **죄 사함의 복음** 이 단락에서 사도 바울은 강력하게 죄 사함의 복음을 선포한다. 하나님께서 우리의 모든 죄들을 사하셨다! 죄가 기록된 문서를 지우시고, 그것을 십자가에 못 박아서 완전히 폐기 처분하셨다. 죄 사함의 복음은 인간이 근본적으로 죄인이라는 사실을 전제한다. 인간을 죄인이라고 부르는 것은 인간의 본성에 대한 모독이라고 주장하는 사람들이 있다. 하지만 인간의 내면을 정직하게 직시하고, 인간의 역사를 진지하게 살펴본다면, 인간이 근본적으로 죄인이라는 사실을 인정할 수밖에 없다. 꿀벌이 꿀을 생산하듯이 죄를 생산하는 존재가 인간이다.[112] 인간은 태어나면서부터 불의한 죄인이다.[113] 그런데 긍휼이 풍성하신 하나님께서 죄 없는 예수 그리스도의 죽음으로 말미암아 인간의 죄 문제를 완전히 해결하셨다. 로널드 사이더(Ronald Sider)가 잘 말한 대로, "다른 어떤 종교도 감히 우주의 창조자가 우리의 죄를 위해 죽었다고 가르치지는 않는다."[114] 하나님과 동등한 창조자

112 Chesterton, 『정통』, 43-44. 그는 원죄야말로 실증적으로 증명할 수 있는 기독교 교리라고 하였다. 그에 따르면, 죄는 인간 사회에서 감자만큼이나 실제적인 것이다. 사람은 누구나 죄 사함을 받기를 원한다.

113 Pascal, 『팡세』, 170.

114 Sider, 『이것이 진정한 기독교다』, 16-17.

만이 죄의 무게와 죄에 대한 심판을 감당하실 수 있는 것이다. 복음 사역자들은 인간이 죄인이라는 사실과 예수 그리스도의 십자가가 죄 문제에 대한 하나님의 해결책이라는 사실을 담대하게 선포해야 한다. 오늘날 많은 사역자들이 죄 대신 상처를 말하고, 죄 사함 대신 치유를 선포한다. 얼마나 안타까운 일인가? 사역자들이 죄 사함의 복음이 아니라 상처와 치유의 심리학을 전할 때 교회는 힘을 잃을 수밖에 없다. 잊지 말라. 예수님의 십자가가 우리의 죄 문제에 대한 하나님의 유일한 해결책이라는 것을.

■ **악한 영들에 대한 하나님의 승리** 이 단락의 마지막 교훈은 하나님께서 악한 영의 세력들을 굴복시키고 무장 해제하셨다는 것이다. 하나님께서 마귀와 악한 영들의 권세를 박탈하셨으므로 우리는 그들을 두려워할 필요가 없다. 마귀가 비록 우는 사자같이 두루 다니면서 삼킬 자를 찾을지라도, 믿음을 굳건하게 하여 그를 대적해야 한다(벧전 5:8-9). 그렇게 하면 놀랍게도 마귀가 우리를 피할 것이다(약 4:7). 마귀가 우리보다 힘이 약해서가 아니라 승리자 그리스도(*Christus Victor*)가 우리와 함께하시기 때문이다.

하지만 마귀와 악한 영의 세력들이 완전히 멸망당한 것은 아니다. 그들은 최후의 멸망의 날이 올 때까지 활동하면서 하나님의 백성을 대적한다. 의심과 미움을 부추기고 갈등과 다툼을 조장한다. 세상의 정치와 경제 체제를 이용하여 신자들을 핍박하고 죽이기도 한다(계 2:10). 그럼에도 불구하고 마귀와 악한 영들은 그리스도 안에 있는 신자들을 완전히 멸망시킬 수는 없다. "모든 통치자와 권세의 머리"(2:10)이신 그리스도가 그들을 통제하시고 자기 백성을 지키시기 때문이다(요일 5:18). 마귀와 악한 영들은 마침내 불과 유황 못에 던져질 것이다(계 20:10). 그 반면에 하나님의 백성은 그리스도와 더불어 세세토록 왕 노릇 할 것이다(계 22:5). 할렐루야!

3. 거짓 교사들에 관한 세 번째 경고(2:16-19)

| 번역 |

16 그러므로 어떤 사람도 먹을 것과 마
실 것과 관련하여, 또는 절기나 초하루나
안식일과 관련하여 여러분을 비판하지 못
하게 하십시오. 17 그런 것들은 장차 올 것
들의 그림자입니다. 하지만 실체는 그리
스도에게 속해 있습니다. 18 아무도 (하늘
에) 들어가서 [a]자기가 본 [b]천사들의 겸손
과 예배를 기뻐하면서 여러분을 정죄하
지 못하게 하십시오. 그 사람은 자기 육체
의 생각으로 이유 없이 우쭐거리고 있고,
19 머리를 붙들지 않고 있습니다. 그 머리
에서부터 온몸이 관절들과 인대들을 통하
여 공급을 받고 결합되어 하나님께서 자
라게 하시는 대로 자랍니다.

a 중요한 사본들은 “하 헤오라켄”(ἃ ἑόρακεν, “자기가 본 것들”)을 지지하는 반면(P^{46} ℵ* A B D* 33 1739), 다른 사본들은 “하 메 헤오라켄”(ἃ μὴ ἑόρακεν, “자기가 보지 못한 것들”)을 지지한다(ℵ^{2} C D^{2} *Byz*). 사도 바울은 “하 헤오라켄”이라고 썼을 것이다. 후대 필사자들이 뒤에 나오는 “자기 육체의 생각으로 이유 없이 우쭐거리고 있고”라는 구절을 고려하여 부정어 “메”(μή)를 첨가하였을 것이다.

b “천사들의 예배”는 “뜨레스케이아 톤 앙겔론”(θρησκείᾳ τῶν ἀγγέλων)이라는 표현을 문자 그대로 번역한 것이다. 개역개정은 이 표현을 목적어적 속격으로 이해하여 “천사 숭배”라고 번역한다.

| 본문 이해 터 닦기 |

| 문맥과 주제 | 앞 단락(2:11-15)에서 바울은 하나님께서 그리스도 안에서 이루신 구원에 관해 말한 다음에 이 단락(2:16-19)에서는 본격적으로 거짓 교사들의 문제를 다룬다. 2:16의 접속사 “그러므로”는 이 단락이 앞 단락과 밀접하게 연결되어 있음을 보여 준다. 바울은 앞 단락에서 말한 내용에 근거하여 거짓 교사들을 비판하면서 그들의 판단과 정죄를 거부하라고 골로새 성도들에게 촉구한다. 이 단락은 거짓 교사들에 대한 세 번째 경고이다. 이어지는 단락(2:20-23)에서 바울은 거짓 교사들의 규정들을 받아들인 골로새 교회의 일부 교인들을 책망한다. 동시에 거짓 교사들의 규정들을 비판한다. 그것들은 지혜롭게 보이기는 하지만, 사실은 육체의 욕심을 위한 것이다. 이 단락의 주제는 다음과 같다. 골로새 성도들은 율법 조항들을 준수하고 신비 체험을 중요하게 여기면서 머리이신 그리스도를 붙들지 않는 거짓 교사들의 판단과 정죄를 받지 말아야 한다.

| 배경 | 이 단락의 배경은 골로새 교회를 위협하는 거짓 교사들이다. 바울은 그들의 주장과 정체를 이해하는 데 매우 중요한 정보를 제공한다. 특히 2:18에 나오는 "천사들의 예배"와 "자기가 본"이라는 표현은 거짓 교사들이 특별한 환상을 본 자들이라는 사실을 알려 준다. 그들이 본 것은 천사들이 하나님을 예배하는 신비한 환상이다.[115] 거짓 교사들은 예수 그리스도를 믿는다고 주장한 유대인들이다. 그들은 기독교로 개종하기 전에 유대 신비주의 집단에 속해 있었거나, 또는 유대 신비주의의 영향을 받았을 것이다. 바울 당시에 골로새와 라오디게아 지역에는 상당수의 유대인들이 거주하고 있었다. 그들 중에 유대 신비주의 집단이나 유대 신비주의 경향을 가진 사람들이 있었을 것이다.[116]

유대 신비주의는 유대 묵시 문헌에 반영되어 있다. 경건한 유대인들이 하늘에 올라가서 하나님을 찬양하는 천사들의 모습을 보는 장면이 유대 묵시 문헌에 종종 나온다.[117] 예를 들어, 에녹 1서에는 에녹의 영혼이 하늘에 들어가서 하나님과 함께 있는 미가엘, 가브리엘, 라파엘, 파누엘을 포함한 수많은 천사들을 목격하는 장면이 나온다(*1 En.* 71.1-17). 에녹 2서에도 에녹이 일곱 번째 하늘에 올라가서 주권들, 권세들, 케루빔, 세라핌 같은 천사들이 하나님을 찬송하는 것을 목격하는 장면이 나온다(*2 En.* 20.1-4). 또 레위의 유언에는 레위가 꿈에 하늘에 들어가서 천사들이 하나님을 찬양하는 것을 보는 장면이 나온다(*T. Levi* 2.5-5.2).[118]

골로새의 거짓 교사들은 천사들을 숭배한 자들이 아니라, 천사들이 하나님을 예배하는 환상을 목격한 자들이다. 그들은 율법 규정들을 지키고 금식을 하고 몸을 괴롭게 함으로써 천사들이 하나님을 예배하는 광경을 계속해서 보려고 하였다. 그들은 유대 묵시 문헌에 등장하는, 천상의 예배를 목격한 자들과 유사한 금욕적 신비주의자들이었다.[119]

---

115 거짓 교사들의 환상 체험에 관해서는 2:18 주해를 참조하라.

116 Smith, *Heavenly Perspective*, 70.

117 *1 En.* 14.18-23; 36.4; 39-40; 61.10-12; *2 En.* 20-21; *Ascen. Isa.* 7.37; 8.17; 9.28, 31, 33; *T. Levi* 2.5-7; 3.4-8; *T. Job* 48-50.

118 유대 묵시 문헌에 나오는 유대 신비주의에 관해서는 다음 책을 보라. Sappington, *Revelation and Redemption*, 28-137; Smith, *Heavenly Perspective*, 48-73.

119 Sappington, *Revelation and Redemption*, 225.

| 구조 | 이 단락은 거짓 교사들과 관련하여 골로새 성도들에게 경고하는 두 개의 명령문으로 구성되어 있다. 첫 번째 명령문은 "비판하지 못하게 하라"이고(16절), 두 번째 명령문은 "정죄하지 못하게 하라"이다(18절). 첫 번째 명령문에서는 거짓 교사들이 먹을 것과 마실 것, 절기, 초하루, 안식일을 중요하게 여기고 있음을 알 수 있다. 하지만 그런 것들은 그림자에 지나지 않는다. 그러므로 골로새 성도들은 그들의 비판을 받지 말아야 한다(16-17절). 두 번째 명령문에서는 거짓 교사들이 천사들의 겸손과 예배에 관한 신비 체험을 했다는 사실을 알 수 있다. 그들은 체험을 중요하게 여긴 나머지 머리이신 그리스도를 붙들지 않는 심각한 오류를 범하고 있다. 그러므로 골로새 성도들은 그들의 정죄를 받지 말아야 한다(18-19절). 이 단락은 다음과 같이 세분할 수 있다.

(1) 16-17절 거짓 교사들의 율법주의 성향에 관한 경고
1) 거짓 교사들의 비판을 받지 말라(16절)
2) 율법의 규정들과 그리스도(17절)

(2) 18-19절 거짓 교사들의 신비주의 성향에 관한 경고
1) 거짓 교사들의 정죄를 받지 말라(18상절)
2) 거짓 교사들의 문제: 머리를 붙들지 않음(18하-19상절)
3) 머리와 몸의 성장(19하절)

| 주해 |

(1) 거짓 교사들의 율법주의 성향에 관한 경고(2:16-17)

2:16 사도 바울은 그리스도 안에서 하나님께서 이루신 놀라운 구원에서 거짓 교사들의 문제로 관심의 초점을 옮긴다. 거짓 교사들이 지금 골로새 성도들을 판단하고 정죄하면서 그들의 믿음을 위협하고 있다. 골로새 성도들은 문제의 심각성을 깨닫고 적절하게 대처해야 한다. 바울은 이미 2:8에서 거짓 교사들의 노획물이 되지 않도록 주의하라고 경고하였다. 이번에는 그리스도 안에서 하나님께서 이루신 구원에 근거하여 거짓 교사들의 비판을 거부하라고 경고한다. "그러므로 어떤 사람도 … 여러분을 비판하지 못하게 하십시오."

"그러므로"(οὖν, "운")라는 접속사는 이 경고가 앞 단락에 근거한 것임을 알려 준다. 골로새 성도들은 그리스도 안에서 이미 충만하게 되었다. 그들

은 그리스도와 함께 죽었고, 그리스도와 함께 장사되었고, 그리스도와 함께 일으킴을 받았다. 그들은 영원한 생명을 받았고, 모든 죄들을 용서받았다. 또한 그들은 악한 영들의 무장을 해제하신 하나님의 승리에 동참하였다. 골로새 성도들이 받은 구원은 완전하다. 거기에 더 보탤 것이 없다. 그러므로 거짓 교사들에게 비판을 받아야 할 이유가 전혀 없다.

2:8에서와 같이 "누가", "어떤 사람"을 뜻하는 부정 대명사 "티스"(τις)는 거짓 교사들 전체를 가리킨다.[120] 거짓 교사들은 지금 먹을 것, 마실 것, 절기, 초하루, 안식일과 관련하여 골로새 성도들을 비판하고 있다. 이 본문에서 "비판하지 못하게 하라"(μὴ … κρινέτω, "메 … 크리네토")는 현재 시제 명령 동사이다. 이 동사는 18절에 나오는 "정죄하지 못하게 하라"와 평행을 이룬다. 거짓 교사들은 골로새 성도들에게 심각한 문제가 있다고 자기 마음대로 비판하고 있다.

그들의 비판은 크게 두 가지와 관련이 있다. 한 가지는 "먹을 것과 마실 것"이고, 다른 한 가지는 "절기", "초하루", "안식일" 같은 종교적인 날들의 준수이다.[121] "먹을 것"(βρῶσις, "브로시스")은 문자 그대로 음식을 가리키고, "마실 것"(πόσις, "포시스")은 음료를 가리킨다. 구약성경에는 돼지고기 같은 부정한 음식들을 금하는 규정들은 나오지만(레 11:1-23; 신 14:3-21), 일반 백성과 관련하여 음료를 금하는 규정들은 나오지 않는다. 제사장과 나실인을 위한 규정들만 나올 뿐이다. 제사장들은 회막에 들어가서 직무를 수행하는 동안에, 나실인은 서원을 하고 몸을 구별하는 기간에, 포도주와 독주를 마실 수 없었다(레 10:9; 민 6:1-3). 제사장이나 나실인은 아니지만 자발적으로 포도주를 마시지 않았던 사람들도 있었다. 예를 들어, 레갑 사람들은 선조의 명령에 순종하여 평생 포도주를 마시지 않았고(렘 35:1-19), 바벨론에 끌려간 다니엘은 포도주를 거부하였다(단 1:8-16).

골로새의 거짓 교사들은 율법의 규정들에 따라서 부정한 음식들을 먹어서는 안 된다고 믿었다. 제사장과 나실인을 위한 규정들까지 자신들에게

---

120 Moo, *Colossians and Philemon*, 218.

121 "먹을 것"과 "마실 것" 앞에는 전치사 "엔"(ἐν)이 있고, "절기"와 "초하루"와 "안식일" 앞에는 "엔 메레이"(ἐν μέρει)가 있다. 두 표현은 모두 "관하여", "관련하여"라는 뜻이다. BDAG 633.

적용하고, 율법에 근거하여 엄격한 규정들을 만들기까지 하였다. 2:21에서 사도 바울은 그들이 만든 엄격한 규정들 몇 가지를 언급한다. "만지지 말라, 맛보지 말라, 손대지 말라"는 금지 규정들이다. 거짓 교사들은 고기를 먹지 않고 포도주와 독주를 마시지 않음으로써 제의적 정결을 지키려고 하였다.

또한 거짓 교사들은 "절기", "초하루", "안식일"을 엄격하게 지켰다. 이 세 가지는 모두 유대인들이 중요하게 여긴 종교적인 날들이다. "절기"(ἑορτή, "헤오르테")는 유월절, 맥추절, 초막절 등을 가리키고(레 23:1-44), "초하루"(νεομηνία, "네오메니아")는 초승달이 뜨는 매달 첫날(음력)을 가리킨다. 이날에는 번제와 속죄제를 드리고 나팔을 불어야 한다(민 10:10; 28:11-15; 시 81:3).[122] "안식일"(σάββατον, "사바톤")은 이스라엘 백성이 반드시 지켜야 할 거룩한 날이다(출 20:8-11; 31:14-16). 마카베오스 항쟁 이후에 안식일 준수는 음식법과 할례와 함께 하나님의 언약에 충실한 유대인들의 표지가 되었다(1 Macc 1.62-63; Josephus, *Ant.* 11.346). 거짓 교사들이 "절기", "초하루", "안식일"을 지킨 것은 그들의 종교적 배경이 유대교라는 사실을 뒷받침한다. 그들은 음식을 가려 먹고 포도주와 독주를 마시지 않는 것과 마찬가지로 종교적인 거룩한 날들을 지키는 것을 경건의 표지로 간주하였고, 신비한 환상을 보는 데 필수 조건으로 생각하였다. 그들의 눈에는 거리낌 없이 고기를 먹고 포도주를 마시는 골로새 성도들이 부정하게 보였고, "절기", "초하루", "안식일"을 지키지 않는 성도들이 불경건하게 보였음이 틀림없다. 그래서 골로새 성도들을 비판한 것이다. 그들의 비판은, 제임스 던(James D. G. Dunn)이 지적하는 대로, 유대인들의 비판과 흡사하다. 유대인들은 율법을 영원한 것으로 믿었고, 율법을 범하는 것을 하나님의 저주를 받아야 할 죄로 간주하였다.[123]

2:17 그러나 거짓 교사들의 비판은 잘못된 것이다. 그들이 비판의 근거로 삼은 율법의 규정들이 "그림자"에 지나지 않기 때문이다. 바울은 이렇게 말한다. "그런 것들은 장차 올 것들의 그림자입니다." 이 구절에서 관계 대명사 "하"(ἅ, "중성 복수")를 번역한 "그런 것들"은 앞 절에 나온 먹을 것, 마실 것,

122 "초하루"의 규정에 관해서는 다음 책을 보라. 기동연, 『성전과 제사』, 184-88.

123 Dunn, *Colossians and Philemon*, 173-74. 그는 16절에 나타난 강한 유대교 요소들에 주목하고, 골로새 교회를 위협한 사람들이 유대인들이라고 주장한다. 또 다음 책을 보라. Bevere, *Sharing in the Inheritance*, 76-79.

절기, 초하루, 안식일에 관한 관습과 규정들을 가리킨다. 그것들은 그림자에 지나지 않는다.

헬라 철학에서 "그림자"(σκιά, "스키아")는 눈에 보이는 현상 세계를 가리키며, 눈에 보이지 않는 천상의 이데아를 가리키는 "실체"(πρᾶγμα, "프라그마", 또는 εἰκών, "에이콘")와 대조를 이룬다(Plato, *Resp.* 514-18). "실체"는 하늘에 있는 실물인 반면에 "그림자"는 지상에 있는 모사이다. 바울은 이와 유사하게 그림자와 실체의 은유를 사용한다. 하지만 그의 관점은 천상 세계와 지상 세계를 대조하는 헬라 철학의 관점이 아니라 구원 역사의 옛 시대와 오는 시대를 대조하는 성경의 관점이다. "장차 올 것들의 그림자"라는 표현은 "그림자"가 옛 시대에 속했음을 알려 준다. "장차 올 것들"(τῶν μελλόντων, "톤 멜론톤")이 구약의 시점에서 볼 때는 메시아가 임하는 미래에 일어날 일들이기 때문이다. 먹을 것, 마실 것, 절기, 초하루, 안식일에 관한 관습과 규정들, 즉 율법의 규정들은 하나님의 구원 역사에서 옛 시대에 속한 것이며, 일정한 기간 동안 이스라엘 백성에게 주어진 것이다(갈 3:19-20). 따라서 "그림자"라는 표현은 율법의 규정들이 과거에 속한 것임과 동시에 일시적인 것임을 나타낸다.[124] "그림자"인 율법 규정들은 "장차 올 것들"을 희미하게나마 미리 보여 주는 역할을 하였다. 이 구절은 율법을 장차 오는 좋은 일들의 그림자로 제시하는 히브리서 10:1과 매우 유사하다.[125]

"장차 올 것들", 즉 구약의 율법이 지향한 모든 것들이 그리스도와 함께 왔고, 그리스도의 죽음과 부활로 말미암아 실현되었다(2:11-15). 이 사실이 17절 후반부에서 분명하게 드러난다. "하지만 실체는 그리스도에게 속해 있습니다."[126] 이 구절에서 "실체"라고 번역한 "소마"(σῶμα)는 골로새서의 다른 본문들에서는 그리스도 자신의 "몸"을 의미하며(1:22), 은유적으로는 교회

---

124 Beetham, *Echoes of Scripture*, 201-2; Moo, *Colossians and Philemon*, 223. 구약의 율법은 그리스도와 그분 안에서 실현되는 구원을 지향한다는 관점에서는 일시적이지만, 하나님의 뜻의 계시라는 점에서는 영구적이다(마 5:18).

125 히 10:1 전반부: Σκιὰν γὰρ ἔχων ὁ νόμος τῶν μελλόντων ἀγαθῶν("왜냐하면 율법은 장차 오는 좋은 일들의 그림자이기 때문이요").

126 17절 후반부를 개역개정은 "몸은 그리스도의 것이니라"로, 표준새번역은 "그 실체는 그리스도에게 있습니다"로 번역한다. 사도 바울이 그림자와 실체의 대조를 마음에 두고 있는 점을 고려할 때, 후자가 전자보다 더 나은 번역이다.

를 가리킨다(1:18, 24; 2:19; 3:15). 일부 주석가들은 이 본문에서도 "소마"가 교회를 의미한다고 주장한다.[127] 하지만 여기서 "소마"는 "스키아"(σκιά), 즉 그림자와 명백하게 대조되는 "실체"이다.[128] 그리고 "그리스도의"(τοῦ Χριστοῦ, "투 크리스투")라는 헬라어 속격은 소속이나 소유를 나타낸다. 실체가 그리스도에게 속해 있다는 것이다. 그리스도에게 속한 실체란 교회가 아니라 종말의 구원이다.

요컨대, 거짓 교사들이 중요하게 여긴 음식에 관한 율법의 규정들과 종교적인 날들에 관한 규정들은 옛 시대에 속한 것이다. 그 규정들이 지향한 "장차 올 것들"은 그리스도와 함께 이미 도래하였다. 구약이 미리 보여 준 종말의 구원이 그리스도의 고난과 죽음과 부활로 말미암아 이루어진 것이다. 따라서 음식과 절기들과 초하루와 안식일에 관한 규정들은 더 이상 구속력이 없다. 그리스도 안에 있는 영원한 실체들과 비교할 때 그 규정들은 일시적인 것에 지나지 않는다. 실체가 왔는데, 무엇 때문에 그림자를 붙들어야 하는가?

거짓 교사들의 문제는 그리스도가 오셨고, 참된 실체가 그분에게 속해 있음에도 불구하고 여전히 그림자를 붙들고 있는 것이다. 그들은 구원 역사를 뒤로 돌리고, 그리스도의 죽음과 부활을 헛되게 만들고 있다. 옛 시대에 속한 규정들은 그리스도와 함께 도래한 구원의 새 시대에 경건의 표지가 될 수 없고, 판단과 비판의 기준이 될 수 없다.[129] 그러므로 골로새 교인들은 거짓 교사들의 비판을 단호하게 거부해야 한다.

(2) 거짓 교사들의 신비주의 성향에 관한 경고(2:18-19)

2:18 사도 바울이 16절에 이어서 다시 거짓 교사들에 관하여 경고한다. "아무도 여러분을 … 정죄하지 못하게 하십시오"(μηδεὶς ὑμᾶς καταβραβευέτω, "메데이스 휘마스 카타브라뷰에토"). 16절에 나온 "어떤 사람"이라는 표현처럼 "아무

127 Lohse, *Colossians and Philemon*, 117; Moule, *Colossians and Philemon*, 103; Patzia, *Colossians, Philemon*, 62; Sumney, *Colossians*, 152.

128 BDAG, 984; L&N, 58.66; Silva, *NIDNTTE*, IV, 311.

129 Bandstra, *The Law and the Elements of the World*, 92; Beetham, *Echoes of Scripture*, 202; Calvin, *Colossians*, 337; Hendriksen, 『골로새서·빌레몬서』, 180-81; 변종길, "만물의 머리 되신 그리스도", 57-58.

도"(μηδείς, "메데이스")도 거짓 교사들을 가리킨다. 거짓 교사들이 골로새 성도들을 비판할 뿐만 아니라 정죄하고 있다. 명령 동사 "카타브라뷰에토"는 신약성경에서 이곳에만 한 번 나온다. 성경 밖의 문헌들에도 거의 나오지 않기 때문에 의미를 파악하기가 어렵다. 일부 주석가들은 "브라뷰스"(βραβεύς, "재판관", "판정자", "지도자")라는 동족 명사가 운동 경기의 심판을 가리키는 데 사용된 사실에 주목하고는 이 본문에서 "카타브라뷰에토"가 운동 경기의 심판처럼 어떤 사람에게 불리한 판정을 내리는 것을 의미한다고 주장한다. 이 개념에 근거하여 실격시키거나 상을 박탈하는 것을 뜻한다고 주장하는 사람들도 있다.[130] 하지만 "카타브라뷰오"(καταβραβεύω)는 고대 문헌들에서 운동 경기가 아니라 재판과 관련하여 나오며, 재판관이 원고나 피고에게 불리한 판결을 내리는 것을 가리킨다. 바울도 이 동사를 법적인 의미로 사용한다. 따라서 "실격시키다", "상을 박탈하다"가 아니라, "유죄 판결을 내리다", "정죄하다"라는 뜻으로 이해해야 한다.[131] 거짓 교사들이 재판관처럼 행동하면서 골로새 성도들을 정죄하고 있는 것이다.

골로새 성도들은 거짓 교사들의 정죄를 거부해야 한다. 그들의 정죄가 정당하지 않기 때문이다. 이 본문과 다음 본문에서 바울은 거짓 교사들의 문제를 구체적으로 거론한다. 하지만 구문이 복잡하고 단어들이 어려워서 그가 말하는 내용을 정확하게 이해하기가 힘들다. 다음에서 볼 수 있는 대로, 이 본문과 다음 본문의 앞부분은 주동사 "카타브라뷰에토"와 함께 거짓 교사들의 행동을 서술하는 세 개의 분사절(θέλων, φυσιούμενος, κρατῶν)로 구성되어 있다. 이 본문에 나오는 또 다른 분사 "엠바튜온"(ἐμβατεύων)은 관계 대명사절 "하 헤오라켄"(ἃ ἑόρακεν)에 속한 것이라서 제외하였다. 바울은 세 개의 분사절로 거짓 교사들이 무엇인가를 기뻐하고 있고, 우쭐거리고 있고, 머리를 붙들지 않고 있다고 비판한다.

---

130 BDAG, 515; Broer, *EDNT*, II, 256; L&N, 30.121; Beale, *Colossians and Philemon*, 214, 223("상을 박탈하다", "실격시키다"); Bruce, *Colossians, Philemon*, 117; Dunn, *Colossians and Philemon*, 171, 177; Harris, *Colossians and Philemon*, 106.

131 Beetham, *Echoes of Scripture*, 202-3. 다음 책들도 보라. Stauffer, *TDNT*, I, 637-39; Silva, *NIDNTTE*, I, 531; Lohse, *Colossians and Philemon*, 117; Moo, *Colossians and Philemon*, 224; O'Brien, 『골로새서·빌레몬서』, 279; Pao, *Colossians and Philemon*, 187-88.

18절 μηδεὶς ὑμᾶς καταβραβευέτω
θέλων ἐν ταπεινοφροσύνῃ καὶ θρησκείᾳ τῶν ἀγγέλων,
("뗄론 엔", "기뻐하면서")
ἃ ἑόρακεν ἐμβατεύων,
("엠바튜온", "들어가서")
εἰκῇ φυσιούμενος ὑπὸ τοῦ νοὸς τῆς σαρκὸς αὐτοῦ,
("휘시우메노스", "우쭐거리고 있고")
19절 καὶ οὐ κρατῶν τὴν κεφαλήν,
("크라톤", "붙들다")

이 본문에서 가장 이해하기 어려운 것은 "뗄론 엔"으로 시작하는 첫 번째 분사절이다. 많은 주석가들이 이 분사절 뒤에 이어지는 "하 헤오라켄 엠바튜온"(ἃ ἑόρακεν ἐμβατεύων)을 독립된 분사절로 간주한다. 개역개정도 이렇게 이해하고 "그가 그 본 것에 의지하여"라고 번역한다. 하지만, 아래에서 볼 수 있는 대로, "하 헤오라켄 엠바튜온"은 앞에 나온 "타페이노프로쉬네 카이 뜨레스케이아 톤 앙겔론"(ταπεινοφροσύνῃ καὶ θρησκείᾳ τῶν ἀγγέλων)에 연결된 것이다. 관계 대명사 "하"(ἅ)는 "타페이노프로쉬네 카이 뜨레스케이아 톤 앙겔론"을 한정한다. 따라서 이 문구를 "들어가서 그가 본 천사들의 겸손과 예배"라고 번역할 수 있다.

θέλων ἐν ταπεινοφροσύνῃ καὶ θρησκείᾳ τῶν ἀγγέλων,
("천사들의 겸손과 예배")
ἃ ἑόρακεν ἐμβατεύων,
("들어가서 그가 본")

구문을 이렇게 이해할 때 생기는 문제는 관계 대명사 "하"와 선행사의 성이 일치하지 않는다는 점이다. 관계 대명사 "하"가 중성인 반면에 선행사 "타페이노프로쉬네"와 "뜨레스케이아"는 여성이다. 하지만 바울은 3:6에서도 중성 관계 대명사 "하"(ἅ)를 같은 방식으로 사용한다. 앞에서 제시한 것 전체를 가리키는 경우에 복수 중성 관계 대명사를 사용할 수 있는 것이다.[132]

132 Beetham, *Echoes of Scripture*, 204; Rowland, "Apocalyptic Visions", 76; Sappington, *Revelation and Redemption*, 160; Smith, *Heavenly Perspective*, 130;

선행사가 여성 명사들이 아니지만, 가까운 문맥인 2:17과 2:22에서도 바울은 앞에서 제시한 것 전체를 가리키는 데 동일한 중성 관계 대명사 "하"를 사용한다. 이와 같은 구문 이해에 근거하여 "뗄론 엔"으로 시작하는 분사절을 다음과 같이 번역할 수 있다. "들어가서 자기가 본 천사들의 겸손과 예배를 기뻐하면서."

지금 바울은 거짓 교사들이 어딘가에 들어가서 천사들의 겸손과 예배를 보았다고 말하는 것이다. 그들은 어디에 들어갔는가? 또 그들이 본 천사들의 예배와 겸손이란 무엇인가? 결론을 미리 말하자면, 그들은 하늘의 영역에 들어갔고,[133] 거기서 천사들의 겸손과 예배, 즉 천사들이 겸비한 자세로 하나님을 예배하는 것을 보았다. 거짓 교사들은 자신들이 본 천사들의 겸손과 예배를 기뻐하면서 골로새 성도들을 정죄하고 있는 것이다.

본문을 이렇게 이해하는 것이 생소하고 낯설게 느껴질 수 있다. 개역개정의 번역과 다르기 때문이다. 개역개정은 "뜨레스케이아 톤 앙겔론"(θρησκείᾳ τῶν ἀγγέλων)을 "천사들의 예배"가 아니라 "천사 숭배"라고 번역한다. 속격 "톤 앙겔론"(τῶν ἀγγέλων, "천사들의")을 목적어 역할을 하는 속격으로 이해하고(목적어적 속격), 천사들을 "예배"의 대상으로 보는 것이다. 이 해석에 따르면, 거짓 교사들은 천사들을 숭배하는 자들이다. 일부 성경학자들은 거짓 교사들이 천사들을 하나님과 사람을 이어 주는 중보자로 경배했다고 주장한다.[134] 하지만 이런 해석은 본문의 지지를 받지 못한다. 천사들을 신 같은 존재나 중보자로 숭배하는 심각한 잘못에 대한 책망이나 비판이 골로새서에 나오지 않기 때문이다.[135] 또 이 서신 어디에서도 바울은 거짓 교사들이나 골로새 교인들이 천사들을 숭배했다고 언급하지 않는다.

만일 골로새에서 문제를 일으키는 거짓 교사들이 천사들을 신 같은 존

Sumney, "Those Who 'Pass Judgment'", 199.

133 유대 묵시 문헌들에는 에녹, 아브라함, 레위, 바룩 등 경건한 사람들이 천사들의 안내를 받아 하늘에 들어가는 장면이 자주 나온다(*1 En.* 14.9; 71.1-17; *2 En.* 20.1-4; *3 Bar.* 2.2; 3.1-2; *Apoc. Ab.* 15.1-7; *T. Levi* 2.5-5.2; 1QSb 4.25-26).

134 Abbott, *Colossians*, 268; Eadie, *Colossians*, 180; Hendriksen, 『골로새서·빌레몬서』, 182-83; 변종길, "만물의 머리 되신 그리스도", 58.

135 Smith, *Heavenly Perspective*, 125. 그는 이것이 "천사들의 예배"를 목적어적 속격으로 읽고 천사 숭배로 해석하는 사람들의 가장 중대한 문제라고 지적한다.

재나 중보자로 숭배하고 있었다면, 골로새 성도들에게 큰 위협이 되지 않았을 것이다. 그들은 에바브라에게 복음을 체계적으로 배웠고(1:7), 하나님의 은혜를 깨달았기 때문에(1:6) 천사들을 숭배하는 행위가 얼마나 심각한 잘못인지 잘 알았을 것이다. 에바브라도 사도 바울의 도움을 받기 위해 로마까지 갈 필요가 없었을 것이다. 천사들을 숭배하는 거짓 교사들을 사도의 도움 없이도 얼마든지 감당할 수 있었기 때문이다.

오늘날 많은 성경학자들이 "뜨레스케이아 톤 앙겔론"을 천사들이 하나님을 예배하는 행위를 가리키는 것으로 해석한다.[136] 이 해석은 "톤 앙겔론"(τῶν ἀγγέλων)을 주어 역할을 하는 속격으로 이해하고("주어적 속격"), 천사들을 예배의 주체로 보는 것이다. 이런 시도는 "하나님의 사랑"이라는 표현에서 "하나님의"를 주어로 이해하고, 하나님을 사랑의 주체로 보는 것과 같다. "하나님의 사랑"이 "하나님께서 베푸시는 사랑"을 뜻하는 것처럼 "천사들의 예배"는 "천사들이 행하는 예배"를 뜻한다. 유대 문헌에도 "뜨레스케이아"와 연결된 속격이 주어 역할을 하는 경우가 있다. 요세푸스의 유대 고대사에 나오는 "유대인들의 예배"(τῇ Ἰουδαίων θρησκείᾳ, "테 유다이온 뜨레스케이아")라는 표현이 그러하다(Josephus, *Ant.* 12.5.4). 이 표현에서 속격 "유대인의"가 명백하게 주어 역할을 한다. "유대인들의 예배"는 유대인들이 드리는 예배인 것이다.[137] 골로새서의 헬라어 구문도 "톤 앙겔론"을 주어적 속격으로 해석하는 것을 지지한다. "톤 앙겔론"은 "뜨레스케이아"(예배)만이 아니라 "타페이노프로쉬네"(겸손)와도 같은 관계로 연결되어 있다(ἐν <u>ταπεινοφροσύνῃ</u> καὶ <u>θρησκείᾳ</u> τῶν ἀγγέλων). "천사들의 겸손"이 천사들이 취하는 태도나 자세를 가리키는 것과 마찬가지로 "천사들의 예배"도 천사들이 행하는 예배를 가리킨다.[138]

"뜨레스케이아 톤 앙겔론"을 이렇게 해석하는 것은 성경의 지지도 받는다. 천사들이 하나님을 예배하는 장면이 성경에 종종 나온다. 이사야는 선지자로 부름을 받을 때 날개 여섯 개가 달린 스랍들(seraphim)이 하나님을 찬송하는 것을 보았다(사 6:2-3). 예수님이 탄생하시던 날 밤에 양 떼를 지키

136 Beetham, *Echoes of Scripture*, 204-5; Rowland, "Apocalyptic Visions", 220-28; Sappington, *Revelation and Redemption*, 17-20, 158-61; Stuckenbruck, *Angel Veneration and Christology*, 115-19;

137 Francis, "Humility and Angelic Worship in Col 2:18", 180.

138 Sumney, "Those Who 'Pass Judgment'", 201.

던 목자들은 수많은 천사들이 하나님을 찬송하는 것을 보았다(눅 2:13-14). 사도 요한은 하늘에 올라가서 수많은 천사들이 보좌에 앉으신 하나님과 어린 양을 찬송하는 장엄한 광경을 보았다(계 4:8-11; 5:11-12).

개역개정은 "뜨레스케이아 톤 앙겔론"을 "천사 숭배"라고 번역하고, 이 문구와 함께 나오는 "타페이노프로쉬네"(ταπεινοφροσύνη)를 "꾸며낸 겸손"이라고 번역한다(개역한글: "일부러 겸손함"). 하지만 헬라어 본문에는 "꾸며낸"이나 "일부러"라고 번역할 수 있는 수식어가 없다. 같은 단어가 나오는 2:23과 3:12에서처럼 "겸손"이라고 번역해야 한다.[139] 여기서 "겸손"이란 하나님을 예배하는 천사들의 환상을 보기 위해 거짓 교사들이 행한 금식이나 금욕적 행위를 의미할 수 있다.[140] 하지만, 앞에서 지적한 대로, "겸손"은 "예배"라는 단어와 함께 "천사들의"에 연결되어 있다. 또 "겸손"은 "예배"와 함께 하나의 전치사 "엔"(ἐν)의 지배를 받는다(θέλων ἐν ταπεινοφροσύνῃ καὶ θρησκείᾳ τῶν ἀγγέλων). 이 전치사 뒤에서 두 단어 모두 여격 형태로 나온다. 따라서 "겸손"과 "예배"를 천사들의 행동으로 간주해야 한다.[141] "겸손"은 천사들이 하나님 앞에서 취한 겸비한 자세나 태도이다. 천사들은 겸비한 자세로 하나님을 예배한다. 예를 들어, 이사야가 본 스랍들은 날개 둘로 얼굴을 가리고 날개 둘로 발을 가리고 날개 둘로 날면서 하나님을 찬송하였다(사 6:1-3).

"뜨레스케이아 톤 앙겔론"을 천사들이 하나님을 예배하는 행위를 가리키는 것으로 해석할 때 고려해야 할 중요한 구절은 "하 헤오라켄 엠바튜온"(ἃ ἑόρακεν ἐμβατεύων, "들어가서 그가 본")이다. 여기서 동사 "헤오라켄"("그가 보았다")은 거짓 교사들의 신비 체험을 나타낸다. 이 동사는 분사 "엠바튜온"과 마찬가지로 단수이다. 단수 그대로 이해하면, 거짓 교사들 중 한 사람만 신비 체험을 했다고 주장할 수 있다. 하지만 이 본문에 나오는 동사와 분사들은 모두 거짓 교사들 전체를 지칭하는 단수 "메데이스"(μηδείς, "아무도")의 행동을 나타낸다. "보았다"라는 동사의 주어도 사실상 거짓 교사들 전체이다. 그리고 이 동사의 목적어는 "천사들의 겸손과 예배"이다. 거짓 교사들이 천사들

139 BDAG, 989.

140 Dunn, *Colossians and Philemon*, 178-79; O'Brien, 『골로새서·빌레몬서』, 280.

141 Beetham, *Echoes of Scripture*, 209; Sappington, *Revelation and Redemption*, 159-60; Sumney, "Those Who 'Pass Judgment'", 201.

의 겸손과 예배의 환상을 보았다는 것이다.[142]

개역개정에서 "의지하여"라고 번역한 "엠바튜온"(ἐμβατεύων)은 신약성경에서 이곳에만 나오는 난해한 단어이다. 마르틴 디벨리우스(Martin Dibelius)는 이 단어가 신비 종교의 입문식 과정을 가리키는 전문 용어라고 주장하였다.[143] 에베소에서 북쪽으로 30km 떨어진 클라로스(Claros)에서 발견된 아폴로 신전의 비문들에 이 단어가 나오기 때문이다. 디벨리우스와 그의 견해를 지지하는 학자들에 따르면, 거짓 교사들은 신비 종교의 입문식 과정에서 환상을 본 종교 혼합주의자들이다. 하지만 골로새서에서 "엠바튜온"이 신비 종교의 전문 용어로 사용되었다고 보기는 어렵다. 이 단어와 함께 으레 나오기 마련인 "입회하다", "비밀들을 받다" 같은 신비 종교와 관련이 있는 용어들이 전혀 나오지 않기 때문이다.

고대 문헌들에서 "엠바튜오"(ἐμβατεύω)는 "들어가다", "획득하다", "자세히 조사하다"라는 뜻으로 사용되었다. 이 동사의 기본 의미는 "들어가다"이다.[144] 칠십인역에서는 약속의 땅에 들어가는 것을 설명하는 본문에 나온다(수 19:49, 51 LXX). 마카베오스 1서에서는 다른 나라의 영토로 들어가는 것과 관련하여 사용된다(1 Macc 12.25; 13.20; 14.31; 15.40). 또 요세푸스는 모세가 시내산에 들어가는 것을 서술하면서 이 동사를 사용한다(*Ant.* 2.265). 고대 헬라 문헌들에서도 이 동사는 "도시 안으로 들어가다"(Euripides, *El.* 595), "성소 내부로 들어가다" 같은 구절에 나온다. 이 본문에서 사도 바울도 "엠바튜온"을 "들어가다"라는 뜻으로 사용한다. 그러면 거짓 교사들은 어디에 들어갔는가? 천사들이 하나님을 예배하는 하늘의 영역일 것이다.[145]

여기서 의문이 생긴다. 거짓 교사들은 정말로 하늘에 들어갔는가? 하나님께서 그들에게 그런 놀라운 경험을 하는 특별한 은혜를 주셨는가? 사도들은 실제로 하나님의 특별한 은혜를 받아서 하늘에 들어가는 경험을 하였

142 Beetham, *Echoes of Scripture*, 204; Sappington, *Revelation and Redemption*, 157-58; Stuckenbruck, *Angel Veneration and Christology*, 117-19; Sumney, *Colossians*, 155.

143 Dibelius, "Isis Initiation", 86-87. 또한 다음을 보라. L&N, 53.15; Arnold, *The Colossian Syncretism*, 155-57; Lohse, *Colossians and Philemon*, 119-20.

144 BDAG, 321(ἐμβατεύω, "엠바튜오"); LSJ, 530; Preisker, *TDNT*, II, 535.

145 Francis, "Background of EMBATEUEIN", 199.

다. 사도 요한은 "이리로 올라오라"는 나팔 소리 같은 음성을 듣고 하늘에 올라가서 네 생물들과 이십사 장로들과 수많은 천사들이 하나님과 어린양 그리스도를 경배하는 장엄한 광경을 보았다. 사도 바울도 셋째 하늘에 이끌려 올라가서 사람이 가히 이르지 못할 말을 들었다(고후 12:1-4). 사도들의 체험과 거짓 교사들의 체험 사이에 어느 정도 유사점이 있는 것은 사실이다. 그러나 거짓 교사들이 사도들처럼 하나님의 특별한 은혜로 환상을 보았다고 할 수는 없다. 유대 신비주의자들처럼 자신들의 특별한 노력으로도 환상을 보는 것이 가능하기 때문이다. 일부 유대 문헌에 나오는 것처럼 거짓 교사들이 꿈에서 환상을 보았을 가능성도 있다.[146] 만일 그들이 하나님의 특별한 은혜로 환상을 보았다면, 우월 의식에 사로잡혀서 다른 사람들을 비판하거나 정죄하지 않았을 것이다. 또 잘못된 교리를 전하는 거짓 교사들이 되지도 않았을 것이다.

거짓 교사들은 자신들이 본 천사들의 겸손과 예배를 "기뻐하고 있다." 개역개정에서 "이유로"라고 번역한 헬라어 표현은 전치사를 동반한 분사 "델론 엔"(θέλων ἐν)이다. 원형 동사 "델로"(θέλω)는 일반적으로 "바라다", "원하다"를 뜻한다. 종종 "즐거워하다"라는 뜻으로 쓰이기도 한다(막 12:38-39; 눅 20:46; 히 10:8). 무엇을 바라거나 원하는 것은 그것을 좋아하거나 즐거워하기 때문이다. 또한 "델로"가 전치사 "엔"과 함께 나오는 것은 구약의 표현 양식을 따르는 것이다. 칠십인역에서 이 표현은 "기뻐하다", "즐거워하다"를 의미한다(삼상 18:22; 삼하 15:26; 왕상 10:9; 대상 28:4; 대하 9:8; 시 111[112]:1; 146[147]:10 LXX). 거짓 교사들은 자신들이 본 천사들의 겸손과 예배를 기뻐하고 있다.[147]

사도 바울이 18절 마지막 구절에서 거짓 교사들의 문제를 지적한다. 그것은 "자기 육체의 생각으로 이유 없이 우쭐거리는" 영적 교만이다. 개역개정에서 "과장하고"라고 번역한 단어는 수동태 분사 "휘시우메노스"(φυσιούμενος)이다. 능동태 동사 "휘시오오"(φυσιόω)는 "교만하게 만들다", "우쭐거리게 하다", "자만심을 갖게 하다"를 뜻하고,[148] 수동태는 "교만하게 되

146 예를 들어, 레위는 꿈에 하늘에 들어갔다. "그때 나는 잠이 들었다. 그리고 높은 산을 보았고 그 꼭대기에 섰다. 하늘이 열리는 것을 보았다. 주님의 천사가 나에게 말하였다. '레위, 레위, 들어오라!' 그래서 나는 첫째 하늘에 들어갔다"(*T. Levi* 2.5-7).

147 BDAG, 448; Schrenk, *TDNT*, III, 45; Smith, *Heavenly Perspective*, 121.

148 BDAG, 1069; L&N, 88.217.

다", "우쭐거리다"를 뜻한다. 바울은 고린도전서 8:1에서 "지식은 교만하게 만듭니다"(φυσιοῖ, "휘시오이")라고 말한다. 지식만이 아니라 체험도 사람을 교만하게 만든다. 거짓 교사들은 환상을 본 것 때문에 교만하게 되었다. 그 결과 자신들이야말로 하나님의 가장 거룩한 백성이라는 착각에 빠져서 다른 사람들을 무시하게 된 것이다. 그들의 교만은 육체의 생각에서 비롯되었다. "육체의 생각"(νοῦς τῆς σαρκός, "누스 테스 사르코스")이란 육체의 지배를 받는 옛 사람의 사고방식을 가리킨다.[149] 거짓 교사들이 체험으로 인하여 우쭐거리는 것은 타당한 "이유가 없는"(εἰκῇ, "에이케") 행동이다.[150] 그들의 체험이 교만의 이유가 될 수 없다. 만일 그들이 천상 예배의 장엄한 환상을 보았다면, 하나님께 감사해야 한다. 그리고 자신들의 부정함을 깨닫고 겸손하게 행동해야 한다. 스랍들이 하나님을 찬양하는 광경을 본 이사야는 자신의 부정함을 깨닫고 탄식하였다(사 6:5).

2:19 사도 바울은 마지막 분사절에서 거짓 교사들의 문제를 계속 지적한다. 이번에는 영적 교만보다 더 심각한 것이다. "그리고 머리를 붙들지 않고 있습니다"(καὶ οὐ κρατῶν τὴν κεφαλήν, "카이 우 크라톤 텐 케팔렌"). 이 진술에서 "머리"는 그리스도를 가리키는 은유적 표현이다. 평행 본문인 에베소서 4:15-16에서 바울은 머리가 그리스도를 가리킨다고 명확하게 밝힌다. 그리스도는 모든 통치자와 권세의 머리이시며(2:10), 동시에 교회의 머리이시다(1:18). 그리스도는 악한 영의 세력인 모든 통치자와 권세는 굴복시키고 통제하시지만, 자신의 몸인 교회는 사랑으로 돌보고 지키신다.[151] 거짓 교사들의 심각한 문제는 바로 머리이신 그리스도를 붙들지 않고 있는 것이다.

거짓 교사들과 관련하여 사도 바울이 사용한 분사 "크라톤"(κρατῶν)은 "(사람이나 물건을) 붙잡다", "굳게 붙들다", "손으로 잡다" 등을 의미한다.[152] 신약성경의 다른 본문들에서 이 단어는 전통을 굳게 지키는 것(막 7:3, 4, 8; 살후 2:15), 신앙 고백을 견고하게 잡는 것(히 4:14)과 관련하여 나온다. 칠십인역 아가서에서는 사랑하는 사람을 굳게 붙잡고 놓지 않는 것을 의미한다(아 3:4

149 Bruce, *Colossians, Philemon*, 123.

150 Abbott, *Colossians*, 270; L&N, 89.20.

151 Arnold, "Jesus Christ", 364-65.

152 BDAG, 564-65; L&N, 18.6(κρατέω, "크라테오").

LXX). 골로새서의 본문에서 머리이신 그리스도를 굳게 붙든다는 표현을 예수님이 버가모 교회를 칭찬하신 말씀에 비추어서 이해할 수 있다. "네가 내 이름을 '굳게 붙잡고'(κρατεῖς, "크라테이스") 내 충성된 증인 안티파스가 너희 곁 곧 사탄이 거주하는 곳에서 죽임을 당할 때에도 나를 믿는 믿음을 저버리지 아니하였도다"(계 2:13하). 이 말씀에서 "내 이름을 굳게 붙잡다"와 "나를 믿는 믿음을 저버리지 않았다"가 밀접하게 연결되어 있다. "내 이름", 즉 예수님을 굳게 붙잡는 것은 "나를 믿는 믿음", 즉 예수님을 믿는 믿음을 저버리지 않고 지키는 것을 의미한다. 골로새서에서도 그리스도를 굳게 붙든다는 말은 그리스도가 구원자이며 주님임을 인정하고 계속해서 그분을 신뢰하고 의지하는 것을 의미한다(참조. 2:6-7). 또 그리스도가 교회의 머리라는 것을 인정하고 그분과의 영적 연합을 계속 유지하는 것을 뜻한다.

거짓 교사들이 그리스도를 붙들지 않고 있다는 말은 그들이 그리스도인이라는 사실을 전제한다. 그리스도와 아무 관계도 없는 자들에 대하여 그리스도를 붙들지 않는다는 식으로 말하는 것은 이치에 맞지 않는다.[153] 적어도 거짓 교사들은 스스로 그리스도인이라고 주장하는 자들이다. 그들은 머리이신 그리스도를 붙들어야 함에도 불구하고 그렇게 하지 않고 있다. 그리스도보다 체험을 더 소중하게 여기고 있기 때문이다. 그들은 그리스도를 믿는 것을 신앙의 초보 단계라고 폄하하고, 천상 예배의 환상을 보는 것을 신앙의 최고 단계라고 주장하였다. 그러나 그들의 생각은 매우 잘못된 것이다. 머리이신 그리스도를 붙드는 것이야말로 신앙의 핵심이다. 그리스도가 영적 생명과 성장의 원천이시기 때문이다.

거짓 교사들의 문제를 지적하면서 바울은 "온몸"이 "머리"에 연결되어야 성장할 수 있고 연합을 유지할 수 있다고 설명한다. "그 머리에서부터 온몸이 관절들과 인대들을 통하여 공급을 받고 결합되어 하나님께서 자라게 하시는 대로 자랍니다." 여기서 "머리"는 그리스도를, "온몸"(πᾶν τὸ σῶμα, "판 토 소마")은 교회를 가리킨다.[154] 머리는 몸 전체를 주관하는 기관이다. 사도

153 Barth and Blanke, *Colossians*, 350; Beetham, *Echoes of Scripture*, 217; Lincoln, "Colossians", 632; Moo, *Colossians and Philemon*, 230; Witherington, *Philemon, Colossians,* 31.

154 Van Kooten, *Cosmic Christology*, 57-58. 그는 골로새서 저자의 강한 우주론적 관심을 고려할 때 이 본문에 나오는 "몸"을 교회가 아니라 우주를 가리키는 것으로 보아야 한다고

는 머리라는 이미지를 사용하여 그리스도가 몸인 교회의 생명과 성장과 연합의 원천이라는 사실을 강조한다.[155] 온몸은 머리이신 그리스도와 연결되어 그분의 다스림을 받을 때에만 "관절들과 인대들을 통하여 공급을 받고 결합되어 하나님께서 자라게 하시는 대로" 자랄 수 있다. 이 구절에서 "공급하다"라고 번역한 "에피코레게오"(ἐπιχορηγέω)는 고대 문서들에서 남편이 아내에게 필요한 것들을 공급하여 부양하는 것을 가리키는 데 종종 사용되었다.[156] 그리스도는 교회에 무엇을 공급하시는가? "온몸"의 성장과 연합을 말하는 문맥을 고려할 때 성장에 필요한 영적 생명과 은사들일 것이다. 또 "결합하다"라는 뜻으로 번역한 "쉼비바조"(συμβιβάζω)는 몸의 모든 부분들이 결합되어 한몸을 유지하는 것을 의미한다. 교회는 머리이신 그리스도와 연결되어야 연합을 유지할 수 있고 성장할 수 있다. 그리스도가 성장과 연합의 원천이신 것이다. 그리스도는 교회에 영적 생명과 은사들을 부여하시고 교회의 하나 됨을 유지하게 하면서 교회를 다스리신다.

온몸이 지속하여 공급을 받고 결합되는 것은 "관절들과 인대들을 통하여" 이루어진다. 개역개정에서 "마디"라고 번역한 "하페"(ἁφή)의 기본 의미는 "접촉"이나 "연결"이다. 이 본문에서는 접합 부분인 "관절"을 가리킨다.[157] 또 개역개정에서 "힘줄"이라고 번역한 "쉰데스모스"(σύνδεσμος)는 함께 묶는 것을 의미한다(3:14; 엡 4:3). 고대 의학 문서들에서 이 단어는 뼈를 근육과 연결하는 "인대"를 가리켰다.[158] 바울은 함께 묶는 이미지를 염두에 두고 "쉰데스모스"를 뼈들을 포함하여 몸의 부분들을 연결하는 것을 가리키는 데 사용한다. 하지만 "관절들과 인대들을 통하여" 온몸이 공급을 받고 결합된다는 표

주장한다. 하지만 플라톤과 스토아 철학의 우주론에 과도하게 의지한 그의 견해는 교회의 성장과 연합을 말하는 본문의 내용과 맞지 않는다.

155 Arnold, "Jesus Christ", 362-63; Dawes, *The Body in Question*, 146.

156 BDAG, 387; L&N, 35.31; LSJ, 673.

157 Lightfoot, *Colossians and Philemon*, 199; Dawes, *The Body in Question*, 145. 하지만 일부 사전이나 주석가들에 따르면, "하페"는 "인대"(ligament)를 의미한다(LSJ, 288; Moo, *Colossians and Philemon*, 231).

158 BDAG, 966; Arnold, "Jesus Christ", 360; Arnold, *Ephesians*, 271, n. 87; Lightfoot, *Colossians and Philemon*, 199. 이 단어는 "힘줄"(sinew)을 가리키는 데 사용되기도 하였다(LSJ, 1701). Thomas K. Abbott는 "쉰데스모스"가 "인대"라는 전문적인 의미가 아니라, 인대든 힘줄이든 근육이든 몸의 연결 부위를 가리키는 일반적인 의미로 사용되었다고 주장한다. Abbott, *Colossians*, 271.

현을 지나치게 해부학적으로, 또는 생리학적으로 이해하지 않도록 주의해야 한다.[159] 바울은 "관절"과 "인대"라는 두 용어를 전문적인 의미로 사용하지 않는다. 몸의 부분들을 연결하고 결합함과 동시에 몸에 필요한 양분을 공급하는 역할을 하는 신체의 요소들을 가리키는 것으로 자유롭게 사용한다.[160] 이 본문에서 바울이 강조하는 것은 관절과 인대의 역할이 아니라 머리의 역할이다. 머리이신 그리스도가 몸의 성장과 연합의 원천이시라는 것이다.

온몸, 즉 교회는 머리이신 그리스도와 연결되어 다스림을 받을 때 비로소 "하나님께서 자라게 하시는 대로 자란다." 이 구절에서 "하나님께서 자라게 하시는 대로"라고 번역한 것은 "하나님의 성장"(τὴν αὔξησιν τοῦ θεοῦ, "텐 아욱세신 투 떼우")이라는 헬라어 속격 구문이다. 이 구문은 하나님께서 이루시는 성장을 의미한다. "투 떼우"(τοῦ θεοῦ)가 주어적 속격인 것이다.[161] 그리스도는 온몸을 위한 영적 생명과 성장의 원천이시고, 성부 하나님은 성장의 궁극적 원인이시다. 하나님은 그리스도로 말미암아 생명과 은사들과 활력을 공급하심으로써 교회를 자라게 하신다. 하나님께서 이렇게 하실 때 교회는 영적으로 성숙함과 동시에 양적으로도 성장한다(행 2:41, 47; 4:4; 5:14; 6:7; 9:31; 11:21). 이 본문에서 바울이 마음에 두고 있는 성장은 일차적으로 영적 성숙이다. 영적 성숙은 몸에 속한 지체들이 머리이신 그리스도에게까지 자라는 것이다(엡 4:16). 또한 거룩하고 흠이 없고 책망받을 것이 없는 존재, 즉 그리스도 안에서 완전한 자가 되는 것이다(1:22, 28). 몸에 속한 지체들이 영적으로 성숙함에 따라 몸인 교회도 머리이신 그리스도를 점점 닮아 가게 될 것이다.

온몸의 성장과 연합에 관한 바울의 논증은 거짓 교사들을 겨냥한 것이

159 Martin Lloyd-Jones는 "하페"라는 단어가 나오는 엡 4:15-16을 설명하면서 생명과 활력이 "관절"이 아니라 "끈"이나 "연결 고리"를 통해서 몸의 모든 부분에 공급된다는 점을 지적한다. "하페"가 생명과 양분과 활력을 흘러가게 하는 통로(=끈)의 개념으로 사용되었다고 한다. Lloyd-Jones, 『영적 연합』, 316-17.

160 Abbott, *Colossians*, 271; Bratcher and Nida, *Colossians and Philemon*, 69; Moo, *Colossians and Philemon*, 231; Moule, *Colossians and Philemon*, 107.

161 Barth and Blanke, *Colossians*, 353; Harris, *Colossians and Philemon*, 110; Moo, *Colossians and Philemon*, 232; Pao, *Colossians and Philemon*, 192.

다. 그들은 체험을 중요하게 여기고 영적 생명과 성장의 원천이신 그리스도를 붙들지 않고 있다. 그들이 아무리 신비하고 특별한 체험을 했다고 하더라도, 체험으로는 진정한 영적 성숙을 기대할 수 없다. 체험은 자기만족과 교만으로 이어지기 마련이다. 영적 성숙은 체험이 아니라 그리스도에게서 오는 것이다. 그리스도를 붙들지 않으면 영적으로 생존할 수 없고, 영적으로 성숙할 수도 없다. 골로새 교인들은 거짓 교사들의 비판과 정죄를 거부하고 그리스도를 굳게 붙들어야 한다.

지금까지 살펴본 대로, 이 단락에서 사도 바울은 골로새의 거짓 교사들이 어떤 집단인지를 알려 준다. 첫째, 거짓 교사들은 음식과 음료, 절기들과 초하루와 안식일에 관한 율법의 규정들을 엄격하게 준수하였다. 그들은 규정들을 지키지 않는 골로새 성도들을 비판하였다. 율법이 금한 고기를 먹고 포도주를 마시기 때문에 부정하며, 절기와 초하루와 안식일을 지키지 않기 때문에 불경건하다고 비판한 것이다. 하지만 거짓 교사들이 지키는 율법 규정들은 그림자에 지나지 않는다. 그러므로 골로새 성도들은 그들의 비판을 거부해야 한다.

둘째, 거짓 교사들은 천사들이 겸비한 자세로 하나님을 예배하는 환상을 보았다고 주장하였다. 그들은 자신들이 본 환상 때문에 우쭐거리면서 골로새 교인들을 정죄하였다. 골로새 교인들이 부정하고 불경건한 죄인들이라서 하나님을 예배하는 천사들의 환상을 볼 수 없다는 것이다. 그러나 골로새 교인들은 이미 죄를 용서받았고(1:14; 2:13), 하나님의 아들의 나라로 옮겨졌다(1:13). 그들은 빛 가운데 있는 성도의 기업을 받을 자격을 가지고 있다(1:12). 그들은 더 이상 죄인이 아니며 하나님의 원수가 아니다. 그들은 하나님의 택하심을 받은 거룩하고 사랑을 받는 자들이다(3:12). 하나님의 백성으로서 그들은 완전한 자격을 가진 자들이다. 천사들의 환상을 보는 것은 하나님의 백성의 자격과 무관하다. 그러므로 골로새 성도들은 거짓 교사들의 정죄를 거부해야 한다.

셋째, 거짓 교사들은 머리이신 그리스도를 붙들지 않고 있다. 그들은 천상 예배의 환상을 보았으므로 자신들이 하늘에 속한 거룩한 백성이라고 주장하였다. 또 높은 경건의 단계에 도달하였다고 자랑하였다. 그들은 그리스도보다 자신들의 체험을 더 중요하게 여겼다. 그 결과 신비 체험을 기독교 신앙의 본질적인 것으로 만들어 버렸고, 기독교 신앙을 체험 중심으로 변질시켰다. 골로새 성도들은 그들의 주장을 거부하고 그리스도를 굳게 붙들어야 한다.

메시지와 적용

■ **거짓 교사들의 비판과 판단을 거부하라** 이 단락의 중요한 교훈은 거짓 교사들의 비판과 판단을 거부해야 한다는 것이다. 골로새 교회를 위협한 거짓 교사들의 가장 큰 문제는 율법의 일부 규정들과 신비 체험을 중요하게 여긴 나머지 그리스도를 믿는 것을 가볍게 여기고 머리이신 그리스도를 붙들지 않은 것이다. 오늘날에도 이와 유사한 거짓 교사들이 존재한다. 그들은 구약의 안식일과 절기들에 관한 규정들을 신약 시대에도 여전히 지켜야 한다고 주장한다. 유월절을 지켜야 구원을 받는다고 주장하는 이단도 있다. 천국과 지옥의 환상을 보았다고 주장하면서 신비 체험을 성경의 가르침보다 더 중요하게 여기는 사람들도 있다. 그들은 절기들과 날들에 관한 규정들을 지키지 않는 사람들을 경건하지 않다고 비판하고, 자신들과 같은 체험이 없는 사람들을 믿음의 초보에 머물러 있다고 무시한다. 유월절을 지키지 않으면 구원을 받지 못한다고 공격한다. 하지만 그들의 판단과 비판은 공허한 것이다. 그들이 중요하게 여기는 율법의 규정들은 그림자에 지나지 않으며, 신비 체험은 머리이신 그리스도를 붙들지 않는 영적 교만으로 이어질 따름이다.

신자들에게 참으로 중요한 것은 무엇인가? 하나님의 비밀이신 그리스도 예수를 깨닫고 그분을 믿는 것이다. 우리는 하나님의 아들이신 그리스도를 믿는 것과 아는 일에 하나가 되어야 한다(엡 4:13). 그리스도 안에 지혜와 지식의 모든 보화들이 있고, 완전한 충만이 있고, 참된 구원이 있기 때문이다. 그리스도 예수를 주님으로 받아들인 사람은 이미 영적으로 충만하여 부족한 것이 조금도 없다(2:10). 그러므로 환상을 보지 못했거나 신비한 체험을 하지 못했다고 하여 열등의식을 가질 필요가 없다. 유월절 같은 절기들을 지키지 않으면 구원받지 못한다는 이단의 주장에 마음을 쓸 이유가 전혀 없다. 구원은 죄를 회개하고 그리스도를 믿음으로 받는 것이다. 영적 생명과 성장의 원천이신 그리스도를 믿는 것보다 체험을 중요하게 여기는 자들, 율법의 규정들을 신앙의 본질처럼 생각하는 자들을 멀리하라. 그리스도를 믿고 아는 것을 가볍게 여기는 자들, 머리이신 그리스도로부터 멀어지게 만드는 자들을 배격하라. 그들의 판단과 비판을 거부하라.

■ **율법의 규정들은 그림자이다** 이 단락에서 사도 바울은 음식, 절기들, 초하루, 안식일에 관한 율법의 규정들이 장차 오는 것들을 보여 주는 그림자라고 가르친다. 이 교훈은 신자들에게 중요하다. 율법의 규정들을 지킴으로써 경건을 이루고자 하는 성향이 거의 모든 신자들에게 있기 때문이다. 물론 율법은 하나님께서 자신의 뜻을 알려 주기 위해 주신 것이다. 율법은 거룩하고 의로우며 선하다(롬 7:12; 딤전 1:8). 따라서 율법에 나타난 하나님의 뜻에 순종하지 않고서는 참된 경건을 이룰 수 없다. 하지만 율법의 제의 규정들은 신약의 성도들에게 더 이상 구속력이 없다. 그리스도의 완전한 순종과 죽음과 부활로 말미암아 그 규정들이 성취되었기 때문이다.

신약의 성도들은 구약의 성도들과 달리 모든 음식을 감사함으로 받는다. 모든 음식은 하나님께서 지으신 것이라서 감사함으로 받으면 버릴 것이 없다. 그것은 하나님의 말씀과 기도로 거룩해진다(딤전 4:3-5). 신약의 성도들은 구약의 성도들과 달리 일 년에 세 차례 절기를 지키지 않으며, 매달 첫날에 나팔을 불지도 않는다. 매일매일이 기도와 기쁨의 날이기 때문이다. 또한 신약의 성도들은 안식일 자체를 신성하게 여기지 않는다. 안식일이 지향한 주일이 그리스도로 말미암아 이루어진 구원을 축하하는 날이며, 부활을 소망하면서 기뻐하고 안식하는 날이기 때문이다. 신약의 성도들은 주일을 소중히 여기고, 날마다 잔치의 기쁨을 누리면서 모든 날을 거룩하게 여긴다. 그림자에 불과한 것들을 영원한 규정처럼 지키는 자들은 구원 역사의 시계를 뒤로 돌리고, 그릇된 멍에를 메고 있는 것이다.

■ **머리이신 그리스도를 굳게 붙들라** 이 단락의 가장 중요한 교훈은 그리스도가 교회의 머리, 즉 교회의 생명과 성장과 연합의 원천이시라는 것이다. 몸은 반드시 머리에 붙어 있어야 한다. 머리에서 분리되면 몸은 죽고 만다. 이와 마찬가지로 그리스도의 몸인 교회가 머리이신 그리스도에게서 분리되면 죽고 만다. 그리스도를 머리로 인정하지 않고 그리스도의 다스림을 받지 않는 교회는 더 이상 교회가 아니다. 신자 또한 그러하다. 신자는 그리스도의 몸인 교회의 지체이므로 머리이신 그리스도에게 반드시 붙어 있어야 한다. 그리스도에게서 분리되면 몸의 지체는 생명을 잃는다. 더 이상 지체로서 존

재할 수 없다. 우리는 그리스도가 교회의 생명과 성장과 연합의 원천이심을 믿고 그분을 굳게 붙들고 있는가? 우리는 그리스도가 머리이며 주님이시라는 것을 인정하고 그분을 믿고 의지함으로써 그분과의 영적 관계를 계속 유지해야 한다. 말씀과 기도로 그리스도와 교제하면서 그분의 다스림을 받아야 한다.

4. 골로새 교인들에 대한 사도 바울의 책망(2:20-23)

| 번역 |

20 여러분은 세상의 초보 원리들에서부터 그리스도와 함께 죽었는데 어찌하여 세상에서 살고 있는 것처럼 규정들을 지키고 있습니까? 21 [a]곧 "만지지 말라, 맛보지 말라, 손대지 말라"는 것입니다. 22 [b]이 규정들은 모두 사용하는 대로 없어질 것들과 관련이 있고, 사람들의 계명들과 교훈들을 따르는 것입니다. 23 이 규정들은 스스로 택한 예배와 겸손과 [c]몸을 괴롭게 하는 것에는 지혜의 모양을 갖고 있으나 실은 아무 가치가 없고, 단지 육체의 만족을 위한 것입니다.

a 개역개정은 20절을 의문문으로 번역하고, 21절과 22절의 전반부를 괄호로 묶는다. 그리고 22절 후반부를 다시 의문문으로 번역한다("사람의 명령과 가르침을 따르느냐?"). 이것은 헬라어 구문을 고려하지 않은 잘못된 번역이다. 헬라어 본문에서는 단락 전체가 한 문장이고, 22절은 앞 절에 나온 규정들을 수식하는 관계 대명사절이다. 의문문이 아니라 서술문으로 번역해야 의미가 분명해진다. 21절과 22절의 전반부를 괄호로 묶어야 할 이유가 없다.

b 개역개정의 "이 모든 것은"이라는 번역은 "이 규정들은 모두"라고 수정해야 한다. 헬라어 본문에서는 22절을 시작하는 관계 대명사가 앞 절의 규정들을 받기 때문이다.

c 많은 사본들(ℵ A C H 33 81 *Byz* 등)에는 "몸을 괴롭게 하는 것" 앞에 접속사 "카이"(καί, "그리고")가 있는 반면에 P^{46} B 1739 등 일부 사본들에는 없다. 필사자들이 접속사를 우발적으로 누락했을 것이다.

| 본문 이해 터 닦기 |

| 문맥과 주제 | 앞 단락(2:18-19)에서 사도 바울은 거짓 교사들의 문제를 지적하고 그들의 정죄를 받지 말라고 경고하였다. 이 단락(2:20-23)에서는 거짓 교사들의 규정들을 받아들인 골로새 교회의 일부 교인들을 책망한다. 동시에 거짓 교사들의 규정들을 비판한다. 이것은 거짓 교사들에 대한 사도

의 최종적인 비판이다. 더글러스 무(Douglas J. Moo)가 옳게 지적하는 대로, 이 단락은 거짓 교사들의 문제를 다루는 큰 단원(2:6-23)의 절정이자 결론이다.[162] 여기서 바울은 거짓 교사들의 문제에 관한 논의와 비판을 끝내고, 다음 단락(3:1-4)에서 본격적으로 그리스도인의 삶에 관한 권면을 시작한다. 이 단락의 주제는 다음과 같다. 거짓 교사들의 금지 규정들은 사람들의 계명들과 교훈들을 따른 것이며 육체의 만족을 위한 것이다.

| 배경 | 이 단락의 배경도 골로새 교회를 위협하고 있는 거짓 교사들이다. 사도 바울은 골로새 교인들이 받아들인 거짓 교사들의 금지 규정들을 비판하면서 "스스로 택한 예배", "겸손", "몸을 괴롭게 하는 것"(2:23)을 언급한다. 이 세 가지는 거짓 교사들의 중요한 특징이다. "스스로 택한 예배"란 거짓 교사들이 천사들의 예배를 모방하여 스스로 만든 예배이다. "겸손"은 금식하면서 자신을 낮추는 것이다. "몸을 괴롭게 하는 것"은 일부러 몸을 고통스럽게 하거나 금욕적으로 행동하는 것을 의미한다. 거짓 교사들은 율법에 근거하여 "만지지 말라, 맛보지 말라, 손대지 말라"(2:21)는 금지 규정들을 만들어서 특정한 음식과 음료를 금하였다. 그들이 이렇게 한 목적은 무엇인가? 부정한 것들로부터 자신들의 정결을 지키고, 하나님의 특별한 은혜를 받기 위함이다.

유대 묵시 문헌에는 경건한 자들이 하늘에 들어가서 천상의 예배 장면을 목격하거나 하나님의 계시를 받기 전에 금식하는 내용이 종종 나온다. 바룩 2서에서 바룩은 하나님의 말씀을 받기 전에 일주일 동안 금식하면서 운다(*2 Bar.* 9.2; 12.5; 20.5-6; 21.1-2; 43.3; 47.2). 아브라함의 묵시에서 아브라함은 천사와 함께 하나님을 예배하기 전에 40일 동안 음식을 먹지 않고 물도 마시지 않는다(*Apoc. Abr.* 12.1-2). 거짓 교사들은 바룩이나 아브라함처럼 금식을 하고, 율법의 일부 규정들과 자신들이 만든 금지 규정들을 엄격하게 지키고, 금욕적인 생활을 하면 천사들이 하나님을 예배하는 환상을 볼 수 있다고 믿었다.[163]

| 구조 | 헬라어 본문에서 이 단락은 한 문장이다. 조건절을 동반한 수사의문문(20-21절)과 두 개의 관계 대명사절로 구성되어 있다(22-23절). 바울은

---

162 Moo, *Colossians and Philemon*, 232; Dunn, *Colossians and Philemon*, 188.

163 O'Brien, 『골로새서·빌레몬서』, 280, 297.

거짓 교사들의 금지 규정들을 받아들인 골로새의 일부 교인들을 수사 의문문을 사용하여 책망한다. 그리고 두 개의 관계 대명사절로 거짓 교사들의 규정들을 비판한다. 첫째 관계 대명사절에서는 그 규정들이 사람들의 계명들과 교훈들을 따른 것임을 밝히고(22절), 둘째 관계 대명사절에서는 그 규정들이 육체의 만족을 위한 것이라고 비판한다(23절). 이 단락은 아래와 같이 두 부분으로 나눌 수 있다.

(1) 20-21절 골로새 교인들에 대한 책망
  1) 책망(20절)
  2) 거짓 교사들의 규정들(21절)
(2) 22-23절 거짓 교사들의 규정들에 대한 비판
  1) 사람들의 계명들과 교훈들을 따름(22절)
  2) 육체의 만족을 위함(23절)

주해

(1) 골로새 교인들에 대한 책망(2:20-21)

2:20 사도 바울이 거짓 교사들의 규정들을 받아들인 골로새의 일부 교인들의 문제를 본격적으로 다루기 시작한다. 거짓 교사들은 골로새 교인들을 비판하고 정죄했을 뿐만 아니라, 자신들의 가르침으로 그들을 미혹하였다. 골로새 교인들은 하나님의 은혜를 참으로 깨달았고(1:6) 그리스도 예수를 주님으로 굳게 믿고 있었다(2:5). 하지만 일부 교인들은 그렇지 못하였다. 그들 중 몇 사람이 거짓 교사들의 가르침을 받아들였다.[164] 사도 바울이 그들을 책망한다. "여러분은 세상의 초보 원리들에서부터 그리스도와 함께 죽었는데 어찌하여 세상에서 살고 있는 것처럼 규정들을 지키고 있습니까?"

일부 성경학자들은 이 본문을 책망으로 보는 것에 반대한다. 예컨대, 니컬러스 라이트(N. T. Wright)는 바울이 골로새 교인들의 잘못을 책망하는 것이 아니라 아직 일어나지 않은 위험을 경고하고 있다고 주장한다.[165] 모나

164 이 서신의 앞부분에서 사도 바울은 골로새 성도들이 하나님의 은혜를 참으로 깨달았고(1:6), 그리스도 예수를 굳건하게 믿고 있는(2:5) 신실한 형제들(1:2)이라고 하였다. 그런 사람들이 거짓 교사들의 규정들을 받아들여서 지키고 있다는 것은 모순처럼 보인다. 바울은 골로새 교인 전부가 아니라 그들 중 일부를 염두에 두고 있다.

165 Wright, 『골로새서·빌레몬서』, 188.

후커(Morna D. Hooker)도 이 본문을 경고로 이해한다.[166] 골로새 교인들이 부도덕한 이방 사회에서 정결한 삶을 살기 위해서 유대교의 규정들을 준수하려는 압력을 느끼고 있었을 뿐, 거짓 교사들에게 위협을 받고 있었던 것은 아니라고 주장한다. 후커에 따르면, 골로새에는 거짓 교사들이 없었다. 골로새 교회의 문제는 주변의 이방 종교나 유대교의 영향에 노출되어 있었다는 것뿐이다.[167]

하지만 앞 단락에서 살펴본 대로, 거짓 교사들이 골로새 지역에서 활동하고 있었다는 사실을 부정하기는 어렵다. 그들은 신비 체험을 과시하면서 골로새 교인들을 미혹하고 있었다. 골로새 교인 중 몇 사람이 그들의 주장을 받아들였다. 이는 개역개정에서 "규례에 순종하다"라고 번역한 "도그마티제스떼"(δογματίζεσθε)가 현재 시제라는 사실에서 확인할 수 있다. 이와 유사한 구절이 마태복음 16:8에 나온다(τί διαλογίζεσθε, "티 디알로기제스떼"). 이 구절에서 현재 시제 동사 "디알로기제스떼"는 예수님의 제자들이 현재 하고 있는 행위를 나타낸다("너희가 논의하고 있다"). 예수님은 빵이 없는 문제를 논의하고 있는 제자들을 책망하신다("어찌하여 너희는 빵이 없는 것을 두고 서로 논의하고 있느냐?"). 현재 시제 동사 "도그마티제스떼"도 골로새 교회의 일부 교인들이 거짓 교사들의 규정들을 지키고 있음을 나타낸다(τί … δογματίζεσθε, "티 … 도그마티제스떼").

"도그마티제스떼"의 원형 동사 "도그마티조"(δογματίζω)는 신약성경에서 이곳에만 한 번 나온다. 능동태는 "법령을 공포하다", "규정을 제정하다"를 뜻하며(참조. 단 2:13 LXX), 수동태는 "규정에 복종하다", "규정을 지키다"를 의미한다.[168] 이 본문에서 현재 수동태 "도그마티제스떼"는 "규정을 계속 지키고 있다"라는 뜻이다. 골로새 교인 중 일부가 거짓 교사들의 규정들을 계속 지키고 있는 것이다. 따라서 "여러분은 어찌하여 규정들을 지키고 있습

166 Hooker, "Were There False Teachers in Colossae?", 317-18. Jerry L. Sumney는 거짓 교사들의 존재를 인정하면서도 이 본문을 경고로 이해한다. 골로새 교인들이 거짓 교사들의 규정들을 받아들이는 쪽으로 다가가고 있었다고 한다. Sumney, *Colossians*, 161.

167 Hooker, "Were There False Teachers in Colossae?", 315-31.

168 BDAG, 254; Bratcher and Nida, *Colossians and Philemon*, 70("어떤 규정들에 따라 살다"); L&N, 36.21; Silva, *NIDNTTE*, I, 752-53.

니까?"라는 수사 의문문은 아직 일어나지 않은 문제에 대한 경고가 아니라 실제로 지금 일어나고 있는 문제에 대한 책망이다.[169]

골로새 교인들이 심각한 잘못을 범하고 있다. 그들은 세상에서 살고 있지만 세상에 속한 사람들이 아니다. "세상에서 살고 있는 것처럼"(ὡς ζῶντες ἐν κόσμῳ, "호스 존테스 엔 코스모")이라는 구절은 골로새 교인들이 세상에 속하지 않은 존재라는 사실을 전제한다. 그들은 흑암의 권세에서 건짐을 받고 하나님의 아들의 나라로 옮겨졌다(1:13). 지금 그들은 그리스도의 나라에서 그리스도의 통치를 받고 있다. 반면에 거짓 교사들의 규정들은 세상에 속한 것이다. 세상에 속하지 않은 사람들이 무엇 때문에 세상에 속한 규정들을 따라야 하는가? 골로새 교인들이 그 규정들을 지키는 것은 자신들이 그리스도의 나라에 속해 있음을 부정하는 것과 같다.

골로새 교인들이 규정들을 지키지 말아야 하는 더 근본적인 이유는 그들이 그리스도와 함께 세상의 초보 원리들에서부터 죽었기 때문이다. "여러분은 세상의 초보 원리들에서부터 그리스도와 함께 죽었는데"(εἰ ἀπεθάνετε σὺν Χριστῷ ἀπὸ τῶν στοιχείων τοῦ κόσμου)라는 구절은 의심이나 불확실함이 아니라 실제로 일어난 사건의 확실함을 나타내는 조건문이다.[170] 골로새 교인들이 그리스도와 함께 죽은 것은 명백한 사실이다. 그들은 그리스도를 믿고 세례를 받음으로써 그리스도와 함께 죽었고, 그리스도와 함께 장사되었고, 그리스도와 함께 일으킴을 받았다(2:11-12). 그리스도와 함께 죽음으로써 골로새 신자들은 율법에 대하여 죽었고, 죄에 대하여 죽었다. 따라서 그들은 더 이상 죄 가운데에 살지 않고(롬 6:2), 더 이상 율법 아래에 있지 않다(롬 6:14). 그들은 또한 "세상의 초보 원리들에서부터"(ἀπὸ τῶν στοιχείων τοῦ κόσμου, "아포 톤 스토이케이온 투 코스무") 죽었다. 이 구절에 동사 "죽다"(ἀπεθάνετε, "아페따네테")와 함께 전치사 "아포"(ἀπό, "에서부터")가 나온 것은 죽음으로 말미

169 Harris, *Colossians and Philemon*, 113. 다음 학자들도 이 본문을 책망으로 받아들인다. Abbott, *Colossians*, 272; Bruce, *Colossians, Philemon*, 124; Lightfoot, *Colossians and Philemon*, 201; Lincoln, "Colossians", 633; MacDonald, *Colossians and Ephesians*, 115; Melick, *Colossians, Philemon*, 275; Moo, *Colossians and Philemon*, 234-35; Pao, *Colossians and Philemon*, 194; 조경철, 『오직 그리스도』, 250.

170 BDF, §372.1; Porter, *Idioms of the Greek New Testament*, 256-57; Harris, *Colossians and Philemon*, 112; Wright, 『골로새서·빌레몬서』, 188.

암아 분리와 자유가 일어났음을 나타낸다.[171] 골로새 성도들은 그리스도와 함께 죽음으로써 세상의 초보 원리들과 단절되었고, 동시에 그 원리들의 억압에서 자유롭게 되었다(참조. 롬 7:4, 6; 갈 2:19).

"세상의 초보 원리들"이란 무엇인가? 2:8에서 살펴본 대로, 오늘날 많은 주석가들은 이 문구에 포함된 "스토이케이아"(στοιχεῖα)가 네 가지 원소들(흙, 물, 불, 공기)을 주관하는 영들이나 또는 초자연적인 영적 존재들을 가리킨다고 주장한다.[172] 하지만 "스토이케이아"가 영적 존재들을 가리키게 된 것은 바울보다 훨씬 후대의 일이다. 그뿐만 아니라 바울은 어디에서도 신자들이 악한 영들에 대하여 죽었다고 말하지 않는다. 죄에 대하여(롬 6:2), 율법에 대하여 죽었다고 말할 뿐이다(롬 7:4; 갈 2:19). 2:8에서처럼 이 본문에서도 "스토이케이아"는 이 세상의 초보적인 가르침이나 원리들을 의미한다.

세상의 초보 원리들은 골로새 신자들이 개종하기 전에 매여 있던 이방 종교의 규정들과 가르침 및 이방 사회의 관습들을 가리킨다. 바울은 거짓 교사들의 규정들을 이방 종교의 규정들이나 가르침과 다를 바 없는 것으로 간주한다. 그 규정들은 세상의 영역에 속하였으며, 그 영역에서만 구속력을 갖는다. 그러므로 거짓 교사들의 규정들을 지키는 것은 세상의 초보 원리들의 지배를 받던 과거로 돌아가는 것과 다름없다(참조. 갈 4:9). 골로새 성도들은 세상의 초보 원리들에서부터 죽었다. 다시 말해서, 그들은 세상의 초보 원리들과 무관하며, 그 원리들의 억압에서 벗어났다. 그런데 무엇 때문에 세상의 초보 원리들에 지나지 않는 거짓 교사들의 규정들을 지켜야 하는가?

2:21 골로새의 일부 교인들이 받아들인 규정들을 바울은 이렇게 제시한다. "만지지 말라, 맛보지 말라, 손대지 말라." 이 규정들에서 "만지지 말라"(μὴ ἅψῃ, "메 합세")는 첫 번째 명령은 결혼이나 성관계를 금하는 것일 수 있다.[173] 가정법 동사 "합세"의 원형 동사 "합토마이"(ἅπτομαι)가 고린도전서 7:1에서 성관계를 의미하기 때문이다. 바울은 고린도 교회의 일부 교인들

---

171 Beetham, *Echoes of Scripture*, 211; Bratcher and Nida, *Colossians and Philemon*, 70; Harris, *Colossians and Philemon*, 112.

172 2:6-10 주해에 수록한 <심층 연구 2>를 보라.

173 Leaney, "Colossians ii. 21-23", 92; MacDonald, *Colossians and Ephesians*, 116, 121; Still, "Colossians", 320. Margaret MacDonald는 성적 금욕주의가 골로새 거짓 교사들의 중요한 특징이라고 주장한다.

의 말을 인용하여 이렇게 말한다. "남자가 여자를 '가까이하지 않는 것'(μὴ ἅπτεσθαι, "메 합테스따이")이 좋습니다."[174] 하지만 신약성경의 다른 곳에서는 "합토마이"가 성적인 의미로 사용되지 않는다. 이 동사가 결혼이나 성관계를 뜻할 때에는 고린도전서 7:1에서처럼 "여자"를 목적어로 취한다. 골로새서에서 바울이 제시한 첫 번째 규정에는 동사 "합토마이"의 목적어가 없다. 이 금지 규정은 성관계가 아니라 특정한 음식을 금하는 것과 관련이 있다. 고대 문헌에서 "합토마이"가 음식과 관련하여 사용되기도 하였기 때문이다. 예를 들어, 크세노폰의 저술인 키루스의 교육에서 이 동사는 빵을 비롯한 음식을 먹는 것을 가리킨다(Xenophon, *Cyr.* 1.3.5).

"맛보지 말라"(μηδὲ γεύσῃ, "메데 규세")는 두 번째 규정은 명확하게 음식이나 음료와 관련이 있다. 신약성경에서 "맛보다"(γεύομαι, "규오마이")라는 동사는 빵을 먹는 것(행 20:11), 포도주를 맛보는 것(마 27:34; 요 2:9)과 관련하여 사용되었다.

"손대지 말라"(μηδὲ θίγῃς, "메데 띠게스")는 세 번째 규정은 "만지지 말라"는 첫 번째 규정과 의미가 흡사하다. 가정법 동사 "띠게스"의 원형 "띵가노"(θιγγάνω)는 "만지다", "손을 대다"를 의미한다(히 11:28; 12:20).[175] 일부 주석가들은 이 동사를 "합토마이"보다 약한 표현으로 간주한다.[176] 하지만 "합토마이"가 "붙잡다"나 "붙들다"만이 아니라, "만지다"(마 9:21, 29; 막 10:13; 눅 22:51; 고후 6:17)와 "손을 대다"(마 17:7; 눅 7:14)를 뜻하기도 하기 때문에 두 동사의 의미를 세밀하게 구분하는 것은 적절하지 않다. 손을 대지 말아야 할 것은 특정한 음식들과 음료들이다.

세 가지 금지 규정이 모두 음식과 음료에 관한 것이라는 사실이 다음 본문에 나오는 "사용하는 대로 없어질 것들"(22절)이라는 구절에서 분명하게 드러난다. 거짓 교사들은 "만지지 말라, 맛보지 말라, 손대지 말라"는 엄격한

174 ESV 같은 영어 성경은 이 구절에 인용 부호를 붙여서 고린도 교인들의 말이라는 점을 분명히 한다. 스스로 신령하다고 생각한 고린도 교회의 일부 교인들은 부부 관계에서 성생활을 하지 않는 것을 기독교인의 중요한 특징으로 간주하였다. Fee, 『고린도전서』, 371; Thiselton, 『고린도전서』, 187-88.

175 BDAG, 456.

176 Lightfoot, *Colossians and Philemon*, 203; Lohse, *Colossians and Philemon*, 123; Wright, 『골로새서·빌레몬서』, 189.

규정들을 만들어서 정결한 음식과 부정한 음식을 구분하고, 부정한 음식을 맛보는 것은 물론 손을 대는 것까지 금지하였다. 그들은 이렇게 함으로써 부정한 것들로부터 자신들의 정결을 지킬 수 있고, 신비 체험을 할 수 있다고 믿었을 것이다.[177]

(2) 거짓 교사들의 규정들에 대한 비판(2:22-23)

2:22 이 본문에서 사도는 거짓 교사들의 규정들을 비판한다. 개역개정은 이 본문의 후반부를 "사람의 명령과 계명을 따르느냐?"라고 의문문으로 번역한다. 이것은 헬라어 구문과 맞지 않는 번역이다. 아래에서 볼 수 있는 대로, 22절은 앞 절에 나온 거짓 교사들의 규정들을 가리키는 중성 관계 대명사 "하"(ἅ)로 시작하며,[178] 23절 역시 그 규정들을 가리키는 중성 관계 대명사 "하티나"(ἅτινα)로 시작한다.[179] "카타"(κατά)로 시작하는 22하절의 전치사구도 그 규정들의 근본 성격을 묘사한다.

21절 Μὴ ἅψῃ μηδὲ γεύσῃ μηδὲ θίγῃς,
("만지지 말라, 맛보지 말라, 손대지 말라")

22절 ἅ ἐστιν πάντα εἰς φθορὰν τῇ ἀποχρήσει,
("하", "이 규정들")

κατὰ τὰ ἐντάλματα καὶ διδασκαλίας τῶν ἀνθρώπων,
("카타", "따른")

23절 ἅτινά ἐστιν λόγον μὲν ἐχοντα σοφίας …
("하티나", "이 규정들")

이 구문을 고려하여 22절을 번역하면 다음과 같다. "이 규정들은 모두

177 참조. Beetham, *Echoes of Scripture*, 213; Sumney, *Colossians*, 162.

178 중성 관계 대명사 "하"는 거짓 교사들의 금지 규정들이나 또는 그 규정들이 금하는 음식들과 음료들을 가리킬 수 있다. "사람들의 계명들과 교훈들을 따른"이라는 문구를 고려하면 금지 규정들로 보는 것이 더 적절하다. 22절과 23절의 도입부가 평행이라는 사실에서도 이를 확인할 수 있다. 23절을 시작하는 관계 대명사 "하티나"는 명백하게 금지 규정들을 가리킨다. Barth and Blanke, *Colossians*, 357; Beetham, *Echoes of Scripture*, 212; Moo, *Colossians and Philemon*, 236-37; Pao, *Colossians and Philemon*, 195-96.

179 "하티나"는 관계 대명사 "호스티스"(ὅστις)의 중성 복수 주격이다.

사용하는 대로 없어질 것들과 관련이 있고, 사람들의 계명들과 교훈들을 따른 것입니다." 여기서 "사용하는 대로 없어질 것들"이라는 표현은 규정들 자체가 아니라 음식과 음료와 관련이 있다. "사용하는 대로"(τῇ ἀποχρήσει, "테 아포크레세이")는 무엇인가를 사용하는 행위를 가리키며,[180] "없어질 것들"(εἰς φθοράν, "에이스 프또란")은 물질이 썩어서 분해되거나 소멸되는 것을 가리킨다(롬 8:21; 고전 15:42, 50; 벧후 1:4).[181] 바울은 배로 들어가서 분해되어 없어지는 음식이나 음료를 염두에 두고 있다(참조. 마 15:17; 막 7:19). "사용하는 대로 없어질 것들"이라는 문구는 앞 절에서 사도가 열거한 규정들이 주로 음식들과 음료들에 관한 것임을 알려 준다.

거짓 교사들의 규정들은 또한 "사람들의 계명들과 교훈들을 따른" 것이다. "사람들의 계명들과 교훈들"은 칠십인역 이사야 29:13을 연상시킨다. 이 본문에 "계명들"(ἐντάλματα, "엔탈마타")과 "교훈들"(διδασκαλίας, "디다스칼리아스")이 함께 나오기 때문이다. 이스라엘 백성은 사람의 계명들로 가르침을 받아서 입술로만 하나님을 공경했을 뿐, 그들의 마음은 하나님에게서 떠났다. 예수님은 이사야의 본문을 인용하시면서 하나님의 계명을 버리고 사람들의 전통을 지키는 바리새인들과 서기관들을 비판하셨다(마 15:3-9; 막 7:6-8). 예수님의 비판은 거짓 교사들에 대한 바울의 비판과 흡사하다. 2:8에서 바울은 거짓 교사들의 가르침을 "사람들의 전통을 따른" 것이라고 비판하고, 여기서 다시 그들의 규정들을 "사람들의 계명들과 교훈들을 따른" 것이라고 비판한다. 바울의 강조점이 "사람들의"(τῶν ἀνθρώπων, "톤 안뜨로폰")에 있다. 그는 "만지지 말라, 맛보지 말라, 손대지 말라"와 같은 엄격한 규정들이 하나님이 아니라 사람들이 만든 것임을 강조한다. 그것들은 거짓 교사들이 율법의 의식법에 근거해서 만든 규정들의 일부였을 것이다.

2:23 마지막 본문에서 바울이 거짓 교사들의 규정들을 더 강력하게 비판한다. 한마디로 말해서, 그들의 규정들은 전혀 가치가 없다. 겉보기에만 "지혜의 모양을 갖고" 있을 뿐이다. "지혜의 모양"(λόγον … σοφίας, "로곤 … 소피아스")이라는 표현은 거짓 교사들의 규정들이 지혜롭게 보인다는 뜻이다.[182]

---

180 L&N, 42.24(ἀπόχρησις, "아포크레시스").

181 L&N, 20.38(φθορά, "프또라").

182 "로곤 멘 에콘타 소피아스"(λόγον μὲν ἔχοντα σοφίας)에서 "로고스"(λόγος)는 "말씀"이

고대 헬라 사회에서 적당한 금욕 생활은 지혜로운 것으로 받아들여졌다.[183] 하지만 금욕과 관련된 거짓 교사들의 규정들은 지혜롭게 보이기만 할 뿐, 실제로는 그렇지 않다.

이 규정들이 지혜롭게 보이는 영역은 단지 "스스로 택한 예배와 겸손과 몸을 괴롭게 하는 것"뿐이다. 첫 번째 영역은 개역개정에서 "자의적 숭배"라고 번역한 "에뗄로뜨레스키아"(ἐθελοθρησκία)이다. 이 특별한 단어는 골로새서 이전의 문헌에는 나오지 않는다. 아마도 거짓 교사들의 종교적 제의를 비판적으로 묘사하려고 바울이 만들어서 사용했을 것이다.[184] 일부 학자들은 이 단어를 2:18에 나온 "천사들의 예배"(θρησκεία τῶν ἀγγέλων, "뜨레스케이아 톤 앙겔론")라는 표현과 관련이 있는 것으로 보고, 거짓 교사들이 천사들을 숭배하는 종교 관행을 택했다고 주장한다. 그들에 따르면, "에뗄로뜨레스키아"는 천사들을 숭배하는 것을 가리킨다.[185] 하지만 거짓 교사들이 천사들을 숭배했다는 증거가 없다. 사도 바울은 거짓 교사들이 천사를 숭배했다는 사실을 언급하지도 않고 암시하지도 않는다. "에뗄로"(ἐθελο)가 의도적으로 무엇인가를 하는 것을 뜻하므로, "에뗄로뜨레스키아"를 "스스로 택한 예배", 또는 "스스로 만든 예배"로 이해할 수 있다.[186] 거짓 교사들은 환상 중에 본 천사들의 예배를 모방하여 자신들의 예배 형식을 만들었을 것이다.[187] 천사들이 겸비하게 하나님을 예배하는 것을 흉내 낸 그들의 예배 방식은 지혜롭고 경건하게 보였을 것이다. 하지만 그 예배는 하나님의 뜻이 아니라 사람의 생각에 따라 만든 것에 지나지 않는다.

거짓 교사들의 규정들이 지혜롭게 보이는 두 번째 영역은 "겸손"(ταπεινοφροσύνη, "타페이노프로쉬네")이다. 이 단어가 2:18에서는 하나님 앞에서 천사들이 취하는 자세를,[188] 3:12에서는 그리스도인의 미덕을 의미한다. 이

아니라 "외관", "모양", "모습"을 뜻한다. L&N, 30.13.

183 Sumney, *Colossians*, 165.

184 MM, 181; Schmit, *TDNT*, III, 159; Martin, *Colossians and Philemon*, 98; Sumney, *Colossians*, 165.

185 Pao, *Colossians and Philemon*, 198; Pokorný, *Colossians*, 156; Beale, *Colossians and Philemon*, 250.

186 BDAG, 276; Balz, *EDNT*, I, 381; Schmit, *TDNT*, III, 159.

187 참조. Rowland, "Apocalyptic Visions", 77.

188 Beetham, *Echoes of Scripture*, 209; Sappington, *Revelation and Redemption*, 159-

본문에서 "겸손"은 천사들의 자세나 그리스도인의 미덕이 아니라, 거짓 교사들의 행위를 가리킨다. 빌립보서 2:8에서는 "타페이노프로쉬네"의 동족 동사인 "타페이노오"(ταπεινόω)가 자기를 낮추어 사람이 되신 예수님과 관련하여 사용되었다. 신약성경의 다른 본문에서도 하나님이나 사람 앞에서 자기를 낮추는 것을 의미한다(고후 11:7; 12:21; 약 4:10; 벧전 5:6). 칠십인역 구약성경에서 이 동사는 스스로 괴롭게 하는 것과 관련이 있다(레 16:29, 31; 23:27, 32; 시 35:13; 사 58:3, 5). 금식하면서 베옷을 입고 재 위에 앉는 것을 종종 가리키는데, 이것은 하나님 앞에서 자기를 낮추는 행위이다. 이 본문에서 명사 "타페이노프로쉬네"는 동사 "타페이노오"와 유사하게, 하나님 앞에서 금식하면서 자기를 낮추는 자세를 의미한다.[189]

거짓 교사들의 규정들이 지혜롭게 보이는 세 번째 영역은 "몸을 괴롭게 하는 것"(ἀφειδία σώματος, "아페이디아 소마토스")이다. "괴롭게 하는 것"이라고 번역한 "아페이디아"는 신약성경에서 이곳에만 나오는 단어로서, 문자적으로는 "아무것도 아끼지 않음"을 뜻한다. "몸"이라는 단어와 함께 나온 이 본문에서는 몸을 아끼지 않고 가혹하게 취급하는 것을 가리킨다.[190] 거짓 교사들은 특정한 음식과 음료를 금하고, 금식하고, 일부러 몸을 고통스럽게 하면 하나님을 예배하는 천사들의 환상을 볼 수 있다고 믿었다.[191]

그러나 바울은 거짓 교사들의 규정들이 실제로는 "아무 가치가 없다"(οὐκ ἐν τιμῇ τινι, "우크 엔 티메 티니")고 단언한다.[192] 그 규정들은 하나님과 친밀한 관계를 유지하거나 경건을 함양하는 데 무익하다. 거짓 교사들의 규정들에 대한 사도의 비판은 마지막 구절에서 절정에 달한다. 그 규정들은 단지 "육체의 만족을 위한"(πρὸς πλησμονὴν τῆς σαρκός, "프로스 플레스모넨 테스 사르코

60; Sumney, *Colossians*, 155-56; Sumney, "Those Who 'Pass Judgment'", 366-88. 2:18에서 "겸손"은 천사들이 하나님 앞에 엎드리거나 경의를 표하는 것, 또는 하나님 앞에서 날개로 얼굴과 발을 가리는 것을 가리킨다.

189 Beetham, *Echoes of Scripture*, 210; Francis, "Humility and Angelic Worship in Col 2:18", 167-68; Grundmann, *TDNT*, VIII, 22.

190 BDAG, 155; L&N, 88.90; Lohse, *Colossians and Philemon*, 126.

191 O'Brien, 『골로새서·빌레몬서』, 280, 297.

192 개역개정에서 "유익"이라고 번역한 "티메"(τιμή)는 "영예", "가치"를 의미한다. 이 본문에서는 "가치"라는 의미가 더 잘 어울린다(참조. 마 27:9; 행 4:34; 고전 6:20; 7:23). BDAG, 1005.

스") 것일 뿐이다! "만족"이라고 번역한 "플레스모네"(πλησμονή)는 신약성경에서 이곳에만 한 번 나오는 단어이다. "만족", "탐닉", "방종" 등을 의미한다.[193] 그런데 전치사 "프로스"로 시작하는 이 마지막 문구가 앞 구절들과 어떻게 연결되는지 파악하기가 어렵다. 두 가지 방식으로 이해할 수 있다. 한 가지는 바로 앞에 나온 "아무 가치가 없는"과 연결하여 이해하는 것이고, 다른 한 가지는 헬라어 문장에서 제일 앞에 나온 "하티나 에스틴"(ἅτινά ἐστιν, "이것들은 … 이다")과 연결하여 이해하는 것이다.[194]

첫째 견해를 지지하는 사람들은 마지막 구절의 전치사 "프로스"를 반대나 적대의 뜻으로 이해하고, "싸우다", 또는 "억제하다"라는 동사를 첨가한다. 거짓 교사들의 규정들이 육체의 만족이나 방종과 싸우는 데, 또는 육체의 만족이나 방종을 억제하는 데, 전혀 가치가 없다는 것이다.[195] 개역개정도 이와 유사하게 "금하다"라는 동사를 첨가하여 번역한다. "오직 육체 따르는 것을 금하는 데는 조금도 유익이 없느니라." 이 견해의 문제는 헬라어 본문에 없는 단어를 첨가한다는 점이다. 전치사 "프로스"를 반대나 적대의 뜻으로 이해하는 것도 적절하지 않다. "프로스"가 이런 뜻으로 쓰이는 경우는 원망, 싸움, 또는 불만을 의미하는 단어와 함께 나올 때뿐이다(행 6:1; 고전 6:1; 엡 6:12; 골 3:13).[196]

마지막 구절을 "하티나 에스틴"과 연결하는 두 번째 견해도 문제를 안고 있다. 즉, 다음과 같이 중간의 긴 부분을 삽입된 절("스스로 택한 예배와 겸손과 몸을 괴롭게 하는 것에는 지혜의 모양을 갖고 있으나 실은 아무 가치가 없고")로 간주해야 하는 것이다.

---

193 BDAG, 830; L&N, 25.14.

194 여러 견해에 관한 상세한 설명은 다음 책들을 참조하라. O'Brien, 『골로새서·빌레몬서』, 297; Pao, *Colossians and Philemon*, 197; Smith, *Heavenly Perspective*, 138-41.

195 Bratcher and Nida, *Colossians and Philemon*, 72-73; Harris, *Colossians and Philemon*, 117; Lincoln, "Colossians", 634; Martin, *Colossians and Philemon*, 99-100; Moo, *Colossians and Philemon*, 241; Moule, *Colossians and Philemon*, 108; Wilson, *Colossians and Philemon*, 229.

196 참조. BDAG, 874; Eadie, *Colossians*, 208.

ἅτινά ἐστιν("하티나 에스틴")

- λόγον μὲν ἔχοντα σοφίας ἐν ἐθελοθρησκίᾳ καὶ πεινοφροσύνῃ

καὶ ἀφειδίᾳ σώματος, οὐκ ἐν τιμῇ τινι -

πρὸς πλησμονὴν τῆς σαρκός("프로스 플레스모넨 테스 사르코스")

하지만 헬라어 본문에 없는 단어를 추가하지 않는다는 점과 전치사 "프로스"를 "위하여"라는 본연의 의미로 취한다는 점에서 첫 번째 견해보다 더 적절하다. 마지막 구절을 "육체의 만족을 위해"라고 읽고 "하티나 에스틴"과 연결하면,[197] 사도 바울이 말하려고 하는 것이 뚜렷해진다. 즉, 거짓 교사들의 규정들은 육체의 만족을 위한 것이다.[198] 이러한 구문 이해에 근거하여 23절을 다음과 같이 번역할 수 있다. "이 규정들은 스스로 택한 예배와 겸손과 몸을 괴롭게 하는 것에는 지혜의 모양을 갖고 있으나 실은 아무 가치가 없고, 단지 육체의 만족을 위한 것입니다."

이 본문에서 "육체"는 중생하기 이전의 옛 사람을 의미한다. 따라서 "육체의 만족"이란 옛 사람의 자기만족을 가리킨다. 거짓 교사들이 만든 규정들이 지혜롭게 보이고 경건에 도움을 줄 것처럼 보이지만 사실은 자기만족을 위한 것이다. 거짓 교사들은 그 규정들을 엄격하게 준수함으로써 자신들이 정결하다는 자기만족에 빠지고 만다. 이 본문은 거짓 교사들의 규정들에 대한 사도 바울의 철저한 비판이자 부정이다.

지금까지 살펴본 대로, 이 단락에서 사도 바울은 거짓 교사들이 특정한 음식과 음료를 금하는 규정들을 골로새 교인들에게 강요했고, 일부 교인들이 그 규정들을 받아들였다는 사실을 알려 준다. 거짓 교사들은 금지 규정들을 지키면서 금욕을 하고 몸을 괴롭게 하면 하나님을 예배하는 천사들의 환상을 볼 수 있다고 가르쳤을 것이다. 또 그들은 이 환상을 보는 것이 하

197 헬라어 본문에서 23절을 시작하는 관계 대명사 "하티나"는 사도 바울이 21절에서 제시한 거짓 교사들의 금지 규정들을 가리킨다(참조. 갈 4:24; 5:19; 빌 3:7).

198 Arnold, *The Colossian Syncretism*, 199-200; Barth and Blanke, *Colossians*, 337, 358; Eadie, *Colossians*, 208-9; Fowl, *The Story of Christ*, 149; Hollenbach, "Col. II.23", 254-61; Pokorný, *Colossians*, 155; Reicke, *TDNT*, VI, 725; Smith, *Heavenly Perspective*, 140-41. Sumney, *Colossians*, 64-65; 변종길, "만물의 머리 되신 그리스도", 60-61; 조경철, 『오직 그리스도』, 256.

늘에 속한 거룩한 백성의 증거이며 경건의 높은 단계에 도달한 증거라고 주장했을 것이다. 그러나 거짓 교사들의 규정들은 사람들의 계명과 교훈을 따른 것에 불과하고, 참된 경건과 영적 성장을 추구하는 사람들에게는 무가치할 뿐이다. 그 규정들은 단지 육체의 만족을 위한 것이다.

메시지와 적용

■ **세상의 초보 원리들에서부터 죽음** 이 단락은 예수 그리스도를 믿고 세례를 받은 신자들이 세상의 초보 원리들에서부터 죽었다는 사실을 알려 준다. 골로새 성도들에게 세상의 초보 원리들은 율법의 제의적 규정들, 이방 종교의 가르침, 사회의 전통과 관습 같은 것들이다. 세상의 초보 원리들에서부터 죽은 신자들은 더 이상 그 원리들에 따라 살아서는 안 된다. 그들은 세상에서 살고 있지만 세상이 아니라 그리스도의 나라, 즉 하나님 나라에 속한 자들이다. 그러므로 하나님 나라의 원리와 가치에 따라 살아야 한다. 돈이 지배하는 현대 사회에서 세상의 기본 원리란 배금사상이며 물질만능주의이다. 오늘의 그리스도인은 이런 세상의 기본 원리들에서부터 그리스도와 함께 죽었다. 더 이상 세상의 기본 원리대로 살아서는 안 된다. 돈에 소망을 두지 말고 하나님께 소망을 두고 살아야 한다. 돈을 사랑하지 말고 하나님과 이웃을 사랑해야 한다. 땅에 속한 물질이 아니라 위에 속한 영원한 것들을 추구하는 삶을 살아야 한다. 세상의 기본 원리들에서부터 그리스도와 함께 죽었다는 사실을 잊지 말자.

■ **사람이 만든 규정들** 이 단락의 핵심 교훈은 사람들이 만든 규정들을 따르지 말아야 한다는 것이다. 거짓 교사들은 정결을 지키고 신비한 체험을 하기 위해 규정들을 만들었다. 그 규정들은 사람의 고안물에 지나지 않는다. 물론 사람이 만든 규정들을 모두 배격하는 것은 옳지 않다. 유익한 규정들도 있다. 한국 교회가 지켜 온 금주와 금연은 경건한 생활에 유익하다. 새벽기도의 전통 또한 매우 유익하다. 하지만 그런 규정과 전통을 절대적인 경건함의 표지로 간주하는 것은 옳지 않다. 우리는 사람이 만든 규정들이나 전통은 철저하게 지키면서 하나님께서 요구하시는 더 중요한 것들을 무시하고 있지는 않은지 돌아보아야 한다. 하나님 앞에서 정결하고 더러움이 없는 경건함은 환난을 당하는 고아와 과부를 돌보는 것이며, 세속에 물들지 않는

것이다(약 1:27). 하나님은 고아의 아버지시며 과부의 재판장이시다(시 68:5). 우리는 고아와 과부 같은 사회적 약자들을 돌보는 것은 외면하면서도 새벽기도를 드린다는 이유로 자신의 믿음이 좋다고 착각하지 말아야 한다. 거짓말을 하고, 성적인 죄를 지으면서도 금주와 금연을 한다는 이유로 자신이 경건하다고 생각하는 위선에 빠지지 말아야 한다.

■ **육체의 만족을 위한 금욕주의** 이 단락에서 바울은 거짓 교사들의 금욕주의가 육체의 만족을 위한 것이라고 비판한다. 탐욕이 지배하는 세상에서 금욕은 중요한 미덕이 될 수 있다. 금욕은 절제의 미덕이다. 하지만 금욕은 자신이 다른 사람보다 더 경건하다는 영적 교만으로 이어질 수 있다. 만일 금식을 하고 금욕을 실천하는 사람들이 있다면, 자신의 영적 상태를 점검해야 한다. 자신도 모르는 사이에 영적 우월 의식에 사로잡혀 있을 수 있기 때문이다. 또 자신의 금식과 금욕이 종교적 만족을 위한 것인지도 살펴보아야 한다. 기독교 신앙에서 중요한 것은 금욕이 아니라 그리스도와의 관계이다. 금식과 금욕은 그리스도와의 관계가 깊어지는 데 유익해야 한다. 그리스도와의 관계보다 금식과 금욕을 더 중요하게 여기는 것은 심각한 잘못이다.

V. 3:1-17

위에 있는 것들을 추구하는 삶

이 단원(3:1-17)은 골로새서의 본론(1:24-4:6)에서 실천적인 권면을 제시하는 셋째 부분(3:1-4:6)에 속해 있다. 지금까지 바울은 골로새 성도들에게 두 가지를 강조하였다. 첫째, 그리스도는 하나님을 예배하는 천사들의 환상과 비교할 수 없을 만큼 중대한 분이시다. 그리스도는 모든 피조물과 교회에 대해 절대 주권을 가진 분이시다. 그리스도는 만물의 창조자이자 유지자이시며 교회의 머리이시다. 그리스도는 유일한 구원자이시며 주님이시다. 그러므로 골로새 성도들은 거짓 교사들이 자랑하는 환상을 추구하지 말고, 그리스도를 붙들어야 한다. 그리스도를 주님으로 인정하고 그분 안에서 살아야 한다. 둘째, 골로새 성도들이 받은 구원은 완전하다. 골로새 성도들은 그리스도 안에서 놀라운 구원을 받았다. 그들은 그리스도와 함께 죽었고, 그리스도와 함께 장사되었고, 그리스도와 함께 일으킴을 받았다. 그들은 모든 죄들을 용서받았다. 그들은 흑암의 권세에서 건짐을 받고 하나님의 사랑하는 아들의 나라로 옮겨졌다. 그들이 받은 구원에는 부족한 것이 조금도 없다. 거짓 교사들이 중요하게 여기는 체험은 구원과 아무 관련이 없다. 그들의 가르침과 규정들은 사람들의 계명과 교훈을 따른 것이다. 그것들이 아무리 지혜롭고 고상하게 보인다고 하더라도 육체의 만족을 위한 것일 뿐이다. 그러므로 골로새 성도들은 거짓 교사들의 주장에 귀를 기울이지 말아야 한다.

이 단원에서 사도 바울은 본격적으로 그리스도인의 삶에 관한 권면을 시작한다. 그는 권면 단원에서도 거짓 교사들의 문제를 염두에 두고, 천사들이 하나님을 예배하는 환상을 보아야만 하늘에 속한 하나님의 백성이라는 확신을 가질 수 있고, 경건의 높은 단계에 도달할 수 있다는 거짓 교사들의 주장에 대한 진정한 대안을 제시한다. 먼저, 바울은 골로새 성도들이 그리스도와 함께 일으킴을 받고 하늘에 속한 자들이 되었음을 상기시킨다. 이어서 하늘에 속한 그들에게 "위에 있는 것들을 추구하라"고 명령한다(3:1). "위에 있는 것들"이란 하나님을 예배하는 천사들의 환상이 아니라 하나님의 오른편에 앉아 계신 그리스도와 그분의 나라이다. 위에 있는 것들을 추구하는 삶은 천사들의 환상을 보는 것이 아니라, 그리스도 중심적으로 사는 것이다. 다음으로, 바울은 교회와 가정과 사회에서 옛 사람의 악덕들을 벗어 버리고 새 사람의 덕목들을 입고 살아야 한다고 골로새 성도들에게 권고한다. 그렇게 사는 것이 참으로 경건한 삶이기 때문이다.

이 서신의 권면 단원은 3:1부터 4:6까지 이어진다. 권면 단원은 다섯 단락으로 구성되어 있다. 각 단락은 "추구하십시오"(3:1), "죽이십시오"(3:5), "옷 입으십시오"(3:12), "복종하십시오"(3:18), "전념하십시오"(4:2)라는 명령으로 시작한다. 첫째 단락(3:1-4)에서 바울은 골로새 성도들이 그리스도와 함께 일으킴을 받은 사실에 근거하여 권면을 시작한다. 그들은 위에 있는 것들을 추구하는 삶을 살아야 한다. 둘째 단락(3:5-11)에서는 땅에 있는 지체들을 죽이고 옛 사람의 악덕들을 벗어 버리라고 촉구한다. 골로새 성도들은 땅에 속한 과거의 삶을 철저하게 청산해야 한다. 셋째 단락(3:12-17)에서는 새 사람의 덕목들을 입으라고 권면한다. 골로새 성도들은 새 사람이 되었으므로 새 사람의 덕목들을 입고 살아야 한다. 넷째 단락(3:18-4:1)에서는 가정생활에 관해 교훈한다. 위에 있는 것들을 추구하는 삶은 세상의 삶을 무시하거나 부정하는 것이 아니다. 가정에서도 그리스도를 주님으로 모시고 그리스도 중심적으로 생활해야 한다. 다섯째 단락(4:2-6)에서 바울은 기도를 요청하면서 외부 사람들을 향하여 지혜롭게 행하라고 권고한다.

1. 위에 있는 것들을 추구하라(3:1-4)

| 번역 |

1 그러므로 여러분은 그리스도와 함께
일으킴을 받았으니 위에 있는 것들을 추
구하십시오. 거기에는 그리스도께서 하나
님의 오른편에 앉아 계십니다. 2 여러분은
땅에 있는 것들이 아니라 위에 있는 것들
에 마음을 집중하십시오. 3 여러분이 이미
죽었고, 여러분의 생명이 그리스도와 함
께 하나님 안에 감추어져 있기 때문입니
다. 4 a우리의 생명이신 그리스도가 나타
나실 그때에 여러분 자신들 또한 그분과
함께 영광 중에 나타나게 될 것입니다.

---

a 일부 사본들은 "여러분의"(ὑμῶν, "휘몬")를 지지하지만(p^{46} ℵ C D* 33), 다수 사본들은 "우리의"(ἡμῶν, "헤몬")를 지지한다(B D^1 H 1739 *Byz*). 개역개정은 후자를 채택하는 반면("우리 생명"), 표준새번역은 전자를 채택한다("여러분의 생명"). 후대의 필사자가 앞 절에 나온 "여러분의 생명"과 일치시키려고 본래의 본문에 있던 "우리의 생명"을 "여러분의 생명"으로 수정했을 것이다.

| 본문 이해 터 닦기 |

| 문맥과 주제 | 이 단락(3:1-4)을 시작하는 접속사 "그러므로"(οὖν, "운")는 거짓 교사들에 관해 경고하는 단원(2:6-23)이 끝나고, 새 단원(3:1-4:6)이 시작되고 있음을 알려 준다(참조. 롬 12:1; 엡 4:1). 이 단락에서 사도 바울이 말하는 것, 즉 골로새 성도들이 그리스도와 함께 죽고 그리스도와 함께 일으킴을 받았다는 것(3:1, 3)은 앞 단원의 중요한 요소이다(2:11-13, 20). 위에 있는 것들을 추구하고 그것들에 마음을 집중하라는 권면(3:1-2)은 윤리적인 권면 단원(3:1-4:6)의 핵심이다.

이 단락은 그리스도 중심적이다. "그리스도"라는 단어가 네 번이나 나온다. 지금 그리스도는 하나님의 우편에 앉아 계신다. 골로새 성도들은 그리스도와 함께 일으킴을 받았고, 그들의 생명이 그리스도와 함께 하나님 안에 감추어져 있다. 그리스도가 나타나실 때 그들도 그분과 함께 영광 중에 나타날 것이다. 그들은 땅에서 살고 있지만, 그리스도와 함께 하늘에 속한 자들이다. 그러므로 땅에 있는 것들이 아니라 위에 있는 것들을 추구해야 한다. 이 단락의 주제는 매우 분명하다. 골로새 성도들은 그리스도와 함께 일으킴을 받았으므로 위에 있는 것들을 추구하는 삶을 살아야 한다.

| 배경 | 이 단락에서 "위에 있는 것들"과 "땅에 있는 것들"이라는 표현은 헬라 철학이나 영지주의의 이원론적 세계관을 반영하는 것처럼 보인다. 하지만 유대 묵시적 관점과 더 잘 어울린다.[1] 위에 있는 것들을 추구하라는 권면은 의인들을 위하여 보존된 영광에 소망을 두라는 유대 묵시 문헌의 권면과 흡사하다. 지금 감추어진 것이 장차 영광 중에 나타날 것이라는 개념도 유대 묵시적 관점과 흡사하다(*2 Bar.* 48.49; 52.7). 하지만 사도 바울이 그 문헌에 의존해서 이 권면을 한다고 보기는 어렵다. 단지 그의 관점이 그 문헌의 관점과 유사할 뿐이다. "위"와 "땅"이라는 수직적 대조는 "이미-아직 아니"라는 종말론의 체계 안에 자리한 개념이다. 골로새 성도들은 이미 그리스도와 함께 일으킴을 받았고 그분의 부활에 동참하였지만, 그들의 몸의 부활은 아직 일어나지 않았다. 이와 마찬가지로 그들은 이미 위에 속한 자들이지만, 그 사실은 아직 세상에 공개되지 않았다. 그리스도가 나타나실 때 그들의 영광이 드러날 것이다.

| 구조 | 이 단락의 중심은 "위에 있는 것들을 추구하십시오"(1절)와 "위에 있는 것들에 마음을 집중하십시오"(2절)라는 두 명령문이다. 이 명령문들에 이어서 위에 있는 것들을 추구하고 그것들에 마음을 집중해야 할 이유를 제시하는 절(3절)과 그 이유절의 내용을 뒷받침하는 문장이 나온다(4절). 골로새 성도들이 위에 있는 것들을 추구해야 하는 이유는 그들이 그리스도와 연합하여 하늘에 속한 존재가 되었기 때문이다. 이 단락은 아래와 같이 구분할 수 있다.

(1) 1-2절 위에 있는 것들을 추구하는 삶
- 1) 그리스도와 함께 일으킴을 받음(1상절)
- 2) 위에 있는 것들을 추구해야 함(1하절)
- 3) 위에 있는 것들에 마음을 집중해야 함(2절)

(2) 3-4절 위에 있는 것들을 추구해야 하는 이유
- 1) 골로새 성도들의 생명이 하나님 안에 감추어짐(3절)
- 2) 골로새 성도들이 영광 가운데 나타날 것임(4절)

1 Bevere, *Sharing in the Inheritance*, 153-59; DeMaris, *The Colossian Controversy*, 144; Dunn, *Colossians and Philemon*, 202; Levison, "Apocalyptic Dimension", 93-108; Smith, *Heavenly Perspective*, 174-84.

| 주해 |

(1) 위에 있는 것들을 추구하는 삶(3:1-2)

3:1 사도 바울이 거짓 교사들에 대한 논박과 비판을 마무리하고, 골로새 교인들을 위한 권면을 시작한다. "그러므로 여러분은 그리스도와 함께 일으킴을 받았으니[2] 위에 있는 것들을 추구하십시오." 이 권면에서 "여러분은 그리스도와 함께 일으킴을 받았으니"(εἰ οὖν συνηγέρθητε τῷ Χριστῷ, "에이 운 쉬네게르떼테 토 크리스토")라는 구절은 2:20과 같이 실제로 일어난 일이나 사건의 확실함을 나타내는 조건절이다.[3] 골로새 교인들이 그리스도와 함께 일으킴을 받은 것은 명백한 사실이다. 그들은 그리스도를 일으키신 하나님의 역사를 믿고 세례를 받음으로써 그리스도와 함께 죽었고, 그리스도와 함께 장사되었고, 그리스도와 함께 일으킴을 받았다(2:11-12). 그들은 부활하신 그리스도와 함께 하늘에 속한 자들이다(1:13; 참조. 엡 2:6). 그러므로 그들은 "위에 있는 것들을 추구하는" 삶을 살아야 한다.

"위에 있는 것들"이라고 번역한 "타 아노"(τὰ ἄνω)는 그리스도가 하나님의 오른편에 앉아 계시고 신자들의 소망이 보관되어 있는 "하늘"의 영역과 하늘에 속한 영원한 것들을 가리킨다(참조. 1:5; 엡 1:20).[4] 요한복음에서 예수님은 이 단어를 사용하여, 유대인들이 "아래에서"(ἐκ τῶν κάτω, "에크 톤 카토"), 곧 이 세상에서 난 반면에 예수님 자신은 "위에서"(ἐκ τῶν ἄνω, "에크 톤 아노"), 곧 하늘에서 나셨다고 말씀하신다(요 8:23). 바울은 갈라디아서에서 같은 단어를 사용하여 "위에 있는 예루살렘"(ἡ ἄνω Ἰερουσαλήμ, "헤 아노 예루살렘")을 "지금 있는 예루살렘"과 대조한다(갈 4:25-26). "위에 있는 예루살렘"은 하늘에 있는 예루살렘이다. 다음의 그림에서 볼 수 있는 대로, 골로새서에서도 "위"는 그리스도가 하나님의 오른편에 앉아 계신 "하늘"을 가리킨다(참조. 빌 3:14).

---

2 개역개정은 "그러므로 너희가 그리스도와 함께 다시 살리심을 받았으면"이라고 번역한다. 헬라어 동사 "쉬네게르떼테"를 "너희가 함께 다시 살리심을 받았다"라고 번역한 것이다. 문자적으로는 "너희가 함께 일으킴을 받았다"이다.

3 BDF, §372; Porter, *Idioms of the Greek New Testament*, 256-57.

4 BDAG, 92; Bockmuehl, *Revelation and Mystery*, 190; Caird, *Paul's Letters from Prison*, 202; Dunn, *Colossians and Philemon*, 205; Harris, *Colossians and Philemon*, 120-21; Lohse, *Colossians and Philemon*, 132; Silva, *NIDNTTE*, IV, 619.

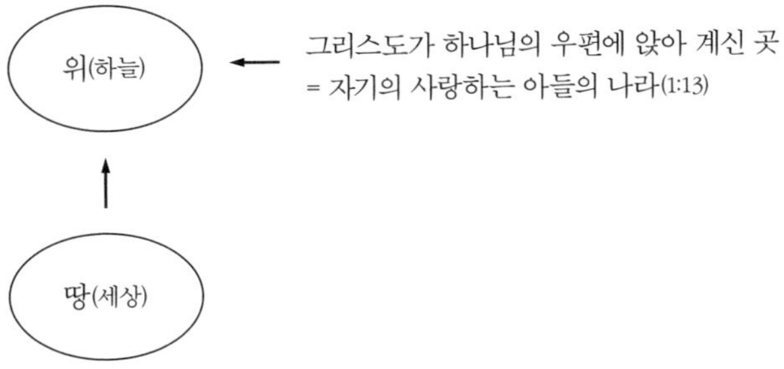

"거기에는 그리스도께서 하나님의 오른편에 앉아 계십니다"라는 구절은 시편 110:1을 염두에 둔 것이다.[5] 이 본문은 신약성경에서 자주 인용되는, 메시아에 대한 예언이다. 하나님은 십자가에서 죽기까지 복종한 나사렛 예수를 높이셔서 자기의 오른편에 앉게 하셨다(행 2:33-36; 엡 1:20-22; 빌 2:8-9). 하나님의 오른편에 앉는다는 것은 비유적인 표현이다. 통치자의 오른편은 권세와 영예의 자리이다(참조. 왕상 2:19). 승천하신 그리스도는 하나님으로부터 하늘과 땅을 다스리는 모든 권세를 받으셨다(마 28:18). 만물을 다스리시는 성부 하나님의 주권적 통치에 참여하신 것이다. 지금 그리스도는 만주의 주님이자 만왕의 왕으로서 우주 만물을 다스리신다. 모든 적대 세력들이 복종할 때까지 계속 다스리실 것이다(고전 15:25).

그리스도와 함께 일으킴을 받은 골로새 성도들은 위에 있는 것들을 추구해야 한다. "위에 있는 것들을 추구하십시오"(τὰ ἄνω ζητεῖτε, "타 아노 제테이테")라는 권면에서 명령 동사 "제테이테"는 일차적으로, 잃어버린 무엇인가를 찾는 것을 의미한다. 복음서에서 이러한 의미로 종종 사용된다. 예를 들어, 예수님은 잃어버린 자를 "찾아" 구원하기 위하여 세상에 오셨다(눅 19:10). 예수님의 비유에 등장하는 여인은 잃어버린 드라크마를 부지런히 "찾는다"(눅 15:8). 하지만 골로새서에서 이 동사는 잃어버린 무엇인가를 찾는 것을 뜻하기보다는 알려진 무엇인가를 얻기 위하여 의지를 가지고 추구하는 것

5 신약의 저자들은 승천하신 그리스도의 권세와 영광을 말할 때 이 본문을 인용하거나 암시한다(행 2:34-36; 롬 8:34; 엡 1:20-22; 히 1:13; 8:1; 10:12-13; 12:2; 벧전 3:22). 그들은 이 시편 본문을 자신과 관련시키신 예수님의 해석을 따른다(마 22:44-36; 26:64; 막 12:35-37; 14:61-62; 눅 20:42-43; 22:69). 참조. Beale, "골로새서", 491-94; Bruce, *Colossians, Philemon*, 132-33; Hay, *Glory at the Right Hand*, 158-59.

을 뜻한다.[6] 예수님의 제자들은 먼저 하나님 나라와 그분의 의를 "추구해야" 하며(마 6:33),[7] 자기 유익이 아니라 많은 사람의 유익을 "추구해야" 한다(고전 10:33).

"위에 있는 것들을 추구하십시오"라는 권면은 일차적으로 거짓 교사들의 문제와 관련이 있다. 거짓 교사들은 하나님을 예배하는 천사들의 환상을 보는 것을 하늘에 속한 것으로 간주하였다. 그들에게 위에 있는 것들을 추구하는 것이란 금지 규정들을 지키고 금식과 금욕적인 행동을 하면서 천사들의 환상을 추구하는 것이다.[8] 하지만 그것은 위에 계신 그리스도와 아무런 관계가 없다. 단지 육체의 만족을 위한 것일 뿐이다(2:23). 골로새 성도들은 천사들의 환상이 아니라 그리스도와 하늘의 영역에 속한 영원한 것들을 추구해야 한다. 하나님께서 하늘에 보관하신 소망(1:5)과 성도의 기업(1:12)과 그리스도와 함께 나타날 영광(3:4)을 고대하면서 그리스도의 나라의 백성으로 살아야 한다(참조. 1:10; 2:6).

3:2 바울은 "위에 있는 것들을 추구하십시오"라는 권면을 조금 다른 표현으로 반복한다. "여러분은 땅에 있는 것들이 아니라 위에 있는 것들에 마음을 집중하십시오." 개역개정에서 "생각하다"라고 번역한 "프로네오"(φρονέω)는 바울이 즐겨 사용한 단어이다. 신약성경에 26번 나오는데, 바울 서신에만 23번 나온다. 이 단어는 종종 "생각하다"를 뜻하며(롬 12:3; 빌 3:15; 4:10), "열망하다", "마음을 집중하다", "마음을 두다"를 뜻하기도 한다(롬 12:16; 빌 3:19).[9] 이 본문에서 사도는 후자의 의미로 사용한다. 1절에서 "제테오"(ζητέω)가 실제로 의지를 가지고 하늘에 속한 것들을 추구하는 행동을 강조한다면, 2절에서 "프로네오"는 추구하는 행동을 결정하는 내적인 성향과 열망에 초점을 맞춘다.[10] 사람은 누구나 자신이 열망하거나 마음을 쏟는 것들을 추구하기 마련이다.

---

6 BDAG, 428; Greeven, *TDNT*, II, 893; Smith, *Heavenly Perspective*, 177.

7 하나님 나라와 그분의 의를 추구하는 것은 하나님의 통치를 받으면서 하나님의 뜻에 따라 살고자 힘쓰는 것이다. France, *Matthew*, 141-42; Barth and Blanke, *Colossians*, 393.

8 Sumney, *Colossians*, 176.

9 BDAG, 1065; Silva, *NIDNTTE*, IV, 619.

10 Eadie, *Colossians*, 215; Harris, *Colossians and Philemon*, 121; Lohse, *Colossians and Philemon*, 133.

"땅에 있는 것들"(τὰ ἐπὶ τῆς γῆς, "타 에피 테스 게스")이란 일차적으로 거짓 교사들의 가르침, 금지 규정들, 천사들의 환상을 추구하는 신비주의 등을 가리킨다. 거짓 교사들은 자신들이 위에 있는 것들을 추구하고 있다고 주장하였다. 하지만 그들의 가르침과 규정들은 모두 육체의 만족을 위한 것이다. 사실상 거짓 교사들은 땅에 속한 것들을 추구하는 자들이다. 골로새 성도들은 그리스도와 함께 일으킴을 받고 하늘에 속한 백성이 되었으므로 땅에 있는 것들에 마음을 두지 말아야 한다. 하지만 "땅에 있는 것들"을 거짓 교사들에게만 국한해서 이해하는 것은 적절하지 않다. "땅에 있는 것들"은 골로새 성도들이 죽여야 할 "땅에 있는 지체들"(τὰ μέλη τὰ ἐπὶ τῆς γῆς)을 포함하는 넓은 개념이기 때문이다. "땅에 있는 지체들"이란 음행, 더러운 것, 정욕, 악한 욕망, 탐욕이다(3:5). 또한 분노와 격분과 악의와 비방과 부끄러운 말과 거짓말이다(3:8-9). 이것들은 모두 땅에 속한 것들이며 옛 사람에게 속한 것들이다. 하늘에 속한 골로새 성도들은 이 모든 것들을 죽여야 하고, 벗어 버려야 한다(3:5, 8). 또 땅에 있는 것들에 마음을 두지 말라는 권면은 세상과 세상에 있는 것들을 사랑하지 말라는 사도 요한의 권면과 매우 유사하다(요일 2:15-16). 그리스도와 함께 일으킴을 받고 하늘의 영역에 속한 골로새 교인들은 육체를 따라 살기를 거부해야 하고, 또한 세상과 세상에 있는 것들, 즉 재물과 권세와 명성과 쾌락 등을 사랑하지 말아야 한다.

골로새 성도들은 적극적으로 "위에 있는 것들에 마음을 두어야 한다." 이 본문에서 "위에 있는 것들"은 1절에서처럼 하늘과 하늘의 영역에 속한 것들을 가리킨다. 위에 있는 것들에 마음을 둔다는 것은 구체적으로 세상의 재물과 권세와 명성과 쾌락이 아니라 하나님께서 하늘에 보관하신 소망(1:5, 23)과 성도의 기업(1:12)과 그리스도와 함께 나타날 영광(3:4)을 열망하는 것이다. 물론 이 권면은 세상과 세상에 있는 모든 것들을 부정하고, 그리스도와 하늘에 속한 것들만 생각해야 한다는 뜻은 아니다. 사도 바울이 권면하는 것은 세상과 세상에 있는 것들을 그리스도와 하늘에 속한 것들보다 더 가치 있게 여기거나 더 적극적으로 열망해서는 안 된다는 것이다.

(2) 위에 있는 것들을 추구해야 하는 이유(3:3-4)

3:3 위에 있는 것들을 추구하고 그것들에 마음을 집중해야 하는 이유는

무엇인가? 이유 접속사 "가르"(γάρ)로 시작하는 3절에서 사도는 이렇게 답한다. "여러분이 이미 죽었고, 여러분의 생명이 그리스도와 함께 하나님 안에 감추어져 있기 때문입니다." 여기서 사도가 제시하는 이유는 두 가지이다. 첫째, 골로새 성도들이 그리스도와 함께 "죽었기"(ἀπεθάνετε, "아페따네테") 때문이다. 그들은 그리스도를 믿고 세례를 받음으로써 그분과 함께 죄에 대하여 죽었고, 세상의 초보 원리들에서부터 죽었다(참조. 롬 6:2-4, 10-11; 2:20). 세상과 마귀와 육체의 욕심을 따르던 그들의 옛 사람이 그리스도와 함께 십자가에 못 박힌 것이다(롬 6:6; 갈 2:20). 그 결과 그들은 세상과 마귀와 육체의 지배에서 벗어났다. 흑암의 권세에서 건짐을 받고 하나님의 사랑을 받는 아들의 나라로 옮겨진 것이다(1:13). 그들은 지금 세상에서 살고 있지만 더 이상 세상에 속한 자들이 아니다. 그리스도의 나라에 속한 자들이다. 그러므로 골로새 성도들은 땅에 있는 것들이 아니라 위에 있는 것들에 마음을 집중해야 한다.

둘째, 골로새 성도들의 생명이 그리스도와 함께 하나님 안에 감추어져 있기 때문이다. 이 본문에서 "여러분의 생명"(ἡ ζωὴ ὑμῶν, "헤 조에 휘몬")은 하나님께서 골로새 성도들에게 주신 영적 생명이다.[11] 그들은 그리스도와 함께 죽고 그리스도와 함께 일으킴을 받음으로써 그리스도의 부활 생명을 받았다. 그것은 오는 시대, 즉 종말의 시대에 속한 생명이며, 새 하늘과 새 땅에서 누릴 생명이다. 골로새 성도들은 새 하늘과 새 땅이 출현하기도 전에 그 생명을 받고 영적으로 살아났다(2:13). 그리스도의 죽음과 부활로 말미암아 구원의 새 시대가 시작되었기 때문이다. 영적 생명을 받은 사실은 하나님을 알고 하나님을 예배하고 하나님과 교제하는 것으로 나타난다. 골로새 성도들은 부활 생명을 받았으므로 지금 그리스도의 나라에서 하나님을 예배하고 하나님과 교제하고 있다.

그러면 골로새 성도들의 생명이 그리스도와 함께 하나님 안에 감추어져 있다는 것은 무슨 말인가? 두 가지를 의미한다. 한 가지는 그들의 생명이 안전하다는 것이다.[12] 구약성경에서 감추어진다는 것은 안전과 보호를 의

11 Lohse, *Colossians and Philemon*, 134.

12 Arnold, *The Colossian Syncretism*, 307; Harris, *Colossians and Philemon*, 121; Lincoln, *Paradise Now and Not Yet*, 129; Moo, *Colossians and Philemon*, 250;

미한다. 하나님께서는 자기 백성을 장막이나 은밀한 곳에 감추심으로써 그들을 안전하게 지키고 보호하신다(시 27:5-6; 31:19-20; 사 49:2). 골로새 성도들의 생명은 하나님께서 은혜로 그들에게 주셨을 때부터 지금까지 하나님 안에 감추어져 있다. 감추어진 그 생명이 완전히 나타날 때까지 계속 그럴 것이다. 하나님은 만물보다 크신 분이므로 아무도 하나님의 손에서 그 생명을 빼앗을 수 없다(참조. 요 10:29). 죽음조차도 빼앗지 못한다. 골로새 성도들의 생명은 안전하다. 그들은 지금 영적으로 살아 있고, 앞으로도 영원히 살아 있을 것이다.

또 한 가지 의미는 골로새 성도들이 위에 속한 존재들이라는 것이다. 생명은 사람의 존재에서 본질적인 요소이다. 따라서 골로새 성도들의 생명이 하나님 안에 감추어져 있다는 말은 그들의 존재가 하나님 안에 있다는 말과 같다.[13] 그들은 하나님의 오른편에 앉아 계신 그리스도와 함께 하늘에 속한 존재들이다. 바울은 이 본문에서 암시한 것을 에베소서 2:5-6에서 분명하게 밝힌다.[14] 하나님께서 우리를 그리스도와 함께 살리시고 그리스도와 함께 일으키신 것에 그치지 않고, 그리스도와 함께 우리를 하늘에 앉히기까지 하셨다! 하나님은 골로새 성도들도 그리스도와 함께 하늘에 앉히셨다. 그들은 땅에서 살고 있지만 하늘에 속한, 그리스도의 나라의 백성이다! 그러므로 그들은 땅에 있는 것들이 아니라 위에 있는 것들에 마음을 집중해야 한다.

3:4 사도 바울은 위에 있는 것들에 마음을 집중해야 할 이유를 계속해서 제시한다. 앞 절에서는 골로새 성도들의 과거와 현재에 초점을 맞춘 반면에 4절에서는 그들의 미래에 초점을 맞춘다. 그리고 장차 그들에게 일어날 일을 확신이 넘치는 어조로 선포한다. "우리의 생명이신 그리스도가 나타나실 그때에 여러분 자신들 또한 그분과 함께 영광 중에 나타나게 될 것입니다." 이 본문에서 사도가 말하는 것은 종말의 미래 차원에서 일어날 일이다. "그리스도께서 나타나실 그때에"(ὅταν ὁ Χριστὸς φανερωθῇ, "호탄 호 크리스토스 파네로떼")는 그리스도의 재림을 가리키는 구절이다. "나타나다"라고 번역한 "파

Sumney, *Colossians*, 181.

13 Bruce, *Colossians, Philemon*, 135.

14 O'Brien, 『골로새서·빌레몬서』, 314.

네로오"(φανερόω)는 공개적인 출현을 의미한다.[15] 그리스도의 재림은 종말에 공개적으로 일어날 것이다.[16] 요한일서 2:28에서도 동사 "파네로오"가 그리스도의 재림과 관련하여 사용된다. 사도 요한은 이 동사와 함께 재림을 가리키는 전문 용어 "파루시아"(παρουσία)를 사용함으로써 그리스도의 나타나심이 재림을 뜻한다는 것을 명확하게 보여 준다. "자녀들이여 이제 그분 안에 거하십시오. 그러면 주님이 '나타나실'(φανερωθῇ, "파네로떼") 때에, 곧 그분이 '강림하실'(ἐν τῇ παρουσίᾳ αὐτοῦ, "엔 테 파루시아 아우투") 때에 그분 앞에서 우리가 담대함을 가질 것이고 부끄러움을 당하지 않을 것입니다." 그리스도는 명령과 천사장의 소리와 하나님의 나팔 소리와 함께 친히 하늘로부터 강림하실 것이다(살전 4:16; 살후 1:7).[17] 모든 사람이 그분을 볼 것이고, 그분을 찌른 사람들도 볼 것이다(계 1:7). 그들은 그리스도가 만왕의 왕이며 만주의 주님이라는 사실을 알게 될 것이다(계 17:14; 19:16). 그리스도의 오심을 고대하는 자들은 큰 기쁨으로 그분 앞에 무릎을 꿇고 경배할 것이지만, 그리스도와 그분의 백성을 대적하는 자들은 동굴들과 산들의 바위틈에 숨어서 두려움으로 몸을 떨 것이다(계 6:15-17).

다시 오시는 그리스도는 "우리의 생명"(ἡ ζωὴ ἡμῶν, "헤 조에 헤몬")이시다! 어떻게 그리스도가 우리의 생명일 수 있는가? 그리스도 자신이 부활이며 생명이시기 때문이고(요 11:25; 14:6; 요일 1:2), 그분과 함께 죽고 그분과 함께 일으킴을 받음으로써 우리가 부활 생명을 받기 때문이다. 그리스도 밖에서는 그 누구도 생명을 받을 수 없다. 그리스도를 믿는 자는 죽어도 살 것이고, 살아서 그분을 믿는 자는 영원히 죽지 않을 것이다(요 11:25-26). 그리스도는 생명 없는 자들에게 생명을 주시고 그 생명을 풍성하게 누리게 하신다(요 10:10, 28). 이 본문에서 말하는 "우리의 생명"은 앞 절에서 말한 "여러분의 생명"과 같은 것이다. "우리의 생명"이신 그리스도가 공개적으로 나타나시는 날 하나님 안에 감추어져 있는 "여러분의 생명"이 마침내 완전하게 나타날 것이

15 BDAG, 1048.

16 Arnold, *The Colossian Syncretism*, 308; Bockmuehl, *Revelation and Mystery*, 190-91; Dunn, 『바울신학』, 435-36; Lincoln, *Paradise Now and Not Yet*, 123; Lohse, *Colossians and Philemon*, 134; Schreiner, 『신약신학』, 766.

17 "명령"은 다시 오시는 주님이 죽은 성도들을 향하여 일어나라고 외치시는 것이다. Weima, *1-2 Thessalonians*, 327.

다. 그리하여 골로새 성도들은 그 생명을 완전하게 그리고 풍성하게 누릴 것이다.

사도 바울은 그리스도가 큰 권능과 영광으로 하늘로부터 강림하실 "그 때에"(τότε, "토테") 그리스도의 생명에 참여한 골로새 성도들 또한 그분의 영광스러운 출현에 참여할 것이라고 말한다. "여러분 자신들 또한 그분과 함께 영광 중에 나타나게 될 것입니다." 헬라어 본문에서 바울은 강조 용법의 "카이"(καὶ, "또한")와 이인칭 주격 대명사 "휘메이스"(ὑμεῖς, "여러분 자신들")를 함께 사용하여 골로새 성도들이 그리스도와 함께 영광을 받을 존재들이라는 사실을 힘주어 말한다(참조. 롬 8:17). 그들은 에베소 성도들처럼 그리스도와 함께 일으킴을 받고 그리스도와 함께 하늘에 앉힌 바 되었다(엡 2:6). 그들은 하나님의 오른편에 앉아 계신 그리스도와 함께 하늘의 영광을 누리는 하나님의 아들들이다. 하지만 이 사실은 사람들의 눈에 감추어져 있다. 골로새 성도들은 세상에서 다른 모든 사람들처럼 연약하고, 가난과 질병 등으로 고통을 당한다. 예수님을 믿는다는 이유로 멸시를 당하고 핍박을 받는다. 그들은 영광스러운 하나님의 아들들처럼 보이지 않는다. 그러나 그리스도가 하늘로부터 강림하시는 날, 감추어진 것이 드러날 것이다. 감추어졌던 골로새 성도들의 영광스러운 모습이 모든 사람들의 눈앞에 밝히 드러날 것이다.

골로새 성도들이 그리스도와 함께 "영광 중에 나타나게"(φανερωθήσεσθε ἐν δόξῃ, "파네로떼세스떼 엔 독세") 된다는 것은 그들이 그리스도처럼 영광스럽게 변화되는 것을 의미한다. 이 본문과 내용이 유사한 요한일서 3:2에서 사도 요한은 그리스도가 나타나실 때 하나님의 자녀들이 그분과 같이 될 것이라고 말한다. 골로새 성도들의 낮은 몸이 그리스도의 영광스러운 몸의 형체와 같이 변화될 것이다(빌 3:21). 이것이 구원의 절정이다.[18] 성경이 말하는 구원은 육신에서 벗어난 영혼이 천당에서 영원히 사는 것이 아니라, 육과 영을 포함한 전인이 "그리스도와 같이" 되는 것이다. 하늘에 속한 썩지 않는 몸을 입는 것이며, 하나님의 형상을 온전히 회복하여 하나님처럼 거룩하고 흠이 없고 책망받을 것이 없는 영광스러운 존재가 되는 것이다. 그리스도를 믿는 자들은 그리스도가 영광 중에 나타나실 그때에 이런 전인적인 구원을 경

18 Dunn, *Colossians and Philemon*, 209.

험할 것이다. 브루기아 지방의 작은 도시에 거주하던 이방인 신자들이 하늘에 속한 영광의 몸을 입고 그리스도와 더불어 해처럼 빛나는 광경을 상상해 보라. 그들을 조롱하고 무시하던 세상 사람들은 밝히 드러난 그들의 찬란한 영광에 압도당하고 눈이 멀 것이다.[19]

이 단락에서 사도 바울은 거짓 교사들을 염두에 두고 골로새 성도들에게 위에 있는 것들을 추구하라고 권고하였다. 위에 있는 것들이란 천사들이 하나님을 예배하는 환상이 아니라 하나님의 오른편에 앉아 계신 그리스도와 그분의 나라이다. 신자의 경건함과 삶의 중심은 환상 체험이 아니라 그리스도이시다. 골로새 성도들은 그리스도와 함께 일으킴을 받고 하늘에 속한 자들이 되었다. 그들의 영광스러운 모습이 지금은 사람들의 눈에 보이지 않지만, 우리의 생명이시며 영광의 소망이신 그리스도가 다시 오시는 날, 마침내 밝히 드러날 것이다. 그러므로 골로새 성도들은 거짓 교사들이 과시하는 천사들의 환상에 마음을 빼앗기지 말고, 위에 있는 그리스도와 그분의 나라를 추구해야 한다.

| 메시지와 적용 |

■ **그리스도와 함께 일으킴을 받음** 이 단락은 그리스도와 함께 일으킴을 받은 신자들이 그리스도와 함께 하늘에 속해 있다는 사실을 알려 준다. 그리스도를 믿고 세례를 받은 신자들이 부활 생명을 받고 그리스도의 나라에 속해 있다는 것은 허구가 아니다. 하나님께서 그들을 그리스도와 함께 하늘에 앉게 하셨을 뿐만 아니라(엡 2:6), 그들을 하늘에 속한 자기 백성으로 간주하시기 때문이다(참조. 벧전 2:9-10). 하늘에 속한 하나님의 백성은 위에 있는 것들을 추구하라는 하나님의 명령에 복종한다. 반면에 하늘에 속하지 않은 사람은 이 명령에 복종할 수도 없고 복종하지도 않는다(참조. 롬 8:5-8; 빌 3:19). 만일 우리가 위에 있는 것들이 아니라 땅에 있는 것들에만 관심을 쏟고 있다면, 자신을 돌아보아야 한다. 하늘에 속한 자가 아닐 수 있기 때문이다. 물론 하늘에 속한 자들도 땅에 있는 것들로 인하여 마음이 흔들린다. 하지만 위에 있는 것들을 완전히 잊어버리고 땅에 있는 것들만 추구하지는 않는다. 땅에

19 Lightfoot, *Colossians and Philemon*, 210; Wright, 『골로새서·빌레몬서』, 199.

있는 것들로 인하여 마음이 흔들릴 때마다 우리 자신이 그리스도와 함께 일으킴을 받고 하늘에 속한 자가 되었다는 사실을 떠올리자.

■ **위에 있는 것들을 추구하는 삶** 이 단락에서 가장 중요한 교훈은 위에 있는 것들을 추구해야 한다는 것이다. 이 교훈은 삶의 모든 영역에서 하늘에 속한 것들을 최고의 목표로 삼고 추구하는 것을 의미한다. 이것은 또한 그리스도를 주님으로 인정하고 그리스도의 나라에 속한 백성으로 사는 것을 의미한다. 위에 있는 것들에 마음을 집중하고 위에 있는 것들을 추구하는 것이 참된 그리스도인의 모습이다. 그리스도인들이 땅에 속한 물질, 권세, 지위, 쾌락 등을 가장 중요하게 여기고 그것들을 추구하는 것은 매우 잘못된 것이다. 그런데 자신이 그리스도인이라고 생각하면서도 땅에 속한 것들을 추구하는 사람들이 있다. 교회 지도자 중에도 땅에 속한 물질과 지위와 쾌락을 추구하는 사람들이 있다. 우리 자신은 어떠한가? 참으로 위에 있는 것들에 마음을 집중하고 그것들을 추구하고 있는가?

■ **하나님의 오른편에 앉아 계신 그리스도** 이 단락은 예수 그리스도가 하나님의 오른편에 앉아 계신 분이라는 사실을 알려 준다. 하나님은 자신의 보좌를 하늘에 세우시고, 자신의 왕권으로 만유를 다스리신다(시 103:19; 참조. 시 93:1-2). 예수 그리스도가 하나님의 오른편에 앉아 계신다는 것은 하나님의 권세와 능력과 영광을 공유하신다는 뜻이다. 그리스도는 하나님과 동등한 분이시기에 우리의 경배와 찬송을 받으시기에 합당한 주님이시다. 우리는 이 그리스도를 성부 하나님과 동등한 성자 하나님으로 경배하고 있는가? 그리스도를 구원자로 믿는다고 하면서도 그리스도를 하나님과 동등한 성자 하나님으로는 인정하지 않는 사람들이 있다. 이는 삼위일체를 인정하지 않는 것이다. 삼위일체를 인정하지 않는 사람은 그리스도인이 아니다.[20] 그리스도의 신성을 부인한 아리우스(Arius)와 소키누스(Socinus)의 길을 걷는 사람이며, 여호와의 증인이나 유니테리언주의자와 다를 바 없는 사람이다.

■ **그리스도의 재림** 이 단락의 마지막 교훈은 그리스도가 다시 오신다는 것이다. 그리스도는 자신이 말씀하신 대로, 천사들과 함께 큰 권능과 영광 중에 하늘로부터 강림하실 것이다. 언제 이 일이 일어날지 알 수 없다. 하지만

20 Reeves, 『선하신 하나님』, 23.

그리스도가 다시 오신다는 것은 의심할 수 없는 사실이다. 그리스도는 "내가 진실로 속히 오리라"고 하신 약속을 반드시 지키실 것이다(계 22:20; 참조. 마 26:64; 막 14:62; 행 1:11). 다시 오실 그리스도는 모든 신자들의 "영광의 소망"(1:27)이시다. 그런데 자신이 그리스도인이라고 생각하면서도 그리스도의 재림을 진지하게 받아들이지 않는 사람들이 있다. 그들은 이 세상이 전부인 것처럼 생각하고 땅에 있는 것들을 추구한다. 그들의 소망은 이 세상에서 복을 받고 풍요롭게 사는 것이다. 우리는 어떠한가? 그리스도가 큰 권능과 영광 중에 다시 오신다는 것을 믿는가? 그리스도가 다시 오실 때 우리도 그분과 함께 영광 중에 나타나리라는 것을 믿는가? 이 믿음을 가진 사람들은 땅에 있는 것들이 아니라 위에 있는 것들을 추구하는 삶을 살 것이다. 주님의 오심을 사모하고 고대할 것이다. "아멘 주 예수님이여 오시옵소서"(계 22:20).

2. 땅에 있는 지체들을 죽이라(3:5-11)

| 번역 |

5 그러므로 여러분은 땅에 있는 지체
들을 죽이십시오. 곧 음행, 더러운 것, 정
욕, 악한 욕심, 그리고 탐욕입니다. 탐욕
은 우상 숭배입니다. 6 이것들 때문에 하
나님의 진노가 [a]불순종의 아들들 위에 임
합니다. 7 여러분 자신들도 전에 그들 가
운데서 지낼 때에는 이것들 안에서 살고
있었습니다. 8 그러나 이제는 여러분 자신
들도 모든 것들을 벗어 버리십시오. 곧 분
노, 격분, 악의, 비방, 여러분의 입에서 나
오는 부끄러운 말입니다. 9 서로 거짓말을
하지 마십시오. 여러분은 옛 사람을 그의
행실들과 함께 벗어 버렸고, 10 새 사람을
입었기 때문입니다. 새 사람은 자기를 창
조하신 분의 형상을 따라 [b]하나님을 완전
하게 아는 지식에 이를 때까지 계속 새롭
게 됩니다. 11 거기에는 헬라인과 유대인
도 할례자와 무할례자도 야만인도 스키타
이인도 종도 자유인도 없습니다. 그러나
그리스도가 모든 것이요, 모든 것 안에 계
십니다.

a "불순종의 아들들 위에"(ἐπὶ τοὺς υἱοὺς τῆς ἀπειθείας, "에피 투스 휘우스 테스 아페이떼이아스")라는 문구가 일부 사본들에는 나오지 않지만(p[46] B D*), 다른 많은 사본들에는 나온다(ℵ A C D[1] H 33 1739 *Byz*). 개역한글과 개역개정은 이 문구를 포함시키지 않은 반면에 표준새번역은 포함시킨다("순종하지 않는 사람들에게"). 대다수 주석가들은 후대의 필사자들이 평

행 본문인 에베소서 5:6에 근거하여[21] 이 문구를 첨가하였을 것이라고 주장한다.[22] 하지만 헬라어 원문에 있던 문구를 필사자들이 실수로 누락했을 가능성이 더 높다.[23]

b 문맥 안에서 "에피그노신"(ἐπίγνωσιν, "완전한 지식")이 뜻하는 바를 명확하게 하려고 "하나님을 완전하게 아는 지식"이라고 의역하였다.

본문 이해 터 닦기

| 문맥과 주제 | 앞 단락에서 사도 바울은 위에 있는 것들을 추구하라고 권고하였다(3:1-4). 이 단락에서는 위에 있는 것들을 추구하는 삶을 위한 권면을 구체적으로 제시한다. 첫째, 골로새 성도들은 땅에 속한 지체들을 죽여야 한다(3:5). 둘째, 옛 사람의 악덕들을 벗어 버려야 한다(3:8). 셋째, 서로 거짓말을 하지 말아야 한다. 골로새 성도들이 이렇게 해야 하는 이유는 그들이 옛 사람을 벗고 새 사람을 입었기 때문이다(3:9-10). 다음 단락에서 바울은 위에 있는 것들을 추구하는 삶을 위한 또 다른 권면을 제시한다. 그것은 새 사람의 미덕들을 옷 입고 살아야 한다는 것이다(3:12-17). 이 단락의 주제는 다음과 같다. 새 사람을 입은 골로새 성도들은 악한 욕심과 악덕들을 철저하게 제거해야 한다.

| 배경 | 이 단락과 다음 단락에서 바울은 옷을 벗고 입는 이미지를 사용하여 권면한다. 일부 성경학자들은 이 이미지가 세례받기 전에 옷을 벗고, 세례받은 후에 흰옷을 입는 초기 교회의 관습에서 온 것이라고 주장한다.[24] 하지만 이런 관습은 2세기 중반에야 시작되었다(*Gos. Phil.* 101; *Trad. ap.* 21.3, 11, 20). 게다가 이 단락과 다음 단락에서 바울은 세례를 언급조차 하지 않는다.

---

21 골 3:6 δι' ἃ ἔρχεται ἡ ὀργὴ τοῦ θεοῦ ἐπὶ τοὺς υἱοὺς τῆς ἀπειθείας.
엡 5:6 διὰ ταῦτα γὰρ ἔρχεται ἡ ὀργὴ τοῦ θεοῦ ἐπὶ τοὺς υἱοὺς τῆς ἀπειθείας.

22 Beale, *Colossians and Philemon*, 288; Beetham, *Echoes of Scripture*, 240; Bruce, *Colossians, Philemon*, 144; Harris, *Colossians and Philemon*, 128; Lightfoot, *Colossians and Philemon*, 213; Lohse, *Colossians and Philemon*, 139; Moo, *Colossians and Philemon*, 260; Pokorný, *Colossians*, 167.

23 Bird, *Colossians and Philemon*, 101; Dunn, *Colossians and Philemon*, 210; Sumney, *Colossians*, 192-93, 195; Wilson, *Colossians and Philemon*, 248; Wright, 『골로새서·빌레몬서』, 202.

24 Bratcher and Nida, *Colossians and Philemon*, 82; Meeks, *The First Urban Christians*, 155; Wright, 『골로새서·빌레몬서』, 207; 조경철, 『오직 그리스도』, 304.

그가 사용한 이미지는 구약성경에 나오는 이미지와 흡사하다.[25] 가장 흡사한 것은 "의", 또는 "공의"를 옷 입는다는 것이다. 욥은 자신이 의를 옷으로 삼아 입었다고 말한다(욥 29:14). 시편 기자 또한 제사장들이 의를 옷 입는다고 말한다(시 132:9). 이사야는 하나님께서 구원의 옷을 자신에게 입히시고 공의의 겉옷을 더하신 것 때문에 즐거워한다(사 61:10). 하지만 옛 사람과 그의 행실을 벗고 새 사람을 입는다는 개념은 구약성경에 나오지 않는다. 바울이 사용한 이미지는 구약성경의 이미지와 흡사하면서도 그것보다 더 풍성하다.

| 구조 | 이 단락에는 "죽이십시오"(5절), "벗어 버리십시오"(8절), "거짓말을 하지 마십시오"(9절)라는 세 개의 금지 명령이 나온다. 앞의 두 명령에는 각각 악덕의 목록이 뒤따른다. 첫째 목록은 성적인 죄와 관련이 있고(5절), 둘째 목록은 다른 사람들과의 관계에서 일어나는 죄와 관련이 있다(8절). "거짓말을 하지 마십시오"(9상절)라는 마지막 명령 뒤에는 골로새 성도들이 옛 사람을 벗어 버리고 새 사람을 입었음을 상기시키는 분사절이 이어진다(9하-11절). 이 분사절은 서로 거짓말하지 말아야 할 이유를 알려 준다. 그것은 골로새 성도들이 새 사람을 입었기 때문이다. 이 단락은 아래와 같이 구분할 수 있다.

(1) 5-8절 땅에 있는 지체들을 죽이라
- 1) 죽여야 할 지체들(5-6절)
- 2) 골로새 성도들의 과거(7절)
- 3) 벗어 버려야 할 악덕들(8절)

(2) 9-11절 서로 거짓말을 하지 말라
- 1) 거짓말을 하지 말아야 함(9상절)
- 2) 거짓말을 하지 말아야 하는 이유(9하-10상절)
- 3) 새 사람의 특성(10하절)
- 4) 새 사람 안에 차별이 없음(11절)

| 주해 |

(1) 땅에 있는 지체들을 죽이라(3:5-8)

3:5 "그러므로"(οὖν, "운")는 이 단락의 권면이 앞 단락에 근거한 것임을 알려

25 Lincoln, "Colossians", 643; Moo, *Colossians and Philemon*, 267; Thielman, *Ephesians*, 303.

준다. 앞 단락에서 사도 바울은 그리스도가 다시 오실 그때에 골로새 성도들도 영광 중에 나타날 것이라고 말하였다. 그들이 하늘에 속한 영광스러운 존재들이라는 사실이 온 천하에 드러날 것이라는 뜻이다. 지금 골로새 성도들은 하늘에 속한 영광스러운 존재들이다. "그러므로" 그들은 자신들의 신분에 합당하게 살아야 한다. 무엇보다 "땅에 있는 지체들을 죽여야" 한다.

"땅에 있는 지체들"이란 무엇인가? 여기서 "지체들"(τὰ μέλη, "타 멜레")은 팔, 다리, 머리 같은 몸의 여러 부분들을 가리키지 않는다. 바울은 이 표현을 9절에 나오는 "옛 사람"과 함께 은유적 의미로 사용한다. 골로새 성도들이 벗어 버린 "옛 사람"은 죄와 죽음의 지배를 받는 사람이고, "땅에 있는 지체들"은 옛 사람의 악덕들과 악행들을 가리킨다.[26] 이 본문에서 땅에 있는 지체들은 구체적으로 음행, 더러운 것, 정욕, 악한 욕심, 탐욕이다.

"음행"(πορνεία, "포르네이아")은 넓은 의미에서 매춘과 간통과 근친상간을 포함하는 온갖 종류의 부도덕한 성행위를 가리킨다(마 5:32; 19:9; 고전 5:1; 계 2:21).[27] 이런 악행은 그리스도인이 반드시 피해야 하고(고전 6:18), 버려야 하는(살전 4:3) 육체의 일이다(갈 5:19). 음행의 죄를 지은 사람은 반드시 회개해야 한다(고후 12:21). 만일 회개하지 않고 음행을 계속한다면 하나님 나라를 유업으로 받지 못할 것이다(고전 6:9; 갈 5:21; 엡 5:5). 하나님께서 이 사람을 반드시 심판하실 것이다(히 13:4).

"더러운 것"(ἀκαθαρσία, "아카따르시아")은 일반적으로 도덕적인 부정이나 타락을 의미하지만, "음행"과 함께 나올 때에는 부도덕한 성적 행위를 가리킨다(고후 12:21; 엡 5:3).[28] 음행과 마찬가지로 "더러운 것"은 신자들이 그 이름조차 입에 올리지 말아야 하는 육체의 일이다(엡 5:3; 갈 5:19). 더러운 것, 즉 부도덕한 성적 행위를 계속하면서 회개하지 않는 사람 역시 하나님 나라를 유업으로 받지 못한다.

"정욕"이라고 번역한 "파또스"(πάθος)는 고대 헬라 문헌에서 감정, 정서, 열정, 충동 등을 나타내는 단어였다. 수사학에서는 감정에 호소하는 표현을

---

26 Gundry, *Sōma in Biblical Theology*, 42; Hay, *Colossians*, 123; Sumney, *Colossians*, 187; Tannehill, *Dying and Rising with Christ*, 50-51.

27 BDAG, 854; L&N, 88.271; Harris, *Colossians and Philemon*, 127.

28 BDAG, 34; L&N, 88.261; Hauck, *TDNT*, III, 429.

가리켰다.[29] 신약성경에서는 이 본문을 포함하여 바울 서신들에만 세 번 나오는데, "수치의 욕망"(롬 1:26), "욕심의 열정"(살전 4:5)과 같이 부정적인 단어와 함께 사용된다. 여기서도 "파또스"는 무절제한 성생활로 이어지는 부끄러운 정욕을 가리킨다.[30]

"악한 욕심"(ἐπιθυμία κακή, "에피뛰미아 카케")이라는 표현은 잘못된 성적 욕망을 말한다. "욕심"은 좋은 것을 갈망하는 마음을 의미하기도 하지만(빌 1:23; 살전 2:17), 많은 경우에 금지된 것을 추구하는 잘못된 마음을 뜻한다.[31] 이 본문에서는 "악한"이라는 표현과 함께 나오기 때문에 금지된 것을 추구하는 마음을 가리킨다. 성적인 죄들을 언급하는 문맥에서 "악한 욕심"은 재물이나 권력에 대한 욕망보다는 성에 대한 부도덕한 욕망을 의미한다.

마지막으로, "탐욕"(πλεονεξία, "플레오넥시아")은 재물이나 권력이나 성 등을 지나치게 탐하는 욕심을 뜻한다(눅 12:15; 엡 5:3; 살전 2:5; 벧후 2:3, 14). 탐욕은 불의를 행하고 남의 것을 속여 빼앗는 악한 행위로 이어지기 마련이다.[32] 바울은 탐욕을 "우상 숭배"(εἰδωλολατρία, "에이돌롤라트리아")로 규정한다. 에베소서에서는 탐하는 자를 "우상 숭배자"(εἰδωλολάτρης, "에이돌롤라트레스")로 규정한다(엡 5:5). 왜 탐욕이 우상 숭배인가? 사람의 절제력을 마비시키고 욕망하는 대상을 숭배하게 만들기 때문이다.[33] 탐욕스럽게 돈을 추구하는 사람은 하나님 대신 돈을 사랑하고 섬기기 마련이다(마 6:24). 그래서 예수님은 모든 탐욕을 물리치라고 명령하셨다(눅 12:15).

바울은 "땅에 있는 지체들", 즉 탐욕을 포함한 음행, 더러운 것, 정욕, 악한 욕심을 "죽이십시오"(νεκρώσατε, "네크로사테")라고 단호하게 명령한다. 이 명령은 죄 짓게 만드는 손과 발을 찍어 내버리라는 예수님의 준엄한 명령과

29 Michaelis, *TDNT*, V, 926-27.

30 BDAG, 748; L&N, 25.30; Silva, *NIDNTTE*, III, 667.

31 BDAG, 372; L&N, 25.12, 25.20.

32 BDAG, 824; Delling, *TDNT*, VI, 271-72; L&N, 25.22; Silva, *NIDNTTE*, III, 780-81. 이 단어는 어원적으로 "플레온"(πλέον, "더 많은")과 "에코"(ἔχω, "가지다")에서 온 것으로, 문자적으로 "더 많이 가지다"를 뜻한다.

33 Bevere, *Sharing in the Inheritance*, 203; Delling, *TDNT*, VI, 271; Lincoln, "Colossians", 646; Lohse, *Colossians and Philemon*, 138; Rosner, *Greed as Idolatry*, 129, 168. 이들 중에서 Brian S. Rosner는 탐욕이 "유사 종교"(quasi-religion)라고 주장한다.

흡사하다(마 5:29-30; 18:8-9; 막 9:43-47). 땅에 있는 지체들을 죽이는 것은 옛 사람에게 속한 악덕들과 악행들을 철저하게 제거하는 것을 의미한다.[34] 골로새 성도들은 이미 옛 사람을 벗고 새 사람을 입었다(9-10절). 그들은 죄와 죽음이 지배하는 사탄의 권세에서 건짐을 받고 의와 생명이 지배하는 그리스도의 나라로 옮겨졌다. 지금 그들은 하늘에 속한 영광스러운 존재들이다. 그러므로 땅에 속한 음행과 더러운 것과 정욕과 악한 욕심과 탐욕을 철저하게 물리쳐야 한다.

3:6 이어서 바울이 땅에 있는 지체들을 죽여야 하는 이유를 제시한다. "이것들 때문에 하나님의 진노가 불순종의 아들들 위에 임합니다." 여기서 "이것들"이란 앞 절에 나온 음행과 더러운 것과 정욕과 악한 욕심과 탐욕을 가리킨다. "하나님의 진노"(ἡ ὀργὴ τοῦ θεοῦ, "헤 오르게 투 떼우")는 종말의 날에 하나님께서 시행하실 공의로운 심판이다(참조. 롬 2:5; 5:9; 9:22; 살전 1:9-10).[35] "임하다"(ἔρχεται, "에르케타이")라는 동사가 현재 시제이기 때문에 지금 악한 자들에게 임하는 하나님의 진노를 의미할 수도 있다(참조. 롬 1:18). 하지만 이 시제는 미래에 있을 하나님의 심판의 확실함을 나타내는 미래적 현재이다.[36] 이렇게 이해할 수 있는 중요한 근거를 데살로니가전서 1:10에서 찾을 수 있다. 이 본문에 나오는 "임하는 진노"(τῆς ὀργῆς τῆς ἐρχομένης, "테스 오르게스 테스 에르코메네스")는 명확하게 종말에 임할 하나님의 진노를 가리킨다.[37] 장차 하늘로부터 강림하실 예수님이 이 진노에서 우리를 건지실 것이다. 하나님의 진노가 그 위에 임할 "불순종의 아들들"은 하나님께 순종하지 않는 사람들을 가리킨다. 그들은 하나님을 거부하고, 이 세상과 공중의 권세 잡은 자와 육체의 욕심을 따른다(엡 2:2). 그들은 정욕과 악한 욕심과 탐욕이 가득하여 음행과 더러운 것을 양심의 가책 없이 행하는 "본질상 진노의 자식들"이다(엡 2:3).

---

34 L&N, 68.48; Bratcher and Nida, *Colossians and Philemon*, 78-79.

35 Beetham, *Echoes of Scripture*, 239-40; Martin, *Colossians and Philemon*, 102; Moo, *Colossians and Philemon*, 259; Schweizer, 『골로사이서』, 207.

36 참조. Harris, *Colossians and Philemon*, 128; Porter, *Idioms of the Greek New Testament*, 32.

37 개역개정은 "임하는 진노"를 "장래의 노하심"이라고 번역한다. 이 문구에서 현재 분사 "에르코메네스"(ἐρχομένης)는 하나님의 진노가 임하는 시간을 알려 주는 것이 아니라, 미래에 임할 하나님의 진노를 생생하게 표현한다. Weima, *1-2 Thessalonians*, 112.

3:7 바울은 골로새 성도들이 과거에 악한 일을 하는 "불순종의 아들들"이었다고 지적한다. "여러분 자신들도 전에 그들 가운데서 지낼 때에는 이것들 안에서 살고 있었습니다." 이 구절에서 "그들 가운데서"(ἐν οἷς, "엔 호이스")는 불순종의 아들들을 가리키며,[38] "이것들 안에서"(ἐν τούτοις, "엔 투토이스")는 음행, 더러운 것, 정욕, 악한 욕심, 탐욕을 가리킨다. 미완료 동사 "살고 있었다"(ἐζῆτε, "에제테")는 골로새 성도들이 구원받기 전에는 계속해서 악을 행하면서 살고 있었음을 알려 준다. 그들 역시 하나님의 진노를 피할 수 없는 "불순종의 아들들"이며, "본질상 진노의 자식들"이었다. 그러나 그들이 철저하게 변화되었다. 지금 그들은 하늘에 속한 영광스러운 존재들이다.

3:8 사도 바울이 다시 강력하게 명령한다. "그러나 이제 여러분 자신들도 모든 것들을 벗어 버리십시오." 이 명령에서 "벗어 버리다"(ἀπόθεσθε, "아포떼스떼")라는 표현은 잘못된 삶이나 악덕들을 철저하게 청산하는 것을 의미한다(롬 13:12; 엡 4:22, 25).[39] 골로새 성도들이 벗어 버려야 할 것들은 "분노, 격분, 악의, 비방, 여러분의 입에서 나오는 부끄러운 말"이다. 아래에서 볼 수 있는 대로, 이 본문은 5절과 유사한 구조와 내용으로 구성되어 있다.[40]

5절	죽이십시오	땅에 있는 지체들을 (음행, 더러운 것, 정욕, 악한 욕심, 탐욕)
8절	벗어 버리십시오	모든 것들을 (분노, 격분, 악의, 비방, 부끄러운 말)

두 본문에서 사도는 골로새 성도들이 죽이거나 벗어 버려야 할 다섯 가지 악덕을 각각 제시한다. 5절의 악덕들은 주로 성적인 죄와 관련이 있고, 8절의 악덕들은 공동체 안에서 다른 구성원들과의 관계와 관련이 있다.[41]

"분노"(ὀργή, "오르게")는 끓어오르는 분노의 상태를 의미하며,[42] "격분"(θυμός, "뛰모스")은 그 분노의 상태가 말이나 행동으로 나타나는 것을 의미한

38 Bird, *Colossians and Philemon*, 101; Sumney, *Colossians*, 195.
39 BDAG, 123(ἀποτίθημι, "아포티떼미"); Schneider, *EDNT*, I, 146.
40 이 구조는 다음 책에서 가져온 것이다. Moo, *Colossians and Philemon*, 253.
41 Moo, *Colossians and Philemon*, 254.
42 L&N, 88.173.

다.[43] "분노"를 뜻하는 "오르게"는 불의한 죄인들에게 임하는 하나님의 진노를 나타내기도 한다(롬 1:18; 2:5; 엡 5:6; 골 3:6; 살전 1:10). 이 본문에서는 옛 사람의 악덕이므로 다른 사람을 향한 정당하지 않은 분노를 의미한다(엡 4:31; 딤전 2:8; 약 1:19, 20). 갈라디아서에서 바울은 "뛰모스"를 육체의 일 중 하나로 제시한다(갈 5:20, 개역개정: "분냄"). "악의"(κακία, "카키아")는 의도적으로 다른 사람을 해치려는 악한 성향을 가리킨다(엡 4:31; 딛 3:3; 벧전 2:1).[44] 악한 의도는 악한 말과 행동으로 나타나기 마련이다. "비방"(βλασφημία, "블라스페미아")은 하나님과 관련해서는 신성 모독의 죄를 의미하지만, 사람과 관련해서는 근거 없는 말로 남을 헐뜯는 것을 가리킨다(마 15:19; 막 7:22; 엡 4:31; 딤전 6:4).[45] 마지막 악덕인 "부끄러운 말"(αἰσχρολογία, "아이스크롤로기아")은 신약성경에서 이 본문에만 나오는 단어로서 "상스러운 말"이나 "음란한 말"을 의미한다.[46] 이런 종류의 말은 그리스도인에게 전혀 합당하지 않다(참조. 엡 4:29; 5:4).

이 다섯 가지 악덕들은 공동체 구성원들 사이에 불화를 일으키고 관계를 틀어지게 만든다. 이런 악덕들을 벗어 버리라는 권고는 단지 골로새 성도들만이 아니라, 모든 그리스도인을 위한 것이다. 바울은 에베소 성도들에게도 유사한 권고를 한다. "여러분은 모든 악독과 격분과 분노와 고함과 비방을 모든 악의와 함께 버리십시오"(엡 4:31). 사도 베드로도 비슷한 방식으로 권면한다. "그러므로 여러분은 모든 악의와 모든 기만과 위선과 시기와 온갖 중상을 벗어 버리십시오"(벧전 2:1).

(2) 서로 거짓말을 하지 말라(3:9-11)

3:9 사도 바울은 골로새 성도들이 벗어 버려야 할 악덕을 한 가지 더 제시한다. 그것은 거짓말이다. "서로 거짓말을 하지 마십시오"(μὴ ψεύδεσθε, "메 프슈데스떼"). 이 금지 명령은 "거짓말하는 습관에 빠지지 말라", 또는 "절대로 거짓말하지 말라"라는 뜻이다.[47] 거짓말은 구성원들의 신뢰를 깨뜨리고 공동

---

43 Fichtner, *TDNT*, V, 409; L&N, 88.178.

44 BDAG, 500; L&N, 88.199.

45 L&N, 33.400.

46 BDAG, 29; L&N, 33.33; Silva, *NIDNTTE*, I, 180-81. 이 단어는 αἰσχρός("부끄러운, 수치스러운")와 λόγιον("말")이 합성된 것이다.

47 Harris, *Colossians and Philemon*, 130; Moo, *Colossians and Philemon*, 265.

체를 무너뜨린다. 거짓말을 일삼으면서 회개하지 않는 사람들은 음행하는 사람들과 마찬가지로 불과 유황으로 타는 못에 던져질 것이다(계 21:8).

이어서 바울이 거짓말을 하지 말아야 할 이유를 제시한다. "여러분은 옛 사람을 그의 행실들과 함께 벗어 버렸고, 새 사람을 입었기 때문입니다." 이 구절에서 "벗어 버렸다"(ἀπεκδυσάμενοι, "아페크뒤사메노이")는 다음 절에 나오는 "입었다"(ἐνδυσάμενοι, "엔뒤사메노이")라는 표현과 함께 이유를 나타내는 분사이다.[48] 두 분사를 옛 사람을 벗어 버리고, 새 사람을 입으라는 명령의 의미로 이해하는 것은 적절하지 않다.[49] 바울은 두 분사로 골로새 성도들에게 이미 일어난 사실을 표현한다. 그들은 옛 사람을 이미 벗어 버렸다. 그들은 더 이상 옛 사람이 아니다!

"옛 사람"(παλαιὸν ἄνθρωπον, "팔라이온 안뜨로폰")이란 무엇인가? 옛 본성이나 악한 습성이 아니라 중생하기 이전의 사람을 가리킨다. "옛 사람"은 아담의 계보에 속하여 죄와 세상과 마귀의 지배를 받는 사람 그 자체이다.[50] 골로새 성도들은 옛 사람을 벗어 버렸고, 또한 "그의 행실들", 즉 옛 사람의 악한 행실들을 벗어 버렸다. 이 놀라운 일이 언제 어떻게 일어났는가? 골로새 성도들이 예수 그리스도를 믿음으로 말미암아 그분과 함께 죽었을 때 일어났다(2:20; 참조. 롬 6:6, 8; 갈 2:19-20; 5:24). 하나님의 관점에서는 하나님께서 그들을 흑암의 권세에서 구해 내어 그분의 아들의 나라로 옮기실 때 일어난 것이다(1:13). 골로새 성도들은 더 이상 아담의 계보에 속하여 죄와 세상과 마귀의 지배를 받는 자들이 아니다. 그들은 마지막 아담인 그리스도에게 속하여 그리스도와 생명과 은혜의 지배를 받는 자들이다. 그러므로 그들은 서로 거

---

48 Beale, *Colossians and Philemon*, 277; Dunn, *Colossians and Philemon*, 210; Eadie, *Colossians*, 227; Maurer, *TDNT*, VI, 644.

49 평행 본문인 엡 4:22-24에 나오는 옛 사람을 벗고 새 사람을 입는 것은 명령이나 권고로 이해할 수 있다. 개역개정과 표준새번역은 명령으로 번역한다. "옛 사람을 벗어 버리고 … 새 사람을 입으라." 하지만 엡 4:25에서 사도가 "그러므로 거짓을 버리십시오"라고 권고하는 점을 감안할 때 옛 사람을 벗고 새 사람을 입는 것이 이미 일어난 일임을 알 수 있다. 에베소 교회 성도들이 이미 옛 사람을 벗고 새 사람을 입었기 때문에 그 사실에 근거하여 거짓을 버리고 참된 말을 하라고 권고하는 것이다. Baugh, *Ephesians*, 369, 378-79; Hoehner, *Ephesians*, 603, 609; 길성남, 『에베소서 어떻게 읽을 것인가』, 339-40; 김상훈, 『에베소서』, 264.

50 Ferguson, 『성도의 삶』, 217-18; Moule, *Colossians and Philemon*, 119; Ridderbos, *Paul*, 62-64; Tannehill, *Dying and Rising with Christ*, 24-30.

짓말을 하지 말아야 한다. 거짓말은 거짓말쟁이이며 거짓의 아비인 마귀에게 속한 것이다(요 8:44).

3:10 골로새 성도들이 서로 거짓말을 하지 말아야 할 더 근본적인 이유가 있다. 그것은 그들이 "새 사람을 입었기 때문이다"(ἐνδυσάμενοι τὸν νέον, "엔뒤사메노이 톤 네온"). 이 구절에서 말하는 "새 사람"이란 무엇인가? 새 본성이나 선한 성품이 아니라 중생한 사람을 가리킨다. "새 사람"은 중생의 씻음과 성령님의 새롭게 하심을 경험한 사람 그 자체이다. 다시 말해서, 그리스도의 죽음과 부활로 시작된 구원의 새 질서에 속하여 전적으로 새로워진 존재, 새로운 피조물이다(고후 5:17; 갈 6:15; 엡 2:10). "그런즉 누구든지 그리스도 안에 있으면 새로운 피조물이라 이전 것은 지나갔으니 보라 새 것이 되었도다"(고후 5:17, 개역개정).[51]

골로새 성도들이 새 사람을 입은 것은 전적으로 하나님의 은혜 덕분이다. 하나님께서 그들을 흑암의 권세에서 구해 내어 그분의 아들의 나라로 옮기시고, 성도의 기업을 받을 자녀로 삼아 주신 결과 새 사람이 된 것이다(1:12-13). 그러면 어떤 점에서 새 사람인가? 첫째, 죄들과 무할례로 죽었다가 하나님의 생명을 받고 살아났다는 점에서 새 사람이다(12-13). 둘째, 모든 죄들을 용서받았다는 점에서 새 사람이다(1:14; 2:13). 셋째, 그리스도 예수를 주님으로 받아들였다는 점에서 새 사람이다(2:6; 3:24). 넷째, 그리스도의 나라에 속한 하나님의 백성이 되었다는 점에서 새 사람이다(1:13). 그뿐만 아니라 하나님의 자녀라는 새로운 신분을 받았다는 점에서(갈 4:5-6), 그리고 하나님에게서 온 영, 곧 성령님을 받았다는 점에서 새 사람이다(고전 2:12).

바울이 "새 사람"에 관하여 이렇게 말한다. "새 사람은 자기를 창조하신 분의 형상을 따라 하나님을 완전하게 아는 지식에 이를 때까지 계속 새롭게 됩니다." 새 사람을 입은 골로새 성도들은 이미 전적으로 새롭지만, 동시에 계속 새롭게 되어 간다. 먼저, "자기를 창조하신 분의 형상을 따라"(κατ' εἰκόνα τοῦ κτίσαντος αὐτόν) 그렇게 된다. "자기를 창조하신 분"은 창조주 하나님을 가리키고, "자기를 창조하신 분의 형상"은 그리스도를 가리킨다.[52] 그

51 새 피조물이 되었다는 "직설법"이 새 피조물로 살라는 "명령법"에 앞선다. 새 피조물이 되었으므로 새 피조물로 살아야 하는 것이다. Beale, *Colossians and Philemon*, 279.

52 Beale, *Colossians and Philemon*, 283; Harris, *Colossians and Philemon*, 133; Lohse,

리스도는 "보이지 않는 하나님의 형상"이시다(1:15; 참조. 고후 4:4; 히 1:3). 첫 사람 아담은 하나님의 형상대로 창조되었지만, 마지막 아담 그리스도는 하나님의 형상으로 영원히 존재하신다. 따라서 새 사람이 "자기를 창조하신 분의 형상을 따라" 새롭게 된다는 것은 하나님의 형상이신 그리스도를 따라 변화되는 것을 의미한다(롬 8:29; 고전 11:1; 살전 1:6). 새 사람은 성령님의 역사하심으로 말미암아 그리스도를 따라 계속 거룩한 사람으로, 사랑의 사람으로 변화된다.

또한 새 사람은 "하나님을 아는 지식에 이르기까지 계속 새롭게 되는" (τὸν ἀνακαινούμενον εἰς ἐπίγνωσιν, "톤 아나카이누메논 에이스 에피그노신") 존재이다. 개역개정은 이 문구를 "지식에까지 새롭게 하심을 입은 자"라고 번역하였으나, "지식에 이르기까지 계속 새롭게 되는 자"라고 번역하는 편이 더 낫다.[53] 전치사구 "에이스 에피그노신"이 새롭게 되는 목표를 나타내기 때문이다.[54] 새 사람이 완전하게 아는 지식에 이를 때까지 계속 새롭게 된다는 말이다. 이 문구에서 "지식"(ἐπίγνωσις, "에피그노시스")이 무엇을 아는 지식인지는 분명하지 않다. 사도 바울이 앞에서 "자기를 창조하신 분"을 언급한 것을 감안할 때 하나님과 그분의 뜻을 완전하게 아는 지식으로 보는 것이 적절하다.[55] 또한 이 서신의 기도 단락에서 바울은 지식을 뜻하는 "에피그노시스"를 사용하여 골로새 성도들이 하나님을 아는 지식에서 자라도록 간구한다(1:9-10). 사도가 마음에 두고 있는 "지식"은 하나님을 아는 완전한 지식이다.[56] 이 지식은 아담의 타락과 함께 인류가 상실한 것이다. 그리고 "아나카이누메논" (ἀνακαινούμενον, "새롭게 되는")이라는 현재 시제 분사는 새롭게 되는 동작이 지속적으로 일어나는 것을 표현한다(참조. 고후 4:16). 이 본문에 나오는 구문과

Colossians and Philemon, 142; Moo, *Colossians and Philemon*, 270; Schweizer, 『골로사이서』, 214; 조경철, 『오직 그리스도』, 306.

53 헬라어 본문에서는 이 문구가 앞에 나온 "새 사람"(τὸν νέον, "톤 네온")을 한정한다. 참조. Harris, *Colossians and Philemon*, 132.

54 Beale, *Colossians and Philemon*, 284; Moo, *Colossians and Philemon*, 269.

55 Beale, *Colossians and Philemon*, 284; Moo, *Colossians and Philemon*, 269; Moule, *Colossians and Philemon*, 121.

56 L&N, 28.18("완전한 지식", "충만한 지식"). Rudolf Bultmann은 "에피그노시스"가 신약성경에서 "하나님을 아는 결정적인 지식을 나타내는 거의 전문적인 용어가 되었다"라고 주장한다. Bultmann, *TDNT*, I, 707.

단어들의 의미를 이렇게 이해할 때, 새 사람은 하나님을 완전하게 아는 지식에 이르기까지 성령님의 역사로 말미암아 계속 새롭게 되는 존재이다.[57]

새 사람을 입은 골로새 성도들은 이미 복음을 듣고 하나님의 은혜를 깨달았을 뿐만 아니라 하나님이 어떤 분인지도 알고 있다(1:6, 10). 하지만 그들이 하나님을 아는 지식은 충분하지 않다. 하나님은 무한하시고 광대하신 분이기 때문이다. 골로새 성도들은 하나님을 완전하게 아는 상태에 이르기까지 계속 알아 가야 한다. 하나님께서 성령님을 통하여 그들을 계속 새롭게 하실 것이다. 마침내 그들로 하여금 그리스도의 형상을 완전히 본받게 하실 것이고, 동시에 하나님을 완전히 알게 하실 것이다. 그리하여 그들로 하여금 영광에서 영광에 이르게 하실 것이다(고후 3:18).

3:11 바울은 새 사람에 관한 설명을 계속 이어 간다. "거기에는 헬라인과 유대인도 할례자와 무할례자도 야만인도 스키타이인도 종도 자유인도 없습니다." 이 구절을 시작하는 "거기에는"(ὅπου, "호푸")은 앞 절에 나온 새 사람을 가리킨다. 새 사람은 일차적으로, 중생한 신자 개인을 뜻한다. 하지만 여기서 바울은 "새 사람의 공동체", 즉 "새 인류"를 뜻하는 집합적 의미로 사용한다.[58] 에베소서 2:15에서도 그리스도 안에서 창조된 "한 새 사람"은 그리스도인 개인이 아니라 "한 새 인류"(one new humanity)를 가리킨다.[59] 그리스도는 유대인과 이방인을 분리하는 장벽(적대감)을 자기 육체로 제거하심으로써 한 새 인류를 창조하셨다. 새 인류 안에는 헬라인과 유대인도 할례자와 무할례자도 야만인과 스키타이인도 종과 자유인도 없다는 말은 사람들을 구분하는 범주가 더 이상 중요하지 않음을 의미한다.[60] 하나님 앞에서는 "새 사람"이라는 정체성이 중요하다. 헬라인과 유대인, 할례자와 무할례자, 야만인과 스키타이인, 종과 자유인이 그리스도 안에 있는 한 그들은 모두 새 사람이다. 그들 사이에 인종과 종교와 문화와 신분의 구분에 근거한 차별이

57 Fee, 『성령』, 하권, 327.

58 Harris, *Colossians and Philemon*, 131; Lincoln, "Colossians", 644; Moo, *Colossians and Philemon*, 270; O'Brien, 『골로새서·빌레몬서』, 349-50; Osborne, *Colossians and Philemon*, 102; Sumney, *Colossians*, 204.

59 Petrenco, *Created in Christ Jesus*, 123; Arnold, *Ephesians*, 164; Baugh, *Ephesians*, 193; 길성남, 『에베소서 어떻게 읽을 것인가』, 205-6.

60 Hay, *Colossians*, 127.

있을 수 없다. 그들 사이에는 더 이상 적대감도 없다. 그리스도가 그들을 분리하는 적대감의 장벽을 허무셨다.

먼저, 바울은 새 인류 안에 헬라인과 유대인이 없다고 선언한다. 그는 헬라인이라는 표현을 로마서 1:16, 2:9, 고린도전서 12:13 등에서처럼 이방인을 가리키는 넓은 의미로 사용한다. 이방인들은 이스라엘 나라로부터 단절되어 있었고(엡 2:12), 죄들과 무할례 때문에 죽어 있었다(2:13). 반면에 유대인들에게는 양자 됨과 언약들과 율법이 있었다(롬 9:4). 그들은 아브라함의 자손이며 언약의 백성이다. 그러나 새 사람의 공동체 안에서는 유대인과 헬라인의 구분이 더 이상 중요하지 않다. 하나님께서 그들을 차별하지 않으시고 그리스도 예수의 은혜로 구원하셔서 새 사람이 되게 하셨기 때문이다(참조. 행 15:11).

다음으로, 바울은 할례자와 무할례자가 없다고 선언한다. 할례는 하나님께서 정하신 언약의 표지였다(창 17:11). 아브라함의 자손은 언약 백성으로서 반드시 할례를 받아야 했다. 반면에 이방인들은 하나님의 언약 백성이 아니었다. 골로새의 이방인들은 죄들과 육체의 무할례 때문에 영적으로 죽어 있었다(2:13). 그러나 그리스도 안에서는 할례와 무할례가 더 이상 중요하지 않다(고전 7:19; 갈 6:15). 유대인과 이방인을 구분하는 할례가 효력을 상실하였다(갈 5:6). 할례받은 유대인과 할례받지 않은 헬라인이 그리스도를 믿음으로 말미암아 동등하게 새 사람이 되고, 하나님의 자녀가 되기 때문이다(갈 3:26).

이어서 바울은 새 사람의 공동체 안에 야만인과 스키타이인이 없다고 선언한다. 야만인을 뜻하는 "바르바로스"(βάρβαρος)는 헬라인들에게 이상하게 들리는 외국말을 흉내 낸 의성어이다(참조. 고전 14:11). 바울 시대 이전부터 이 말은 헬라어를 사용하지 않고 헬라 문화를 받아들이지 않는 사람들을 비하하는 표현으로 사용되어 왔다.[61] 유대인이 인류를 유대인과 이방인으로 구분한 것처럼 헬라인은 인류를 헬라인과 야만인으로 구분하였다(롬 1:14). 철학자 플라톤은 야만인이 아니라 헬라인으로 태어난 것에 감사하였

---

61 Windisch, *TDNT*, I, 552; Balz, *EDNT*, I, 197-98; Hendriksen, 『골로새서·빌레몬서』, 220-22. 누가는 사도행전에서 이 단어를 멜리데(Malta) 섬 주민을 가리키는 데 사용한다(행 28:2, 4, 개역개정: "원주민").

다(Plutarch, *Mar.* 46.1).[62] "스키타이인"(Σκύθης, "스퀴떼스")은 중앙아시아에서 흑해의 북쪽과 동쪽 연안으로 이주한 유목민을 가리킨다. 그리스-로마 사회에서 스키타이인은 폭력적이고 야만적인 족속으로 취급당하였다.[63] 요세푸스에 따르면, 그들은 사람을 죽이는 것을 낙으로 삼는 야수와 같은 종족이었다(*Apion* 2.38; 참조. Herodotus, *Hist.* 4.75). 그런 사람들까지도 믿음으로 말미암아 하나님의 자녀가 된다! 새 인류 안에서 헬라인과 야만인, 헬라인과 스키타이인 사이의 문화적 장벽이 무너지는 것이다.

마지막으로, 사도 바울은 종과 자유인이 없다고 선언한다. 이 선언은 새 인류 안에서 종과 자유인 사이의 구분이 더 이상 중요하지 않다는 뜻이다. 바울의 선언은 노예 제도를 용인하는 고대 로마 사회에서 혁명적인 외침이며, 종과 자유인을 엄격하게 구분하는 기존 질서에 대한 강력한 도전이다. 바울이 이런 혁명적인 선언을 할 수 있었던 것은 종과 자유인이 그리스도를 믿음으로 말미암아 동등한 새 사람이 되기 때문이다. 하나님은 종을 차별하지 않으시고, 믿는 자유인과 동등한 자녀로 받아들여 주신다. 그 결과 새 사람의 공동체 안에서 종과 주인은 한 하나님을 아버지로 모신 형제자매가 된다. 바울은 빌레몬의 종 오네시모를 "신실하고 사랑받는 형제"라고 부른다(4:9).

새 인류 안에는 더 이상 인종, 문화, 신분, 성의 구분에 근거한 차별이 없다. 그리스도를 믿는 사람은 누구든지 새로운 피조물이며 하나님의 자녀이다. 헬라인도 유대인도, 할례자도 무할례자도, 야만인도 스키타이인도, 종도 자유인도 하나님 아버지 앞에서 동등하다. 사람들을 분리하고 차별하는 장벽이 모두 무너진 것이다. 바울은 갈라디아서에서도 이렇게 선언한다. "유대인이나 헬라인이나 종이나 자유인이나 남자나 여자가 없습니다. 여러분이 모두 그리스도 예수 안에서 하나이기 때문입니다"(갈 3:28).

새 인류 안에서 더 이상 차별이 없는 궁극적인 이유는 그리스도 때문이다. "그러나 그리스도가 모든 것이요, 모든 것 안에 계십니다." 이 선언은 그리스도가 만물에 대해 절대 주권을 가진 주님이라는 사실을 전제한다. "그리스도가 모든 것"(τὰ πάντα … Χριστός, "타 판타 … 크리스토스")이라는 말은

---

62 Plutarchos, 『플루타르코스 영웅전』, 9권, 127.

63 Michel, *TDNT*, VII, 449-50; Rubinson, *ABD*, V, 1056-57.

그분이 절대적으로 중요하신 분임을 의미한다. 그리스도 앞에서는 사람을 구분하는 인종이나 문화나 계급이 아무것도 아니다.[64] 그리스도는 유대인과 이방인을 분리하는 적대감의 장벽을 자기 육체로 허무심으로써 하나의 새 인류를 창조하셨다(엡 2:14-16). 물론 새 인류 안에서도 유대인은 여전히 유대인이고, 이방인은 여전히 이방인이다. 스키타이인은 여전히 스키타이인이고, 종은 여전히 종이다. 하지만 사람들 사이의 구분은 더 이상 중요하지 않다. 오직 그리스도만이 중요하시다.

"그리스도가 모든 것 안에 계신다"(ἐν πᾶσιν Χριστός, "엔 파신 크리스토스")는 말은 그리스도가 만물 안에 계실 뿐만 아니라 새 사람의 공동체를 구성하는 모든 사람들 안에도 계신다는 것을 의미한다.[65] 그리스도는 자신을 믿는 헬라인과 유대인, 할례자와 무할례자, 야만인과 스키타이인, 종과 자유인 안에 계신다. 그러므로 인종, 문화, 신분과 관계없이 헬라인과 유대인, 할례자와 무할례자, 야만인과 스키타이인, 종과 자유인 모두가 동등하다. 무할례자, 야만인, 스키타이인, 종을 무시하고 차별하는 것은 그 사람 안에 계신 그리스도를 무시하는 것과 다름없다.

메시지와 적용

■ **옛 사람을 벗어 버리고 새 사람을 입음** 이 단락의 중요한 교훈은 그리스도와 함께 죽고 그리스도와 함께 일으킴을 받은 그리스도인은 더 이상 옛 사람이 아니라 새 사람이라는 것이다. 그리스도인은 하나님의 은혜로 옛 사람을 벗어 버리고 새 사람을 입었다(3:9-10). 우리는 새 사람인가? 만일 우리가 그리스도 예수를 진심으로 주님으로 받아들이고 주님이라고 고백하고 있다면 새 사람이 맞다. 새 사람의 가장 중요한 특징이 하나님을 아버지라고 부르고 그리스도 예수를 주님이라고 고백하는 것이기 때문이다. 우리는 새 사람이 되었으므로 새 사람으로 살아야 한다. 어떻게 새 사람으로 살 수 있는가? 자신이 새 사람이라는 것을 분명히 인식하고, 새 사람으로 살겠다고 결단해야 한다. 그리고 자신의 연약함을 인정하고 성령님의 도우심을 구해야 한

64 Moule, *Colossians and Philemon*, 121.

65 Beale, *Colossians and Philemon*, 286; Harris, *Colossians and Philemon*, 134; Moo, *Colossians and Philemon*, 273; Wright, 『골로새서·빌레몬서』, 210.

다. 새 사람으로 사는 것에 실패할 때마다 하나님께서 우리를 당신의 형상에 따라 새롭게 변화시키고 계신다는 사실을 기억해야 한다. 낙심하지 말고 다시 일어나 새 사람으로 살아가야 한다. 새 사람이라는 사실을 잊어버리고 옛 사람처럼 살려고 할 때마다 우리 자신을 엄하게 꾸짖어야 한다. 너는 옛 사람을 벗고 새 사람을 입었다는 사실을 모르는가? 너는 옛 사람이 아니라 새 사람이다!

■ **땅에 있는 지체들을 죽이라** 새 사람은 땅에 있는 지체들을 죽이고 옛 사람의 악덕들을 벗어 버려야 한다. 그리스도인이 새 사람을 입은 것은 사실이지만, 그렇다고 본성까지 완전히 새롭게 된 것은 아니다. 새 사람을 입은 그리스도인도 음행과 분노와 비방과 거짓말의 죄를 지을 수 있다. 따라서 땅에 있는 지체들을 부단히 죽여야 한다. 옛 사람의 악덕들을 부단히 벗어 버려야 한다. 무엇보다 정욕과 악한 욕심의 싹을 자르고 뿌리를 뽑아야 한다. 음행의 죄를 피하고 멀리해야 한다. 인생을 마음껏 즐기라고 유혹하면서 음행을 부추기는 세상에서 성적 정결을 지키는 것이 새 사람의 표지가 되어야 한다(살전 4:3-8).

■ **탐욕은 우상 숭배** 탐욕은 우상 숭배이다. 돈과 명성과 권력과 행복과 쾌락을 탐하면 그것들을 숭배하게 된다. 그것들을 얻기 위해 수단과 방법을 가리지 않게 된다. 그것들의 종이 되어서 비인간적인 삶을 살게 된다. 그래서 예수님은 모든 탐욕을 물리치라고 명령하셨다(눅 12:15). 안타깝게도 한국 교회와 교인들은 탐욕에 관한 성경의 가르침에 귀를 기울이지 않는다. 탐욕을 큰 믿음과 혼동하기까지 한다. 끝없이 부와 재물을 탐하는 세상에 물든 탓일 것이다. 그러나 탐욕이 가득한 눈으로는 하나님을 볼 수 없고, 탐욕이 가득한 마음으로는 하나님을 섬길 수 없다. 탐욕이 지배하는 세상에서 탐욕을 물리치는 것 또한 그리스도인의 표지가 되어야 한다. 지금 우리가 탐하는 것은 무엇인가? 돈인가? 성공인가? 쾌락인가? 아니면 자기 행복인가? 돈과 출세와 성공과 쾌락이 우상이 되어서는 안 된다. 인생의 목적이 많이 가지고 많이 누리는 것에 있지 않다는 것을 기억하자. 먹을 것과 입을 것이 있으면, 그것으로 만족할 줄 알아야 한다(딤전 6:8; 히 13:5).

■ **새 사람의 공동체** 새 사람의 공동체에는 헬라인도 유대인도 없고, 할례자도 무할례자도 없고, 야만인도 스키타이인도 없고, 종도 자유인도 없다. 거칠

고 야만적인 스키타이인과 교양 있고 세련된 아테네의 헬라인이 하나이고, 비천한 종과 고귀한 자유인이 하나이다. 그리스도 안에 있는 사람들은 인종과 피부색과 성과 소유와 신분에 관계없이 모두 하나님의 동등한 자녀이다. 만물의 으뜸이신 그리스도가 그들 안에 계신다! 오늘 우리는 교회 안에서 부자와 가난한 사람이, 지위가 높은 사람과 낮은 사람이, 많이 배운 사람과 배우지 못한 사람이 모두 하나라는 것을 인정하는가? 우리는 그리스도를 믿는 사람들이 하나님 앞에서 동등한 형제들이며 자매들이라는 것을 인정하는가? 외모와 재산과 성과 학벌과 사회적 지위에 근거하여 동료 교인들을 무시하고 차별하는 것은 죄를 짓는 것이다(약 2:9). 동료 교인 안에 계신 그리스도를 무시하는 것이기 때문이다. 동료 그리스도인들 안에 그리스도가 계신다는 사실을 진심으로 인정하고, 그리스도 안에서 우리가 하나라는 사실을 진심으로 인정할 때 복음이 모든 믿는 자에게 구원을 주시는 하나님의 능력이라는 사실이 밝히 드러날 것이다.[66]

3. 하나님의 사랑을 받는 사람들처럼 살라(3:12-17)

번역

12 그러므로 여러분은 하나님의 택하
심을 받은 거룩하고 사랑받는 사람들처
럼 자비와 친절과 겸손과 온유와 오래 참
음을 옷 입으십시오. 13 누가 누구에게 불
평이 있더라도 서로 용납하고 서로 용서
하십시오. [a]주님이 여러분을 용서하신 것
처럼 여러분 자신들도 그렇게 하십시오.
14 이 모든 것들 위에 사랑을 [b]옷 입으십
시오. 사랑은 온전함을 이루는 띠입니다.
15 그리고 그리스도의 평화가 여러분의 마
음에서 다스리게 하십시오. 그 평화를 위
하여 여러분도 한몸으로 부르심을 받았습
니다. 또한 여러분은 감사하는 사람들이
되십시오. 16 그리스도의 말씀이 여러분
안에 풍성히 거하게 하십시오. 그리하여
모든 지혜로 서로 가르치고 권고하며, 신
령한 시들과 찬미들과 노래들로 여러분의
마음을 다하여 감사함으로 하나님을 찬양
하십시오. 17 또 여러분이 무엇을 하든지
말에나 일에나 모든 것을 주 예수님의 이
름으로 하고, 그분으로 말미암아 [c]하나님
아버지께 감사하십시오.

a 일부 사본들은 "그리스도"(Χριστός, "크리스토스")를 지지하지만(ℵ^2 C D^2 1739 *Byz*), 중요한 사본들은 "주님"(κύριος, "퀴리오스")을 지지한다(p^{46} A B D* F 1175). "주님"이라는 말이 하나님

66 Pao, *Colossians and Philemon*, 235.

과 그리스도를 모두 가리킬 수 있기 때문에 후대의 필사자가 의미를 분명히 하려고 "그리스도"로 수정했을 것이다.

b "옷 입으시오"는 12절에 나온 동사를 첨가한 것이다.

c "하나님 곧 아버지께"(τῷ θεῷ καὶ πατρί, "토 떼오 카이 파트리")를 지지하는 사본들이 있지만(D F G 33 1319 *Byz*), 다른 중요한 사본들은 "하나님 아버지께"(τῷ θεῷ πατρί, "토 떼오 파트리")를 지지한다(p[46] ℵ A B C 81 1739). 후대의 필사자가 같은 표현이 나오는 엡 5:20에 근거하여 "하나님"과 "아버지" 사이에 접속사 "카이"를 첨가했을 것이다.

본문 이해 더 닦기

| 문맥과 주제 | 새 사람의 덕목들을 옷 입으라는 이 단락의 권고(3:12-14)는 옛 사람의 악행들과 악덕들을 벗어 버리라는 앞 단락(3:5-11)의 권고와 대조된다. 골로새 성도들은 새 사람의 덕목들을 입어야 한다. 사도 바울이 앞 단락에서 언급한 분노, 악의, 비방과 같은 악덕들은 공동체 내에서 불화와 분쟁을 불러일으킨다. 반면에 이 단락에서 그가 언급하는 자비, 친절, 겸손, 온유, 오래 참음, 사랑은 모두 공동체의 평화와 하나 됨을 촉진하는 미덕들이다. 골로새 성도들은 이런 미덕들을 입어야 할 뿐만 아니라 모든 지혜로 서로 가르치고 권고해야 한다. 또한 하나님을 찬양하고 하나님께 감사해야 한다. 모든 것을 주 예수님의 이름으로 해야 한다(3:15-17). 이 마지막 권면은 가정생활에 관한 다음 단락(3:18-4:1)을 예고한다. 이 단락에서 "그리스도의 평화"(3:15), "그리스도의 말씀"(3:16), "주 예수님의 이름"(3:17)은 새 사람의 그리스도 중심적인 성격을 강조한다. 이 단락의 주제는 분명하다. 골로새 성도들은 새 사람의 덕목들을 옷 입고 새 사람답게 살아야 한다.

| 배경 | 이 단락에서 사도 바울이 제시하는 자비, 친절, 겸손, 온유, 오래 참음, 사랑 같은 덕목들의 배경을 헬라 철학에서 찾는 사람들이 있다.[67] 하지만 이 목록에 포함된 겸손은 헬라 사회에서 미덕으로 간주되지 않았다. 그뿐 아니라 스토아학파의 덕목인 신중, 정의, 절제, 용기가 이 목록에 나오지 않는다. 바울이 제시한 덕목들은 근본적으로 하나님의 성품이며 예수 그리스도의 성품이다.[68] 하나님은 자비하시고 친절하시고 오래 참으시는 분이

---

67 Easton, "New Testament Ethical Lists", 1-12.

68 Rosner, *Paul, Scripture, and Ethics*, 31-33, 177-94. 그는 구약성경과 유대교의 도덕적 가르침을 바울 윤리의 배경으로 간주한다.

다. 예수 그리스도는 온유하고 겸손하신 분이다(마 11:29). 하나님이 사랑이신 것처럼 예수 그리스도 또한 사랑이시다(요일 4:8; 엡 5:2). 사도가 제시한 덕목들은 하나님으로부터 비롯된 것인 반면에 스토아학파의 덕목들은 사람의 윤리 의식에서 비롯된 것이다.[69] 그리스-로마의 철학자들은 이성의 사색으로 선한 삶을 결정하였고 윤리의 원칙들을 정립하였다. 하나님께서 도덕의식, 또는 "도덕률"[70]을 사람에게 부여하셨다는 점에서 성경의 미덕들과 그리스-로마 사회의 미덕들 사이에 겹치는 부분과 유사점이 있다.[71] 예를 들어, 플라톤과 스토아학파는 성령님의 열매에 포함된 "절제"를 중요한 미덕으로 간주하였고, 아리스토텔레스는 "온유"를 중요한 미덕으로 제시하였다. 그러나 그리스-로마의 미덕들과 성경의 미덕들 사이에는 중요한 차이점들이 있다. 전자는 전쟁에서 용감하고 지략이 풍부한 지도자, 즉 영웅적인 인물의 배양에 초점을 맞춘 반면에 후자는 예수 그리스도를 닮은 신자 개인과 공동체의 형성에 초점을 맞춘다.[72] 바울이 제시한 미덕들은 예수 그리스도의 십자가와 부활과 성령님의 역사로 형성되는 것이다. 이 미덕들을 옷 입은 신자들은 자기를 낮추고 성부 하나님께 순종하신 예수 그리스도의 형상을 닮아 간다.

| **구조** | 이 단락은 두 부분으로 구성되어 있다.[73] 첫째 부분(12-14절)은 접속사 "그러므로"와 함께 "입으십시오"라는 명령 동사로 시작한다. 헬라어 본문에서는 이 동사 다음에 골로새 성도들이 입어야 할 자비, 친절, 겸손, 온유, 오래 참음, 사랑 같은 새 사람의 덕목들이 이어진다. 둘째 부분(15-17절)에는 그리스도의 평화와 그리스도의 말씀에 관한 권면이 나오고, 모든 것을 주 예수님의 이름으로 하라는 권고가 이어진다.

---

69 참조. Bevere, *Sharing in the Inheritance*, 186; Wilken, 『초기 기독교 사상의 정신』, 312.

70 "도덕률"에 관해서는 다음 책을 보라. Lewis, 『순전한 기독교』, 25-66.

71 Schroeder, *IDB sup.*, 546-47. 그는 바울의 덕목들과 스토아학파의 덕목들 사이에 유사점이 없다고 주장한다. 반면에 N. T. Wright는 양자 사이에 겹치는 부분과 접촉점이 있다고 지적하면서 바울이 제시한 것을 "고대 이방의 미덕 이론의 기독교판"이라고 주장한다. Wright, 『그리스도인의 미덕』, 397-402.

72 Wright, 『그리스도인의 미덕』, 339.

73 O'Brien, 『골로새서·빌레몬서』, 357; Pao, *Colossians and Philemon*, 240.

(1) 12-14절 새 사람의 덕목들에 관한 권면
1) 새 사람의 미덕들을 옷 입어야 함(12절)
2) 서로 용납하고 용서해야 함(13절)
3) 사랑을 옷 입어야 함(14절)
(2) 15-17절 그리스도의 평화와 그리스도의 말씀에 관한 권면
1) 그리스도의 평화가 지배하게 해야 함(15절)
2) 그리스도의 말씀이 풍성히 거하게 해야 함(16절)
3) 결론: 모든 것을 주 예수님의 이름으로 해야 함(17절)

주해

(1) 새 사람의 덕목들에 관한 권면(3:12-14)

3:12 사도 바울은 골로새 성도들이 새 사람을 입은 사실에 근거하여 새 사람에게 합당한 미덕들을 옷 입으라고 권고한다. "그러므로 여러분은 하나님의 택하심을 받은 거룩하고 사랑받는 사람들처럼 자비와 친절과 겸손과 온유와 오래 참음을 옷 입으십시오." 여기서 사도가 사용한 "하나님의 택하심을 받은"(ἐκλεκτοὶ τοῦ θεοῦ, "에클렉토이 투 떼우"), "거룩한"(ἅγιοι, "하기오이"), "사랑받는"(ἠγαπημένοι, "에가페메노이")이라는 표현들은 본래 하나님의 백성인 이스라엘을 위한 것이었다(참조. 신 7:6-8; 14:2; 시 105:5; 사 43:20; 65:9, 15). 사도가 골로새의 이방인들에게 이런 표현을 사용하는 것은 참으로 놀랍다. 그들은 과거에 죄들과 무할례 때문에 죽었던 자들이며(2:13), 하나님의 원수들이었다(1:21). 어떻게 그런 자들이 "하나님의 택하심을 받은 거룩하고 사랑받는 사람들"이 될 수 있었는가? 그들을 향한 하나님의 사랑으로 말미암아 그렇게 될 수 있었다. 하나님은 골로새의 이방인들을 택하시고, 흑암의 권세에서 그들을 구해 내어 자기의 사랑하는 아들의 나라로 옮기셨다(1:13). 그리고 그들을 빛 가운데 있는 성도의 기업을 받을 자격을 가진 새 언약의 백성이 되게 하셨다(1:12). 지금 그들은 하나님께 속한 성도이다(1:2). 골로새의 이방인들이 이런 존재가 된 것은 하나님께서 그들을 사랑하셨기 때문이다. 하나님은 지금도 그들을 사랑하신다. 그들은 하나님의 사랑을 받는 자들이다(참조. 롬 1:7; 살전 1:4; 살후 2:13).

사도 바울이 골로새의 이방인 신자들을 "하나님의 택하심을 받은 거룩하고 사랑받는 사람들"이라고 부르는 것은 그들에게 큰 위로가 되었을 것이

다. 거짓 교사들은 골로새 성도들이 부정한 죄인들이라서 하나님을 예배하는 천사들의 환상을 볼 수 없다고 정죄하였다. 또 음식법과 절기와 초하루와 안식일 규정들을 지키지 않기 때문에 불경건하다고 비판하였다. 그러나 이 비판과 정죄는 잘못된 것이다. 하나님께서 골로새 성도들을 택하여 거룩한 자들이 되게 하셨을 뿐만 아니라 그들을 사랑하시기 때문이다.

골로새 성도들은 자신들이 "하나님의 택하심을 받은 거룩하고 사랑받는 자들"이라는 것을 확신하고, 그 신분에 어울리는 옷을 입어야 한다. 그 옷은 자비와 친절과 겸손과 온유와 오래 참음이다. 첫 번째 덕목인 "자비"(개역개정: "긍휼")는 헬라어 본문에서 "스플랑크나 오이크티르무"(σπλάγχνα οἰκτιρμοῦ)이다.[74] 문자 그대로 번역하면 "자비의 마음"이다. "스플랑크나"는 "긍휼"(눅 1:78; 빌 2:1)이나 "심장"(빌 1:8), 또는 "마음"(고후 6:12; 7:15)을 뜻한다. "자비"나 "동정"을 뜻하는 "오이크티르모스"(οἰκτιρμός)는 불행한 사람이나 고통당하는 사람에게 보이는 반응이다.[75] 이 단어는 신약성경에서 "하나님의 모든 자비하심"(롬 12:1)이나 "자비의 아버지"(고후 1:3)라는 표현처럼 하나님과 관련하여 사용된다. 여기서 "자비의 마음"이란 "진심에서 우러나오는 자비"를 의미한다.[76] 고대 그리스-로마 사회에서 자비는 정의와 상반된 것으로 간주되었다. 아무런 노력을 하지 않은 사람에게 도움이나 위안을 제공하는 것을 자비로 보았기 때문이다.[77] 그러나 자비는 기독교의 중요한 미덕이다. 하나님 자신이 자비로우신 분이시다(눅 6:36; 고후 1:3; 약 5:11). 예수님은 하나님 아버지가 "자비로우신"(οἰκτίρμων, "오이크티르몬") 것같이 자비로운 사람이 되라고 제자들에게 명령하셨다(눅 6:36). 자비는 하나님의 자비하심을 본받아서 불행한 사람이나 고통당하는 사람을 사랑하고 가엾게 여기는 것이다.

---

74 "스플랑크나"는 본래 희생 제물의 심장이나 신장과 같은 내장을 가리켰지만, 은유적으로는 감정의 자리인 마음을 의미하였다. 이 단어에서 파생한 동사 "스플랑크니조마이"(σπλαγχνίζομαι)는 목자 없는 양 같은 무리와 아들을 잃은 과부를 불쌍히 여기시는 예수님의 마음을 표현할 때 사용되었다(마 9:36; 15:32; 눅 7:13). Silva, *NIDNTTE*, IV, 351-52; Barth and Blanke, *Colossians*, 416.

75 BDAG, 700; L&N, 88.80.

76 Silva, *NIDNTTE*, III, 480; Sumney, *Colossians*, 213. 이 표현을 개역개정은 "긍휼"로, 표준새번역은 "동정심"으로 번역한다. 신약성경에서 "긍휼"을 뜻하는 단어로 자주 사용되는 것은 "엘레오스"(ἔλεος)이다(엡 2:4).

77 Judge, "The Quest for Mercy in Late Antiquity", 107.

두 번째 덕목인 "친절"(χρηστότης, "크레스토테스") 또한 하나님의 은혜로운 성품이다(롬 11:22; 엡 2:7).[78] "크레스토테스"는 칠십인역 시편에서 하나님의 친절을 가리킨다.[79] 하나님의 친절은 죄인들을 풍성한 은혜와 긍휼로 구원하시는 것에서 나타났다(딛 3:4-5). 하나님은 친절을 베푸심으로써 죄인들을 회개하게 만드신다(롬 2:4). 또한 친절은 하나님의 친절을 경험한 신자들이 갖추어야 할 미덕이기도 하다(참조. 엡 4:32). 친절은 사랑과 유사하다. 사랑은 친절한 것이기 때문이다(고전 13:4).[80] 사랑과 함께 친절도 성령님의 열매이다(갈 5:22).[81]

세 번째 덕목인 "겸손"(ταπεινοφροσύνη, "타페이노프로쉬네")은 그리스-로마 사회에서 미덕으로 간주되지 않았다. "타페이노프로쉬네"는 비천함이나 비굴한 마음을 나타내는 데 사용되었다.[82] 그러나 성경에서 "겸손"은 비천함도 아니며 비열함도 아니다. 하나님 앞에서 우리가 얼마나 보잘것없는 존재인지를 알고 자신을 낮추는 것이다. 또한 겸손은 우리 자신보다 다른 사람을 더 가치 있게 여기고, 우리의 이익보다 다른 사람의 이익을 먼저 구하는 것이다(빌 2:3). 진정한 겸손의 모범은 예수님이시다(마 11:29). 예수님은 자기를 낮추시고 십자가에 달려 죽기까지 하나님께 복종하셨다(빌 2:8). 따라서 겸손은 십자가를 지신 예수님의 마음과 일치하는 전형적인 기독교의 미덕이다.[83] 그리스도인들은 예수님의 마음을 품고 겸손으로 허리를 동여야 한다. 하나님은 교만한 자들을 대적하시지만 겸손한 자들에게는 은혜를 베푸신다(벧전 5:5).

78 BDAG, 1090; L&N, 88.67("친절"); LSJ, 2007; Weiss, *TDNT*, IX, 491. 개역개정은 이 단어를 "인자하심"(롬 2:4; 11:22), "자비함"(고후 6:6), "자비하심"(엡 2:7), "자비"(갈 5:22; 딛 3:4)로 번역한다. 중요한 영어 성경들은 "친절"(kindness)로 번역한다.

79 칠십인역에서 "크레스토테스"라고 번역한 히브리어 단어를 개역개정은 "선하심"(시 25:7), "은혜"(시 145:7) 등으로 번역한다.

80 "사랑은 온유하며"라는 개역개정의 번역보다 표준새번역이 더 적절하다. "사랑은 친절합니다"(χρηστεύεται ἡ ἀγάπη, "크레스튜에타이 헤 아가페").

81 성령님의 열매인 "크레스토테스"를 개역개정은 "자비"로 번역하는 반면에 표준새번역은 "친절"로 번역한다.

82 Grundmann, *TDNT*, VIII, 5; LSJ, 1757. Friedrich Nietzsche는 겸손을 동정, 친절, 인내와 함께 "노예의 덕성"으로 간주한다. Nietzsche, 『선악의 저편』, 278.

83 Giesen, *EDNT*, III, 334; McGrath, 『십자가로 돌아가라』, 228. Alister McGrath는 "십자가의 신학은 겸손의 신학이다"라고 주장한다.

네 번째 덕목인 "온유"(πραΰτης, "프라우테스")는 헬라 사회에서 절제되지 않은 분노와 대조되는 미덕이었다.[84] 아리스토텔레스에 따르면, 온유는 급하거나 화를 잘 내는 성미와 반대되는 것으로(*Eth.nic.* 2.7.10)[85] 인내와 관용이 충만한 온화하고 부드러운 성품이다. 아기를 품에 안고 젖을 먹이는 엄마의 모습이 온유함을 잘 보여 준다.[86] 신약성경에서도 온유는 온화함이나 관대함을 가리킨다(고후 10:1; 갈 6:1; 딛 3:2).[87] 온유는 겸손과 오래 참음과 함께 교회의 하나 됨을 지키는 데 필요한 덕목이다(엡 4:2). 특히 기독교 사역자들이 갖추어야 할 미덕이다. 사역자들은 거역하는 자들을 온유함으로 훈계해야 한다(딤후 2:24-25). 이스라엘 백성의 지도자 모세는 가장 온유한 사람이었다(민 12:3). 하지만 참된 온유의 모범도 예수님이시다. 예수님은 마음이 온유하신 분이다(마 11:29; 참조. 고후 10:1). 예수님은 온유한 자들이 땅을 기업으로 받을 것이라고 가르치셨다(마 5:5). 온유는 성령님의 열매이다(갈 5:23).

다섯 번째 덕목인 "오래 참음"(μακροθυμία, "마크로뛰미아")은 문자적으로 분노를 오래 억제하는 것을 의미한다.[88] 특히 다른 사람이 입힌 피해나 악한 행동에 대하여 화를 내거나 보복하지 않고 견디는 것이다(참조. 마 18:26, 29).[89] 오래 참음은 화내기를 더디 하시는 하나님의 속성이다(출 34:6; 민 14:18; 느 9:17; 시 86:15). 하나님은 죄인들이 회개하기까지 오래 참으신다(롬 2:4; 벧전 3:20). 예수님도 가장 큰 죄인인 바울에게 오래 참으셨다(딤전 1:16). 오래 참음은 사랑의 중요한 요소이다. 사랑은 오래 참는 것이기 때문이다(고전 13:4). 오래 참음 또한 성령님의 열매이다(갈 5:22).

이 본문에서 바울이 제시한 다섯 가지 미덕들은 모두 하나님과 예수

---

84 Hauck and Schultz, *TDNT*, VI, 646.

85 Aristoteles에 따르면, 온유한 사람은 동요가 없고 감정에 휘둘리지 않으며, 화를 낼 만한 대상에게 화를 낼 시간만큼만 노여워한다. 온유한 사람은 보복하기보다 용서한다(*Eth. nic.* 4.5.3-4).

86 Comte-Sponville, 『미덕이란 무엇인가』, 225.

87 구약 외경 시락서(Sirach)에서는 온유함을 중요한 미덕으로 제시한다. 하나님은 모세의 온유함을 보시고 그를 택하셨고(45.4), 온유한 자를 권좌에 앉히신다(10.14). 또한 온유한 자는 친구의 사랑을 받고(3.17), 여자의 온유한 말은 남편을 행복하게 만든다(36.28).

88 Silva, *NIDNTTE*, III, 209-10. "마크로뛰미아"는 "긴"을 뜻하는 "마크로스"(μακρός)와 "열정", "분노"를 뜻하는 "뛰모스"(θυμός)로 이루어진 단어이다.

89 Fee, 『성령』, 상권, 821; Horst, *TDNT*, IV, 384, n. 82; Barth and Blanke, *Colossians*, 182; Lightfoot, *Colossians and Philemon*, 140.

그리스도의 성품이다. 따라서 이 미덕들을 옷 입는다는 것은 하나님과 예수 그리스도를 닮는 것을 의미한다. 골로새 성도들은 하나님의 택하심을 받은 거룩하고 사랑받는 사람들이 되었으므로 새 사람의 미덕들을 옷 입고 그리스도를 닮아 가야 한다.

3:13 그리고 골로새 성도들은 "누가 누구에게 불평이 있더라도 서로 용납하고 서로 용서해야" 한다. 이 권고에서 "용납하십시오"(ἀνέχομαι, "아네코마이")와 "용서하십시오"(χαριζόμενοι, "카리조메노이")는 앞 절의 주동사 "옷 입으십시오"에 속한 분사들이다. "용납하다"는 박해와 환난 같은 어려운 상황을 견디는 것(고전 4:12; 살후 1:4), 또는 자신에게 해를 입힌 사람을 너그러운 마음으로 받아 주는 것을 의미한다(고후 11:1, 19, 20).

"불평", "불평의 원인"을 뜻하는 "몸페"(μομφή)는 신약성경에서 이곳에만 한 번 나오는 단어이다.[90] 불평은 주로 상대의 잘못된 말이나 행동 때문에 생긴다. 불평이 커지면 다툼이 일어나고 관계가 틀어진다. 잘못된 말이나 행동을 한 사람을 용납하려면 오래 참아야 한다. 하지만 오래 참는 것만으로 충분하지 않다. 용서하지 않고서는 참으로 용납할 수 없다. 그래서 바울은 서로 용납하라는 권고를 서로 용서하라는 권고와 함께 제시한다. 그는 일반적으로 "용서하다"를 뜻하는 "아피에미"(ἀφίημι) 대신에 용서의 은혜로운 특성을 나타내는 "카리조마이"(χαρίζομαι)를 사용한다.[91] 골로새 성도들이 서로 용서해야 하는 이유는 그들이 이미 용서의 은혜를 경험했기 때문이다. 바울은 그들이 용서받은 사실을 상기시킨다. "주님이 여러분을 용서하셨습니다"(ὁ κύριος ἐχαρίσατο ὑμῖν, "호 퀴리오스 에카리사토 휘민").

골로새 성도들을 용서하신 "주님"(κύριος, "퀴리오스")은 누구인가? 우리의 모든 죄들을 용서하신 분은 하나님이시다(2:13). 평행 본문인 에베소서 4:32에서도 죄를 용서하신 분은 하나님이시다. 하지만 이 본문에서 바울은 "하나님" 대신 "주님"이라는 명칭을 사용한다. "주 예수님"(17절)과 "주님 그리스도"(24절)라는 표현에서 알 수 있듯이 가까운 문맥에서 "퀴리오스"는 의심할 여지없이 그리스도를 가리킨다. 이 서신의 다른 본문들에서도 "퀴리오

90 BDAG, 657.

91 "카리조마이"는 여러 본문들에서 "거저 주다", "관대하게 주다"라는 뜻으로 사용된다(롬 8:32; 고전 2:12; 갈 3:18; 빌 1:29; 2:9). BDAG, 1078.

스"는 그리스도를 가리킨다(1:3; 2:6). 주님이신 그리스도가 골로새 성도들을 용서하신 것이다.[92] 이런 이해는 골로새서의 그리스도 중심적인 성격과 조화를 이룬다.

성부 하나님과 마찬가지로 그리스도는 죄를 용서하는 권세를 가지고 계신다. 그분은 중풍병자에게 "네 죄가 용서함을 받았다"라고 선언하시고, 이어서 그의 병을 고쳐 주셨다(마 9:1-8; 막 2:1-12; 눅 5:17-26). 이렇게 하심으로써 자신이 하나님과 같이 죄를 용서하는 권한을 갖고 있음을 입증하셨다. 하나님은 그리스도 안에서 죄인들을 용서하시고, 그리스도는 하나님 안에서 죄인들을 용서하신다. 그리스도가 성부 하나님과 동등한 성자 하나님이시기 때문이다.

그리스도가 골로새 성도들을 용서하신 것처럼 그들도 서로 용서해야 한다.[93] 이 본문에서 "서로 용서하라"(χαριζόμενοι ἑαυτοῖς, "카리조메노이 헤아우토이스")는 권고는 "서로 용납하라"는 권고와 같이 현재 시제이다(참조. 엡 4:2).[94] 이 시제는 한두 번 용서하고 그치는 것이 아니라 반복해서 용서해야 함을 시사한다. 예수님은 죄를 범한 형제를 용서하되 일곱 번을 일흔 번까지라도 하라고 말씀하셨다(마 18:22). 반복해서 용서하는 것은 결코 쉬운 일이 아니다. 이렇게 하려면, 자비와 친절과 겸손과 온유와 오래 참음을 옷 입어야 한다. 무엇보다 그리스도가 우리를 위하여 희생 제물이 되심으로써 우리의 모든 죄들을 용서하신 사실을 깨달아야 한다.

서로 용납하고 용서하는 것은 죄를 허용하는 것을 뜻하지 않는다. 사랑이 허다한 죄를 덮는다고 하여 죄를 범한 사람을 무조건 용서하고 용납해야 하는 것은 아니다. 형제나 자매가 죄를 지은 사실이 드러나면 온유한 마음으로 바로잡아야 한다(갈 6:1). 먼저 그 사람에게 가서 권고해야 하고, 듣지

---

92 Dunn, *Colossians and Philemon*, 231; Fee, 『바울의 기독론』, 496; Lohse, *Colossians and Philemon*, 148; Moo, *Colossians and Philemon*, 280; O'Brien, 『골로새서·빌레몬서』, 368; Pao, *Colossians and Philemon*, 243-44; Pokorný, *Colossians*, 171; Sumney, *Colossians*, 216-17; Wilson, *Colossians and Philemon*, 261.

93 엡 4:32에서 바울은 같은 권면을 한다. "하나님께서 그리스도 안에서 여러분을 용서하신 것처럼 '서로 용서하십시오'"(χαριζόμενοι ἑαυτοῖς).

94 이 구절에서 재귀 대명사 "헤아우토이스"(ἑαυτοῖς)는 문자적으로 "여러분 자신들에게"이지만, 앞에 나온 상호 대명사 "알레론"(ἀλλήλων, "서로", 개역개정: "피차")과 같은 뜻으로 사용되고 있다. 골로새 성도들의 용서는 상호적이어야 한다. BDAG, 269.

않을 경우에는 증인들과 함께 가서 권고하여 바로잡아야 한다. 그래도 듣지 않으면 교회에 말해야 하고 교회의 말도 듣지 않으면 이방인과 세리와 같이 여겨야 한다(마 18:15-17). 회개를 거부하고 음행을 계속하는 교인과는 교제하지 말아야 한다(고전 5:9). 죄를 짓고도 회개하지 않는 사람을 용서하거나 용납하는 것은 죄와 불법을 허용하는 것이며, 새 사람의 공동체를 죄와 불법의 집단으로 만드는 것이다.

3:14 마지막으로, 바울은 골로새 성도들에게 "이 모든 것들 위에 사랑을!"이라고 말한다. 헬라어 본문에서 이 구절은 동사가 없는 불완전한 문장이다. 12절에 나온 "옷 입으시오"(ἐνδύσασθε, "엔뒤사스떼")를 첨가하여 읽어야 한다. 이 권고는 새 사람의 미덕들을 옷 입으라는 권고의 절정이다. "사랑"(ἀγάπη, "아가페")은 새 사람이 입어야 할 최고의 미덕이다(고전 13:13; 벧후 1:7). 참으로 사랑은 모든 미덕의 알파요 오메가이다. 기독교를 다른 종교와 구별 짓는 특징이 바로 사랑이다. 사랑은 하나님께서 우리 죄를 속하기 위하여 자기 아들을 화목 제물로 보내신 것에서 가장 분명하게 나타났다(요일 4:9-10). 그리고 그리스도가 우리를 위하여 죽으신 것에서 입증되었다(롬 5:8). "최초이자 가장 위대한 사랑, 다른 모든 사랑에 생명을 불어넣는 사랑"이 바로 하나님의 사랑이다.[95] 골로새 성도들은 하나님의 사랑을 받았고, 지금도 그 사랑을 받고 있다(12절). 따라서 그들은 사랑을 옷 입고 서로 사랑해야 한다(참조. 요일 4:11).

이어서 사도는 사랑이 "온전함을 이루는 띠"라고 한다.[96] 문자적으로 이 표현은 "온전함의 띠"(σύνδεσμος τῆς τελειότητος, "쉰데스모스 테스 텔레이오테토스")이다. "띠"라고 번역한 "쉰데스모스"는 어떤 사물들을 하나로 묶는 수단을 의미하며, 은유적으로는 연합이나 결속을 이루는 것을 가리킨다. 예를 들어, 아리스토텔레스는 자식이 부모를 묶는 "쉰데스모스"라고 하였다. 부모가 부부의 결속을 유지하는 공통의 선이 자식이기 때문이다(*Eth. nic.* 8.12.7). 이 본문에서 "온전함의 띠"라는 표현은 온전함을 이루거나 산출하는

95 Wilken, 『초기 기독교 사상의 정신』, 319.

96 헬라어 본문에서는 "사랑"이라는 단어 뒤에 설명의 문구인 "호 에스틴"이 나온다(⋯ τὴν ἀγάπην, ὅ ἐστιν σύνδεσμος τῆς τελειότητος). 이 문구는 선행사의 성이나 수와 관계없이 사용되는 관용어이다(1:27; 2:10, 17; 엡 6:17). BDAG, 727; BDF, §132.2.

띠를 의미한다.[97] 사랑은 어떤 것들을 함께 묶어서 온전함을 이루는 띠와 같다.

사랑이 함께 묶는 것들은 무엇인가? 바울이 앞에서 언급한 미덕들, 즉 자비와 친절과 겸손과 온유와 오래 참음일 수 있다. 이 견해가 옳다면 사랑은 미덕들을 함께 묶어서 온전하게 만드는 것이다. 어떤 미덕도 사랑 없이는 완성될 수 없다. 사랑 없는 자비는 진정한 자비일 수 없다. 사랑 없는 친절도 진정한 친절일 수 없다. 온유와 오래 참음도 마찬가지이다. 사랑은 미덕을 참된 미덕이 되게 하고 모든 미덕을 함께 묶어서 신자의 인격을 온전하게 만든다.[98]

하지만 인접 문맥에서는 사랑이 미덕들을 함께 묶기보다는 신자들을 함께 묶어서 하나의 온전한 공동체를 이루는 것이다(참조. 2:2). 이 견해를 뒷받침하는 몇 가지 근거가 있다. 첫째, "쉰데스모스"(σύνδεσμος, "인대")는 2:19에서 그리스도의 몸에 속한 지체들을 하나로 결합하게 한다. 둘째, 에베소서 4:3에서도 "쉰데스모스"는 성령님이 신자들을 하나 되게 하시는 것과 관련이 있다.[99] 셋째, 15절에 나오는 "그 평화를 위하여 여러분도 한몸으로 부르심을 받았습니다"라는 구절이 신자들을 함께 묶는 개념을 지지한다. 사랑은 한몸으로 부르심을 받은 골로새 성도들을 함께 묶어서 하나의 온전한 공동체를 이루게 한다.

사랑이 없다면 문제를 일으키는 사람이나 생각이 다른 사람을 용납할 수 없다. 사랑이 없다면 죄를 범한 사람을 용서할 수도 없다. 사랑이 없다면 교회의 하나 됨도 없다. 신자들이 서로 사랑하면서 자비하고 친절하고 겸손하고 온유하고 오래 참을 때 교회를 하나의 온전한 공동체로 세울 수 있다(참조. 엡 4:16). 그래서 바울은 에베소 교회 성도들에게 "사랑으로"(ἐν ἀγάπῃ, "엔

---

97 "텔레이오테토스"는 목적어를 나타내는 속격이다. 따라서 이 속격 구문은 "온전함을 산출하는 띠"를 의미한다. Harris, *Colossians and Philemon*, 142; Pao, *Colossians and Philemon*, 245.

98 Moo, *Colossians and Philemon*, 281-82; Moule, *Colossians and Philemon*, 123-24; Sumney, *Colossians*, 217; Wright, 『그리스도인의 미덕』, 250-51.

99 엡 4:3에서 "쉰데스모스 테스 에이레네스"(σύνδεσμος τῆς εἰρήνης, "평화의 띠")는 성령님이 신자들을 함께 묶어서 교회의 하나 됨을 이루시는 수단이다. 이 평화는 그리스도가 유대인과 이방인 사이의 막힌 담을 자기 육체로 허무시고, 그 둘을 하나님과 화목하게 하심으로써 이루신 것이다(엡 2:14-16).

아가페") 서로 용납하라고 권고한다(엡 4:2). 베드로 또한 "무엇보다도 먼저 뜨겁게 서로 사랑하라"고 권고한다(벧전 4:8). 참으로 사랑은 성도들을 함께 묶어서 교회의 "온전함을 이루는 띠"이다.[100]

(2) 그리스도의 평화와 그리스도의 말씀에 관한 권면(3:15-17)

3:15 이제 사도는 새 사람의 덕목에 관한 권면에서 "그리스도의 평화"에 관한 권면으로 전환한다. "그리고 그리스도의 평화가 여러분의 마음에서 다스리게 하십시오." 속격 구문 "그리스도의 평화"(ἡ εἰρήνη τοῦ Χριστοῦ, "헤 에이레네 투 크리스투")는 그리스도가 구현하고 부여하시는 평화를 의미한다. 이 구문에서 "그리스도의"는 주어를 나타내는 주격적인 속격이다.[101] "로마의 평화"(*Pax Romana*)는 군사력으로 이루어진 것인 반면에 "그리스도의 평화"(*Pax Christi*)는 그리스도의 십자가로 이루어진 것이다. 그리스도는 유대인과 이방인 사이의 막힌 담을 자기 육체로 허물고 그 둘 사이에 평화를 이루셨다(엡 2:14-15). 동시에 유대인 신자들과 이방인 신자들을 한몸으로 하나님과 화목하게 하심으로써 하나님과 사람 사이에 평화를 이루셨다(엡 2:16). 하나님과 사람 사이의 수직적인 평화와 신자와 신자 사이의 수평적인 평화가 그리스도로 말미암아 구현된 것이다.[102] 이런 점에서 바울은 그리스도가 "우리의 평화"(ἡ εἰρήνη ἡμῶν, "헤 에이레네 헤몬")라고 선언한다(엡 2:14).[103] 지금 골로새 성도들은 그리스도로 말미암아 하나님과 화목하게 됨으로써 하나님과 평화를 누릴 뿐 아니라, 동료 신자들과도 평화를 누린다. 이 본문에서 "그리스도의 평화"는 단지 마음의 평안이 아니라 하나님과의 평화이자 신자들과의 평화이다.

바울은 그리스도의 평화가 "여러분의 마음에서 다스리게 하십시오"라

---

100 Hendriksen, 『골로새서·빌레몬서』, 228; Lincoln, "Colossians", 648; Lohse, *Colossians and Philemon*, 149; Pao, *Colossians and Philemon*, 245; Schrage, *The Ethics of the New Testament*, 250; Silva, *NIDNTTE*, I, 110; Witherington, *Philemon, Colossians*, 180.

101 Harris, *Colossians and Philemon*, 143; Moo, *Colossians and Philemon*, 283.

102 Osborne, *Colossians and Philemon*, 110. 그는 평화가 수직적 차원(하나님과의 평화), 수평적 차원(교회 안에서의 평화), 내적 차원(마음의 평화)을 포함한다고 지적한다.

103 엡 2:14-16에 관해서는 다음 책을 보라. 길성남, 『에베소서 어떻게 읽을 것인가』, 197-208.

고 권고한다. "다스리다"를 뜻하는 "브라뷰오"(βραβεύω)는 신약성경에서 이곳에만 한 번 나온다. 고대 헬라 문헌에서 이 동사는 본래 운동 경기를 감독하고 판정을 내리는 심판의 행동을 가리켰지만, "판단하다", "결정하다", "주관하다", "다스리다"라는 일반적인 의미로도 사용되었다(Euripides, *Hel.* 996).[104] 앞에서 바울은 같은 어근을 가진 동사 "카타브라뷰오"(καταβραβεύω)를 신비 체험에 근거하여 골로새 성도들을 정죄하는 거짓 교사들의 행동을 가리키는 데 사용하였다(2:18).

"여러분의 마음에서"(ἐν ταῖς καρδίαις ὑμῶν, "엔 타이스 카르디아이스 휘몬")는 그리스도의 평화가 다스리는 영역이다. "마음"(καρδία, "카르디아")은 의지, 감정, 생각의 원천인 인격의 중심을 가리킨다. 느끼고 생각하고 판단하고 도덕적 결단을 내리는 자리가 바로 마음이다.[105] 그리스도의 평화가 마음에서 다스린다는 것은 사람의 존재 자체를 다스리는 것을 의미한다. 골로새 성도들은 그리스도의 평화의 지배를 받으면서 공동체의 평화와 하나 됨을 이루어야 한다. 그들 사이에서 불평이나 불화가 일어날 때마다 그리스도가 이루신 평화의 의미를 생각하면서 불평을 그치고 서로 화해해야 한다. 그들의 마음에서, 그리고 그들 사이에서 그리스도의 평화가 왕 노릇 하게 해야 하는 것이다.[106]

골로새 성도들이 이렇게 해야 하는 이유는 그들이 평화를 위하여 "한 몸으로 부르심을 받았기"(ἐκλήθητε ἐν ἑνὶ σώματι, "에클레떼테 엔 헤니 소마티") 때문이다. 하나님은 그리스도의 평화를 누리게 하시려고 그들을 부르셨다.[107] "한몸"은 다양한 지체들이 하나 되어 이룬 교회를 가리킨다(롬 12:5; 엡 2:16; 4:4). 지금 골로새 성도들은 한몸, 즉 교회에 속하여 그리스도가 이루신 하나님과의 평화와 신자들 사이의 평화를 경험하고 있다. 만일 그들 사이에 불평이나 불화가 생기면, 그리스도의 평화를 가장 중요하게 여기는 차원에서

104 BDAG, 183; Silva, *NIDNTTE*, I, 530; Stauffer, *TDNT*, I, 637-38; Barth and Blanke, *Colossians*, 425.

105 Behm, *TDNT*, III, 611-13.

106 Harris, *Colossians and Philemon*, 143; Bird, *Colossians and Philemon*, 108; Bruce, *Colossians, Philemon*, 156-57; Dunn, *Colossians and Philemon*, 234.

107 수동태 동사 "부르심을 받았다"(ἐκλήθητε, "에클레떼테")는 하나님께서 하신 일을 간접적으로 표현하는 신적 수동태이다. 골로새 성도들을 부르신 분은 하나님 자신이다.

문제를 해결해야 한다. 이렇게 함으로써 자신들이 그리스도의 평화를 한몸으로 누리는 하나님의 새 백성이라는 사실을 온 세상에 드러내야 한다.

15절의 마지막 부분에서 바울이 감사하라고 또다시 권고를 한다. "또한 여러분은 감사하는 사람들이 되십시오"(καὶ εὐχάριστοι γίνεσθε, "카이 유카리스토이 기네스떼").[108] 바울은 이 서신에서 감사를 거듭하여 언급한다(1:3, 12; 2:7; 3:15, 17; 4:2). 감사는 도움을 받거나 은혜를 입은 사람이 갖는 감정이다. 골로새 성도들은 하나님의 은혜로 흑암의 권세에서 건짐을 받고 그분의 아들의 나라에 속하게 되었다(1:13). 모든 죄들을 용서받고(1:14; 2:13), 하나님과 화목하게 되었다(1:22). 그리하여 지금 한몸으로 그리스도의 평화를 누리고 있다. 이런 구원의 은혜를 받은 사람들이 하나님께 감사하는 것은 지극히 당연하다. 신자의 삶이란 놀라운 은혜를 베푸신 하나님께 감사하는 것이다(살전 5:18).

3:16 그리스도의 평화에 관한 권면에 이어서 사도 바울은 그리스도의 말씀에 관한 권면을 시작한다. "그리스도의 말씀이 여러분 안에 풍성히 거하게 하십시오." 아래에서 볼 수 있는 대로, 이 권면은 그리스도의 평화가 마음에서 다스리게 하라는 앞 절의 권면과 평행을 이룬다. 두 권면에 나오는 단어들과 구성이 흡사하다.

15절 καὶ <u>ἡ εἰρήνη τοῦ Χριστοῦ</u> βραβευέτω ἐν ταῖς καρδίαις ὑμῶν
(그리고 그리스도의 평화가 여러분의 마음에서 다스리게 하십시오)

16절 <u>ὁ λόγος τοῦ Χριστοῦ</u> ἐνοικείτω ἐν ὑμῖν πλουσίως
(그리스도의 말씀이 여러분 안에 풍성히 거하게 하십시오)

"그리스도의 말씀"(ὁ λόγος τοῦ Χριστοῦ, "호 로고스 투 크리스투")은 일차적으로 그리스도가 가르치시고 선포하신 말씀이다.[109] 동시에 그리스도에 관한 말씀, 즉 복음의 진리이기도 하다(1:5).[110] 골로새 성도들은 그리스도의 말씀

108 "감사하는"(εὐχάριστοι, "유카리스토이")이라는 형용사는 신약성경의 다른 본문들에는 나오지 않는다.

109 Dunn, *Colossians and Philemon*, 236; Eadie, *Colossians*, 250; Wilson, *Colossians and Philemon*, 266.

110 Fee, 『성령』, 하권, 332; Moo, *Colossians and Philemon*, 286; Sumney, *Colossians*,

이 자신들 안에 풍성히 거하게 함으로써 그 말씀이 계속해서 자신들을 인도하고 주관하게 해야 한다. "여러분 안에"라는 표현은 신자들의 공동체를 가리킨다. 하지만 신자 개인을 배제하지는 않는다. 그리스도의 말씀이 공동체 안에 풍성히 거하려면, 신자 개인이 먼저 그 말씀을 듣고 마음으로 받아들여야 한다.[111]

이 본문의 마지막 부분에서 바울은 그리스도의 말씀이 골로새 성도들 가운데 풍성히 거할 때 나타나는 두 가지 양상을 보여 준다. 한 가지는 모든 지혜로 서로 가르치고 권고하는 것이고, 다른 한 가지는 신령한 시들과 찬미들과 노래들로 하나님을 찬양하는 것이다. 가르치고 권고하는 것은 일차적으로 사역자들의 직무이다(1:28; 참조. 살전 5:12; 딤후 2:24-25; 4:2). 하지만 교인들도 서로 가르치고 권고해야 한다(롬 15:14; 살전 5:14; 살후 3:15; 딛 2:3).

이 본문에서 "가르치다"(διδάσκοντες, "디다스콘테스")와 "권고하다"(νουθετοῦντες, "누떼툰테스")라는 분사는 명령 동사와 같은 역할을 한다. 가르친다는 것은 복음의 진리와 신자의 삶에 관해 알려 주고 깨닫게 하는 것이다. 권고한다는 것은 잘못된 말과 행동에 대해 경고하고 바로잡는 것이다.[112] 골로새 성도들은 복음의 진리를 서로 가르칠 뿐만 아니라, 그릇된 행동을 하는 동료 교인들을 훈계하여 복음에 합당한 삶을 살게 해야 한다. "모든 지혜로"(ἐν πάσῃ σοφίᾳ, "엔 파세 소피아")라는 표현은 1:28에서처럼 가르치고 권고하는 일을 지혜로운 방식으로 해야 함을 의미한다. 여기서 지혜는 때와 상황을 분별하고 현명하게 대처하는 능력을 가리킨다. 그리스도의 말씀을 아는 지식이 있다고 하더라도 다른 사람을 가르치고 권고할 만한 지혜가 없다면 갈등과 다툼을 피할 수 없을 것이다.

다음에서 확인할 수 있는 대로, 이 본문에 나오는 "신령한 시들, 찬미들, 노래들"이라는 표현들은 앞에 있는 "가르치고 권고하며"라는 분사와 연결된 것이거나, 또는 뒤에 있는 "찬양하십시오"라는 분사와 연결된 것이다.

223.

111 Bruce, *Colossians, Philemon*, 157-58; Sumney, *Colossians*, 223.

112 "누떼테오"(νουθετέω)는 "훈계하다", "경고하다", "나무라다" 등의 뜻으로 사용된다. Behm, *TDNT*, IV, 1019-20; Silva, *NIDNTTE*, IV, 423-24.

ἐν πάσῃ σοφίᾳ διδάσκοντες καὶ νουθετοῦντες ἑαυτούς,
(디다스콘테스 카이 누떼툰테스, “가르치고 권고하며”)

ψαλμοῖς ὕμνοις ᾠδαῖς πνευματικαῖς
(프살모이스 휨노이스 오다이스 프뉴마티카이스, “신령한 시들, 찬미들, 노래들”)

ἐν τῇ χάριτι ᾄδοντες ἐν ταῖς καρδίαις ὑμῶν τῷ θεῷ
(아돈테스, “찬양하십시오”)

일부 주석가들은 “가르치고 권고하며”라는 분사절과 연결된 것으로 이해하여, “신령한 시들, 찬미들, 노래들”이 서로 가르치고 권고하는 수단이라고 주장한다.[113] 평행 본문인 에베소서 5:19에 나오는 “신령한 시들과 찬미들과 노래들로 서로 말하며”라는 구절이 이런 견해를 지지할 수 있다.[114] 찬송이 기독교의 진리를 일깨우고 가르치는 역할을 한다는 것은 분명한 사실이다. 하지만 시들과 찬미들과 노래들은 일차적으로 가르치는 수단이 아니라 하나님을 찬양하는 수단이다. 찬송은 신자들이 서로를 향해 부르는 것이기보다는 하나님을 향해 부르는 것이다. 이런 점을 고려할 때 신령한 시들과 찬미들과 노래들을 “가르치고 권고하며”보다 “찬양하십시오”(ᾄδοντες, “아돈테스”)와 연결된 것으로 이해하는 편이 더 자연스럽다.[115] “신령한 시들과 찬미들과 노래들로 여러분의 마음을 다하여 감사함으로 하나님을 찬양하십시오.”[116]

113 Barth and Blanke, *Colossians*, 427; Fee, 『성령』, 하권, 337-38; Lincoln, “Colossians”, 649; Moo, *Colossians and Philemon*, 287-88; Osborne, *Colossians and Philemon*, 113; Thompson, *Colossians and Philemon*, 87.

114 헬라어 본문에서 시들과 찬미들과 신령한 노래들은 수단의 여격으로서 “서로 말하다”라는 분사절을 수식한다. 이는 서로 주고받는 식으로 찬양하는 것을 의미할 수 있다. Plinius는 그리스도인들이 새벽에 모여서 이런 방식으로 그리스도를 찬송한 사실을 황제 트라야누스(Trajanus)에게 보고하였다(*Ep.* 10.96).

115 Bruce, *Colossians, Philemon*, 158; Eadie, *Colossians*, 252; Harris, *Colossians and Philemon*, 145; Wilson, *Colossians and Philemon*, 267; Wright, 『골로새서·빌레몬서』, 216.

116 “찬양하십시오”라고 번역한 분사 “아돈테스”는 신약성경에 다섯 번 나온다(엡 5:19; 골 3:16; 계 5:9; 14:3; 15:3).

"시", "찬미", "노래"는 "성령님이 감동하신 모든 종류의 노래"를 가리킨다.[117] 헬라어 본문에서 형용사 "프뉴마티카이스"(πνευματικαῖς)는 마지막 단어인 "노래들"(ᾠδαῖς, "오다이스")을 수식하지만 앞의 두 단어와도 관련이 있다. "시"와 "찬미"도 성령님의 감동하심으로 부르는 신령한 노래이다. 세 단어의 의미를 명확하게 구별하는 것은 쉬운 일이 아니다. "시"(ψαλμός, "프살모스")는 본래 구약성경의 시편과 관련이 있지만(눅 20:42; 24:44; 행 1:20; 13:33), 여기서는 교회에서 부른 일반적인 찬양을 가리킨다(고전 14:26; 엡 5:19). "찬미"(ὕμνος, "휨노스")는 신약성경에서 에베소서 5:19과 이곳에만 나온다. 고대 헬라 문헌들에서는 신들이나 영웅들에게 바치는 노래를 가리켰지만, 여기서는 그리스도에게 올려 드리는 찬가를 의미한다(1:15-20; 빌 2:6-11; 딤전 3:16). 마지막으로, "노래"(ᾠδή, "오데")는 고대 헬라 문헌들에서는 일반적인 노래를 의미했지만, 요한계시록에서는 하나님을 높이는 찬양을 가리킨다(계 5:9; 14:3; 15:3).[118]

신령한 시들과 찬미들과 노래들은 마음을 다해 "감사함으로" 불러야 한다. "감사함으로"라고 번역한 "엔 테 카리티"(ἐν τῇ χάριτι)는 "그 은혜 안에서"라고 번역할 수도 있다. "카리스"(χάρις)가 일반적으로 "은혜"를 뜻하기 때문이다. 하지만 여기서는 "감사함으로"라고 번역해야 한다.[119] 이 단락 전체에서 사도 바울이 감사에 초점을 맞추고 있기 때문이다. 15절에서는 "감사하는 사람들이 되라"고 권고하고, 17절에서는 "하나님 아버지께 감사하라"고 권고한다. 감사의 권고가 16절을 감싸고 있는 것이다. 또 그는 "카리스"라는 단어를 "감사"라는 뜻으로 자주 사용한다(롬 6:17; 7:25; 고전 10:30; 15:57; 고후 2:14; 8:16; 9:15; 딤후 1:3). 감사는 하나님께서 베푸신 은혜에 대한 적절한 반응이다. 하나님의 은혜를 받은 골로새 성도들은 감사함으로 하나님을 찬양해야 한다.

3:17 이 본문에서 사도 바울이 3:5에서 시작한 단원 전체를 강력한 권면으로 요약한다. "또 여러분이 무엇을 하든지 말에나 일에나 모든 것을 주 예수

117 Lohse, *Colossians and Philemon*, 151.

118 참조. Martin, 『초대교회 예배』, 81; Moo, *Colossians and Philemon*, 289-90; Silva, *NIDNTTE*, IV, 737-39.

119 Bruce, *Colossians, Philemon*, 159; Harris, *Colossians and Philemon*, 145; Moule, *Colossians and Philemon*, 126; Sumney, *Colossians*, 210, 226.

님의 이름으로 하고, 그분으로 말미암아 하나님 아버지께 감사하십시오."[120] 이 권면은 2:6과 함께 이 서신의 중심 교훈에 해당한다. 골로새 성도들은 지금 하나님의 아들의 나라에서 "주 예수님"의 다스림을 받고 있다. 그리스도 예수가 그들의 주님이신 것이다(2:6). 그러므로 그들은 말을 하든지, 일을 하든지, 무엇을 하든지 "주 예수님의 이름으로" 해야 한다.

"주 예수님의 이름으로"(ἐν ὀνόματι κυρίου Ἰησοῦ, "엔 오노마티 퀴리우 예수") 라는 표현은 예수님이 "주님"이라는 사실을 강조한다. 칠십인역 구약성경에서 "퀴리오스"(κύριος)는 여호와 하나님을 가리키는 명칭이지만, 신약성경에서는 예수 그리스도를 가리킨다. 하나님은 자기를 낮추고 십자가에서 죽기까지 복종한 예수 그리스도를 지극히 높이시고 가장 뛰어난 이름("퀴리오스")을 주셨다. 그리고 모든 자들로 하여금 예수 그리스도를 "주님"이라고 고백하게 하셨다(빌 2:8-11). 예수 그리스도는 하나님과 동등한 분이시며,[121] 그러하기에 하늘과 땅의 모든 권세를 가진 만물의 주님이시다(마 28:18; 엡 1:20-21). 그분은 또한 교회의 머리이시며 모든 신자들의 주님이시다(1:18; 2:6).

골로새 성도들이 무엇을 하든지 "주 예수님의 이름으로" 한다는 것은 삶의 모든 영역에서 예수님이 주님이심을 인정하고 그분의 뜻을 따르는 것을 의미한다(2:6-7). 그들은 예수 그리스도에게 합당하게 행하여 범사에 그분을 기쁘시게 해야 한다(1:10). 이렇게 하는 것은 먹든지 마시든지 무엇을 하든지 다 하나님의 영광을 위하여 하는 것과 같다(고전 10:31). 모든 일을 "주 예수님의 이름으로" 할 때 하나님께서 영광을 받으시기 때문이다.

바울은 또다시 감사의 권고로 17절을 마무리한다. "그분으로 말미암아 하나님 아버지께 감사하십시오." 이것은 이 단락에서 세 번째 나온 감사의 권고이다. 사도는 감사의 권고를 반복하기를 주저하지 않는다. 그가 이렇게 하는 근본적인 이유는 감사가 신자의 삶의 중심 요소이기 때문이다. 토드 스틸(Todd D. Still)이 잘 말한 대로, "하나님의 은혜가 바울 서신의 중심에 있다면, 하나님에 대한 감사는 그의 윤리의 중심에 있다."[122] 골로새 성도들이

---

120 Wilson, *Colossians and Philemon*, 268. 그는 이 권면이 신약성경의 윤리 전체를 명쾌하면서도 기억하기 쉬운 말로 표현한 아포리즘(aphorism)과 같다고 주장한다.

121 Beale, *Colossians and Philemon*, 308; Pao, *Colossians and Philemon*, 251.

122 Still, "Colossians", 335.

감사해야 할 대상은 "하나님 아버지"이시다. 하나님은 그들의 아버지가 되기를 기뻐하셨다. 골로새의 이방인들은 아버지 하나님의 사랑을 받았고, 지금도 사랑을 받고 있다. 그들은 하나님의 사랑을 받는 자들이다(12절).

"그분으로 말미암아"는 주 예수님을 가리킨다. 골로새 성도들은 그리스도 예수의 죽음으로 말미암아 죄 사함을 받았고(1:14), 하나님과 화해하게 되었다(1:22). 그리스도 예수는 자기의 피로 영원한 속죄를 이루시고 죄인들을 위하여 하나님께 나아갈 수 있는 길을 여신 분이다(히 9:12; 10:20). 그러므로 골로새 성도들이 그리스도로 말미암아 하나님 아버지께 감사하는 것은 지극히 당연하다.[123] 그들의 삶 전체가 "주 예수님의 이름으로" "그분으로 말미암아" 하나님께 드리는 감사의 제물이 되어야 한다(참조. 롬 12:1).

메시지와 적용

■ 하나님의 택하심을 받은 거룩하고 사랑받는 자들 골로새 성도들은 하나님의 택하심을 받은 거룩하고 사랑받는 자들이다. 하나님의 원수였던 자들이 이런 영광스러운 존재가 되었다. 그들만이 아니다. 옛 사람을 벗고 새 사람을 입은 모든 그리스도인들이 그러하다. 우리는 하나님의 사랑을 받을 자격이 전혀 없는 자들이다. 그런데도 하나님은 우리를 사랑하셨고 우리를 택하셨다. 지금도 우리를 사랑하신다. 영원토록 우리를 사랑하실 것이다. 사랑을 받는 것은 행복한 일이다. 그런데 전능하신 하나님의 사랑을 받다니! 이것보다 더 행복한 일이 있을까? 전율을 느낄 때까지 하나님께서 나를 사랑하신다는 것을 묵상하고, 또 묵상하자. 하나님의 사랑이 잘 느껴지지 않는다면 그리스도의 십자가를 깊이 생각하자. 그리스도가 우리를 위하여 죽으신 것이 우리를 향한 하나님의 사랑을 입증하는 가장 위대한 사건이다(롬 5:8).

■ 새 사람의 미덕들을 입으라 하나님의 택하심을 받은 거룩하고 사랑받는 사람이 해야 할 일은 자비, 친절, 겸손, 온유, 오래 참음, 사랑과 같은 새 사람의 미덕들을 옷 입는 것이다. 그리스도인은 새 사람의 미덕들을 옷 입고 교회와 가정과 직장과 학교에서 새 사람으로 살아야 한다. 새 사람의 미덕들은 신자 개인만이 아니라 새 인류의 공동체인 교회를 위한 것이기도 하다. 교

123 Calvin, *Colossians*, 354.

회 또한 새 사람의 미덕들을 옷 입은, 그리스도를 닮은 공동체가 되어야 한다. 우리는 새 사람의 미덕들을 옷 입으라는 성경의 가르침에 얼마나 진지하게 귀를 기울이고 있는가? 목회자들은 이 가르침을 얼마나 중요하게 여기고 있는가? 한국 교회의 목회자들과 교인들이 새 사람의 미덕들을 옷 입고 그리스도를 닮고자 진지하게 노력하지 않으면, 결국 세상으로부터 외면당하고 말 것이다. 우리는 결연한 자세로 새 사람의 미덕들을 옷 입고 가정에서, 직장에서, 사회에서 새 사람으로 살아야 한다. 이 세상이 우리의 모습에서, 교회의 모습에서 하나님을 닮은 새 사람을 볼 수 있게 해야 한다.

■ **그리스도의 말씀이 풍성하게 거하게 하라** 이 세상에서 우리가 새 사람의 미덕들을 옷 입고 그리스도 예수를 닮은 새 사람으로, 새 사람의 공동체로 살려면 그리스도의 말씀이 우리 자신과 공동체 안에 풍성히 거해야 한다. 말씀을 맡은 사역자들은 말씀을 중요하게 여기고 말씀을 바르게 가르쳐야 한다. 교인들은 말씀을 소중하게 여기고, 말씀을 읽고 배우기를 게을리하지 말아야 한다. 그리스도의 말씀이 풍성히 거하지 않는 곳에서는 새 사람을 보기 어렵고, 새 사람의 공동체도 보기 어렵다.

■ **감사하는 마음으로 하나님을 찬양하라** 하나님의 택하심을 받은 거룩하고 사랑받는 사람의 중요한 특징은 감사하는 마음으로 하나님을 찬양하는 것이다. 신자는 하나님을 찬양하는 사람이고, 교회는 하나님을 찬양하는 공동체이다. 하나님을 기쁘시게 하는 찬송, 사람들의 마음을 사로잡는 찬송은 하나님의 택하심과 사랑을 깨달은 사람의 마음에서 흘러나온다. 하나님의 사랑을 알지 못하는 사람은 하나님을 감사하는 마음으로 찬양할 수 없다. 아무리 우아하고 세련된 찬송일지라도 하나님을 향한 감사가 담겨 있지 않으면 하나님을 기쁘시게 할 수 없다. 사람들의 마음도 사로잡을 수 없다. 우리는 어떤 마음으로 하나님을 찬양하는가? 히포(Hippo)의 감독 아우구스티누스(Augustinus)는 회심한 뒤에 밀라노의 교회에서 찬송을 듣고 이렇게 적었다.

> 그러나 나는 당신을 찬양하는 찬송과 노래를 듣고 얼마나 많이 울었는지 모릅니다. 그리고 당신 교회의 아름다운 음악 소리에 얼마나 깊은 감명을 받았는지 모릅니다. 그 노랫소리는 내 귀에 흘러 들어갔고 그 진리는 내 마음속으로 스며들어 안으로는 내 경건의 감정이 차고 넘쳤고 밖으

로는 눈물이 넘쳐 흘러나왔습니다. 그러나 그것은 행복의 눈물이었습니다.[124]

■ **무슨 일을 하든지 주 예수님의 이름으로 하라** 옛 사람을 벗어 버리고 새 사람을 입은 그리스도인은 무슨 일을 하든지 주 예수님의 이름으로 해야 한다. 학교생활을 하든지, 직장생활을 하든지, 시장이나 백화점에서 물건을 사든지, 또는 투표를 하거나 정치 활동을 하든지 예수님을 주님으로 인정하고 예수님을 기쁘시게 하는 방식으로 해야 한다. 무슨 일을 하든지, 무슨 말을 하든지 자신에게 좋은 대로 하는 것이 아니라, 주 예수님이 원하시는 대로 해야 한다. 우리는 무슨 일을 하든지 무슨 말을 하든지 주 예수님의 이름으로 하는가? 우리가 하는 말과 행동이 주 예수님을 기쁘게 하는가?

■ **하나님 아버지께 감사하라** 감사는 이 서신의 중요한 주제이다. 이 단락에서 사도 바울은 또다시 감사하라고 명령한다. 그가 그리스도인의 삶에 관한 권면 부분에서 감사를 반복해서 언급하는 것은 의미심장하다(3:15, 16, 17). 말하자면, 감사는 그리스도인의 삶과 동의어이다. 그리스도인이 된다는 것은 감사하는 사람이 되는 것이다. 윌리엄 로(William Law)는 항상 하나님께 감사하는 사람, 모든 것을 하나님의 선하심의 증거로 받고 하나님을 찬송할 준비가 된 사람이 가장 위대한 성인(saint)이라고 하였다.[125] 진정으로 하나님께 감사하는 "성인"은 하나님을 기쁘시게 할 뿐만 아니라, 감사할 줄 모르는 세상의 문화에 영향력을 끼친다. 돈의 지배를 받는 세상 사람들은 감사할 줄 모른다. 그들의 얼굴에는 원망과 불만이 가득하다. 반면에 하나님께 감사하는 사람들의 얼굴에는 기쁨이 가득하다. 우리는 하나님의 은혜를 깨닫고 진심으로 감사하는가? 우리의 얼굴에는 기쁨이 가득한가?

124 Augustinus, 『성 어거스틴의 고백록』, 290.

125 Willard, 『마음의 혁신』, 239.

VI. 3:18-4:1

그리스도인의 가정생활

1. 3:18-19 아내들과 남편들을 위한 권면
2. 3:20-21 자녀들과 아버지들을 위한 권면
3. 3:22-4:1 종들과 주인들을 위한 권면

이 단원(3:18-4:1)은 골로새서의 권면(3:1-4:6)을 구성하는 두 번째 부분이다. 앞 단원(3:1-17)에서 사도 바울은 골로새 성도들이 새 사람이며, 하나님께서 택하신 거룩하고 사랑받는 자들이라는 사실을 강조하였다. 그리고 그들에게 새 사람답게 살라고 촉구하였다. 골로새 성도들은 옛 사람의 악행과 악덕들을 벗어 버리고 새 사람의 미덕들을 옷 입어야 한다. 새 사람의 공동체인 교회 안에서 서로 용납하고 용서해야 한다. 그리스도의 평화가 그들의 공동체를 다스리게 해야 하며, 그리스도의 말씀이 풍성하게 거하게 해야 한다. 바울은 모든 것을 "주 예수님의 이름으로" 하라는 권면으로 앞 단원 전체를 마무리하였다.

이 단원에서는 새 사람의 공동체에서 가정으로 관심을 돌린다. 그리고 모든 것을 "주 예수님의 이름으로" 해야 한다는 원리를 가정생활과 관련시킨다. 그는 이 단원에서 "주님"이라는 단어를 일곱 번이나 사용한다(3:18, 20, 22, 23, 24, 25; 4:1에서는 하늘에 계신 "주인"). 만물의 으뜸이시며 교회의 머리이신 그리스도는 또한 가정의 주님이기도 하시다. 그리스도가 가정생활의 궁극적 권위이신 것이다. 골로새 성도들은 이것을 인정하고 가정에서 모든 것을 "주 예수님의 이름으로" 해야 한다. 교회에서만이 아니라 가정에서도 새 사람의 미덕들을 옷 입고 새 사람으로 살아야 하는 것이다.

이 단락에서 바울은 여전히 거짓 교사들을 염두에 두고 있다. 거짓 교사들은 율법 규정들과 금욕과 천사들이 하나님을 예배하는 환상을 중요하

게 여기면서 결혼과 가정생활을 가볍게 여겼을 것이다.[1] 그들이 결혼과 부부의 성생활을 금했는지는 확실하지 않다. 또 세상과의 접촉을 피했는지도 분명하지 않다. 하지만 그들이 신비 체험에 몰두하면서 가정생활의 중요성을 무시했을 가능성은 매우 높다. 그들은 가정생활이 경건과 신비 체험에 도움이 되지 않는다고 생각했을 것이다. 그러나 삶의 모든 영역에서 그리스도를 주님으로 인정하고 사는 것이 진정한 경건이다. 가정은 그리스도가 주님이시라는 신앙 고백이 입증되어야 하는 중요한 영역이다. 가정 구성원들은 그리스도를 주님으로 인정하고 그리스도의 가르침과 그분의 모범을 따라야 한다. 이렇게 함으로써 골로새 성도들은 이방 사회에서 그리스도를 닮은 새 사람의 가정을 이루어야 한다.

이 단원은 명확하게 세 부분으로 구성되어 있다. 첫째 부분은 아내들과 남편들을 위한 권면이다(3:18-19). 아내는 남편에게 복종해야 하고, 남편은 아내를 사랑해야 한다. 둘째 부분은 자녀들과 아버지들을 위한 권면이다(3:20-21). 자녀들은 부모에게 순종해야 하고 아버지들은 자녀를 노엽게 하지 말아야 한다. 셋째 부분은 종들과 주인들을 위한 권면이다(3:22-4:1). 종들은 주인에게 순종해야 하고, 주인은 종들을 의롭고 동등하게 대해야 한다.

1. 아내들과 남편들을 위한 권면(3:18-19)

| 번역 |

18 아내들이여, 남편에게 복종하십시오. 이것이 주님 안에서 마땅합니다. 19 남편들이여, 아내를 사랑하십시오. 아내를 모질게 대하지 마십시오.

| 본문 이해 더 닦기 |

| 문맥과 주제 | 이 단락(3:18-19)은 접속사나 연결 고리 없이 시작하지만, 앞 단락(3:12-17)과 내용상 밀접하게 연결되어 있다. 그리스도인 부부는 가정에서 새 사람으로 살아야 한다. 가정에서 무엇을 하든지 다 주 예수님의 이름

1 Hay, *Colossians*, 147; Moo, *Colossians and Philemon*, 296; O'Brien, 『골로새서·빌레몬서』, 393.

으로 해야 한다. 아내가 남편에게 복종하고, 남편이 아내를 사랑하는 것이 주 예수님 안에서 합당하게 사는 것이다. 이 단락은 자녀와 부모를 위한 권면 단락(3:20-21)으로 자연스럽게 이어진다. 이 단락의 주제는 명확하다. 아내는 남편에게 복종해야 하고, 남편은 아내를 사랑해야 한다.

| 배경 | 이 단원과 유사한 가정생활에 관한 가르침이 신약성경에 여러 차례 나온다(엡 5:22-6:9; 딛 2:4-5, 9-10; 벧전 2:18-3:7). 성경학자들은 가정생활에 관한 신약성경의 가르침이 그리스-로마 사회의 윤리 규범에서 유래한 것이라고 주장한다.[2] 예를 들어, 마르틴 디벨리우스(M. Dibelius)는 골로새서의 저자가 스토아학파의 가르침을 "기독교화"했다고 주장한다.[3] 가정생활에 관한 신약성경의 가르침과 스토아학파의 가르침을 포함한 그리스-로마 사회의 가르침 사이에 유사점들이 있는 것은 사실이다. 하지만 중요한 차이점들이 있다는 것을 잊지 말아야 한다.

첫째, 사도 바울은 가장들에게 아내를 사랑해야 하고, 자녀들을 분노하지 않게 해야 하며, 종들에게 의와 공평을 베풀어야 한다고 권고한다. 그러나 그리스-로마의 가정생활 지침에는 가장의 의무에 관한 권고가 거의 나오지 않는다. 둘째, 바울은 남편들과 아버지들과 주인들과 동등하게 아내들과 자녀들과 종들에게 권면을 하면서 그들을 책임 있는 도덕 행위의 주체로 간주한다.[4] 이것은 그리스-로마의 가르침에서는 볼 수 없는 것이다. 아리스토텔레스는 아내들과 자녀들과 종들을 도덕적 권면의 대상으로 인정하지 않았다. 셋째, 바울은 가정생활이 그리스도의 주권 아래에서 이루어져야 한다는 것을 강조한다. 앞에서 언급한 대로, 이 단원에서 그는 "주님"이라는 표현을 일곱 번이나 반복한다. 그 반면에 그리스-로마 사회의 가정생활은 남성 가부장의 권한 아래에서 이루어졌다. 남성 가장이 아내를 포함한 가족 구성원들에게 절대적인 권한을 행사하는 지배자였던 것이다.

---

2 신약성경의 가정생활 교훈의 배경에 관하여는 다음 글과 책들을 보라. Balch, "Household Codes", 318-20; Dunn, 『바울신학』, 876-77; 조경철, 『에베소서 주석』, 389-406.

3 Dibelius, *An die Kolosser*, 48-50. 다음 학자들이 M. Dibelius의 견해를 소개한다. Fitzgerald, *ABD*, III, 80; Furnish, 『바울의 신학과 윤리』, 292-93; Witherington, *Women in the Earliest Churches*, 42.

4 Yoder, 『예수의 정치학』, 298. 그는 이것이 "초대 기독교가 가진 윤리적 사고의 혁명적인 새로움"이라고 주장하기까지 한다.

이와 같은 중대한 차이점들을 고려하면 이 단원의 가정생활 지침이 스토아학파의 가르침이나 그리스-로마의 가르침에서 유래했다고 보기 어렵다. 여러 성경학자들이 주장하는 대로, 그리스-로마의 문헌은 물론 유대교 문헌 어디에도 가정생활에 관한 바울 서신의 가르침과 같은 형태와 내용이 나오지 않는다.[5] 가정생활의 윤리와 관련하여 사도 바울이 영향을 받은 것이 있다면 그것은 구약성경일 것이다. 그는 철저하게 그리스도와의 관계에서, 그리고 그리스도 안에서 이루어진 새 창조의 관점에서 가정생활에 관한 교훈을 제시한다.[6] 이 단원에서 바울이 제시하는 가정생활에 관한 가르침은 남성 가장이 지배권을 행사하는 그리스-로마의 가정과는 전혀 다른 가정을 지향한다. 그것은 만물의 으뜸이신 그리스도가 주권을 행사하시고, 구성원들이 그리스도의 모범을 따르며, 자비와 겸손과 온유와 사랑의 미덕을 특징으로 한 새 사람의 가정이다.

| 구조 | 이 짧은 단락은 아내들을 위한 권면(18절)과 남편들을 위한 권면(19절)으로 이루어져 있다. 두 권면은 모두 권면의 대상을 부르는 말("아내들이여", "남편들이여")과 함께 이인칭 복수 명령문으로 제시된다. 아내는 남편에게 복종해야 하고, 남편은 아내를 사랑해야 한다.

(1) 18절 아내들을 위한 권면
(2) 19절 남편들을 위한 권면

| 주해 |

(1) 아내들을 위한 권면(3:18)

3:18 사도 바울은 먼저 아내들에게 권면한다. "아내들이여 남편에게 복종하십시오." 이 권면에서 "귀나이케스"(γυναῖκες, "아내들이여")는 "여자", "아내"를 의미하는 "귀네"(γυνή)의 주격 복수이다.[7] 사도는 이 주격 명사를 그리스도인 아내들을 지칭하는 호격으로 사용한다. "귀나이케스"와 함께 나온 "안드라

5 Arnold, *Ephesians*, 369-70, 399-400; Lillie, "The Pauline House-Tables", 179-83; Witherington, *Women in the Earliest Churches*, 42-47.

6 조병수, "골로새서의 가정지침", 401.

7 BDAG, 208-9.

신"(ἀνδράσιν)은 "남자", "남편"을 의미하며, 여기서는 남편을 가리킨다.[8] 이 구절에서 바울이 다루는 것은 남자와 여자의 일반적인 관계가 아니라 가정에서의 남편과 아내의 관계이다. 아내들을 향한 사도의 권고는 직설적이면서도 분명하다. 아내는 자기 남편에게 복종해야 한다.

이 권고는 가장에게 복종하는 것을 미덕으로 간주한 고대 사회의 가부장적 규범과 매우 유사하게 보인다. 바울 당시의 로마 사회에서 가장(*paterfamilias*)의 권한은 절대적이었다. 종들과 자녀들은 물론 아내도 가장의 지배를 받아야 했다. 아리스토텔레스는 남자가 여자보다 명령을 내리는 데 천성적으로 더 적합하며, 따라서 남자가 여자를, 그리고 남편이 아내를 지배하는 것이 당연하다고 주장하였다(Aristoteles, *Pol.* 1.1259a). 이런 생각은 유대 사회에서도 다르지 않았다. 아내는 남편보다 열등한 존재로 간주되었고, 아내가 남편에게 복종하는 것이 당연한 일로 받아들여졌다(Josephus, *Apion* 2.24).

사도 바울은 고대 사회의 가부장적인 규범을 답습하고 있는가? 남편은 우월하고 아내는 열등하다는 당시의 지배적인 통념에 영향을 받았는가? 결론부터 말하자면 절대로 그렇지 않다. 갈라디아서에서 바울은 남자나 여자가 모두 그리스도 예수 안에서 하나라고 선언한다(갈 3:28). 그리스도를 믿는 남자와 여자가 모두 동등한 자격과 특권을 가진 하나님의 자녀이다(갈 3:26). 골로새서에서도 바울은 남자와 여자를 직접 언급하지는 않지만, 새 인류의 공동체 안에서는 인종과 종교와 문화와 신분에 근거한 차별이 없다고 역설한다(3:11). 또한 남녀 교인들로 구성된 골로새 회중에게 서로 용납하고 서로 용서하며(3:13), 서로 가르치고 권고하라고 명령한다(3:16). 그들이 모두 한몸으로 부르심을 받았고, 그리스도의 평화가 지배하는 새 인류의 공동체에 속해 있기 때문이다(3:15). 이 공동체 안에서 여자는 남자와 함께 서로 용납하고 용서할 수 있고, 서로 가르치고 권고할 수 있는 동등한 지체이다. 결혼한 여자라고 해서 이런 지체의 자격과 권리에서 배제되는 것이 아니다.

아내가 그리스도 안에서 남편과 동등한 지체라면, 무엇 때문에 남편에게 복종해야 하는가? 그렇게 하는 것이 "주님 안에서 마땅하기"(ὡς ἀνῆκεν ἐν

8 BDAG, 79(ἀνήρ, "아네르").

κυρίῳ, "호스 아네켄 엔 퀴리오") 때문이다. "타당하다", "합당하다"를 뜻하는 미완료 동사 "아네켄"은 타당한 것을 가리킨다.[9] 스토아학파에서 이 단어는 행동의 타당성을 묘사하는 데 자주 사용되었다.[10] 스토아 철학자들은 자연법칙을 자신들의 가르침의 토대로 삼았고, 자연 질서와 일치하는 생활 양식을 타당한 것으로 보았다. 그러나 바울은 그들과 전혀 다르다. 그에게 타당한 것은 자연 질서나 사회 규범과 일치하는 것이 아니라, 그리스도 안에서 계시된 하나님의 뜻과 일치하는 것이다. 아내가 남편에게 복종하는 것이 주님 안에서 타당한 까닭은 그것이 결혼 제도를 제정하신 하나님의 뜻과 일치하기 때문이다(창 2:24). 가정은 부부를 포함하여 자녀들로 구성되는 일종의 공동체이다. 따라서 가정을 질서 있게 유지하려면 누군가 머리의 역할, 즉 가정을 대표하고 책임지는 역할을 담당해야 한다. 하나님께서 이 역할을 남편에게 부여하신 것이다. 남편을 가정의 머리이자 아내의 머리로 세우셨다는 말이다(참조. 고전 11:3).[11] 에베소서에서 바울은 하나님께서 남편을 머리로 세우신 사실에 근거하여 이렇게 권고한다. "아내들이여, 주님께 하듯 자기 남편에게 복종하십시오. 왜냐하면 그리스도가 교회의 머리이신 것처럼 남편이 '아내의 머리'이기 때문입니다"(엡 5:22-23). 아내가 남편에게 복종해야 하는 이유는 그렇게 하는 것이 자연의 질서나 사회의 규범과 일치하기 때문이 아니라 남편을 가장으로 세우신 하나님의 뜻에 부합하기 때문이다. 또 그것이 그리스도 예수를 주님으로 받아들이고 그분 안에서 행하는 사람들에게 적절한 행위이기 때문이다.

아내가 남편에게 복종한다는 것은 무슨 말인가? 마리안 톰슨(Marianne M. Thompson)이 잘 지적하는 대로, 남편의 모든 요구에 맹목적으로 동의하는 것이 아니다.[12] 강제적인 굴종은 더더구나 아니다. 사도 바울이 자녀들과 종들에게는 "순종하라"(ὑπακούετε, "휘파쿠에테")고 권고하는 데 비하여 아내들에게는 "복종하라"(ὑποτάσσεσθε, "휘포타세스떼")고 권고하는 것에 주목할 필요가

9 Bauer, *EDNT*, I, 98; BDAG, 79; BDF, §358.2; L&N, 66.1. 이 동사는 신약성경에 세 번 나온다(엡 5:4; 골 3:18; 몬 1:8). "아네케이"(ἀνήκει)의 미완료 시상인 "아네켄"은 현재 시상 대신 사용된 것이다.

10 Schlier, *TDNT*, I, 360; Schweizer, 『골로사이서』, 237.

11 남편의 머리 됨에 관해서는 다음 책을 보라. Piper, 『결혼 신학』, 105-18.

12 Thompson, *Colossians and Philemon*, 93.

있다.[13] 자녀와 종의 순종은 선택의 여지가 없는 것이다. 자녀는 부모의 양육을 받아야 하고, 종은 신분상 주인의 권한 아래에 있기 때문이다. 반면에 아내의 복종은 자발적인 것이다. 다시 말해서, 하나님께서 정하신 남편의 머리 역할을 인정하고 자발적으로 자신을 남편 아래에 두는 것이다.[14] 바울은 "복종하다"(ὑποτάσσω, "휘포타소")라는 동사를 이런 뜻으로 사용한다. "휘포타소"는 "아래"를 뜻하는 전치사 "휘포"(ὑπό)와 "배열하다", "명령하다"를 뜻하는 동사 "타소"(τάσσω)가 합성된 것이다. 어원적으로는 "아래에 두다"를 의미한다(참조. 고전 15:27). 이 동사는 주로 권위를 가진 인물에게 종속되거나 복종하는 것과 관련이 있다.[15] 능동태로 사용될 때에는 "복종시키다", "종속시키다"를, 수동태로 사용될 때에는 "복종하다", "순종하다"를 의미한다. 중간태로 사용될 때에는 자발적인 복종을 나타낸다. 물론 중간태 동사가 항상 자발적인 행동을 의미하는 것은 아니다. 복종이 강제적인 것인지 자발적인 것인지는 문맥 안에서 결정되어야 한다.

이 본문에서는 중간태 동사 "휘포타세스떼"가 자발적인 복종을 의미한다. 앞에서 언급한 대로, 그리스도 안에서 아내는 남편과 동등하다. 그리스도의 죽음과 부활로 말미암아 남편과 동등한, 하나님의 자녀가 되었기 때문이다. 아내와 남편 사이에는 신분과 지위의 차이가 있을 수 없다. 단지 역할의 차이만 있을 뿐이다. 아내는 하나님께서 정하신 역할의 차이를 인정하고 자발적으로 남편에게 복종하는 편을 택해야 하는 것이다. 아내가 이렇게 하는 것은 성부 하나님께 자발적으로 복종하신 그리스도의 모범을 따르는 것이다. 그리스도는 성부 하나님과 동등하신 분이다. 하나님과 그리스도 사이에는 신성과 능력과 영광의 차이가 없고 단지 역할이 다를 뿐이다. 그리스도는 성부 하나님께 자발적으로 복종하셨고, 또 복종하실 것이다(고전 15:28).[16] 아내는 가정에서 그리스도의 모범을 따름으로써 그리스도의 제자

13 두 동사는 이렇게 구별되지만 동의어로 사용될 수도 있다. 벧전 3:5-6에서 베드로는 남편에 대한 아내의 자세와 관련하여 두 동사를 동의어로 사용한다. 거룩한 부녀들은 자기 남편에게 "복종하였고"(ὑποτασσόμεναι, "휘포타소메나이"), 사라는 아브라함에게 "순종하였다"(ὑπήκουσεν, "휘페쿠센").

14 Moo, *Colossians and Philemon*, 300; Piper, 『결혼 신학』, 103.

15 BDAG, 1042; Silva, *NIDNTTE*, IV, 459-62.

16 Schweizer, 『골로사이서』, 237. 또한 다음 책을 보라. Keller, 『팀 켈러, 결혼을 말하다』, 236.

로 살아야 한다. 동시에 새 사람의 미덕들을 옷 입고 새 사람으로 살아야 한다.[17] 겸손과 온유와 오래 참음과 사랑을 옷 입지 않고서는 남편에게 자발적으로 복종할 수 없기 때문이다. 아내의 복종은 남편을 위하여 자기 생각을 내려놓고 남편의 유익을 먼저 고려하는 것이라는 점에서 "아가페" 사랑과 다름이 없다.[18]

(2) 남편들을 위한 권면(3:19)

3:19 아내가 남편에게 복종해야 한다면 남편은 아내에게 어떻게 해야 하는가? 바울은 남편들에게 단도직입적으로 권고한다. "남편들이여, 아내를 사랑하십시오." 이 권고에서 "안드레스"(ἄνδρες, "남편들이여")는 "남자", "남편"을 의미하는 "아네르"(ἀνήρ)의 주격 복수이다.[19] 사도는 이 주격 명사를 남편들을 지칭하는 호격으로 사용한다. 당시의 사회 규범에 익숙했던 골로새 교회의 남자 교인들에게 아내를 사랑하라는 권고는 매우 생소하게 들렸을 것이다. 그들은 아내를 자애롭게 지배하라는 권고를 기대했을 것이다.[20] 아내는 남편의 지배를 받아야 한다는 것이 당시의 통념이었기 때문이다. 실제로 플루타르코스는 남편은 영혼이 몸을 지배하는 것처럼 아내를 지배해야 한다고 가르쳤다(Plutarchos, *Mor.* 142.3). 그뿐만 아니라 그리스-로마 문헌에는 남편들이 아내를 사랑해야 한다는 가르침이 거의 나오지 않는다.[21] 그런 가르침이 나오는 경우에도 사랑은 낭만적인 사랑이거나 성적인 사랑이다. 사도 바울은 "아가파오"(ἀγαπάω) 동사를 사용하여 아내를 사랑하라고 요청한다. 이것은 골로새 교회의 이방인 신자들이 들어보지 못한 "기독교 특유의 가르침"이다.[22]

동사 "아가파오"와 명사 "아가페"(ἀγάπη) 자체가 이타적인 사랑이나 자기희생적 사랑을 의미하지는 않는다. 하지만 이 본문에서 동사 "아가파오"

17 Thompson, *Colossians and Philemon*, 93.

18 Delling, *TDNT*, VIII, 45.

19 BDAG, 79; Bratcher and Nida, *Colossians and Philemon*, 93.

20 Thompson, *Colossians and Philemon*, 93.

21 Charles Talbert는 남편들에게 아내를 사랑해야 한다고 요청하는 문헌 두 가지를 제시한다. Talbert, *Ephesians and Colossians*, 232. 한 문헌의 저자는 "아가파오" 동사가 아니라 "스테르고"(στέργω)를 사용한다(*Ps-Phoc* 195-7).

22 Lucas, 『골로새서·빌레몬서 강해』, 212.

는 인간적인 온정이나 우애가 아니라, 자신을 내주는 이타적 사랑을 가리킨다. 사도는 가까운 문맥에서 "아가페"를 새 사람이 입어야 할 최고의 미덕으로 제시한다(3:14). 이 사랑의 원형이자 모범은 죄인들을 위하여 자신을 내주신 그리스도의 사랑이다. 에베소서의 가정생활 단원에서 바울은 자기희생적인 그리스도의 사랑을 남편들이 따라야 할 모범으로 제시한다. "남편들이여, 그리스도가 교회를 사랑하여 교회를 위해 자신을 주심같이 아내를 사랑하십시오"(엡 5:25). 남편들은 자기 신부인 교회를 위해 자신을 내주신 그리스도의 모범에 따라 아내를 사랑해야 한다. 가정에서 남편들도 그리스도의 모범을 따르면서 그리스도의 제자로 살아야 하는 것이다.

사도 바울이 아내들에게는 복종하라고 권고하는 반면에 남편들에게는 사랑하라고 권고하는 이유는 무엇인가? 하나님께서 남편들에게 머리의 역할을 주셨기 때문이다.[23] 남편의 머리 역할은 아내와 자녀들을 인도하고 보호하고 부양하는 것이다. 이 역할을 수행하려면 무엇보다 사랑이 필수적이다. 남편에게 사랑이 없으면 가장의 권한을 남용하거나 오용하게 된다. 아내를 사랑하는 남편은 자기의 유익을 구하지 않고 아내의 유익을 구한다. 일방적으로 자신의 의견을 강요하지 않고 아내의 의견을 존중한다. 아내의 의견이 옳을 경우에는 기꺼이 받아들인다. 남편의 사랑은 아내에게 자발적으로 복종하는 것을 포함한다.[24] 남편이 그리스도의 모범을 따라서 아내를 사랑하고, 아내 또한 그리스도의 모범을 따라서 남편에게 복종하면 부부가 점점 더 그리스도를 닮아 갈 것이고, 가정도 점점 더 그리스도를 닮아 갈 것이다.

사도 바울은 남편들에게 아내를 사랑하라고 요청한 다음에 금지의 권고를 제시한다. "아내를 모질게 대하지 마십시오." 이 권고에서 "모질게 대하다"를 뜻하는 "피크라이노"(πικραίνω)는 신약성경에서 요한계시록을 제외하고는 이 본문에만 나온다. 요한계시록에서 이 동사는 문자적으로 "쓴맛이

---

23 여기서 "머리"(κεφαλή, "케팔레")는 권위를 의미한다. 억압하는 권위가 아니라 돌보는 권위이며, 지배하는 권위가 아니라 섬기는 권위이다. 참된 머리의 본은 예수 그리스도이시다. 그리스도의 머리 됨은 일차적으로 다스림을 의미하지만, 그 다스림은 돌봄과 책임과 사랑으로 나타난다. 참조. Silva, *NIDNTTE*, II, 672.

24 Barth and Blanke, *Colossians*, 438.

나게 만들다"를 의미한다(계 8:11; 10:9, 10).[25] 사도 바울의 권고를 다음과 같이 문자 그대로 읽을 수 있다. "여러분은 그녀들을 향하여 쓰게 되지 마십시오"(μὴ πικραίνεσθε πρὸς αὐτάς, "메 피크라이네스떼 프로스 아우타스"). 누군가에게 쓴맛을 갖게 된다는 말은 고통이나 괴로움을 안겨 주는 것을 은유적으로 표현한 것이다. 다시 말해서, 악감정이나 적개심을 품고 가혹하게 대하는 것이다.[26] 남편들은 그리스도 예수와 같은 자비롭고 온유한 마음으로 아내를 대해야 한다. 이렇게 하는 것이 아내를 사랑하는 것이다. 참으로 아내를 사랑하는 남편은 어떤 경우에도 아내를 모질게 대하지 않는다. 아내에게 일방적인 복종을 강요하지 않으며, 아내를 윽박지르지도 않는다. 도리어 자기 유익보다 아내의 유익을 먼저 생각하고, 자기 기쁨보다 아내의 기쁨을 먼저 생각한다.

메시지와 적용

■ **결혼과 이성애의 원리** 이 단락은 부부가 남자와 여자의 결합이라는 사실을 전제한다. 사도 바울은 남편과 아내를 가리키는 데 각각 남자와 여자를 뜻하는 "아네르"(ἀνήρ)와 "귀네"(γυνή)라는 단어를 사용한다. 그는 하나님께서 제정하신 결혼 제도를 인정한다. 하나님은 "남자"인 아담을 지으시고, 그의 배필로 "여자"인 하와를 지으셨다. 하나님께서 의도하신 결혼은 일부일처의 이성애 관계로 이루어지는 것이다(창 2:24). 현대 사회는 하나님의 뜻에 대항하여 동성애를 인정하고 동성 결혼을 합법화하는 방향으로 나아가고 있다. 동성애 행위와 동성 결혼은 하나님께서 사람을 남자와 여자로 지으신 창조 질서와 결혼 제도를 정면으로 거스르는 심각한 죄이다(레 18:22; 20:13; 롬 1:26-27; 딤전 1:10). 동성애 행위를 하는 자들은 하나님 나라를 기업으로 받지 못할 것이다(고전 6:9-10). 그리스도인들은 이성애의 원리가 하나님께서 제정하신 결혼 제도의 필수 요소라는 사실을 확신하고, 시대의 조류에 담대하게 맞서야 한다.

■ **남편에게 복종하라** 양성 평등을 외치는 현대 사회에서 아내는 남편에게 복종해야 한다는 가르침은 시대에 뒤떨어진 가부장적 윤리로 간주되기 쉽다.

25 BDAG, 812-13; L&N, 79.42.

26 Silva, *NIDNTTE*, III, 746.

그러나 아내의 복종은 맹목적인 것도 아니고 일방적인 것도 아니다. 그리스도인 남편과 아내는 하나님 앞에서 동등하다. 그런데도 아내가 남편에게 복종해야 하는 이유는 하나님께서 아담을 하와보다 먼저 만드시고 남편인 아담에게 가장의 역할을 맡기셨기 때문이다. 아내들은 현대 사회의 경향이나 자기 생각이 아니라 성경의 가르침을 따라야 한다. 남편이 자신보다 부족하게 보일 때에도 하나님께서 남편을 가장으로 세우신 것을 인정하고 자발적으로 남편의 뜻을 따를 수 있어야 한다. 아내가 이렇게 하는 것은 결코 쉬운 일이 아니다. 아내들은 자발적으로 성부 하나님께 복종하신 그리스도를 깊이 생각하고 그리스도를 본받는 노력을 해야 한다. 아내는 가정에서 그리스도의 모범을 따르도록 부름을 받은 그리스도의 제자이다.[27]

■ **아내를 사랑하라** 남편이 아내를 사랑한다는 것은 자기 유익이 아니라 아내의 유익을 구하고, 아내를 섬기는 것이다. 아내를 위하여 자신을 희생하는 것이다. 물론 이렇게 하는 것은 쉬운 일이 아니다. 아내를 사랑하려면, 교회를 위하여 자기를 버리신 그리스도의 사랑을 깊이 묵상해야 한다. 그리고 아내를 하나님께서 허락하신 최상의 배우자로 인정하고, 아내를 귀하게 여겨야 한다. 아내가 사랑스럽지 않고 밉게 느껴질 때 더욱더 그렇게 해야 한다. 어떤 경우에도 아내에게 함부로 말하거나 함부로 행동하지 말아야 한다. 아내의 생각이 옳을 때에는 자존심이 상하더라도 그 생각을 인정해야 한다. 남편 또한 가정에서 그리스도를 본받도록 부름을 받은 그리스도의 제자이다.[28]

■ **그리스도인 가정, 복음 전도의 수단** 이십여 년 전에 로널드 사이더(Ronald J. Sider)는 미국 그리스도인들의 사분의 일이 지속적으로 즐거운 결혼생활의 본을 보여 준다면, 미국 사회에 큰 영향을 끼칠 것이라고 주장하였다.[29] 이혼으로 파괴된 가정이 많은 미국 사회에서 건강한 그리스도인 가정이 강력한 복음 전도의 수단이 될 수 있다는 것이다. 한국 사회에서도 성격 차이나 경제 문제 등으로 이혼하는 부부가 점점 늘어나고 있다. 건강하고 행복

27 Keller, 『팀 켈러, 결혼을 말하다』, 346-51. 여기서는 Keller의 아내 Kathy가 남편과 의사결정을 할 때 따르는 유용한 성경적인 원칙들을 소개한다.

28 그리스도인 아내와 남편에 관한 가르침과 적용은 다음 책을 보라. 길성남, 『에베소서 어떻게 읽을 것인가』, 463-72.

29 Sider, 『이것이 진정한 기독교다』, 59.

한 그리스도인 가정이 한국 사회에서도 복음 전도의 수단이 될 수 있을 것이다. 그렇게 되려면, 그리스도인들이 배우자를 정할 때 외모와 학벌과 재산보다 신앙과 성품과 가치관을 중요하게 여겨야 한다. 결혼할 때에는 부부가 서로를 하나님께서 주신 최고의 선물로 받아야 한다. 그리고 결혼은 신랑과 신부와 그리스도가 함께하는 것이라는 사실을 기억해야 한다. 남편과 아내 사이에 그리스도가 계신 것이다. 그리스도가 성부 하나님께 자발적으로 복종하신 것을 본받아 아내가 남편에게 복종하고자 노력할 때, 그리스도가 교회를 사랑하신 것을 본받아 남편이 아내를 사랑하고자 노력할 때, 부부를 변화시킨 복음의 능력이 나타나고, 그리스도가 드러날 것이다. 그리고 그 가정이 점차 그리스도를 닮아 갈 것이다. 그런 가정이 복음 전도의 강력한 수단이 될 수 있는 것이다. 나는 그리스도의 모범을 따라 남편에게 자발적으로 복종하는 아내인가? 나는 그리스도의 모범을 따라 아내를 사랑하는 남편인가? 우리 가정은 그리스도를 닮고 있는가?

2. 자녀들과 아버지들을 위한 권면(3:20-21)

| 번역 |

20 자녀들이여, 모든 일에 부모에게 순종하십시오. 이것이 주님 안에서 기쁘시게 하는 것이기 때문입니다. 21 아버지들이여, 여러분의 자녀들을 [a]분개하지 않게 하십시오. 그렇게 하면 그들이 낙심하게 될 것입니다.

a 일부 사본들은 "파로르기제테"(παροργίζετε, "화나게 하다")라는 동사를 지지하지만(A C D* 33 1739), 다른 많은 사본들은 "에레띠제테"(ἐρεθίζετε, "분개하게 만들다")라는 동사를 지지한다(p[46] ℵ B D[2] *Byz*). 후대의 필사자들이 평행 본문인 엡 6:4과 일치시키려고 "에레띠제테"를 "파로르기제테"로 수정하였을 것이다.

| 본문 이해 터 닦기 |

| 문맥과 주제 | 이 단락(3:20-21)은 아내들과 남편들을 위한 권면(3:18-19)과 종들과 주인들을 위한 권면(3:22-4:1) 사이에 자리 잡고 있다. 바울은 남편들과 아내들을 위한 권고를 한 다음에 부모와 자녀의 관계로 관심을 돌린다. 골로새 교회 안에 이 권고를 받아야 할 자녀들이 있었기 때문이다. 이 단락의

주제도 명확하다. 자녀들은 부모에게 순종해야 하고, 부모들은 자녀들이 분개하지 않게 해야 한다.

| 배경 | 사도 바울이 이 서신에 자녀들을 위한 권면을 포함한 것은 놀라운 일이다. 당시의 그리스-로마 사회에서 어린 자녀들은 인격적인 존재로 대우받지 못하였다. 그들은 종과 다를 바 없었고, 가장의 절대적인 권한 아래에 놓여 있었다. 가장들은 장애를 안고 태어난 자식을 공중화장실에 버리거나 물에 던져 죽일 수 있었다. 건강한 자식을 종으로 팔아 버릴 수도 있었다.[30] 이런 사회에서 자녀들을 분개하지 않게 하라는 사도의 권면은 매우 파격적인 것이었다. 이 권면은 어린아이들을 불러 가까이하시고, 하나님 나라가 그들의 것이라고 말씀하신 예수님의 가르침을 따른 것이다(마 19:13-15; 막 10:13-16; 눅 18:15-17).

| 구조 | 이 짧은 단락은 자녀들을 위한 권면(20절)과 아버지들을 위한 권면(21절)으로 이루어져 있다. 두 권면 모두 권면의 대상을 부르는 말("자녀들이여", "아버지들이여")과 함께 이인칭 복수 명령문으로 제시된다. 자녀들을 위한 권면은 부모에게 순종해야 한다는 것이고, 아버지들을 위한 권면은 자녀들을 분개하지 않게 해야 한다는 것이다.

(1) 20절 자녀들을 위한 권면
(2) 21절 아버지들을 위한 권면

| 주해 |

(1) 자녀들을 위한 권면(3:20)

3:20 사도 바울이 부모와 자녀의 관계에서 먼저 자녀들에게 권면한다. "자녀들이여(τὰ τέκνα, "타 테크나"), 모든 일에 부모에게(τοῖς γονεῦσιν, "토이스 고뉴신") 순종하십시오." 이 권면에서 "테크나"는 어린이나 자녀, 자손을 뜻하는 "테크논"(τέκνον)의 주격 복수이다.[31] 바울은 주격 명사 "테크나"를 골로새 교회 안에 있는 자녀들을 지칭하는 호격으로 사용한다. 여기서 "테크나"는 부모의 보호와 양육을 받는 자녀들을,[32] "고뉴신"은 부모들을 가리킨다(눅 2:43; 히

30 참조. Carcopino, 『고대 로마의 일상생활』, 169.
31 BDAG, 994; L&N, 10.36.
32 Hay, *Colossians*, 145; Moo, *Colossians and Philemon*, 304; Osborne, *Colossians*

11:23).[33]

바울은 자녀들을 교회의 구성원이자 인격을 가진 도덕적 행위의 주체로 인정한다. 초기 교회에서 자녀들은 부모와 함께 예배에 참석하여 하나님을 찬양하고 하나님의 말씀을 들었다. 또한 교인의 의무와 가족 구성원의 의무에 관하여 배울 수 있었다. 예수님은 어린아이들을 불러 가까이하시면서 "어린아이들을 용납하고 내게 오는 것을 금하지 말라"고 제자들에게 명령하셨다(마 19:14; 막 10:14; 눅 18:16). 교회는 처음부터 예수님의 이 명령에 순종하였다. 골로새 교회에서도 자녀들이 부모와 함께 하나님의 말씀을 듣고 배웠음이 분명하다.

자녀들은 모든 일에서 부모에게 순종해야 한다. 이 권면은 자녀들이 가장에게 순종하는 것을 미덕으로 삼은 고대 사회의 가부장적 규범과 흡사하다(Aristoteles, *Pol.* 1.1259b; Epictetus, *Diatr.* 2.10.7).[34] 하지만 사도 바울이 그리스-로마 사회의 규범을 채택했다고 볼 필요가 없다. 그가 제시한 권고는 당시의 사회 규범이 아니라 십계명에 뿌리를 둔 것이다(출 20:12; 신 5:16). 바울은 평행 본문인 에베소서 6:2-3에서 "네 아버지와 어머니를 공경하라"는 제5계명을 직접 인용한다(출 20:12). 그리스-로마 사회의 가르침들과 비교할 때, 바울의 권면이 지닌 독특한 점은 자녀들을 교훈의 직접적인 대상으로 언급한다는 것이다.

바울은 자발적 복종을 뜻하는 중간태 동사 "휘포타소마이"(ὑποτάσσομαι)가 아니라 의무적인 순종을 뜻하는 능동태 동사 "휘파쿠오"(ὑπακούω)를 사용한다. 아내가 남편에게 복종하는 것이 자발적이라면 자녀가 부모에게 순종하는 것은 의무적이다. 이 문맥에서 순종한다는 것은 지시하고 권고하는 부모의 말을 순순히 따르는 것을 의미한다. "순종하다"라는 동사는 "복종하다"라는 동사보다 더 강한 종속과 의무의 의미를 지닌 것이다.[35] 자녀들이 "모든 일에"(κατὰ πάντα, "카타 판타") 부모에게 순종해야 한다는 것은 부모의 뜻이 자신의 생각과 다를 때에도 따라야 함을 의미한다. 그렇다고 하여 자녀들이

---

and Philemon, 119; Pao, *Colossians and Philemon*, 269.

33 BDAG, 205; L&N, 10.18(γονεύς, "고뉴스").

34 Bella, *The Child-Parent Relationship*, 62-79; Schrage, *The Ethics of the New Testament*, 254; Talbert, *Ephesians and Colossians*, 232-33.

35 Lohse, *Colossians and Philemon*, 159.

부모에게 무조건 순종해야 하는 것은 아니다. 부모의 뜻보다 주님의 뜻이 우선하기 때문이다.

자녀들이 부모에게 순종해야 하는 이유는 무엇인가? 그렇게 하는 것이 "주님 안에서 기쁘시게 하는 것"이기 때문이다. 이 본문에서 "기뻐하는"을 뜻하는 "유아레스톤"(εὐάρεστον)은 고대 헬라 문헌들에서 선행을 베풀거나 좋은 일을 하는 사람들과 관련하여 사용되었다.[36] 신약성경에서는 거의 항상 하나님께서 기쁘게 받으실 만한 행위와 관련이 있다(롬 12:1, 2; 14:18; 고후 5:9; 엡 5:10; 빌 4:18). 예를 들어, 로마서 12:1에서 바울은 삶 전체를 하나님께서 "기뻐하시는" 거룩한 산 제물로 드려야 한다고 로마 교회 성도들에게 권고한다. 자녀들이 모든 일에 부모에게 순종하는 것은 주님을 기쁘시게 하는 행동이다.[37] 이 구절에서 "주님 안에서"(ἐν κυρίῳ, "엔 퀴리오")는 3:18에서와 같이 "주님이신 그리스도 안에서"를 의미한다. 자녀들도 부모와 마찬가지로 예수 그리스도를 주님으로 받아들였고(2:6), 그분을 주님으로 섬기고 있다(3:24). 그들도 그리스도의 나라에 속하여 그분의 다스림을 받고 있다. 따라서 그들은 무엇을 하든지 주님이신 그리스도 예수의 이름으로 해야 한다(3:17). 자녀들이 부모의 권위를 인정하고 부모에게 순종해야 하는 것은 단지 사회의 규범이 요구하기 때문이 아니다. 그렇게 하는 것이 주님을 섬기는 자들에게 합당한 것이기 때문이다. 자녀들의 순종은 주님이신 그리스도에 대한 믿음의 표현이자 복종의 표현이다.

(2) 아버지들을 위한 권면(3:21)

3:21 바울은 자녀들에게만이 아니라 아버지들에게도 권면한다. "아버지들이여, 여러분의 자녀들을 분개하지 않게 하십시오." 이 권면에서 "파테레스"(πατέρες)는 부모를 가리킬 수 있지만(히 11:23), 일차적으로는 아버지들을 가리킨다.[38] 물론 바울은 자녀 양육의 책임과 의무에서 어머니를 배제하지

---

36 BDAG, 403; Foerster, *TDNT*, I, 456.

37 Hendriksen, 『골로새서·빌레몬서』, 244.

38 Harris, *Colossians and Philemon*, 156; O'Brien, 『골로새서·빌레몬서』, 402; Osborne, *Colossians and Philemon*, 120; Pao, *Colossians and Philemon*, 270; Sumney, *Colossians*, 245.

않는다(참조. 딤전 5:10).[39] 단지 그 책임과 의무가 궁극적으로 아버지에게 있음을 전제하고 있을 뿐이다(참조. 히 12:5-11).

그리스-로마 사회에서 가장은 자녀들에게 거의 무제한적인 권한을 행사할 수 있었다. 자녀들을 포함한 가족 구성원들을 지배할 수 있는 법적 권한이 가장에게 부여되었다. 아리스토텔레스는 자녀들에 대한 아버지의 지배가 백성에 대한 왕의 지배와 같다고 말하기까지 하였다(*Pol.* 1.1259b). 그러나 바울은 로마법이 허용한 가장의 권한을 제한한다. 이것은 로마의 가정 체계에 대한 심각한 도전이다. 바울은 아버지와 자녀 간의 관계 변혁을 요청하고 있다.

그리스도인 아버지는 자녀들을 분개하게 만들어서는 안 된다.[40] 이 본문에서 명령 동사 "에레띠제테"(ἐρεθίζετε)는 자녀들을 부당하게 체벌하거나 비난함으로써, 또는 자녀들에게 지나친 요구를 함으로써 그들을 분개하게 만드는 것을 의미한다.[41] 자녀들은 부모가 함부로 대해도 좋은 종이 아니라 하나님께서 맡기신 고귀한 인격체이다. 그러므로 아버지는 지나치게 엄한 징계나 가혹한 요구, 또는 모욕감을 주는 비난 등으로 자녀들을 분개하게 해서는 안 된다.

아버지가 자녀들을 분개하게 만들면, "그들이 낙담하게 될 것이다"(ἵνα μὴ ἀθυμῶσιν, "히나 메 아뛰모신").[42] "아뛰메오"(ἀθυμέω)는 신약성경에서 이곳에만 나오는 동사로서, 의욕을 잃을 정도까지 낙담하는 것을 의미한다.[43] 자녀들을 함부로 대함으로써 그들을 낙담하게 만드는 것은 새 사람답지 않은 행동이다. 아버지들은 교회에서만이 아니라 가정에서도 새 사람으로 살아야 한

---

39 Schweizer, 『골로사이서』, 239. 그는 이 서신의 저자가 아버지와 어머니를 모두 마음에 두고 있을 것이라고 주장한다. 또한 다음 책들을 보라. Hay, *Colossians*, 145; Wright, 『골로새서·빌레몬서』, 221.

40 유대 문헌에서는 부모를 분개하지 않도록 하라고 자녀들에게 권고한다(Sir 3.16). 한편 Plutarchos는 아버지들이 자녀들에게 지나치게 가혹하거나 엄격해서는 안 된다고 하였다. 그들은 자신에게도 어린 시절이 있었음을 기억해야 한다(*Mor.* 1.13). Plinius도 유사한 주장을 한다(*Ep.* 9.12).

41 BDAG, 391; L&N, 88.168.

42 이 구절에서 접속사 "히나"(ἵνα)는 문법적으로 목적이나 결과를 나타낸다. Harris, *Colossians and Philemon*, 156; Pao, *Colossians and Philemon*, 271.

43 BDAG, 25; L&N, 25.292.

다. 아버지들은 자비와 친절과 온유와 겸손과 오래 참음과 사랑을 옷 입고 자녀들을 대해야 한다. 아버지의 권한에 초점을 맞춘 그리스-로마 사회의 가르침과 비교할 때 아버지의 의무와 책임에 초점을 맞춘 바울의 권고는 매우 친절하고 자애로운 성격을 띤다.[44]

메시지와 적용

■ 부모에게 순종하라 이 단락은 자녀들이 부모에게 순종하는 것을 주님이 기뻐하신다는 사실을 알려 준다. 자녀들의 순종은 모든 그리스도인 자녀들을 향한 주님의 뜻이다. 오늘날에는 자녀들이 부모에게 순종해야 한다는 것을 가볍게 여기는 경향이 있다. 자기를 사랑하고 부모를 거역하는 것이 말세의 중요한 특징이기 때문이다(딤후 3:2). 시대의 상황과 관계없이 자녀가 부모에게 순종하는 것은 주님을 기쁘시게 하는 원리이다. 자녀들은 자신을 하나님께서 부모를 통해 세상에 태어나게 하시고, 부모의 돌봄과 보호를 받게 하셨음을 기억하고 부모에게 순종해야 한다. 장성한 자녀들은 세대 차이 등을 이유로 부모를 무시하지 않도록 조심해야 한다. 어린 시절에 부모의 잘못된 양육 방식이나 체벌 등으로 상처를 입은 경우에도 부모를 미워해서는 안 된다. 하나님 앞에서 부모도 연약하고 흠이 많은 죄인이라는 사실을 인정하고, 부모를 용서해야 한다. 자비와 친절과 겸손과 온유와 오래 참음과 사랑의 미덕들을 옷 입고 부모를 대해야 한다. 부모를 용서하는 자녀, 부모를 공경하는 자녀는 복이 있다. 그런 자녀들은 땅에서 잘되고 장수할 것이다(엡 6:3; 참조. 신 5:16).

■ 자녀를 분개하지 않게 하라 이 단락의 중요한 교훈은 부모가 자녀들을 분개하지 않게 해야 한다는 것이다. 자기 자녀들을 소유물처럼 여기고 함부로 대하는 부모들이 있다. 그들은 자녀들을 지나치게 엄하게 훈육하거나 부당하게 체벌하여 분개하게 만든다. 자녀들은 부모의 자녀들이기 이전에 하나님의 자녀들이다. 그러므로 부모는 하나님의 눈으로 자녀들을 바라보고, 그들을 소중하게 여겨야 한다. 가정은 자녀들이 부모를 통하여 하나님의 사랑을 경험하고, 하나님을 알아 가는 영적 학교이다. 가정에서 부모의 중요한

44 Hendriksen, 『골로새서·빌레몬서』, 246.

임무는 자녀들에게 하나님의 사랑을 알려 주는 것이다. 부모는 자애로우신 하나님을 닮아 가려는 노력을 부단히 해야 한다. 또 자신이 옛 사람을 벗고 새 사람을 입었다는 사실을 깨닫고 자비와 친절과 온유와 오래 참음과 사랑을 옷 입고 자녀들을 대해야 한다. 자신에게 다음과 같은 질문을 던지면서 자신을 돌아보아야 한다. 부모인 나를 통해서 자녀들이 하나님의 사랑을 알아 가고 있는가?

3. 종들과 주인들을 위한 권면(3:22-4:1)

| 번역 |

22 종들이여, 모든 일에 육신의 주인들에게 순종하십시오. 사람을 기쁘게 하는 자들처럼 눈가림으로 하지 말고, [a]주님을 경외하면서 순전한 마음으로 [b]순종하십시오. 23 무슨 일을 하든지, 사람이 아니라 주님에게 하듯이 진심으로 하십시오. 24 여러분이 주님에게서 기업을 상으로 받으리라는 사실을 알기 때문입니다. [c]여러분은 주 그리스도를 섬기고 있습니다. 25 불의를 행하는 사람은 자기가 행한 불의의 보응을 받을 것이기 때문입니다. 그리고 [d]주님에게는 사람을 외모로 판단하는 일이 없습니다. 4:1 주인들이여, 의로움과 동등함을 종들에게 베푸십시오. 여러분 자신들에게도 하늘에 주인이 계신다는 사실을 여러분이 알기 때문입니다.

---

a 일부 사본들은 "떼온"(θεόν, "하나님을")을 지지하는 반면(p^{46} D^2 *Byz*), 다른 사본들은 "퀴리온"(κύριον, "주님을")을 지지한다(ℵ A B C D* 33 1739). 하나님이 경외의 대상이라고 믿은 후대의 필사자가 "퀴리온"을 "떼온"으로 수정하였을 것이다.

b 의미를 분명하게 하려고 앞에 나온 동사 "순종하십시오"를 첨가하였다.

c 일부 사본들에는 이 구절에 이유를 나타내는 접속사 "가르"(γάρ)가 나오는 반면(D^1 H 075 *Byz*), 다른 사본들에는 나오지 않는다(p^{46} ℵ A B C D* F 33 1739). 문장의 흐름을 자연스럽게 만들려고 후대의 필사자가 "가르"를 첨가하였을 것이다.

d 의미를 분명하게 하려고 본문의 문맥과 같은 구절이 나오는 엡 6:9에 근거하여 "주님에게는"을 첨가하였다.

| 본문 이해 터 닦기 |

| 문맥과 주제 | 사도 바울은 가정생활에 관한 단원을 종들과 주인들을 위한 권면(3:22-4:1)으로 마감한다. 고대 그리스-로마 사회에서는 종들도 가정 구성

원으로 받아들여졌다.[45] 바울은 직접 "종들이여"라고 부르면서 종들을 윤리적 행위의 주체로 인정한다. 주인들을 위한 권면은 짧은 반면에 종들을 위한 권면은 길다. 골로새 교회 안에는 주인들보다 종들이 더 많았을 것이다(참조. 고전 1:26). 이 단락의 주제는 명확하다. 종들은 주인들에게 순종해야 하고, 주인들은 종들에게 의로움과 동등함을 베풀어야 한다.

| **배경** | 고대의 로마 인구 중 삼분의 일이 종이었다.[46] 로마 제국 전역에 종들이 수백만 명에 달하였다. 로마 제국에서 노예 제도는 합법적이었고 사회의 필수 구성 요소였다. 바울은 노예 제도 폐지를 주장하지 않는다. 노예 제도를 무비판적으로 승인하지도 않는다. 그는 종들과 주인들 사이에 신분의 차이가 존재하는 사회의 현실을 무시하지 않는다. 그러나 주인들에게 하늘에 주님이 계신다고 함으로써 주인의 권한을 상대화한다(4:1). 그리고 종들이 기업을 상으로 받을 것이라고 함으로써 종의 영적인 지위를 확증한다(3:24). 바울은 그리스도 안에서 종들과 자유인들이 하나이며(갈 3:28), 새 사람의 공동체 안에 종과 자유인이 없다(3:11)는 복음의 진리를 천명함으로써 로마 사회의 노예 제도를 전복하는 혁명을 시작하였다. 주인들이 종들에게 의로움과 동등함을 베풀어야 한다(4:1)는 권면은 마침내 노예 제도의 폐지로 이어졌다.

| **구조** | 이 단락은 종들을 위한 긴 권면(3:22-25)과 주인들을 위한 짧은 권면(4:1)으로 이루어져 있다. 두 권면 모두 권면의 대상을 직접 부르는 말("종들이여", "주인들이여")과 함께 이인칭 복수 명령문으로 제시된다. 두 권면에는 이유를 나타내는 동일한 분사절 "에이도테스 호티"(εἰδότες ὅτι, "알기 때문이다")가 뒤따른다(3:24; 4:1). 이 단락은 다음과 같이 구분할 수 있다.

45 Aristoteles는 주인과 종, 남편과 아내, 부모와 자녀가 가정의 가장 주되고 간단한 요소라고 하였다(*Pol.* 1.1253b).

46 MacMullen, *Roman Social Relations*, 103.

(1) 3:22-25 종들을 위한 권면
1) 주인들에게 순전한 마음으로 순종해야 함(22절)
2) 무슨 일을 하든지 주님에게 하듯 해야 함(23절)
3) 이유: 기업을 상으로 받는다는 것을 알기 때문임(24-25상절)
4) 주님은 사람을 외모로 취하지 않으심(25하절)
(2) 4:1 주인들을 위한 권면
1) 종들에게 의로움과 동등함을 베풀어야 함(1상절)
2) 이유: 하늘에 주인이 계심을 알기 때문임(1하절)

| 주해 |

(1) 종들을 위한 권면(3:22-25)

3:22 사도 바울은 종들과 주인들의 관계를 다루면서 종들에게 먼저 권면한다. "종들이여, 모든 일에 육신의 주인들에게 순종하십시오." 이 권면에서 "둘로이"(δοῦλοι, "종들이여")는 종, 노예를 뜻하는 "둘로스"(δοῦλος)의 주격 복수이다.[47] 이 단어는 남성 명사이지만 남자 종들만이 아니라 여자 종들도 가리킨다. 사도는 주격 명사 "둘로이"를 골로새 교회 안에 있는 종들을 직접 지칭하는 호격으로 사용한다. 이 단어와 함께 나온 "퀴리오이스"(κυρίοις)는 "육체에 따른"(κατὰ σάρκα, "카타 사르카")이라는 표현에서 알 수 있듯이 종들의 주인들을 의미한다.

바울이 종들을 위한 권면을 이 서신에 포함한 것은 놀라운 일이다. 당시의 로마 사회에서 종들은 도덕적 가르침을 받을 자격이 없는 존재들이었다. 아리스토텔레스는 종을 살아 있는 재산이자 도구로 간주하였다(*Eth. nic.* 8.11.6; *Pol.* 1.1253b). 로마인들은 종을 쟁기질하는 소처럼 다루었다.[48] 주인들은 종들을 처벌하고 죽일 수 있는 권한을 가지고 있었다. 실제로 많은 주인들이 종들을 가혹하게 대하였다. 종들은 주인의 학대로부터 자신들을 지킬 수단이 없었다. 일부 종들은 자유인들보다 더 나은 생활을 했고, 가족의 일원으로 좋은 대우를 받기도 했지만, 사람으로서 정당한 권리를 주장할 수는 없었다.[49] 유대 사회도 노예 제도를 인정했고, 종들을 주인의 재산으로 간주

47 BDAG, 994; L&N, 87.76.
48 Carcopino, 『고대 로마의 일상생활』, 139.
49 고대 로마 사회의 노예 제도에 관해서는 다음 글들을 보라. Bartchy, "Slavery", *ABD*, VI,

하였다(Philo, *Spec.* 2.123). 이처럼 종들을 주인의 소유물이나 살아 있는 도구 정도로 여기던 시대에서 사도 바울은 그들을 교회의 구성원이자 윤리적인 책임을 가진 존재로 인정한다. 스토아 철학자들이 당대의 인식과는 달리 종들을 자유인과 같은 "사람"으로 인정하였지만 자신들의 사상을 그들에게 직접 전하거나 가르치는 경우는 거의 없었다.[50] 반면에 바울은 복음의 진리를 종들에게 전하고, 복음의 진리에 따라 살도록 권고한다. "종들이여"라는 호칭이 이 사실을 잘 보여 준다. 이 편지가 골로새 교회에서 낭독될 때 종들도 회중의 일원으로서 사도의 권면을 직접 들었을 것이다.

그리스도인 종들은 "모든 일에 육신의 주인들에게 순종해야" 한다. 바울은 3:20에서 자녀들에게 사용한 것과 같은, 의무적인 순종을 뜻하는 능동태 동사 "휘파쿠에테"(ὑπακούετε)를 사용한다. 종들이 주인에게 순종한다는 것은 주인의 지시나 명령을 수행하는 것을 의미한다.[51] 그리스도인 종들은 주인이 그리스도인일 경우에 그를 믿음의 형제로 생각하여 의무를 소홀히 하거나 함부로 행동해서는 안 된다. 도리어 주인을 더욱 충성스럽게 섬겨야 한다. 주인이 그리스도인이 아닐 경우에는 모든 일에 순종하고 주인을 기쁘게 하여 "우리 구주 하나님의 교훈을 빛나게" 해야 한다(딛 2:9-10, 개역개정).

바울은 종의 주인들을 "육신의 주인들"(τοῖς κατὰ σάρκα κυρίοις, "토이스 카타 사르카 퀴리오이스")이라고 한다. 종들이 섬기는 주인들은 오직 지상의 영역에서만 주인일 뿐이다.[52] 그리스도인 종들은 궁극적으로 만물의 주님이신 그리스도를 섬긴다(3:24). 그러므로 "모든 일에"(κατὰ πάντα, "카타 판타") 육신의 주인들에게 순종한다고 하더라도, 종들이 우선적으로 고려해야 할 것은 주님이신 그리스도의 뜻이다.

종들은 육신의 주인에게 어떤 자세로 순종해야 하는가? 첫째, 사람을 기쁘게 하는 자들처럼 눈가림으로 하지 말아야 한다. "사람을 기쁘게 하는 자들"(ἀνθρωπάρεσκοι, "안뜨로파레스코이")은 신약성경에서 에베소서 6:6과

65-73; Keith R. Bradley, *Slavery and Society at Rome* (Cambridge University Press, 1994); Thomas Wiedemann, *Greek and Roman Slavery* (London: Routledge, 1988).

50 스토아 철학자 Seneca는 종을 주인과 함께 한 지붕 아래 있는 사람으로 보아야 한다고 주장하면서 종들을 사람으로 취급하도록 촉구하였다(*Ep.* 47).

51 L&N, 36.15.

52 Schweizer, 『골로사이서』, 240.

이곳에만 나오는 단어이다. 본래 "사람을 기쁘게 하는"이라는 형용사인데, 명사로 사용되었다.[53] 이 본문에서 사람을 기쁘게 한다는 것은 육신의 주인의 비위를 맞추는 것을 의미한다. "눈가림"을 뜻하는 "옵딸모둘리아"(ὀφθαλμοδουλία) 또한 신약성경에서 에베소서 6:6과 이곳에만 나온다. 이 단어는 눈을 가리키는 "옵딸모스"(ὀφθαλμός)와 일이나 섬김을 가리키는 "둘리아"(δουλία)로 구성되어 있다.[54] 어원적으로 눈앞에서 하는 일(eye-service)을 의미한다. 이 구절에서는 주인에게 호의를 얻으려고 주인이 지켜보는 동안에만 열심히 일하는 체하는 것을 가리킨다.[55] 그리스도인 종들은 주인의 비위를 맞추기 위하여 이런 방식으로 행동하지 말아야 한다. 그들은 무슨 일을 하든지 주 예수님의 이름으로 해야 한다.

둘째, 종들은 "주님을 경외하면서 순전한 마음으로" 육신의 주인에게 순종해야 한다. 개역개정에서 "성실한 마음으로"라고 번역한 표현은 문자적으로 "마음의 단일함으로"(ἐν ἁπλότητι καρδίας, "엔 하플로테티 카르디아스")이다.[56] "마음의 단일함"이란 다른 속셈이나 숨은 의도가 없는 순전한 마음을 의미한다. 이런 마음은 하늘에 계신 주님을 경외하는 것에서 비롯된다. 이 본문에서도 "주님"은 그리스도를 가리킨다. 구약의 성도들이 여호와 하나님을 경외하고 섬긴 것처럼, 신약의 성도들은 그리스도를 경외하고 섬긴다. 그리스도인 종들도 그리스도를 "경외하면서"(φοβούμενοι, "포부메노이")[57] 순전한 마음으로 육신의 주인에게 순종해야 한다.

3:23 육신의 주인들과의 관계에서 종들이 따라야 할 원리는 "무슨 일을 하든지, 사람이 아니라 주님에게 하듯이 진심으로" 하는 것이다. 이것은 무엇을 하든지 주 예수님의 이름으로 해야 한다는 3:17의 원리와 흡사하다. "주

53 BDAG, 80; L&N, 25.98; Foerster, *TDNT*, I, 456.

54 이 합성 명사는 바울 자신이 만들어서 사용하였을 가능성이 높다. 참조. Harris, *Colossians and Philemon*, 157; Moule, *Colossians and Philemon*, 130; Witherington, *Philemon, Colossians*, 193.

55 BDAG, 744; L&N, 35.29.

56 이 표현에서 "하플로테스"(ἁπλότης)는 목적이나 동기의 단일함을 뜻한다. L&N, 88.44; Schramm, *EDNT*, I, 123.

57 BDAG, 1061-62. 동사 "포베오"(φοβέω)는 신약성경에서 하나님을 경외하는 의미로 사용된다(눅 1:50; 행 10:35; 13:16; 계 11:18; 14:7; 19:5). 참조. Beale, *Colossians and Philemon*, 326;

님에게"(τῷ κυρίῳ, "토 퀴리오")라는 표현은 "주님을 위하여", 또는 "주님의 영광을 위하여"라고 이해할 수 있다.[58] 문자적으로 "마음으로부터"를 뜻하는 "에크 프쉬케스"(ἐκ ψυχῆς)는 "진심으로", "온 마음을 다하여"라고 번역할 수 있다.[59] 종들은 무슨 일을 하든지 그 일을 주님께서 맡기신 것으로 받아들이고, 사람의 유익을 위해서가 아니라, 주님의 영광을 위해서 온 마음을 다해야 한다. 이 권면은 그리스도인 종들이 사람의 종들이기 전에 그리스도의 종들이라는 사실을 알려 준다(엡 6:6). 종들은 자신들이 그리스도의 종이라는 사실을 깨닫고 자신들이 맡은 일을 사람이 아니라 주님에게 하듯이 해야 한다(엡 6:7).

3:24 종들이 이렇게 해야 하는 이유는 무엇인가? 사도는 이렇게 답한다. "여러분이 주님에게서 기업을 상으로 받으리라는 사실을 알기 때문입니다." 바울은 잘 알려진 사실을 소개할 때 "에이도테스 호티"(εἰδότες ὅτι, "알기 때문이다")라는 분사절을 자주 사용한다(롬 5:3; 6:8-9; 고후 4:13-14; 5:6). 여기서 "오이다"(οἶδα, "알다")의 분사인 "에이도테스"는 이유나 근거를 나타낸다("알기 때문입니다").

"기업"(κληρονομία, "클레로노미아")은 본래 부모로부터 물려받는 유산을 가리킨다(마 21:38; 막 12:7; 눅 12:13; 20:14).[60] 개역개정은 이 단어를 "유업"이라고 번역하기도 한다(갈 3:18; 히 11:8; 벧전 1:4). 그리스-로마 사회에서 종들에게는 육신의 주인으로부터 유산을 물려받을 권리가 전혀 없었다.[61] 놀랍게도 바울은 그들에게 기업을 받을 자격이 있다고 말한다. 골로새의 그리스도인 종들에게도 빛 가운데 있는 성도의 기업을 받을 자격이 주어졌다(1:12). 주님이신 그리스도가 그들에게 기업을 상으로 주실 것이다.[62] 그들이 상으로 받을

58 BDF, §425.3, §188; Harris, *Colossians and Philemon*, 159.

59 이 구절에서 "마음"이라고 번역한 단어는 일반적으로 "영", "혼"을 의미하는 "프쉬케"(ψυχή)이다. 마음을 뜻하는 "카르디아"(καρδία)와 같은 뜻으로 사용되었다(참조. 마 22:37; 막 12:30; 눅 10:27).

60 BDAG, 548; L&N, 57.140.

61 유산을 물려줄 자식이 없는 경우에 예외적으로 Plinius와 같이 노예들에게 유산을 분배하는 주인들이 있었다. Carcopino, 『고대 로마의 일상생활』, 191.

62 BDAG, 87; L&N, 38.20. 속격 구문 "기업의 상"(ἀνταπόδοσιν τῆς κληρονομίας, "안타포도신 테스 클레로노미아스")은 "상 곧 기업", 또는 "기업으로서의 상"을 의미한다(동격의 속격). "상"(ἀνταπόδοσις, "안타포도시스")은 신약성경에서 이 본문에만 나오는 단어이다.

기업은 무엇인가? 구약성경에서 기업은 일차적으로 하나님께서 이스라엘 백성에게 주신 가나안 땅이었다(신 1:39; 2:12). 구약의 가나안 땅은 하나님 나라의 모형이다. 신약의 성도들은 구약의 성도들이 고대한 하나님 나라에 참여하였고, 장차 그 나라를 기업으로 받을 것이다(고전 6:9-10; 갈 5:21; 엡 5:5). 그리스도인 종들도 하나님 나라와 그 나라에 속한 의, 샬롬, 희락을 받아 누릴 것이다. 고대 로마 사회에서 종들은 아무 권리가 없는 도구나 재산에 지나지 않았지만, 하나님의 가정에서는 "합법적인 상속자들"이다.[63]

종들이 주님으로부터 기업을 상으로 받으리라는 것은 명백한 사실이다. 그 이유는 그들이 지금 그리스도를 섬기고 있기 때문이다. 이 본문의 마지막 구절에서 바울은 이렇게 단언한다. "여러분은 주 그리스도를 섬기고 있습니다." 이 진술에서 "섬기고 있다"라고 번역한 "둘류에테"(δουλεύετε)는 "종의 의무를 수행하다", "섬기다", "순종하다" 등을 의미한다. 골로새 교회의 종들은 그리스도를 주님으로 받아들였고, 그리스도를 주님으로 섬기고 있다. 그들은 그리스도의 종들이다(참조. 롬 12:11; 14:18; 16:18; 엡 6:7). 그리스도가 자기를 섬기는 종들에게 기업을 상으로 주시리라는 것은 의심할 수 없는 사실이다.

많은 주석가들이 이 구절을 명령문으로 이해한다("여러분은 주 그리스도를 섬기십시오").[64] 동사 "둘류에테"를 명령형으로 볼 수 있기 때문이다. 하지만 골로새 교회의 종들은 이미 그리스도를 주님으로 받아들였다(2:6). 그리스도를 믿는 그들의 믿음이 굳건하다(2:5). 그리스도를 주님으로 섬기고 있는 것이다. 그런데 무엇 때문에 그들에게 그리스도를 섬기라고 명령해야 하는가? 명령문보다는 서술문으로 읽는 편이 더 적절하다.[65] 여기서 종들이 그리스도를 섬기고 있다는 점을 언급하는 사도의 의도는 무엇인가? 그리스도가 그들의 진정한 주인이라는 사실을 상기시키려는 것이다. 그리스도를 섬기고

63 Pao, *Colossians and Philemon*, 275.

64 Harris, *Colossians and Philemon*, 160-61; Hay, *Colossians*, 146; Lincoln, "Colossians", 658; Lohse, *Colossians and Philemon*, 161; Martin, *Colossians and Philemon*, 123; Moule, *Colossians and Philemon*, 137.

65 Beale, *Colossians and Philemon*, 325; Dunn, *Colossians and Philemon*, 257; Lightfoot, *Colossians and Philemon*, 227; MacDonald, *Colossians, Ephesians*, 152; Wilson, *Colossians and Philemon*, 285.

있는 종들은 진정한 주인이신 그리스도가 영원한 기업을 상으로 주시리라는 것을 확신해야 한다. 그리고 무슨 일을 하든지 마음을 다하여 주님에게 하듯이 해야 한다.

3:25 계속해서 바울은 종들이 "무슨 일을 하든지, 사람이 아니라 주님에게 하듯이 진심으로" 해야 하는 또 다른 이유를 밝힌다.[66] "불의를 행하는 사람은 자기가 행한 불의의 보응을 받을 것이기 때문입니다."[67] 이 구절은 그리스도가 의로우시며, 불의한 사람을 반드시 심판하신다는 사실을 전제한다. 그리스도는 의로운 재판장이시다(딤후 4:8). 그리스도는 종들에게 불의를 행하는 악한 주인들을 반드시 심판하실 것이다. 그뿐만 아니라 주인이 지켜보는 동안에만 열심히 일하는 체하면서 불의를 행하는 종들도 심판하실 것이다. 불의를 행하는 사람은 그리스도의 공의로운 심판으로 말미암아 자신의 불의에 대한 보응을 받게 될 것이다.

25절의 후반부에서 사도 바울은 그리스도가 공명정대하다고 말한다. "그리고 주님에게는 사람을 외모로 판단하는 일이 없습니다." 헬라어 본문에는 "주님에게는"이라는 표현이 나오지 않는다. 하지만 "주 그리스도"(3:24)라는 표현과 "하늘에 주인이 계신다"(4:1)라는 구절이 나오는 문맥을 고려할 때 "주님에게는"을 첨가하여 읽는 것이 타당하다. 평행 구절인 에베소서 6:9에도 "주님에게는"에 해당하는 "그분에게는"이라는 표현이 나온다. "왜냐하면 그들과 여러분의 주인이 하늘에 계시고, '그분에게는'(παρ' αὐτῷ, 파르 아우토) 사람을 외모로 판단하는 일이 없는 줄 여러분이 알기 때문입니다."

"외모로 판단하는 일"을 뜻하는 "프로소폴렘프시아"(προσωπολημψία)는 "프로소폰"(πρόσωπον, "얼굴")과 "람바노"(λαμβάνω, "받다", "취하다")라는 두 단어로 이루어진 합성어이다. 문자적으로 "얼굴을 취하는 것"을 의미한다(롬 2:11; 엡 6:9).[68] 이 표현은 칠십인역에서 "편을 들다", "외모를 보다"라는 뜻으로 사용된 관용구 "프로소폰 람바네인"(πρόσωπον λαμβάνειν, "얼굴을 취하다")에서 유래하였다(레 19:15; 신 10:17; 욥 34:19 LXX). 신약성경에서도 같은 표현이 "사람을 외모

66 Beale, *Colossians and Philemon*, 326; Wright, 『골로새서·빌레몬서』, 224.

67 이 구절에서 "보응을 받을 것이다"라고 번역한 "코미세타이"(κομίσεται)는 "코미조"(κομίζω)의 미래 중간태이다. "코미조"의 능동태는 "가져오다"를 뜻하고, 중간태는 "자신을 위하여 받다, 얻다"를 뜻한다(고후 5:10; 엡 6:8). BDAG, 557; L&N, 90.92.

68 Lohse, *TDNT*, VI, 779-80; Moule, *Colossians and Philemon*, 132.

로 판단하다"라는 뜻으로 나온다(눅 20:21).[69]

주님에게는 사람을 "외모로 판단하는 일"이 없다! 사람은 외모나 신분에 근거하여 판단하지만, 주님이신 그리스도는 결단코 그렇게 하지 않으신다(참조. 삼상 16:7). 종을 업신여기지 않으시고, 주인을 특별하게 대우하지도 않으신다. 불의를 행한 사람들을 공정하게 심판하신다. 사람을 외모로 판단하지 않으시는 주님이 장차 영광 중에 나타나실 때 무시당하고 차별당하는 종들에게 하나님 나라와 함께 그 나라에 속한 모든 영광스러운 복을 주실 것이다. 그러므로 그리스도인 종들은 육신의 주인들에게 순종하되 "무슨 일을 하든지 사람이 아니라 주님에게 하듯이 진심으로" 해야 한다.

(2) 주인들을 위한 권면(4:1)

4:1 지금까지 종들을 위한 권면을 제시한 사도 바울이 이제부터 주인들을 위한 권면을 시작한다. 종들을 위한 권면은 네 절인데 비해 주인들을 위한 권면은 한 절에 불과하다. 하지만 이 짧은 권면에 급진적인 내용이 포함되어 있다. "주인들이여, 의로움과 동등함을 종들에게 베푸십시오."[70] 이 권면에서 "퀴리오이"(κύριοι, "주인들이여")는 주인을 뜻하는 "퀴리오스"(κύριος)의 주격 복수이다.[71] "퀴리오스"가 가까운 문맥에서는 그리스도를 가리키는 데 자주 사용되고 있지만, 이 권면에서는 육신의 주인을 가리킨다. 바울은 주격 명사 "퀴리오이"를 골로새 교회 안에 있는 주인들을 직접 지칭하는 호격으로 사용한다. 이 단어와 함께 나온 "둘로이스"(δούλοις)는 주인들이 소유한 종들을 가리킨다.

종들에게 "의로움과 동등함을 베풀라"는 권면에서 "토 디카이온"(τὸ δίκαιον)은 형용사 "디카이오스"(δίκαιος, "의로운", "옳은")에 관사를 붙여서 만든 명사로서 "의로움"이나 "의로운 것"을 의미한다. 여기서는 의로우신 하나님

69 눅 20:21에서 대제사장들과 서기관들이 보낸 사람들이 예수님에게 이렇게 말한다. "우리는 당신이 바로 말씀하시고 가르치시며 '사람을 외모로 취하지'(λαμβάνεις πρόσωπον, "람바네이스 프로소폰") 아니하시고, 오직 진리로써 하나님의 도를 가르치시는 줄 압니다."

70 이 권면에서 "베푸십시오"라고 번역한 동사는 "파레코"(παρέχω)의 중간태 "파레케스떼"(παρέχεσθε)이다. 상대방에게 무엇인가를 부여하거나 경험하게 만드는 것을 의미한다. BDAG, 776-77; L&N, 90.91.

71 BDAG, 994; L&N, 87.76.

의 뜻과 일치하는 의로운 행위를 가리킨다.[72] 그리스도인 주인들은 자기 종들에게 하나님의 뜻과 일치하는 의로운 행동을 해야 한다. 또한 의로우신 하나님께서 종들을 대하시는 것과 같은 방식으로 그들을 대해야 한다. 하나님은 종들을 차별하지 않으신다. 그러므로 주인들은 종들을 그리스도 안에서 자신과 동등한 존재로 대우하고, 그들에게 주거, 음식, 휴식 등을 정당하게 제공해야 한다. 이 권면에서 "의로움을 베푸는 것"은 앞 절에 나온 "불의를 행하는 것"과 극명한 대조를 이룬다. 종들에게 의로움을 베풀지 않고 불의를 행하는 주인들은 심판을 피할 수 없을 것이다(3:25).

"동등함"이라고 번역한 "이소테스"(ἰσότης)는 본래 고대 그리스의 민주 정치에서 평등을 말할 때 사용한 용어이다. 고대 도시 국가에서 평등은 자유와 함께 민주 정치의 기본 원리였다.[73] 아리스토텔레스에 따르면, 평등이란 부자와 가난한 사람이 대등하여 어느 쪽도 다른 쪽을 지배하지 못하는 것이다(*Pol.* 4.1291b). 고린도 교회에 보낸 편지에서 바울은 예루살렘 교회의 가난한 성도들을 위하여 연보를 요청한 목적을 이 단어를 사용하여 밝힌다. 그것은 부유한 고린도 교인들과 가난한 예루살렘 교인들 사이에 "균등"(ἰσότης)을 이루려는 것이다(고후 8:14).

많은 주석가들은 골로새서 본문에서 "이소테스"가 평등이나 동등함(equality)이 아니라 공평(fairness)을 뜻한다고 주장한다.[74] 주인과 종의 신분 차이가 확고했던 고대 로마 사회에서 종들을 주인들과 동등한 존재로 대우하는 것은 사실상 불가능했다고 보는 것이다. 또한 공평으로 이해하는 것이 종들에 관한 그리스-로마 사회의 가르침과도 일치한다고 말한다. 그들에 따르면, 바울의 이 권면은 주인들이 종들을 공평하게 다루어야 한다는 것이다.

하지만 그들은 사도 바울이 복음 진리의 토대 위에서 종들과 주인들에게 권면하고 있다는 사실을 간과한다. 바울은 3:11에서 새 사람의 공동체 안

---

72 BDAG, 247; Schrenk, *TDNT*, II, 188; Moo, *Colossians and Philemon*, 316.

73 BDAG, 481; Silva, *NIDNTTE*, II, 548; Stählin, *TDNT*, III, 345-48.

74 Dunn, *Colossians and Philemon*, 259-60; Harris, *Colossians and Philemon*, 162; Lohse, *Colossians and Philemon*, 162; MacDonald, *Colossians and Ephesians*, 159; Moo, *Colossians and Philemon*, 317; Moule, *Colossians and Philemon*, 132; Wilson, *Colossians and Philemon*, 287.

에서는 종과 자유인 사이에 차별이 있을 수 없다고 선언하였다. 그리스도인 종들과 주인들은 하나님의 동등한 자녀들이다(갈 3:26). 바울은 복음 진리에 근거하여 그리스도인 주인들에게 종들을 동등한 존재로 대우해야 한다고 권고하는 것이다.[75] 하늘에 계신 주인 앞에서 그리스도인 종들은 그리스도인 주인들과 완전히 동등하다. 이 본문에서 사도는 "이소테스"를 공평보다는 동등함, 또는 평등의 의미로 사용한다.

사도 바울이 종들에게 의로움과 함께 동등함을 베풀라고 주인들에게 권고하는 것은 매우 놀라운 일이다. 종들을 사람으로 인정하고 관대하게 대하라고 요청한 세네카(Seneca)도 종들과 관련하여 동등함까지는 말하지 못하였다(*Ep.* 47.10). 고대 로마 사회에서 그리스도인 주인들이 사도의 권면을 받아들이고 그 권면대로 살아가는 것은 매우 힘든 일이었음이 분명하다. 그럼에도 불구하고 그들은 종들에 대한 기존의 생각을 바꾸고 종들을 전적으로 다른 방식으로 대해야 한다. 종들을 같은 사람으로 인정하는 차원에 그치지 말고, 더 나아가 하늘에 계신 주인 앞에서 완전히 동등한 존재로 받아들여야 한다. 그리스도인 종들은 주인들과 동등한, 하나님의 자녀들이다!

그리스도인 주인들이 자기 종들에게 의로움과 동등함을 베풀어야 할 이유는 무엇인가? 사도 바울은 24절에서처럼 여기서도 이유를 나타내는 분사절(εἰδότες ὅτι, "에이도테스 호티")을 사용하여 이 질문에 답한다.[76] "여러분 자신들에게도 하늘에 주인이 계신다는 사실을 여러분이 알기 때문입니다."[77] 사도는 강조를 나타내는 접속사 "카이"와 이인칭 대명사 "휘메이스"를 함께 사용하여(καὶ ὑμεῖς, 문자적 번역: "여러분 자신들도"), 그리스도인 주인들에게도 하늘에 주인이 계신다는 사실을 강조한다. 그들 또한 하늘에 계신 주인의 종들이다!

---

75 Arnold, "Colossians", 100; Caird, *Paul's Letters from Prison*, 209; Pao, *Colossians and Philemon*, 278; Sumney, *Colossians*, 253; Witherington, *Philemon, Colossians*, 196.

76 이 본문에서도 분사 "에이도테스"는 이유나 근거를 나타낸다("여러분이 알기 때문입니다"). Harris, *Colossians and Philemon*, 163; Pao, *Colossians and Philemon*, 278; Still, "Colossians", 344; Sumney, *Colossians*, 241; 조경철, 『오직 그리스도』, 349.

77 개역개정은 이 본문을 명령문으로 번역한다. "너희에게도 하늘에 상전이 계심을 알지어다." 하지만 평행 본문 엡 6:9에서는 분사 "에이도테스"로 시작하는 구절을 이유절로 번역한다.

"하늘에 계신 주인"(κύριον ἐν οὐρανῷ, "퀴리온 엔 우라노")이라는 표현은 22절의 "육신의 주인들"(κατὰ σάρκα κυρίοις, "카타 사르카 퀴리오이스")이라는 표현과 강한 대조를 이룬다. 육신의 주인은 참된 주인이 아니다. 육신의 주인도 하늘에 계신 주인을 섬기는 종에 지나지 않는다. 하늘에 계신 주인이 참된 주인이다. 하늘에 계신 주인은 누구인가? 하나님의 오른편에 앉아 계신 그리스도이다(3:1-4).[78] 그리스도인 주인들은 하늘에 자신들의 주인인 그리스도가 계신다는 것을 알고 있고, 그분을 계속 "주님"으로 믿고 있다(2:5-6). 그들도 에바브라에게서 복음의 진리를 듣고 하나님의 은혜를 깨달았기 때문이다(1:5-7).

고린도 교회에 보낸 첫 번째 편지에서 바울은 주님 안에서 부르심을 받은 자유인이 "그리스도의 종"(δοῦλος Χριστοῦ, "둘로스 크리스투")이라고 분명하게 말한다(고전 7:22). 그리스도인 주인들은 자유인이지만, 그리스도 예수를 주님으로 받아들임으로써 그분의 종이 되었다. 따라서 그들은 자신들도 하늘에 계신 주인의 종이라는 관점에서 종들을 대해야 한다. 그리스도인 종들은 하늘에 계신 주인을 함께 섬기는 종들이며, 동시에 믿음의 형제자매들이다. 그리스도인 주인들은 종들을 교회에서만이 아니라 가정에서도 믿음의 형제자매들로 대해야 한다. 그리고 종들에게 의로움과 동등함을 베풀어야 한다. 물론 이렇게 하는 것은 결코 쉬운 일이 아니다. 주인들은 빌레몬의 종인 오네시모를 조금도 주저하지 않고 "신실하고 사랑받는 형제"로 인정한 사도 바울에게서 교훈을 받아야 한다(4:9). 새 사람의 공동체 안에는 종도 없고 자유인도 없다는 위대한 복음의 진리를 깨닫고, 사도 바울처럼 종들을 기꺼이 자신의 형제들과 자매들로 인정해야 한다. 이렇게 하는 것이 하늘에 계신 주님을 섬기는 종의 합당한 자세이다.

이 단락에서 바울은 노예 제도의 폐지를 드러내 놓고 주장하지는 않는다. 주인들에게 종들을 해방하라고 요청하지도 않는다. 그러나 그의 권고에는 노예 제도를 전복하는 힘이 있다. 주인들과 종들이 동등하므로 노예 제도를 정당화할 만한 근거가 사라지는 것이다. 그리스도인 주인들이 종들에게 의로움과 동등함을 베푸는 행동으로 인하여 바울 시대에 이미 종들에게

78 Moo, *Colossians and Philemon*, 317; Pao, *Colossians and Philemon*, 278; Sumney, *Colossians*, 254.

새날이 시작되었다.[79] 결국 사도 바울이 전한 복음의 능력으로 말미암아 노예 제도가 철폐되었다.[80] 마이클 버드(Michael F. Bird)가 말한 대로, "바울은 윌리엄 윌버포스(William Wilberforce)가 아니었다. 하지만 바울이 없었다면 결단코 윌리엄 윌버포스도 없었을 것이다."[81]

| 메시지와 적용 |

■ 육신의 주인에게 순종하라 종들이 주인에게 순종해야 한다는 가르침은 노예 제도가 존재하지 않는 오늘날에는 직접 적용할 수 없다. 기업주에게 고용된 직장인들에게 제한적인 방식으로 적용할 수 있을 뿐이다. 그리스도인 직장인들은 사람을 기쁘게 하는 자처럼 눈가림만 하지 말아야 한다. 무슨 일을 하든지 사람이 아니라 주님을 위하여 하듯 해야 한다. 그리스도인 직장인들은 교회와 가정에서만이 아니라 직장에서도 주님이신 그리스도를 섬기고 있기 때문이다. 상사와 기업주의 권위를 인정하고 자신이 맡은 일을 성실하게 하는 것이 마땅하다. 그러나 그들이 시키는 일을 무조건 다 하는 것은 옳지 않다. 안타깝게도 그리스도인 직장인들 중에 상사나 기업주가 시킨다고 해서 불법을 저지르는 사람들이 있다. 그들은 하나님의 뜻을 따르는 것보다 승진과 출세를 더 중요하게 생각한다. 하지만 세상에 속한 것들은 영원하지 않다. "이 세상도 그 욕망도 지나가지만 하나님의 뜻을 행하는 사람은 영원히 존재합니다"(요일 2:17). 그리스도는 직장생활을 하나님의 뜻을 따라서 순전한 마음으로 하는 자기 종들에게 하나님 나라의 기업을 상으로 주실 것이다. 반면에 불의를 행하는 사람들을 심판하실 것이다. 출세와 성공 때문에 마음이 흔들릴 때마다 자신이 주님이신 그리스도를 섬기는 사람이라는 것을 기억하자. 그리스도가 영원한 기업을 상으로 주실 것이라는 사실을 확신하자.

■ 의로움과 동등함을 베풀라 주인들이 종들에게 의로움과 동등함을 베풀어야 한다는 교훈은 그리스도인 기업주들과 상사들에게 제한적으로 적용할

79 Lucas, 『골로새서·빌레몬서 강해』, 245. 그는 William Wilberforce가 노예 제도를 폐지하기까지 무려 천팔백 년이라는 세월이 흘러야 했다고 말하는 것을 어리석은 일이라고 비판한다. 바울 시대에 이런 변화가 이미 시작되었기 때문이다.

80 Sumney, *Colossians*, 253.

81 Bird, *Colossians and Philemon*, 30.

수 있다. 그들은 그리스도인 직원들을 하나님 앞에서 자신들과 동등한 형제자매들로 여기고, 하나님의 뜻에 합당하게 대우해야 한다. 그리스도인이 아닌 직원들 또한 인격적으로 대하고, 수고에 대한 정당한 보수를 제공해야 한다. 믿음이 없는 사람들도 하나님의 형상대로 지음을 받았다는 점에서 고귀한 존재이다. 안타깝게도 직원들을 머슴이나 종처럼 생각하고 함부로 대하는 그리스도인 기업주들이 있다. 그리스도인 상사들 중에도 그렇게 행동하는 사람들이 있다. 교회에서는 믿음이 좋은 장로로, 집사로, 권사로 인정을 받는 사람이 직장에서는 소위 "갑질"을 하는 것이다. 돈과 권력과 지위를 앞세워 가난한 사람들, 힘없는 사람들, 지위가 낮은 사람들 위에 군림하고 그들을 무시하는 행동은 새 사람을 입은 그리스도인들에게 전혀 어울리지 않는 것이다. 그리스도인 기업주들과 상사들은 교회에서만이 아니라 일터에서도 새 사람답게 자비와 친절과 겸손과 온유와 오래 참음을 옷 입고 직원들에게 하나님의 사랑을 보여 주어야 한다.

VII. 4:2-6

마지막 권면

1. 4:2-4 기도에 관한 권면
2. 4:5-6 외부 사람들을 향한 삶에 관한 권면

이 짧은 단원(4:2-6)은 3:1에서 시작된 다섯 개 권면 단락의 마지막 부분이다.[1] 이 단락에서 사도 바울이 골로새서의 전체 권면(3:1-4:6)을 마무리한다. 권면의 첫째 단원인 3:1-17에서 그는 주로 새 사람의 공동체 생활에 초점을 맞추었고, 둘째 부분인 3:18-4:1에서는 가정생활에 초점을 맞추었다. 권면의 마지막 부분인 이 단원에서는 외부 사람들과의 관계에 초점을 맞춘다.

이 단원은 두 단락으로 구성되어 있다. 첫째 단락(4:2-4)에서 바울은 골로새 성도들에게 기도에 전념하라고 권고하고, 이어서 자신을 위해 기도해 달라고 요청한다. 둘째 단락(4:5-6)에서는 외부 사람들과의 관계에서 지혜롭게 행하고, 은혜롭게 말하라고 권고한다. 골로새 성도들은 이 세상이 아니라 그리스도의 나라에 속해 있다. 하지만 그들은 외부 사람들을 멀리해서는 안 된다. 도리어 교회 밖에 있는 동료 시민들과의 관계를 계속 유지하면서 은혜로운 말과 지혜로운 행동으로 그리스도의 복음을 전해야 한다.

1 다섯 개 권면 단락은 "추구하십시오"(3:1), "죽이십시오"(3:5), "옷 입으십시오"(3:12), "복종하십시오"(3:18), "전념하십시오"(4:2)라는 명령으로 각각 시작한다. 처음 세 개의 단락들(3:1-4, 5-11, 12-17)이 권면의 첫째 단원인 3:1-17을 구성한다. 권면의 둘째 단원은 3:18-4:1이고, 셋째 단원은 4:2-6이다.

1. 기도에 관한 권면(4:2-4)

| 번역 |

2 여러분은 기도에 전념하십시오. 감사함으로 기도하면서 깨어 있으십시오. 3 동시에 하나님께서 우리에게 말씀의 문을 열어 주셔서 [a]그리스도의 비밀을 말하도록 우리를 위해서도 기도해 주십시오. 내가 이 비밀 때문에 매여 있습니다. 4 내가 마땅히 말해야 하는 것처럼, 이 비밀을 나타내도록 [b]기도해 주십시오.

a 소수의 일부 사본들은 "하나님의"(θεοῦ, "떼우")를 지지하지만(B* L 1319), 다른 많은 사본들은 "그리스도의"(Χριστοῦ, "크리스투")를 지지한다(p^{46} ℵ A B^1 C D F 33 1739 *Byz*). 많은 사본들의 지지를 받는 "그리스도의"를 본래의 표현으로 간주하는 것이 더 적절하다. 후대의 필사자들이 2:2에 나온 "하나님의 비밀"(μυστηρίου τοῦ θεοῦ, "뮈스테리우 투 떼우")이라는 표현과 일치시키려고 "그리스도의"를 "하나님의"로 변경하였을 것이다.

b 본문의 뜻을 분명하게 하려고 3절에 나온 "기도해 주십시오"를 첨가하였다.

| 본문 이해 터 닦기 |

| 문맥과 주제 | 이 단락(4:2-4)에서 기도에 관한 사도 바울의 권고는 새 사람의 공동체에 관한 단원(3:1-17)과 가정에 관한 단원(3:18-4:1)과 내용적으로 연결되어 있다. 골로새 성도들은 교회와 가정에서 새 사람으로 살기 위해서 기도해야 한다. 거짓 교사들의 위협으로부터 자신과 교회를 지키기 위해서도 기도해야 한다. 그뿐만 아니라 사도의 사역을 위해서도 기도해야 한다. 바울은 로마에서 복음 사역 때문에 매여 있는 자신의 형편을 언급하면서 인사와 은혜의 축도 단락(4:7-18)을 예고한다.[2] 이 단락의 주제는 명확하다. 골로새 성도들은 자신들과 사도 바울의 선교 사역을 위하여 기도해야 한다.

| 구조 | 헬라어 본문에서는 이 단락이 한 문장으로 이루어져 있다. 주문장은 "여러분은 기도에 전념하십시오"이다(2상절). 주문장 뒤에 명령 동사의 역할을 하는 두 개의 분사가 나온다. 첫 번째 분사는 "깨어 있으십시오"(γρηγοροῦντες, "그레고룬테스")이고(2하절), 두 번째 분사는 "기도해 주십시오"(προσευχόμενοι, "프로슈코메노이")이다(3상절). 이 분사 뒤에는 사도 바울을 위해 기도해야 할 내용을 알려 주는 두 개의 명사절이 이어진다(3하절, 4절). 이 단

2 Hay, *Colossians*, 150; Moo, *Colossians and Philemon*, 318.

락은 아래와 같이 두 부분으로 나눌 수 있다.[3]

(1) 2절 기도에 관한 권면
(2) 3-4절 사도 바울을 위한 기도 요청

주해

(1) 기도에 관한 권면(4:2)

4:2 사도 바울은 앞 단락과 연결하는 접속사 없이 기도에 관한 권면으로 이 단락을 시작한다. "여러분은 기도에 전념하십시오." 이 권면에서 "전념하십시오"라고 번역한 "프로스카르테레이테"(προσκαρτερεῖτε)는 진지하게 노력해서 무엇인가를 계속하거나 끈질기게 반복하는 것, 또는 어떤 일에 열중하는 것을 의미한다(행 1:14; 2:42; 6:4; 롬 12:12; 13:6).[4] 또 이 단어는 지속과 반복을 나타내는 현재 시제 동사이다. 기도에 전념한다는 것은 기도를 지속적으로 끈질기게 반복해서 하는 것이다. 이는 "항상 기도하고 낙심하지" 않는 것을 의미한다(눅 18:1). 다시 말해서, 하나님께서 기도를 들으신다는 것을 확신하고, 날마다 규칙적으로 기도하면서 아침에 일어나서 밤에 잠자리에 누울 때까지 기도하는 자세로 사는 것이다.

초기 시대부터 그리스도인들은 기도에 전념하는 사람들이었고, 교회는 기도에 전념하는 공동체였다. 예수님이 승천하신 후에 제자들은 예수님의 어머니 마리아와 예수님의 동생들과 함께 마음을 같이하여 기도에 전념하였다(행 1:14). 오순절에 성령님을 충만하게 받은 뒤에도 그들은 기도에 전념하였다(행 2:42; 참조. 행 6:4). 바울 자신도 기도에 전념하는 사람이었다(딤후 1:3). 그는 골로새 성도들을 위하여 그치지 않고 기도함으로써 기도의 본을 제시하였다(1:9). 골로새 성도들도 기도에 전념해야 한다.

그들은 기도할 때[5] "깨어 있어야"(γρηγοροῦντες, "그레고룬테스") 한다.[6] 이

---

3 Sumney, *Colossians*, 255.

4 BDAG, 881; L&N, 68.68(προσκαρτερέω, "프로스카르테레오")

5 "기도할 때"는 전치사구 "엔 아우테"(ἐν αὐτῇ)를 번역한 것이다. 문자 그대로 읽으면 "그것 안에서"이다. 여성 인칭 대명사 "그것"은 앞에 나온 여성 명사 "기도"(προσευχῇ, "프로슈케")를 가리킨다. 여기서 전치사 "엔"은 장소의 개념이 아니라 시간의 개념을 나타낸다. Harris, *Colossians and Philemon*, 166.

6 이 분사는 앞 구절의 명령 동사 "전념하십시오"에 종속된 것으로, 명령을 나타낸다. Porter,

권면은 재림을 기다리는 자세와 관련이 있을 수 있다. "깨어 있다"(γρηγορέω, "그레고레오")라는 동사가 예수님의 재림을 언급하는 문맥에 자주 나오기 때문이다.[7] 예를 들어, 데살로니가전서 5:1-10에서 바울은 이 동사를 그리스도의 재림과 관련하여 사용한다. 그리스도가 언제 오실지 모르기 때문에 데살로니가 성도들은 "깨어"(γρηγορῶμεν, "그레고로멘") 정신을 차려야 한다(살전 5:6). 이와 마찬가지로 골로새 성도들 또한 그리스도의 오심을 고대하면서 깨어 기도에 전념해야 한다.[8] 그리스도가 다시 오실 때 그들도 영광 중에 나타날 것이기 때문이다(3:4). 하지만 이 단락에는 종말에 관한 내용이 나오지 않는다.

기도할 때 깨어 있어야 한다는 바울의 권고는 겟세마네 동산에서 제자들에게 하신 예수님의 명령과 더 비슷하다. "너희는 시험에 들지 않게 '깨어'(γρηγορεῖτε, "그레고레이테") 기도하라"(마 26:41; 막 14:38). 제자들은 예수님이 죽으신 후에 큰 시험에 빠졌다. 그 이유는 그들이 깨어 기도하지 않았기 때문이다. 예수님의 제자들만큼 심각한 것은 아니지만 골로새 성도들도 영적 위기 상황에 직면해 있다. 대적 마귀가 거짓 교사들을 통해 그들을 삼키려 하고 있다(벧전 5:8). 만일 그들이 깨어 기도에 전념한다면, 거짓 교사들의 위협을 넉넉히 물리칠 수 있을 것이다.[9] 그뿐만 아니라 교회와 가정에서 새 사람으로 살 수 있을 것이다.

골로새 성도들은 "감사함으로"(ἐν εὐχαριστίᾳ, "엔 유카리스티아") 기도해야 한다. 감사는 골로새서의 중요한 주제이다(1:3, 12; 2:7; 3:15, 17). 여기서 바울은 마지막으로 한 번 더 감사를 언급한다. 감사는 기도하는 사람이 가져야 할 마음이며 자세이다. 바울은 빌립보 교인들에게도 유사한 방식으로 권고한다. "여러분이 구할 것을 '감사함으로'(μετὰ εὐχαριστίας, "메타 유카리스티아스") 하나님께 아뢰십시오"(빌 4:6). 골로새 성도들이 감사함으로 기도해야 하는 이유는 무엇인가? 무엇보다 하나님께서 그들을 택하셨고 그들을 거룩하고 사랑받는 자들이 되게 하셨기 때문이다(3:12). 하나님은 그들에게 에바브라를

Idioms of the Greek New Testament, 185-86.

7 참조. Oepke, *TDNT*, II, 338.

8 Moo, *Colossians and Philemon*, 320.

9 Sumney, *Colossians*, 256; Barth and Blanke, *Colossians*, 452; 조경철, 『오직 그리스도』, 353.

보내 주셨고 그를 통해 복음을 듣게 하셨다(1:5-7). 또 하나님은 그들의 죄를 모두 용서하셨고(1:14; 2:13), 하나님 자신과 화해하게 만드셨다(1:22). 그들을 흑암의 권세에서 구해 내어 그의 사랑하는 아들의 나라로 옮기셨고, 빛 가운데 있는 성도의 기업을 받을 자격을 주셨다(1:12-13). 이렇게 놀라운 구원의 복을 주신 하나님께 감사함으로 기도하는 것은 지극히 당연하다.

(2) 사도 바울을 위한 기도 요청(4:3-4)

4:3 이어서 바울은 골로새 성도들에게 기도를 부탁한다. "동시에 우리를 위해서도 기도해 주십시오." 삼십 년 넘게 복음과 교회를 위해 사역한 사도가 골로새 성도들에게 기도를 부탁하는 것은 놀라운 일이다. 바울의 기도는 골로새 성도들의 기도보다 역사하는 힘이 더 클 수 있다(참조. 약 5:16). 그는 자신이 간구하는 것 그 이상으로 하나님께서 이루어 주신다는 것을 확신한다(엡 3:20-21). 그런데도 골로새 성도들에게 기도를 부탁하는 이유는 무엇인가? 그가 표적과 기사와 능력을 행하는 사도이면서도 동시에 육체에 가시를 가진 연약한 존재이기 때문이다(고후 12:7, 12). 게다가 지금 그는 로마에서 나이가 많은 몸으로 고난을 당하고 있다. 그는 성도들의 기도가 없이는 복음 사역을 할 수 없다는 것을 잘 안다. 그래서 기도를 요청하는 것이다.[10] "동시에 하나님께서 우리에게 말씀의 문을 열어 주셔서 그리스도의 비밀을 말하도록 우리를 위해서도 기도해 주십시오. 내가 이 비밀 때문에 매여 있습니다."

이 요청에서 중요한 내용은 "말씀의 문을 열어 달라"는 것이다. 신약성경에서 "문을 열다", "문이 열리다"라는 표현은 주로 선교와 관련하여 나오며, 복음 사역을 위한 기회를 가리킨다(행 14:27; 고전 16:9; 고후 2:12). 이 본문에서도 "말씀의 문을 열다"라는 표현은 말씀, 즉 복음을 전할 기회를 의미한다.[11] 골로새 성도들은 사도를 위하여 "말씀의 문"이 열리도록 기도해야 한

10 바울이 골로새 성도들에게 기도 부탁을 하고 있다는 사실은 이 서신의 바울 저작설을 지지한다. 만일 이 서신이 바울이 죽은 뒤에 그의 이름으로 기록된 것이라면, 저자가 죽은 사도를 위한 기도 요청을 포함한 이유를 설명하기 어렵다.

11 개역개정에서 "전도할 문"이라고 번역한 문구는 "말씀의 문"(θύραν τοῦ λόγου, "뛰란 투 로구")이다. "말씀을 전할 문", 또는 "말씀을 위한 문"으로 이해할 수 있다(목적어적 속격). Pao, *Colossians and Philemon*, 293.

다. 말씀의 문이 열리면 바울은 주저하지 않고 그리스도의 비밀을 말할 것이다.[12]

"그리스도의 비밀"(τὸ μυστήριον τοῦ Χριστοῦ, "토 뮈스테리온 투 크리스투")은 그리스도를 통해서 이루시는 하나님의 구원 계획을 가리킨다. 이것은 지난 시대들과 세대들에게는 감추어졌다가 그리스도 안에서 하나님의 백성에게 알려졌다(1:26). 비밀의 핵심 내용은 복음으로 말미암아 그리스도 안에서 유대인들과 이방인들이 구원을 받고 하나님의 동등한 백성이 되는 것이다(참조. 엡 3:6).[13] 하나님의 구원 계획이 그리스도로 말미암아 이루어진다는 점에서, 또 그리스도가 하나님의 구원 계획의 중심이라는 점에서 그리스도 자신이 비밀이시다(1:27; 2:2).[14]

그런데 지금 사도 바울은 이 비밀, 즉 그리스도의 비밀 때문에 "매여 있다"(δέδεμαι, "데데마이"). 여기서 "매여 있다"라는 말이 반드시 감옥에 갇힌 상태를 가리키지는 않는다. 사도행전에 따르면, 바울은 현재 로마에서 자기 셋집에 머물고 있다(행 28:30). 하지만 그는 자유인이 아니라 재판을 기다리는 미결수이다. 군인이 그를 지키고 있다(행 28:16). 자기 셋집에 연금되어 있는 것이다. 바울은 자기를 찾아오는 사람들을 만날 수는 있지만, 집 밖으로 나갈 수는 없다. 그래서 그는 가택 연금 상태에서 풀려나서 자유롭게 그리스도의 비밀을 전하는 사역을 하고 싶어 한다. 이런 점을 고려할 때 "말씀의 문이 열린다"라는 표현은 복음을 전할 기회가 주어지는 것을 의미할 뿐 아니라 가택 연금 상태에서 풀려나는 것도 의미한다.[15] 바울은 빌레몬서에서도 골로새 성도들의 기도로 로마에서 풀려나서 골로새를 방문하기를 희망한다(몬 1:22). 그가 골로새 성도들에게 기도를 부탁하는 목적은 가택 연금 상태에서 풀려나서 자유롭게 그리스도의 비밀을 전하는 데 있고, 또한 골로새 교회를 방문하는 데 있다.

---

12 "말하다"를 뜻하는 "랄레오"(λαλέω)는 복음을 선포하는 문맥에 종종 나온다(엡 6:20; 빌 1:14; 살전 2:2, 4; 딛 2:1, 15).

13 Sweeney, "The Priority of Prayer", 330-31.

14 "그리스도의 비밀"(τὸ μυστήριον τοῦ Χριστοῦ)에서 속격 "투 크리스투"(τοῦ Χριστοῦ)는 동격의 속격이다. 비밀, 곧 그리스도이다. Beale, *Colossians and Philemon*, 337; Harris, *Colossians and Philemon*, 168; Moo, *Colossians and Philemon*, 323.

15 Cassidy, *Paul in Chains*, 90-91.

4:4 바울은 골로새 교회 성도들이 기도해야 할 내용을 또다시 제시한다. "내가 마땅히 말해야 하는 것처럼, 이 비밀을 나타내도록 기도해 주십시오." 이 구절은 접속사 "히나"(ἵνα)로 시작하는 두 번째 명사절이다. 아래에서 볼 수 있듯이, 3절에 있는 첫 번째 "히나" 명사절과 평행을 이룬다. 두 명사절은 모두 3절의 분사 "프로슈코메노이"(προσευχόμενοι, "기도해 주십시오")에 종속되어 있다.[16] 두 명사절은 그리스도의 비밀을 선포하는 데 초점을 둔다. 두 번째 명사절의 삼인칭 대명사 "아우토"(αὐτό, "그것을")는 첫 번째 명사절에 나온 "그리스도의 비밀"을 가리킨다.

3절 προσευχόμενοι ἅμα καὶ περὶ ἡμῶν

(동시에 우리를 위해서도 기도해 주십시오)

ἵνα ὁ θεὸς ἀνοίξῃ … λαλῆσαι τὸ μυστήριον τοῦ Χριστοῦ

(하나님께서 … 열어 주셔서 그리스도의 비밀을 말하도록)

4절 ἵνα φανερώσω αὐτό

(그것을 나타내도록 …)

4절에서 "나타내다"라고 번역한 동사 "파네로소"(φανερώσω)는 "드러내다", "공개적으로 나타내다", "알리다"를 뜻한다.[17] 1:26에서 바울은 이 동사를 그리스도의 비밀과 관련하여 사용하였다. 지난 시대들과 세대들에게 감추어졌던 비밀이 하나님의 성도들에게 "나타났다." 여기서 바울은 자신의 복음 사역과 관련하여 이 동사를 사용한다. 그는 그리스도의 비밀을 사람들에게 나타내는 사명을 위하여 부름을 받았다(갈 1:11-16; 엡 3:7). "내가 마땅히 말해야 하는 것처럼"(ὡς δεῖ με λαλῆσαι, "호스 데이 메 랄레사이")이라는 구절에서 사명에 대한 그의 확신을 확인할 수 있다. 바울은 그리스도의 비밀을 마땅히 말해야 하는 그 사명을 위하여 자기 생명을 아끼지 않았고, 그 사명 때문에 지금 로마에서 매인 상태로 황제 앞에서 변론할 날을 기다리고 있다. 골

16 Dunn, *Colossians and Philemon*, 264; Harris, *Colossians and Philemon*, 169; Pao, *Colossians and Philemon*, 294. 다른 일부 주석가들은 첫 번째 "히나" 명사절인 "하나님께서 우리에게 말씀의 문을 열어 주셔서"에 종속된 것으로 본다. Moo, *Colossians and Philemon*, 325; O'Brien, 『골로새서·빌레몬서』, 423.

17 BDAG, 1048; L&N, 28.36.

로새 성도들은 그가 담대하게 변론하면서 황제와 고위 관원들에게 그리스도의 비밀을 나타낼 수 있도록 그를 위해 기도해야 한다.[18]

사도 바울은 골로새 성도들의 기도가 응답됨으로써 자신이 무죄 선고를 받고 석방되기를 바란다. 그가 풀려나면 이방인들에게 자유롭게 그리스도의 비밀을 선포할 수 있을 것이다. 실제로 바울은 자유의 몸이 되어서 크레타 섬을 비롯한 이방 지역에서 복음 사역을 할 수 있었다(딛 1:5). 또 자신의 계획대로 골로새를 방문해서 빌레몬을 만났을 것이다(몬 1:22).

메시지와 적용

■ **기도에 전념하라** 이 단락의 가장 중요한 교훈은 기도이다. 기도는 사도 바울과 에바브라 같은 사역자들의 전유물이 아니다. 기도는 하나님의 자녀가 된 모든 신자의 의무이자 특권이다. 하나님의 택하심을 받고 예수 그리스도를 믿음으로 하나님의 자녀가 된 우리는 아버지 하나님께 기도하는 특권을 받은 사람들이다. 그러므로 "긍휼하심을 받고 때를 따라 돕는 은혜를 얻기 위하여 은혜의 보좌 앞에 담대히 나아가"(히 4:16, 개역개정) 기도해야 한다. 우리를 택하시고 우리를 사랑하시는 아버지 하나님은 우리의 기도를 들으신다. 시편 기자는 기도를 들으시는 하나님께 이렇게 사랑을 고백한다. "주님, 주님께서 나의 간구를 들어주시기에, 내가 주님을 사랑합니다. 나에게 귀를 기울여 주시니, 내가 평생토록 기도하겠습니다"(시 116:1-2, 표준새번역). 전능하신 하나님께서 우리 미천한 자들의 기도를 들으신다는 것은 얼마나 감사한 일인가?

기도는 감사함으로 하는 것이다. 하나님께 기도하는 것 자체가 특권이기 때문이다. 기도가 응답되지 않는 것처럼 느껴질 때에도 하나님께서 듣고 계신다는 것을 믿고 감사해야 한다. 하나님께서 응답하지 않으신다면, 무언가 특별한 뜻이 있기 때문일 것이다. 아버지 하나님의 선하심을 믿고 항상 기도하고 낙심하지 말자. 기도의 특권을 소중하게 여기고 기도에 전념하도록 하자.

■ **사역자들을 위한 기도** 기도는 하나님의 구원 역사에 참여하는 중요한 수단

18 Arnold, *Ephesians*, 466-67; Baugh, *Ephesians*, 561; Hoehner, *Ephesians*, 865; Smillie, "Ephesians 6:19-20", 218-20.

이다. 복음 사역자들을 위해 기도하는 것은 그들의 사역에 동참하는 것이다. 오늘 우리는 목회와 선교 사역을 하는 이들을 위하여 얼마나 기도하고 있는가? 사역자들이 심각한 문제를 일으키거나 어려움을 겪는 이유 중 하나는 그들이 자신들을 위하여 기도하지 않기 때문이다. 또한 그들을 위하여 기도하는 사람들이 없기 때문이기도 하다. 사역자도 실수하고 죄를 짓기 쉬운 연약한 인간이다. 그러므로 기도의 후원을 받지 못하는 사역자는 위태롭기 짝이 없다. 담임 목회자를 포함하여 복음 사역을 하는 사람들을 기억하고, 그들을 위하여 기도하자. 그들이 자기 영광이 아니라 하나님의 영광을 구하고, 자기 유익이 아니라 교회의 유익을 구하는 사역자들이 되도록 기도하자. 그들이 진리의 말씀을 바르게 전하고, 그 말씀에 따라 신실하게 살도록 기도하자.

2. 외부 사람들을 향한 삶에 관한 권면(4:5-6)

| 번역 |

5 외부 사람들을 향하여 지혜롭게 행하고 기회를 선용하십시오. 6 여러분의 말을 언제나 은혜롭게 하고, 소금으로 맛을 내는 것같이 하십시오. 여러분은 각 사람에게 어떻게 대답해야 할지 알아야 합니다.

| 본문 이해 터 닦기 |

| 문맥과 주제 | 이 단락(4:5-6)은 골로새서의 권면 단원 전체를 마무리하는 마지막 부분이다. 사도 바울은 골로새 성도들에게 외부 사람들을 향하여 지혜롭게 행하고 말을 은혜롭게 하라고 권고한다. 다음 단원(4:7-18)에서는 마지막 인사를 전하고 은혜가 임하기를 기원하는 축도로 이 서신을 끝맺는다. 이 단락의 주제는 외부 사람들을 향한 신자의 행동과 말이다. 신자는 외부 사람들과의 관계에서 지혜롭게 행동하고 은혜롭게 말해야 한다.

| 구조 | 이 단락은 "외부 사람들을 향하여 지혜롭게 행하십시오"(5절)와 "말을 은혜롭게 하십시오"(6절)라는 두 문장을 중심으로 구성되어 있다. 첫째 문장에는 기회를 선용하라는 분사절이 뒤따른다. 둘째 문장에는 소금으로 맛을 내는 것같이 하라는 분사절이 뒤따른다. 첫째 문장은 외부 사람들을 향

한 행동에 관한 권면이고, 둘째 문장은 외부 사람들을 향한 말에 관한 권면이다. 이 단락은 아래와 같이 구분할 수 있다.

(1) 5절 외부 사람들을 향한 행동
(2) 6절 외부 사람들을 향한 말

| 주해 |

(1) 외부 사람들을 향한 행동(4:5)

4:5 사도 바울은 외부 사람들과의 관계에서 골로새 성도들이 어떻게 행동하고, 어떻게 말해야 할지에 관해 권고한다. 먼저, 그들은 외부 사람들을 향해 지혜롭게 행해야 한다. 이 권면에서 "외부 사람들"(οἱ ἔξω, "호이 엑소")은 교회 밖에 있는 사람들, 즉 하나님의 백성이 아닌 자들이다. 바울은 골로새에 거주하는 믿지 않는 사람들을 마음에 두고 있다(참조. 고전 5:12, 13; 살전 4:12).

"외부 사람들을 향하여 지혜롭게 행하십시오"라는 권면은 무슨 의미인가? 이 본문에서 사도 바울은 구체적으로 설명하지 않는다. 그는 이 서신에서 자신이 모든 사람을 "모든 지혜로"(ἐν πάσῃ σοφίᾳ, "엔 파세 소피아") 가르치고 권한다고 말하며(1:28), "모든 지혜로"(ἐν πάσῃ σοφίᾳ) 서로 가르치고 권고하라고 골로새 성도들에게 권면한다(3:16). 여기서는 "지혜롭게"(ἐν σοφίᾳ) 행하라고 권면한다. 고대 헬라 사회에서 "소피아"는 본래 일상생활에서의 총명함, 이론적 지식, 사변적 사고의 능력 등을 의미하였다.[19] 하지만 성경에서는 일차적으로 하나님 자신과 하나님의 뜻을 아는 영적 능력이다(참조. 1:9). 하나님을 바르게 알고 하나님을 경외하는 것이 지혜의 시작이다(잠 9:10). 이 본문에서도 지혜롭게 행한다는 것은 하나님의 뜻을 알고 그 뜻에 따라서 하나님을 기쁘시게 하는 방식으로 사는 것을 의미한다.[20] 구체적으로 말하자면, 이 세대를 본받지 않고 하나님의 뜻을 따라 선을 행하면서도 모든 사람들과 더불어 화목하는 것이다(롬 12:2, 17, 18).

지혜롭게 행하는 것을 야고보서에 나오는 "위로부터 난 지혜"에 비추어 이해할 수 있다. "위로부터 난 지혜는 첫째 성결하고, 그다음으로 평화롭고, 관대하고, 유순하고, 자비와 선한 열매가 가득하고 편견과 거짓이 없습

19 Silva, *NIDNTTE*, IV, 332.
20 참조. Lincoln, "Colossians", 662.

니다"(약 3:17). 외부 사람들을 향하여 지혜롭게 행한다는 것은 성결하고 평화롭고 관대하고 유순하게 행하는 것이며, 자비와 선한 열매를 맺는 것이다. 이렇게 행함으로써 골로새 성도들은 마을과 일터와 시장과 목욕탕에서 만나는 외부 사람들에게서 선한 증거를 얻어야 한다(딤전 3:7). 그리고 자신들이 가진 믿음과 소망에 관하여 외부 사람들이 호기심을 갖게 만들어야 한다.[21]

지혜롭게 행한다는 것은 시간과 관련하여 올바른 태도를 갖는 것이기도 하다. 모든 신자들에게 시간은 지극히 소중하다. 하나님께서 주신 것이기 때문이다. 시간을 헛되이 흘려보내지 말고, 모든 노력을 다하여 "기회를 선용해야"(τὸν καιρὸν ἐξαγοραζόμενοι, "톤 카이론 엑사고라조메노이") 한다. 사도의 권고에서 현재 분사 "엑사고라조메노이"는 앞 구절에 나온 주동사 "행하십시오"(περιπατεῖτε, "페리파테이테")에 종속된 것으로, 명령 동사와 같은 구실을 한다. 이 분사의 원형 "엑사고라조"(ἐξαγοράζω)는 본래 "사다", "모두 사다", "구입하다"를 의미하는 상업 용어이다.[22] 그리고 "카이로스"(καιρός)는 특정한 시점이나 구원 역사의 특별한 기간을 뜻한다. 여기서는 "시간이 제공하는 기회들"을 가리킨다.[23] 시간이 제공하는 기회들을 구입한다는 것은 모든 기회를 붙잡아, 그 기회를 최대한 지혜롭게 선용하는 것을 의미한다(엡 5:16).[24]

이 권면은 갈라디아서 6:10에 나오는 권면과 유사하다. "그러므로 '기회가 있는 동안에'(ὡς καιρὸν ἔχομεν, "호스 카이론 에코멘"), 모든 사람에게 선한 일을 합시다. 특히 믿음의 식구들에게는 더욱 그렇게 합시다"(표준새번역). 골로새 성도들은 모든 시간을 하나님께서 주셨음을 인식하고, 믿음의 식구들만이 아니라 외부 사람들에게도 선한 일을 하는 데 시간을 최대한 지혜롭게 선용해야 한다.

(2) 외부 사람들을 향한 말(4:6)

4:6 다음으로, 골로새 성도들은 외부 사람들에게 어떻게 말해야 하는가? 첫째, 말을 언제나 은혜롭게 해야 한다. 둘째, 말을 소금으로 맛을 냄과 같

---

21 Bird, *Colossians and Philemon*, 122.

22 L&N, 37.131.

23 Büschel, *TDNT*, I, 128; Harris, *Colossians and Philemon*, 169.

24 BDAG, 343; L&N, 65.42.

이 해야 한다. 이 권면의 첫째 부분은 문자적으로 "여러분의 말은 언제나 은혜롭게"이다. 이 구절은 동사가 없는 불완전한 문장이므로 "여러분의 말"(ὁ λόγος ὑμῶν, "호 로고스 휘몬")이라는 주어에 어울리는 명령 동사 "에스토"(ἔστω, "되게 하십시오")를 첨가하여 읽어야 한다.[25] "여러분의 말"은 골로새 성도들이 마을과 일터와 시장과 목욕탕 등에서 외부 사람들과 나누는 모든 대화를 가리킨다.

말을 "은혜롭게"(ἐν χάριτι, "엔 카리티") 한다는 것은 무슨 뜻인가? 고대 문헌에서 "은혜"(χάρις, "카리스")는 "호의", "아름다움", "친절", "감사", "기쁨" 등을 의미했고,[26] 사람들에게 베푸는 구체적인 호의나 친절한 행위를 가리키는 데 자주 사용되었다.[27] 이 구절에서도 "카리스"는 "호의"나 "친절"을 의미한다. 따라서 말을 "은혜롭게" 하는 것은 외부 사람들에게 호의를 가지고 친절하게 말하는 것을 가리킨다. 골로새 성도들은 외부 사람들과 대화할 때 자신들이 받은 하나님의 은혜를 반영해야 한다. 즉, 냉정하거나 적대적인 마음이 아니라 친절한 마음으로 말해야 한다.

이 권면의 둘째 부분은 문자적으로 "소금으로 맛을 낸"(ἅλατι ἠρτυμένος, "할라티 에르튀메노스")이다. 이 문구는 주어인 "여러분의 말"과 연결되어 있다. 골로새 성도들의 말이 소금으로 맛을 낸 것 같아야 한다는 뜻이다. 이 권면의 의미는 무엇인가? "소금"(ἅλας, "할라스")은 고대 세계에서도 주로 음식의 맛을 내는 데 사용되었다. 욥은 "싱거운 것이 소금 없이 먹히겠느냐 닭의 알 흰자위가 맛이 있겠느냐"(욥 6:6, 개역개정)라고 하였다. 또한 고대 문헌에서 소금이라는 단어는 대화에 맛을 더한다는 은유적인 의미로 자주 사용되었다. 소금으로 맛을 낸 대화란 흥미롭고 생생하며 매력 있는 대화를 의미한다. 수사학자 퀸틸리아누스(Quintilianus)는 소금기 있는 말은 듣고 싶은 갈증을 불러일으킨다고 하였다(*Inst.* 6.3.19). 반면에 무미건조하고 따분한 말이나 강연은 소금이 빠진 것과 같다는 비판을 받았다.

---

25 이 동사를 첨가하여 사도의 권고를 문자적으로 읽으면 다음과 같다. "여러분의 말이 언제나 은혜롭게 되게 하십시오." 이 구절을 "여러분의 말을 언제나 은혜롭게 하십시오"라고 의역할 수 있다. Harris, *Colossians and Philemon*, 170; Sweeney, "Guidelines on Christian Witness", 450.

26 LSJ, 1978-79; MM, 684-85.

27 Conzelmann, *TDNT*, IX, 373-76; Silva, *NIDNTTE*, IV, 653.

이 본문에서 사도 바울 역시 소금을 대화에 맛을 더하고 말을 매력 있게 만드는 것이라는 은유적 의미로 사용한다. 소금으로 맛을 낸 말은 순수하고 건전하면서도 흥미롭고 매력적이다. 외부 사람들과 대화할 때 말을 은혜롭게 하다 보면 자칫 단조롭거나 무미건조해지기 쉽다. 골로새 성도들은 말을 은혜롭게 하면서도 동시에 흥미롭고 생생하며 매력적인 방식으로 해야 한다.[28]

이렇게 함으로써 그들은 "각 사람에게 어떻게 대답해야 할지 알아야" 한다.[29] 이 진술은 외부 사람들이 골로새 성도들에게 질문하는 것을 전제한다.[30] "각 사람"(ἑνὶ ἑκάστῳ, "헤니 헤카스토")은 골로새 성도들의 믿음이나 소망에 관해 질문하는 외부 사람을 가리킨다. 마을과 일터와 시장과 목욕탕 등에서 만나는 외부 사람들은 호기심을 가지고 골로새 성도들에게 질문할 것이다. 가정에서도 믿지 않는 남편이나 아내, 부모나 자녀들, 주인이나 종들이 질문할 것이다. 골로새 성도들은 그들에게 적절하게 답변할 수 있도록 준비해야 한다. 믿음과 소망에 관해 묻는 사람들에게 친절하면서도 생생하고 흥미롭게 대답해야 한다.[31] 여기서 바울은 베드로가 한 것과 매우 유사한 내용으로 권고를 하고 있다. "여러분 안에 있는 소망에 관한 이유를 묻는 모든 사람에게 언제라도 답변할 수 있도록 준비하십시오 하지만 온유와 두려움으로 답변하십시오"(벧전 3:15).

메시지와 적용

▪ 외부 사람들을 향한 삶 이 단락의 중요한 교훈은 기회를 선용하면서 외부 사람들을 향하여 지혜롭게 행해야 한다는 것이다. 그리스도인은 외부 사람들에게 비난이나 공격을 받을 빌미를 제공하지 말아야 한다. 그와 반대로

---

28 Lightfoot, *Colossians and Philemon*, 232; Lohse, *Colossians and Philemon*, 168; Moule, *Colossians and Philemon*, 135; Sweeney, "Guidelines on Christian Witness", 460.

29 상당수의 주석가들은 부정사 "에이데나이"(εἰδέναι)로 시작하는 이 구절을 목적이나 결과를 나타내는 것으로 본다. 개역개정도 결과를 나타내는 것으로 번역한다. "그리하면 각 사람에게 마땅히 대답할 것을 알리라." 하지만 이 부정사구를 명령문으로 이해하는 것이 더 적절하다. Bratcher and Nida, *Colossians and Philemon*, 100.

30 Wright, 『골로새서·빌레몬서』, 229.

31 Sumney, *Colossians*, 263.

외부 사람들과의 관계에서 적극적으로 기회를 선용하면서 선을 행하고, 단정하게 행해야 한다(살전 4:12). 이렇게 할 때 그들에게서도 선한 증거를 얻을 수 있고(딤전 3:7), 복음을 전할 좋은 기회를 얻게 된다. 그런데 안타깝게도 한국 교회를 향한 외부 사람들의 비판이 날이 갈수록 신랄해지고 있다. 이유가 무엇인가? 이 단락의 가르침에 비추어 볼 때 목회자들과 교인들이 지혜롭게 행하지 않기 때문이고, 하나님께서 주신 기회를 선한 일을 위하여 선용하지 않기 때문이다. 또 빈번하게 악과 불의와 거짓을 행하고 있기 때문이다. 한국 교회의 문제와 관련해서 우리는 거의 항상 다른 사람들을 향해 손가락질한다. 물론 문제를 일으킨 교회 지도자들과 교인들에게 책임이 있는 것이 사실이다. 하지만 우리에게는 문제가 전혀 없는가? 만일 우리가 하나님께서 주신 기회를 선한 일을 하는 데 선용하고 있지 않다면, 그리하여 믿지 않는 사람들에게서 선한 증거를 얻지 못하고 있다면 우리에게도 분명 문제가 있는 것이다. 나 자신이 문제라고 생각하자. 그리고 나 자신부터 하나님께서 주신 기회를 선용하면서 외부 사람들을 향하여 지혜롭게 행하도록 하자.

▪ **그리스도인의 말과 복음** 이 단락의 다른 중요한 교훈은 외부 사람들과 대화할 때 말을 은혜로우면서도 소금으로 맛을 낸 것같이 해야 한다는 것이다. 말의 내용 못지않게 말하는 방식도 중요하다. 그리스도인의 말은 퉁명스럽기보다는 은혜로워야 하며, 귀에 거슬리기보다는 매력적이어야 한다. 복음을 전할 때에도 적절하면서도 품위 있는 단어들을 사용해야 한다. 듣는 사람들의 눈살을 찌푸리게 만들고 반감을 불러일으키는 말과 표현을 피해야 한다. 그러면서도 복음을 흥미롭고 매력 있는 방식으로 전해야 한다. 복음은 세상에서 가장 놀라운 것이다. 하나님의 아들이신 예수님이 사람이 되어 세상에 오신 것 자체가 역사상 가장 놀랍고 흥미진진한 사건이다. 영국의 소설가이자 희곡작가인 도로시 세이어즈(Dorothy Sayers)는 성자 예수님이 사람이 되신 성육신 사건이 지겹고 단조로운 것이라면, 흥미진진하다고 말할 수 있는 것은 세상 그 어디에도 없다고 주장하였다.[32] 복음을 지겹고 단조로운 것이라고 생각하는 사람은 복음이 무엇인지 모르는 사람이다. 복음

32 Sayers, 『도그마는 드라마다』, 27, 30.

의 능력을 알지 못하는 사람이다. 가장 놀랍고 흥미진진한 복음을 단조롭고 지루한 이야기로 만들지 말라.

■ **전도와 그리스도인의 삶** 이 단락에서 사도 바울은 외부 사람들에게 전도하라고 직접 요청하지 않는다. 그 대신 외부 사람들을 향하여 지혜롭게 살고, 은혜롭게 말하라고 요청한다. 사도는 신자들이 복음에 합당한 삶을 통하여 전도하는 것을 마음에 두고 있다. 이것은 매우 오래된 복음 전도 방식이다. 2세기에 북아프리카에서 활동한 테르툴리아누스(Tertullianus)는 자기 시대의 기독교인들을 이렇게 묘사하였다. "약자를 돌보고 사랑과 친절을 베푸는 우리의 모습은 많은 우리 반대자들의 눈에 비친 우리의 표지이다. 그들[비기독교인들]은 이렇게 말한다. '보라, 그들이 얼마나 서로 사랑하는가를 … 그리고 그들이 얼마나 서로를 위해 죽을 각오가 되어 있는가를'"(*Apol.* 39.7). 4세기에 기독교를 박해한 로마 황제 율리아누스(Flavius Julianus)는 기독교의 성장이 "기독교인의 도덕성"과 "나그네에 대한 너그러움"에서 비롯되었다고 지적하였다. 그리고 기독교인들이 "그들의 가난한 자만 돕는 게 아니라 우리의 가난한 자까지 돕는다"라고 말하였다.[33] 오늘날에도 기독교인들이 복음에 합당한 방식으로 살고, 서로 사랑하면서 선을 행하는 것이야말로 가장 효과적인 전도 방법이다. 기독교인들이 적극적으로 사랑을 실천할 때 외부 사람들에게 칭송을 받을 것이고, 하나님께서 구원받는 사람들을 날마다 교회에 더하실 것이다(행 2:47).

33 Stark, 『기독교의 발흥』, 131.

VIII. 4:7-18

마지막 인사와 결말

1. 4:7-9 두기고와 오네시모를 보냄
2. 4:10-18 마지막 인사와 은혜의 축도

이 단원(4:7-18)은 골로새서를 마무리하는 마지막 부분이다. 지금까지 사도 바울은 거짓 교사들 때문에 어려움을 겪는 골로새 성도들을 위하여 만물과 교회에 대하여 절대적 주권을 가지신 그리스도의 위대하심과 그리스도 안에서 그들이 받은 구원의 완전함을 강조하였다. 그리고 거짓 교사들이 과시하는 신비 체험이 아니라 위에 있는 것들을 추구하라고 권면하였다. 이어서 새 사람의 덕목들을 옷 입고 교회와 가정에서 모든 일을 주 예수님의 이름으로 하고, 교회 밖에 있는 사람들을 향하여는 지혜롭게 행하고 은혜롭게 말하라고 권고하였다.

이 결말 단원에서 바울은 오네시모와 함께 두기고를 골로새 교회로 보낸다고 말하고, 이어서 마지막 인사를 전한 다음에 은혜를 기원하는 축도로 편지를 마친다.[1] 이 단원의 중요한 요소는 안부를 전하는 것이다. 바울은 동역자들의 안부를 골로새 교회에 전하고(4:10-14), 자신도 친필로 인사한다(4:18). 그리고 라오디게아의 형제들과 눔파의 집에 있는 교회에 안부를 전하라고 요청한다(4:15). 이는 초기 교회 성도들의 사랑과 유대 관계를 잘 보여준다. 골로새 교회는 외딴섬과 같은 집단이 결코 아니다. 멀리는 로마에 있는 성도들과 연결되어 있고, 가까이는 라오디게아에 있는 성도들과 연결되어 있는 사랑의 공동체이다.

결말 단원은 두 단락으로 구성되어 있다. 첫 번째 단락(4:7-9)에서 바울

1 참조. Dunn, *Colossians and Philemon*, 269; Harris, *Colossians and Philemon*, 172.

은 골로새로 가는 두기고와 오네시모를 소개한다. 이것은 다른 편지들의 결말에 나오는 여행 계획에 해당한다(롬 15:22-32; 고전 16:1-18; 고후 13:1-10; 엡 6:21-22). 두 번째 단락(4:10-18)에서는 동역자들의 인사를 전하고(4:10-14), 마지막 당부를 한다(4:15-17). 그리고 자신의 친필 인사와 함께 은혜의 축도로 편지를 마무리한다(4:18).

1. 두기고와 오네시모를 보냄(4:7-9)

번역

7 나의 모든 사정은 두기고가 여러분에게 알려 줄 것입니다. 그는 주님 안에서 사랑받는 형제요 신실한 일꾼이요 함께 종이 된 사람입니다. 8 나는 바로 이 목적을 위하여 그를 여러분에게 보냅니다. 그것은 [a]여러분으로 하여금 우리의 사정을 알게 하고 여러분의 마음을 격려하는 것입니다. 9 신실하고 사랑받는 형제 오네시모를 함께 [b]보냅니다. 그는 여러분에게서 온 사람입니다. 그들이 여기 사정을 모두 여러분에게 알려 줄 것입니다.

[a] 일부 사본들은 "그로 하여금 여러분의 사정을 알게 하고"(γνῷ τὰ περὶ ὑμῶν, "그노 타 페리 휘몬")를 지지하지만(p[46] ℵ[2] C Ψ 1739 *Byz*), 다른 사본들은 "여러분으로 하여금 우리의 사정을 알게 하고"(γνῶτε τὰ περὶ ἡμῶν, "그노테 타 페리 헤몬")를 지지한다(A B D* F G P 33 1319). 두 번째 이문은 알렉산드리아와 서방과 동방의 대표적인 사본들의 지지를 받으며, 첫 번째 이문이 생겨난 원인을 잘 설명한다. 또 사도 바울이 두기고를 골로새 교회에 보낸 목적과 조화를 이룬다.[2]

[b] 본문의 뜻을 분명하게 하려고 8절에 나온 동사 "보냅니다"를 첨가하였다.

본문 이해 터 닦기

| 문맥과 주제 | 사도 바울이 마지막 인사로 편지를 마무리하기 전에 두기고와 오네시모를 소개한다. 두 사람은 골로새로 간다. 그들의 중요한 임무는 골로새서를 전달하는 것이다. 또 다른 임무는 "나의 모든 사정"(4:7), "우리의 사정"(4:8), "여기 사정"(4:9)을 알려 주는 것이다. 이 단락의 주제는 이것이다. 두기고는 오네시모와 함께 골로새로 가서 바울과 그의 동료들의 사정을 골로새 성도들에게 알려 주고 그들의 마음을 격려할 것이다.

2 Lightfoot, *Colossians and Philemon*, 235, 255; Metzger, *A Textual Commentary*, 559.

| 배경 | 고대 로마 제국에서 공식적인 우편 체제는 정부와 군대를 위한 것이었다(참조. Plinius, *Ep.* 10.45-46, 64, 120-21). 그래서 바울은 멀리 떨어진 교회들에 편지를 전달해 줄 사람이 필요했다. 그는 골로새서를 전달하는 일을 두기고에게 맡겼다. 두기고는 여행 경험이 많은 사람이었다. 그는 아시아 출신으로, 이방인 교회의 연보를 전달하기 위해 예루살렘으로 가는 바울과 동행한 적이 있다(행 20:4). 이번에 그는 골로새서를 전달하는 임무를 위해 로마에서 골로새까지 1,900km나 되는 먼 길을 가야 했고, 골로새로 가는 도중에 에베소서를 전달해야 했다(엡 6:21-22). 그는 빌레몬서와 라오디게아서도 전달해야 했다(4:16). 또 오네시모를 빌레몬에게 돌려보내는 일도 맡았다. 두기고는 이 어려운 일을 수행할 수 있는 유능하고 신실한 사역자였다.

| 구조 | 이 단락은 느슨한 교차 대칭 구조로 구성되어 있다.[3] 단락이 "나의 모든 사정"을 두기고가 알려 줄 것이라는 구절로 시작하고(7절), 두기고와 오네시모가 "여기 사정"을 알려 줄 것이라는 구절로 끝난다(9절). 두 구절 사이에 두기고를 보내는 목적을 진술하는 구절이 자리 잡고 있다(8절).

A 두기고가 "나의 모든 사정"을 알려 줄 것임(7절)
  B 두기고를 보내는 목적(8절)
A′ 두기고와 오네시모가 "여기 사정"을 알려 줄 것임(9절)

이 단락에는 두기고와 오네시모가 등장한다. 사도 바울은 두기고를 빌레몬의 종인 오네시모와 함께 골로새로 보낸다.[4] 이 단락을 아래와 같이 구분할 수 있다.

(1) 7-8절 두기고를 보냄
(2) 9절 오네시모를 보냄

---

3 Pokorný, *Colossians*, 190; Wall, *Colossians and Philemon*, 170-71.

4 바울이 두기고를 골로새로 보낸다고 말하는 것은 이 편지가 바울의 사후에 기록되었다고 주장하는 사람들에게 심각한 걸림돌이다. 바울은 두기고를 언급함으로써 이 편지가 자신의 것이라는 사실을 분명히 한다. 두기고가 이 편지를 전달했을 때 골로새 성도들은 이 편지가 사도의 것이라는 사실을 조금도 의심하지 않고 받아들였을 것이다. 이 단락에서 두기고가 편지 전달자로 언급된 것이 골로새서의 바울 저작을 보증한다. 참조. Baugh, *Ephesians*, 568.

| 주해 |

(1) 두기고를 보냄(4:7-8)

4:7 이 단락은 에베소서 6:21-22과 내용이 거의 일치한다. 두 본문에서 바울은 두기고를 언급한다. 두기고는 "사랑받는 형제"이며 "신실한 일꾼"이다(엡 6:21). 그는 에베소 교회에도 바울의 편지를 전달하고 바울의 사정을 알려 줄 것이다. 두 본문의 유일한 차이점은 골로새서 본문에 오네시모가 등장한다는 것이다(9절). 오네시모는 두기고와 함께 골로새로 간다. 그러나 편지를 전달하고 사도 바울을 대변하는 역할을 맡은 사람은 오네시모가 아니라 두기고이다. 바울은 두기고의 임무를 이렇게 진술한다. "나의 모든 사정은 두기고가 여러분에게 알려 줄 것입니다." 이 구절에서 "나의 모든 사정"(τὰ κατ' ἐμὲ πάντα, "타 카트 에메 판타")이라는 표현은 바울의 현재 상황을 가리킨다.[5] 바울은 이 서신에서 자신의 사정 몇 가지를 언급한다. 지금 그는 그리스도의 비밀 때문에 매여 있고(4:3, 18), 골로새 교회를 위하여 고난을 받고 있으며, 그리스도의 고난들의 부족한 것을 자기 육체로 채우고 있다(1:24). 또한 골로새 교회와 라오디게아 교회를 위하여 크게 분투하고 있다(2:1). 하지만 바울은 자신의 형편을 모두 적지 않았다. 골로새서가 사적인 편지가 아니라 하나님의 교훈을 전하는 공적인 편지이기 때문이다. 바울은 자신의 모든 사정을 알려 주는 일을 두기고에게 맡겼다.

"두기고"(Τυχικός, "튀키코스")는 어떤 사람인가? 그는 아시아 사람으로(행 20:4)[6] 에베소 출신이었을 것이다.[7] 그는 바울이 에베소에서 3차 선교 사역을 할 때 회심한 것으로 보인다. 두기고는 바울이 예루살렘 교회의 가난한 성도들에게 연보를 전달하기 위하여 예루살렘을 방문할 때 드로비모와 함께 아시아 교회들의 대표로 동행하였다.[8] 바울은 두기고를 "주님 안에서 사랑받는 형제요 신실한 일꾼이요 함께 종이 된 사람"으로 소개한다. 이것은 사

---

5 Lohse, *Colossians and Philemon*, 170.

6 "아시아"(Ἀσία)는 로마 제국의 아시아 속주를 가리킨다. 아시아 속주는 무시아, 이오니아, 리디아, 브루기아의 서부 지역, 카리아로 구성되었다. 이 지역은 원로원이 임명한 총독(proconsul)이 에베소에서 통치하였다. Reicke, *EDNT*, I, 172.

7 Lightfoot, *Colossians and Philemon*, 233; Moo, *Colossians and Philemon*, 334; Pao, *Colossians and Philemon*, 308.

8 Lightfoot, *Colossians and Philemon*, 233.

역자가 들을 수 있는 최고의 찬사이다. 사도에게 이런 찬사를 들을 정도로 두기고는 그리스도와 복음을 위하여 철저하게 헌신한 사역자였다.

4:8 바울이 두기고를 골로새 교회에 보내는 목적을 또다시 언급한다. "나는 바로 이 목적을 위하여 그를 여러분에게 보냅니다. 그것은 여러분으로 하여금 우리의 사정을 알게 하고 여러분의 마음을 격려하는 것입니다." 이 구절에서 "나는 보냅니다"(ἔπεμψα, "에펨프사")라는 표현은 두기고가 사도 바울이 파송하는 편지 전달자이자 특사라는 사실을 분명하게 보여 준다.[9] 바울의 특사이므로 골로새 교회는 그를 바울처럼 영접해야 하고 그의 말을 바울의 말처럼 들어야 한다. 그가 골로새 교회 성도들에게 알게 해야 하는 "우리의 사정"(τὰ περὶ ἡμῶν, "타 페리 헤몬")은 사도 바울의 사정만이 아니라 사도와 함께 있는 디모데와 에바브라 같은 동역자들의 사정도 가리킨다.

두기고는 사도를 대신하여 골로새 성도들의 "마음을 격려하는" (παρακαλέσῃ τὰς καρδίας ὑμῶν, "파라칼레세 타스 카르디아스 휘몬") 일도 해야 한다. "파라칼레오"(παρακαλέω)는 "권고하다", "위로하다", "격려하다" 등을 뜻한다.[10] 여기서는 2:2에서처럼 "격려하다"라는 의미가 더 적절하다.[11] 거짓 교사들로 인하여 어려움을 겪는 골로새 성도들에게 필요한 것은 위로보다는 격려이기 때문이다. 바울이 두기고를 보내는 목적은 골로새 성도들의 마음을 격려하여 그들이 거짓 교사들의 문제에 잘 대처하게 하려는 것이다. 두기고는 바울이 로마에서 그들을 위하여 얼마나 크게 분투하고 있는지 알려 줌으로써 그들을 격려할 것이다(참조. 2:1-2). 그리고 바울 곁에 남은 에바브라를 대신하여 아킵보와 함께 일정한 기간 동안 골로새 교회 성도들을 가르치고 돌보는 사역을 할 수 있을 것이다.[12]

---

9 "에펨프사"는 편지를 받아 읽을 수신자의 시점에서 현재의 행동을 기술하는 서간체 부정 과거(epistolary aorist)이다. 골로새 성도들이 두기고로부터 이 편지를 받을 시점에서 볼 때 두기고를 보내는 행위는 과거에 일어난 것이다. 하지만 편지를 쓰고 있는 바울의 시점에서는 지금 일어나고 있는 것이다. 서간체 부정 과거 용법에 관해서는 다음 책들을 참조하라. BDF, §334; Porter, *Idioms of the Greek New Testament*, 36-37; Wallace, *Greek Grammar*, 562.

10 BDAG, 764-65.

11 Lightfoot, *Colossians and Philemon*, 235; Sumney, *Colossians*, 269.

12 Barth and Blanke, *Colossians*, 477.

(2) 오네시모를 보냄(4:9)

4:9 사도 바울은 두기고와 함께 오네시모를 골로새로 보낸다. "오네시모"('Ονήσιμος)라는 이름은 문자적으로 "유용한", "유익한"을 의미한다.[13] 이 이름은 고대의 종들 사이에 흔한 것이었다. 자기 종이 유용하기를 바라는 마음에서 주인이 이 이름을 붙여 주었기 때문이다. 오네시모라는 이름이 흔했다는 이유로 일부 성경학자들은 이 서신에 나오는 오네시모를 빌레몬서에 나오는 오네시모와 같은 인물로 보기 어렵다고 주장한다. 하지만 사도 바울이 골로새서와 빌레몬서에서 오네시모를 동일하게 "사랑받는 형제"라고 부르고(몬 1:16), 두 편지를 골로새로 보낸다는 점을 고려할 때 동일 인물로 보는 것이 더 타당하다. 오네시모는 골로새에 거주하는 빌레몬의 종이었다. 그는 빌레몬에게 피해를 입히고 로마로 도망갔다가 거기서 바울을 만나 복음을 듣고 회심하였다. 그는 바울이 "갇힌 중에서 낳은 아들"이다(몬 1:10). 바울은 오네시모를 자기 곁에 머물러 있게 하고 싶었으나 그가 빌레몬의 종이라는 사실을 알고 골로새로 돌려보낸다(몬 1:12-13).[14]

바울은 주저하지 않고 오네시모를 "신실하고 사랑받는 형제"라고 부른다. 7절에서는 두기고를 "사랑받는 형제"라고 불렀다. 오네시모를 자신의 동역자인 두기고와 같은 형제로 간주한 것이다. 오네시모의 신분이 종이라는 사실을 감안할 때 이는 매우 놀라운 일이다. 사도가 새 인류 안에는 종도 자유인도 없다(3:11)는 복음의 진리를 몸소 실천하고 있는 것이다.[15] 그는 오네시모를 그저 "형제"라고 부르지 않고, "신실하고 사랑받는"(πιστῷ καὶ ἀγαπητῷ, "피스토 카이 아가페토")이라는 수식어를 붙인다. 오네시모는 바울이 신뢰할 뿐만 아니라 사랑하기까지 하는 형제이다. 주인에게 불의를 행하고 도망한 종이 어떻게 바울의 사랑을 받는 형제가 되었는가? 하나님의 은혜와 복음의 능력이 그를 변화시켰기 때문이다.

바울은 오네시모가 "여러분에게서 온 사람"(ὅς ἐστιν ἐξ ὑμῶν, "호스 에스틴 엑스 휘몬")이라고 말한다. 오네시모는 골로새 출신이다.[16] 그는 골로새 교회

---

13 LSJ, 1231; BDAG, 711.

14 오네시모와 빌레몬의 관계에 관해서는 이 책의 "빌레몬서 서론"을 보라.

15 Moo, *Colossians and Philemon*, 336.

16 Arnold, "Colossians", 101; Martin, *Colossians and Philemon*, 131; Moo, *Colossians and Philemon*, 337; Witherington III, *Philemon, Colossians*, 203.

에 예배와 친교의 공간으로 자기 집을 제공한 빌레몬의 종이다. 그는 과거에 무익한 존재였다. 하지만 지금 그는 "신실하고 사랑받는 형제"가 되어 자기 발로 골로새로 돌아가고 있다. 빌레몬과 골로새 교인들 모두에게 기쁜 소식이 아닐 수 없다.[17] 빌레몬과 골로새 교회는 그를 사랑받는 형제로 받아들여야 한다(몬 1:16).

이 단락의 마지막 구절에서 바울은 두기고와 오네시모가 해야 할 일을 다시 언급한다. 그것은 "여기 사정을 모두" 골로새 교회에 알려 주는 것이다. 이 구절에서 "알려 줄 것이다"(γνωρίσουσιν, "그노리수신")는 복수 동사이다. 두기고와 오네시모가 이 동사의 주어이다. 두기고만이 아니라 오네시모도 "여기 사정을" 알려 주는 일을 할 것이다. 문자적으로 "여기 있는 것들 모두"(πάντα … τὰ ὧδε, "판타 … 타 호데")라는 표현은 로마에 있는 바울과 그의 동역자들의 사정, 그리고 로마에 있는 교회들의 사정을 모두 가리킨다. 오네시모는 자신이 어떻게 로마에서 바울을 만났으며, 어떻게 변화되었는지도 말할 것이다.

메시지와 적용

■ 교회를 위한 사도 바울의 사랑 이 단락에서 주목해야 할 것은 골로새 교회를 위한 사도 바울의 사랑이다. 바울은 자신이 만난 적이 없는 골로새 교회 성도들을 위해 기도하고, 그들에게 편지를 쓴다. 그리고 그 편지를 전달하고 그들을 격려하기 위해 두기고를 골로새까지 보낸다. 바울이 바라는 것은 오직 골로새 성도들이 격려를 받는 것이고, 그들의 믿음이 견고하게 되어 복음의 소망에서 떠나지 않는 것이다. 그는 자기 유익이 아니라 교회의 유익을 구한다. 오늘의 사역자들은 어떠한가? 진심으로 교회를 사랑하고 교회의 유익을 추구하고 있는가? 입으로는 교회를 위해 사역한다고 말하면서도 실제로는 자기 유익을 추구하는 사역자들이 얼마나 많은가? 교회의 유익이 아니라 자기 유익을 추구하는 사역자들에게 예수님은 "내가 너희를 도무지 알지 못한다"라고 말씀하실 것이다(마 7:23).

■ 복음과 교회를 위한 두기고의 헌신 이 단락에서 바울은 편지들을 전달하기

17 Barth and Blanke, *Colossians*, 478.

위해 로마에서 출발하여 에베소를 거쳐서 골로새까지 간 두기고의 헌신을 보여 준다. 우리에게는 바울과 베드로 같은 위대한 사도들의 수고만을 기억하려는 경향이 있다. 하지만 두기고 같은 사역자들의 수고가 없었다면 바울의 사역이 결실을 맺을 수 없었을 것이다. 두기고는 비행기와 자동차 같은 교통수단이 없던 시대에 강의 위험과 바다의 위험과 강도의 위험을 무릅쓰고 로마에서 골로새까지 멀고 험한 길을 갔다. 그는 수고의 대가로 무엇을 받았는가? 그에게 어떤 보상이 주어졌는가? 두기고는 복음에 대한 열정과 하나님의 은혜에 대한 감사만으로 그 힘들고 어려운 임무를 완수하였다. 오늘도 두기고 같이 복음과 교회를 위해 헌신적으로 수고하는 사역자들이 있다. 우리는 그들의 헌신과 수고를 잊지 말아야 한다. 우리 자신은 복음과 교회를 위하여 얼마나 수고하고 있는가? 우리의 수고로 복음이 전해지고, 교회가 든든하게 서고 있는가?

2. 마지막 인사와 은혜의 축도(4:10-18)

번역

10 나와 함께 갇힌 자 아리스다고와 바나바의 사촌 마가 [a](마가에 대하여는 여러분이 이미 명령을 받았으니 그가 여러분에게 이르거든 그를 영접하십시오), 11 그리고 유스도라 하는 예수가 여러분에게 [b]안부를 전합니다. 이들은 할례를 받은 사람들입니다. 오직 이 사람들만이 하나님 나라를 위하여 [c]나와 함께 일하는 사역자들입니다. 이들이 나에게 위로가 되었습니다. 12 여러분에게서 온 그리스도 예수의 종 에바브라가 여러분에게 안부를 전합니다. 그는 여러분이 완전하게 서고 하나님의 모든 뜻에 대하여 완전한 확신을 갖도록 기도하면서 늘 여러분을 위하여 분투하고 있습니다. 13 나는 그가 여러분을 위하여, 그리고 라오디게아와 히에라폴리스에 있는 사람들을 위하여 많이 수고하고 있음을 증언합니다. 14 사랑받는 의사 누가와 데마도 여러분에게 안부를 전합니다. 15 여러분은 라오디게아에 있는 형제들과 눔파와 [d]그 여자의 집에 있는 교회에 안부를 전하십시오. 16 그리고 여러분이 이 편지를 읽은 다음에 라오디게아 교회에서도 읽게 하고, 라오디게아 교회에서 오는 편지를 여러분 자신들도 또한 읽으십시오. 17 그리고 아킵보에게 주님 안에서 받은 직무를 주의를 기울여 완수하라고 일러 주십시오. 18 나 바울이 친필로 인사합니다. 내가 매인 것을 기억하십시오. 은혜가 여러분과 함께 있기를 빕니다.

a 이 구절은 마가에 관해 중요한 사실을 알려 주는 관계 대명사절이다. 마가의 이름과 유스도 예수의 이름 사이에 삽입된 것이라서 괄호 안에 넣었다.

b "안부를 전합니다"는 헬라어 성경에서 10절에 나오는 "아스파제타이"(ἀσπάζεται)를 번역한 것이다.

c "나와"는 의미를 분명하게 하려고 첨가한 것이다.

d 일부 사본들은 "그녀의"(αὐτῆς, "아우테스")를 지지하지만(B 6 424c 1739 1881), 다른 사본들은 "그의"(αὐτοῦ, "아우투")를 지지한다(D K L Ψ *Byz*). 회중의 모임 장소로 자기 집을 제공한 주인이 남자라고 생각한 후대의 필사자들이 "그녀의"를 "그의"로 수정하였을 것이다.[18]

본문 이해 터 닦기

| 문맥과 주제 | 이 마지막 단락(4:10-18)에서 바울은 로마에 있는 동역자들의 인사를 골로새 교회에 전한다. 이어서 마지막 권고를 하고, 친필로 마지막 인사를 한다. 이 단락에는 "인사"(4:18)라는 명사와 함께 "안부를 전하다"(또는 인사하다)라는 동사가 반복해서 나온다(4:11, 12, 14, 15). 이 단락의 주제는 다음과 같다. 사도 바울이 동역자들의 안부를 골로새 교회에 전하고 마지막 인사를 한다.

| 배경 | 바울 당시 그리스-로마 사회에서는 편지를 수신자의 건강이나 행복을 기원하는 말과 작별 인사로 마치는 것이 관례였다.[19] 고대 그리스-로마 편지의 표준적인 작별 인사는 "안녕히 계십시오"를 뜻하는 이인칭 단수 동사 "에로소"(ἔρρωσο)나 복수 동사 "에로스떼"(ἔρρωσθε)였다. 이런 예는 예루살렘 사도 회의의 결과를 교회들에 알리는 편지에서 볼 수 있다(행 15:29).[20] 이 편지에 나오는 작별 인사 "에로스떼"를 개역개정은 "평안함을 원하노라"라고 번역하고, 표준새번역은 "안녕히 계십시오"라고 번역한다. 골로새서에서 바울은 당시의 서신 관례를 따르면서도 건강이나 행복을 기원하지 않으며, 일반적인 작별 인사인 "에로소"나 "에로스떼"를 사용하지도 않는다. 그 대신

18 필사자들이 남성 대명사 "그의"를 여성 대명사 "그녀의"로 수정하였을 가능성은 거의 없다. 그들은 "그 여자의 집에 있는 교회"라는 표현을 이례적인 것으로 보았을 것이다. Bruce, *Colossians, Philemon*, 183; Lohse, *Colossians and Philemon*, 174; Metzger, *A Textual Commentary*, 560.

19 Bailey and Broek, *Literary Forms in the New Testament*, 27; Doty, *Letters in Primitive Christianity*, 39.

20 이 편지의 작별 인사 "에로스떼"는 "나는 강하다"를 뜻하는 "흐로뉘미"(ῥώννυμι)의 현재 완료 수동태 이인칭 복수 명령형이다.

은혜가 함께하기를 기원하면서 편지를 마친다. 편지의 첫머리에 나오는 "인사하다"(χαίρειν, "카이레인")라는 말을 "은혜"와 "평화"로 바꾼 것처럼 마지막 기원도 "은혜"로 바꾼 것이다. 바울은 이 편지를 "은혜"로 시작하고(1:2) "은혜"로 마친다(4:18).

| 구조 | 결말 부분은 세 개의 작은 단락으로 구성되어 있다. 첫째 단락(10-14절)에서 바울은 동역자들의 마지막 인사를 전한다. 먼저, 유대인 사역자들의 인사를 전하고(10-11절), 다음으로 이방인 사역자들의 인사를 전한다(12-14절). 둘째 단락(15-17절)에서 바울은 골로새 성도들에게 권고한다. 그들은 라오디게아 형제들과 눔파의 집에 있는 교회에 안부를 전해야 하고(15절), 라오디게아 교회와 편지를 교환하여 읽어야 하며(16절), 아킵보에게 직무를 완수하라고 권고해야 한다(17절). 셋째 단락(18절)에서 바울은 친필로 마지막 인사를 하고 은혜를 기원한다.

(1) 10-14절 사도 바울의 동역자들이 골로새 교회에 안부를 전함
1) 아리스다고와 마가와 유스도의 인사(10-11절)
2) 에바브라의 인사(12-13절)
3) 누가와 데마의 인사(14절)

(2) 15-17절 마지막 권고
1) 라오디게아의 형제들과 눔파에게 안부를 전하라는 권고(15절)
2) 골로새서와 라오디게아서에 관한 권고(16절)
3) 아킵보에 관한 권고(17절)

(3) 18절 사도 바울의 마지막 인사와 은혜의 축도

| 주해 |

(1) 사도 바울의 동역자들이 골로새 교회에 안부를 전함(4:10-14)

4:10 사도 바울은 아리스다고와 마가와 유스도의 안부를 골로새 교회에 전한다. 그들은 로마에서 바울과 함께 복음 사역을 하는 동역자들이다. "안부를 전하다", "인사하다"를 뜻하는 "아스파조마이"(ἀσπάζομαι)는 인사를 전하는 데 사용하는 통상적인 단어이다.[21]

바울이 가장 먼저 언급한 "아리스다고"(Ἀρίσταρχος, "아리스타르코스")는 데

21 BDAG, 144; Weima, *Neglected Endings*, 40-45.

살로니가에서 나고 자란 유대인이다(행 20:4; 27:2). 그는 데살로니가에서 바울로부터 복음을 듣고 회심하였을 것이다. 그후에 아리스다고는 바울이 에베소에서 3차 선교 사역을 하는 기간에 그와 함께 있었다. 에베소의 은세공업자 데메드리오가 소동을 일으켰을 때 그는 가이오와 함께 무리에게 붙들려 연극장 안으로 끌려 들어가는 곤욕을 치렀다(행 19:29). 이 소동 이후에 그는 바울이 고린도에서 마케도니아를 거쳐 드로아로 가는 길에 또 다른 데살로니가 사람 세군도와 동행하였다(행 20:4). 그는 예루살렘과 가이사랴에서 바울과 함께 있었고, 바울이 네로 황제 앞에서 재판을 받기 위해 로마로 갈 때도 누가와 함께 바울을 수행하였다(행 27:2). 그는 유라굴로라는 광풍을 만나 표류하는 어려움을 겪었고, 몰타(Malta, 개역개정: "멜리데")를 거쳐서 로마까지 갔다(행 27:13-28:15). 바울은 아리스다고를 "함께 갇힌 자"(ὁ συναιχμάλωτος, "호 쉬나이크말로토스")라고 부른다.[22] "쉬나이크말로토스"는 문자적으로 다른 사람과 함께 옥에 갇힌 자를 의미한다.[23] 아리스다고는 바울을 도우려고 자원하여 그와 함께 가택에 연금을 당하였을 것이다.[24]

다음으로, 바울은 "마가"(Μᾶρκος, "마르코스")의 인사를 전한다. 개역개정은 마가를 바나바의 "생질"로 소개한다.[25] "생질"은 누이의 아들을 일컫는 말이다. 신약성경에서 이곳에만 나오는 "아넵시오스"(ἀνεψιός)는 현대 헬라어에서 "조카"를 의미한다. 하지만 고대 헬라 문헌에서는 일관되게 "사촌"을 가리킨다. 이 본문에서 "아넵시오스"는 당시의 용례를 따라 "생질"(조카)이 아니라 "사촌"으로 이해해야 한다.[26] 마가는 바나바의 조카가 아니라 사촌 형제이다. 그는 바울처럼 두 개의 이름을 가지고 있었다. 하나는 로마식 이름 "마가"(Marcus)이고, 다른 하나는 유대식 이름 "요한"이다(행 12:12). 마가는 예루살렘 교회의 일원이었다. 예루살렘 교회의 신자들은 그의 어머니 마리아

22 "쉬나이크말로토스"는 전치사 "쉰"(σύν)과 명사 "아이크말로토스"(αἰχμάλωτος)로 이루어진 단어이다. "아이크말로토스"는 본래 전쟁 포로를 의미한다(눅 4:18). BDAG, 32.

23 L&N, 37.118.

24 Lightfoot, *Colossians and Philemon*, 236; Moule, *Colossians and Philemon*, 136-37; Harris, *Slave of Christ*, 117; Ladd, "Paul's Friends in Colossians 4:7-16", 509; Moo, *Colossians and Philemon*, 338.

25 KJV에서도 "Marcus, sister's son to Barnabas"라고 번역한다. 다른 영어 성경 NRSV, NIV, ESV에서는 바나바의 "사촌"(cousin)이라고 올바르게 번역한다.

26 BDAG, 78; L&N, 10.52.

의 집에서 정기적으로 모여서 기도하였다(행 12:12). 바울은 바나바와 함께 안디옥 교회의 구제 연보를 예루살렘 교회에 전달하고 돌아오는 길에 마가를 데리고 왔다(행 12:25). 그리고 그를 선교 사역에 참여시켰다. 하지만 마가는 밤빌리아의 도시 버가에서 이탈하여 예루살렘으로 돌아갔다(행 13:13). 이 일 때문에 바울은 2차 선교 사역에 마가를 참여시키는 문제를 두고 바나바와 심히 다투기까지 하였다(행 15:36-41). 나중에 바울은 그와 화해하고 그를 동역자로 받아들였다(참조. 딤후 4:11). 지금 마가는 로마에서 바울의 곁에 있다(Eusebius, *Hist. eccl.* 3.39).[27]

바울은 자신의 동역자가 된 마가와 관련하여 골로새 성도들에게 당부한다. "마가에 대하여는 여러분이 이미 명령을 받았으니 그가 여러분에게 이르거든 그를 영접하십시오." 골로새 교회가 받은 명령은 언제 누가 한 것인가? 또 무엇을 위한 것인가? 이 편지를 쓰기 전에 바울 자신이 한 명령일 것이다.[28] 그 명령은 마가의 골로새 방문과 관련이 있다. 바울은 두기고에 이어서 마가를 골로새로 보낼 예정이다. 거짓 교사들로 인하여 어려움을 겪는 골로새 성도들을 격려하고 그들에게 바른 교훈을 가르치기 위함이다. 골로새 교회는 마가를 따뜻하게 영접해야 한다(참조. 롬 16:2; 고전 16:10). "영접하다"를 뜻하는 "데코마이"(δέχομαι)는 신약성경에서 친절한 환대를 표현하는 데 종종 사용되는 단어이다(마 10:14; 요 4:45; 갈 4:14).[29]

4:11 다음으로, 바울은 유스도라 하는 예수의 안부를 전한다. "예수"(Ἰησοῦς, "예수스")라는 이름은 "구원"을 뜻하는 히브리식 이름 "여호수아"나 "예수아"의 헬라어 형태이고(눅 3:29; 행 7:45; 히 4:8), "유스도"(Ἰοῦστος, "유스토스")는 "의로운 사람"을 뜻하는 로마식 이름이다.[30] 유스도에 관해서는 알려진 것이 없다. 이 본문에서만 한 번 언급될 뿐이다. 그는 가룟 유다를 대신할 후보자였던 유스도라고 하는 요셉과 다른 인물이고(행 1:23), 하나님을 경외하는 고린도 사람 디도 유스도와도 다른 인물이다(행 18:7).

아리스다고와 마가와 유스도는 "할례를 받은 사람들"(οἱ ὄντες ἐκ

27 Bauckham, *Eyewitnesses*, 206, n. 10.

28 Lightfoot, *Colossians and Philemon*, 237-38; Moule, *Colossians and Philemon*, 137.

29 BDAG, 221.

30 Gillman, *ABD*, III, 1134; Hay, *Colossians*, 160.

περιτομῆς, "호이 온테스 에크 페리토메스"), 즉 유대인들이다. 유대 그리스도인들 중에서 오직 그들만이 하나님 나라를 위해 바울과 "함께 일하는 사역자들"(συνεργοί, "쉬네르고이")이다. "하나님 나라"(βασιλεία τοῦ θεοῦ, "바실레이아 투 떼우")는 사도행전에서 바울이 전한 복음의 본질적 요소이다(행 19:8; 20:25; 28:23, 31). 이 본문에서 "하나님 나라"는 "자기의 사랑하는 아들의 나라"(1:13)와 같은 개념이다. 하나님 나라는 예수 그리스도와 그분의 사역과 함께 세상에 임하였다. 하나님께서 예수 그리스도로 말미암아 죄인들을 죄와 죽음과 사탄의 권세에서 건져 내어 자기 백성으로 삼으시고, 그들을 사랑으로 다스리시는 구원의 역사가 이미 시작된 것이다. 골로새 성도들도 흑암의 권세에서 건짐을 받고 하나님께서 사랑하시는 아들의 나라, 즉 하나님 나라의 백성이 되었다. 지금 그들은 하나님 나라에 속하여 하나님의 다스림을 받고 있다. 그러나 하나님 나라가 아직은 완전히 임한 것이 아니다. 죄가 완전히 제거되지 않았고, 죽음과 사탄 또한 완전히 멸망당하지 않았다. 하나님 나라는 그리스도가 다시 오실 때 완전히 임할 것이다. 골로새 성도들은 그리스도가 다시 오실 때 그분과 함께 영광 중에 나타날 것이고(3:4), 완전히 임한 하나님 나라에서 의와 평화와 희락을 누릴 것이다(참조. 롬 14:17).

사도 바울은 로마에서 가택 연금을 당한 상태에서도 자기를 찾아오는 사람들에게 담대히 하나님 나라를 전파하고 주 예수 그리스도에 관한 것들을 가르쳤다(행 28:31). 아리스다고와 마가와 유스도 역시 그와 함께 하나님 나라를 전파하고 주 예수 그리스도에 관한 것들을 가르쳤다. 이렇게 함으로써 그들은 바울에게 "위로"(παρηγορία, "파레고리아")가 되었다.[31] 신약성경에서 이 본문에만 나오는 "파레고리아"는 도움, 격려, 위로 등을 의미한다. 바울은 자기 동족 유대인들 대다수가 하나님의 선민임에도 불구하고 그리스도를 믿지 않는 것 때문에 크게 슬퍼하고 번민하였다(롬 9:2). 그런데 아리스다고와 마가와 유스도는 그리스도를 믿을 뿐만 아니라 하나님 나라를 위하여 함께 일하는 동역자들이 되었다. 바울은 그들과 함께 사역하면서 큰 위로를 받았다.[32]

4:12 이제 바울은 골로새 교회의 지도자 에바브라와 사랑받는 의사 누가

31 BDAG, 777; L&N, 25.155.

32 Barth and Blanke, *Colossians*, 482.

와 데마의 인사를 전한다. 이 세 사람은 앞의 세 사람과 달리 이방인 사역자들이다. 에바브라는 "여러분에게서 온 그리스도 예수의 종"이다. 그는 그리스도의 부르심을 받고 그리스도를 섬기는 종이 되었다. 앞에서 바울은 그를 "우리와 함께 종이 된 사랑하는 에바브라", "그리스도의 신실한 일꾼"으로 묘사하였다(1:7). 에바브라는 거짓 교사들의 문제가 발생하자 바울의 도움을 받으려고 로마까지 왔다. 하지만 방문 목적을 달성한 뒤에도 골로새로 돌아가지 않았다. 그는 골로새를 떠날 때부터 바울과 함께 사역하기로 결심하고, 아킵보를 후임 사역자로 세웠을 것이다(4:17). 빌레몬서에서 바울은 에바브라를 "그리스도 예수 안에서 나와 함께 갇힌 자"라고 한다(몬 1:23). 그가 아리스다고처럼 바울의 사역을 돕기 위해 자원하여 가택에 연금을 당했기 때문일 것이다.

하지만 에바브라는 골로새 교회를 잊지 않았다. 그는 로마에서도 골로새에 있는 성도들을 위해 힘써 기도한다. 그의 수고를 묘사하는 동사 "아고니조마이"(ἀγωνίζομαι)는 바울이 자신의 사역을 설명하면서 사용한 것이다. 이 단어는 문자적으로는 "운동 경기를 하다", "무기를 들고 싸우다"를 의미한다. 이 구절에서는 은유적으로 "분투하다", "애를 쓰다"를 뜻한다.[33] 바울이 모든 성도를 그리스도 안에서 완전한 자로 세우는 일을 위해 "분투하는"(ἀγωνιζόμενος, "아고니조메노스") 것처럼(1:29), 에바브라 또한 골로새 교회를 위해 기도하는 일에 "분투하고 있다"(ἀγωνιζόμενος, "아고니조메노스").

에바브라는 골로새 성도들이 "완전하게 서고 하나님의 모든 뜻에 대하여 완전한 확신을 갖도록" 기도한다. "완전하게 서고"(σταθῆτε τέλειοι, "스타떼테 텔레이오이")라는 문구에서 "텔레이오이"는 바울이 자신의 사역 목표를 언급할 때 사용한 단어이다. 그의 목표는 모든 사람을 그리스도 안에서 "완전한 자"(τέλειον, "텔레이온")로 세우는 것이다(1:28). 완전한 자란 거룩하고 흠이 없고 책망할 것이 없는 존재(1:22), 즉 완전하신 하나님을 닮은 존재이다(마 5:48). 에바브라는 골로새 성도들이 이런 완전한 자들로 서게 해 달라고 하나님께 힘써 기도하고 있는 것이다. 그는 골로새 성도들이 "하나님의 모든 뜻에 대하여 완전한 확신을 갖는 것"을 위해서도 기도하고 있다. "완전한 확신

33 BDAG, 17; Silva, *NIDNTTE*, I, 142-45; Stauffer, *TDNT*, I, 134-40.

을 갖다"라고 번역한 "페플레로포레메노이"(πεπληροφορημένοι)는 "채우다", "성취하다", "모두 선포하다", "완전히 확신하다" 등을 의미한다.[34] 이 본문에서는 로마서 4:21에서처럼 "완전히 확신하다"를 의미한다. 이 동사가 수동태라는 점은 행동의 주체가 하나님이시라는 것을 알려 준다. 골로새 성도들로 하여금 하나님의 모든 뜻에 대하여 완전한 확신을 갖게 하시는 분은 바로 하나님 자신이다.

골로새 성도들이 완전히 확신해야 하는 "하나님의 모든 뜻"은 무엇인가? 이 서신에서 하나님의 뜻은 골로새 성도들이 믿음에 거하고 복음의 소망에서 떠나지 않는 것(1:23), 하나님의 비밀, 곧 그리스도를 깨닫는 것(2:2), 그리스도 예수 안에서 살아가는 것(2:6), 위에 있는 것들을 추구하고 그것들에 마음을 집중하는 것(3:1-2), 새 사람의 덕목들을 옷 입고 새 사람으로 사는 것(3:12-14), 무엇을 하든지 주 예수님의 이름으로 하는 것(3:17) 등이다. 만일 골로새 성도들이 하나님의 뜻을 바르게 이해하고 그 뜻에 대하여 완전히 확신한다면, 거짓 교사들에게 미혹당하지 않을 뿐만 아니라 하나님을 기쁘시게 하는 삶을 살게 될 것이다.[35]

4:13 바울은 에바브라의 수고에 대해 이렇게 증언한다. "나는 그가 여러분을 위하여, 그리고 라오디게아와 히에라폴리스에 있는 사람들을 위하여 많이 수고하고 있음을 증언합니다." 이 증언은 에바브라가 신실한 사역자라는 사실을 강조한다. 참으로 에바브라는 골로새 교회와 라오디게아 교회와 히에라폴리스 교회를 위해 수고를 아끼지 않는, 그리스도 예수의 종이다.

"수고"라고 번역한 "포노스"(πόνος)는 일반적으로 수고를 의미하는 "에르곤"(ἔργον)보다 훨씬 강한 뜻을 가진 단어이다. 고대 헬라 문헌에서 이 단어는 자주 "전투"를 가리키는 데 사용되었다. 요한계시록에서는 "아픔", "고통"을 뜻한다(계 16:10, 11; 21:4). 바울은 "포노스"를 "격렬한 노동", "고된 수고"를 뜻하는 것으로 사용한다.[36] 이 단어는 2:1에서 바울이 자신의 사역을 묘사하는 데 사용한 명사 "아곤"(ἀγών)과 1:29에서 사용한 동사 "아고니조마이"(ἀγωνίζομαι)와 의미가 유사하다. 바울과 마찬가지로 에바브라도 골로새 교

34 BDAG, 827; L&N, 33.199, 68.32(πληροφορέω, "플레로포레오").

35 Sumney, *Colossians*, 275.

36 BDAG, 852; L&N, 42.49.

회와 라오디게아 교회와 히에라폴리스 교회를 위해 힘을 다하여 수고하고 있는 것이다. 에바브라는 세 도시에 교회들을 설립하였고, 그 교회들을 위해 수고를 아끼지 않았다. 지금도 로마에서 그 교회들을 위해 기도하면서 분투하고 있다. 바울은 로마에 남은 에바브라의 기도와 수고에 대해 증언함으로써 그가 여전히 리커스 계곡(Lycus Valley)의 교회들을 사랑하고 있다는 사실을 상기시킨다. 골로새 성도들은 에바브라의 수고를 기억하고 계속 그를 신뢰해야 한다. 그리고 그가 전해 준 복음의 소망에서 떠나지 말아야 한다.

4:14 다음으로, 바울은 이방인 사역자 누가와 데마의 인사를 전한다. "누가"(Λουκᾶς, "루카스")는 "사랑받는 의사"(ὁ ἰατρὸς ὁ ἀγαπητός, "호 이아트로스 호 아가페토스")이다. 그는 시리아 안디옥 출신의 이방인 신자이다(Eusebius, *Hist. eccl.* 3.4.6).[37] 그리스도인이 되기 전에 누가는 "하나님을 경외하는 자"로서 유대교 회당 예배에 참석했을 것이다. 이렇게 추정하는 이유는 그가 이방인이면서도 유대 관습만이 아니라 칠십인역도 잘 알았기 때문이다. 또한 그는 세련되고 뛰어난 헬라어 문체와 문학적 표현을 사용하였고, 로마 세계의 지리와 제도에 관한 폭넓은 지식을 갖고 있었다. 누가는 그리스도인이 된 이후에 마케도니아에서 바울의 선교 사역에 참여했고(행 16:8-17), 3차 선교 사역을 끝낸 바울과 함께 예루살렘으로 올라갔다(행 20:5-15; 21:1-18). 바울이 가이사랴에서 옥에 갇혀 있는 동안에 누가는 예수님에 관한 증언과 문서들을 수집하였고(눅 1:1-4), 로마나 아가야에서 누가복음과 사도행전을 저술하였을 것이다.[38] 또한 누가는 바울이 네로 황제에게 상소하여 로마로 갈 때에도 그와 동행하였다(행 27:1-28:16). 바울이 다시 체포되어 로마의 감옥에 갇혔을 때에도 그의 곁을 지켰다(딤후 4:11). 누가는 사랑받는 의사로서 바울의 건강을 보살폈을 것이다.

"데마"(Δημᾶς, "데마스")는 신약성경에서 이 본문을 포함하여 세 번 언급되지만(몬 1:24; 딤후 4:10), 그에 관해서는 알려진 것이 거의 없다. 바울이 이 편지를 쓸 때 데마는 그의 곁에 있었다(몬 1:24). 하지만 그때로부터 사 년이나 오

37 Bock, 『누가복음』, I, 27; Schnabel, *Acts*, 24.

38 참조. BDAG, 603; Carson and Moo, 『신약개론』, 231; Köstenberger 외, 『신약개론』, 336-37; Bock, 『누가복음』, I, 23-27, 42.

년이 지난 후에 바울이 두 번째로 체포되어 로마의 감옥에서 디모데후서를 쓸 무렵에는 "세상을 사랑하여" 바울을 버리고 데살로니가로 가 버렸다(딤후 4:10).[39]

(2) 마지막 권고(4:15-17)

4:15 사도 바울은 골로새 교회에 동역자들의 안부를 전하고, 이어서 골로새 성도들에게 안부를 전하라고 요청한다. "여러분은 라오디게아에 있는 형제들과 눔파와 그 여자의 집에 있는 교회에 안부를 전하십시오." 바울이 언급한 "라오디게아에 있는 형제들"은 에바브라가 설립한 라오디게아 교회 성도들을 가리킨다. 골로새 성도들은 라오디게아에 있는 성도들을 잘 알고 있었다. 에바브라의 지도와 가르침을 함께 받으면서 그들은 서로 교제하고 서로 사랑하고 있었다(참조. 1:4). 바울은 그들이 계속해서 사랑으로 교제하기를 바란다(2:2).

골로새 성도들은 "눔파와 그 여자의 집에 있는 교회"에도 안부를 전해야 한다. 헬라어 본문에서 "눔판"(Νύμφαν, 단수 대격)이 "눔파"(Νύμφα)라는 여자를 가리키는지 아니면 "눔파스"(Νυμφᾶς)라는 남자를 가리키는지 결정하기가 쉽지 않다.[40] 두 가지 모두 가능하기 때문이다. "그 여자의"라고 번역한 인칭대명사도 어떤 사본들에는 "그녀의"(αὐτῆς, "아우테스")로 나오고, 다른 사본들에는 "그의"(αὐτοῦ, "아우투")로 나온다.[41] "눔파와 그 여자의 집에 있는 교회"인가, 아니면 "눔파스와 그 남자의 집에 있는 교회"인가? 회중의 예배와 친교를 위해 집을 제공한 주인이 남자라고 생각한 필사자들이 "그녀의"라는 표현을 "그의"라고 수정하였을 가능성이 높다. 그렇다면 이 문구를 "눔파와 그 여자의 집에 있는 교회"라고 이해하는 것이 옳다.[42] 눔파는 회중이 함께 모

---

39 골로새서는 60년경에 기록되었고, 디모데후서는 64년이나 65년경에 기록되었을 것이다. Carson and Moo, 『신약개론』, 592, 657.

40 단수 대격 "눔판"은 여자 이름 "눔파"의 대격일 수 있고, 남자 이름 "눔파스"의 대격일 수도 있다.

41 다수 사본을 따르는 KJV는 "눔파스, 그리고 그의 집에 있는 교회"(Nymphas, and the church which is in his house)라고 번역하는 반면에 ESV는 "눔파, 그리고 그녀의 집에 있는 교회"(Nympha, and the church which is in her house)라고 번역한다.

42 Barth and Blanke, *Colossians*, 486; Bruce, *Colossians, Philemon*, 183; Hay, *Colossians*, 162; Lohse, *Colossians and Philemon*, 174; Metzger, *A Textual*

일 수 있는 큰 집을 가진 부유한 과부였을 것이다.[43] 오스티아(Ostia)와 폼페이(Pompeii) 같은 고대 도시의 유적에 근거하여 판단할 때 부유한 사람의 저택은 삼십 명에서 오십 명 정도를 수용할 수 있었다.[44] 눔파는 교회 지도자라기보다는 회중의 모임과 친교 식사를 후원하는 사람이었을 것이다. 라오디게아에는 개인의 집에서 모이는 교회가 둘 이상 있었을 것이고, 눔파의 집에서 모이는 교회가 그중 하나였을 것이다.

교회가 개인의 집을 예배와 교육과 친교의 장소로 사용하는 것은 신약 시대의 일반적인 현상이었다. 라오디게아에 눔파의 집에서 모이는 교회가 있었던 것처럼 골로새에는 빌레몬의 집에서 모이는 교회가 있었다(몬 1:2). 브리스길라와 아굴라는 에베소와 로마에서 자신들의 집을 회중의 모임 장소로 제공하였다(고전 16:19; 롬 16:5). 이런 관례는 기독교가 국가의 승인을 받고 공적인 예배 장소로 교회당을 건축하기 시작한 3세기 중반이나 후반까지 계속되었다.[45]

4:16 바울은 자신이 쓴 편지들과 관련하여 골로새 성도들에게 권고한다. "그리고 여러분이 이 편지를 읽은 다음에 라오디게아 교회에서도 읽게 하고, 라오디게아 교회에서 오는 편지를 여러분 자신들도 또한 읽으십시오." 이 본문은 처음부터 교회가 사도의 편지들을 교환하여 읽었음을 알려 준다. 이 일은 사도의 편지들을 수집하여 모으는 것으로 이어졌고, 신약 정경이 형성되는 시발점이 되었다.

골로새 성도들은 "이 편지"(ἡ ἐπιστολή, "헤 에피스톨레"), 즉 사도가 두기고 편으로 그들에게 보내는 편지를 읽어야 한다. 여기서 "읽다"(ἀναγινώσκω, "아나기노스코")라는 동사는 기록된 문서를 소리 내어 낭독하는 것을 의미한다.[46] 데살로니가전서 5:27에서 바울은 사도의 권위로 편지를 낭독하라고 명령한다. "내가 주님을 힙입어 여러분을 명하니 모든 형제에게 이 편지를 읽어 주

Commentary, 560; Osborne, *Colossians and Philemon*, 142; Schweizer, 『골로사이서』, 258.

43 Beale, *Colossians and Philemon*, 360.

44 Dunn, *Colossians and Philemon*, 285.

45 Cullmann, *Early Christian Worship*, 9-10; Schaff, 『니케아 시대와 이후의 기독교』, 486-88.

46 BDAG, 60; L&N, 33.68.

십시오." 사도의 편지를 회중 앞에서 낭독해야 하는 이유는 교인 각 사람을 위한 복사본을 만들기가 어려웠고, 교인들 대다수가 글을 읽지 못했기 때문이다.

골로새 교회는 자신들이 받은 편지("골로새서")를 읽은 다음에 그 편지를 라오디게아 교회에 보내어 읽게 해야 한다. "라오디게아 교회"는 눔파의 집에서 모이는 교회를 포함하여 라오디게아에 있는 교회 전체를 가리킨다. 라오디게아 교회도 골로새 교회와 마찬가지로 거짓 교사들의 문제로 어려움을 겪고 있었을 것이다. 따라서 골로새서의 가르침은 라오디게아 교회에도 큰 도움이 되었을 것이다.[47] 골로새 교회는 사도에게 받은 편지의 원본이 아니라 필사한 사본을 라오디게아 교회에 보냈을 것이다.

골로새 성도들도 라오디게아 교회에서 오는 편지를 읽어야 한다. "여러분 자신들도 또한"(καὶ ὑμεῖς, "카이 휘메이스")이라는 표현은 이 필요성을 강조한다. "라오디게아 교회에서 오는 편지"(τὴν ἐκ Λαοδικείας, "텐 에크 라오디케이아스")는 무엇인가? 일부 성경학자들은 에베소서나 빌레몬서를 가리킨다고 추정한다.[48] 하지만 바울이 라오디게아 교회에 써 보낸 편지라고 보는 것이 더 타당하다.[49] 이 편지는 골로새서와 같은 시기에 기록되었고, 두기고가 전달했을 것이다. "라오디게아 교회에서 오는 편지"는 골로새 교회에도 유익한 교훈을 담고 있었음이 분명하다. 안타깝게도 이 편지는 이른 시기에 분실되어서 전해지지 않는다.

4:17 마지막으로, 바울은 "아킵보"(Ἄρχιππος, "아르킵포스")가 맡은 사역과 관련하여 골로새 성도들에게 당부한다. "그리고 아킵보에게 주님 안에서 받은 직무를 주의를 기울여 완수하라고 일러 주십시오." 이 본문을 문자적으로 이렇게 번역할 수 있다. "그리고 여러분은 아킵보에게 말하십시오. '그대는

---

47 Bruce, *Colossians, Philemon*, 184; Hay, *Colossians*, 163; Lohse, *Colossians and Philemon*, 175; Osborne, *Colossians and Philemon*, 142-43.

48 John Knox는 "라오디게아 교회에서 오는 편지"가 빌레몬서라고 주장한다. Knox, *Philemon among the Letters of Paul*, 38-47. 반면에 George B. Caird와 Joseph B. Lightfoot는 에베소서라고 주장한다. Caird, *Paul's Letters*, 212; Lightfoot, *Colossians and Philemon*, 244, 274-300.

49 Harris, *Colossians and Philemon*, 183; Moo, *Colossians and Philemon*, 351; O'Brien, 『골로새서·빌레몬서』, 449-50; Osborne, *Colossians and Philemon*, 142; Pao, *Colossians and Philemon*, 320.

주님 안에서 그대가 받은 직무에 계속 주의를 기울이고 그 직무를 완수하십시오.'" 빌레몬서에서 바울은 아킵보를 "우리와 함께 군인이 된 자"(몬 1:2)로 묘사한다. 이 표현은 바울처럼 주님의 부르심을 받고 복음을 위하여 헌신한 사역자를 가리킨다.

아킵보가 "주님 안에서 받은 직무"는 무엇인가? 바울은 아킵보가 언제 누구에게 이 직무를 받았는지 밝히지 않는다. 또 그것이 무엇을 위한 직무인지도 말하지 않는다. 일부 성경학자들은 빌레몬과 그의 종 오네시모를 화해시키는 것과 관련된 직무라고 주장한다.[50] 하지만 복음을 전하고 가르치고 공동체를 돌보는 직무로 보는 것이 더 적절하다.[51] "직무"라고 번역한 "디아코니아"(διακονία)가 바울 서신들에서 일반적으로 복음 사역을 가리키기 때문이다. 물론 이 단어가 단순히 "사명"이나 "봉사"를 의미할 수도 있다. 하지만 "주님 안에서 받은"(παρέλαβες ἐν κυρίῳ, "파렐라베스 엔 퀴리오")이라는 표현은 아킵보가 주님으로부터 중요한 직무를 받았음을 시사한다. 디모데후서 4:5에서 바울은 아킵보에게 한 것과 매우 유사하게 디모데에게 이렇게 명령한다. "그대의 직무(διακονίαν)를 완수하십시오." 디모데가 완수해야 할 "직무"는 말씀을 선포하고 가르치는 것이며, 책망하고 경계하고 권하는 것이다(딤후 4:2). 아킵보가 골로새에서 완수해야 할 직무도 디모데가 에베소에서 완수해야 할 직무와 다르지 않았을 것이다.

바울이 이 편지를 쓸 때 아킵보는 로마에 있는 에바브라를 대신하여 하나님의 말씀을 전하고 가르치면서 골로새 교인들을 돌아보는 사역을 하고 있었을 것이다.[52] 그는 거짓 교사들에게 미혹당하지 않도록 골로새 성도들을 힘써 가르치고 권고해야 한다. 그는 바울과 함께 군인이 된 자이므로 거짓 교사들과의 싸움에서 승리해야 한다. 그뿐만 아니라 골로새 성도들을 모든 지혜로 가르치고 권하여 그리스도 안에서 완전한 자들로 세워야 한다. 바울은 아킵보가 이 직무를 성공적으로 "완수하기를"(πληροῖς, "플레로이스") 바

---

50 Knox, *Philemon among the Letters of Paul*, 49-51.

51 Pao, *Colossians and Philemon*, 322; Pokorný, *Colossians*, 195; Wright, 『골로새서·빌레몬서』, 242.

52 Bird, *Colossians and Philemon*, 126; Calvin, *Colossians*, 361; Hendriksen, 『골로새서·빌레몬서』, 280; Martin, *Colossians and Philemon*, 140; Osborne, *Colossians and Philemon*, 143.

란다.[53] 골로새 교회 성도들은 아킵보를 자신들의 사역자로 인정하고, 그가 주님 안에서 받은 직무를 완수할 수 있도록 돕고 격려해야 한다.

(3) 사도 바울의 마지막 인사와 은혜의 축도(4:18)

4:18 바울은 자신을 "그리스도 예수의 사도"라고 소개하면서 시작한 이 편지를 친필 인사와 은혜의 축도로 마무리한다. "나 바울이 친필로 인사합니다." 이 구절은 문자적으로 "나 바울의 손으로 인사"(ὁ ἀσπασμὸς τῇ ἐμῇ χειρὶ Παύλου)이다(참조. 고전 16:21; 살후 3:17). 개역개정에서 "문안하노니"[54]라고 번역한 "아스파스모스"(ἀσπασμός)는 "인사", "인사말", "안부"를 의미하는 명사이다.[55] 사도 바울은 이 편지를 디모데에게 받아 적게 했지만 마무리는 자신이 직접 한다. 그는 디모데에게서 펜을 건네받아 사랑의 마음으로 인사말을 적는다. 이는 친필 서명과 같은 역할을 한다. 친필로 인사를 함으로써 바울은 골로새 성도들에게 자신의 따뜻한 마음과 사랑을 전한다. 동시에 이 편지가 자신의 권위 아래에 작성된 것이라는 사실을 확증한다.

바울은 골로새 성도들에게 마지막으로 호소한다. "내가 매인 것을 기억하십시오"(μνημονεύετέ μου τῶν δεσμῶν, "므네모뉴에테 무 톤 데스몬"). 이 호소에서 "매인 것"이라고 번역한 "데스모스"(δεσμός)는 족쇄, 속박, 묶는 것을 뜻하며, 갇힌 상태나 투옥된 상태를 가리킨다(몬 1:13).[56] 앞에서 바울은 골로새 성도들에게 기도를 요청하면서 자신이 그리스도의 비밀을 말하는 것 때문에 "매여 있다"(δέδεμαι, "데데마이")고 하였다(4:3). 골로새서와 같은 시기에 기록된 에베소서에서도 바울은 자신이 "쇠사슬에 매인 사신"이 되었다고 말한다(엡 6:20). 그는 지금 가택에 연금된 상태에서 교회를 위하여 고난을 당하고 있다(참조. 행 28:16, 30; 빌 1:13).

"내가 매인 것을 기억하십시오"라는 바울의 호소는 듣는 이들의 가슴을 숙연하게 만든다. 바울은 이렇게 호소하면서 골로새 성도들의 지속적인

53 "플레로이스"는 "채우다", "성취하다", "완수하다"를 뜻하는 "플레로오"(πληρόω)의 현재 가정법 동사이다. 이 동사가 포함된 "히나 아우텐 플레로이스"(ἵνα αὐτὴν πληροῖς)는 명령문 역할을 한다("그대는 그것을 완수하십시오"). BDAG, 829.

54 "문안하다"의 사전적 의미는 웃어른에게 안부를 여쭙는 것이다.

55 BDAG, 144.

56 BDAG, 219; L&N, 37.115.

관심과 기도를 촉구한다. 그는 가택 연금 상태에서 풀려나서 자유롭게 그리스도의 비밀을 전하는 복음 사역을 하기를 바란다. 골로새 성도들은 그의 석방을 위해 지속적으로 기도해야 한다.[57]

바울은 이 편지를 "은혜가 여러분과 함께"(ἡ χάρις μεθ' ὑμῶν, "헤 카리스 메뜨 휘몬")라는 축도로 마친다.[58] 다른 편지들에서 그는 은혜를 "주 예수님" 또는 "주 예수 그리스도"와 관련시킨다(롬 16:20; 고전 16:23; 고후 13:14; 갈 6:18; 빌 4:23; 살전 5:28; 살후 3:18). 하지만 이 편지에서는 에베소서 6:24에서처럼 "은혜"만 언급한다. "은혜"(χάρις, "카리스")는 그리스도 예수 안에서 하나님께서 자기 백성을 위하여 하신 일과 하실 일을 가장 완전하게 표현하는 단어이다. 다시 말해서, 은혜는 한 단어로 표현한 복음이다. 참으로 은혜는 기독교 복음의 처음이자 마지막이다. 우리는 하나님의 은혜로 구원을 받는다(엡 2:8). 하지만 은혜는 한 번 받고 끝나는 것이 아니다. 이 세상에서 신중하고 의롭고 경건하게 살기 위해서는 하나님의 은혜가 계속 필요하다(참조. 딛 2:12).

거짓 교사들의 문제로 어려움을 겪는 골로새 성도들에게는 하나님의 은혜가 더욱 절실하다. 그들을 거짓 가르침에서 지켜 주고, 주님께 합당하게 살게 만드는 것이 하나님의 은혜이기 때문이다. 바울은 하나님의 은혜를 기원하면서 골로새 성도들이 하나님의 은혜로 끝까지 보호받을 것을 확신한다. 하나님의 은혜로 인하여 골로새 성도들은 거짓 교사들을 물리치고, 주님께 합당하게 살게 될 것이다.

| 메시지와 적용 |

■ **성도 간의 교제** 이 단락에서 사도 바울은 초기 교회에서 이루어진 성도 간의 교제를 보여 준다. 그는 자신의 인사와 동역자들의 인사를 골로새 성도들에게 전하고, 동시에 라오디게아의 형제들과 눔파의 집에 있는 교회에 안부를 전하라고 그들에게 요청한다. 골로새 성도들은 거대하면서도 친밀한 하나님의 가족 공동체에 속해 있는 것이다. 그들은 인종과 계급과 지역을

---

57 Cassidy, *Paul in Chains*, 93; Moo, *Colossians and Philemon*, 353; Pao, *Colossians and Philemon*, 322; Witherington, *Philemon, Colossians*, 207.

58 이 기원 문구는 현재 기원법 동사 "에이에"(εἴη)를 첨가하여 "은혜가 여러분에게 있기를 바랍니다"라고 읽어야 한다. 참조. Harris, *Colossians and Philemon*, 185.

초월하여 다른 지역의 신자들과 그리스도 안에서 코이노니아(교제)를 하도록 부름을 받았다. 그들은 서로 사랑으로 안부를 전하고, 서로를 위하여 기도하면서 복음을 전하는 일에 동참하였다. 오늘의 신자들과 지역 교회들도 거대하면서도 친밀한 하나님의 가족 공동체에 속해 있다. 하나님의 택하심을 받고 그리스도를 믿는 사람들은 누구나 하나님의 자녀들이다. 그러므로 다른 교회에 속한 그리스도인들을 형제자매로 여기고, 그들과 사랑으로 교제하면서 복음을 전하고 사랑을 실천하는 일에 협력해야 한다. 안타깝게도 자기 교회에만 관심을 갖는 목회자들과 교인들이 많다. 우리는 어떠한가? 지역 사회에서 교회들을 찾아보고, 그 교회들과 교제하고 복음 사역과 봉사를 함께할 수 있는 방법을 모색해 보자.

■ **사도 바울과 동역자들** 이 단락은 사도 바울이 다른 사역자들과 함께 협력했다는 사실을 알려 준다. 바울은 자신이 특별한 권한을 부여받은 위대한 사도라고 결코 생각하지 않았다. 도리어 사도들 중에서 가장 작은 자라고 하였다(고전 15:9). 또 디모데와 에바브라와 누가와 두기고 같은 사역자들에게 사도의 권위를 내세우지 않았고, 그들을 아랫사람 취급하지도 않았다. 그 대신 그들을 "함께 종이 된 사람"(4:7), "사랑받는 형제"(4:7, 9), "함께 갇힌 자"(4:10), "함께 일하는 사역자들"(4:11)이라고 불렀다. 그들을 기꺼이 동역자로 인정하고, 그들과 협력한 것이다. 오늘날에도 사역자들은 다른 사역자들을 인정하고 그들과 협력해야 한다. 유교의 영향이 남아 있는 한국 교회 안에는 강한 위계 서열과 권위주의 경향이 있다. 후배 사역자들이나 나이 어린 사역자들을 아랫사람 취급하고, 함부로 대하는 일이 자주 일어난다. 목회 성공을 위해서 부교역자들을 부리거나 이용하는 목회자들도 있다. 그리스도인들 사이에 높고 낮음이 없는 것처럼 사역자들 사이에도 높고 낮음이 없다. 선배 사역자는 후배 사역자를 존중하고, 후배 사역자는 선배 사역자를 존경할 따름이다. 다른 사역자들을 사랑받는 형제로 인정하고 그들과 협력하자. 위대한 사역자 바울도 다른 사역자들을 인정하고 그들과 함께 동역했다는 사실을 기억하자.

■ **하나님의 은혜** 마지막으로, 이 단락에서 주목해야 할 것은 사도 바울이 골로새 성도들에게 은혜가 있기를 기원하는 것이다. 은혜는 골로새서의 핵심 주제 가운데 하나이다. 하나님께서 베푸신 은혜로 골로새 성도들은 흑암의

권세에서 건짐을 받고, 하나님의 사랑하는 아들의 나라로 옮겨졌다. 그들은 그리스도 안에서 이미 충만하게 되었다. 하지만 여전히 하나님의 은혜가 필요하다. 거짓 교사들로부터 영적 안전을 지켜야 하고, 위에 있는 것들을 추구하면서 새 사람으로 살아야 하기 때문이다. 하나님의 은혜가 없이는 거짓 교사들과의 싸움에서 승리할 수 없고, 새 사람으로 살아갈 수도 없다. 오늘 우리도 마찬가지이다. 우리도 하나님의 은혜로 구원받고, 하나님의 은혜로 산다. 하나님의 은혜 없이는 이 세상에서 새 사람으로 살 수 없고, 위에 있는 것들을 추구할 수도 없다. 예수 그리스도가 다시 오실 때까지 위에 있는 것들을 추구하면서 새 사람으로 살 수 있도록 하나님의 은혜를 구하자. 하나님 아버지, 우리를 불쌍히 여겨 주시고 은혜를 베풀어 주옵소서!

✣ 참고 문헌

골로새서 주석

조경철. 『오직 그리스도 - 설교자를 위한 골로새서 주석』 서울: 기독교대한감리회, 2009.

Abbott, T. K. *A Critical and Exegetical Commentary on the Epistles to the Ephesians and to the Colossians*. ICC. Edinburgh: T&T Clark, 1897.

Barth, Markus, and Helmut Blanke. *Colossians: A New Translation with Introduction and Commentary*. AB 34B. New York: Doubleday, 1994.

Beale, G. K. *Colossians and Philemon*. BECNT. Grand Rapids: Baker Academic, 2019.

Bird, Michael F. *Colossians and Philemon*. NCC. Eugene, Oregon: Cascade Books, 2009.

Bruce, F. F. *The Epistles to the Colossians, to Philemon, and to the Ephesians*. NICNT. Grand Rapids: Eerdmans, 1984.

Caird, G. B. *Paul's Letters from Prison: Ephesians, Philippians, Colossians, Philemon*. Oxford: Oxford University Press, 1977.

Calvin, John. *The Epistles of Paul the Apostle to the Galatians, Ephesians, Philippians and Colossians*. Grand Rapids: Eerdmans, 1965.

Dunn, James D. G. *The Epistles to the Colossians and to Philemon*. NIGTC. Grand Rapids: Eerdmans, 1996.

Eadie, John. *A Commentary on the Greek Text of Colossians*. London: Richard Griffin and Co., 1855. Reprint, Birmingham: Solid Ground Christian Books, 2005.

Garland, David E. *Colossians and Philemon*. NIVAC. Grand Rapids: Zondervan, 1998.

Harris, Murray J. *Colossians and Philemon*. Exegetical Guide to the Greek New Testament. Grand Rapids: Eerdmans, 1991.

Hay, David M. *Colossians*. ANTC. Nashville: Abingdon, 2000.

Hendriksen, W. 『골로새서·빌레몬서』 (*Exposition of Colossians and Philemon*). 신현필 옮김. 서울: 아가페출판사, 1984 (1964).

Houlden, J. L. *Paul's Letters from Prison*. London: SCM, 1977.

Lightfoot, J. B. *Saint Paul's Epistles to the Colossians and to Philemon*. Grand Rapids: Zondervan, 1979.

Lincoln, Andrew T. "The Letter to the Colossians." Pages 553-669 in *The New Interpreter's Bible*. Vol XI. Nashville: Abingdon, 2000.

Lohse, Eduard. *Colossians and Philemon*. Hermeneia. Philadelphia: Fortress, 1971.

Lucas, R. C. 『골로새서·빌레몬서 강해』 (*The Message of Colossians and Philemon: Fullness and Freedom*). 정옥배 옮김. 서울: IVP, 2008 (1980).

MacDonald, Margaret Y. *Colossians and Ephesians*. SP 17. Collegeville: Liturgical Press, 2000.

Martin, Ralph P. *Colossians and Philemon*. NCBC. Grand Rapids: Eerdmans, 1973.

Melick, Richard R., Jr. *Philippians, Colossians, Philemon*. NAC 32. Nashville: Broadman, 1991, 2000.

Moo, Douglas J. *The Letters to the Colossians and to Philemon*. PNTC. Grand Rapids: Eerdmans, 2008.

Moule, C. F. D. *The Epistles of Paul the Apostle to the Colossians and to Philemon*. CGTC. Cambridge: Cambridge University Press, 1968.

O'Brien, Peter T. 『골로새서·빌레몬서』 (*Colossians, Philemon*). 정일오 옮김. 서울: 솔로몬, 2008 (1982).

Osborne, Grant R. *Colossians and Philemon*. Bellingham: Lexham Press, 2016.

Pokorný, Petr. *Colossians: A Commentary*. Peabody: Hendrickson, 1991.

Schweizer, Eduard. 『골로사이서』 (*Der Brief an die Kolosser*). 국제성서주석 42. 서울: 한국신학연구소, 1983 (1976).

Still, Todd. "Colossians." Pages 265-360 in *The Expositor's Bible Commentary*. Vol XII. Grand Rapids: Zondervan, 2006.

Thompson, Marianne Meye. *Colossians and Philemon*. Grand Rapids: Eerdmans, 2005.

Wall, Robert W. *Colossians and Philemon*. IVPNTC. Downers Grove: InterVarsity Press, 1993.

Wilson, R. McL. *A Critical and Exegetical Commentary on Colossians and Philemon*. ICC. Edinburgh: T&T Clark, 2005.

Wright, N. T. 『골로새서·빌레몬서』 (*The Epistles of Paul to the Colossians and to Philemon*). 이승호 옮김. 서울: 기독교문서선교회, 2014 (1986).

골로새서에 관한 논문 및 기타 연구서

길성남. 『성경이 무엇을 말하느냐?』 서 울: 성서유니온선교회, 2014.

_____. 『에베소서 어떻게 읽을 것인가』 개정판. 서울: 성서유니온선교회, 2016.

김경희 외. 『신약성서개론』 서울: 대한기독교서회, 2002.

김규섭. "바울 우주론의 재구성." 「신약연구」 15 (2016): 524-63.

_____. "골로새서 2:14-23에서 언급된 규례들에 대한 새로운 접근." 「신약연구」 16 (2017): 148-89.

김상훈. 『에베소서: 개혁주의 해석』 서울: 총신대학교출판부, 2013.

김세윤. 『바울 복음의 기원』 (*The Origin of Paul's Gospel*). 홍성희 옮김. 서울: 엠마오, 1994 (1981).

변종길. "만물의 머리 되신 그리스도(골 1:24-2:23)." 「그말씀」 126 (1999년 12월): 53-61.

이한수. "골로새서에 나타난 할례 문제." 「그말씀」 126 (1999년 12월): 30-35.

한천설. "골로새서의 역사적·문화적 배경."「그말씀」126 (1999년 12월): 20-29.

조병수. "골로새서의 가정지침."「신학정론」25 (2007): 377-402.

_____. "골로새서 윤리 목록 단락(골 3:1-17)의 역할." *Canon & Culture* 5 (2007): 272-310.

홍인규.『바울신학 사색』. 서울: 킹덤북스, 2010.

Aristoteles.『정치학』(*Politica*). 천병희 옮김. 서울: 숲, 2009.

_________.『니코마코스 윤리학』(*Ethica Nicomachea*). 강상진 외 옮김. 서울: 길, 2011.

Arnold, C. E. *The Colossian Syncretism: The Interface between Christianity and Folk Belief in Colossae*. Grand Rapids: Baker Books, 1996.

_________. "Jesus Christ: 'Head' of the Church (Colossians and Ephesians)." Pages 346-66 in *Jesus of Nazareth, Lord and Christ: Essays on the Historical Jesus and New Testament Christology*. Edited by J. B. Green and M. Turner. Grand Rapids: Eerdmans, 1994.

_________.『바울이 분석한 사탄과 악한 영들』(*Powers of Darkness: Principalities and Powers in Paul's Letters*). 길성남 옮김. 고양: 이레서원, 2008 (1992).

_________. *Ephesians*. ZECNT. Grand Rapids: Zondervan Academic, 2010.

Bandstra, A. J. *Law and the Elements of the World: An Exegetical Study in Aspects of Paul's Teaching*. Kampen: J. H. Kok, 1964.

_________. "Did the Colossian Errorists Need a Mediator?" Pages 329-43 in *New Dimensions in New Testament Study*. Edited by R. N. Longenecker and M. C. Tenney. Grand Rapids: Zondervan, 1974.

Barclay, J. M. G. *Colossians and Philemon*. New Testament Guides. Sheffield: Sheffield Academic Press, 1997.

Bauckham, R. "Colossians 1:24 Again: The Apocalyptic Motif." *EvQ* 47 (1975): 168-70.

_________. *Jesus and the Eyewitnesses: The Gospels as Eyewitness Testimony*. Grand Rapids: Eerdmans, 2008.

Baugh, S. M. "The Poetic Form of Col 1:15-20." *WTJ* 47 (1985): 227-44.

_________. *Ephesians*. EEC. Bellingham: Lexham Press, 2016.

Bavinck, Hemann.『개혁교의학』(*Gereformeerde Dogmatiek*). 박태현 옮김. 서울: 부흥과개혁사, 2011 (1930).

Beasley-Murray, G. R. *Baptism in the New Testament*. Grand Rapids: Eerdmans, 1972.

Beasley-Murray, P. "Colossians 1:15-20: An Early Christian Hymn Celebrating the Lordship of Christ." Pages 169-83 in *Pauline Studies*. Edited by D. A. Hagner and M. J. Harris. Grand Rapids: Eerdmans, 1980.

_________.『부활』(*The Message of the Resurrection*). 정옥배 옮김. 서울: IVP, 2004 (2000).

Beetham, C. A. *Echoes of Scripture in the Letter to the Colossians*. Atlanta: Society of Biblical Literature, 2008.

Bella, Peter. *The Child-Parent Relationship in the New Testament and Its Environment*. Peabody: Hendrickson, 2003.

Bevere, A. R. *Sharing in the Inheritance: Identity and the Moral Life in Colossians*. JSNTSup 226. Sheffield: Sheffield Academic Press, 2003.

Bockmuehl, Markus N. A. *Revelation and Mystery in Ancient Judaism and Pauline Christianity*. WUNT 2/36. Tübingen: Mohr Siebeck, 1990.

Bornkamm, G. "The Heresy of Colossians." Pages 123-45 in *Conflict at Colossae: A Problem in the Interpretation of Early Christianity Illustrated by Selected Modern Studies*. Edited by F. O. Francis and W. A. Meeks. Missoula: Scholars Press, 1973.

Bratcher, R. G., and E. A. Nida. *A Translator's Handbook on Paul's Letters to the Colossians and to Philemon*. Stuttgart: United Bible Societies, 1977.

Brown, Raymond E. *The Semitic Background of the Term "Mystery" in the New Testament*. Philadelphia: Fortress Press, 1968.

Bruce, F. F. 『바울』 (*Paul: Apostle of the Free Spirit*). 박문재 옮김. 고양: 크리스챤다이제스트, 1992 (1985).

Campbell, Constantine R. *Paul and Union with Christ: An Exegetical and Theological Study*. Grand Rapids: Zondervan, 2012.

Capes, David B. *Old Testament Yahweh Texts in Paul's Christology*. Tübingen: Mohr Siebeck, 1992.

Carcopino, Jérôme. 『고대 로마의 일상생활』 (*La vie quotidienne à Rome à l'apogée de l'Empire*). 류재화 옮김. 서울: 우물이 있는 집, 2003 (1939).

Carr, Wesley. *Angels and Principalities: the Background, Meaning, and Development of the Pauline Phrase hai archai kai hai exousiai*. SNTSMS 42. Cambridge: Cambridge University Press, 2005.

Cassidy, Richard J. *Paul in Chains: Roman Imprisonment and the Letters of St. Paul*. New York: Crossroad, 2001.

Comte-Sponville, A. 『미덕이란 무엇인가』 (*Petit Traite Des Grandes Vertus*). 조한경 옮김. 서울: 까치, 2012 (1999).

Cullmann, Oscar. *Early Christian Worship*. London: SCM, 1956.

DeMaris, R. E. *The Colossian Controversy: Wisdom in Dispute at Colossae*. JSNTSup 96. Sheffield: JSOT Press, 1994.

Dibelius, M. "Isis Initiation." Pages 61-121 in *Conflict in Colossae: A Problem in the Interpretation of Early Christianity Illustrated by Selected Modern Studies*. Edited by F. O. Francis and W. A. Meeks. Missoula: Scholars Press, 1973.

Dunn, J. D. G. "The Colossian Philosophy: A Confident Jewish Apologia." *Bib* 76 (1995): 153-81.

__________. 『바울신학』 (*The Theology of Paul the Apostle*). 박문재 옮김. 고양: 크리스천다이제스트, 2003 (1998).

__________. *Christology in the Making: A New Testament Inquiry Into the Origins of the Doctrine of the Incarnation*. Grand Rapids: Eerdmans, 1996.

Easton, Burton Scott. "New Testament Ethical Lists." *JBL* 51 (1932): 1-12.

Ebert, Daniel J. 『지혜 기독론』 (*Wisdom Christology: How Jesus Becomes God's Wisdom for Us*). 곽계일 옮김. 서울: 개혁주의신학사, 2012 (2011).

Ellis, E. E. "Colossians 1:12-20: Christus Creator, Christus Salvator." Pages 415-28 in *Interpreting the New Testament Text: Introduction to the Art and Science of*

Exegesis. Edited by D. L. Bock and B. M. Fanning. Wheaton: Crossway, 2006.

Evans, C. A. "The Colossian Mystics." *Bib* 63 (1982): 188-205.

Fee, Gordon D. 『성령: 하나님의 능력 주시는 임재』 (*God's Empowering Presence: The Holy Spirit in the Letters of Paul*). 하. 박규태 옮김. 서울: 새물결플러스, 2013 (1994).

_________ . 『바울의 기독론』 (*Pauline Christology: An Exegetical-Theological Study*). 홍인규 외 옮김. 서울: 기독교문서선교회, 2009 (2007).

_________ . 『고린도전서』 (*The First Epistle to the Corinthians*). 최병필 옮김. 서울: 부흥과개혁사, 2019 (2014).

Ferguson, Sinclair B. 『성도의 삶』 (*The Christian Life: A Doctrinal Introduction*). 장호준 옮김. 서울: 복있는 사람, 2010 (1981).

Fitzmyer, J. A. "New Testament *Kyrios* and *Maranatha* and Their Aramaic Background." Pages 218-35 in *To Advance the Gospel: New Testament Studies*. New York: Crossroad, 1981.

Fowl, S. E. *The Story of Christ in the Ethics of Paul: An Analysis of the Function of the Hymnic Material in the Pauline Corpus*. JSNTSup 36. Sheffield: JSOT Press, 1990.

Frame, John M. 『존 프레임의 조직신학』 (Systematic *Theoloy*). 김진운 옮김. 서울: 부흥과개혁사, 2017 (2013).

France, R. T. *The Gospel of Matthew*. NICNT. Grand Rapids: Eerdmans, 2007.

Francis, F. O. "A Re-examination of the Colossian Controversy." PhD dissertation. Yale University, 1965.

_________ . "Visionary Discipline and Scriptural Tradition at Colossae." LTQ 2 (1967): 71-81.

_________ . "The Background of EMBATEUEIN (2:18) in Legal Papyri and Oracle Inscriptions." Pages 197-206 in *Conflict in Colossae: A Problem in the Interpretation of Early Christianity Illustrated by Selected Modern Studies*. Edited by F. O. Francis and W. A. Meeks. Missoula: Scholars Press, 1973.

_________ . "Humility and Angelic Worship in Col 2:18." Pages 163-95 in *Conflict in Colossae: A Problem in the Interpretation of Early Christianity Illustrated by Selected Modern Studies*. Edited by F. O. Francis and W. A. Meeks. Missoula: Scholars Press, 1973.

Francis, F. O., and W. A. Meeks. *Conflict at Colossae: A Problem in the Interpretation of Early Christianity Illustrated by Selected Modern Studies*. Sources for Biblical Study 4. Missoula: Scholars Press, 1973.

Furnish, V. P. 『바울의 신학과 윤리』 (*Theology and ethics in Paul*). 김용옥 옮김. 서울: 대한기독교출판사, 1982 (1968).

Gibbs, John G. *Creation and Redemption*. Leiden: Brill, 1971.

Gordley, Matthew E. *The Colossian Hymn in Context: An Exegesis in Light of Jewish and Greco-Roman Hymnic and Epistolary Convention*. WUNT 2/228. Tübingen: Mohr Siebeck, 2007.

Grudem, Wayne. 『조직신학』 (*Systematic Theology*). 노진준 옮김. 서울: 은성, 1996 (1994).

Gundry, Robert H. *Sōma in Biblical Theology: with Emphasis on Pauline Anthropology*.

SNTSMS 29. Cambridge: Cambridge University Press, 1976.

Gunther, John J. *St. Paul's Opponents and their Background*. NovTSup 35. Leiden: Brill, 1973.

Gunton, C. E. *Christ and Creation*. Grand Rapids: Eerdmans, 1992.

Hafemann, Scott J. *Suffering and Ministry in the Spirit*. Grand Rapids: Eerdmans, 1990.

Harris, Murray J. *The Second Epistle to the Corinthians*. NIGTC. Grand Rapids: Eerdmans, 2013.

Hay, David H. *Glory at the Right Hand: Psalm 110 in Early Christianity*, Nashville: Abingdon, 1973.

Helyer, L. R. "Colossians 1:15-20: Pre-Pauline or Pauline?" *JETS* 26 (1983): 167-79.

_________. "Arius Revisited: The Firstborn over All Creation (Col 1:15)." *JETS* 31 (1988): 59-67.

_________. "Cosmic Christology and Col 1:15-20." *JETS* 37 (1994): 235-46.

Hill, David. *Greek Words and Hebrew Meanings: Studies in the Semantics of Soteriological Terms*. Eugene: Wipf & Stock Pub, 2000.

Hoehner, Harold W. *Ephesians: An Exegetical Commentary*. Baker Academic, 2002.

Hoekema, Anthony A. 『개혁주의 구원론』 (*Saved by Grace*). 이용중 옮김. 서울: 부흥과개혁사, 2012 (1989).

Hollenbach, B. "Col 2:23: Which Things Lead to the Fulfillment of the Flesh." *NTS* 25 (1979): 254-61.

Hooker, M. D. "Were There False Teachers in Colossae?" Pages 315-31 in *Christ and Spirit in the New Testament: Studies in Honour of Charles Francis Digby Moule*. Edited by B. Lindars and S. S. Smalley. Cambridge: Cambridge University Press, 1973.

Hurtado, L. W. 『주 예수 그리스도: 초기 기독교의 예수 신앙에 대한 역사적 탐구』 (*Lord Jesus Christ: Devotion to Jesus in Earliest Christianity*). 박규태 옮김. 서울: 새물결플러스, 2010 (2005).

Hutin, Serge. 『신비의 지식, 그노시즘』 (*Les Gnostiques*). 황준성 옮김. 서울: 문학동네, 1996 (1959).

Judge, E. A. "The Quest for Mercy in Late Antiquity." Pages 107-21 in *God Who is Rich in Mercy: Essays Presented to Dr. D. B. Knox*. Edited by Peter O'Brien and D. G. Peterson. Grand Rapids: Baker, 1986.

Karris, R. J. *A Symphony of New Testament Hymns*. Collegeville: Liturgical, 1996.

Keller, Timothy. 『팀 켈러, 결혼을 말하다』 (*The Meaning of Marriage*). 최종훈 옮김. 서울: 두란노, 2014 (2011).

Knowles, M. P. "'Christ in You, the Hope of Glory': Discipleship in Colossians." Pages 180-202 in *Patterns of Discipleship in the New Testament*. Edited by R. N. Longenecker. Grand Rapids: Eerdmans, 1996.

Ladd, G. E. "Paul's Friends in Colossians 4:7-16." *RevExp* 70 (1973): 507-14.

Lamp, J. S. "Wisdom in Col 1:15-20: Contribution and Significance." *JETS* 41 (1998): 45-53.

Leaney, A. R. C. "Colossians ii. 21-23." *ExpTim* 64 (1952-1953): 92.

Levison, J. R. "2 Apoc Bar 48:42-52:7 and the Apocalyptic Dimension of Colossians 3:1-6."

JBL 108 (1989): 93-108.

Lewis, C. S. 『순전한 기독교』 (*Mere Christianity*). 장경철·이종태 옮김. 서울: 홍성사, 2001 (1977).

__________. 『기적』 (*Miracles*). 강영안·이종태 옮김. 서울: 홍성사, 2008 (1960).

__________. 『영광의 무게』 (*The Weight of Glory*). 홍종락 옮김. 서울: 홍성사, 2008 (1980).

Lightfoot, J. B. "The Colossian Heresy." Pages 13-59 in *Conflict in Colossae: A Problem in the Interpretation of Early Christianity Illustrated by Selected Modern Studies*. Edited by F. O. Francis and W. A. Meeks. Missoula: Scholars Press, 1973.

Lillie, W. "The Pauline House-Tables." *ExpTim* 86 (1975): 179-83.

Lincoln, A. T. *Paradise Now and Not Yet*. SNTSMS 43. Cambridge: Cambridge University Press, 2004.

Macleod, D. 『그리스도의 위격』 (*The Person of Christ*). 김재영 옮김. 서울: IVP, 2001 (1998).

MacMullen, Ramsay. *Roman Social Relations*. New Haven: Yale University Press, 1974.

Martin, R. P. "Reconciliation and Forgiveness in Colossians." Pages 104-24 in *Reconciliation and Hope: New Testament Essays on Atonement and Eschatology*. Edited by R. Banks. Grand Rapids: Eerdmans, 1974.

Martin, T. *By Philosophy and Empty Deceit: Colossians as Response to a Cynic Critique*. JSNTSup 118. Sheffield: Sheffield Academic Press, 1996.

McGrath, A. 『십자가로 돌아가라』 (*The Enigma of Cross*). 정득실 옮김. 서울: 생명의말씀사, 2014 (1987).

__________. 『그들은 어떻게 이단이 되었는가』 (*Heresy: A History of Defending the Truth*). 홍병룡 옮김. 서울: 포이에마, 2011 (2010).

__________. 『신학이란 무엇인가』 (*Christian Theology: An Introduction*). 김기철 옮김. 서울: 복있는 사람, 2014 (2011).

Metzger, Bruce M. *A Textual Commentary on the Greek New Testament*. 2nd ed. New York: United Bible Societies, 1994.

Moule, C. F. D. "New Life in Colossians 3:1-17." *RevExp* 70 (1973): 481-93.

__________. *The Origin of Christology*. Cambridge: Cambridge University Press, 1977.

Packer, J. I. 『하나님을 아는 지식』 (*Knowing God*). 정옥배 옮김. 서울: IVP, 2008 (1973).

Peterson, David G. "Maturity: The Goal of Mission." Pages 190-204 in *The Gospel to the Nations*. Edited by Peter Bolt and Mark Thompson. Leicester: InterVarsity Press, 2000.

Peterson, Robert A. 『성경적 구원론: 보호와 배교』 (*Our Secure Salvation: Preservation and Apostasy*). 심성민 옮김. 서울: 개혁주의신학사, 2015 (2009).

Pfitzner, Victor C. *Paul and the Agon Motif: Traditional Athletic Imagery in the Pauline Literature*. NovTSup 16. Leiden: Brill, 1967.

Piper, John. 『결혼 신학』 (*This Momentary Marriage*). 이은이 옮김. 서울: 부흥과개혁사, 2010 (2009).

Plutarchos. 『플루타르코스 영웅전』 (*Plutarch's Lives: Dion and Brutus, Timoleon and Aemilius Paulus*). 6권. 이다희 옮김. 서울: 휴먼앤북스, 2012.

Porter, Stanley E. *Idioms of the Greek New Testament*. 2nd ed. Sheffield: Sheffield Academic Press, 1995.

__________. *Καταλλάσσω in Ancient Greek Literature with Reference to the Pauline Writings*. Cordoba: Ediciones el Almendro, 1994.

Reeves, Michael. 『좋으신 하나님』 (*The Good God: Enjoying Father, Son, and Spirit*). 장호준 옮김. 서울: 복있는 사람, 2015 (2012).

Reicke, Bo I. "Historical Setting of Colossians." *RevExp* 70 (1973): 429-38.

Richards, E. Randolph. *The Secretary in the Letters of Paul*. Tübingen: Mohr, 1991.

Ridderbos, Herman. *Paul: An Outline of His Theology*. Grand Rapids: Eerdmans, 1997.

Roberts, J. H. "Jewish Mystical Experience in the Early Christian Era as Background to Understanding Colossians." *Neot* 32 (1998): 161-89.

Rosner, Brian S. *Greed as Idolatry: the Origin and Meaning of a Pauline Metaphor*. Grand Rapids: Eerdmans, 2007.

Rowland, C. "Apocalyptic Visions and the Exaltation of Christ in the Letter to the Colossians." *JSNT* 19 (1983): 73-83.

Sappington, T. J. *Revelation and Redemption at Colossae*. JSNTSup 53. Sheffield: JSOT Press, 1991.

Sayers, Dorothy L. 『도그마는 드라마다』 (*Letters to a Diminished Church*). 홍병룡 옮김. 서울: IVP, 2017 (2004).

Schaff, P. 『니케아 시대와 이후의 기독교』 (*Nicene and Post-Nicene Christianity*). 이길상 옮김. 고양: 크리스천다이제스트, 2004 (1889).

Schnabel, Eckhard J. *Law and Wisdom from Ben Sira to Paul*. WUNT 2/16. Tübingen: Mohr Siebeck, 1985.

__________. *Acts*. ZECNT. Grand Rapids: Zondervan Academic, 2012.

Schnackenburg, R. *Baptism in the Thought of St. Paul*. Oxford: Basil Blackwell, 1964.

Schrage, Wolfgang. *The Ethics of the New Testament*. Translated by David E. Green. Minneapolis: Fortress Press, 1990.

Schreiner, Thomas R. *Paul, Apostle of God's Glory in Christ: A Pauline Theology*. Downers Grove: InterVarsity Press, 2006.

__________. 『신약신학』 (*New Testament Theology*). 임범진 옮김. 서울: 부흥과개혁사, 2015 (2008).

Schweizer, E. "Slaves of the Elements and Worshipers of Angels: Gal 4:3, 9 and Col 2:8, 18, 20." *JBL* 107 (1988): 455-68.

Shogren, G. S. "Presently Entering the Kingdom of Christ: The Background and Purpose of Col 1:12-14." *JETS* 31 (1988): 173-80.

Sider, Ronald J. 『이것이 진정한 기독교다』 (*Genuine Christianity*). 서울: IVP, 1997 (1996).

Smith, I. K. *Heavenly Perspective: A Study of the Apostle Paul's Response to a Jewish Mystical Movement at Colossae*. Library of New Testament Studies 346. Edinburgh: T&T Clark, 2006.

Stark, Rodney. 『기독교의 발흥』 (*The Rise of Christianity*). 손현선 옮김. 서울: 좋은씨앗, 2016 (1997).

Stettler, Christian. "The Opponents at Colossae." Pages 169-200 in *Paul and His Opponents*. Edited by Stanly Porter. Leiden: Brill, 2005.

Stott, John R. W. 『그리스도의 십자가』 (*The Cross of Christ*). 황영철·정옥배 옮김. 서울: IVP, 2007

(2006).

Stuckenbruck, Loren T. *Angel Veneration and Christology*. WUNT 2/70. Tübingen: Mohr, 1995.

Sumney, Jerry L. "Those Who 'Pass Judgment': The Identity of the Opponents in Colossians." *Bib* 74 (1993): 366-88.

_________. *'Servants of Satan', 'False Borthers' and Other Opponents of Paul*. Sheffield: Sheffield Academic Press, 1999.

Sweeney, J. P. "The Priority of Prayer in Colossians 4:2-4." *BSac* 159 (2002): 318-33.

_________. "Guidelines on Christian Witness in Colossians 4:5-6." *BSac* 159 (2002): 449-61.

Talbert, Charles H. *Ephesians and Colossians*. Grand Rapids: Baker Academic, 2007.

Tannehill, Robert C. *Dying and Rising with Christ: A Study in Pauline Theology*. Berlin: Alfred Töpelmann, 1967.

Thiselton, Anthony C. *The First Epistle to the Corinthians*. NIGTC. Grand Rapids: Eerdmans, 2000.

_________. 『고린도전서 - 해석학적 & 목회적으로 바라본 실용적 주석』(*First Corinthians: A Shorter Exegetical and Pastoral Commentary*). 권연경 옮김. 서울: SFC출판부, 2016 (2006).

Van Kooten, G. H. *Cosmic Christology in Paul and the Pauline School*. WUNT 2/171. Tübingen: Mohr Siebeck, 2003.

Walsh, B. J., and S. C. Keesmaat. 『제국과 천국: 세상을 뒤집은 골로새서 다시 읽기』(*Colossians Remixed: Subverting the Empire*). 홍병룡 옮김. 서울: IVP, 2004 (2011).

Weima, Jeffrey A. D. 1-2 *Thessalonians*. ECNT. Grand Rapids: Baker Academic, 2014.

Wiedemann, T. *Greek and Roman Slavery*. Baltimore: Johns Hopkins University Press, 1981.

Wilken, Robert L. 『초기 기독교 사상의 정신』(*The Spirit of Early Christian Thought*). 배덕만 옮김. 서울: 복있는 사람, 2014 (2003).

Wink, W. *Naming the Powers: The Language of Power in the New Testament*. Philadelphia: Fortress, 1984.

Witherington, Ben III. *Women in the Earliest Churches*. Cambridge: Cambridge University Press, 1988.

Wright, N. T. "Poetry and Theology in Colossians 1:15-20." *NTS* 36 (1990): 444-68.

_________. 『바울과 하나님의 신실하심』(*Paul and the Faithfulness of God*). 박문재 옮김. 고양: 크리스천다이제스트, 2015 (2013).

Yates, R. "Colossians 2:14: Metaphor of Forgiveness." *Bib* 71 (1990): 248-59.

_________. "Colossians 2:15: Christ Triumphant." *NTS* 37 (1991): 573-91.

_________. "'The Worship of Angels' (Col 2:18)." *ExpTim* 97 (1985): 12-15.

Korean
Bible
Commentary

한국
성경
주석
12

빌레몬서

Philemon

빌레몬서 서론

1. 빌레몬서, 복음의 능력을 증언하는 서신

빌레몬서는 헬라어 단어 335개로 이루어진 짧은 서신이다. 바울 서신 13개 중에서 가장 짧다. 하지만 짧다고 해서 가볍게 취급해도 좋은 서신은 아니다. 감동적인 복음의 이야기를 전하는 서신이기 때문이다. 빌레몬서는 오네시모라는 종에게 임한 하나님의 사랑과 그를 변화시킨 복음의 능력을 증언한다.

오네시모는 어떤 사람인가? 그는 빌레몬의 종이다. 그리스-로마 사회에서 살아 있는 도구나 인격 없는 물건 취급을 당하던 존재이다. 과거에 그는 주인에게 아무 쓸모가 없었다. 주인의 물건을 훔쳐 도망하기까지 하였다. 오네시모는 도무지 변화될 수 없는 존재였다. 그런 오네시모에게 하나님의 사랑이 임하였다. 하나님은 오네시모를 인도하여 바울을 만나게 하셨고, 바울에게서 복음을 듣게 하심으로써 그를 변화시키셨다. 무익한 존재를 유익한 존재가 되게 하셨다. 하나님은 여기에 그치지 않으셨다. 오네시모를 하나님의 가족의 일원으로 받아들여 주심으로써 그와 그의 주인 빌레몬의 관계를 변화시키셨다. 로마 사회에서 오네시모는 빌레몬의 종이지만, 하나님의 가족 안에서는 빌레몬의 형제이다. 하나님은 종과 주인을 차별하지 않으시고 하나님의 동등한 아들로 받아들여 주신다. 바울은 오네시모에게 임한 하나님의 사랑을 알고 그를 사랑받는 형제로 받아들였다. 빌레몬도 하나님의 아들이 된 오네시모를 용서하고 형제로 받아들여야 한다.

노예 제도가 당연한 것으로 받아들여지던 사회에서 종을 형제로 받아들이는 것은 불가능에 가까운 일이었다. 그러나 그렇게 하는 것이 하나님의 뜻이고 복음의 요청이다. 하나님은 복음을 통해서 사람들을 변화시키시고 사람들과의 관계를 변화시키신다. 더 나아가 사회 전체를 변화시키신다. 이 서신을 받은 빌레몬은 오네시모를 사랑받는 형제로 맞아들여야 한다는 복음의 혁명적인 요청 앞에 서게 되었다. 요컨대, 빌레몬서는 오네시모에게 임한 하나님의 사랑과 오네시모와 바울과 빌레몬 사이에서 일어난 사랑의 역사를 증언하는 위대한 사랑의 서신이다. 동시에 죄인들을 변화시키고 사람들 사이의 장벽을 무너뜨리는 복음의 능력을 증언하는 서신이다.

2. 빌레몬서의 상황

오네시모와 빌레몬 사이에 무슨 일이 있었는가? 왜 오네시모는 빌레몬을 떠났는가? 그는 어떻게 바울을 만나게 되었는가? 이런 사실들을 사도 바울은 구체적으로 말하지 않는다. 오네시모가 어떻게 복음을 듣고 변화되었는지도 밝히지 않는다. 그래서 빌레몬서를 읽는 것은 마치 드라마의 마지막 부분을 시청하는 것과 같다. 빌레몬서에서 분명하게 알 수 있는 것은 다음과 같은 사실들이다.

① 오네시모는 빌레몬의 종이다(1:16).
② 오네시모는 빌레몬에게 무익하였다(1:11).
③ 오네시모는 빌레몬에게 불의를 행하고 빚을 졌다(1:18).
④ 오네시모는 주인의 집을 떠났다(1:15).
⑤ 오네시모는 바울에게서 복음을 듣고 그리스도인이 되었다(1:10).
⑥ 바울은 오네시모를 빌레몬에게 돌려보낸다(1:12).
⑦ 바울은 자신을 맞아들이는 것처럼 오네시모를 맞아들여 달라고 빌레몬에게 간청한다(1:17).

(1) 도망자 가설

빌레몬서의 상황을 자세히 알 수 없기 때문에 다양한 견해들이 제시되어 왔다. 크리소스토무스(Chrysostomus)를 포함한 초기 주석가들이 주장한 전통적인 견해는 오네시모가 빌레몬에게 손해를 입히고 로마로 도망갔다가 그곳에서 사도 바울을 만나서 복음을 듣게 되었다는 것이다. 이른바 "도망자 가설"(runaway hypothesis)이다. 고대 로마 제국에서 도주 노예들이 주인의 물건이나 돈을 훔치는 것은 일반적인 현상이었다. 오네시모도 로마까지 도망하는 데 필요한 경비를 마련하려고 주인의 물건이나 돈을 훔쳤을 것이다.[1] 많은 사람들이 살고 있는 제국의 수도는 도망한 종들이 군중 속에 몸을 숨기기에 좋은 곳이었다. 오네시모는 어떻게 대도시 로마에서 바울을 만나게 되었는가? 아마도 먼저 로마에 와 있던 골로새 교회의 지도자 에바브라가 그를 바울에게로 인도했을 것이다. 또는 오네시모가 극심한 궁핍과 외로움과 두려움 때문에 사람들 사이에서 숨어 지내려던 생각을 바꾸고 도움을 받기 위해 주인의 친구인 바울을 찾아갔을 것이다.[2] 오네시모는 바울을 만나서 복음을 듣고 그리스도인이 되었다.

오네시모를 도망한 종으로 보는 전통적인 견해는 세 가지 문제 때문에 비판을 받아 왔다. 첫째, 오네시모가 도망자라는 것을 지지하는 분명한 증거가 없다.[3] 사도 바울은 오네시모가 도망자라고 분명하게 말하지 않으며, "도망하다"라는 동사를 사용하지도 않는다. 둘째, 바울은 오네시모가 자기 잘못을 후회하거나 반성하고 있다는 것을 전혀 언급하지 않는다. 오네시모가 도망자였다면 그를 돌려보낼 때 잘못을 뉘우쳤다는 사실을 밝혀야 했을 것이다. 셋째, 오네시모가 많은 사람들이 거주하던 제국의 수도 로마에서 어떻게 바울을 만나게 되었는지 설명하기가 어렵다. 이것이 전통적인 견해의 가장 심각한 약점으로 간주되고 있다. 도널드 카슨(Donald A. Carson)과 더글러스 무(Douglas J. Moo)는 로마에서 오네시모가 바울을 우연히 만났다면, 그런 우연은 찰스 디킨스(Charles J. Dickens)의 소설에나 나올 만한 것이라고 주장한다.[4]

1 Barclay, "Paul, Philemon and the Dilemma of Christian Slave Ownership", 164; Barth and Blanke, *Philemon*, 141-50; Caird, *Paul's Letters from Prison*, 222-23; Calvin, *Philemon*, 347-48; Harris, *Colossians and Philemon*, 207; Nordling, "*Onesimus Fugitivus*", 97-119; O'Brien, 『골로새서·빌레몬서』, 459; Thompson, *Colossians and Philemon*, 194; Wilson, *Colossians and Philemon*, 22, 317; 변종길, 『신약총론』, 369.

2 Carson and Moo, 『신약개론』, 673.

3 Wansink, *Chained in Christ*, 179.

4 Carson and Moo, 『신약개론』, 671; Moo, *Colossians and Philemon*, 367.

(2) 파견자 가설

미국의 성경학자 존 낙스(John Knox)는 1935년에 전통적인 견해에 문제를 제기하면서 새로운 견해를 제안하였다. 낙스에 따르면, 오네시모는 빌레몬이 아니라 아킵보의 종이다. 빌레몬서는 오네시모를 해방해 달라고 바울이 아킵보에게 요청하는 서신이다. 낙스는 오네시모가 도망자가 아니라 소식이나 선물을 바울에게 전하기 위해 보냄을 받은 사람일 것이라고 조심스럽게 추정하였다.[5] 이른바 "파견자 가설"(emissary hypothesis)이다. 최근에 낙스의 영향을 받은 세어러 윈터(Sara C. Winter)는 낙스보다 더 강하게 파견자 가설을 옹호한다. 오네시모는 당시의 도주 노예들과 달리 은신처를 제공하는 신전을 찾아가지 않았고, 대도시의 군중 속으로 숨지도 않았다. 도리어 그는 곧바로 가택 연금 상태에 있는 사도 바울을 찾아갔다. 윈터에 따르면, 오네시모는 바울에게 소식이나 선물을 전하고 그를 돕도록 파견된 골로새 교회의 사절이었다.[6] 브루스(F. F. Bruce)도 오네시모가 도망한 종이 아니라 특별한 임무를 수행하기 위해 파견된 사람이라고 주장한다.[7] 빌립보 교회가 바울의 필요를 채워 주기 위해 에바브로디도를 보낸 것처럼 골로새 교회도 오네시모를 보냈다는 것이다.[8] 사도 바울이 빌레몬서를 쓴 목적은 오네시모를 해방해서 자신과 함께 복음 사역을 하게 해 달라고 요청하기 위한 것이다.[9]

빌레몬서에는 오네시모가 잘못을 뉘우쳤다는 언급이 나오지 않고, 빌레몬이 오네시모의 행동 때문에 분노하고 있다는 표현도 나오지 않는다. 이런 사실은 오네시모가 골로새 교회의 사절이라는 견해를 지지하는 것처럼 보인다. 그러나 "파견자 가설"은 빌레몬서의 다른 중요한 증거들과 맞지 않

---

5 Knox, *Philemon among the Letters of Paul*, 15. John Knox의 견해는 다음 책에 간략하게 제시되어 있다. Barth and Blanke, *Philemon*, 225-26.

6 Winter, "Paul's Letter to Philemon", 3. 그녀는 아킵보가 오네시모의 주인이며, 오네시모를 바울에게 보냈다고 주장한다.

7 Bruce, 『바울』, 429. 다음 주석가들도 파견자 가설을 지지한다. Bruce, *Philemon*, 197; Houlden, *Paul's Letters from Prison*, 226; Pao, *Colossians and Philemon*, 345-47; Wansink, *Chained in Christ*, 175-99; 윤철원, "오네시모를 통해 새롭게 보는 빌레몬서", 223.

8 Wansink, *Chained in Christ*, 198.

9 Winter, "Paul's Letter to Philemon", 12.

는다. 특히 오네시모의 잘못을 언급하는 1:18과 조화를 이루지 못한다.[10] 오네시모는 빌레몬에게 불의를 행하거나 빚을 졌다. 게다가 오네시모는 무익한 사람이었다(1:11). 파견자 가설을 지지하는 데이비드 파오(David Pao)는 오네시모가 빌레몬에게 무익했다는 표현을 수사적인 것으로 이해하고, 그가 바울을 만나기 전에 이미 그리스도인이었다고 주장한다.[11] 하지만 사도 바울은 오네시모를 자신이 갇힌 중에서 낳은 아들로 언급한다(1:10). 오네시모가 바울을 만나 뒤에 그리스도인이 되었다는 말이다. 오네시모가 무익했다는 것을 수사적인 표현으로 이해할 만한 타당한 이유가 없다. 오네시모는 주인의 집을 떠나기 전에는 그리스도인이 아니었고, 주인에게 무익한 종이었다. 어떻게 그런 인물이 골로새 교회의 사절이 될 수 있겠는가? 골로새 교회가 그런 사람을 교회의 공식 사절로 파견한다는 것은 상상할 수 없는 일이다.[12]

(3) 중재 가설

최근에 성경학자들이 지지하는 견해는 "중재 가설"(mediation hypothesis)이다.[13] 고대 로마 사회에서는 주인과의 관계가 악화된 종들이 자신을 위해 중재해 줄 "주인의 친구"(*amicus domini*)를 찾아갔다고 한다. 그들이 주인의 집을 떠나는 목적은 주인에게서 도망하는 것이 아니라 주인과의 관계를 회복하는 것이었다. 당시의 로마법은 이런 종들을 도망자(*fugitivus*)로 간주하지 않았다고 한다. 예컨대, 1세기의 저명한 로마의 법학자 프로쿨루스(Proculus)는 주인의 처벌을 두려워하여 자기를 위해 중재해 줄 주인의

---

10 Osiek, *Philippians, Philemon*, 129.

11 Pao, *Colossians and Philemon*, 347.

12 Barclay, "Paul, Philemon, and Christian Slave-Ownership", 164; Cousar, *Philippians and Philemon*, 98; Fitzmyer, *Philemon*, 18.

13 Arzt-Grabner, "How to Deal with Onesimus?", 134; Bartchy, *ADB*, V, 307-9; Beale, *Colossians and Philemon*, 368-69; Cousar, *Philippians and Philemon*, 98; Dunn, *Colossians and Philemon*, 304-6; Fitzmyer, *Philemon*, 23; Frilingos, "For My Child Onesimus", 91-104; Lampe, "Affects and Emotions in the Rhetoric of Paul's Letter to Philemon", 63-65; Lohse, *Colossians and Philemon*, 196-97; Marshall 외, 『서신서와 요한계시록』, 250; Osborne, *Colossians and Philemon*, 151-52; Rapske, "The Prisoner Paul", 187-203; Thielman, 『신약신학』, 610-12.

친구에게 간 노예는 도망자가 아니라고 하였다(Dig. 21.1.17.5).[14]

중재 가설을 지지하는 성경학자들은 로마 시대의 도망 노예들처럼 오네시모가 "주인의 친구"인 바울에게 중재를 부탁하려고 주인의 집을 떠난 것이라고 주장한다. 오네시모와 빌레몬과의 관계가 나빠진 이유는 분명하지 않다. 아마도 오네시모가 빌레몬의 돈을 횡령하여 그에게 상당한 손실을 입혔기 때문일 것이다. 오네시모는 주인의 집에서 모이는 예배에 가끔 참석했을 것이고, 거기서 주인의 친구인 바울에 관한 이야기를 들었을 것이다. 그리고 바울이 자기를 위해 중재해 줄 가장 적합한 "주인의 친구"라고 생각하고 그를 찾아갔을 것이다.[15]

중재 가설을 지지하는 사람들은 빌레몬서를 플리니우스(Plinius)가 친구 사비니아누스(Sabinianus)에게 보낸 편지와 비교한다. 이 편지에서 플리니우스는 사비니아누스의 종으로 있다가 해방된 후에도 계속 주인과 관계를 맺고 있는 자유민을 언급한다. 그 자유민은 "주인의 친구"인 플리니우스의 발 앞에 엎드려 눈물을 흘리면서 중재를 요청하였다. 플리니우스는 사비니아누스에게 그 자유민을 용서해 달라고 부탁한다(*Ep.* 9.21).[16]

빌레몬서에 이 편지와 어느 정도 흡사한 점이 있다는 것은 사실이다. 오네시모도 주인의 친구인 바울을 찾아갔다. 또 바울 역시 자기 친구인 빌레몬과 오네시모 사이의 중재자가 되었다. 바울은 중재를 원하는 오네시모를 위하여 "주인의 친구" 자격으로 편지를 쓴 것이다.[17]

중재 가설의 장점은 오네시모가 대도시 로마(또는 에베소)에서 사도 바울을 만난 것을 잘 설명할 수 있다는 것이다. 오네시모는 바울을 우연히 만난 것이 아니라 처음부터 중재를 부탁하려고 그를 찾아간 것이다. 하지만 오네시모가 주인과의 화해를 위해서 멀리 로마나 에베소에 있는 바울을 찾

14 이 문헌의 영어 번역문은 다음 책들에서 볼 수 있다. Fitzmyer, *Philemon*, 20; Thompson, *Colossians and Philemon*, 197.

15 Rapske, "The Prisoner Paul", 187.

16 플리니우스의 편지의 라틴어 본문과 영어 번역은 다음 책들에서 볼 수 있다. Pliny, *Letters and Panegyricus II*, trans. Betty Radice (LCL; Cambridge: Harvard University Press, 1969), 118-21; Fitzmyer, *Philemon*, 21-22; Lohse, *Colossians and Philemon*, 196-97.

17 Fitzmyer, *Philemon*, 23.

아갔다는 것은 이해하기 어렵다. 골로새 성도들이나 라오디게아 성도들 중에서 자신을 위해 중재해 줄 만한 빌레몬의 친구를 얼마든지 찾을 수 있었기 때문이다. 또 오네시모가 자신의 잘못을 진심으로 뉘우치고 용서를 구하는 것만으로도 문제를 해결할 수 있었을 것이다. 우리는 빌레몬이 모든 성도들을 사랑하는 좋은 그리스도인이었다는 사실을 간과하지 말아야 한다. 빌레몬은 자기 잘못을 진심으로 뉘우치고 용서를 구하는 종을 엄하게 처벌할 사람이 아니었다. 중재 가설은 빌레몬을 냉정한 사람으로 만든다. 이것은 그를 탁월한 사랑의 사람으로 묘사하는 빌레몬서의 내용과 전혀 어울리지 않는다(1:5, 7).

바울이 오네시모의 후회나 반성을 전혀 언급하지 않고, 빌레몬에게 그를 용서해 달라고 요청하지 않는 것도 중재 가설의 큰 약점이다. 만일 사도가 플리니우스처럼 중재 편지를 쓰고 있는 것이라면, 오네시모가 자기 잘못을 반성하고 있다는 사실을 반드시 언급해야 하고, 또 그를 용서해 달라고 빌레몬에게 요청해야 한다. 그러나 바울은 그렇게 하지 않는다.

마지막으로, 중재 가설의 문제는 이 편지에서 바울이 오네시모와 빌레몬 사이의 불화를 중재하지 않는다는 것이다. 바울은 중재 그 이상의 것을 한다. 즉, 오네시모가 복음을 듣고 변화된 사실을 언급하면서 그를 형제로 받아들이라고 간청한다. 심지어 오네시모를 바울 자신을 맞아들이는 것처럼 맞아들여 달라고 요청하기까지 한다. 어떻게 이것을 중재라고 할 수 있겠는가? 이런 점에서 빌레몬서는 플리니우스의 편지와 다르다. 빌레몬서는 중재의 편지 그 이상이다.

지금까지 살펴본 견해들 중에서 오네시모를 도망한 종으로 보는 전통적인 견해가 가장 설득력이 있다. 사도 바울이 오네시모의 반성이나 사과를 언급하지 않고 빌레몬에게 용서를 요청하지 않은 것은 그다지 문제가 되지 않는다. 오네시모가 바울에게서 복음을 듣고 철저하게 변화되었기 때문이다. 그는 과거의 오네시모가 아니다. 완전히 새 사람이 되었다. 지금 그는 유익한 존재이고, 하나님의 아들이고, 사랑을 받는 형제이다.[18] 오네시모는 회심 과정에서 자기 잘못을 사도에게 숨김없이 털어놓았을 것이고, 하나님

18 Barth and Blanke, *Philemon*, 143.

의 용서를 구했을 것이다. 이제 그가 할 일은 골로새로 돌아가서 빌레몬의 발 앞에 엎드려 자기 잘못을 인정하고 용서를 구하는 것이다. 사도 바울은 오네시모가 이렇게 하리라는 것을 잘 알고 있었다. 그래서 이 서신에 오네시모의 반성이나 사과를 언급할 필요가 없었던 것이다.

오네시모가 빌레몬의 집에서 도망한 이유는 무엇인가? 가장 큰 이유는 종으로 살아야 하는 자신의 처지에 불만을 가졌기 때문일 것이다. 주인의 돈을 횡령하거나 주인에게 큰 손해를 입힌 것도 중요한 이유였을 것이다. 결국 오네시모는 주인의 재물을 훔쳐서 멀리 로마로 도망쳤다. 로마는 주인의 집에서 도망한 종들이 몸을 숨기기에 좋은 곳이었다. 오네시모가 거대한 도시인 로마에서 바울을 만난 것은 설명하기 어려운 문제임이 틀림없다. 하지만 소설이나 영화에 나올 만한 일들이 현실에서 종종 일어나지 않는가? 영화보다 더 영화 같은 일들이 현실에서 일어나는 것을 우리는 잘 알고 있다. 오네시모가 로마에서 바울을 만나는 것이 전혀 불가능한 일이 아닌 것이다. 오네시모는 사도 바울에 관한 이야기를 빌레몬과 골로새 교인들로부터 들었을 것이다. 바울이 헌신적인 기독교 지도자이며 빌레몬의 영적 은인이라는 사실을 알게 되었을 것이다. 또 그가 로마에서 가택에 연금되어 있다는 사실도 알게 되었을 것이다. 로마에 있는 교회들의 형편에 관해서도 들었을 것이다. 따라서 오네시모가 자유를 찾아 로마로 도망갔다가 구걸을 하거나 도둑질을 하면서 살아야 하는 상황에 처하자 마음을 바꾸고 바울을 찾아가기로 결심했을 것이다. 그는 로마 교회를 찾아갔고, 로마 교회의 어떤 교인이 그를 에바브라와 사도 바울에게 인도했을 것이다.

또한 우리는 하나님의 섭리를 진지하게 고려해야 한다. 사도 바울은 1:15에서 오네시모가 빌레몬을 떠난 배후에 하나님의 섭리가 있음을 암시한다.[19] 로마에서 오네시모가 바울을 만날 수 있었던 것도 하나님께서 인도하신 결과라고 설명할 수 있다. 찰스 디킨스의 소설에 나올 법한 일들이 하나님의 섭리로 현실에서 일어난 것이다. "바울과 오네시모의 우연적 만남이 역사성이 없다는 주장은 하나님의 은혜로운 섭리에 대한 성경의 가르침을 전적으로 제한하는 것이다."[20]

19 이 책의 빌 1:15의 주해를 참조하라.

20 Köstenberger 외, 『신약개론』, 745.

3. 사도 바울의 투옥 장소

오네시모는 바울을 어디에서 만났는가? 로마인가, 에베소인가? 오네시모가 주인의 집에서 도망한 종이라고 주장하는 사람들 대다수는 제국의 수도 로마를 선호한다. 반면에 오네시모가 중재를 부탁하기 위해 바울을 찾아갔다고 주장하는 사람들은 에베소를 선호한다. 빌레몬서에서 바울은 자신이 어느 도시에 있는지 말하지 않는다. 단지 자신이 갇혀 있음을 언급할 뿐이다(1:1, 9). 그리고 오네시모를 자신이 "갇힌 중에서 낳은 아들"로(1:10), 에바브라를 "나와 함께 갇힌 자"로 묘사한다(1:23). 이런 표현들은 모두 바울이 갇힌 상태에 있음을 알려 준다. 하지만 빌레몬서만으로는 바울이 어느 도시에 있었는지 결정할 수 없다.

바울은 선교 사역을 하는 동안 여러 차례 투옥되었다(고후 11:23). 2차 선교 사역을 할 때는 빌립보에서 옥에 갇혔고(행 16:24), 3차 선교 사역을 마친 후에는 가이사랴에서 이 년 동안 갇혀 지내기도 하였다(행 24:27). 바울은 가이사랴에서 재판을 받을 때 로마 황제에게 상소하였고, 로마로 호송된 후에는 자기 셋집에서 이 년 동안 연금되어 있었다(행 28:30-31). 중재 가설을 지지하는 사람들은 바울이 에베소에서 투옥되어 있었다고 주장한다. 주인의 집에서 도망한 오네시모가 찾아왔을 때, 또 빌레몬서를 써 보낼 때, 바울은 어느 도시에 있었는가? 가이사랴인가, 에베소인가, 로마인가?

〈지도 2〉

(1) 가이사랴

보 라이케(Bo Reick)와 에드워드 엘리스(E. Earl Ellis) 같은 학자들은 바울이 가이사랴에 있을 때 빌레몬서를 기록했다고 주장한다.[21] 하지만 그들의 주장을 뒷받침할 만한 증거가 전혀 없다. 고대 증거는 가이사랴 투옥설을 지지하지 않는다. 이 설은 사도 바울이 가까운 장래에 골로새를 방문할 계획이 있음을 밝히는 빌레몬서의 증거와 맞지 않는다(1:22). 바울이 자기를 위해 숙소를 마련해 달라고 빌레몬에게 부탁한 것은 머지않아 골로새 지역을 방문할 것을 기대하고 있었기 때문이다. 그런데 가이사랴에서 바울은 로마 황제에게 상소하여 로마로 호송되었다(행 25:10, 12; 26:32; 28:14). 그는 자신이 로마로 가야 한다는 것을 잘 알고 있었다. 그것이 하나님의 뜻이었기 때문이다(행 23:11). 그러므로 바울이 가이사랴의 감옥에 갇혀 있는 동안 가까운 장래에 풀려날 것을 기대하면서 골로새에 거주하는 빌레몬에게 숙소를 마련해 달라고 부탁했을 가능성은 전혀 없다.

(2) 에베소

오네시모가 주인과의 중재를 부탁하기 위해 바울을 찾아갔다는 중재 가설을 지지하는 학자들은 바울이 에베소에 있는 감옥에 갇혀 있었다고 주장한다. 이 견해를 지지하는 가장 큰 이유는 골로새에서 에베소까지의 거리가 가깝기 때문이다. 골로새에서 에베소까지는 190km로, 일주일이면 갈 수 있는 거리이다. 그 반면에 골로새에서 로마까지는 1,900km나 된다. 세 주에서 다섯 주 정도 걸리는 거리이다.[22] 골로새에서 출발하여 로마로 가려면 먼저 에베소까지 간 다음에 거기서 배를 타고 펠로폰네소스(Peloponnesos) 반도의 남쪽을 돌아가는 멀고 위험한 항해를 해야 한다. 오네시모는 로마보다 훨씬 더 가까운 에베소로 갔을 가능성이 크다.

에베소 투옥설은 사도 바울이 빌레몬서 1:22에서 자기를 위해 숙소를 마련해 달라고 빌레몬에게 요청한 것과도 잘 어울린다. 에베소는 바울이 이

21 Ellis, *The Making of the New Testaments*, 271-72; Kümmel, 『신약정경개론』, 352-53; Reicke, *Re-examining Paul's Letters*, 74; Reicke, "Caesarea, Rome and the Captivity Epistles", 227-86.

22 골로새에서 로마까지의 거리가 2,400km이며, 육지와 뱃길로 세 주 정도가 걸린다고 주장하는 사람도 있다. Lokkesmoe, "Finding Onesimus", 216.

런 부탁을 하기에 적당한 거리에 있었다.[23] 로마에서 이런 부탁을 하기에는 골로새까지의 거리가 너무 멀다. 데이비드 드실바(David A. deSilva)는 "빌레몬서에 나타난 동선으로 볼 때 에베소가 가장 확실한 장소"라고 주장한다.[24]

그러나 이 견해의 문제점은 바울이 에베소에서 감옥에 갇혔다는 기록이 옥중 서신들과 사도행전에 전혀 나오지 않고, 성경 밖의 문헌에서도 그런 기록을 찾을 수 없다는 것이다. 에베소 설을 지지하는 사람들은 바울이 "에베소에서 맹수와 싸웠다"(고전 15:32)라고 말한 구절을 중요한 근거로 제시한다. 바울이 에베소에서 관원들에게 매를 맞고 투옥된 사실을 수사적인 방식으로 말했다는 것이다. 하지만 자신이 갇힌 상태를 묘사할 때 바울은 "쇠사슬에 매여 있다"(엡 6:20; 딤후 1:16)라는 표현이나 또는 단순히 "매여 있다"(골 4:3, 18; 딤후 2:9)와 "매임"(빌 1:13, 14, 17)이라는 표현을 사용한다. "맹수와 싸웠다"라는 표현은 고통스러운 박해 상황을 가리킬 것이다(참조. 고후 1:8-9; 딤후 4:17). 앤서니 티슬턴(Anthony C. Thiselton)은 "광신적이고 과도한 적대감으로 말미암은, 생명을 위협하는 극한적 상황"을 뜻하는 표현이라고 설명한다.[25]

이 견해의 또 다른 문제점은 에베소서 6:21-22과 골로새서 4:7-9에서 사도 바울이 말하는 내용과 일치하지 않는다는 것이다.[26] 두기고와 오네시모는 바울의 보냄을 받아 에베소에 들른 다음에 라오디게아와 골로새로 갈 예정이다. 만일 바울이 에베소에 있었다면, 에베소 교회에 두기고를 보내서 편지를 전달하려는 것은 이치에 맞지 않는다.[27]

(3) 로마

최근에 상당수의 성경학자들이 사도 바울의 에베소 투옥설을 지지하지만, 바울이 로마에 갇혀 있었다는 전통적인 견해가 여전히 더 유력하다. 전통적인 로마 투옥설의 문제는 골로새에서 로마까지의 거리가 너무 멀다는 것이다. 앞에서 언급한 대로, 로마는 골로새에서 1,900km나 떨어져 있

23 Martin, *Colossians and Philemon*, 148.

24 deSilva, 『신약개론』, 914.

25 Thiselton, 『고린도전서』, 487-88.

26 Felder, "Philemon", 884.

27 에베소서와 골로새서를 제2 바울 서신으로 보는 대다수의 성경학자들은 70-90년 사이에 두 서신이 기록되었다고 주장한다.

다. 최단 거리로 잡아도 1,440km가 넘는다. 바울이 로마에 갇혀 있었다는 견해를 비판하는 학자들은 오네시모가 그렇게 먼 곳에 있는 도시로 도망했을 가능성이 희박하다고 주장한다. 하지만 거리가 멀고 여행이 힘들다는 이유로 오네시모가 로마까지 갔을 가능성을 배제하는 것은 잘못이다. 1세기에 히에라폴리스에 거주한 상인 플라비우스 쥬키스(Flavius Zeuxis)의 무덤 입구에는 그가 소아시아에서 출발하여 펠로폰네소스 반도를 돌아서 이탈리아까지 가는 여행을 72번이나 하였다는 글이 새겨져 있다(*CIG* 3920).[28] 상인들이 경제적인 이익을 얻기 위해 빈번하게 장거리 여행을 했다면, 목숨을 걸고 주인의 집에서 도망한 오네시모가 로마까지 가는 것도 얼마든지 가능했을 것이다. 골로새에서 가까운 에베소로 도망갈 경우에는 잡힐 위험이 있었다. 오네시모는 자신을 아는 사람이 없는 제국의 수도로 도망하는 편을 택했을 것이다. 당시에 로마는 "만국이 공용하는 악의 소굴"이라고 불렸다(Tacitus, *Ann.* 15.44). 그런 도시가 오네시모 같은 도주 노예들에게 "안락한 은신처"를 제공하는 것은 지극히 당연한 일이었다.[29]

바울이 로마에 갇혀 있었다는 견해의 또 다른 문제는 바울이 멀지 않은 장래에 골로새 방문을 기대하면서 숙소를 마련해 달라고 빌레몬에게 부탁한 것이다(1:22). 이 요청은 바울이 로마 교회를 방문한 후에 스페인에서 선교 사역을 하려고 한 계획과 충돌을 일으킨다. 바울은 57년경에 쓴 로마서에서 스페인 선교 계획을 언급하였다(롬 15:23-24). 그는 마케도니아와 아가야 지역의 이방인 교회들이 예루살렘의 가난한 성도들을 위해 모은 구제 연보를 전달한 뒤에 로마에 들렀다가 스페인으로 가려고 하였다(롬 15:28).

하지만 그로부터 삼사 년 정도가 지난 뒤, 빌레몬서를 쓸 무렵에는 여행 계획을 변경하였을 것이다.[30] 바울은 자신의 계획보다 하나님의 인도하심을 더 중요하게 생각한 사람이다(행 16:6-10). 그는 스페인에 가는 것보다 골로새를 방문하는 것이 하나님의 뜻이라고 확신하였을 것이다. 거짓 교사들의 문제로 어려움을 겪는 골로새 교회와 라오디게아 교회를 돕고, 빌레몬을

28 비문의 내용은 다음과 같다. "말레아 곶(Cape Malea)을 돌아서 이탈리아까지 72번 항해한 상인 플라비우스 쥬키스가 이것을 건립하였다." 말레아 곶은 그리스 펠로폰네소스 반도의 남동쪽 끝에 있다.

29 Lightfoot, *Colossians and Philemon*, 33.

30 Moo, *Colossians and Philemon*, 363.

방문하여 그의 형제로 받아들여진 오네시모를 만나는 것은 하나님께서 기뻐하시는 일이었다. 바울은 교회를 사랑하는 마음이 컸기 때문에 로마에서 골로새까지 가는 먼 길을 마다하지 않을 것이다.

그런데 바울은 자신이 골로새를 방문한 것을 어디에서도 언급하지 않는다. 하지만 빌레몬서에서 그는 빌레몬에게 숙소를 부탁하고 골로새를 방문하고자 하는 마음을 표현한다(1:22). 이런 점에 근거하여 그가 로마에서 풀려난 즉시 골로새에 갔다고 추정할 수 있다.[31] 골로새를 방문한 이후에 크레타 섬에서 디도와 함께 선교 사역을 하였을 것이다. 바울은 크레타 섬을 떠날 때 디도를 그곳에 남겨 두었고(딛 1:5), 그리스의 서해안에 있는 니코폴리스(Nicopolis)에서 겨울을 보냈다(딛 3:12). 이런 사실에 비추어 볼 때 바울의 골로새 방문 계획은 로마 투옥설을 반대하는 요인이 될 수 없다.

오네시모가 찾아왔을 때, 또 빌레몬서를 쓸 때 바울이 로마에 갇혀 있었다는 견해를 뒷받침하는 중요한 증거는 고대 교회의 전통이다. 6세기와 9세기에 필사된 빌레몬서의 사본들에 "그가 로마에서 빌레몬에게 썼다"와 같은 후기(subscription)가 포함되어 있다(K L P 048 101 1739 1908).[32] 로마를 빌레몬서의 저작 장소로 언급한 것이다. 빌레몬서에서 바울이 누가와 마가와 아리스다고가 자신과 함께 있다고 언급한 것도 그가 로마에 있었다는 사실을 뒷받침한다(1:24). 누가와 아리스다고는 가이사랴에서 로마까지 바울과 동행하였다(행 27:1-2; 28:16). 또 마가는 전통적으로 로마와 관련이 있다(참조. 벧전 5:13). 그는 로마에서 베드로와 함께 복음 사역을 하였고, 거기서 복음서를 기록하였다(Eusebius, *Hist. eccl.* 3.39; 6.14).[33] 바울이 빌레몬서를 쓸 때에도 마가는 그와 함께 로마에 있었다. 결론적으로, 바울이 로마에 갇혀 있는 동안에 오네시모가 그를 찾아왔고, 또 바울이 그 도시에서 빌레몬서를 써 보냈다는 견해가 가장 설득력이 있다.

사도 바울이 로마에서 빌레몬서를 썼다면 그 시기는 언제인가? 빌레몬서의 저작 시기를 결정할 수 있는 중요한 단서는 이 서신이 골로새서와 밀접한 관련이 있다는 점이다. 두 서신은 모두 바울이 매여 있는 상태에서 쓴 것

31 Hendriksen, 『골로새서·빌레몬서』, 309.

32 Fitzmyer, *Philemon*, 126; Metzger, *A Textual Commentary*, 589-90.

33 Köstenberger 외, 『신약개론』, 302-3.

이다(몬 1:1, 9-10, 13; 골 4:3, 10, 18). 또 두 서신에 같은 인물들이 등장한다. 디모데가 공동 발신인으로 나오고(몬 1:1; 골 1:1), 에바브라(몬 1:23; 골 1:7; 4:12)와 아킵보(몬 1:2; 골 4:17)도 나온다. 바울의 동역자들 중에서 마가(몬 1:24; 골 4:10), 아리스다고(몬 1:24; 골 4:10), 데마(몬 1:24; 골 4:14), 누가(몬 1:24; 골 4:14)가 등장한다. 무엇보다도 두 서신에 오네시모가 등장한다(몬 1:10; 골 4:9). 골로새서에서 바울은 그를 "신실하고 사랑받는 형제"라고 부르고(골 4:9), 빌레몬서에서도 "사랑받는 형제"라고 부른다(몬 1:16). 이런 사실은 빌레몬서가 골로새서와 같은 시기에 같은 장소에서 기록되었다는 점을 뒷받침한다. 사도 바울은 60년경에 로마에서 빌레몬서와 골로새서를 기록했을 것이다.[34]

4. 수신자 빌레몬

빌레몬서의 서두에서 바울은 빌레몬과 함께 압비아와 아킵보, 그리고 빌레몬의 집에 있는 교회를 언급한다(1:2). 또 예수 그리스도의 은혜가 "여러분의" 영과 함께 있기를 기원하면서 편지를 끝낸다(1:25). 이런 사실에서 바울이 빌레몬 한 사람만이 아니라 골로새 교회 전체를 수신자로 생각하고 있음을 짐작할 수 있다.[35] 하지만 편지의 본론에서 바울은 빌레몬 한 사람에게만 말하고, "여러분의 기도들"이라는 표현이 나오는 1:22을 제외하고는 수신자를 가리키는 데 "그대", "그대의", "그대를", "그대에게"와 같은 단수 이인칭 표현을 사용한다. 빌레몬이 이 편지의 일차적인 수신자인 것이다.

빌레몬은 골로새 사람이며 골로새 교회에서 존경받는 교인이다. 확실한 증거가 없기는 하지만, 그는 압비아의 남편이자 아킵보의 아버지일 것이다. 빌레몬은 부유한 사람이다. 그는 골로새 교인들이 함께 모일 수 있는 큰 집을 소유하고 있었다(1:2). 그의 집에는 바울에게 숙소로 제공할 수 있는 객실도 있었다(1:22). 하지만 빌레몬은 광산이나 대규모의 경작지를 소유한 큰 부자는 아니었을 것이다. 만일 그가 큰 부자였다면 쇠락해 가는 골로새가

---

34 Carson and Moo, 『신약개론』, 674; Hagner, 『신약개론』, 847-48; Harris, *Colossians and Philemon*, 207; Köstenberger 외, 『신약개론』, 740-43; Moo, *Colossians and Philemon*, 361-64; Nordling, *Philemon*, 5-9; O'Brien, 『골로새서·빌레몬서』, 462; 변종길, 『신약총론』, 368; 조병수, 『신약성경총론』, 407.

35 Dunn, *Colossians and Philemon*, 23, 313. 그는 골로새에 하나 이상의 교회가 있었을 것으로 추정한다.

아니라 더 크고 번성하는 도시인 라오디게아나 히에라폴리스에서 살았을 것이다.[36] 그는 골로새에서 양모를 취급하는 사업을 하고 있었을 것이다.

빌레몬은 사업을 위해 에베소에 갔다가 거기서 복음을 전하는 바울을 만났을 것이다. 두란노 서원에서 이 년 동안 하나님의 말씀을 강론한 바울에게서 복음을 듣고 그리스도인이 되었을 것이다(행 19:9-10). 골로새로 돌아온 빌레몬은 바울의 파송을 받고 복음 사역을 하는 에바브라와 협력했을 것이다. 자신의 집을 교인들의 예배와 교제를 위한 장소로 제공하였고, 교인들을 돌아보고 가난한 사람들을 돕는 일을 하였다.[37] 하지만 빌레몬은 골로새 교회의 목회자나 설교자는 아니었다. 에바브라가 그 직무를 담당하였다. 그가 로마로 떠난 후에는 아킵보가 그 직무를 이어받았다(골 4:17). 빌레몬은 골로새 교회에서 에바브라와 아킵보의 사역을 돕고 교인들을 돌아보고 믿음과 선행을 격려하는 장로와 같은 역할을 담당했을 것이다.[38]

빌레몬은 오네시모를 사랑받는 형제로 받아들이라는 사도 바울의 요청에 어떻게 반응했을까? 이 편지가 정경에 포함되었다는 것은 그가 사도의 요청을 받아들였음을 암시한다. 만일 빌레몬이 사도의 요청을 거절했다면, 이 편지는 정경에 포함되지 않았을 것이다. 믿음과 사랑의 사람인 빌레몬은 종을 형제로 받아들이라는 복음의 혁명적인 요청 앞에서 주저하지 않았을 것이다. 하나님께서 "아버지"이시고 예수님이 "주님"이신 구원의 새로운 질서 안에서 자신과 오네시모가 "형제"라는 것을 기꺼이 인정했을 것이다. 빌레몬은 오네시모를 사랑받는 형제로 영접했을 뿐만 아니라, 나중에 사도 바울이 골로새를 방문했을 때 오네시모를 종의 상태에서 풀어 주고 사도의 복음 사역에 동참하도록 승낙했을 것이다.

빌레몬서는 종과 자유인이 그리스도 예수 안에서 모두 하나이며(갈 3:28), 종과 자유인 사이에 차별이 있을 수 없다(골 3:11)는 복음의 진리가 삶의 현장에서 현실이 되는 실례를 보여 준다. 어떻게 믿음의 형제를 계속 노예로 취급할 수 있겠는가! 기독교 신앙과 노예 제도는 결코 양립할 수 없는 것

---

36 Barth and Blanke, *Philemon*, 137, n. 65.

37 Nordling, *Philemon*, 22-25.

38 참조. Felder, "Philemon", 884. 그는 빌레몬이 골로새에 있는 교회들의 감독(overseer)이라고 주장한다.

이다. 빌레몬서의 가르침과 실례는 결국 노예 제도의 폐지로 이어졌다. 그런데 노예 제도가 철폐되기까지 무려 천팔백 년 가까운 시간이 걸린 이유는 무엇인가? 한편으로는 복음의 진리를 제대로 이해하지 못한 그리스도인들의 어리석음 때문이었고, 다른 한편으로는 복음의 진리를 알면서도 실천하기를 거부한 그리스도인들의 탐욕 때문이었다.

5. 빌레몬서의 구성과 개요

(1) 빌레몬서의 구성

사도 바울은 빌레몬에게 보내는 이 서신을 다른 서신들과 마찬가지로 머리말(1:1-3), 감사와 기도(1:4-7), 본론(1:8-20), 결말(1:21-25)로 구성하였다. 그가 이 서신을 기록한 목적은 주인에게 불의를 행하고 도망한 오네시모를 용서하고 사랑받는 형제로 맞아들이라고 간청하는 것이다. 그는 오네시모와 같은 종을 위해 주인에게 간청하는 것이 얼마나 어려운 일인지 잘 알았다. 그래서 그는 이 서신을 매우 세심하게 기록하였다.

먼저, 모든 성도들을 향한 빌레몬의 사랑으로 인하여 하나님께 감사한다. 그리고 빌레몬으로 말미암아 성도들의 마음이 생기를 얻은 것과 바울 자신이 그의 사랑으로 많은 기쁨과 위로를 받은 점을 언급한다. 그런 다음에 사도의 권위가 아니라 형제의 사랑에 근거하여 오네시모를 위해 간청하기 시작한다(1:10). 하지만 간청의 내용을 밝히지 않는다. 그 대신 오네시모가 바울을 만나서 변화된 사실을 길게 이야기한다. 오네시모는 바울이 갇힌 중에서 낳은 아들이고, 바울이 소중하게 여기는 심장이다. 그는 유익한 존재가 되었다. 오네시모가 빌레몬에게서 도망한 배후에는 하나님의 섭리가 있다.

이런 준비 과정을 거친 후 드디어 바울이 온화한 어조를 유지하면서 놀라운 요청을 한다. 그것은 오네시모를 더 이상 종이 아니라 종 이상으로 곧 사랑받는 형제로 맞아들이라는 것이다(1:16). 이것이 빌레몬서의 절정이며 핵심이다. 바울은 오네시모가 빌레몬에게 빚을 진 것을 자신이 갚겠다고 약속하면서 자신의 간청에 힘을 싣는다. 그리고 빌레몬이 자신에게 빚을 졌음을 상기시킨다.

이렇게 하면서 그는 복음이 개인의 삶을 변화시키는 데 그치는 것이 아니라 신분의 장벽을 무너뜨리고, 종과 주인의 관계까지 변화시키는 것을 보여 준다. 그리스도 안에서 종과 주인이 형제이다. 복음으로 말미암아 종과 주인이 하나님의 아들들이 되었기 때문이다. 바울은 "형제여"라고 빌레몬을 부르면서 자신의 간청을 들어달라고 호소한다(1:20). 그리고 빌레몬이 오네시모를 사랑받는 형제로 기꺼이 맞아들일 것이라는 자신의 확신을 피력한다(1:21). 요컨대, 빌레몬서는 "가장 고상한 기독교적 감성으로 가득 차 있는, 짧고, 매혹적이고, 은혜롭고, 우정 어린 서신"이다.[39]

(2) 빌레몬서의 개요

I. 사도 바울의 인사와 기도(1:1-7)
  1. 사도 바울의 인사(1:1-3)
    (1) 발신인과 수신인(1-2절)
    (2) 은혜와 평화의 인사(3절)
  2. 사도 바울의 감사와 기도(1:4-7)
    (1) 빌레몬의 믿음과 사랑에 대한 사도 바울의 감사(4-5절)
    (2) 빌레몬을 위한 사도 바울의 기도(6절)
    (3) 빌레몬에게 받은 기쁨과 위로(7절)

II. 오네시모를 위한 사도 바울의 호소(1:8-20)
  1. 오네시모를 위한 사도 바울의 호소(1:8-16)
    (1) 오네시모를 위한 호소(8-10절)
    (2) 오네시모를 돌려보냄(11-14절)
    (3) 오네시모의 새로운 신분(15-16절)
  2. 오네시모를 위한 사도 바울의 마지막 호소와 약속(1:17-20)
    (1) 오네시모를 위한 구체적인 호소(17절)
    (2) 오네시모의 빚에 관한 약속(18-19절)
    (3) 마지막 호소(20절)

III. 사도 바울의 마지막 부탁과 축도(1:21-25)
  1. 사도 바울의 마지막 부탁(1:21-22)
    (1) 빌레몬의 순종에 대한 사도 바울의 확신(21절)

39 Bauer, *Paul*, 80. Bruce, *Paul*, 395에서 재인용.

(2) 숙소에 관한 사도 바울의 부탁(22절)

2. 마지막 인사와 은혜의 축도(1:23-25)

(1) 동역자들의 마지막 인사(23-24절)

(2) 은혜의 축도(25절)

I. 1:1-7

사도 바울의 인사와 기도

1. 1:1-3 사도 바울의 인사
2. 1:4-7 사도 바울의 감사와 기도

빌레몬서는 사도 바울이 골로새에 살고 있는 그의 동역자 빌레몬에게 보낸 편지이다. 이 편지에는 바울의 탁월한 목회 역량과 수사(修辭) 능력이 잘 드러나 있다. 바울은 겸손하고 온유한 자세로, 그리고 신중하게 빌레몬의 종 오네시모를 위하여 간청한다. 그러나 그가 간청하는 내용은 매우 대담하다. 빌레몬이 오네시모를 용서하는 것을 넘어 그를 사랑받는 형제로 받아들여야 한다는 것이다(1:16). 빌레몬은 자신의 종 오네시모를 바울 자신을 영접하는 것처럼 영접해야 한다(1:17). 이 편지에서 바울은 오네시모의 변화에 관해 말하고, 그를 "종"이 아니라 "사랑받는 형제"로 받아들이라고 요청함으로써, 그리스도인 개인과 공동체를 변화시키는 복음의 능력을 증언한다. 이 편지를 읽음으로써 우리는 그리스도로 말미암아 일어난 화해와 변화의 복음을 더 잘 이해할 수 있다.

빌레몬서는 골로새서처럼 발신인과 수신인, 은혜와 평화를 기원하는 인사로 시작한다(1:1-3). 발신인은 사도 바울과 디모데이고, 수신인은 빌레몬이다. 압비아와 아킵보와 빌레몬의 집에 있는 교회는 공동 수신인이다. 인사 다음에 바울의 감사와 기도가 나온다(1:4-7). 바울은 빌레몬의 사랑과 믿음 때문에 하나님께 감사한다(1:4-5). 그리고 빌레몬을 위해 기도한다(1:6-7). 그의 기도는 믿는 자들 가운데서 하나님께서 이루셨고, 또 이루고 계시는 모든 선(善)을 빌레몬이 깨닫고, 다른 성도들과 더 친밀하고, 더 깊은 교제를 하기를 바라는 것이다.

1. 사도 바울의 인사(1:1-3)

| 번역 |

1 그리스도 예수의 죄수 바울과 형제 디모데는 우리의 사랑을 받는 자이며 동역자인 빌레몬과 2 [a]자매 압비아와 우리와 함께 군인이 된 자 아킵보와 그대의 집에 있는 교회에 [b]편지합니다. 3 하나님 우리 아버지와 주 예수 그리스도로부터 은혜와 평화가 여러분에게 [c]있기를 바랍니다.

[a] 중요한 사본들(ℵ A D* F 33 1739)은 "자매"(τῇ ἀδελφῇ, "테 아델페")를 지지하지만, 다른 사본들(D² Ψ 075 *Byz*)은 "사랑을 받는 여자"(τῇ ἀγαπητῇ, "테 아가페테")를 지지한다. 후대 필사자들이 앞 절에 나온 "사랑을 받는 자"(τῷ ἀγαπητῷ, "토 아가페토")라는 표현과 일치시키려고 수정하였을 것이다.

[b] "편지합니다"는 뜻을 명확하게 하려고 첨가한 것이다.

[c] "있기를 바랍니다"는 뜻을 명확하게 하려고 첨가한 것이다.

| 본문 이해 터 닦기 |

| 문맥과 주제 | 이 단락(1:1-3)에서 사도 바울은 빌레몬과 그의 가족과 교회에 은혜와 평화가 있기를 바라는 인사를 한다. 다음 단락(1:4-7)에서는 빌레몬의 사랑과 믿음 때문에 하나님께 감사하고, 그를 위하여 기도한다. 두 단락에서 빌레몬이 중요한 인물로 등장한다. 그는 바울의 사랑을 받는 자이다. 바울은 그의 사랑으로 인하여 많은 기쁨과 위로를 받았다. 이 단락의 주제는 다음과 같다. 사도 바울은 빌레몬에게 편지를 보내면서 은혜와 평화의 인사를 한다.

| 배경 | 이 단락에서 바울은 자신의 다른 편지들의 머리말 형식을 그대로 따른다. 머리말을 발신인과 수신인, 그리고 은혜와 평화의 인사로 구성한다. 이런 형식은 1세기 당시에 통용되던 그리스-로마의 편지와 흡사하다. 아돌프 다이스만(Adolf Deissmann)은 이집트의 노동자 힐라리온(Hilarion)이 자기 아내에게 보낸 편지를 소개한다. "힐라리온은 자매 알리스와 베루스와 아폴나린에게 인사합니다."[1] 이 편지와 같이 바울은 항상 "A가 B에게 인사하다"라는 형식으로 편지를 시작한다(롬 1:1-7; 고전 1:1-3; 고후 1:1-2; 엡 1:1-2; 빌 1:1-2; 골 1:1-2 등). 하지만 그는 그리스-로마 시대의 편지 양식을 그대로 따르지는

1 Deissmann, *Light from the Ancient East*, 167-68.

않는다. “인사하다”(χαίρειν, “카이레인”)라는 표현을 “은혜와 평화가 그대에게” 라고 바꾸고, 은혜와 평화의 원천인 “하나님 아버지”와 “예수 그리스도”를 덧붙여서 인사말을 확장한다. 사도 바울은 열세 통의 편지밖에 남기지 않았지만 세계 문학의 역사에서 “가장 위대한 서간 문학의 대가”라는 평가를 받는다.[2] 그는 편지 형식으로 죄인들의 구원에 관한 복음의 진리를 기록함으로써 인류 역사에 지대한 영향을 끼쳤다.

| 구조 | 이 단락은 두 부분으로 구성되어 있다. 첫째 부분(1-2절)에서 바울은 발신자인 자신과 디모데를 소개하고, 이어서 수신자인 빌레몬과 함께 그의 가족과 그의 집에 모이는 교회를 언급한다. 둘째 부분(3절)에서는 은혜와 평화의 인사를 한다.

(1) 1-2절 발신인과 수신인
(2) 3절 은혜와 평화의 인사

| 주해 |

(1) 발신인과 수신인(1:1-2)

1:1 사도 바울은 헬라어 본문에서 “바울, 그리스도 예수의 죄수”(Παῦλος δέσμιος Χριστοῦ Ἰησοῦ, “파울로스 데스미오스 크리스투 예수”)라는 자기소개로 이 편지를 시작한다.[3] 다른 편지들과 비교할 때 이런 소개는 특별하다. 바울은 열세 개의 편지 대부분에서 자신을 “그리스도 예수의 사도”, 또는 “예수 그리스도의 사도”라고 소개한다. 빌레몬서와 같은 시기에 쓴 골로새서에서도 “그리스도 예수의 사도”라고 자신을 소개한다(골 1:1). “예수 그리스도의 종”(롬 1:1)이나 “그리스도 예수의 종”(빌 1:1)이라고 표현하기도 하지만, 서문에서 “그리스도 예수의 죄수”라는 표현을 사용한 것은 빌레몬서가 유일하다.[4] 바울은 1:9에서 다시 자신이 “그리스도 예수의 죄수”라고 말한다.

“그리스도 예수의 죄수”는 바울이 그리스도를 위하여 사역하다가 죄수

2 Bruce, 『바울』, 27.
3 바울의 이름에 관해서는 이 책의 골 1:1의 주해를 보라.
4 엡 3:1에서도 자신을 “그리스도 예수의 죄수”라고 말한다. 개역개정은 똑같은 표현을 “그리스도 예수의 일로 갇힌 자”(엡 3:1), “그리스도 예수를 위하여 갇힌 자”(몬 1:1), “예수 그리스도를 위하여 갇힌 자”(몬 1:9)라고 다르게 번역한다.

가 되었음을 의미한다. "죄수"라고 번역한 "데스미오스"(δέσμιος)는 감옥에 갇힌 사람을 가리킨다.[5] 바울은 이 단어를 갇히거나 매여 있는 상태를 나타내는 데 사용한다. 지금 그는 로마에서 가택에 연금되어 있다(행 28:30). 하지만 그가 무슨 불법을 행하거나 잘못을 저질러서 그렇게 된 것이 아니다. 그가 한 일은 하나님의 부르심을 받고 그리스도와 그분의 복음을 전하는 일을 위하여 목숨까지 아끼지 않고 수고한 것이 전부이다. 그는 3차 선교 사역을 마치고 예루살렘에 올라갔다가 억울하게 체포되었다(행 21:33). 그리고 가이사랴에서 두 해 동안이나 부당하게 구금되어 있다가(행 24:27) 황제에게 상소하여 로마까지 온 것이다(행 25:11-12, 25; 28:14). 지금 그는 가택에 연금된 상태에서 재판을 기다리면서 이 편지를 쓰고 있다.

"그리스도 예수의 죄수"라는 자기소개는 1:9에 나오는 "노인"이라는 표현과 함께, 편지를 읽는 사람의 마음을 숙연하게 만들고 편지의 내용에 주의를 기울이게 만든다.[6] 바울은 오네시모를 받아들이라고 빌레몬에게 사도의 권위로 명령할 수 있었다. 하지만 그는 그렇게 하지 않는다. 진정한 화해는 명령이나 강요로 이루어질 수 없기 때문이다. 바울은 사랑에 근거하여 빌레몬에게 호소한다(1:9). 가택 연금 상태에 있는 "그리스도 예수의 죄수"가 사랑에 근거하여 호소하는 것을 누가 거부할 수 있겠는가?

바울은 이 편지를 골로새서와 마찬가지로 "형제 디모데"(Τιμόθεος ὁ ἀδελφός, "티모떼오스 호 아델포스")와 함께 보낸다.[7] 하지만 골로새서와는 달리 빌레몬서는 바울이 불러 주는 것을 디모데가 받아 적은 편지가 아니다. 오네시모를 위한 간절한 마음이 있어서 바울이 자기 손으로 처음부터 끝까지 기록한 편지이다(1:19, 21).[8] 그런데도 디모데를 공동 발신인으로 언급하는 것은 디모데가 이 편지를 받는 빌레몬과 어떤 모양으로든지 친분이 있기 때문일

---

5 L&N, 37.117.

6 Dunn, *Colossians and Philemon*, 311; Lightfoot, *Colossians and Philemon*, 333; Harris, *Colossians and Philemon*, 210; Thompson, *Colossians and Philemon*, 206; Witherington, *Philemon, Colossians*, 54.

7 "디모데"는 흔한 헬라식 이름으로 "하나님을 공경하는 자"라는 뜻이다. Trummer, *EDNT*, III, 359.

8 Bartchy, "Philemon", 306; Lohse, *Colossians and Philemon*, 189; Wright, 『골로새서·빌레몬서』, 288. James Dunn은 이 편지도 디모데가 대필했다고 주장한다. Dunn, *Colossians and Philemon*, 311.

것이다.[9] 빌레몬이 에베소에서 바울에게 복음을 듣고 개종할 때 디모데가 중요한 역할을 했을 가능성이 있다. 바울은 디모데를 "형제"라고 부른다. 이 단어는 기독교적인 의미가 있다. 즉, 디모데가 동료 그리스도인이라는 말이다. 디모데는 그리스도를 위하여 수고하는 바울의 동역자일 뿐만 아니라 그리스도 안에서 바울의 형제이다. 나이가 많은 사도가 어린 사역자를 "형제"라고 부르는 것에 주목하라. 바울은 자신이 사도라고 하여 다른 사역자들을 결코 무시하지 않는다. 그에게는 직분의 높고 낮음을 따지는 의식이 전혀 없다.[10]

이 편지의 주요 수신인은 "빌레몬"(Φιλήμων, "필레몬")이다.[11] 바울은 그를 "우리의 사랑을 받는 자이며 동역자"라고 부른다. 골로새서에서 그는 "사랑받는", 또는 "사랑받는 자"라고 번역할 수 있는 형용사 "아가페토스"(ἀγαπητός)를 자신의 동역자들에게 네 차례 사용하였다. 에바브라(1:7), 두기고(4:7), 누가(4:14)를, 그리고 특별히 오네시모(4:9)를 사랑받는 자라고 하였다. 이 편지에서 바울은 그들과 같이 빌레몬을 "우리의 사랑을 받는 자"라고 부른다. 또한 그를 "동역자"(συνεργός, "쉬네르고스")라고 부른다. 바울은 이 편지의 결말 부분에서 마가, 아리스다고, 데마, 누가를 "나의 동역자들"(οἱ συνεργοί μου, "호이 쉬네르고이 무")이라고 한다(1:24). 그들처럼 빌레몬도 바울과 함께 일하는 사역자이다. 바울은 로마에 있고 빌레몬은 골로새에 있지만, 두 사람은 그리스도와 복음과 교회를 위하여 사역하고 있다는 점에서 동역자이다.

1:2 빌레몬이 이 편지의 주요 수신자인 까닭은 오네시모가 그의 종이기 때문이다. 바울은 오네시모를 돌려보내면서 그를 형제로 받아들이라고 요청하기 위하여 빌레몬에게 이 편지를 쓰고 있다. 하지만 이 편지는 빌레몬 한 사람만을 위한 것이 아니다. 바울은 빌레몬과 함께 압비아와 아킵보와 빌레몬의 집에 있는 교회를 수신인으로 언급한다. 오네시모가 빌레몬의 집과 교회 전체의 환영을 받아야 하기 때문이다.

"자매 압비아"(Ἀπφίᾳ τῇ ἀδελφῇ, "압피아 테 아델페")는 빌레몬의 아내일 것

---

9 Lightfoot, *Colossians and Philemon*, 333.

10 McKnight, *Philemon*, 54.

11 "빌레몬"(Φιλήμων)이라는 이름은 "사랑하다"를 뜻하는 동사 "필레오"(φιλέω)와 관련이 있고, "애정 어린", 또는 "사랑할 만한"을 의미할 수 있다. Fitzmyer, *Philemon*, 86.

이다.[12] 바울이 앞에서 디모데를 "형제"라고 부른 것처럼 압비아를 "자매"(ἀδελφή, "아델페")라고 부른 것은 그녀가 그리스도인이기 때문이다. 여기서 "자매"는 "형제"라는 말과 같이 기독교적인 의미를 지닌 것이다. 압비아는 디모데와 빌레몬과 마찬가지로 하나님의 자녀이다. 바울은 골로새의 이방인들을 기꺼이 믿음의 형제자매로 인정한다.

"아킵보"(Ἄρχιππος, "아르킵포스")는 골로새서 4:17에 나오는 "아킵보"와 동일 인물이다. 확실한 증거는 없지만 그는 빌레몬과 압비아의 아들일 것이다. 아킵보는 로마로 떠난 에바브라를 대신하여 골로새 교회의 사역자가 되었다.[13] 바울은 그를 "우리와 함께 군인이 된 자"(συστρατιώτης ἡμῶν, "쉬스트라티오테스 헤몬")라고 부른다. 이 표현은 은유적으로 "우리와 함께 일하는 동역자"를 의미한다.[14] 바울은 빌립보 교회의 사역자 에바브로디도도 "우리와 함께 군인이 된 자"라고 부른다(빌 2:25). 에바브로디도는 그리스도의 일을 하다가 거의 죽을 지경에 이르렀을 때에도 자기 목숨을 돌보지 않았다(빌 2:30).

사도 바울이 "동료 군인"을 뜻하는 "쉬스트라티오테스"라는 단어를 사용한 것은 사역자가 군인과 마찬가지로 절대적 헌신과 충성을 바쳐야 하는 존재라는 것을 시사한다.[15] 군인이 지휘관의 명령에 절대 복종해야 하는 것처럼 사역자는 주님이신 그리스도에게 절대 충성해야 한다. 그리스도가 맡기신 사명을 위하여 필요하다면 목숨까지 바쳐야 한다. 그리스도의 군인인 아킵보는 거짓 교사들로부터 골로새 교회를 지켜야 한다. 진리로 무장하고 하나님의 능력으로 강하게 되어 거짓 교사들과의 싸움을 승리로 이끌어야 한다.

"그대의 집에 있는 교회"는 빌레몬의 가족들만이 아니라 그의 집에서

---

12 Lightfoot, *Colossians and Philemon*, 306, 308; Bruce, 『바울』, 434; Caird, *Paul's Letters*, 213; Harris, *Colossians and Philemon*, 211; Lohse, *Colossians and Philemon*, 190; Osborne, *Colossians and Philemon*, 159; Wilson, *Colossians and Philemon*, 334. Marianne M. Thompson은 압비아가 빌레몬의 딸이거나 누이일 수도 있고, 어머니일 수도 있다고 주장한다. Thompson, *Colossians and Philemon*, 208.

13 Bruce, 『바울』, 434; Bruce, *Colossians, Philemon*, 206; Caird, *Paul's Letters*, 213. Melick, *Colossians and Philemon*, 350.

14 Bauernfeind, *TDNT*, VII, 710-11.

15 Barth and Blanke, *Philemon*, 258-59; McKnight, *Philemon*, 58.

모이는 골로새의 그리스도인들을 가리킨다.[16] 빌레몬은 자기 집을 골로새 교회의 모임을 위하여 기꺼이 제공하였다. 그의 집은 삼십 명에서 오십 명 정도가 모일 수 있는 크기였을 것이다.[17] 바울 당시에 교회는 개인의 집에서 모였다. 이것은 "아굴라와 브리스가와 그들의 집에 있는 교회"(고전 16:19)와 "그들의 집에 있는 교회"(롬 16:5)라는 표현에서도 확인할 수 있다. 주후 3세기나 4세기까지 교회는 예배를 위한 독립된 건물을 가질 수 없었다. 기독교가 공인되지 못한 상황에서 계속 핍박을 받았기 때문이다.

"교회"(ἐκκλησία, "에클레시아")는 예수 그리스도를 주님으로 받아들이고 하나님을 아버지로 믿고 의지하는 신자들의 모임을 가리킨다. 빌레몬의 "집에 있는 교회"에도 말씀과 성찬과 세례와 기도와 교제가 있었을 것이다(참조. 행 2:42). 교회의 본질적인 요소는 예수 그리스도에 대한 믿음이다. 이 믿음이 없이는 교회도 없다. 빌레몬의 집에 모이는 교인들 대부분은 예수 그리스도를 믿는 신자들이었다. 그들은 하나님을 아버지로 믿고 의지하는 형제자매들이다. 따라서 그들은 오네시모의 문제에 관심을 가져야 한다. 빌레몬만이 아니라 골로새 교회도 그리스도인이 된 오네시모를 "사랑받는 형제"로 받아들여야 한다(1:16).

(2) 은혜와 평화의 인사(1:3)

1:3 마지막으로, 바울은 은혜와 평화를 기원한다. "하나님 우리 아버지와 주 예수 그리스도로부터 은혜와 평화가 여러분에게 있기를 바랍니다." 그는 다른 편지들에서처럼 "은혜와 평화가 여러분에게"(χάρις ὑμῖν καὶ εἰρήνη, "카리스 휘민 카이 에이레네")라는 인사말을 사용한다.

"은혜"라고 번역한 "카리스"(χάρις)는 일반적으로 도움이 필요한 사람에게 베푸는 호의나 친절한 행위를 가리킨다.[18] 신약성경에서 하나님과 관련하여 사용될 때에는 죄인들에게 구원을 베푸시는 하나님의 무조건적인 호의를 의미한다(롬 3:23-24; 엡 1:7; 2:8).[19] 이 편지를 받는 빌레몬과 골로새 성도

---

16 Fitzmyer, *Philemon*, 89; Osborne, *Colossians and Philemon*, 159; Wright, 『골로새서·빌레몬서』, 262-63.

17 Dunn, *Colossians and Philemon*, 285.

18 Conzelmann, *TDNT*, IX, 373-76; Silva, *NIDNTTE*, IV, 653.

19 BDAG, 1080; Green, 『IVP 성경신학사전』, 987-91.

들은 이미 구원의 은혜를 받은 사람들이다. 지금 그들에게 필요한 것은 하나님의 지속적인 호의와 사랑의 돌보심이다. 바울은 이 은혜가 빌레몬과 그의 집에 있는 교회에 임하기를 기원한다.

"평화"라고 번역한 "에이레네"(εἰρήνη)는 헬라 문헌에서 전쟁이 종식된 상태나 적대감이 없는 상태를 가리킨다. 칠십인역에서 이 단어는 히브리어 단어 "샬롬"(שָׁלוֹם)을 번역하는 데 사용되었다. "샬롬"은 하나님의 은혜를 받은 자들이 향유하는 안녕과 번영과 온전함을 의미한다. 여기서 바울은 "에이레네"를 이런 의미로 사용한다. 그는 빌레몬과 그의 가족들과 성도들이 삶의 모든 영역에서 안녕과 번영과 온전함을 향유하기를 기원한다.

"은혜와 평화"는 "하나님 우리 아버지로부터"(ἀπὸ θεοῦ πατρὸς ἡμῶν, "아포 떼우 파트로스 헤몬") 온다. "우리 아버지"는 하나님과 신자들 사이의 친밀한 인격적 관계를 보여 준다. 하나님은 신자들의 아버지이시고, 신자들은 그분의 자녀들이다. 그리스도의 죽음과 부활로 말미암아 하나님은 그리스도를 믿는 자들에게 자녀가 되는 권세를 주신다(요 1:12).[20] 하나님은 바울과 디모데만이 아니라 빌레몬과 압비아와 아킵보도 자녀로 삼으시고, 그들의 아버지가 되기를 기뻐하셨다. 전능하신 하나님의 자녀가 된다는 것은 얼마나 놀라운 일인가? 하나님의 자녀가 되는 것은 "복음이 제시하는 최고의 특권"이다.[21]

또한 "은혜와 평화"는 "주 예수 그리스도"(κυρίου Ἰησοῦ Χριστοῦ, "퀴리우 예수 크리스투")에게서 온다. 이 인사말은 예수 그리스도가 하나님 아버지와 동등한 위치에 있음을 보여 준다.[22] 은혜와 평화는 오직 하나님만이 주실 수 있다. 그런데 바울은 예수 그리스도를 하나님과 함께 은혜와 평화의 원천으로 언급한다. 이 편지의 마지막 절에서도 그는 "우리 주 예수 그리스도"를 은혜의 원천으로 제시한다(1:25). 예수 그리스도는 성부 하나님과 함께 자기 백성의 구원을 위하여 일하시고, 그들에게 은혜와 평화를 베푸시는 분이다.

"주 예수 그리스도"라는 표현은 예수 그리스도가 "주님"(κύριος, "퀴리오

---

20 참조. Ferguson, 『성도의 삶』, 159.

21 Packer, 『하나님을 아는 지식』, 318, 325.

22 Moule, *The Origin of Christology*, 150. 그는 유일신 여호와 하나님을 믿는 유대인들이 예수님을 하나님과 동등한 위치에 계신 것으로 높여 말하는 사실 자체가 매우 놀라운 것이라고 지적한다.

스")이심을 의미한다. 구약성경에서는 여호와 하나님을 "주님"이라고 부른다(신 3:24; 삼하 7:22). 구약성경에서 "주", "주님"을 뜻하는 히브리어 단어는 "아돈"(אָדוֹן)이다. 칠십인역은 "아돈"만이 아니라, 하나님의 이름인 "야웨"(יהוה)도 헬라어 단어 "퀴리오스"로 번역하였다. 칠십인역 구약성경에서 "퀴리오스"는 여호와 하나님을 가리키는 칭호가 되었다.[23]

신약성경의 기자들은 "퀴리오스"를 주저하지 않고 예수님을 가리키는 데 사용한다.[24] 하나님께서 친히 "모든 이름 위에 뛰어난 이름"인 "퀴리오스"를 자기를 낮추고 죽기까지 복종하신 예수님에게 주셨기 때문이다(빌 2:8-9). 오순절 날 베드로는 하나님께서 예수님을 "주와 그리스도"가 되게 하셨다고 선포하였다(행 2:36). 바울은 "우리 주 예수"(고전 5:4; 살전 3:11), "우리 주 예수 그리스도"(롬 5:1, 11; 16:20; 갈 6:18), "예수 그리스도 우리 주"(롬 1:4, 5:21) 같은 표현들을 빈번하게 사용한다. 참으로 예수님은 "죽은 자와 산 자의 주님"이시며(롬 14:9), "만주의 주님"(계 17:14; 19:16)이시다.[25]

예수 그리스도가 "퀴리오스"라는 것이 뜻하는 바는 무엇인가? 그분이 성부 하나님과 동등한 영광과 권세와 존귀를 가진 하나님이시라는 것이다.[26] 바울은 여호와 하나님을 언급하는 구약 본문들을 인용하여 예수 그리스도에게 적용함으로써 그분이 하나님과 동등하다는 사실을 알려 준다.[27] 대표적인 본문이 요엘 2:32이다. 바울은 로마서 10:13에서 이 본문을 인용한다. "누구든지 주님의 이름을 부르는 사람은 구원을 받을 것입니다."[28] 구약의 문맥에서 이 본문이 말하는 "주님"은 여호와 하나님이시다. 하지만 로마서의 문맥에서는 예수 그리스도이시다. 선지자 요엘이 말한 구원은 예수

---

23 Silva, *NIDNTTE*, II, 769.

24 Hurtado, 『주 예수 그리스도』, 208-24; Hurtado, *DPL*, 560-69.

25 바울 서신에 나오는 "퀴리오스 기독론"에 관해서는 다음 책을 보라. Fee, 『바울의 기독론』, 817-55.

26 Foerster, *TDNT*, III, 1089; Frame, 『조직신학』, 478-85, 901; Schreiner, 『신약신학』, 313; Silva, *NIDNTTE*, II, 775-76.

27 롬 10:13; 14:11; 고전 1:31; 2:16; 10:22, 26; 고후 10:17; 빌 2:10-11; 살전 3:13; 4:6; 살후 1:7-8; 딤후 2:19.

28 바울은 칠십인역의 욜 2:32를 로마서에서 인용한다. 칠십인역은 "야웨"를 "퀴리오스"로 번역한다. 개역개정은 구약 본문의 전반부를 "누구든지 여호와의 이름을 부르는 자는 구원을 얻으리니"라고 번역한다.

그리스도를 "주님"으로 고백하는 자들이 받을 것이다.[29] 바울이 요엘 2:32을 예수 그리스도에게 적용한 것은 예수 그리스도가 하나님과 동등한 구원의 능력을 가진 분이시기 때문이다. 예수 그리스도가 성부 하나님과 동등한 분이시므로 모든 피조물은 그분 앞에 무릎을 꿇고 "주님"(κύριος)이라고 시인해야 한다(빌 2:10-11). 누구든지 이렇게 하는 사람은 구원을 받을 것이다(롬 10:9). 예수 그리스도가 하나님과 동등한 주님이시므로 은혜와 평화를 포함한 모든 구원의 복이 그분에게서 흘러나온다.

메시지와 적용

■ **하나님, 우리 아버지** 빌레몬서에서 사도 바울은 하나님이 "우리 아버지"(1:3)라는 사실 자체를 강조하지는 않지만, 이 사실을 전제한다. 하나님은 자기 아들을 내주심으로 바울과 빌레몬과 오네시모를 자녀로 삼아 주셨다. 그리고 그분의 아들의 영을 주심으로 하나님을 "아빠 아버지"라고 부르짖게 하셨다(롬 8:15; 갈 4:6). 또한 그들을 서로에게 "사랑받는 형제"가 되게 하셨다. 하나님을 진심으로 "아버지"라고 부르는 사람은 인종과 성과 신분에 관계없이 누구나 하나님의 자녀이다. 우리는 하나님을 진심으로 "아버지"라고 부르는 사람인가? 전지전능하신 하나님께서 우리의 아버지시라는 것은 얼마나 놀라운 일인가? 하나님은 무한한 사랑으로 자기 자녀들을 돌보시고 지키시고 인도하시는 자애로우신 아버지이다. 자기 자녀들에게 필요한 것이 무엇인지 아시고 공급하기를 기뻐하신다. 하나님을 아버지로 인정하고 그분을 의지하고 순종하면서 사는 것이 신자의 삶이다.

■ **예수 그리스도, 우리 주님** 예수 그리스도는 우리의 주님이시다. 이것이 신약성경의 핵심 메시지이다. 예수 그리스도가 주님이시라는 것은 그분이 신자 개인의 주님이시며 동시에 교회와 만물의 주님이심을 의미한다. 그리스도인은 예수 그리스도를 주님으로 받아들이고 그분을 따르는 사람이다. 우리는 예수 그리스도를 "나의 주님"으로 인정하고 고백하는가? 예수 그리스도는 단지 우리를 위로하거나 도와주시는 분이 아니다. 우리가 온전히 헌신하고 충성을 바쳐야 할 주님, 곧 하나님이시다. 예수 그리스도가 하나님이

29 Capes, *Old Testament Yahweh Texts*, 116-23.

시기에 우리를 구원하실 수 있다. 예수 그리스도는 "장래의 노하심"에서 우리를 건지실 것이다(살전 1:10). 예수 그리스도 앞에 무릎을 꿇고 "나의 주님"이라고 고백하자. 살아도 주님을 위하여 살고 죽어도 주님을 위하여 죽자. 사나 죽으나 우리는 주님의 것이다(롬 14:8).

■ **은혜와 평화** 사도 바울은 편지의 머리말에서 항상 은혜와 평화를 기원한다. 우리 모두에게 하나님의 은혜와 평화가 필요하기 때문이다. 우리는 하나님의 은혜로 구원을 받고 하나님과의 평화를 누린다(롬 5:1; 골 1:22). 하지만 구원받은 뒤에도 위험이 가득한 세상에서 살아가려면 계속해서 하나님의 은혜와 평화가 필요하다. 하나님의 은혜가 없으면 아무도 고요하고 평안하게 살 수 없다. 우리가 그리스도로 말미암아 하나님과 평화를 누리지만, 사람들과의 관계에서도 평화가 필요하다. 우리는 "때를 따라 돕는 은혜"를 얻기 위하여 은혜의 보좌 앞에 나아가야 한다(히 4:16). 그리고 평화의 주님께서 친히 때마다 일마다 우리에게 평화를 주시기를 기도해야 한다(살후 3:16).

■ **집에 있는 교회** 초기 시대의 교회는 개인의 집에서 모였다. 3세기까지 교회는 예배와 친교를 위한 독립된 건물을 가질 수 없었다. 기독교가 공인되지 못하여 계속 핍박을 받았기 때문이다. 성경은 어디에서도 회중이 개인의 집에서 모여야 한다고 명령하거나 가르치지 않는다. 그러므로 교회가 삼백 년 동안 개인의 집에서 모였다고 해서 그것을 오늘날에도 그대로 따라야 할 절대 규범으로 삼을 수는 없다. 하지만 빌레몬이 동료 신자들을 위하여 자기 집을 개방하고 그들을 환대한 것은 오늘날에도 성도들이 본받아 실천할 수 있는 것이다. 동료 신자들을 위하여 집을 개방하고 그들을 초대하라. 그들과 음식을 함께 나누어라.

2. 사도 바울의 감사와 기도(1:4-7)

번역

4 나는 기도할 때에 그대를 기억하면
서 언제나 나의 하나님께 감사를 드립
니다. 5 모든 성도들을 향하여 그대가 가
진 사랑과 주 예수님을 향하여 그대가 가
진 믿음에 관하여 듣고 있기 때문입니다.
6 그대가 [a]우리 가운데 있는 모든 선을 깨
달음으로써 그대의 믿음의 교제가 그리스
도를 위하여 효력 있게 되기를 [b]기도합니
다. 7 형제여, 참으로 나는 그대의 사랑으
로 많은 기쁨과 위로를 받았습니다. 왜냐
하면 성도들의 마음이 그대로 말미암아
생기를 얻었기 때문입니다.

---

a 다수 사본들은 "우리 가운데"(ἐν ἡμῖν, "엔 헤민")를 지지하고(A C D Ψ 1319 *Byz*), 다른 사본들은 "여러분 가운데"(ἐν ὑμῖν, "엔 휘민")를 지지한다(P[61] ℵ F G P 33 1739). 후대 필사자들이 "우리 가운데"를 "여러분 가운데"로 수정하였을 가능성이 높다.

b "기도합니다"는 뜻을 명확하게 하려고 첨가한 것이다.

본문 이해 터 닦기

| 문맥과 주제 | 사도 바울은 은혜와 평화를 기원한 다음에 이 단락(1:4-7)에서 빌레몬의 믿음과 사랑 때문에 하나님께 감사하고(1:4-5) 그를 위하여 기도한다(1:6). 그리고 빌레몬의 사랑으로 많은 기쁨과 위로를 받았다고 말한다(1:7). 이 단락은 편지의 본론(1:8-20)으로 옮겨 가는 전환점 역할을 한다. 두 부분을 이어 주는 중요한 단어는 "사랑"이다. 이 단락에서 바울은 빌레몬의 "사랑"을 언급하고, 다음 단락에서는 "사랑" 때문에 빌레몬에게 간청한다(1:9). 이 단락의 주제는 바울이 빌레몬의 믿음과 사랑 때문에 하나님께 감사하고 그를 위하여 기도한다는 것이다.

| 배경 | 이 편지의 감사와 기도 부분(1:4-7)은 머리말(1:1-3)과 같이 그리스-로마 시대의 편지 양식과 흡사하다. 주후 2세기의 어떤 편지에는 세라피스(Serapis)라는 신에게 감사하는 내용이 담겨 있다. "아피온은 아버지이자 주인이신 에피마쿠스께 인사를 드립니다. 다른 모든 것에 앞서 저는 당신의 건강을 위하여 간구합니다. … 저는 주님이신 세라피스께 감사를 드립니다."[30] 그러나 그리스-로마의 편지에는 건강을 기원하는 내용이 자주 나오는

---

30 Barrett, *The New Testament Background*, 27-29.

반면에 감사하는 내용은 거의 나오지 않는다. 감사는 그리스-로마 편지의 필수 요소가 아니었다.[31] 이에 비해서 사도 바울의 편지에는 감사 단락이 거의 항상 나온다. 감사의 대상은 언제나 하나님 아버지이시다. 이 편지에서도 바울은 빌레몬의 믿음과 사랑에 관한 소식을 듣고 하나님께 감사한다.

| 구조 | 이 단락의 주문장은 "나는 나의 하나님께 감사한다"이다(4절). 이 문장에 이어서 감사의 이유를 알려 주는 분사절이 나온다(5절). 바울은 빌레몬의 믿음과 사랑 때문에 하나님께 감사한다. 그리고 빌레몬을 위하여 기도하면서(6절) 그의 사랑으로 기쁨과 위로를 받았음을 밝힌다(7절). 이 단락은 다음과 같이 세 부분으로 구성되어 있다.

(1) 4-5절 빌레몬의 믿음과 사랑에 대한 사도 바울의 감사
(2) 6절 빌레몬을 위한 사도 바울의 기도
(3) 7절 빌레몬에게 받은 기쁨과 위로

| 주해 |

(1) 빌레몬의 믿음과 사랑에 대한 사도 바울의 감사(1:4-5)

1:4 사도 바울은 "나의 하나님께 감사를 드립니다"(εὐχαριστῶ τῷ θεῷ μου, "유카리스토 토 떼오 무")라는 말로 감사 단락을 시작한다. 이 단락에서 가장 중요한 단어는 "유카리스테오"(εὐχαριστέω)이다. 이 단어는 다른 사람에게 받은 호의나 도움에 대하여 감사의 마음을 말이나 행동으로 표현하는 것을 의미한다.[32] 바울은 감사의 사람이다. 가택에 연금되어 있는 상황에서도 감사하는 것을 잊지 않는다. 그는 범사에 감사해야 한다는 신자의 의무에 매우 충실하다(살전 5:18).

바울이 감사하는 대상은 "나의 하나님"이다(롬 1:8; 고전 1:4; 빌 1:3).[33] 여기서 바울이 "하나님"이나 "하나님 우리 아버지"라는 표현 대신 "나의 하나님"이라는 표현을 사용하는 것에 주목하라. 강조점이 "나의"에 있다. 이는 바울과 하나님 사이의 인격적이면서도 친밀한 관계를 강조한다. 바울은 하나님

31 Witherington, *Philemon, Colossians*, 57.

32 Silva, *NIDNTTE*, II, 334-45.

33 개역개정은 고전 1:4에 나오는 "나의 하나님"이라는 표현에서 "나의"를 누락하고 "하나님"이라고 번역한다("하나님께 감사하노니"). 표준새번역은 "나의 하나님"이라고 번역한다("나의 하나님께 감사를 드립니다").

께서 살아 계신 것과 자기를 찾는 자들에게 상 주시는 분이라는 것을 확실히 믿는다(참조. 히 11:6). 그뿐만 아니라 하나님을 "나의 하나님"으로 의지하고 신뢰한다. 바울은 기도할 때에 빌레몬을 기억하면서[34] 언제나 자기 하나님께 감사한다. 그가 이렇게 하는 이유는 무엇인가?

1:5 바울은 그 이유를 이렇게 밝힌다. "모든 성도들을 향하여 그대가 가진 사랑과 주 예수님을 향하여 그대가 가진 믿음에 관하여 듣고 있기 때문입니다." 이 본문은 "나의 하나님께 감사를 드립니다"라는 구절에 종속된 분사절이다. "듣다"를 뜻하는 분사 "아쿠온"(ἀκούων)은 현재 시제이다.[35] 바울은 빌레몬과 멀리 떨어져 있지만, 그에 관한 소식을 계속해서 듣고 있는 것이다. 최근에는 로마를 방문한 골로새 교회의 사역자 에바브라에게서 들었을 것이다(골 1:8). 바울은 빌레몬의 "사랑과 믿음"(τὴν ἀγάπην καὶ τὴν πίστιν)에 관한 소식을 계속 듣고 있기 때문에 하나님께 감사를 드린다.

이 본문에서 바울이 "믿음"보다 "사랑"을 먼저 언급한 것은 이례적이다. 다른 서신들에서 그는 믿음을 먼저 언급한다. 예를 들어, 골로새서에서는 "그리스도 예수 안에 있는 여러분의 믿음과 모든 성도를 향하여 여러분이 가지고 있는 사랑을 들었기 때문"이라고 말한다(골 1:4). 에베소서의 감사 단락에서도 "믿음과 사랑"이라는 순서를 지킨다(엡 1:15; 참조. 살전 1:3; 살후 1:3). 그런데 이 본문에서 사도가 빌레몬의 사랑을 먼저 언급한 것은 이 편지에서 그가 다루는 문제와 관련해서 사랑이 중요하기 때문이다. 빌레몬이 자신의 종 오네시모를 형제로 받아들이는 것은 사랑 없이는 할 수 없는 일이다. 바울은 빌레몬의 사랑으로 인하여 하나님께 감사하고 기뻐하면서 그의 사랑이 오네시모를 받아들이는 데까지 확장되기를 바란다. 이것이 빌레몬서를 기록한 목적이다.

헬라어 본문에서 바울은 "주 예수님을 향하여 그리고 모든 성도들을 향하여 그대가 가지고 있는 사랑과 믿음"이라고 말한다. 이 구절에서 사랑

---

34 개역개정에서 "기도할 때에 너를 말함은"이라고 번역한 구절에서 "너를 말함은"은 "그대를 기억하면서"(μνείαν σου ποιούμενος, "므네이안 수 포이우메노스")라고 고쳐 번역할 수 있다.

35 이 분사는 사도 바울이 하나님께 감사를 드리는 원인이나 이유를 나타낸다. Fitzmyer, *Philemon*, 95; Harris, *Colossians and Philemon*, 215; Wilson, *Colossians and Philemon*, 337, 343.

과 믿음이 예수님과 성도들 모두와 연결된 것일 수 있다. 빌레몬이 예수님도 사랑하고 모든 성도들도 사랑하며, 또한 예수님도 믿고 모든 성도들도 믿는다는 것이다.[36] 하지만 다른 서신에서 바울은 사랑을 성도들과 연결하고, 믿음을 예수님과 연결한다. 예를 들어, 골로새서에서는 "그리스도 예수 안에 있는 여러분의 믿음과 모든 성도들을 향하여 여러분이 가지고 있는 사랑"이라고 말한다(골 1:4). 빌레몬서에서도 같은 방식으로 말한다. 빌레몬의 믿음은 "주 예수님을 향한 것"(πρὸς τὸν κύριον Ἰησοῦν, "프로스 톤 퀴리온 예순")이고, 그의 사랑은 "모든 성도들을 향한 것"(εἰς πάντας τοὺς ἁγίους, "에이스 판타스 투스 하기우스")이다. 이 본문에서 바울은 믿음과 사랑을 아래와 같이 교차 대칭 구조로 제시한다.[37]

A 사랑
  B 믿음
  B′ 주 예수님을 향한
A′ 모든 성도들을 향한

"모든 성도들"은 골로새 성도들만이 아니라 라오디게아와 히에라폴리스의 성도들도 가리킬 것이다. 빌레몬은 그들을 사랑한다. "사랑"(ἀγάπη, "아가페")은 서로 친절하게 대하고 불쌍히 여기며 섬기는 것이다. 빌레몬은 자기 집을 골로새 교회의 예배와 친교를 위한 장소로 제공하였다. 또한 그들을 위하여 기도하고 물질로 그들을 돕는 선한 일을 하였다. 그 결과 빌레몬으로 말미암아 성도들의 마음이 생기를 얻었다(7절).

성도들을 향한 빌레몬의 사랑은 주 예수님을 향한 그의 믿음에서 비롯된 것이다. "주 예수님을 향하여"라는 표현은 빌레몬이 예수님을 믿고 있음을 알려 준다. "믿음"(πίστις, "피스티스")이란 예수님을 죄인들을 위하여 죽으셨다가 죽음의 권세를 이기고 부활하신 "주님"으로 인정하고 신뢰하는 것이다

36 Bruce, *Colossians, Philemon*, 208.

37 Harris, *Colossians and Philemon*, 214; Lohse, *Colossians and Philemon*, 193; Moo, *Colossians and Philemon*, 388; Osborne, *Colossians and Philemon*, 161; Pao, *Colossians and Philemon*, 368; Weima, *Paul the Ancient Letter Writer*, 216.

(롬 10:9; 고전 15:3-4). 예수님을 믿는 사람들은 믿음의 형제자매들을 사랑한다. 믿음과 사랑은 그리스도인의 가장 중요한 특징이다.

사도 바울이 빌레몬의 사랑과 믿음으로 인하여 하나님께 감사하는 이유는 그의 사랑과 믿음이 하나님께서 주신 것이기 때문이다. 빌레몬은 에베소에서 선교 사역을 하던 바울에게서 복음을 듣고 그리스도인이 되었다(1:19). 하지만 하나님께서 역사하지 않으셨다면, 예수님을 믿을 수 없었을 것이다. 성도들을 사랑하는 것도 성령님이 역사하셔야만 가능한 것이다. 사랑이 성령님의 열매이기 때문이다. 빌레몬의 믿음과 사랑은 하나님께서 은혜롭게 역사하신 결과이다.

(2) 빌레몬을 위한 사도 바울의 기도(1 : 6)

1:6 이 본문은 빌레몬서에서 가장 난해하다.[38] 아래에서 확인할 수 있는 대로, 개역개정과 표준새번역과 천주교 성경은 이 본문을 매우 다르게 번역한다.

> 개역개정
> 이로써 네 믿음의 교제가 우리 가운데 있는 선을 알게 하고 그리스도께 이르도록 역사하느니라
>
> 표준새번역
> 그대가 우리와 더불어 누리는 믿음의 사귐이 효력을 내어서, 우리가 그리스도께 가까이 나아갈 때에 우리가 받게 되는 복이 무엇인지를 그대가 충분히 알게 되기를 바랍니다.
>
> 천주교 성경
> 우리 안에 있으면서 우리를 그리스도께 이끌어 주는 모든 선을 깨달아 그대가 더욱 활발히 믿음에 동참할 수 있기를 빕니다.

38 Moule, *Colossians and Philemon*, 142. 그는 이 본문이 빌레몬서에서 "가장 모호한 것으로 악명이 높다"라고 말한다.

개역개정은 이 본문을 빌레몬의 믿음과 사랑의 결과처럼 번역하였다. 반면에 표준새번역과 천주교 성경은 빌레몬을 위한 바울의 소원이나 기도로 번역하였다. 이 본문을 기도의 내용으로 이해한 점에서 천주교 성경의 번역은 칭찬받을 만하다. 하지만 "우리를 그리스도께 이끌어 주는 모든 선을"이라는 번역은 헬라어 본문의 구문과 전혀 맞지 않는다. "우리가 그리스도께 가까이 나아갈 때에 우리가 받게 되는 복"이라는 표준새번역의 구절도 헬라어 본문과 거리가 먼 의역이다. 개역개정의 "그리스도께 이르도록 역사하느니라"라는 구절도 헬라어 구문과 맞지 않는다.

헬라어 본문에서 이 문장은 접속사 "호포스"(ὅπως)로 시작한다. 이 접속사는 일반적으로 접속사 "히나"(ἵνα)와 같이 목적이나 결과를 나타낸다. 하지만 이 본문에서 이렇게 이해하면 의미가 통하지 않는다. 대다수의 주석가들이 주장하는 대로, 기도의 내용을 나타내는 것으로 이해해야 한다(행 8:15; 약 5:16).[39] 이 본문은 4절에 나온 "기도할 때에"(ἐπὶ τῶν προσευχῶν μου, "에피 톤 프로슈콘 무")라는 구절에 종속된 명사절이다.[40] 따라서 6절에 "기도하다"라는 동사가 나오지 않더라도 빌레몬을 위한 바울의 기도로 간주하고 다음과 같이 번역해야 한다.[41]

> ὅπως ἡ κοινωνία τῆς πίστεώς σου ἐνεργὴς γένηται ἐν ἐπιγνώσει παντὸς ἀγαθοῦ τοῦ ἐν ἡμῖν εἰς Χριστόν.

> 그대가 우리 가운데 있는 모든 선을 깨달음으로써 그대의 믿음의 교제가 그리스도를 위하여 효력 있게 되기를 기도합니다.

"그대의 믿음의 교제"(ἡ κοινωνία τῆς πίστεώς σου, "헤 코이노니아 테스 피스테

39 Barth and Blanke, *Philemon*, 280; Beale, *Colossians and Philemon*, 387; Bruce, *Colossians, Philemon*, 209; Caird, *Paul's Letters*, 220; Calvin, *Colossians and Philemon*, 216; Fitzmyer, *Philemon*, 96-97; Harris, *Colossians and Philemon*, 216; Lohse, *Colossians and Philemon*, 193; Moule, *Colossians and Philemon*, 142; Nordling, *Philemon*, 189, 204; Osborne, *Colossians and Philemon*, 162; Weima, *Paul the Ancient Letter Writer*, 213, 219; Wilson, *Colossians and Philemon*, 340.

40 BDAG, 718.

41 영어 성경 ESV, NASB, NIV, NRSV, TNIV는 "기도"로 번역한다.

오스 수")란 무엇인가? 이 문구에서 가장 중요한 단어는 "코이노니아"이다. 이 단어는 6절의 문제를 푸는 열쇠이자 동시에 빌레몬서 전체를 이해하는 열쇠이다. 신약의 저자들 중에서 "코이노니아"를 가장 중요하게 사용한 사람이 바로 사도 바울이다. 신약성경 전체에 19번 나오는데, 그중 바울 서신에 13번이나 나온다.[42] 신약성경에서 "코이노니아"는 주로 "친교"나 "교제"를 의미하지만(행 2:42; 갈 2:9; 히 13:16; 요일 1:3, 6, 7), "협력", "참여", "나눔"을 의미하기도 한다.[43] 바울은 이 단어를 "구제"나 "연보"를 가리키는 데 사용하기도 한다(롬 15:26; 고후 8:4; 9:13). 이 본문에서 그는 "코이노니아"를 친교나 교제의 의미로 사용한다. "그대의 믿음의 교제"라는 표현은 빌레몬이 믿음을 가짐으로써 가능하게 된 교제, 즉 믿음을 가진 다른 그리스도인들과의 교제를 가리킨다.[44] 이 경우에 "믿음의"(τῆς πίστεώς, "테스 피스테오스")는 주어적 속격이다. 믿음이 교제를 가능하게 만든다는 것이다. 믿음의 사람은 같은 믿음을 가진 사람과 더불어 교제한다.

바울은 빌레몬이 다른 그리스도인들과 더불어 갖는 믿음의 교제가 "효력 있게 되도록"(ἐνεργὴς γένηται, "에네르게스 게네타이") 기도한다. 형용사 "에네르게스"(ἐνεργής)는 신약성경에 세 번 나온다. 이 단어는 활동과 활력이라는 뜻을 함축한다. 고린도전서 16:9에서는 "유효한", 히브리서 4:12에서는 "활력이 있는"을 의미한다.[45] 믿음의 교제가 효력 있게 된다는 것은 다른 성도들과 나누는 교제가 더 친밀해지고, 더 깊어지는 것을 가리킨다. 그러면 빌레몬의 믿음의 교제는 어떻게 효력이 있게 되는가?

문자적으로 "우리 가운데 있는 모든 선의 지식 안에서"(ἐν ἐπιγνώσει παντὸς ἀγαθοῦ τοῦ ἐν ἡμῖν)라는 문구에서 앞에 나온 전치사 "엔"(ἐν)은 장소가 아니라 수단이나 방식을 나타낸다.[46] 따라서 이 전치사를 동반한 "엔 에피그

---

42 Silva, *NIDNTTE*, II, 709.

43 BDAG, 552-53; Hainz, *EDNT*, II, 303; Hauck, *TDNT*, III, 797-809.

44 Fitzmyer, *Colossians and Philemon*, 97; Longenecker, *Philemon*, 172; Moo, *Colossians and Philemon*, 391-92; Panikulam, *Koinōnia in the New Testament*, 88-89.

45 BDAG, 335; L&N, 13.124.

46 Beale, *Colossians and Philemon*, 389; Bird, *Colossians and Philemon*, 135; Nordling, *Philemon*, 189.

노세이"(ἐν ἐπιγνώσει)는 "지식 안에서"가 아니라 "지식으로 말미암아", 또는 "앎으로써"이다. 그리고 "에피그노시스"(ἐπίγνωσις)는 단순한 지식이 아니라 완전한 지식을 의미한다.[47] 물론 이 단어 자체에 그런 의미가 있는 것은 아니다. 문맥 안에서 "에피그노시스"가 "우리 가운데 있는 모든 선"에 대한 완전한 지식을 가리킨다. "우리 가운데 있는 모든 선"을 단지 피상적으로 아는 것이 아니라 완전하게 아는 것이다. 빌레몬이 "우리 가운데 있는 모든 선"을 완전하게 알 때, 그 완전한 지식으로 말미암아[48] 그의 믿음의 교제가 효력 있게 되는 것이다.[49]

빌레몬이 완전하게 알아야 할 "우리 가운데 있는 모든 선"(παντὸς ἀγαθοῦ τοῦ ἐν ἡμῖν, "판토스 아가뚜 투 엔 헤민")이란 무엇인가? 바울과 빌레몬이 행한 선한 일이 아니라, 그들 가운데서 하나님께서 행하신 선한 일이다.[50] 선하신 하나님은 자기 백성을 위하여 선을 행하신다(시 106:1; 107:1; 108:1; 118:29; 119:68). 하나님은 바울과 빌레몬과 오네시모와 에바브라를 위하여, 그리고 골로새 교회를 위하여 선한 일을 하셨고, 계속해서 선한 일을 하고 계신다. 하나님께서 그들을 위하여 행하신 선한 일은 일차적으로 그들의 구원과 관련이 있다. 하나님은 사도 바울의 복음 사역을 통하여 빌레몬과 에바브라를 구원하셨고, 그들로 하여금 골로새에 교회를 설립하게 하셨다. 또한 하나님은 바울의 복음 사역을 통하여 오네시모를 구원하셨다. 그를 아들로 받아들여 주시고 그를 유익한 자가 되게 하셨다(1:16). 만일 빌레몬이 하나님께서 그들을 위하여 행하셨고, 지금도 행하고 계시는 "모든 선"을 완전히 알게 된다면, 오네시모가 변화된 것 역시 하나님께서 행하신 선한 일이라는 사실을 인정하게 될 것이다. 그리고 오네시모를 형제로 받아들이는 "선한 일"(τὸ

47 Moo, *Colossians and Philemon*, 393. 그는 "에피그노시스"가 "여기서 '더 깊은' 지식이 아니라 실천적이고 경험적인 지식"을 뜻하며, 따라서 빌레몬이 모든 선한 것을 "이해하고 실천하기를" 사도 바울이 원한다고 주장한다. 하지만 이런 이해는 "에피그노시스"에 너무 많은 의미를 집어넣어 읽은 결과이다.

48 헬라어 문구에서 "판토스 아가뚜"(παντὸς ἀγαθοῦ)는 목적어적 속격이다. "지식"을 뜻하는 "에피그노세이"(ἐπιγνώσει)의 의미상 목적어 역할을 한다. 따라서 "모든 선을 앎으로써"라고 번역할 수 있다(참조. 골 1:10).

49 McKnight, *Philemon*, 70.

50 Marshall, 『신약성서 신학』, 444; Nordling, *Philemon*, 211.

ἀγαθόν, "토 아가똔")을 하게 될 것이다(1:14).[51]

빌레몬이 우리 가운데 있는 모든 선을 앎으로써 그의 믿음의 교제가 효력 있게 되어야 하는 목적은 "그리스도를 위한"(εἰς Χριστόν, "에이스 크리스톤") 것이다.[52] 빌레몬은 자기 유익이나 기쁨이 아니라 그리스도를 위하여 모든 선을 알고 오네시모를 형제로 받아들여야 한다. 빌레몬이 오네시모를 형제로 받아들이고 그와 성도의 교제를 나눌 때 비로소 빌레몬의 교제가 완전해질 것이다.[53]

(3) 빌레몬에게 받은 기쁨과 위로(1 : 7)

1:7 사도 바울은 감사와 기도 단락을 끝내면서 5절에서 언급한 빌레몬의 사랑에 다시 초점을 맞춘다. 그는 빌레몬을 "형제"라고 부르면서 그의 사랑에 대하여 감사의 마음을 표현한다. "형제여, 나는 그대의 사랑으로 많은 기쁨과 위로를 받았습니다. 왜냐하면 성도들의 마음이 그대로 말미암아 생기를 얻었기 때문입니다."[54]

이 본문은 감사와 기도의 단락을 끝내면서 동시에 본론으로 이행하는 전환점 역할을 한다. 그리고 1:20과 함께 편지의 본론을 둘러싸는 틀을 형성한다.[55] 이 본문과 1:20은 매우 유사하다. 아래에서 볼 수 있는 대로, 두 본문에 "형제여"(ἀδελφέ, "아델페"), "마음"(τὰ σπλάγχνα, "타 스프랑크나"), "생기를 얻다"(ἀναπαύω, "아나파우오")라는 중요한 단어들이 나온다.

7절	형제여, 나는 그대의 사랑으로 많은 기쁨과 위로를 받았습니다. 왜냐하면 성도들의 마음이 그대로 말미암아 생기를 얻었기 때문입니다.
20절	오 형제여, 나 자신은 주님 안에서 그대로 말미암아 덕을 보기를 바랍니다.

51 참조. Pazia, *Colossians, Philemon*, 109.

52 Lohse, *Colossians and Philemon*, 194-95; Osborne, *Colossians and Philemon*, 163.

53 Hainz, *EDNT*, II, 304.

54 Weima, "Paul's Persuasive Prose", 42; Weima, *Paul the Ancient Letter Writer*, 213. 그는 7절을 그리스-로마 편지에 공통적으로 나오는 "기쁨의 표현"(joy expression)이라고 주장한다.

55 Moo, *Colossians and Philemon*, 398.

나의 마음이 그리스도 안에서 생기를 얻게 해 주십시오.

헬라어 본문에서는 7절의 앞부분에 이유 접속사 "가르"(γάρ)가 있다. 이 접속사는 바울이 하나님께 감사하는 또 다른 이유를 알려 준다. 또한 자명한 결론이나 강한 확언을 제시할 때 부사와 같은 역할을 한다("참으로", "확실히").[56] 이 본문에서 바울은 "가르"를 후자의 의미로 사용한다. "형제여, 참으로 나는 그대의 사랑으로 많은 기쁨과 위로를 받았습니다."

헬라어 본문에서 바울은 "기쁨"(χαρά, "카라")을 7절의 제일 앞에 배치함으로써 빌레몬으로부터 기쁨을 얻은 사실을 강조한다(χαρὰν γὰρ πολλὴν ἔσχον, "카란 가르 폴렌 에스콘"). 그는 기쁨과 함께 위로도 받았다. "파라클레시스"(παράκλησις)는 문맥에 따라서 "위로"(고후 1:3, 4, 5, 6, 7)나 "격려"를 의미한다(엡 6:22; 빌 2:1; 살후 2:16).[57] 이 본문에서 바울은 전자의 의미로 사용한다. 사도 바울도 위로가 필요하다(고후 7:6; 살전 3:7).

바울이 빌레몬으로부터 기쁨과 위로를 받게 된 것은 모든 성도들을 향한 빌레몬의 사랑 때문이다. 그의 사랑은 말로만이 아니라 진실함과 행함으로 나타났다. 빌레몬은 자기 집을 예배와 친교의 공간으로 제공하였고, 성도들을 물심양면으로 도와주었다. 그의 사랑으로 인하여 골로새 성도들의 마음이 생기를 얻었다. "마음이 생기를 얻었다"라는 구절에서 "마음"이라고 번역한 "스플랑크나"(σπλάγχνα)는 본래 심장과 신장 같은 "내장"이나 "창자"를 의미하였다.[58] 신약성경에서는 "창자"(행 1:18)나 "심장"(빌 1:8)을 뜻하며, 감정의 자리인 "마음"을 가리키기도 한다(고후 6:12; 7:15, 개역개정: "심정").[59]

이 본문에서 "생기를 얻다"라고 번역한 동사는 "아나파우오"(ἀναπαύω)의 현재 완료 수동태이다.[60] 이 동사는 일을 멈추고 휴식을 취하게 함으로써 육체적으로 새 힘을 얻게 만드는 것을 의미한다.[61] 신약성경에서 "아나파우오"

56 BDAG, 190; Harris, *Colossians and Philemon*, 218-19.

57 BDAG, 766; L&N, 25.150.

58 BDAG, 938.

59 Köster, *TDNT*, VII, 555.

60 현재 완료 수동태 "아나페파우타이"(ἀναπέπαυται)는 성도들의 마음이 과거에 빌레몬의 사랑으로 생기를 얻은 상태가 지금까지 지속되고 있음을 의미한다.

61 L&N, 23.84.

는 "쉬게 하다"(마 11:28), "놓여 있다"(벧전 4:14)라는 뜻으로 사용된다.[62] 바울은 이 동사를 "기운이 나게 하다", "생기를 얻게 하다"라는 뜻으로 사용한다(고전 16:18; 고후 7:13).[63] 여기서도 이런 의미로 사용한다. "생기를 얻게 하다", "생기를 되찾게 하다"라는 말은 사랑과 교제 등으로 다른 사람의 용기를 북돋우고 격려하는 것을 가리킨다.[64]

개역개정에서는 "형제여"(ἀδελφέ, "아델페")라는 표현이 7절의 제일 앞에 나오지만, 헬라어 본문에서는 제일 마지막에 나온다. 바울은 신자들을 부를 때 복수형 "아델포이"(ἀδελφοί)를 주로 사용한다(롬 1:13; 7:1; 12:1; 고전 1:10; 2:1; 15:1; 갈 1:11 등). 이 본문과 1:20에서만 단수 호격을 사용한다. 빌레몬을 친근하게 "형제"라고 부름으로써 바울은 그가 믿음의 형제이며 하나님의 자녀라는 사실을 상기시킨다.

지금까지 살펴본 대로, 이 단락에서 바울은 매우 온화하고 친근한 어조로 말한다. 그는 지금 오네시모를 형제로 받아들이라고 빌레몬에게 요청하기 위해 이 편지를 쓰고 있다. 종과 주인 사이의 신분 질서가 확고한 로마 사회에서 이런 요청을 하는 것은 매우 힘들고 어려운 일이다. 어느 주인이 종을 형제로 받아들일 수 있겠는가? 바울은 불가능에 가까운 일을 위해 매우 신중하고 조심스럽게 접근하고 있다.[65]

메시지와 적용

■ **하나님께 항상 감사함** 사도 바울은 자신의 하나님께 항상 감사한다. 그는 지금 쇠사슬에 매인 몸이다. 자신의 처지를 생각하면 도무지 감사할 수 없을 것이다. 그런데도 그가 하나님께 항상 감사할 수 있는 이유는 무엇인가? 무엇보다 하나님께서 자신에게 베푸신 구원의 은혜 때문이다. 이 단락에서는 빌레몬의 믿음과 사랑 때문에 하나님께 감사한다. 빌레몬이 그리스도를 믿고 모든 성도들을 사랑하게 된 것은 모두 하나님의 은혜 때문이다. 빌레몬으로 하여금 그리스도를 믿게 하시고, 다른 성도들을 사랑하게 하신 하나

62 BDAG, 69; Fiedler, *EDNT*, I, 86-87.

63 개역개정은 이 동사를 "마음을 시원하게 하다"(고전 16:18), "마음이 안심함을 얻다"(고후 7:13)라고 번역한다.

64 Silva, *NIDNTTE*, I, 286.

65 Witherington, *Philemon, Colossians*, 60-61.

님께 감사하지 않을 수 없는 것이다. 오늘 우리도 마찬가지이다. 우리 자신이 구원받은 것만이 아니라, 동료 신자들이 구원받은 것 또한 중요한 감사의 이유가 되어야 한다. 진실하게 그리스도를 믿고 성도들을 사랑하는 동료 그리스도인들로 인하여 하나님께 감사하자. 그들을 구원하시고 변화시키신 하나님의 은혜를 찬양하자.

■ **믿음과 사랑** 믿음과 사랑은 참된 그리스도인의 가장 중요한 표지이다. 건강한 그리스도인은 빌레몬처럼 믿음과 사랑을 겸비한 사람이다. 주 예수님에 대한 믿음과 성도들을 향한 사랑은 항상 함께 있어야 하는 것이다. 믿음이 없이는 하나님을 기쁘시게 할 수 없다. 하나님께 나아가는 사람은 반드시 하나님께서 존재하신다는 것과 자기를 찾는 사람들에게 상 주시는 분이라는 것을 믿어야 한다(히 11:6). 또한 예수님이 주님이자 구원자이시라는 것을 믿어야 한다. 참된 믿음을 가진 사람은 하나님께서 자기 아들을 아끼지 아니하시고 내주신 사랑을 깨달은 사람이다. 참된 믿음을 가진 사람은 하나님의 놀라운 사랑을 받은 것 때문에 하나님을 사랑한다. 또한 다른 성도들을 사랑한다. 믿음은 하나님을 기쁘시게 하고, 사랑은 다른 성도들을 기쁘게 한다. 우리는 하나님을 기쁘시게 하고, 다른 성도들을 기쁘게 하는 믿음과 사랑의 사람인가?

■ **믿음의 교제** 믿음의 교제란 주 예수님을 믿는 성도들이 나누는 형제자매의 "코이노니아"이다. 그리스도인들은 하나님의 아들이신 예수 그리스도를 아는 것과 믿는 일에 하나가 된 믿음의 형제자매들이다. 그리스도인들은 사도 바울과 빌레몬이 교제하는 것처럼 사랑으로 서로 교제해야 한다. 서로를 위해 기도하고 위로하고 격려해야 하며, 동료 그리스도인들을 집으로 초대하여 함께 음식을 나누어야 한다. 가난한 형제자매들에게 기꺼이 물질도 나누어 주어야 한다. 성도의 교제는 하나님께서 교회를 세우신 중요한 목적 가운데 하나이다. 그리스도인은 홀로 믿음 생활하는 사람이 결코 아니다. 상처받는 것이 두려워서 예배만 드리고 예배당 문을 나가는 사람이 결코 아니다. 우리는 어떤 사람인가? 다른 성도들을 믿음의 형제자매로 받아들이고 사랑으로 교제하는 사람인가? 서로를 위해 기도하고 격려하고 물질을 나누어 주는 사람인가?

II. 1:8-20

오네시모를 위한 사도 바울의 호소

이 단원(1:8-20)은 빌레몬서의 본론이다. 본론의 주요 내용은 사도 바울이 오네시모를 형제로 받아들이라고 빌레몬에게 호소하는 것이다. 바울은 오네시모를 위하여 호소하면서도 오네시모와 빌레몬 사이에 어떤 일이 있었는지, 오네시모가 어떻게 바울을 만나서 그리스도인이 되었는지 구체적으로 말하지 않는다. 그가 힘주어 말하는 것은 오네시모가 완전히 다른 사람이 되었다는 사실이다. 오네시모는 바울이 "갇힌 중에서 낳은 아들"이며(1:10), 그의 "심장"이다(1:12). 오네시모는 더 이상 종이 아니라 사랑받는 형제이다(1:16). 오네시모가 변화된 사실을 말한 다음에 바울은 빌레몬에게 담대하게 요청한다. "나를 맞아들이는 것처럼 그를 맞아들여 주십시오"(1:17).

이 편지의 본론은 1:8부터 시작된다. 접속사 "그러므로"(διό, "디오")가 본론의 시작을 알려 준다. 하지만 본론이 어디에서 끝나는지는 결정하기 어렵다. 어떤 사람은 1:18에서 본론이 끝나는 것으로 본다.[1] 다른 사람들은 1:20에서, 또 다른 사람들은 1:22에서 끝난다고 주장한다.[2] 어느 견해가 옳은가? 1:20에서 본론이 끝난다고 보는 것이 옳다.[3] 이 견해의 중요한 근거

1 Weima, *Neglected Endings*, 231; Weima, *Paul the Ancient Letter Writer*, 226-27.

2 Bird, *Colossians and Philemon*, 137-38; Longenecker, *Philemon*, 185; McKnight, *Philemon*, 46; Nordling, *Philemon*, 288; Wendland, "You Will Do Even More Than I Say", 83, 87; Wright, 『골로새서·빌레몬서』, 273, 285.

3 Barth and Blanke, *Philemon*, 487; Bruce, *Colossians, Philemon*, 216; Dunn, *Colossians and Philemon*, 324, 343; Fitzmyer, *Philemon*, 102-3; Lohse, *Colossians and Philemon*, 187, 196; O'Brien, 『골로새서·빌레몬서』, 286; Martin, *Colossians and*

는 1:20이 평행 본문인 1:7과 함께 본론 단원 전체를 감싸는 틀을 형성한다는 점이다. 1:7에서 서론 단원이 끝나는 것처럼, 1:20에서 본론 단원이 끝난다. 또 1:8에 나오는 "그리스도 안에서"라는 전치사구가 1:20에도 나온다. 두 전치사구에 의하여 본론 단원이 인클루지오(inclusio) 구조를 형성한다. 사도 바울이 빌레몬의 순종을 확신한다고 말하는 1:21은 서신의 결말을 알리는 일종의 "확신 양식"(confidence formula)이다. 1:20에서 본론이 끝나고 1:21에서 결말이 시작되는 것이다.

본론 단원은 두 부분으로 구성되어 있다.[4] 첫째 단락(1:8-16)은 오네시모를 위한 호소의 토대를 제시하는 부분이다. 바울은 오네시모를 위하여 호소하면서 그가 완전히 새 사람이 되었음을 역설한다. 오네시모는 연금 상태에 있는 바울에게서 복음을 듣고, 바울의 영적 아들이자 사랑받는 형제가 되었다. 과거에 빌레몬에게 무익했던 그가 사도의 복음 사역에 유익한 자가 되었다. 바울은 오네시모를 자기 곁에 머물러 있게 하고 싶었지만 빌레몬에게 돌려보낸다.

둘째 단락(1:17-20)은 본론 단원의 결론이다. 여기서 바울은 앞 단락에서 말한 것에 근거하여 오네시모를 위한 호소의 내용을 구체적으로 제시한다. 사도 자신을 영접하는 것처럼 오네시모를 영접해야 한다는 것이다(1:17). 바울은 간청하는 것에 그치지 않는다. 오네시모가 빌레몬에게 빚진 것을 자신이 갚겠다고 약속하기까지 한다(1:18-19). 빌레몬이 오네시모를 받아들일 수 있도록 사도 자신이 재정적인 짐을 기꺼이 떠안는 것이다. 그리고 오네시모를 영접하여 자신의 마음이 생기를 얻게 해 달라고 빌레몬에게 당부한다(1:20).

Philemon, 155; Moo, *Colossians and Philemon*, 397-98; Wilson, *Colossians and Philemon*, 362.

4 Harris, *Colossians and Philemon*, 222; Pao, *Colossians and Philemon*, 380.

1. 오네시모를 위한 사도 바울의 호소(1:8-16)

번역

8 그러므로 그리스도 안에서 내가 그
대에게 마땅히 해야 할 일을 아주 담대
하게 명령할 수 있으나 9 도리어 사랑 때
문에 내가 간청합니다. 나 바울은 노인으
로서, 지금 또 그리스도 예수의 죄수로서
10 갇힌 중에서 낳은 나의 아들을 위하여
그대에게 간청합니다. 그는 오네시모입
니다. 11 그가 전에는 그대에게 무익하였
으나 이제는 그대에게도 또 나에게도 유
익합니다. 12 [a]나는 그를 그대에게 돌려보
냅니다. 그는 나 자신의 심장입니다. 13 나
자신은 그를 내 곁에 붙들어 두어 내가
복음을 위하여 갇혀 있는 동안에 그대를
대신하여 나를 섬기게 하고 싶었습니다.
14 그러나 나는 그대의 승낙이 없이는 아
무것도 하기를 바라지 않았습니다. 이는
그대의 선한 일이 강요에 의해서가 아니
라 자의에 의해서 이루어지게 하려는 것
입니다. 15 아마도 그가 잠시 동안 떠나게
된 것은 그대가 그를 영원히 돌려받기 위
함일 것입니다. 16 그는 더 이상 종이 아니
라 종 이상으로 곧 사랑받는 형제로 [b]받아
들일 자입니다. 특별히 나에게 그러한데,
하물며 육신 안에서와 주님 안에서 그대
에게는 더욱 그렇지 않겠습니까?

[a] 다수 사본들(ℵ² C* D* 1319 1739 *Byz*)에는 "돌려보냅니다" 뒤에 "그대는 맞아들여 주십시오"를 뜻하는 명령 동사 "프로슬라부"(προσλαβοῦ)가 나온다. 하지만 다른 사본들에는 나오지 않는다(ℵ* A 33). 후대 필사자들이 1:17에 나오는 동사가 이 본문에도 필요하다고 판단하여 첨가했을 것이다.[5]

[b] "받아들일 자입니다"는 뜻을 명확하게 하려고 첨가한 것이다.

본문 이해 더 닦기

| 문맥과 주제 | 감사 단락(1:4-7)에서 사도 바울은 빌레몬의 사랑을 칭찬하였다. 이 단락(1:8-16)에서는 사랑에 근거하여 빌레몬에게 호소한다. 그는 오네시모를 위하여 사도의 권위로 명령할 수 있었다. 하지만 그렇게 하지 않는다. 사도의 권위를 내려놓고 호소하는 편을 택한다(1:9). 영적인 의미에서 바울은 오네시모의 아버지이다. 그가 갇힌 중에서 오네시모를 낳았기 때문이다. 오네시모는 바울의 영적 아들(1:10)이자 심장이다(1:12).

1:16은 사도 바울이 전개한 논증의 절정이다. 이 본문에서 사도의 논증이 자연스럽게 결론 부분(1:17-20)으로 이어진다. 사도는 오네시모가 자신의 영적 아들이자 사랑받는 형제가 된 사실에 근거하여, 자신을 영접하는 것처

5 Metzger, *A Textual Commentary*, 589.

럼 오네시모를 영접하라고 결론 부분에서 빌레몬에게 간청한다. 이 단락의 주제는 오네시모가 완전히 변화되었다는 것이다.

| 배경 | 이 단락에서 바울은 이 서신에서 처음으로 오네시모의 이름을 언급하고(1:11), "종"이라는 표현을 사용한다(1:16). 오네시모는 골로새에 거주하는 빌레몬의 종이다. 그가 언제 어떻게 빌레몬의 종이 되었는지는 알 수 없다. 또 그가 무슨 이유로 빌레몬을 떠났는지도 정확하게 알 수 없다. 분명한 사실은 오네시모가 바울을 만나서 복음을 듣고 그리스도인이 되었다는 것이다(1:10). 만일 오네시모가 주인에게 피해를 입히고 도망했다면, 무거운 처벌을 피할 수 없을 것이다. 바울은 오네시모를 위하여 그의 주인 빌레몬에게 간청한다.

이와 유사한 사례를 플리니우스(Plinius)가 친구 사비니아누스(Sabinianus)에게 보낸 편지에서 찾아볼 수 있다. 플리니우스는 사비니아누스에게서 도망하여 자기를 찾아온 자유민을 위하여 중재한다. 그 자유민은 주인에게 저지른 잘못 때문에 두려워하고 있었다. 플리니우스는 그 사람에 관하여 이렇게 말한다. "그대가 화를 내었다고 말했던 그대의 자유민이 나와 함께 있습니다. 그는 자신을 내 발 앞에 내던지고, 마치 그대에게 하는 것처럼 나에게 매달렸습니다. 그는 많은 눈물을 흘리면서 나에게 도움을 간청하였습니다"(Plinius, *Ep.* 9.21.1).

그러나 "빌레몬서 서론"에서 언급한 대로, 빌레몬서는 주인에게 단지 친절한 마음과 용서만을 요청하는 플리니우스의 편지와 다르다. 사도 바울은 인도주의나 관용이라는 스토아 철학의 덕목이 아니라 그리스도의 사랑과 믿음의 토대 위에서 간청한다. 또 플리니우스가 중재하는 사람은 자유인인 반면에 오네시모는 종이다. 종을 사랑받는 형제로 영접해야 한다는 바울의 요청은 당시의 로마 사회에서 그 예를 찾을 수 없는 혁명적인 것이다.

| 구조 | 이 단락은 세 부분으로 구성되어 있다. 첫째 부분(8-10절)에서 바울은 오네시모를 위하여 빌레몬에게 호소한다. 그는 사도의 권위로 명령하지 않고, 사랑에 근거하여 호소한다. 둘째 부분(11-14절)에서는 무익했던 오네시모가 유익한 존재가 되었음을 말한다. 그는 바울의 복음 사역에도 유익하다. 하지만 사도는 그를 빌레몬에게 돌려보낸다. 셋째 부분(15-16절)에서는 오네시모가 빌레몬을 떠난 배후에 그를 형제가 되게 하시려는 하나님의 뜻

이 있음을 밝힌다. 그리고 오네시모를 사랑받는 형제로 받아들여야 한다고 역설한다.

(1) 8-10절 오네시모를 위한 호소
(2) 11-14절 오네시모를 돌려보냄
  1) 오네시모의 변화(11-12절)
  2) 오네시모를 돌려보내는 이유(13-14절)
(3) 15-16절 오네시모의 새로운 신분

| 주해 |

(1) 오네시모를 위한 호소(1:8-10)

1:8 여기서 바울이 오네시모를 위하여 본격적으로 호소하기 시작한다. 먼저, 그리스도의 사도로서 명령할 수 있는 권위가 자신에게 있음을 밝힌다. "그러므로 그리스도 안에서 내가 그대에게 마땅히 해야 할 일을 아주 담대하게 명령할 수 있으나 … " 이 구절은 문자적으로 "내가 그대에게 마땅히 해야 할 일을 명령할 수 있는 많은 담대함을 갖고 있으나"라고 번역할 수 있다.

"담대하게"라고 번역한 헬라어 단어는 "파레시아"(παρρησία)이다. 이 명사를 권위를 뜻하는 "엑수시아"(ἐξουσία)와 동의어로 보기도 한다. 예를 들어, 에두아르트 로제(Eduard Lohse)는 두 단어를 동의어로 간주하고, 바울이 빌레몬에게 명령할 수 있는 완전한 "권위"를 가지고 있다고 주장한다.[6] 하지만 "파레시아"는 헬라 도시 국가에서 자신의 견해를 드러내 놓고 말할 수 있는 시민의 권리를 가리키는 단어였다.[7] 이 단어의 기본 뜻은 아무런 규제 없이 무엇이든지 말할 수 있는 자유이다. 발언을 자유롭게 하지 못하도록 규제하는 일이 종종 일어났기 때문에 "파레시아"는 "두려움 없음", "담대함"이라는 의미를 갖게 되었다.[8] 이렇게 의미가 변화된 것은 기원전 4세기에 데모스테네스(Demosthenes)가 마케도니아의 필립포스 왕과 왕을 지지하는 아테네 시민들 앞에서 한 연설에서 확인할 수 있다. "신들에 의하여 나는 여러분에게 '담대하게'(μετὰ παρρησίας, "메타 파레시아스") 진실을 말하고 숨기지 않겠습니다" (*2 Philip.* 31). 요컨대, "파레시아"는 "권위"나 "권세"보다는 "숨김없음", "확신",

6 Lohse, *Colossians and Philemon*, 198.
7 Balz, *EDNT*, III, 45; Schlier, *TDNT*, V, 871, 875-79.
8 Silva, *NIDNTTE*, III, 657.

"담대함", "용기" 등을 의미한다.[9]

사도 바울 역시 이 단어를 주로 "담대함"이라는 의미로 사용한다. 그는 새 언약의 직분을 받은 자로서 "많은 담대함으로"(πολλῇ παρρησίᾳ, "폴레 파레시아") 행한다(고후 3:12). 복음의 비밀을 "담대히"(ἐν παρρησίᾳ, "엔 파레시아") 알리기를 바라며(엡 6:19), "온전히 담대하여"(ἐν πάσῃ παρρησίᾳ, "엔 파세 파레시아") 자신의 몸에서 그리스도가 존귀하게 되기를 바란다(빌 1:20). 또한 바울은 성도들이 "담대함"(παρρησίαν, "파레시안")과 확신을 가지고 하나님께 나아간다고 말한다(엡 3:12). 빌레몬서에서도 그는 "파레시아"를 "담대함"이라는 뜻으로 사용한다.[10] 그리스도 예수의 사도인 바울에게는 빌레몬에게 명령할 수 있는 담대함이 있다.[11] 약간의 담대함이 아니라 "많은 담대함"(πολλὴν παρρησίαν, "폴렌 파레시안")이다. 그 담대함은 그리스도가 부여하신 사도의 권위에서 비롯된 것이다.

바울이 사도의 권위로 빌레몬에게 명령할 수 있는 "마땅히 해야 할 일"이란 무엇인가? "마땅히 해야 할 일"이라고 번역한 "토 아네콘"(τὸ ἀνῆκον)은 문자적으로 "적절한 것", "옳은 것"이다.[12] 그리스도인이 해야 할 옳은 일을 가리킨다. 하지만 바울은 빌레몬이 해야 할 옳은 일이 무엇인지 아직 분명하게 말하지 않는다.

1:9 바울은 "많은 담대함"으로 빌레몬에게 명령할 수 있었지만 그렇게 하지 않는다. 일방적으로 명령하면 상대를 불쾌하게 만들고 반발을 불러일으키지만, 사랑으로 또는 사랑에 근거하여 호소하면 상대의 마음을 움직일 수 있다. 바울은 그리스도인 형제로서 빌레몬에게 사랑에 근거하여 호소한다. "도리어 사랑 때문에 내가 간청합니다"(διὰ τὴν ἀγάπην μᾶλλον παρακαλῶ).

개역개정은 "디아 텐 아가펜"(διὰ τὴν ἀγάπην)을 "사랑으로써"라고 수단이나 도구의 의미로 번역한다. "사랑"이라는 수단으로 빌레몬에게 요청한다는 말이다. 하지만 이 본문에서 전치사 "디아"는 속격 명사가 아니라 대격 명

---

9 BDAG, 781; L&N, 25.158.

10 Silva, *NIDNTTE*, III, 659.

11 Moo, *Colossians and Philemon*, 402.

12 BDAG, 79; L&N, 66.1. 비인칭 동사 "아네코"(ἀνήκω)는 신약성경에서 바울 서신에만 나온다(엡 5:4; 골 3:18). 이 동사는 "적절하다", "옳다", "마땅하다"를 뜻한다. "토 아네콘"은 관사를 동반한 중성 단수 대격 분사이다.

사와 함께 나온다. 속격 명사와 함께 나오면 수단이나 도구를 나타내지만, 대격 명사와 함께 나오면 이유나 근거를 나타낸다. "디아 텐 아가펜"은 "사랑 때문에", "사랑으로 인하여", "사랑에 근거하여"로 이해해야 한다.[13] 바울은 그리스도인 형제로서 "사랑 때문에", 또는 "사랑에 근거하여" 빌레몬에게 호소한다. 여기서 사랑은 하나님의 사랑을 가리킨다. 바울은 오네시모를 변화시키시고 그를 아들로 받아들여 주신 하나님의 사랑 때문에 호소하는 것이다. 그는 믿음의 형제인 빌레몬이 사랑으로 응답하기를 바란다.

개역개정에서 "간구하노라"라고 번역한 헬라어 동사는 "파라칼레오"(παρακαλέω)이다. 이 동사는 바울 서신에서 "권면하다", "격려하다", "위로하다", "촉구하다", "요청하다" 등 다양한 의미로 사용된다.[14] 이 본문에서 바울은 "파라칼레오"를 "간청하다", "호소하다"라는 의미로 사용한다. 사랑에 근거하여 간절한 마음으로 빌레몬에게 오네시모를 위하여 간청하는 것이다.

이어서 바울은 자신이 노인이며, 그리스도 예수의 죄수라는 사실을 언급한다. 그는 단지 형제로서만이 아니라 "노인으로서" 빌레몬에게 간청한다. 일부 성경학자들은 여기서 "노인"이라고 번역한 "프레스뷔테스"(πρεσβύτης)를 "사신"이나 "대사"로 읽는다.[15] 바울이 자신을 그리스도의 사신으로 제시한다는 것이다. 노인을 뜻하는 "프레스뷔테스"(πρεσβύτης)와 사신을 뜻하는 "프레스뷰테스"(πρεσβευτής)는 모음 하나만 다를 정도로 매우 비슷하다. 하지만 이 본문에서는 "노인"을 "사신"으로 읽어야 할 타당한 근거가 없다. "노인"이라고 읽는 것이 문맥과 더 잘 어울린다.[16] 이 문맥에서 바울은 사도의 권위에 근거하여 명령하지 않고, 하나님의 사랑에 근거하여 호소한

---

13 BDAG, 225.

14 BDAG, 764-65.

15 Barth and Blanke, *Philemon*, 306, 321-23; Bruce, 『바울』, 421; Lightfoot, *Colossians and Philemon*, 339; Moule, *Colossians and Philemon*, 144; O'Brien, 『골로새서·빌레몬서』, 494-95; Petersen, *Rediscovering Paul*, 126-28; Wright, 『골로새서·빌레몬서』, 276-77.

16 Beale, *Colossians and Philemon*, 401; Dunn, *Colossians and Philemon*, 322, 327; Lohse, *Colossians and Philemon*, 199; Moo, *Colossians and Philemon*, 405; Nordling, *Philemon*, 229; Pao, *Colossians and Philemon*, 386; Wilson, *Colossians and Philemon*, 347-48; Weima, *Paul the Ancient Letter Writer*, 223; Witherington, *Philemon, Colossians*, 67.

다. 고대 로마 사회에서 "노인"은 50세에서 56세 사이의 사람을 가리키지만, 60세 이상의 사람을 가리키기도 한다.[17] 만일 바울이 주후 1세기의 첫 십 년 안에 태어났고, 60년경에 이 편지를 작성하였다면, 60세 가까이 되었을 것이다.[18] 바울은 자신이 "노인"이라는 점을 말함으로써 호소력을 강화한다.

또다시 바울은 자신이 "그리스도 예수의 죄수"(δέσμιος Χριστοῦ Ιησοῦ, "데스미오스 크리스투 예수")라고 말한다. 이 표현은 바울이 그리스도를 위하여 복음 사역을 하다가 죄수가 되었음을 의미한다. 지금 그는 가택에 연금된 상태에서 재판을 기다리고 있다(행 28:30). 1:1에서처럼 "그리스도 예수의 죄수"라는 표현은 빌레몬의 마음을 움직여 바울의 호소에 귀를 기울이게 만든다.[19] 노인의 몸으로 가택 연금 상태에 있는, 그리스도 예수의 죄수가 하나님의 사랑 때문에 호소하는 것을 누가 거부할 수 있겠는가? 캐롤린 오식(Carolyn Osiek)이 주장하는 대로, 이 편지는 "설득적 수사의 걸작"이다.[20]

1:10 바울은 앞 절에 나오는 "파라칼레오" 동사를 다시 사용하여 호소를 반복한다. "갇힌 중에서 낳은 나의 아들을 위하여 그대에게 '간청합니다'(παρακαλῶ, "파라칼로"). 그는 오네시모입니다." 지금 바울은 노인이자 그리스도 예수의 죄수로서 호소를 반복하는 것이다. 그는 이 편지에서 처음으로 "오네시모"('Ονήσιμος, "오네시모스")를 언급한다. 오네시모라는 이름은 335개 단어로 이루어진 이 편지에서 145번째 나오는 단어이다. 바울은 편지의 40퍼센트 이상을 오네시모를 위한 간청을 준비하는 데 사용한 다음에 비로소 오네시모라는 이름을 꺼낸다.[21] 하지만 그를 위한 간청을 아직 본격적으로 시작하지는 않는다. 그 대신 오네시모의 변화에 관해 말한다. 이것 역시

---

17 BDAG, 863. 60세 이상에서 80세까지의 노인을 가리키는 단어는 게론"(γέρων)이다(요 3:4). BDAG, 195을 보라.

18 Witherington, *Philemon, Colossians*, 67. 그는 사도 바울이 "노인"(πρεσβύτης)이라는 단어를 사용한 것에 근거하여 빌레몬서가 에베소에서 작성되었다는 견해를 반박한다. 만일 바울이 50년대에 에베소에서 이 편지를 작성하였다면, "노인"이라는 단어를 사용할 수 없었을 것이다. 그때는 그의 나이가 50세 미만이었기 때문이다.

19 Thompson, *Colossians and Philemon*, 206; Witherington, *Philemon, Colossians*, 54.

20 Osiek, *Philippians, Philemon*, 135. 유승원은 빌레몬서를 "'파토스'와 '에토스'와 '로고스'가 잘 배어 있고 설득력이 돋보이는 탁월한 편지"로 간주한다. 유승원, "오네시모를 받아주라", 249.

21 Longenecker, *Philemon*, 177.

간청을 위한 준비이다. 바울은 오네시모를 "갇힌 중에서 낳은 나의 아들"이라고 부른다. "아들"이라고 번역한 "테크논"(τέκνον)은 "자녀", "아이", "자손" 등을 의미한다.[22] 바울이 오네시모를 "갇힌 중에서 낳은 나의 아들"이라고 부르는 이유는 가택에 연금되어 있는 동안에 그에게 복음을 전하여 그리스도인이 되게 하였기 때문이다. 오네시모는 육신적으로는 빌레몬의 종이지만, 영적으로는 바울의 아들이다! 오네시모를 위하여 간청하는 바울의 모습은 곤경에 처한 아들을 위하여 호소하는 아버지의 모습과 같다.

(2) 오네시모를 돌려보냄(1:11-14)

1:11 헬라어 본문에서 11절은 독립된 문장이 아니라, 앞 본문의 마지막에 나온 오네시모를 묘사하는 형용사구이다. 바울은 "전에는 … 그러나 이제는"(ποτέ … νυνὶ δέ, "포테 … 뉘니 데")이라는 표현을 사용하여 오네시모의 과거와 현재를 대조한다. 또한 아래에서 볼 수 있는 대로, "무익한"과 "유익한"이라는 대조적인 의미의 형용사를 사용하여 오네시모의 변화를 강조한다.

10절 Ὀνήσιμον(오네시몬),
11절 τόν ποτέ σοι <u>ἄχρηστον</u> νυνὶ δὲ καὶ σοὶ καὶ ἐμοὶ <u>εὔχρηστον</u>
(전에는 그대에게 무익한, 그러나 이제는 그대에게도 또 나에게도 유익한)[23]

헬라어 형용사 "무익한"은 "아크레스토스"(ἄχρηστος)이고, "유익한"은 "유크레스토스"(εὔχρηστος)이다. 두 형용사는 앞에 붙은 모음만 다르다. 오네시모가 과거에 무익했다는 것은 역설적이다. "오네시모"(Ὀνήσιμος)라는 이름이 "이익이 되는", "유용한", "유익한"을 의미하기 때문이다.[24] 이 이름은 종들에게 흔한 것이었다. 주인들은 자기 종이 유익한 존재가 되기를 바라는 마음에서 이 이름을 붙여 주었다.[25] 하지만 오네시모는 이름과는 달리 주인에

---

22 BDAG, 994-95. 오네시모가 남자이므로 "테크논"(τέκνον)을 "아들"이라고 번역하였다. 그는 바울의 영적 아들이다.

23 괄호 안의 구절은 헬라어 본문을 문자 그대로 번역한 것이다.

24 BDAG, 711; LSJ, 1231-32; MM, 450. "오네시모스"는 "유익하다", "이익을 얻다", "도움이 되다"를 뜻하는 "오니네미"(ὀνίνημι)에서 파생된 형용사이다.

25 BDAG, 711; Lightfoot, *Colossians and Philemon*, 338.

게 무익한 존재였다. 그는 주인에게 재정적인 손해를 입히고 로마로 도망하기까지 하였다. 그런데 그가 완전히 변화되었다. "전에는" 무익한 존재가 "이제는" 유익한 존재가 된 것이다. 바울은 오네시모가 "그대에게도 또 나에게도"(καὶ σοὶ καὶ ἐμοί, "카이 소이 카이 에모이") 유익하다고 말한다. 과거에 오네시모가 무익했던 것은 종의 신세를 한탄하고 주인에게 고분고분하지 않았기 때문일 것이다. 그러나 예수 그리스도를 믿고 철저하게 변화됨으로써 오네시모는 주님을 섬기듯 빌레몬을 섬길 마음을 갖게 되었다. 오네시모가 빌레몬에게 유익한 존재가 된 것이다. 그뿐만 아니라 오네시모는 자신에게 복음을 전해 준 사도 바울과 복음을 위하여 헌신할 마음을 갖게 되었을 것이다. 바울의 복음 사역에도 유익한 존재가 된 것이다.

1:12 사도 바울은 오네시모를 자기 곁에 머물러 있게 하고 싶었지만, 그렇게 할 수 없었다. 오네시모가 빌레몬의 종이었기 때문이다. 바울은 오네시모를 돌려보내기로 한다. "나는 그를 그대에게 돌려보냅니다. 그는 나 자신의 심장입니다." 이 본문에서 "돌려보내다"라고 번역한 "아네펨프사"(ἀνέπεμψά)는 서간체 부정 과거이다. 편지를 받아 읽을 수신자의 시점을 염두에 두고 현재의 행동을 기술하는 시제이다(참조. 골 4:8).[26] 이 편지를 읽을 빌레몬의 시점에서 보면 오네시모를 돌려보내는 것은 과거의 일이다. 하지만 편지를 쓰고 있는 바울의 시점에서는 현재 일어나고 있는 일이다. 지금 바울은 오네시모를 돌려보내고 있다.

그리고 바울이 이렇게 말한다. "그는 나 자신의 심장입니다!" 여기서 "심장"이라고 번역한 단어는 "스플랑크나"이다. 이 편지에서 "스플랑크나"는 중요한 역할을 한다. 바울 서신 전체에 이 단어가 여덟 번 나오는데(고후 6:12; 7:15; 빌 1:8; 2:1; 골 3:12; 몬 1:7, 12, 20), 이 짧은 편지에 세 번 나온다. 1:7 주해에서 언급한 대로, "스플랑크나"(σπλάγχνα)는 "내장", "창자", "심장", "마음" 등을 의미한다. 여기서는 "심복"(개역개정)이나 "마음"(표준새번역)보다 "심장"으로 이해하는 것이 더 적절하다. 가까운 문맥에서 바울이 오네시모를 자신의 "아들"(10절)이며, "사랑받는 형제"(16절)로 간주하기 때문이다. 그가 빌레몬의 종 오네시모를 "아들", "사랑받는 형제"라고 부르고, 더 나아가 "나 자신의 심장"(τὰ

26 BDF, §334; Porter, *Idioms of the Greek New Testament*, 36-37.

ἐμὰ σπλάγχνα, "타 에마 스플랑크나")이라고 부르는 것은 매우 놀랍다.[27] 바울이 그를 얼마나 소중하게 여기고 있는지 짐작할 수 있다. "그는 나 자신의 심장입니다"라는 말은 빌레몬에게 어떻게 들렸을까? "그는 바로 나 자신입니다"라는 말보다 더 강력하게 들렸을 것이다. 만일 빌레몬이 바울의 심장인 오네시모를 받아들이지 않는다면, 그것은 바울 자신을 거부하는 것과 다름없을 것이다. 바울이 오네시모를 자신의 심장으로 묘사한 것은 바울 자신을 맞아들이는 것처럼 오네시모를 맞아들여 달라는 1:17의 권고를 미리 준비하는 역할을 한다.

1:13 바울이 자신의 속마음을 이렇게 털어놓는다. "나 자신은 그를 내 곁에 붙들어 두어 내가 복음을 위하여 갇혀 있는 동안에 그대를 대신하여 나를 섬기게 하고 싶었습니다." 이 말에서 "나 자신은 하고 싶었다"(ἐγὼ ἐβουλόμην, "에고 에불로멘")라는 표현은 바울의 강한 갈망을 보여 준다.[28] 일인칭 대명사 "에고"와 미완료 동사 "에불로멘"은 오네시모를 돌려보내기로 결정하기까지 바울 자신이 오네시모에 대해 강한 갈망을 가지고 있었음을 알려 준다.[29] 그 갈망은 오네시모를 자기 곁에 "붙들어 두는 것"(κατέχειν, "카테케인")이다. 동사 "카테코"(κατέχω)는 신약성경에서 주로 "굳게 붙잡다"라는 뜻으로 사용된다(눅 4:42; 고전 11:2; 15:2; 살전 5:21; 히 3:6, 14; 10:23).[30] 여기서 사도는 "간직하다", 또는 "붙들어 두다"라는 뜻으로 사용한다. 그는 오네시모를 자기 곁에 붙들어 두고 싶었다.

바울이 이렇게 하려는 목적은 무엇인가? 그로 하여금 "나를 섬기게 하는 것"이다. "섬기다"(διακονέω, "디아코네오")라는 동사는 본래 식탁에서 시중드는 행위를 가리켰다. 여기서 바울이 이런 일상적인 의미로 사용하였을 가능성이 있다. 제임스 던(James D. G. Dunn)은 오네시모가 바울의 식사 시중을 드는 일을 하면서 어느 정도 바울의 종처럼 행동했을 것이라고 주장한다.[31]

---

27 "에마"(ἐμά)는 소유 대명사 "에모스"(ἐμός)의 중성 복수 주격이다("나 자신의").

28 신약성경에서 동사 "불로마이"(βούλομαι)는 부자가 되기를 바라는 갈망(딤전 6:9)이나 세상과 벗이 되기를 바라는 갈망(약 4:4)과 관련하여 사용된다. BDAG, 182.

29 Pao, *Colossians and Philemon*, 390.

30 BDAG, 533,

31 Dunn, *Colossians and Philemon*, 331. 또한 다음 주석들을 보라. Bruce, *Colossians, Philemon*, 215; Moo, *Colossians and Philemon*, 414.

하지만 "섬기다"라는 동사와 이 동사에서 파생한 단어들은 신약성경에서 자주 복음 사역이나 교회 사역을 가리킨다(롬 15:25; 고후 8:19, 20; 9:1, 12, 13; 엡 4:12; 골 4:17). 11절에서 바울이 오네시모가 자신에게 "유익하다"고 말한 것은 단지 시중드는 일을 위해서만이 아니라, 복음 사역을 위해서 유익하다는 뜻이다.

이 본문에서 "그대를 대신하여"(ὑπὲρ σοῦ, "휘페르 수")라는 표현은 바울이 복음 사역을 염두에 두고 있음을 시사한다.[32] 이 표현에서 "그대"는 빌레몬을 가리킨다. 빌레몬은 골로새에서 교회와 복음을 위하여 일하는 바울의 동역자이다(1:1). 그러므로 오네시모로 하여금 빌레몬을 대신하여 바울을 섬기게 한다는 말은 일차적으로 바울의 복음 사역을 돕는 것을 의미한다.[33] "복음을 위하여[34] 갇혀 있는 동안에"(ἐν τοῖς δεσμοῖς τοῦ εὐαγγελίου)라는 구절 역시 이 해석을 뒷받침한다. 바울은 복음을 전하는 일 때문에 갇힌 몸이 되었다(골 4:3). 그는 갇혀 있는 상태에서도 복음을 전하고자 하는 열망에 사로잡혀 있다. 제국의 수도에 복음을 전하는 바울의 사역에 오네시모도 힘을 보탤 수 있을 것이다. 바울은 복음 사역과 관련하여 오네시모에게 재능이 있음을 알았을 것이다. 마가가 바울의 사역에 유익한 존재인 것처럼(딤후 4:11) 오네시모 역시 유익한 존재이다.

1:14 사도 바울이 오네시모를 돌려보내기로 결정한 까닭은 그가 빌레몬의 종이기 때문이다. 주인의 승낙 없이 오네시모를 붙들어 두는 것은 옳은 일이 아니다. 오네시모를 붙들어 두려면 빌레몬의 승낙을 받아야 한다. 처음부터 바울은 오네시모와 관련하여 빌레몬에게 사도의 권위를 내세울 마음이 조금도 없었다. 그는 빌레몬에게 압력을 가하거나 강요하지 않는다. 최대한 빌레몬을 존중하고, 정중한 자세로 그를 대한다. 바울의 이런 마음이 이 구절에 잘 나타나 있다. "그러나 나는 그대의 승낙이 없이는 아무것도 하기를 바라지 않았습니다. 이는 그대의 선한 일이 강요에 의해서가 아니라 자의에 의해서 이루어지게 하려는 것입니다."

---

32 BDAG, 1031; Harris, *Colossians and Philemon*, 228; Osborne, *Colossians and Philemon*, 171; Osiek, *Philippians, Philemon*, 138.

33 Melick, *Colossians and Philemon*, 362; Pao, *Colossians and Philemon*, 391; Wilson, *Colossians and Philemon*, 353.

34 개역개정은 "내 복음을 위하여"라고 번역하지만, 헬라어 본문에는 "내", "나의"에 해당하는 인칭 대명사가 없다.

"나는 바라지 않았습니다"라는 표현은 앞 절에 나온 "나 자신은 하고 싶었습니다"라는 표현과 뚜렷한 대조를 이룬다. 바울은 오네시모를 자기 곁에 붙들어 두고 싶었지만, 빌레몬의 승낙을 얻는 것이 먼저라고 생각했기 때문에 그런 마음을 내려놓았다. "승낙"이라고 번역한 "그노메"(γνώμη)는 목적, 견해, 판단, 동의, 찬성 등 다양한 의미로 사용된다.[35] 여기서는 "동의"나 "찬성"을 의미한다. 바울은 오네시모에 대하여 결정을 내릴 권한이 빌레몬에게 있다는 사실을 잘 안다. 그래서 빌레몬의 동의가 없이는 아무것도 하지 않겠다고 말하는 것이다. 바울이 빌레몬에게 기대하는 것은 법적 권한에 따른 결정이 아니라 그리스도인의 사랑에 따른 결정이다.

사도 바울이 빌레몬의 권한을 인정하고 그의 승낙을 기대하는 목적이 이 본문의 후반부에 나온다. "이는 그대의 선한 일이 강요에 의해서가 아니라 자의에 의해서 이루어지게 하려는 것입니다." 바울은 빌레몬이 모든 성도들에게 베푼 그 사랑에 따라서 자발적으로 선한 일을 하기를 바란다. 사랑은 다른 사람의 강요에 의해서가 아니라 자신의 의사에 따라서 자발적으로 행하는 것이다. 이 구절에서 "강요에 의해서"(κατὰ ἀνάγκην, "카타 아낭켄")와 "자의에 의해서"(κατὰ ἑκούσιον, "카타 헤쿠시온")라는 두 전치사구가 대조를 이룬다.[36] "아낭케"(ἀνάγκη)는 신약성경에서 주로 "필요성", "강요", "압박" 등을 뜻하고,[37] "헤쿠시오스"(ἑκούσιος)는 "자발적인", "자진해서 하는"을 뜻한다. 형용사 "헤쿠시오스"는 신약성경에서 이곳에만 나오며, 강요나 압력을 받지 않고 무엇인가를 자발적으로 하는 것을 가리킨다.[38]

빌레몬이 자기 의사에 따라서 자발적으로 해야 할 일은 "그대의 선한 일"(τὸ ἀγαθόν σου, "토 아가톤 수")이다. 이것은 1:6에 나온 "우리 가운데 있는 모든 선"이라는 표현과 유사하다. 빌레몬은 하나님께서 그들 가운데서 이루신 "모든 선"을 깨닫고, 하나님을 기쁘시게 하는 "선한 일"을 해야 한다. 빌레몬이 해야 할 "선한 일"이란 무엇인가? 바울의 간청에 응답하여 오네시모를 사

35 BDAG, 202-3.

36 벧전 5:2에서는 두 단어의 부사가 대조를 이룬다. "너희 중에 있는 하나님의 양 무리를 치되 '억지로'(ἀναγκαστῶς, "아낭카스토스") 하지 말고 하나님의 뜻을 따라 '자원함으로'(ἑκουσίως, "헤쿠시오스") 하며"(개역개정).

37 BDAG, 60-61.

38 L&N, 25.65. 부사 "헤쿠시오스"는 벧전 5:2과 히 10:26에 나온다.

랑받는 형제로 대하고(1:16), 바울 자신을 맞아들이는 것처럼 그를 맞아들이는 것이다(1:17).

(3) 오네시모의 새로운 신분(1:15-16)

1:15 바울은 오네시모를 빌레몬에게 돌려보내기로 결정한 또 다른 이유를 제시한다. "아마도 그가 잠시 동안 떠나게 된 것은 그대가 그를 영원히 돌려받기 위함일 것입니다."[39] 우리말로 번역하지 않았지만, 이 본문은 이유 접속사 "가르"(γάρ)로 시작한다. 이 접속사를 살려서 본문의 전반부를 문자적으로 번역하면 다음과 같다. "아마도 그가 이것을 위하여 잠시 동안 떠나게 되었을 것이기 때문입니다."[40]

바울은 오네시모가 무슨 일로 빌레몬을 떠났는지 구체적으로 밝히지 않는다. 단지 "그가 떠나게 되었다"(ἐχωρίσθη, "에코리스떼")라고 간략하게 말할 뿐이다. 수동태 동사 "에코리스떼"는 오네시모가 빌레몬으로부터 분리되었음을 의미한다.[41] 이 동사는 하나님의 개입을 간접적으로 나타내는 신적 수동태이다. 오네시모가 빌레몬으로부터 분리된 일이 하나님의 뜻에 의하여 일어났음을 암시한다.[42] 오네시모가 빌레몬을 떠난 사건의 배후에 하나님의 손이 작용했다는 것이다. 하나님은 오네시모가 빌레몬을 떠나 로마로 도망한 사건을 통하여 자신의 목적을 이루셨다. 오네시모를 바울에게로 인도하시고, 그에게서 복음을 듣게 하시고, 그리스도인이 되게 하신 것이다. 이렇게 하여 하나님은 오네시모의 잘못을 오네시모 자신과 빌레몬을 위해 선으로 바꾸셨다.

---

39 BDAG, 992. 바울은 "아마도"(τάχα, "타카")라는 부사를 롬 5:7에서 사용한다("선한 사람을 위하여 '아마도' 누군가 용감히 죽을 것입니다").

40 이유 접속사 "가르"를 살려서 15절 전체를 이렇게 번역할 수 있다. "그대가 그를 영원히 돌려받는 그 목적을 위하여 아마도 그가 잠시 동안 떠나게 되었을 것이기 때문입니다."

41 "에코리스떼"는 "나누다", "분리하다"를 뜻하는 "코리조"(χωρίζω)의 부정 과거 수동태이다. "코리조"는 신약성경에서 "분리하다", "끊다"(롬 8:35, 39), "떠나다"(행 1:4; 18:2), "갈라서다"(고전 7:10) 등을 의미한다. BDAG, 1095.

42 Barth and Blanke, *Philemon*, 402-4; Caird, *Paul's Letters*, 215, 222; Calvin, *Philemon*, 398; Fitzmyer, *Philemon*, 112-13; Harris, *Colossians and Philemon*, 230; Lohse, *Colossians and Philemon*, 202-3; Osborne, *Colossians and Philemon*, 172; Weima, *Paul the Ancient Letter Writer*, 226; Wilson, *Colossians and Philemon*, 354.

이 본문은 보디발의 집에 종으로 팔려 간 요셉을 이집트의 총리가 되게 하신 하나님의 섭리를 떠올리게 만든다. 요셉은 자기 형들에게 "나를 이리로 보낸 이는 당신들이 아니요 하나님이시라"(창 45:8, 개역개정)라고 말하면서 그들의 잘못을 용서하였다. 요셉의 형들은 그를 해하려 하였으나 하나님은 그것을 선으로 바꾸셨다(창 50:20). 만일 오네시모를 로마로 보내신 분이 하나님이심을 빌레몬이 인정하게 된다면 요셉이 형들을 용서한 것처럼 그 역시 오네시모를 용서할 수 있을 것이다.

사도 바울은 오네시모를 빌레몬으로부터 떠나게 하신 하나님의 목적을 접속사 "히나"(ἵνα)가 이끄는 목적절로 표현한다. "그대가 그를 영원히 돌려받기 위함일 것입니다"(ἵνα αἰώνιον αὐτὸν ἀπέχῃς, "히나 아이오니온 아우톤 아페케스"). 이 구절은 사도가 15절 전체에서 사용한 "디아 투토 … 히나"(διὰ τοῦτο … ἵνα)라는 구문의 일부이다(참조. 고후 13:10; 딤전 1:16). 앞에 나온 "투토"는 뒤에 나오는 "히나"를 가리킨다.[43] 이 구문대로 15절을 번역하면 다음과 같다. "아마도 그가 이것을 위하여 잠시 동안 떠나게 되었을 것입니다. 즉 그대가 그를 영원히 돌려받기 위함입니다." 이 구절에서 "돌려받다"라고 번역한 "아페코"(ἀπέχω)는 무엇인가를 완전히 받는 것을 의미한다.[44] 고대 그리스-로마 사회에서 이 단어는 "돈을 완전히 받고 영수증을 주다"를 뜻하는 전문적인 상업 용어로 사용되었다.[45] 하지만 바울은 이런 전문적인 의미가 아니라 "돌려받다"라는 일반적인 의미로 사용한다. 빌레몬은 오네시모를 영원히 돌려받게 될 것이다. 이것이 하나님의 목적이다.

"영원히"(αἰώνιον, "아이오니온")는 앞에 나온 "잠시 동안"(πρὸς ὥραν, "프로스 호란")과 대조를 이룬다.[46] 여기서 "잠시 동안"은 짧은 기간을 뜻하지 않는다. 오네시모는 로마에서 상당한 기간 동안 바울과 함께 있었을 것이다. 하지만 그 기간은 영원과 비교하면 한순간에 지나지 않는다. "영원히"는 죽음을 넘어서 계속 이어지는 상태를 말한다. 따라서 오네시모를 "영원히 돌려

43 τάχα γὰρ διὰ τοῦτο ἐχωρίσθη πρὸς ὥραν, ἵνα αἰώνιον αὐτὸν ἀπέχῃς.

44 BDAG, 102; L&N, 57.137.

45 Deissmann, *Light from the Ancient East*, 110-12.

46 이 본문에서 "아이오니온"은 "영원히", "영구히"와 같이 부사의 의미로 이해해야 한다. BDAG, 33. "프로스 호란"(πρὸς ὥραν)은 문자적으로는 "한 시간 동안"이지만, "한동안", "잠깐 동안"을 뜻하는 관용 표현으로 사용된다. BDAG, 1102.

받는다"는 것은 죽음을 넘어서 영원히 계속되는 관계 안에서 그를 받아들이는 것을 의미한다. 오네시모는 하나님의 섭리에 의하여 그리스도인이 됨으로써 빌레몬과 새로운 관계를 맺게 되었다. 이제 두 사람은 하나님의 가족에 속한 형제들이다. 무슨 일이 있더라도 두 사람의 관계는 변하지 않고, 영원히 계속될 것이다. 하나님은 오네시모를 빌레몬과 함께 영원히 하나님의 가족에 속하게 하시려고 그를 잠시 동안 빌레몬의 곁을 떠나게 하신 것이다. 이 본문에서 하나님의 섭리에 근거한 바울의 요청은 매우 강력하다. 빌레몬은 바울의 요청을 받아들여야 한다. 만일 빌레몬이 그렇게 하지 않는다면, 그것은 하나님의 일하심을 거부하는 것과 다름없을 것이다.[47]

1:16 이 본문은 지금까지 사도 바울이 전개한 논증의 절정에 해당한다. 여기서 바울은 빌레몬이 오네시모를 영원히 돌려받는다는 것이 무엇을 가리키는지 밝힌다. "그는 더 이상 종이 아니라 종 이상으로 곧 사랑받는 형제로 받아들일 자입니다." 이 본문은 앞 절의 후반부에 나온 "그를"(αὐτόν, "아우톤")과 동격으로 연결되어 있다. 헬라어 본문에서 16절은 접속사 없이 앞 절과 연결된 긴 문장의 일부이다. 이 본문의 전반부를 15절의 후반부와 연결하여 번역하면 다음과 같다. "그대가 그를 '더 이상 종이 아니라 종 이상으로 곧 사랑받는 형제로' 영원히 돌려받기 위함일 것입니다."[48]

여기서 바울은 "우케티 … 알라"(οὐκέτι … ἀλλά, "더 이상 아니 … 그러나") 구문으로 오네시모의 과거와 현재를 강력하게 대조한다. 오네시모는 더 이상 종이 아니라 형제이다. 이 편지에서 처음으로 "종"이라는 표현이 나온다. 종은 오네시모의 실제적이며 법적인 신분이다. 그는 육신적인 차원에서는 여전히 빌레몬의 종이지만, 영적인 차원에서는 "더 이상 종이 아니다"(οὐκέτι ὡς δοῦλον, "우케티 호스 둘론"). 오네시모의 신분이 철저하게 변화된 사실은 "그러나 종 이상으로"(ἀλλὰ ὑπὲρ δοῦλον, "알라 휘페르 둘론")라는 표현이 뒷받침한다. 오네시모는 종 이상의 존재이다. 그는 "사랑받는 형제"(ἀδελφὸν ἀγαπητόν, "아델폰 아가페톤")이다!

"형제"는 이 서신에서 사도 바울이 빌레몬에게 사용하는 호칭이다. 그는 1:7과 1:20에서 빌레몬을 "형제여"라고 부른다. 유대인 바울이 할례받지

47 Weima, *Paul the Ancient Letter Writer*, 226.

48 Bratcher and Nida, *Colossians and Philemon*, 127.

않은 이방인 빌레몬을 형제라고 부르는 것은 놀라운 일이다. 그리스-로마 시대에 유대인들은 이방인을 자신들과 교제할 수 없는 부정한 죄인으로 간주하였다(참조. 행 10:28; 11:2-3; 갈 2:15; 엡 4:17-19). 이방인은 절대로 유대인의 형제가 될 수 없었다. 그런데도 바울이 빌레몬을 형제라고 부르는 까닭은 그가 그리스도를 믿음으로 말미암아 하나님의 아들이 되었기 때문이다. 더 놀라운 사실은 바울이 "형제"라는 호칭을 오네시모에게도 사용한다는 것이다. 오네시모는 여전히 빌레몬의 종이다. 그리스-로마 사회에서 도구나 재산으로 취급당하는 비천한 존재이다.[49] 어떻게 그런 존재를 형제라고 부를 수 있겠는가? 하지만 바울은 조금도 주저하지 않고 그를 형제라고 부른다. 골로새서 4:9에서도 오네시모를 "신실하고 사랑받는 형제"(πιστῷ καὶ ἀγαπητῷ ἀδελφῷ, "피스토 카이 아가페토 아델포")라고 부른다. 바울은 하나님께서 복음의 능력으로 신분의 장벽을 완전히 철폐하셨다는 것을 확신하고(골 3:11), 복음의 진리에 따라 행동하고 있는 것이다.

그리스-로마 세계에서 모든 사람이 종을 도구나 재산의 일부로 취급한 것은 아니다. 스토아 철학자 세네카(Seneca)는 종을 자유인과 다를 바 없는 존재로 보았다. 그는 주후 65년경에 자신의 친구이자 시칠리아의 총독인 루킬리우스(Lucilius)에게 보낸 편지에서 이렇게 썼다. "그대가 그대의 종이라고 부르는 같은 종족 출신인 그 사람이 같은 하늘을 보고 웃고, 그대 자신과 동일하게 숨을 쉬고, 살고, 죽는다는 사실을 부디 기억하십시오"(*Ep.* 47.10). 또 노예 출신인 스토아 철학자 에픽테투스(Epictetus)는 노예를 형제로 대우해야 한다고 주인들에게 제안하였다(*Diatr.* 1.13.3). 그러나 사도 바울처럼 종과 자유인을 갈라놓은 신분의 장벽이 철폐되었음을 인식하고, 종을 인격적 차원에서 사랑을 받는 형제로 인정하는 것은 고대 세계에서 유례가 없는 일이다.[50] 바울은 오네시모를 사랑받는 형제라고 부름으로써 로마 제국의 기존 질서를 조용하면서도 강력하게 뒤흔들고 있는 것이다. 하나님의 존귀한 아들이며, 사랑을 받는 형제를 어떻게 계속해서 노예로 부릴 수 있겠는가!

---

49 Aristoteles는 노예에 대하여 이렇게 말한다. "말이나 소에 대한 친애도 없을뿐더러 노예인 한에서 노예에 대한 친애도 없다. 아무런 공통의 것이 없으니까. 노예는 살아 있는 도구이며, 도구는 생명이 없는 노예이니까"(*Eth.nic.* 8.11.6). Aristoteles, 『니코스마코스 윤리학』, 303.

50 참조. O'Brien, 『골로새서·빌레몬서』, 506.

이 본문의 후반부에서 바울은 오네시모가 "특별히 나에게"(μάλιστα ἐμοί, "말리스타 에모이") 사랑받는 형제라고 언급한다.[51] 바울이 오네시모를 특별히 사랑하는 형제로 생각하는 이유는 무엇인가? 자신이 갇혀 있는 상황에서 그를 만났고, 그에게 복음을 전하여 그리스도인이 되게 했기 때문이다. 바울은 오네시모를 자신의 형제로 인정하고 그를 깊이 사랑한다.

오네시모는 바울에게만이 아니라 빌레몬에게도 사랑받는 형제가 되었다. 바울은 이 사실을 "하물며"(πόσῳ δὲ μᾶλλον, "포소 데 말론") 논증 방법을 사용하여 강조한다(참조. 마 7:11; 10:25; 눅 12:24, 28; 롬 11:12, 24; 히 9:14).[52] "특별히 나에게 그러한데, 하물며 육신 안에서와 주님 안에서 그대에게는 더욱 그렇지 않겠습니까?" 이것은 랍비 문헌에 자주 나오는 "칼 와호메르"(*qal wahomer*) 논증 방법과 같다. "칼 와호메르"는 문자적으로 "가벼운 그리고 무거운"을 의미한다. 이 논증 방법은 가벼운(덜 중요한) 차원의 진리가 '참'이라면 무거운(더 중요한) 차원의 진리는 더욱 확실하게 '참'이라고 입증하는 것이다.[53] 이 본문에서 가벼운 것은 오네시모가 바울에게 사랑받는 형제라는 점이고, 무거운 것은 오네시모가 빌레몬에게 사랑받는 형제라는 점이다. 오네시모가 사도 바울에게 특별히 사랑을 받는 형제라면, "육신 안에서와 주님 안에서" 빌레몬에게는 더욱 그렇다.

"육신 안에서"(ἐν σαρκί, "엔 사르키")와 "주님 안에서"(ἐν κυρίῳ, "엔 퀴리오") 라는 표현은 빌레몬이 오네시모와 이중적인 관계로 묶여 있음을 의미한다. "육신 안에서"는 외적인 인간관계를,[54] "주님 안에서"는 영적인 관계를 뜻한다.[55] 오네시모는 육신 안에서는 빌레몬의 종이지만, 주님 안에서는 그의 형제이다. 두 사람은 하나님을 아버지로 신뢰하고 의지하는 하나님의 아들들이며, 따라서 하나님의 가족에 속한 형제들이다. 오네시모가 사도 바울보다

51 부사 "말리스타"는 "특별히", "예외적으로"라는 의미로 사용되었다. BDAG, 613; L&N, 78.7.

52 "포소스"(πόσος)는 "얼마나 큰", "얼마나 많은"을 뜻하고, "말론"(μᾶλλον)은 "더", "더욱"을 뜻한다. BDAG, 614. "포소 데 말론"은 문자적으로 "그런데 얼마나 더 많이"(how much more)라고 번역할 수 있다.

53 Longenecker, *Biblical Exegesis*, 34.

54 BDAG, 916; Fitzmyer, *Philemon*, 3, 115; Nordling, *Philemon*, 247.

55 BDAG, 916; Bruce, *Colossians, Philemon*, 218.

빌레몬에게 더 사랑을 받는 형제인 이유는 두 사람이 이중적인 관계로 묶여 있기 때문이다. 만일 빌레몬이 오네시모를 형제로 받아들인다면, 오네시모와 한 가정 안에서 주인과 종 관계는 물론 그리스도인 형제 관계를 친밀하게 경험할 것이다.[56]

이 본문에서 바울이 "퀴리오스"(κύριος)라는 표현을 사용한 것은 빌레몬이 법적으로는 여전히 오네시모의 주인일지라도 주님 안에서는 오네시모와의 관계가 완전히 변화되었음을 강조하기 위함일 것이다. 두 사람은 모두 그리스도 예수를 "주님"으로 받아들였고 주님으로 고백한다. 그들은 하나님의 자녀가 되었고, 서로에게 형제가 되었다. "주님 안에서" 두 사람이 형제라는 새로운 관계는 육신 안에서 종과 주인이라는 관계보다 더 중요하다. 그리스도인 형제라는 새로운 신분이 종과 주인이라는 세상의 신분을 뛰어넘는다.[57]

지금까지 사도 바울은 오네시모를 위한 요청을 신중하면서도 조심스럽게 제시하였다. 그는 오네시모가 어떤 잘못을 저질렀는지는 말하지 않은 채, 그가 변화된 것을 강조하였다. 오네시모는 사도 바울이 갇힌 중에 낳은 아들이며, 바울 자신의 심장이다. 이 단락에서 오네시모를 위한 바울의 논증은 그가 사랑받는 형제라는 진술과 함께 절정에 이른다. 사도 바울이 오네시모를 순차적으로 "나의 아들"(10절), "나 자신의 심장"(12절), "사랑받는 형제"(16절)라고 말하는 것에 주목하라.

메시지와 적용

■ 오네시모, 복음의 능력으로 변화된 사람 복음은 무익한 사람을 유익한 사람으로 변화시킨다. 오네시모는 무익한 사람이었지만 사도 바울에게서 복음을 듣고 예수님을 만난 뒤에 유익한 사람이 되었다. 오늘날에도 복음은 여전히 사람들을 구원하며 변화시키는 하나님의 능력이다(롬 1:16). 하나님은 지금도 복음으로 사람들을 구원하고 변화시키기를 기뻐하신다. 우리는 복음으로 변화되었는가? 이천 년 전 오네시모는 복음을 듣고 변화되었는데, 오늘날 많은 교인들은 매주일 설교를 들으면서도 변화되지 않는다. 이유가

56 Harris, *Colossians and Philemon*, 232.
57 Osborne, *Colossians and Philemon*, 174.

무엇인가? 복음을 제대로 듣지 못하고 있거나 잘못된 것을 듣고 있기 때문이 아닐까? 만일 설교단에서 바른 복음이 전해지고 있다면, 오늘날에도 여전히 죄인들이 구원을 받고 변화되는 일이 일어날 것이다. 복음은 모든 믿는 자들로 하여금 구원을 얻게 할 뿐만 아니라 그들을 새 사람으로 변화시키는 하나님의 능력이기 때문이다. 설교자들이여, 복음이 무엇인지 알고, 설교단에서 부지런히 복음을 전하자!

■ **명령하는 대신 간청하는 사도** 사도 바울은 빌레몬에게 사도의 권위로 명령하는 대신 사랑 때문에 간청한다. 그는 하나님의 부르심을 받고 사도가 되어 삼십 년 동안 복음 사역을 하였다. 그는 얼마든지 사도의 권위로 명령할 수 있었다. 그러나 그렇게 하지 않는다. 우리는 어떠한가? 간청하기보다는 권위를 앞세워 명령하기를 좋아하지 않는가? 적지 않은 목회자들이 교인들을 설득하고 간청하기보다는 권위를 내세워서 교인들에게 명령하기를 좋아한다. 그렇게 해야 하나님의 일을 효과적으로 할 수 있다고 생각한다. 목회자들은 권위로 명령하는 대신 사랑에 근거하여 간청하는 바울의 자세를 배워야 한다. 교인들에게 다가가서 그들의 말에 귀를 기울여야 한다. 그들이 자원하여 하나님의 일을 할 수 있도록 설득하고, 필요하다면 간청해야 한다. 물론 이렇게 하다 보면 일이 더디게 진행될 수 있다. 목회자가 계획한 일을 아예 시작할 수 없을지도 모른다. 하지만 목회자가 일방적으로 일을 진행하면 교인들이 따라갈지는 몰라도 믿음의 공동체가 든든하게 설 수는 없다. 교인들이 자원하여 한마음으로 하나님의 일을 할 때 하나님께서 기뻐하시는 믿음의 공동체를 이룰 수 있다.

■ **모든 그리스도인은 형제자매** 예수님을 믿는 자들은 신분과 인종과 지위에 상관없이 모두 형제자매들이다. 빌레몬의 종인 오네시모는 바울에게서 복음을 듣고 그리스도인이 되었다. 하나님은 그를 바울과 빌레몬과 동등한 아들로 받아들여 주셨다. 하나님은 그때나 지금이나 사람을 외모로 취하지 않으신다. 신분과 지위와 인종과 피부색에 관계없이 죄를 회개하고 예수 그리스도를 믿는 사람들을 자녀로 받아들여 주신다. 그러므로 진실한 그리스도인은 신분과 지위와 학벌과 재산에 관계없이 하나님의 존귀한 자녀이며, 하나님의 가족 공동체에 속한 형제자매이다. 우리는 교회 안에서 나보다 가난한 사람을, 나보다 지위가 낮은 사람을 진심으로 형제자매로 받아들이는가?

그 사람을 나의 형제라고, 나의 자매라고 부르고 있는가? 사도 바울이 비천한 종 오네시모를 사랑받는 형제라고 부른 것을 항상 기억하라.

2. 오네시모를 위한 사도 바울의 마지막 호소와 약속(1:17-20)

| 번역 |

17 그러므로 만일 그대가 나를 동반자로 생각한다면 나를 맞아들이는 것처럼 그를 맞아들여 주십시오.18 그가 만일 그대에게 불의를 행하였거나 빚을 졌다면 그것을 내 앞으로 달아 놓으십시오. 19 나 바울이 친필로 씁니다. 나 자신이 갚겠습니다. 그대가 그대 자신까지 나에게 [a]빚지고 있다는 사실을 나는 그대에게 말하지 않겠습니다. 20 오 형제여, 나 자신은 주님 안에서 그대로 말미암아 덕을 보기를 바랍니다. 나의 마음이 [b]그리스도 안에서 생기를 얻게 해 주십시오.

a 베자 사본(D*)에는 "빚지고 있다"라는 구절 뒤에 "주님 안에서"(ἐν κυρίῳ, "엔 퀴리오")라는 전치사구가 나온다. 하지만 다른 모든 사본들에는 이 전치사구가 나오지 않는다. 필사자가 16절과 20절에 나오는 "주님 안에서"가 이 구절에도 있어야 한다고 판단하여 첨가하였을 것이다.

b 다수 사본들(D² *Byz*)은 "주님 안에서"(ἐν κυρίῳ, "엔 퀴리오")를 지지하고, 다른 사본들(א A C D* F G 33 1739)은 "그리스도 안에서"(ἐν Χριστῷ, "엔 크리스토")를 지지한다. 후대 필사자들이 16절과 20절 전반부에 나온 "주님 안에서"와 일치시키려고 "그리스도 안에서"를 "주님 안에서"라고 수정하였을 것이다.

| 본문 이해 터 닦기 |

| 문맥과 주제 | 앞 단락(1:8-16)에서 사도 바울은 오네시모를 위하여 간청하면서 그가 완전히 변화되었다는 점을 강조하였다. 오네시모는 바울의 복음 사역으로 말미암아 그리스도인이 되었고, 유익한 자가 되었다. 바울은 그가 더 이상 종이 아니라 사랑받는 형제라고 선언한다(1:16). 이 단락(1:17-20)에서 그는 비로소 오네시모를 위한 간청의 내용을 구체적으로 제시한다. 그것은 바울 자신을 맞아들이는 것처럼 오네시모를 맞아들여야 한다는 것이다(1:17). 바울은 간청하는 것에 그치지 않는다. 오네시모가 빌레몬에게 빚진 것이 있다면 그것까지 갚겠다고 약속한다(1:18-19). 마지막으로, 바울은 오네시모를 받아들여 줌으로써 자신의 마음이 생기를 얻게 해 달라고 빌레몬에게 호소한다(1:20). 이 단락의 주제는 빌레몬이 오네시모를 사도 바울을 맞아

들이는 것처럼 맞아들여야 한다는 것이다.

| 배경 | 이 단락에서 바울은 오네시모가 빌레몬에게 불의를 행하였거나 빚을 졌을 가능성을 언급한다(1:18). 오네시모는 빌레몬에게 어떤 불의를 행하였는가? 또 어떤 빚을 졌는가? 사도는 이것에 대해 구체적으로 언급하지 않는다. 전통적으로 대다수의 주석가들은 이 본문에 근거하여 오네시모가 실제로 빌레몬에게 재정적인 손실을 입혔고, 게다가 주인의 돈과 물건을 훔쳐서 로마로 달아났다고 주장한다. 최근에 일부 주석가들은 이 본문을 빌레몬을 설득하기 위한 수사적인 진술로 이해하고, 오네시모가 실제로 불의를 행하거나 도둑질을 한 것으로 보는 견해에 반대한다.[58] 그들에 따르면, 오네시모는 도망한 것이 아니라, 자신과 주인 사이에 심각한 불화가 생겨서 중재를 부탁하려고 "주인의 친구"(*amicus domini*)인 바울을 찾아갔다. 오네시모가 주인에게 재정적인 손실을 입혔다면, 그것은 중재를 위하여 주인의 집을 떠남으로써 발생한 노동력의 손실이라고 한다.

하지만 이 편지에서 바울은 과거에 일어난 다툼과 관련하여 중재하지 않는다. 그는 오네시모가 전적으로 새 사람이 되었음을 말하면서 그를 사랑받는 형제로 맞아들이라고 빌레몬에게 간청한다. 또 오네시모가 빌레몬에게 불의를 행하였거나 빚진 것이 있으면 자신이 갚겠다고 단언한다(1:18-19). 이런 진술을 고려하면, 실제로 오네시모가 빌레몬에게 재정적인 손실을 입히고 로마로 달아났다고 보는 전통적인 견해가 더 타당하다.[59]

| 구조 | 이 단락에는 사도 바울의 요청을 담은 "맞아들여 주십시오"(17절), "달아 놓으십시오"(18절), "생기를 얻게 해 주십시오"(20절)라는 명령 동사 세 개가 차례로 나온다.[60] 이 동사들을 중심으로 단락 전체를 세 부분으로 나눌 수 있다. 첫째 부분(17절)은 오네시모를 위한 사도 바울의 간청이다. 바울은 자신을 맞아들이는 것처럼 오네시모를 맞아들여 달라고 간청한다. 둘째 부분(18-19절)은 오네시모가 빌레몬에게 빚진 것이 있다면 그 빚을 갚겠다는 바울 자신의 약속이다. 셋째 부분(20절)은 오네시모를 맞아들여 줌으로써 자신의 마음이 생기를 얻게 해 달라는 바울의 마지막 호소이다.

---

58 Pao, *Colossians and Philemon*, 407-8.

59 이 문제에 관해서는 이 책의 "빌레몬서 서론"을 보라.

60 Harris, *Colossians and Philemon*, 235.

(1) 17절	오네시모를 위한 구체적인 호소
(2) 18-19절	오네시모의 빚에 관한 약속
(3) 20절	마지막 호소

주해

(1) 오네시모를 위한 구체적인 호소(1:17)

1:17 사도 바울이 오네시모를 위한 간청의 내용을 이 편지에서 처음으로 밝힌다. 앞에서 그는 간청한다는 말을 반복하면서도 무엇을 간청하려고 하는지 언급하지 않았다(1:9, 10). 오네시모와 관련해서 자신이 해야 하는 일이 얼마나 힘들고 어려운지 잘 알고 있기 때문이다. 신중하고 조심스럽게 사전 작업을 한 뒤에 사도는 비로소 간청의 내용을 제시한다. "그러므로 만일 그대가 나를 동반자로 생각한다면 나를 맞아들이는 것처럼 그를 맞아들여 주십시오." 바로 이것이 바울이 빌레몬서를 작성한 목적이다.

이 본문을 시작하는 접속사 "그러므로"(οὖν, "운")는 바울이 앞 단락에서 말한 것에 근거하여 간청한다는 사실을 알려 준다. 앞 단락에서 바울은 오네시모가 완전히 다른 사람이 되었음을 강조하였다. 무익한 오네시모가 유익한 자가 되었다. 지금 오네시모는 바울의 영적 아들이며 바울 자신의 심장이다. 그는 더 이상 종이 아니라 사랑받는 형제이다. "그러므로" 빌레몬은 오네시모를 형제로 받아들여야 한다.

이 본문에서 바울은 한 가지 사실을 더 언급함으로써 자신의 간청을 강화한다. 그것은 자신이 빌레몬의 동반자라는 것이다. 그는 이 점을 불변화사 "에이"(εἰ, "만일")와 직설법 동사 "에케이스"(ἔχεις, "그대가 가지고 있다")로 이루어진 제1 조건절 형식으로 제시한다. 여기서 이 조건절은 실제로 일어난 일을 전제한다.[61] 바울은 빌레몬을 "우리의 사랑을 받는 자이며 동역자"(1:1)라고 소개하고, 그를 "형제"라고 부른다(1:7, 20). 빌레몬도 바울을 자신의 동역자이자 동반자로 생각하고 있다. 이 사실에 의심의 여지가 있을 수 없다.

"동반자"를 뜻하는 "코이노노스"(κοινωνός)는 "교제", 또는 "친교"를 뜻하는 "코이노니아"(κοινωνία, 1:6)와 같은 어근(κοινων)을 가진 단어이다. 이 단어

---

61 Wallace, *Greek Grammar*, 692-94.

의 기본 의미는 다른 사람과 무엇인가를 공유하는 것이다.[62] 고대 파피루스에서 "코이노노스"는 사업을 함께하는 동업자를 의미하였다. 누가는 이 단어를 이런 의미로 사용하면서 야고보와 요한이 베드로의 "동업자"라고 말한다(눅 5:10).[63] 하지만 "코이노노스"는 친구, 결혼 상대자, 같은 종교적 체험을 하는 자 등을 가리키기도 하였다. 이 본문에서 바울은 사업상의 동료라는 상업적인 의미보다는 예수 그리스도를 함께 믿는 믿음의 동료라는 의미로 사용한다.[64] "코이노노스"는 예수 그리스도에게 속하여 영적 교제를 나누는 사람이다. 바울은 자신과 빌레몬이 믿음의 동료라는 사실을 상기시키고, 그 점에 근거하여 간청한다.

믿음의 동료인 바울이 간청하는 내용은 바로 이것이다. "나를 맞아들이는 것처럼 그를 맞아들여 주십시오." 이 구절의 "맞아들여 주십시오"(προσλαβοῦ, "프로슬라부")는 이 편지에서 처음 나온 명령 동사이다. 원형 동사 "프로슬람바노"(προσλαμβάνω)는 "환영하다", "환대하다", "남을 자기 집으로 맞이하다" 등을 의미한다.[65] 이 동사의 중간태는 신약성경에서 하나님이나 그리스도가 신자들을 자기 백성으로 받아들이시는 것에(롬 14:3; 15:7), 그리스도인들이 서로를 받아들이는 것에 사용된다(롬 14:1; 15:7; 참조. 행 28:2). 바울은 로마 교회의 교인들에게 이렇게 권고한다. "그러므로 그리스도가 우리를 받아들여 하나님께 영광을 돌리심과 같이 여러분도 서로 받아들이십시오"(롬 15:7).

빌레몬이 오네시모를 맞아들인다는 것은 일차적으로 그를 용서하고 가족의 구성원으로 받아들이는 것을 의미한다. 오네시모가 자기 죄를 회개하고 하나님의 아들이 되어 돌아오고 있다. 빌레몬은 주님이 자신을 용서하신 것처럼 그를 용서하고(골 3:13), 형제로 받아들여야 한다.[66] 그런데 놀랍게

---

62 BDAG, 553-54.

63 개역개정은 이 단어를 "동업자"(눅 5:10), "참여하는 자"(고전 10:18; 고후 1:7), "교제하는 자"(고전 10:20), "동료"(고후 8:23)로 번역한다.

64 Hendriksen, 『골로새서·빌레몬서』, 304; Lohse, *Colossians and Philemon*, 203-4; Moo, *Colossians and Philemon*, 426; Wright, 『골로새서·빌레몬서』, 286.

65 BDAG, 883; L&N, 34.53.

66 빌레몬이 오네시모를 용서하고 자기 집으로 받아들이는 것은 골 3:13에서 사도 바울이 제시한 가르침을 실천하는 것이다. Thompson, *Colossians and Philemon*, 225.

도 사도 바울은 오네시모를 "나처럼"(ὡς ἐμέ, "호스 에메") 맞아들이라고 요청한다! 노예 제도가 당연하게 받아들여진 고대 그리스-로마 사회에서 이 요청은 놀랍기 짝이 없는 것이다. 어떻게 종을, 그것도 주인에게 손해를 입히고 도망갔던 종을 사도를 맞아들이는 것과 같은 방식으로 맞아들일 수 있겠는가? 바울은 자신의 요청이 받아들여지기 힘들다는 점을 잘 알았을 것이다. 그런데도 주저하지 않고 이렇게 요청하는 이유가 무엇인가? 그것이 하나님의 뜻이라고 확신했기 때문이다. 새 사람의 공동체 안에는 종도 없고 자유인도 없다(골 3:11). 종과 자유인이 모두 그리스도 안에서 하나이다(갈 3:28). 그리스도 안에 있는 사람은 누구든지 인종, 신분, 지위, 재산과 관계없이 하나님의 자녀이다. 하나님을 아버지라고 고백하는 오네시모는 사도 바울과 동등한 형제이다. 그러므로 오네시모를 사도 바울을 맞아들이는 것처럼 맞아들이는 것이 당연하다. 그것이 그리스도로 말미암아 종과 자유인을 차별 없이 구원하시는 하나님의 뜻이다.

(2) 오네시모의 빚에 관한 약속(1:18-19)

1:18 사도 바울은 오네시모를 맞아들여 달라고 빌레몬에게 간청하면서 단지 말로만 끝내지 않는다. 한 걸음 더 나아가 오네시모가 빌레몬에게 입힌 금전적인 손해가 있다면 그것까지 배상하겠다고 약속한다. "그가 만일 그대에게 불의를 행하였거나 빚을 졌다면 그것을 내 앞으로 달아 놓으십시오."

지금 바울은 오네시모가 빌레몬에게 불의를 행했거나 또는 빚을 진 것을 사실로 전제하고 있는가, 아니면 단지 가정하고 있는가? 이 구절은 17절에 나온 "그러므로 만일 그대가 나를 동반자로 생각한다면"과 같이 불변화사 "에이"(εἰ)와 직설법 동사들(ἠδίκησέν, "에디케센", ὀφείλει, "오페일레이")로 이루어진 제1 조건절이다. 단순히 어떤 사건을 가정하는 것이 아니라 논증을 위하여 실제로 일어난 사건을 전제하는 것이다.[67] 17절에서 빌레몬이 바울을 동반자로 생각하는 것이 사실인 것처럼 오네시모가 빌레몬에게 불의를 행하고 빚을 진 것이 사실이라는 말이다. 이것은 바울이 귀결절에서 오네시모

67 Wallace, *Greek Grammar*, 692-94.

의 부채를 "내 앞으로 달아 놓으십시오"라고 말하고, 다음 절에서 "나 자신이 갚겠습니다"(19절)라고 단언하는 것에서 확인할 수 있다. 만일 오네시모가 불의를 행하지도 않았고, 빚을 지지도 않았다면, 오네시모의 빚을 대신 갚겠다는 사도 바울의 단언은 피상적인 말이 되고 말 것이다. 다음 절에서 사도가 자신에게 빌레몬이 빚을 졌음을 언급하는 것 역시 이 해석을 뒷받침한다. 만일 오네시모가 빌레몬에게 불의를 행하지 않았고 빚을 지지도 않았다면, 빌레몬이 바울에게 빚진 사실까지 굳이 언급할 필요가 없었을 것이다. 실제로 일어난 일을 신중하면서도 조심스럽게 다루기 위하여 조건절을 채택한 것이다.[68]

"그가 만일 그대에게 불의를 행하였거나 빚을 졌다면"이라는 조건절은 이 편지의 배후에 있는 상황과 관련하여 매우 중요한 구절이다. "불의를 행하다"(ἀδικέω, "아디케오")라는 동사는 일반적으로 율법이나 법을 어기는 행동을 가리킨다.[69] 여기서는 다른 사람에게 손해나 피해를 입히는 것을 뜻하며, 재정적인 사기나 기만과 관련이 있다. 바울이 부정 과거 시제(ἠδίκησέν, "에디케센")를 사용한 것은 오네시모가 빌레몬에게 실제로 범한 특정한 잘못을 염두에 두고 있기 때문일 것이다. 두 번째 동사인 "빚을 지다"(ὀφείλω, "오페일로")는 오네시모의 행동 때문에 빌레몬이 입은 재정적인 손실을 가리킨다.[70] 이 동사는 현재 시제이다(ὀφείλει, "오페일레이"). 빌레몬이 입은 재정적인 손해가 아직 해결되지 않고 있음을 의미한다. 우리는 오네시모가 로마로 도망하기 전에 어떤 방식으로 빌레몬에게 재정적인 손실을 입혔는지 알 수 없다. 분명한 것은 그가 도망하면서 빌레몬의 돈이나 물건을 훔쳤다는 점이다. 고대 로마 사회에서 도망하는 종이 주인의 귀중품이나 돈을 훔치는 것은 일반적인 현상이었다. 오네시모도 이렇게 하는 것 말고는 로마까지 도망하는 데 필요한 경비를 마련할 수 없었을 것이다.[71]

68 Caird, *Paul's Letters*, 222; Fitzmyer, *Philemon*, 117; Harris, *Colossians and Philemon*, 236; Lightfoot, *Colossians and Philemon*, 343; Pazia, *Colossians, Philemon*, 114; Wilson, *Colossians and Philemon*, 358.

69 BDAG, 17.

70 BDAG, 598.

71 Caird, *Paul's Letters*, 222-23; Hendriksen, 『골로새서·빌레몬서』, 304; Lightfoot, *Colossians and Philemon*, 343; Wright, 『골로새서·빌레몬서』, 287.

최근에 성경학자들이 주장하는 대로, 만일 오네시모가 빌레몬과의 사이에서 일어난 불화 때문에 중재를 요청하려고 "주인의 친구"(*amicus domini*)인 바울을 찾아간 것이라면, 빚은 불화의 원인이거나 또는 오네시모가 바울을 찾아간 동안 일을 하지 못해서 발생한 손실을 가리킬 수 있다. 하지만 사도가 "불의를 행하였다"(ἠδίκησέν, "에디케센")와 "빚을 지고 있다"(ὀφείλει, "오페일레이")라는 동사를 함께 사용한 것은 오네시모가 심각한 방식으로 빌레몬에게 손실을 입힌 것이나 또는 주인의 물건이나 돈을 훔친 것과 더 잘 어울린다.[72]

사도 바울은 오네시모가 입힌 손해를 감수하라고 빌레몬에게 요구하지 않는다. 도리어 자식을 위하는 아버지처럼 오네시모가 입힌 손해를 자신이 직접 배상하겠다고 말한다. "그것을 내 앞으로 달아 놓으십시오"(τοῦτο ἐμοὶ ἐλλόγα, "투토 에모이 엘로가"). 여기서 "달아 놓다"라고 번역한 동사 "엘로게오"(ἐλλογέω)는 "어떤 사람의 회계 장부에 기입하다"를 뜻하는 전문적인 상업 용어이다.[73] 바울은 이 용어를 사용함으로써 오네시모의 빚을 자신이 떠안겠다는 의지를 강조한다. 그는 금전적인 손해가 빌레몬이 오네시모의 잘못을 용서하는 데 걸림돌이 될 수 있다고 생각하였을 것이다. 그래서 빌레몬이 오네시모를 기꺼이 받아들일 수 있게 하려고 그 손해를 자신이 보상하겠다고 말하는 것이다. 바울은 오네시모가 훔친 물건이나 돈을 구체적으로 언급하지 않는다. 그 대신 오네시모의 잘못을 조건절로 제시하고, 귀결절에서 오네시모의 빚을 자기 앞으로 달아 놓으라고 말한다. 이렇게 함으로써 그는 빌레몬이 오네시모의 잘못보다는 자신의 약속에 더 주의를 기울이게 만든다.[74]

가택에 연금되어 있는 바울이 어떻게 오네시모의 빚을 감당할 수 있는가? 오네시모의 빚을 갚아 줄 만한 돈이 그에게 있는가? 바울에게는 부모에게서 상속받은 재산이 있을 수 있고, 빌립보 교회 등이 지원한 돈도 있을 것이다(빌 4:16-18). 하지만 우리는 바울의 재정 상황에 대해 확실하게 말할 수 없다. 확실한 것은 빌레몬이 입은 손해를 배상하겠다고 단언하는 바울의 마

72 Calvin, *Philemon*, 400; Nordling, "*Onesimus Fugitivus*", 110.

73 BDAG, 319; MM, 204; Preisker, *TDNT*, II, 516-17.

74 Nordling, "*Onesimus Fugitivus*", 110.

음이 진실하다는 점이다. 사도의 말은 단지 수사적인 표현이 아니다. 다음 절에서 알 수 있듯이 손해를 보상하겠다는 그의 의지가 매우 확고하다.

1:19 바울은 자신의 의지를 이렇게 표명한다. "나 바울이 친필로 씁니다. 나 자신이 갚겠습니다." 앞 단락에서 그는 자신의 이름 "바울"을 제시하면서 그 이름으로 오네시모를 위하여 간청하였다(1:9-10). 여기서 다시 강조형 인칭 대명사 "에고"와 함께 자신의 이름을 제시하면서 "나 바울"(ἐγὼ Παῦλος, "에고 파울로스")이 친필로 쓴다고 엄숙하게 말한다. 이 진술은 "내 앞으로 달아 놓으십시오"라는 구절과 "나 자신이 갚겠습니다"라는 구절 사이에서 사도 자신의 서명과 같은 역할을 한다. "바울"이라는 이름과 함께 "친필로"라는 표현이 서명의 성격을 강화한다. "친필로"라고 번역한 헬라어 표현은 문자적으로 "나의 손으로"(τῇ ἐμῇ χειρί, "테 에메 케이리")이다. 다른 편지들에서는 "친필로 쓰다"가 결말에 나온다. 바울은 편지의 내용을 대필자에게 받아 적게 한 다음에 결말 부분에서 마지막 인사를 자기 손으로 적는다(고전 16:21; 갈 6:11; 골 4:18; 살후 3:17). 그러나 이 편지에서는 "친필로"라는 표현이 본론의 마지막 부분에 나온다. 이 표현은 마지막 인사를 위한 것이 아니며 바울의 저작을 확증하기 위한 것도 아니다. 오네시모의 빚을 자기 앞으로 달아 놓으라는 요청을 확증하고, 동시에 그 빚을 갚겠다는 약속을 보장하는 것이다.[75]

대다수의 성경학자들은 "나 바울이 친필로 쓰고 있습니다"라는 진술을 일종의 약속 어음으로 이해한다.[76] 예를 들어, 브루스(F. F. Bruce)는 이 본문에서 사도 바울이 약속 어음을 작성하고 자기 이름으로 서명한다고 주장한다.[77] 해리스(Murray J. Harris)도 이 본문 전체를 "바울의 약속 어음"으로 간주한다.[78] 하지만 이런 견해는 지나치다. 언제 어디서 얼마를 지불하겠다는 구체적인 약속 사항이 나오지 않기 때문이다.

바울은 친필 서명과 함께 이렇게 선언한다. "나 자신이 갚겠습니다"(ἐγὼ ἀποτίσω, "에고 아포티소"). 그는 다시 강세형 일인칭 대명사 "나 자신"(ἐγώ, "에고")을 사용함으로써 오네시모의 빚을 대신 갚겠다는 자신의 의지를 강력하게

75 Moo, *Colossians and Philemon*, 429-30; Wilson, *Colossians and Philemon*, 358-59.

76 Caird, *Paul's Letters*, 223; Hendriksen, 『골로새서·빌레몬서』, 305; Lohse, *Colossians and Philemon*, 204; Osborne, *Colossians and Philemon*, 177.

77 Bruce, *Colossians, Philemon*, 220.

78 Harris, *Colossians and Philemon*, 237.

표명한다.[79] "갚겠습니다"(ἀποτίσω, "아포티소")라는 동사는 "아포티노"(ἀποτίνω)의 미래형이다. 이 동사는 신약성경에서 여기에만 한 번 나오지만, 고대 파피루스 문서들에서는 흔하게 나온다. "보상을 하다", "손해 배상금을 지불하다"를 뜻하는 전문적인 법률 용어이다.[80] 이 동사는 "내가 돌려줄 것이다"를 뜻하는 "아포도소"(ἀποδώσω)보다 훨씬 더 강력하다.[81] 바울은 오네시모의 빚을 자기 앞으로 달아 놓으라고 말하는 것에 그치지 않고, 그 빚에 대한 법적 책임까지 기꺼이 떠맡는다. 빚의 액수가 얼마가 되든지 간에 그것을 갚으려고 한다. 재산이나 사물과 같은 취급을 받던 종을 위하여 사도가 이렇게까지 하는 것은 매우 놀라운 일이다. 그가 오네시모를 위하여 많은 돈을 지불하려는 것은 오네시모를 그만큼 소중하게 여기기 때문이다.

바울은 오네시모가 빌레몬에게 진 빚에 관하여 말한 다음에 빌레몬이 바울 자신에게 진 빚에 관하여 언급한다. "그대가 그대 자신까지 나에게 빚지고 있다는 사실을 나는 그대에게 말하지 않겠습니다." 이 구절에서 "빚지고 있다"(προσοφείλεις, "프로소페일레이스")라는 표현은 빌레몬 역시 오네시모와 다를 바 없는 채무자임을 알려 준다.[82] 빌레몬이 바울에게 빚지고 있는 것은 무엇인가? "그대 자신"(σεαυτόν, "세아우톤")이다! "그대 자신"이란 그리스도인이 된 빌레몬의 존재 자체를 가리킨다.[83] 빌레몬이 바울의 전도로 예수님을 믿고 구원받았음을 의미하는 것이다. 빌레몬은 바울에게 자기 존재 전체를 빚지고 있다.

빌레몬은 언제 어디에서 바울을 만나 복음을 들었는가? 빌레몬은 골로새에 거주하는 부유한 사람이라서 아시아 속주의 수도인 에베소에 갈 기회가 많았을 것이다. 바울이 에베소에서 선교 사역을 할 때 아시아에 사는 유대인과 헬라인이 다 주의 말씀을 들었다(행 19:10). 이 기간에 빌레몬도 에베

79 Lightfoot, *Colossians and Philemon*, 342.

80 BDAG, 124; L&N, 57.156; MM, 71.

81 Deissmann, *Light from the Ancient East*, 332; Nordling, "*Onesimus Fugitivus*", 110, n. 2.

82 "프로소페일로"(προσοφείλω)는 "추가로 빚지고 있다", "여전히 빚지고 있다"를 의미한다. BDAG, 883.

83 Bruce, *Colossians, Philemon*, 220; Moule, *Colossians and Philemon*, 148.

소를 방문했다가 바울을 만나서 복음을 들었을 것이다.[84] 빌레몬이 바울의 복음 사역으로 예수님을 믿고 구원받은 것은 바울에게 엄청난 빚을 진 것이다. 그가 어떻게 바울의 간청을 못 들은 체할 수 있겠는가?

사도 바울은 자신에게 빌레몬이 빚을 지고 있다는 사실을 구체적으로 언급하면서 그를 압박할 수 있었을 것이다. 하지만 그렇게 하지 않는다. 그는 빌레몬의 빚을 거론할 마음이 없었다. 그래서 이렇게 의사를 표현한다. "나는 그대에게 말하지 않겠습니다." 그러나 바울은 말하고 있다! 이 본문을 읽는 빌레몬의 심정은 어떠했을까? 라이트(N. T. Wright)가 주장하는 대로, 사도가 아무런 악의 없이 부드럽게 자신을 놀리고 있다는 사실을 알고는 입술을 씰룩거렸을까?[85] 아니다. 바울은 역설적인 방식으로 말하기는 하지만, 빌레몬을 놀리지는 않는다. 그의 논조는 신중하면서도 진지하다. 그는 빌레몬이 오네시모보다 훨씬 더 큰 빚을 지고 있다는 점을 일깨운다. 그 빚은 바로 "그대 자신", 곧 그리스도인 빌레몬의 존재 자체이다. 만일 빌레몬이 이 사실을 깨닫는다면, 눈시울을 붉힐 것이다. 그 빚을 어떻게 갚을 수 있을까? 오네시모가 빌레몬에게 진 빚은 바울이 갚을 것이다. 하지만 빌레몬이 바울에게 진 빚은 누가 갚을 수 있는가? 빌레몬은 자신이 막대한 빚을 지고 있음을 인정해야 한다. 그리고 상대적으로 적은 빚을 진 오네시모를 용서하고 그를 그리스도 안에서 형제로 받아들여야 한다.

(3) 마지막 호소(1:20)

1:20 사도 바울은 빌레몬을 "형제여"라고 부르면서 마지막으로 호소한다. "오 형제여, 나 자신은 주님 안에서 그대로 말미암아 덕을 보기를 바랍니다. 나의 마음이 그리스도 안에서 생기를 얻게 해 주십시오." 앞에서 말한 대로, 이 본문은 1:7과 매우 흡사하다. 두 본문에 "형제여", "마음", "생기를 얻게 하다"와 같은 중요한 단어들이 나온다.

"오 형제여"(ναί, ἀδελφέ, "나이 아델페")에서 감탄사 "오"는 확인, 동의 또는 강조를 나타내는 불변화사 "나이"를 번역한 것이다. 이 단어는 "예", "확실

84 Harris, *Colossians and Philemon*, 238; Moo, *Colossians and Philemon*, 431; O'Brien, 『골로새서·빌레몬서』, 512.

85 Wright, 『골로새서·빌레몬서』, 288.

히", "참으로", "진실로" 등을 의미한다(마 9:28; 11:26; 눅 10:21; 11:51; 12:5; 빌 4:3).[86] 이 단어와 함께 애정을 담은 호칭인 "형제여"는 호소력을 강화한다. 라이트푸트(Joseph B. Lightfoot)가 적절하게 묘사한 대로, 바울의 호소는 "형제를 위하여 다른 형제에게 하는 한 형제의 간청이다."[87]

바울이 형제 빌레몬에게 하는 첫 번째 애정 어린 호소는 이것이다. "나 자신은 주님 안에서 그대로 말미암아 덕을 보기를 바랍니다"(ἐγώ σου ὀναίμην ἐν κυρίῳ). 개역개정에서 "기쁨을 얻다"라고 번역한 "오나이멘"(ὀναίμην)은 신약성경에 자주 나오지 않는 희구법 동사이다. 희구법은 바람이나 소원을 나타낸다. 따라서 단수 일인칭 희구법 "오나이멘"은 "내가 덕을 보기를 바라다", "내가 혜택을 받기를 바라다"라고 이해할 수 있다.[88] 희구법 동사 "오나이멘"의 원형 "오니네미"(ὀνίνημι)는 신약성경에서 이곳에만 나오는 단어로서 "이익을 얻다", "덕을 보다"를 의미한다.[89] 주목할 점은 이 동사가 "오네시모"(Ὀνήσιμος)라는 이름과 같은 어근에서 파생되었다는 것이다. 바울은 오네시모라는 이름을 마음에 두고 의도적으로 같은 어근을 가진 동사를 사용한다. 1:11에서처럼 오네시모라는 이름과 관련하여 언어유희를 활용하고 있는 것이다. "오네시모"는 "이익이 되는", "유용한", "유익한" 등을 의미한다. 과거에 오네시모는 자기 이름에 합당하게 살지 못하여 빌레몬에게 무익한 존재였다. 그러나 바울을 만나서 복음을 듣고 바울과 빌레몬 모두에게 유익한 존재가 되었다.

빌레몬이 오네시모를 사랑받는 형제로 맞아들일 때 바울은 이익을 얻게 될 것이다. 결국 바울이 기대하는 덕, 또는 이익은 바울 자신을 위한 것이 아니라 오네시모를 위한 것이다. 오네시모가 종이 아니라 형제로 받아들여지는 것은 오네시모 자신에게 얼마나 큰 이익인가? 바울은 오네시모가 덕을

86 BDAG, 665.

87 Lightfoot, *Colossians and Philemon*, 344.

88 BDAG, 711.

89 "오니네미"는 "이익을 얻다", "덕을 보다", "혜택을 받다" 이외에도 "즐기다", "기뻐하다" 등을 의미한다. BDAG, 711. 이 사전은 20절 전반부를 이렇게 번역한다. "나로 하여금 주님 안에서 그대에게서 덕을 보게 해 주십시오." Hartman, *EDNT*, II, 519. 그는 이 단어의 뜻을 "기뻐하다", "행복하다"로 제시하고, 20절 전반부를 "나는 주님 안에서 그대로 말미암아 기뻐하기를 바랍니다"라고 번역한다.

보는 것을 자신이 덕을 보는 것으로 생각한다.

사도 바울이 덕을 보기를 바라는 것은 "주님 안에서"(ἐν κυρίῳ, "엔 퀴리오")이다. "주님 안에서"라는 전치사구는 이 본문의 마지막에 나오는 "그리스도 안에서"(ἐν Χριστῷ, "엔 크리스토")와 평행을 이룬다. 두 전치사구는 예수 그리스도가 주님이며, 주님이 곧 예수 그리스도라는 사실을 알려 준다. "주님"(κύριος, "퀴리오스")이라는 표현은 예수 그리스도가 만물의 통치자이며 교회의 머리이자 믿는 자들의 주인이심을 모두 나타내는 최고의 칭호이다. 빌레몬은 바울에게서 복음을 듣고 예수 그리스도를 주님으로 받아들였다(참조. 1:5). 오네시모도 마찬가지이다. "주님 안에서" 두 사람의 관계가 완전히 변화되었다. 종 오네시모는 주님에게 속한 자유인이고, 자유인 빌레몬은 그리스도의 종이다(고전 7:22). 주님 안에서 오네시모와 빌레몬은 하나님을 아버지로 모신 형제이다. 빌레몬은 "주님 안에서" 자신과 오네시모 사이에 일어난 변화를 인정하고 오네시모를 형제로 받아들여야 한다.

이어서 사도 바울은 형제 빌레몬에게 두 번째 호소를 한다. "나의 마음이 그리스도 안에서 생기를 얻게 해 주십시오." 이것은 첫 번째 호소와는 달리 명령문이다. "생기를 얻게 해 주십시오"는 "맞아들여 주십시오"(17절)와 "달아 놓으십시오"(18절) 다음으로 이 단락에서 세 번째 나오는 명령 동사이다. 비록 명령 동사를 사용할지라도 바울은 사도의 권위로 명령하지 않고, 형제의 사랑으로 권고한다. "나의 마음이 생기를 얻게 해 주십시오"(ἀνάπαυσόν μου τὰ σπλάγχνα "아나파우손 무 타 스플랑크나")라는 구절은 1:7을 생각나게 한다. 거기서 바울은 빌레몬의 사랑으로 "성도들의 마음이 생기를 얻었습니다"(τὰ σπλάγχνα τῶν ἁγίων ἀναπέπαυται, "타 스플랑크나 톤 하기온 아나페파우타이")라고 하였다. 이번에는 자신의 마음이 생기를 얻게 해 달라고 빌레몬에게 권고한다. 마음이 생기를 얻게 한다는 것은 다른 사람을 격려하여 힘을 내게 하는 것을 의미한다.[90]

이 본문에서 "마음"이라고 번역한 헬라어 단어는 "스플랑크나"이다. 바울은 빌레몬서에서 이 단어를 세 번 사용한다. 첫 번째는 "성도들의 스플랑

90 Silva, *NIDNTTE*, I, 286. 표준새번역은 이 구절을 "나의 마음에 생기를 불어넣어 주십시오"라고 번역한다. 개역개정은 같은 동사가 나오는 고전 16:18의 전반부를 "그들이 나와 너희 마음을 '시원하게 하였으니'"(ἀνέπαυσαν)라고 번역한다.

크나"(σπλάγχνα, "마음")가 빌레몬으로 말미암아 생기를 얻었다고 하였고(1:7), 두 번째는 오네시모가 "나 자신의 스플랑크나"(σπλάγχνα, "심장")라고 하였다(1:12). "나 자신의 심장"(τὰ ἐμὰ σπλάγχνα, "타 에마 스플랑크나")이라는 표현은 "나의 마음"(μου τὰ σπλάγχνα, "무 타 스플랑크나")이라는 표현과 사실상 같다. 이 헬라어 표현에서 소유 대명사 "나의"(μου, "무")는 "마음"(τὰ σπλάγχνα, "타 스플랑크나") 앞에 있다. 일종의 강조 용법이다. 바울은 "성도들의 마음"이 빌레몬으로 말미암아 생기를 얻은 것처럼(1:7) 자신의 마음도 빌레몬으로 말미암아 생기를 얻기를 바란다. 바울의 마음은 어떻게 생기를 얻을 수 있는가? 빌레몬이 바울 "자신의 심장"인 오네시모를 형제로 받아들일 때 가능하다. 바울이 진정으로 기대하는 것은 자기 마음이 생기를 얻는 것이 아니라, 오네시모가 형제로 받아들여지는 것이다. "나의 마음이 생기를 얻게 해 주십시오"라는 바울의 당부는 사실상 "나 자신의 심장인 오네시모를 맞아들여 주십시오"라는 호소와 같다.[91]

헬라어 본문에서 바울의 호소는 "그리스도 안에서"(ἐν Χριστῷ, "엔 크리스토")라는 전치사구로 끝난다. 이 전치사구는 1:8에 나온 "그리스도 안에서"(ἐν Χριστῷ, "엔 크리스토")와 함께 본론 단원(1:8-20)의 인클루지오(inclusio)를 형성한다. 동시에 이 전치사구는 아래에서 볼 수 있는 대로 앞 구절에 나온 "주님 안에서"와 평행을 이룬다. 바울은 자신이 "주님 안에서" 빌레몬의 사랑의 행위로 덕을 보기를 바라는 것처럼 자신의 마음이 "그리스도 안에서" 생기를 얻기를 바란다.

20상절 ἐγώ σου ὀναίμην <u>ἐν κυρίῳ</u>
(나 자신은 주님 안에서 그대로 말미암아 덕을 보기를 바랍니다.)

20하절 ἀνάπαυσόν μου τὰ σπλάγχνα <u>ἐν Χριστῷ</u>.
(나의 마음이 그리스도 안에서 생기를 얻게 해 주십시오.)

"그리스도 안에서"라는 표현은 바울이 빌레몬에게 호소하는 근거이자 빌레몬이 오네시모를 형제로 받아들여야 할 이유를 나타낸다. 이 전치사구

---

91 Weima, *Paul the Ancient Letter Writer*, 229.

는 "그리스도의 통치 아래에서", "그리스도의 영향 아래에서"를 의미한다.[92] 빌레몬은 그리스도 예수를 주님으로 받아들이고 그리스도 안에서 바울과 함께 형제가 된 사람이다(1:1, 7). 그는 로마 사회의 질서와 가치가 아니라 그리스도 안에서 받은 새로운 신분에 따라 행동해야 한다.[93] 자신이 그리스도 안에서 사랑을 받는 형제가 된 것처럼 자신의 종 오네시모 역시 그런 존재가 되었음을 인정하고 그를 형제로 맞아들여야 한다는 것이다. 오네시모는 그리스도 안에서 사랑을 받는 형제일 뿐만 아니라, 바울 자신의 "스플랑크나"이다. 빌레몬이 오네시모를 형제로 맞아들이면, 오네시모의 마음이 생기를 얻게 될 것이다. 동시에 바울 자신의 "스플랑크나"도 생기를 얻게 될 것이다.[94]

메시지와 적용

■ 오네시모를 맞아들이라 빌레몬서의 중심 메시지는 "종" 오네시모를 "사랑받는 형제"로 인정하고 맞아들여야 한다는 것이다. 사회 전체가 노예 제도로 지탱되던 고대 로마 사회에서 이 요청은 얼마나 파격적이고 혁명적인 것인가! 복음은 인간관계를 혁명적으로 변화시킨다. 오네시모는 실제로 사랑을 받는 형제가 되었다. 하나님을 아버지로, 예수 그리스도를 주님으로 고백하는 믿음의 공동체의 일원이 된 것이다. 하나님은 그를 자신의 아들로 받아들여 주셨다. 따라서 빌레몬도 그를 자신의 형제로 받아들여야 한다. 오네시모를 거부하는 것은 그를 아들로 받아들여 주신 하나님을 거부하는 것과 같다. 노예 제도가 더 이상 존재하지 않는 현대 사회에서 오네시모를 맞아들여 달라는 요청은 우리보다 약하고 가난하고 배우지 못한 그리스도인들을 우리와 동등한 믿음의 형제자매로 받아들이라는 요청과 같다. 참된 그리스도인은 누구나 할 것 없이 존귀한 하나님의 자녀이다. 동료 그리스도인들을 차별하거나 무시하는 것은 그들을 자녀로 받아들여 주신 하나님을 무시하는 것과 다름없다. 무시당해도 좋을 그리스도인은 어디에도 없다. 다른 그리스도인들을 소유와 지위와 신분과 인종과 피부색에 관계없이 형제자매

92 Campbell, *Paul and Union with Christ*, 100.

93 Longenecker, *Philemon*, 189-90.

94 참조. Church, "Rhetorical Structure and Design", 24.

로 받아들이라. 하나님께서 그들을 자기 자녀로 받아들여 주셨다는 사실을 잊지 말자!

▪ **교회, 하나님의 가족** 이 편지에서 사도 바울은 교회가 하나님의 가족 공동체라는 관점에서 오네시모의 문제를 다룬다. 그는 "아버지"(1:3), "형제"(1:1), "자매"(1:2)와 같은 가족에 관한 언어를 집중적으로 사용한다. 하나님의 가족 공동체에서 하나님은 "우리 아버지"이시고(1:3), 예수 그리스도는 "주님"이시다(1:3, 5, 25). 그리고 하나님을 아버지로, 예수 그리스도를 주님으로 고백하는 사람들은 형제들이며 자매들이다. 하나님의 가족 공동체 안에는 인종과 신분과 성과 소유의 장벽이 존재하지 않는다. 그래서 바울은 주저하지 않고 빌레몬을 "형제여"라고 부르며(1:7, 20), 그의 종 오네시모를 "사랑받는 형제"라고 부른다(1:16). 자유인과 종이 형제가 되고 자매가 되는 공동체가 교회인 것이다. 오늘날에도 교회는 하나님의 가족 공동체이다. 교회 안에는 부자와 가난한 자, 사회적 지위가 높은 자와 낮은 자, 남자와 여자, 유색인과 백인 사이의 차별이 있을 수 없다. 하나님을 아버지로, 예수 그리스도를 주님으로 고백하는 사람들은 하나님의 가족 공동체 안에서 모두 형제들이며 자매들이다. 안타깝게도 한국 교회에서는 "형제", "자매"라는 가족 언어가 사라지고, 목사, 장로, 집사, 권사라는 직분명만 남았다. 교회가 하나님의 가족 공동체라는 것을 잊은 지 오래되었다. 교회에서 우리는 서로를 진심으로 그리스도의 피로 맺어진 형제이며 자매라고 생각하는가? 교회가 하나님의 가족 공동체라는 것을 알고, 교인들이 직분에 관계없이, 성과 소유와 지위와 피부색에 관계없이, 서로를 진심으로 그리스도의 피로 맺어진 형제자매로 인정하고, 서로 사랑하고 섬길 때 세상 사람들이 교회 안에서 역사하는 복음의 능력을 보게 될 것이다.

▪ **우리는 어떤 사람인가?** 사도 바울은 빌레몬으로 말미암아 덕을 보기를 바라고, 자신의 마음이 생기를 얻기를 바란다. 이 본문을 잘못 읽으면, 우리 자신이 다른 교인들의 덕을 보는 것을 당연하게 여길 수 있다. 물론 믿음의 형제자매들과 사랑으로 교제할 때 얼마든지 덕을 볼 수 있고, 우리 마음이 생기를 얻을 수 있다. 또 그런 일이 자주 일어나야 한다. 하지만 이 본문을 적용할 때는 사도 바울의 관점이 아니라 빌레몬의 관점에서 읽어야 한다. 바울을 통하여 빌레몬에게 이 말씀을 하시는 하나님의 뜻이 무엇인지 먼저 생

각해야 한다는 것이다. 하나님은 우리가 다른 신자들에게 덕을 끼치기를 바라시며, 우리로 말미암아 다른 신자들의 마음이 생기를 얻기를 바라신다. 오늘 우리는 어떤 사람인가? 동료 교인들로 말미암아 덕을 보기를 바라는 사람인가? 동료 교인들로 말미암아 나의 마음이 생기를 얻기를 바라는 사람인가? 동료 교인들이 나로 말미암아 덕을 보게 하라. 동료 교인들의 마음이 나로 말미암아 생기를 얻게 하라.

III. 1:21-25

사도 바울의 마지막 부탁과 축도

1. 1:21-22 사도 바울의 마지막 부탁
2. 1:23-25 마지막 인사와 은혜의 축도

이 단원(1:21-25)은 빌레몬서의 결말 부분이다. 바울은 빌레몬에게 마지막 부탁을 하고 동역자들의 인사를 전한 다음에 은혜를 기원하는 축도로 편지를 마친다. 성경학자들은 이 편지의 결말 부분이 어디에서 시작되는지를 두고 논란을 벌인다. 1:23에서 결말 부분이 시작되는 것으로 보는 사람들은 1:17-22을 분리할 수 없는 하나의 단락으로 간주한다.[1] 니컬러스 라이트(N. T. Wright)는 1:17-22이 "빌레몬서의 절정"이라고 주장한다.[2] 하지만 이 편지의 결말 부분이 1:21에서 시작된다고 보는 것이 더 적절하다.[3]

1:21에서 바울이 빌레몬의 순종을 확신한다고 말하는 것은 바울 서신에 종종 나오는 "확신 양식"(confidence formula)이다. 또 1:22에서 바울이 빌레몬에게 가기를 바라는 마음을 표현하는데, 이것은 "사도의 임재"(apostolic *parousia*) 문구이다. 확신 양식과 사도의 임재 문구는 일반적으로 편지의 본론이 아니라 결말에 나온다.[4] 이 편지의 결말은 다음과 같은 요소들을 포함한다.[5]

---

1 Bartchy, *ABD*, V, 305; Bird, *Colossians and Philemon*, 137-38; Bratcher and Nida, *Colossians and Philemon*, 111; McKnight, *Philemon*, 46.

2 Wright, 『골로새서·빌레몬서』, 285.

3 Dunn, *Colossians and Philemon*, 343; Fitzmyer, *Philemon*, 121; Lohse, *Colossians and Philemon*, 187; Moo, *Colossians and Philemon*, 433; Pao, *Colossians and Philemon*, 415; Wilson, *Colossians and Philemon*, 362.

4 Weima, *Paul the Ancient Letter Writer*, 113-16, 231.

5 이것은 다음 책에서 채택한 것이다. Weima, *Neglected Endings*, 233. 그는 19-20절을 결말 부분에 포함시킨다.

21절 확신 양식
22절 사도의 임재
23-24절 마지막 인사들
25절 축도

결말 단원은 두 단락으로 구성되어 있다.[6] 첫째 단락(1:21-22)은 사도 바울의 마지막 부탁이다. 바울은 빌레몬이 자신의 간청과 당부를 들어줄 것을 확신한다(1:21). 그리고 골로새를 방문할 계획이 있음을 밝히면서 자신을 위하여 숙소를 마련해 달라고 빌레몬에게 부탁한다(1:22). 둘째 단락(1:23-25)은 바울과 함께 로마에 있는 동역자들의 인사이다. 먼저, 바울은 골로새 교회의 지도자 에바브라의 인사를 전하고(1:23), 이어서 마가, 아리스다고, 데마, 누가의 인사를 차례로 전한다(1:24). 마지막으로, 바울은 예수 그리스도의 은혜가 함께 있기를 기원하면서 편지를 마무리한다(1:25).

1. 사도 바울의 마지막 부탁(1:21-22)

| 번역 |

21 나는 그대의 순종을 확신하므로 그대에게 씁니다. 내가 말하는 [a]것들 이상까지도 그대가 행할 줄을 알기 때문입니다.
22 동시에 또한 그대는 나를 위하여 숙소를 마련해 주십시오. 여러분의 기도들로 말미암아 내가 은혜로 여러분에게 주어지기를 바라기 때문입니다.

a 다수 사본들(D Ψ 1739 *Byz*)에는 "것들"을 뜻하는 중성 복수 관계 대명사 "하"(ἅ)가 나오지 않지만, 다른 사본들(ℵ A C P 0278 33 81)에는 나온다. 이 관계 대명사는 헬라어 본문에서 반드시 필요하다. 필사자들이 "하"를 실수로 누락하였을 것이다.

| 본문 이해 터 닦기 |

| 문맥과 주제 | 앞 단락(1:17-20)에서 사도 바울은 오네시모가 더 이상 종이 아니라 사랑받는 형제라는 사실에 근거하여 오네시모를 위하여 간청하였다. 그의 간청은 사도 자신을 맞아들이는 것처럼 오네시모도 맞아들이라는

6 Harris, *Colossians and Philemon*, 244; Pao, *Colossians and Philemon*, 416.

것이다. 이 단락(1:21-22)에서 바울은 빌레몬이 자신의 간청을 들어줄 것을 확신한다. 그리고 골로새 교회를 방문할 계획이 있음을 밝히면서 숙소를 마련해 달라고 요청한다. 이 단락의 주제는 사도 바울이 빌레몬의 순종을 확신한다는 것이다.

| 배경 | 이 편지를 쓸 때 바울은 로마에서 자신의 셋집에 연금된 상태였다(1:9-10; 참조. 행 28:30). 그는 빨리 연금 상태에서 풀려나서 골로새를 방문하기를 바란다. 숙소를 마련해 달라는 부탁은 골로새 방문에 대한 바울의 확신을 전제한 것이다. 일부 성경학자들은 바울이 이 부탁을 에베소에서 하고 있다고 주장한다. 골로새에서 가기에는 로마가 너무 멀다는 것이다. 골로새에서 에베소까지의 거리는 190km이고, 골로새에서 로마까지의 거리는 무려 1,900km이다. 최단 거리로 잡아도 1,400km가 넘는다. 또 골로새 방문 계획이 로마서 15장에서 밝힌 바울의 스페인 여행 계획과 충돌한다고 한다. 바울이 로마를 방문한 후에 스페인에서 사역하고자 하였기 때문이다(롬 15:23-24). 그러나 골로새서와 빌레몬서를 기록할 무렵에 바울 자신이 골로새 교회의 문제를 고려하여 여행 계획을 변경하였을 것이다.

| 구조 | 이 단락은 두 부분으로 구성되어 있다. 첫째 부분에서 바울은 빌레몬이 자신의 간청을 들어주리라는 것을 확신한다(21절). 둘째 부분에서는 골로새를 방문할 계획을 언급하면서 숙소를 마련해 달라고 부탁한다(22절).

(1) 21절 빌레몬의 순종에 대한 사도 바울의 확신
(2) 22절 숙소에 관한 사도 바울의 부탁

| 주해 |

(1) 빌레몬의 순종에 대한 사도 바울의 확신(1:21)

1:21 사도 바울은 지금까지 말한 것을 되돌아보면서 자신의 간청과 당부를 빌레몬이 기꺼이 받아들일 것이라고 확신한다. "나는 그대의 순종을 확신하므로 그대에게 씁니다."[7] 여기서 "확신하다"(πεποιθώς, "페포이또스")는 주격 분사이다. 이 분사의 원형 "페이또"(πείθω)는 "설득하다", "확신시키다", "신뢰

7 "내가 그대에게 씁니다"(ἔγραψά σοι, "에그랍사 소이")라는 구절에서 동사 "에그랍사"는 19절에서처럼 독자들의 관점에서 채택한 서간체 부정 과거이다.

하다", "확신하다"를 의미한다.[8] 바울은 이 단어를 빌립보서 1:6에서처럼 "확신하다"라는 의미로 사용한다.[9]

빌레몬의 순종을 바울이 확신하는 것은 매우 놀라운 일이다. 그가 빌레몬에게 간청한 내용은 당시 로마 사회에서 주인들이 받아들일 수 없는 것이었다. 어떤 주인이 종을 자기 형제로 맞아들여 사랑할 수 있을까? 고대 로마 사회에서는 일어날 수 없는 일을 빌레몬이 할 것이라고 사도가 확신하는 근거는 무엇인가? 빌레몬이 보여 준 믿음과 사랑이다.[10] 바울은 빌레몬의 믿음과 사랑 때문에 그의 순종을 확신한다.

사도 바울이 지금까지 말한 방식을 생각하면 이 본문에서 순종을 뜻하는 "휘파코에"(ὑπακοή)를 사용하는 것이 의아하게 느껴진다. 그는 사도의 권위로 명령하기보다는 형제의 사랑으로 호소하지 않았는가? 그런데 왜 여기서 "휘파코에"라는 단어를 사용하는가? 겉으로는 형제의 사랑으로 간청한다고 말하면서 속으로는 순종을 요구하고 있는 것인가? 일부 주석가들은 바울이 이 단어를 자발적 승낙이나 묵인이라는 약한 의미로 사용한다고 주장한다.[11] 하지만 바울은 다른 본문들에서처럼 하나님의 뜻이나 복음의 진리에 대한 순종의 의미로 "휘파코에"를 사용한다.[12] 지금 그는 빌레몬이 사도 자신에게 순종하는 것이 아니라 하나님께 순종하는 것을 염두에 두고 있다. 바울이 빌레몬에게 간청하는 내용이 그의 뜻이 아니라 하나님의 뜻이기 때문이다. 그리스도인 종을 형제로 받아들이는 것은 종과 자유인을 차별하지 않으시는 하나님의 뜻과 일치한다. 그러므로 사도가 말하는 순종은 하나님의 뜻을 따르는 것이다.

이 본문의 후반부에서 사도는 자신의 확신을 더 강하게 표현한다. "내가 말하는 것들 이상까지도 그대가 행할 줄을 알기 때문입니다." 여기서 "내

8 BDAG, 791-92.

9 "나는 이것, 곧 여러분 가운데서 선한 일을 시작하신 분이 그리스도 예수의 날까지 그 일을 이루시리라는 것을 '확신합니다'"(πεποιθώς)(빌 1:16).

10 참조. Wilson, *Colossians and Philemon*, 363, 364.

11 Harris, *Colossians and Philemon*, 240-41; Fitzmyer, *Philemon*, 121-22.

12 Barth and Blanke, *Philemon*, 491; Caird, *Paul's Letters*, 223; Dunn, *Colossians and Philemon*, 344; Martin, *Colossians and Philemon*, 168; Moo, *Colossians and Philemon*, 435.

가 말하는 것들"(ἃ λέγω, "하 레고")이란 이 편지에서 사도 바울이 말한 중요한 내용, 즉 오네시모가 사랑받는 형제라는 것과 사도 자신을 맞아들이는 것처럼 그를 맞아들여야 한다는 것이다. 바울은 빌레몬의 믿음과 사랑을 잘 알고 있다. 빌레몬은 골로새 성도들을 진심으로 사랑하는 사람이다. 바울 자신도 그의 사랑으로 많은 기쁨과 위로를 받았다(1:7). 그래서 자신이 말하는 것들을 빌레몬이 기꺼이 행할 줄 믿는 것이다. 바울은 단지 "내가 말하는 것들"이 아니라 "내가 말하는 것들 이상까지도"(καὶ ὑπὲρ ἃ λέγω, "카이 휘페르 하 레고")라는 표현을 사용한다. 이 표현의 의미는 무엇인가? 바울은 오네시모와 관련하여 빌레몬이 어떤 일까지 하기를 기대하는가?

일부 주석가들은 빌레몬이 오네시모를 로마로 돌려보내 주기를 기대하고 있다고 주장한다.[13] 하지만 사도는 그런 기대를 말하지 않는다. 그 대신 가까운 장래에 자신이 골로새를 방문할 계획이 있음을 밝히면서 숙소를 마련해 달라고 빌레몬에게 부탁한다(22절). 이 부탁에는 오네시모를 로마보다는 골로새에서 만나고자 하는 바울의 마음이 담겨 있다. 바울은 머지않아 가택 연금 상태에서 풀려날 것을 기대한다. 그가 로마를 떠나 골로새로 갈 것이므로 오네시모가 로마로 돌아오는 수고를 할 필요가 없다.[14] 바울이 골로새를 방문하면 빌레몬의 승낙을 받고 오네시모를 복음 사역에 참여시킬 수 있을 것이다.

제임스 던(James D. G. Dunn)은 오네시모가 자유민으로 해방되는 것까지 사도 바울이 기대하고 있다고 주장한다.[15] 반면에 스캇 맥나이트(Scot McKnight)는 이 구절을 오네시모를 해방해 달라는 요청으로 읽는 것은 지나치다고 비판한다.[16] 물론 이 편지에서 바울은 오네시모를 해방하라고 명시

13 Barth and Blanke, *Philemon*, 492; O'Brien, 『골로새서·빌레몬서』, 460, 519.

14 Hendriksen, 『골로새서·빌레몬서』, 307; Moo, *Colossians and Philemon*, 436.

15 Dunn, *Colossians and Philemon*, 345. 또한 다음 책들을 보라. Arzt-Grabner, "How to Deal with Onesimus?", 141; Caird, *Paul's Letters*, 223; Fitzmyer, *Philemon*, 122; Garland, *Colossians and Philemon*, 340; Marshall, 『신약신학』, 443; Martin, *Colossians and Philemon*, 168; Osborne, *Colossians and Philemon*, 152, 180; Petersen, *Rediscovering Paul*, 97-98; Rupprecht, "Philemon", 641; Thielman, 『신약신학』, 612; Wendland, "You Will Do Even More Than I Say", 107; Wessels, "The Letter to Philemon", 167; Wright, 『골로새서·빌레몬서』, 290.

16 McKnight, *Philemon*, 108-9. 또한 다음 책을 보라. Hendriksen, 『골로새서·빌레몬서』,

적으로 요청하지 않는다. 하지만 그는 이미 1:16에서 오네시모의 해방을 암시하였다. 오네시모는 더 이상 종이 아니라 종 그 이상이다. 그는 사랑받는 형제이다. 사랑받는 형제를 어떻게 계속 종으로 대할 수 있겠는가? 오네시모는 하나님의 존귀한 아들이다. 하나님의 존귀한 아들을 어떻게 계속 노예로 취급할 수 있겠는가? 분명히 바울은 오네시모의 해방을 염두에 두고 있다. 그리스도 예수 안에서는 종이나 자유인이 다 하나이며(갈 3:28), 하나님의 새로운 공동체 안에는 종도 자유인도 없기 때문이다(골 3:11). 바울은 "내가 말하는 것들 이상까지도 그대가 행할 줄을 알기 때문입니다"라는 말로 오네시모의 해방을 바라는 자신의 마음을 간접적으로 표현한 것이다. 그는 노예제도가 폐지될 미래를 내다보고 있다.

(2) 숙소에 관한 사도 바울의 부탁(1:22)

1:22 사도 바울은 마지막 인사를 하기 전에 빌레몬에게 숙소에 관한 부탁을 한다. "동시에 또한 그대는 나를 위하여 숙소를 마련해 주십시오." 여기서 "숙소"라고 번역한 "크세니아"(ξενία)는 일반적으로 "환대"를 의미하지만,[17] 이 본문에서는 "임시 숙소"나 "손님방"을 뜻한다.[18] 이 단어는 로마에서 사도 바울이 머물던 셋집을 가리키는 데에도 사용된다(행 28:23).[19] 바울은 빌레몬의 따뜻한 환대를 기대하면서 숙소를 마련해 달라고 부탁한다. 빌레몬은 골로새 성도들이 모일 만큼 큰 집을 갖고 있기 때문에 바울을 위하여 숙소를 마련하는 데는 어려움이 없었을 것이다.

이어서 사도 바울은 자신이 골로새를 방문할 의사가 있음을 밝힌다. "여러분의 기도들로 말미암아 내가 은혜로 여러분에게 주어지기를 바라기 때문입니다." 이 구절에서 "여러분의 기도들로 말미암아"라는 표현은 빌레몬과 그의 가족만이 아니라 그의 집에서 모이는 교회가 사도를 위하여 하나님께 드리는 기도를 가리킨다. 바울은 그들이 계속해서 자신을 위하여 기도하기를 바란다. 그 기도는 자신의 석방과 골로새 방문을 위한 것이다.

307.

17 BDAG, 683; L&N, 34.57.

18 L&N, 7.31.

19 개역개정은 행 28:23에 나오는 "크세니아"를 "유숙하는 집"으로, 표준새번역은 "숙소"로 번역한다.

개역개정에서 "나아가다"라고 번역한 "카리스떼소마이"(χαρισθήσομαι)는 "은혜"를 뜻하는 "카리스"(χάρις, "은혜")에서 파생된 동사이다. 이 단어의 원형 "카리조마이"(χαρίζομαι)는 "관대하게 주다", "은혜로 주다"(롬 8:32; 고전 2:12; 갈 3:18), "용서하다"(고후 2:7, 10; 엡 4:32; 골 2:13; 3:13) 등을 의미한다.[20] 이 본문에서 바울은 "은혜로 주다"라는 뜻으로 사용한다. 미래 수동태 "카리스떼소마이"는 문자적으로 "내가 은혜로 여러분에게 주어질 것입니다"이다. 이 동사는 신적 수동태이다. 바울을 빌레몬과 골로새 성도들에게 주시는 주체가 하나님이신 것이다. 바울은 하나님께서 빌레몬과 골로새 성도들의 기도를 들으시고 자신을 골로새로 인도해 주시기를 바란다. 그런데 왜 그는 자신이 골로새로 갈 것이라고 말하지 않고, 은혜로 주어질 것이라고 말하는가? 그가 골로새로 가는 것 자체가 빌레몬과 골로새 교회를 위한 하나님의 선물이기 때문이다. 바울이 로마에서 풀려나서 골로새로 가면 빌레몬과 골로새 성도들이 많은 유익을 얻게 될 것이다. 바울은 그들에게 복음을 전할 것이고, 하나님의 비밀이신 그리스도를 깨닫게 할 것이다. 그리고 그들을 격려할 것이다.[21]

"바라다", "소망하다"를 뜻하는 "엘피조"(ἐλπίζω)는 바울의 강한 바람을 나타내는 동사이다. 바울은 가택 연금 상태에서 풀려나서 골로새를 방문하기를 소망한다. 그는 자신이 언제 어떻게 골로새에 갈 수 있을지 알지 못한다. 하지만 하나님께서 빌레몬과 골로새 성도들의 기도에 응답하신다면, 머지않아 자유의 몸이 되어서 그곳에 갈 수 있을 것이다. 바울은 이를 확신하고 빌레몬에게 숙소를 마련해 달라고 부탁한 것이다. 실제로 그는 로마에서 재판을 받은 후에 풀려나서 크레타 섬을 포함하여 지중해의 동쪽 지역에서 선교 사역을 하였다(딤전 1:3; 딛 1:5; 3:12). 성경은 바울이 골로새를 방문한 사실에 대하여 말하지 않는다. 하지만 그가 빌레몬이 제공한 숙소를 사용했을 것이라는 사실을 의심할 필요는 없다.[22]

20 BDAG, 1078; L&N, 57.102.

21 참조. Nordling, *Colossians*, 300, 303.

22 Hendriksen, 『골로새서·빌레몬서』, 309.

메시지와 적용

■ **순종의 사람** 사도 바울은 빌레몬이 순종할 것을 확신한다. 오네시모를 사랑받는 형제로 받아들여야 한다는 것은 단지 사도의 요청이 아니라 하나님의 뜻이다. 빌레몬은 하나님의 뜻에 순종해야 한다. 빌레몬은 사랑의 사람일 뿐만 아니라 순종의 사람이다. 오늘의 그리스도인들도 믿음의 사람이면서 순종의 사람이어야 한다. 하나님은 자기 백성이 순종하기를 바라신다. 순종이 제사보다 낫고 듣는 것이 숫양의 기름보다 낫다(삼상 15:22). 구원은 오직 은혜에 의하여 믿음으로 받지만(엡 2:8), 구원받은 사람은 반드시 하나님께 순종하면서 선한 일들을 해야 한다(엡 2:10; 딛 2:14). 우리가 하나님의 사랑을 받아 믿음의 사람이 되었다면, 하나님을 사랑하는 것이 마땅하다. 하나님을 사랑하는 사람은 하나님께 순종한다. 이런 점에서 믿음의 사람은 순종의 사람이어야 한다. 우리는 진정 순종의 사람인가?

■ **사역자들의 필요를 채움** 사도 바울은 빌레몬에게 숙소를 마련해 달라고 요청한다. 그가 골로새를 방문할 경우에 숙소가 필요하기 때문이다. 바울은 자신의 쓸 것을 보낸 준 빌립보 교회 성도들에게 그들의 재정 지원이 하나님께서 받으실 만한 향기로운 제물이며 하나님을 기쁘시게 하는 것이라고 하였다(빌 4:18). 오늘날에도 복음을 전하고 교회를 세우는 일에 헌신한 사역자들을 후원하는 것은 하나님께서 기뻐하시는 일이다. 주님의 이름으로 복음 사역을 하는 사람들을 영접하고 하나님께 합당하게 그들을 대접하는 것은 모든 그리스도인들이 해야 할 일이다. 이렇게 함으로써 진리를 위하여 함께 일하는 자가 될 수 있다(요삼 1:6-8). 예수님은 선지자의 이름으로 선지자를 영접하는 자는 선지자의 상을 받을 것이고, 제자의 이름으로 작은 자에게 냉수 한 그릇을 주는 자는 상을 잃지 않을 것이라고 말씀하셨다(마 10:41-42). 우리는 복음 사역자들의 필요를 채우는 일에 참여하고 있는가? 선교사들을 지원하는 일을 하고 있는가? 제자의 이름으로 작은 자들 중 하나에게 냉수 한 그릇이라도 주는 사람은 결코 상을 잃지 않을 것이다!

■ **사역자들을 위한 기도** 사도 바울은 가택에 연금된 상태에서 풀려나서 골로새를 방문하기를 바란다. 하지만 그가 풀려나는 것은 전적으로 하나님의 손에 달려 있다. 그래서 바울은 빌레몬과 그의 집에 있는 교회가 기도해 주기를 바란다. 위대한 사도가 교인들에게 기도를 요청하는 것은 놀라운 일이

다. 하지만 사도 바울 역시 온갖 종류의 유혹에 노출된 연약한 인간이요 실수와 죄를 저지르기 쉬운 인간이다. 하나님의 특별한 부르심을 받고 놀라운 능력을 경험한 사도가 교인들의 기도 지원을 받아야 했다면, 다른 사역자들은 더 말할 필요가 없을 것이다. 기도의 후원을 받지 못하는 사역자는 위태롭기 그지없다. 사역자들이여, 교인들에게 기도 요청하기를 주저하지 말자. 교인들이여, 사역자들을 위하여 간절히 기도하자. 하나님의 영광과 교회의 유익을 구하면서 순전하게 하나님의 말씀을 전하고 바르게 사역하도록 기도하자.

2. 마지막 인사와 은혜의 축도(1:23-25)

| 번역 |

23 그리스도 예수 안에서 나와 함께 갇힌 자 에바브라가 그대에게 안부를 전합니다. 24 나의 동역자들인 마가와 아리스다고와 데마와 누가도 안부를 전합니다. 25 a주 예수 그리스도의 은혜가 여러분의 영과 함께 bc있기를 바랍니다.

a 중요한 사본들(ℵ P 075 33 1739)은 "주"(κυρίου, "퀴리우")를 지지하지만, 다른 사본들(A C D Ψ 1319 *Byz*)은 "우리의 주"(κυρίου ἡμῶν, "퀴리우 헤몬")를 지지한다. 후대 필사자들이 "우리의" 라는 대명사를 첨가하였을 것이다.

b 다수의 사본들(ℵ C D Ψ 0278 *Byz*)은 "아멘"(ἀμήν)으로 문장을 끝맺지만, 다른 사본들(A D* 33 1739* 1881)에는 "아멘"이 없다. 후대 필사자들이 예배 의식 용어인 "아멘"을 덧붙였을 것이다.

c "있기를 바랍니다"는 뜻을 명확하게 하려고 첨가한 것이다.

| 본문 이해 터 닦기 |

| 문맥과 주제 | 앞 단락(1:21-22)에서 사도 바울은 빌레몬의 순종을 확신하고, 숙소를 마련해 달라고 부탁하였다. 이 마지막 단락(1:23-25)에서는 로마에서 자신과 함께 있는 동역자들의 안부를 빌레몬에게 전한다. 그리고 예수 그리스도의 은혜가 빌레몬과 그의 집에서 모이는 교회와 함께 있기를 기원한다. 이 단락의 주제는 사도 바울이 빌레몬에게 동역자들의 인사를 전한다는 것이다.

| 배경 | 이 단락은 골로새서의 결말 단락(4:10-14)과 내용이 유사하다. 두 편

지의 결말 단락에서 바울은 동역자들을 언급한다. 유스도라 하는 예수를 제외하고는 모두 같은 인물들이다. 그들을 언급하는 순서만 다르다.

빌레몬서 1:23-24
에바브라, 마가, 아리스다고, 데마, 누가

골로새서 4:10-14
아리스다고, 마가, 유스도라 하는 예수, 에바브라, 누가, 데마

이 사람들은 가택에 연금되어 있는 바울과 함께 로마에 있다(행 28:30). 바울은 무슨 불법을 행하거나 잘못을 저질러서 연금되어 있는 것이 아니다. 그가 한 일은 예수 그리스도와 그분의 복음을 전한 것이 전부이다. 그는 3차 선교 사역을 마치고 예루살렘에 올라갔다가 억울하게 체포되었다. 그 후에 가이사랴에서 두 해 동안 옥에 갇혀 있다가 네로 황제에게 상소하여 로마까지 온 것이다(행 25:11-12, 25). 그러나 바울은 혼자가 아니다. 그의 곁에는 동역자들이 있다. 그들 중 데마는 바울을 버리고 데살로니가로 갈 것이다(딤후 4:10). 하지만 다른 사람들은 끝까지 바울과 함께할 것이다.

| 구조 | 이 단락은 두 부분으로 구성되어 있다. 첫째 부분(23-24절)에서 사도 바울은 자신의 동역자들의 인사를 전한다. 먼저, 골로새 교회의 사역자 에바브라의 안부를 전하고, 이어서 마가, 아리스다고, 데마, 누가의 안부를 차례로 전한다. 둘째 부분(25절)에서는 은혜를 기원하는 축도로 편지를 마친다.

(1) 23-24절 동역자들의 마지막 인사
(2) 25절 은혜의 축도

| 주해 |

(1) 동역자들의 마지막 인사(1:23-24)

1:23 사도 바울은 빌레몬에게 에바브라와 다른 네 명의 동역자들의 안부를 전한다. 먼저, 에바브라의 안부를 전한다. "그리스도 예수 안에서 나와 함께 갇힌 자 에바브라가 그대에게 안부를 전합니다." 에바브라는 바울이 에베소에서 사역할 때 복음을 듣고 그리스도인이 되었고, 나중에 바울의 파송

을 받아 자기 고향에 복음을 전하였다(골 1:7-8). 바울은 골로새서에서 그를 "여러분에게서 온 그리스도 예수의 종"이라고 하였다(골 4:12). 에바브라는 거짓 교사들의 문제가 발생하자 바울에게 도움을 요청하려고 로마까지 왔다. 하지만 방문 목적을 달성한 뒤에도 골로새로 돌아가지 않았다. 골로새를 떠날 때부터 그는 바울 곁에 남아서 복음 사역에 협력하려는 마음을 품고 있었을 것이다. 바울은 에바브라를 "그리스도 예수 안에서 나와 함께 갇힌 자"라고 부른다. "함께 갇힌 자"라고 번역한 "쉬나이크말로토스"(συναιχμάλωτος)는 전치사 "쉰"(σύν)과 "전쟁 포로"를 뜻하는 "아이크말로토스"(αἰχμάλωτος)로 구성된 합성어이다(참조. 눅 4:18). 이 단어는 문자적으로 다른 사람과 함께 전쟁 포로가 된 사람을 가리킨다. 여기서는 다른 사람과 함께 옥에 갇힌 자를 뜻한다.[23] 골로새서에서 바울은 아리스다고를 "함께 갇힌 자"라고 부른다(골 4:10). 두 본문에서 그는 "함께 갇힌 자"라는 표현을 은유적인 의미로 사용한다. 에바브라는 아리스다고와 함께 바울의 사역을 돕기 위하여 스스로 가택 연금을 당하였을 것이다.[24]

여기서 "안부를 전하다"라고 번역한 "아스파제타이"(ἀσπάζεται)는 인사를 전하는 데 사용하는 통상적인 용어이다.[25] "그대에게 안부를 전합니다"(ἀσπάζεταί σε, "아스파제타이 세")라는 구절에서 "그대"는 이인칭 단수로, 빌레몬을 가리킨다. 지금 바울은 에바브라의 인사를 빌레몬에게 전하고 있다.

1:24 이어서 바울은 네 명의 동역자들의 안부를 전한다. "나의 동역자들인 마가와 아리스다고와 데마와 누가도 안부를 전합니다." 바울은 네 사람을 "나의 동역자들"(οἱ συνεργοί μου, "호이 쉬네르고이 무")이라고 부른다. 앞에서 바울은 빌레몬을 "동역자"라고 하였다(1:1). 마가, 아리스다고, 데마, 누가는 빌레몬처럼 바울의 "동역자들"이다. 그들은 모두 그리스도와 복음과 교회를 위하여 바울과 함께 사역하는 사람들이다.

"마가"(Μᾶρκος, "마르코스")는 예루살렘 출신으로, 마리아의 아들이자(행

---

23 L&N, 37.118.

24 Lightfoot, *Colossians and Philemon*, 236; Moule, *Colossians and Philemon*, 136-37; Harris, *Colossians and Philemon*, 206; Harris, *Slave of Christ*, 117; Ladd, "Paul's Friends in Colossians 4:7-16", 509; Moo, *Colossians and Philemon*, 338.

25 BDAG, 144; L&N, 33.20; Weima, *Neglected Endings*, 40-45.

12:12) 바나바의 사촌 형제이다(골 4:10).[26] 그는 바울과 바나바와 함께 1차 선교 사역에 참여했지만 도중에 이탈하여 예루살렘으로 돌아갔다(행 13:13). 바울이 이 일을 문제 삼자 마가는 바나바와 함께 키프로스(Cyprus)로 갔다(행 15:39). 하지만 나중에 그는 사도들의 인정을 받을 정도로 변화되었다. 베드로는 그를 "나의 아들"(ὁ υἱός μου, "호 휘오스 무")이라고 불렀고(벧전 5:13), 바울은 "그가 나의 일에 '유익하다'"(εὔχρηστος, "유크레스토스")라고 하였다(딤후 4:11). 이 편지에서 바울은 그를 기꺼이 자신의 동역자 명단에 포함시킨다. 마가는 베드로의 증언과 설교에 근거하여 자신의 복음서를 기록하였다(Eusebius, *Hist. eccl.* 3.39; 6.14).

"아리스다고"(Ἀρίσταρχος, "아리스타르코스")는 데살로니가 출신의 디아스포라 유대인이다(행 20:4; 27:2). 그는 데살로니가에서 바울로부터 복음을 듣고 회심하였고, 3차 선교 사역 기간에 에베소에서 바울과 함께 사역을 하였다. 에베소의 은세공업자 데메드리오가 소동을 일으켰을 때 그는 연극장으로 끌려 들어가는 봉변을 당하였다(행 19:29). 그 후에 그는 바울이 고린도에서 마케도니아를 거쳐 드로아로 갈 때 또 다른 데살로니가 사람인 세군도, 디모데, 두기고 등과 함께 동행하였다(행 20:4). 바울이 네로 황제에게 상소하여 가이사랴에서 로마로 갈 때에도 누가와 함께 그를 수행하였다(행 27:2). 로마에서 아리스다고는 에바브라와 마찬가지로 바울을 섬기기 위해 스스로 가택 연금을 당하였다(골 4:10).[27]

"데마"(Δημᾶς, "데마스")는 신약성경에서 두 번 등장한다(24절; 딤후 4:10). 그는 아마도 데살로니가 출신의 이방인일 것이다. 바울이 빌레몬서와 골로새서를 쓸 때 데마는 바울과 함께 로마에 있었다. 하지만 바울이 두 번째로 체포되어 로마의 감옥에서 디모데후서를 쓸 무렵에는 세상을 사랑하여 바울을 버리고 데살로니가로 가 버렸다(딤후 4:10).

"누가"(Λουκᾶς, "루카스")는 시리아 안디옥 출신의 이방인 신자이며, 바울에게 사랑받는 의사이다(골 4:14). 누가복음과 사도행전의 문체와 헬라어 표

---

26 이 책의 골 4:10의 주해를 보라.

27 Lightfoot, *Colossians and Philemon*, 236; Moule, *Colossians and Philemon*, 136-37; Harris, *Colossians and Philemon*, 206; Harris, *Slave of Christ*, 117; Ladd, "Paul's Friends in Colossians 4:7-16", 509; Moo, *Colossians and Philemon*, 338.

현들, 그리고 문학 기법 등에 근거하여 판단하면, 그가 버가모 출신의 저명한 의사 갈레누스(Galenus)에 필적하는 문학과 철학과 수사학 교육을 받았을 것이라고 추정할 수 있다.[28] 누가는 그리스도인이 된 이후에 바울과 함께 마케도니아에서 사역하였다(행 16:8-17). 그리고 바울이 3차 선교 사역을 마치고 이방인 교회의 연보를 전달하기 위해 예루살렘으로 올라갈 때 그와 동행하였다(행 20:5-15; 21:1-18). 그 후에 바울이 네로 황제에게 상소하여 가이사랴에서 로마로 갈 때에도 아리스다고와 함께 그를 수행하였다(행 27:1-28:16). 누가는 바울이 다시 체포되어 로마의 감옥에 갇혀서 처형될 날을 기다릴 때에도 끝까지 그의 곁을 지켰다(딤후 4:11).

(2) 은혜의 축도(1:25)

1:25 사도 바울은 이 편지를 "하나님 우리 아버지와 주 예수 그리스도로부터 은혜와 평화"(1:3)로 시작하고 "주 예수 그리스도의 은혜가 여러분의 영과 함께"라는 기원으로 마친다.[29] 다른 편지들에서도 그는 은혜를 "주 예수님" 또는 "주 예수 그리스도"와 관련시킨다(롬 16:20; 고전 16:23; 고후 13:14; 갈 6:18; 빌 4:23; 살전 5:28; 살후 3:18). "은혜"(χάρις, "카리스")는 "사랑"(ἀγάπη, "아가페")과 함께 바울 서신의 가르침 전체를 요약하고 가장 분명하게 표현하는 단어이다.[30] 사도 바울은 이 단어를 주로 죄인들에게 구원을 베푸시는 하나님의 무조건적인 호의를 가리키는 데 사용한다(롬 3:23-24; 엡 1:7).[31] 구원은 은혜로 말미암아 값없이 주어지는 하나님의 선물이다(엡 2:8). 또한 바울은 "은혜"를 자기 백성이 복음의 진리에 합당하게 살 수 있도록 그들을 보살피고 돌보시는 하나님의 관대한 행위를 가리키는 데에도 사용한다. 은혜 없이는 그 누구도 이 세상에서 신중하고 의롭고 경건하게 살 수 없다(참조. 딛 2:12).[32] 이 본문에서 바

28 Schnabel, *Acts*, 25.

29 이 기원의 구절에도 현재 기원법 동사 "에이에"(εἴη)를 첨가하여 "우리 주 예수 그리스도의 은혜가 여러분의 영과 함께 있기를 바랍니다"라고 읽어야 한다. Harris, *Colossians and Philemon*, 243.

30 Dunn, 『바울신학』, 449-50.

31 BDAG, 1080; Green, 『IVP 성경신학사전』, 987-91.

32 은혜에 관해서는 다음 책들을 보라. Dunn, 『바울신학』, 449-54; Thiselton, 『조직신학』, 88-96; Trueman, 『오직 은혜』, 23-67.

울은 은혜의 원천을 "주 예수 그리스도"로 제시한다. 예수 그리스도는 성부 하나님과 동등한 주님이시며, 하나님이시다. 그러므로 예수 그리스도가 빌레몬과 그의 집에 모이는 교회에 은혜를 풍성하게 베푸실 수 있는 것이다.

"여러분의 영과 함께"(μετὰ τοῦ πνεύματος ὑμῶν, "메타 투 프뉴마토스 휘몬")라는 표현에서 복수 "여러분"은 이 마지막 축도가 빌레몬만이 아니라 그의 집에서 정기적으로 모이는 교회 전체를 위한 것임을 알려 준다. 여기서 "영"(πνεῦμα, "프뉴마")은 사람의 영을 가리킨다. 따라서 "여러분의 영과 함께"라는 표현은 "여러분과 함께"라는 표현과 같다.[33]

바울은 예수 그리스도의 은혜가 빌레몬의 영과 함께하기를 바란다. 빌레몬이 사랑의 사람이기는 하지만, 그가 오네시모를 사랑받는 형제로 맞아들이려면 예수 그리스도의 은혜가 반드시 필요하다. 예수 그리스도의 은혜가 그의 영과 함께할 때 빌레몬은 비로소 오네시모를 용서하고 사랑받는 형제로 맞아들이게 될 것이다. 예수 그리스도의 은혜가 빌레몬의 집에서 모이는 성도들의 영과 함께할 때 그들 또한 오네시모를 믿음의 형제로 받아들이게 될 것이다. 예수 그리스도의 은혜로 빌레몬의 가정과 교회에 진정한 화해와 교제가 가능하게 될 것이다. 더 나아가 사도 바울은 우리 주 예수 그리스도가 빌레몬과 그의 집에서 모이는 교회와 함께하시면서 그들에게 은혜를 베푸시고 그들을 돌보시기를 바란다.

메시지와 적용

■ 성도 간의 인사 이 단락에서 사도 바울은 로마에 있는 동역자들의 안부를 골로새에 있는 빌레몬에게 전한다. 빌레몬은 외로운 섬처럼 고립된 존재가 아니다. 로마에서 무려 1,900km나 떨어져 있지만, 로마에 있는 그리스도인들과 강하게 결속되어 있다. 빌레몬과 그들을 이어 주는 것은 그들 가운데 계신 그리스도의 영이다. 오늘의 그리스도인도 마찬가지이다. 모든 그리스도인은 혼자가 아니다. 다른 그리스도인들과 그리스도의 피로 맺어진 형제자매이다. 경쟁이 치열하고 개인주의가 팽배한 현대 사회에서 다른 그리스도인들과 친밀한 교제를 나누며 사는 것은 얼마나 다행스럽고 감사한 일인

33 Schweizer, *TDNT*, VI, 435; Fee, 『성령』, 상권, 854.

가? 그러나 안타깝게도 같은 교회에 속한 교인들끼리도 진정한 교제를 나누기가 힘든 것이 오늘의 현실이다. 이유가 무엇인가? 우리가 성도의 교제를 대수롭지 않게 여기기 때문이고, 그리스도의 피로 맺어진 형제자매라는 사실을 제대로 인식하지 못하기 때문이다. 우리는 성도 간의 교제를 소중하게 여기는가? 모든 그리스도인이 그리스도의 피로 맺어진 형제자매라는 사실을 알고 있는가?

■ **사도 바울과 동역자들** 이 단락은 사도 바울 곁에 동역자들이 있었다는 사실을 알려 준다. 바울은 위대한 사도였지만 결코 혼자 사역하지 않았다. 그는 에바브라와 마가와 아리스다고와 누가를 기꺼이 "나의 동역자들"이라고 부른다. 바울은 그들과 동역하기를 기뻐하였다. 또 에바브라와 마가와 아리스다고와 누가는 바울이 가택에 연금되어 있음에도 낙심하지 않았다. 그들은 고난당하는 사도와 함께하기를 기뻐하였다. 그러나 데마는 세상을 사랑하여 바울을 버렸다. 오늘의 사역자들은 어떠한가? 다른 사역자들을 동역자로 인정하고 그들과 협력하고 있는가? 세상을 사랑하고 자기 유익을 구하고 있지는 않은가?

■ **예수 그리스도의 은혜** 빌레몬서는 은혜로 시작하고 은혜로 마친다. 오네시모는 은혜로 구원받았고, 변화되었다. 빌레몬도 마찬가지이다. 빌레몬이 오네시모를 용서하고 사랑을 받는 형제로 영접하는 것도 은혜로 말미암아 이루어질 수 있다. 오늘 우리에게도 예수 그리스도의 은혜가 필요하다. 구원을 받기 위해서만이 아니라 구원받은 하나님의 자녀로 살기 위해서도 은혜가 필요하다. 우리가 재산과 지위와 학벌과 외모에 관계없이 다른 사람들을 형제자매로 받아들이고, 서로 용납하고 서로 용서하기 위해서도 은혜가 필요하다. 우리는 은혜 없이 살 수 없다. 은혜의 보좌 앞에 담대히 나아가서 예수 그리스도의 은혜를 구하자.

✣ 참고 문헌

빌레몬서 주석

Barth, Markus, and Helmut Blanke. *The Letter to Philemon: A New Translation with Notes and Commentary.* Grand Rapids: Eerdmans, 2000.

Beale, G. K. *Colossians and Philemon.* BECNT. Grand Rapids: Baker Academic, 2019.

Bird, Michael F. *Colossians and Philemon.* NCC. Eugene, Oregon: Cascade Books, 2009.

Bruce, F. F. *The Epistles to the Colossians, to Philemon, and to the Ephesians.* NICNT. Grand Rapids: Eerdmans, 1984.

Caird, G. B. *Paul's Letters from Prison: Ephesians, Philippians, Colossians, Philemon.* Oxford: Oxford University Press, 1977.

Calvin, John. *The Second Epistle of Paul to Corinthians, and the Epistle to Timothy, Titus, and Philemon.* Edited by David W. Torrance and Thomas F. Torrance. Grand Rapids: Eerdmans, 1979.

Cousar, Charles B. *Philippians and Philemon.* NTL. Louisville: Westminster/John Knox Press, 2009.

Dibelius, Martin. *An die Kolosser, Epheser, an Philemon.* 3rd ed. rev. H. Greeven. Tübingen: Mohr Siebeck, 1953.

Dunn, James D. G. *The Epistles to the Colossians and to Philemon.* NIGTC. Grand Rapids: Eerdmans, 1996.

Felder, Cain Hope. "Philemon." Pages 883-905 in *The New Interpreter's Bible.* Vol XI. Nashville: Abingdon, 2000.

Fitzmyer, Joseph. *The Letter to Philemon: A New Translation with Introduction and Commentary.* AB 34C. New York: Doubleday, 2000.

Garland, David E. *Colossians and Philemon.* NIVAC. Grand Rapids: Zondervan, 1998.

Harris, Murray J. *Colossians and Philemon.* Exegetical Guide to the Greek New Testament. Grand Rapids: Eerdmans, 1991.

Hendriksen, W. 『골로새서·빌레몬서』 (*Exposition of Colossians and Philemon*). 신현필 옮김. 서울: 아가페출판사, 1984 (1964).

Houlden, J. L. *Paul's Letters from Prison.* Harmondsworth: Penguin, 1970.

Lightfoot, J. B. *Saint Paul's Epistles to the Colossians and to Philemon.* Grand Rapids: Zondervan, 1979.

Lohse, Eduard. *Colossians and Philemon*. Hermeneia. Philadelphia: Fortress, 1971.

Longenecker, Bruce W. "Philemon." Pages 151-209 in *Philippians and Philemon*. Grand Rapids: Zondervan, 2016.

Martin, Ralph P. *Colossians and Philemon*. NCBC. Grand Rapids: Eerdmans, 1973.

McKnight, Scot. *The Letter to Philemon*. NICNT. Grand Rapids: Eerdmans, 2017.

Melick, Richard R., Jr. *Philippians, Colossians, Philemon*. NAC 32. Nashville: Broadman, 1991.

Migliore, Daniel L. *Philippians and Philemon*. Louisville: John Knox Press, 2014.

Moo, Douglas J. *The Letters to the Colossians and to Philemon*. PNTC. Grand Rapids: Eerdmans, 2008.

Moule, C. F. D. *The Epistles of Paul the Apostle to the Colossians and to Philemon*. CGTC. Cambridge: Cambridge University Press, 1968.

Nordling, John G. *Philemon*. Concordia Commentary. Saint Louis: Concordia Publishing House, 2004.

O'Brien, Peter T. 『골로새서·빌레몬서』 (*Colossians, Philemon*). 정일오 옮김. 서울: 솔로몬, 2008 (1982).

Osborne, Grant R. *Colossians and Philemon*. Bellingham: Lexham Press, 2016.

Osiek, Carolyn. *Philippians, Philemon*, ANTC. Nashville: Abingdon, 2000.

Rupprecht, Arthur A. "Philemon." Pages 629-43 in *The Expositor's Bible Commentary*. Vol XII. Grand Rapids: Zondervan, 2006.

Thompson, Marianne Meye. *Colossians and Philemon*. Grand Rapids: Eerdmans, 2005.

Wall, Robert W. *Colossians and Philemon*. IVPNTC. Downers Grove, Ill.: InterVarsity Press, 1993.

Wilson, R. McL. *A Critical and Exegetical Commentary on Colossians and Philemon*. ICC. Edinburgh: T&T Clark, 2005.

Witherington, Ben, III. *The Letters to Philemon, the Colossians, and the Ephesians: A Socio-Rhetorical Commentary on the Captivity Epistles*. Grand Rapids: Eerdmans, 2007.

Wright, N. T. 『골로새서·빌레몬서』 (*The Epistles of Paul to the Colossians and to Philemon*). 이승호 옮김. 서울: 기독교문서선교회, 2014 (1986).

빌레몬서에 관한 논문 및 기타 연구서

변종길. 『신약총론』 대구: 말씀사, 2019.

윤철원. "오네시모를 통해 새롭게 보는 빌레몬서." 목회와신학 편집부 엮음, 『빌립보서·빌레몬서 어떻게 설교할 것인가』 서울: 두란노, 2007.

유승원. "오네시모를 받아주라: 빌레몬서 1장의 주해와 적용." 목회와신학 편집부 엮음, 『빌립보서·빌레몬서 어떻게 설교할 것인가』 서울: 두란노, 2007.

조병수. 『신약성경총론』 수원: 합동신학대학원출판부, 2006.

Alexander, T. Desmond, and Brian S. Rosner. 『IVP 성경신학사전』 (*New Dictionary of Biblical Theology*). 서울: IVP, 2011 (2000).

Aristoteles. 『니코마코스 윤리학』 (*Ethica Nicomachea*). 강상진 외 옮김. 서울: 길, 2011.

Artzt-Grabner, Peter. "How to Deal with Onesimus? Paul's Solution within the Frame of Ancient Legal and Documentary Sources." Pages 113-42 in *Philemon in Perspective*. Edited by D. Francois Tolmie. BZNW 169. Berlin/New York: De Gruyter, 2010.

Barclay, J. M. G. *Colossians and Philemon*. New Testament Guides. Sheffield: Sheffield Academic Press, 1997.

________. "Paul, Philemon and the Dilemma of Christian Slave-Ownership." *NTS* 37 (1991): 161-86.

Barrett, Charles K. *The New Testament Background*. Revised edition. New York: HarperSanFrancisco, 1995.

Bartchy, S. Scott. "Philemon, Epistle to." Pages 305-10 in *Anchor Bible Dictionary*. Vol. 5. Edited by David N. Freedman. New York: Doubleday, 1992.

Bratcher, R. G., and E. A. Nida. *A Translator's Handbook on Paul's Letters to the Colossians and to Philemon*. Stuttgart: United Bible Societies, 1977.

Campbell, Constantine R. *Paul and Union with Christ: An Exegetical and Theological Study*. Grand Rapids: Zondervan, 2012.

Carson, D. A., and Douglas J. Moo. 『신약개론』 (*An Introduction to the New Testament*). 엄성옥 옮김. 서울: 은성, 2010 (2005).

Clark, Andrew D. "'Refresh the Hearts': A Unique Pauline Context?" *TynBul* 47 (1996): 227-300.

Deissmann, Adolf. *Light from the Ancient East*. Grand Rapids: Baker Book House, 1980.

deSilva, David A. 『신약개론』 (*An Introduction to the New Testament*). 김경식 외 옮김. 서울: CLC, 2013 (2004).

De Vos, C. S. "Once a Slave, Always a Slave? Slavery, Manumission and Relational Patterns in Paul's Letter to Philemon." *JSNT* 82 (2001): 89-105.

Ellis, E. Earle. *The Making of the New Testaments Documents*. Leiden: Brill, 2002.

Frilingos, Chris. "'For My Child, Onesimus': Paul and Domestic Power in Philemon." *JBL* 119 (2000): 91-104.

Harris, Murray J. *Slave of Christ: A New Testament Metaphor for Total Devotion to Christ*. Downers Grove: InterVarsity Press, 1999.

Knox, J. *Philemon among the Letters of Paul*. London: Collins, 1960.

Köstenberger, Andreas J. 외. 『신약개론』 (*The Cradle, the Cross, and the Crown: An Introduction to the New Testament*). 서울: CLC, 2013 (2009).

Kümmel, W. G. 『신약정경개론』 (*Einleitung in das Neue Testament*). 박익수 옮김. 서울: 대한기독교서회, 1988 (1983).

Lampe, Peter. "Affects and Emotions in the Rhetoric of Paul's Letter to Philemon: A Rhetorical-Psychological Interpretation." Pages 61-77 in *Philemon in Perspective*. Edited by D. Francois Tolmie. BZNW 169. Berlin/New York: De Gruyter, 2010.

Lokkesmoe, Ryan. "Finding Onesimus: Recovering the Story of a First Century Fugitive Slave." PhD dissertation. University of Denver, 2015.

Longenecker, Richard N. *Biblical Exegesis in the Apostolic Period*. Grand Rapids: Eerdmans, 1975.

Marshall, I. H. 『신약성서 신학』 (*New Testament Theology*). 고양: 크리스챤다이제스트, 2006 (2004).

Marshall, I. Howard 외. 『서신서와 요한계시록』 (*Exploring the New Testament: A Guide to the Letters & Revelation*). 박대영 옮김. 서울: 성서유니온선교회, 2007 (2005).

Nordling, J. G. "Onesimus Fugitivus: A Defense of the Runaway Slave Hypothesis in Philemon." *JSNT* 41 (1991): 97-119.

Panikulam, George. *Koinōnia in the New Testament: A Dynamic Expression of Christian Life*. Analecta Biblica Dissertationes. Roma: Pontifical Biblical Institute, 1979.

Petersen, Norman R. *Rediscovering Paul: Philemon and the Sociology of Paul's Narrative World*. Philadelphia: Fortress, 1985.

Porter, Stanley E. *Idioms of the Greek New Testament*. 2nd ed. Sheffield: Sheffield Academic Press, 1995.

Rapske, Brian M. "The Prisoner Paul in the Eyes of Onesimus." *NTS* 37 (1991): 187-203.

Reicke, Bo I. *Re-examining Paul's Letters*. Harrisburg: Trinity, 2001.

_________. "Caesarea, Rome, and the Captivity Epistles." Pages 277-86 in *Apostolic History and the Gospel: Biblical and Historical Essays Presented to F. F. Bruce*. Edited by W. Ward Gasque & Ralph P. Martin. Exeter: The Paternoster Press, 1970.

Schreiner, Thomas R. 『신약신학』 (*New Testament Theology*). 임범진 옮김. 서울: 부흥과개혁사, 2015 (2008).

Thielman, F. 『신약신학』 (*Theology of the New Testament*). 우성훈·김장복 옮김. 서울: 기독교문서선교회, 2008 (2005).

Thiselton, Anthony. 『고린도전서 - 해석학적 & 목회적으로 바라본 실용적 주석』 (*First Corinthians: A Shorter Exegetical and Pastoral Commentary*). 권연경 옮김. 서울: SFC출판부, 2016 (2006).

_________. 『조직신학』 (*Systematic Theology*). 박규태 옮김. 서울: IVP, 2018 (2015).

Thompson, Michael. "The Holy Internet: Communication Between Churches in the First Christian Generation." Pages 49-70 in *The Gospels for All Christians: Rethinking the Gospel Audiences*. Edited by Richard Bauckham. Grand Rapids: Eerdmans, 1998.

Tolmie, D. Francois, ed. *Philemon in Perspective: Interpreting a Pauline Letter*. BZNW 169. New York/Berlin: de Gruyter, 2010.

Trueman, Carl. 『오직 은혜 - 하나님의 선물인 구원』 (*Grace Alone: Salvation as a Gift of God*). 박문재 옮김. 서울: 부흥과개혁사, 2018 (2017).

Wansink, Craig S. *Chained in Christ: The Experience and Rhetoric of Paul's Imprisonments*. JSNTSup 130. Sheffield: Sheffield Academic, 1996.

Weima, Jeffrey A. D. *Paul the Ancient Letter Writer: An Introduction to Epistolary Analysis*. Grand Rapids: Baker Academic, 2016.

_________. "Paul's Persuasive Prose: An Epistolary Analysis of the Letter to Philemon."

Pages 29-60 in *Philemon in Perspective*. Edited by D. Francois Tolmie. BZNW 169. Berlin/New York: De Gruyter, 2010.

Wendland, E. "You Will Do Even More Than I Say." Pages 79-111 in *Philemon in Perspective*. Edited by D. Francois Tolmie. BZNW 169. Berlin/New York: De Gruyter, 2010.

Wessels, G. Francois. "The Letter to Philemon in the Context of Slavery in Early Christianity." Pages 143-168 in *Philemon in Perspective*. Edited by D. Francois Tolmie. BZNW 169. Berlin/New York: De Gruyter, 2010.

Winter, Sara B. C. "Paul's Letter to Philemon." *NTS* 33 (1987): 1-15.

✣ 주제 색인

✣ 인명 색인